VOLTAIRE EN SON TEMPS

sous la direction de
RENÉ POMEAU

2

RENÉ VAILLOT

Avec Madame Du Châtelet

1734–1749

VOLTAIRE FOUNDATION
TAYLOR INSTITUTION
OXFORD

1988

ISBN 0 7294 0349 1

Printed in England at the Alden Press, Oxford

LISTE DES ABRÉVIATIONS

Bengesco   *Voltaire: bibliographie de ses œuvres* (1882-1890).

BN   Bibliothèque Nationale, Paris.

D   *Correspondence and related documents*, éd. Th. Besterman, dans *OC*, lxxxv-cxxxv (1968-1977). Le chiffre qui suit le D renvoie au numéro de la lettre.

Desnoiresterres   *Voltaire et la société française au XVIIIe siècle* (1871-1876).

Longchamp   *Mémoires sur Voltaire* (manuscrit: BN, N.a.fr.13006).

M   *Œuvres complètes de Voltaire*, éd. L. Moland (1877-1885).

OC   *Œuvres complètes de Voltaire / Complete works of Voltaire* (1968-). En cours de publication.

RHLF   *Revue d'histoire littéraire de la France.*

Studies   *Studies on Voltaire and the eighteenth century.*

NOTE SUR LES MONNAIES

Les valeurs relatives des monnaies françaises au dix-huitième siècle sont les suivantes:

12 deniers	=	1 sol (ou sou)
20 sous	=	1 livre ou franc (les deux termes sont équivalents)
3 livres	=	1 écu
10 livres	=	1 pistole
24 livres	=	1 louis

Il est fort difficile de donner des équivalents dans nos monnaies de 1987. Celles-ci sont instables, et la différence des modes et niveaux de vie rend toute comparaison aléatoire.

Indiquons seulement que Théodore Besterman estimait, en 1968, que le franc du dix-huitième siècle valait à peu près un dollar des U.S.A. (*OC*, lxxxv, p.XIX).

Introduction

Le présent volume, rédigé par René Vaillot, couvre la période dite de Cirey: quinze années qui constituent dans la biographie de Voltaire comme un secteur autonome, distinct à la fois de ce qui a précédé et de ce qui suivra.

Voltaire vit cette phase de son existence associé à Mme Du Châtelet, dans une situation quasi conjugale. La rigidité de l'institution matrimoniale au dix-huitième siècle s'assouplissait par la tolérance des mœurs, tout au moins dans les hautes classes. A condition que certaines apparences fussent sauvegardées, la vie commune du poète et de son amie fut acceptée par la société, par l'autorité et par M. Du Châtelet. Voltaire et Emilie, inséparablement liés désormais – du moins ils le croyaient – partagent les menus soucis de chaque jour comme les plus ambitieuses visées intellectuelles. Voltaire n'avait jusqu'alors connu, en fait de liaisons féminines, que de brefs épisodes. Le voilà, ayant atteint en 1734 l'âge de quarante ans, établi dans une relation stable. Et avec une femme qu'il sent être située à son niveau. Il va jusqu'à dire qu'il «apprend d'elle à penser».[1] Il est sûr qu'il a en sa compagnie élargi son horizon, en direction des sciences exactes. Sous son influence les *Eléments de la philosophie de Newton* vont reprendre des exposés trop sommairement esquissés dans les *Lettres philosophiques*. Ce génie improvisateur qui est le sien, rapide mais non toujours exact, elle l'exerce à se plier à des exigences de réflexion et de prudence. Aussi verra-t-on le poète de *Zaïre* s'appliquer à observer, expérimenter, douter, pour un *Essai sur la nature du feu* destiné à l'Académie des sciences. Vie de couple qui s'interrompra seulement à la disparition de Mme Du Châtelet. Celle-ci, décédée, ne sera pas remplacée. Voltaire, qui a commencé en 1745 une liaison avec Mme Denis, ne considérera jamais cette désirable personne comme la confidente de son esprit. Au contraire, il s'emploie déjà à refréner chez sa nièce des démangeaisons de plume qui donneraient trop belle partie à ses ennemis. La période de Cirey se dégage dans sa longue existence comme celle, unique, de son «mariage secret» avec une femme exceptionnelle.

Il inaugure en ce même temps un mode de vie nouveau. Il avait apprécié, jadis et naguère, les aises de la vie de château. Mais dans les châteaux des

---

1. D985 (3 août 1735), à Cideville, parlant de Linant et de lui-même: «nous apprendrons tous deux d'elle à penser».

autres. A Cirey, il est chez lui. Il a restauré les vieux murs que le marquis et sa femme, irrémédiablement impécunieux, laissaient se délabrer. Cette résidence devenue, grâce à son argent, élégante, agréable à habiter (du moins dans ses parties rénovées), il l'a faite sienne, mais un peu par ces mêmes droits de «la main gauche» qui font d'Emilie «sa femme». M. Du Châtelet, maître des lieux selon la loi, n'y exerce qu'un pouvoir théorique. A Cirey règne le ménage des amants. Autour d'eux s'ébauche une «petite société»:[2] voisins bons vivants, visiteurs... Voltaire expérimente ici un mode d'existence conviviale. La vie au château se répartit, selon un emploi du temps fixe, entre les heures de travail à huis-clos et ces moments intenses que sont les soupers, les spectacles de société. Voltaire aime se sentir ainsi le centre vivant d'un groupe dont il reçoit en retour les influences incitatives. Porté par cette ambiance, il s'engage déjà dans une activité tous azimuts. René Vaillot souligne à juste titre la diversité d'intérêts de celui qui dans le même temps travaille sur une tragédie, sur une tâche d'historiographe et se mêle de cosmogéographie (*Dissertation sur les changements arrivés dans notre globe*), voire d'ethnologie (*Relation touchant un Maure blanc*). Avant même que Diderot et ses libraires ne conçoivent l'*Encyclopédie*, il est stimulé par les attraits d'un savoir encyclopédique. A cette manière de vivre, génératrice d'une production polygraphique, il reviendra lorsqu'il s'installera en ses résidences de Lausanne, des Délices à Genève, et à Ferney.

Mais, à la différence de ces futurs établissements, Cirey, éloigné des centres (Paris, Nancy), à l'écart des grands axes de communication, est ce que la langue classique appelait un «désert». Ce «paradis terrestre» se trouve être aussi un lieu d'exil. Voltaire reste sous le coup d'un décret d'arrestation, pour les *Lettres philosophiques*. En dépit de ses succès au théâtre, et quelle que soit sa réputation d'écrivain, il ne peut s'aventurer dans la capitale et à Versailles que sous garanties. Le cardinal de Fleury le tient en suspicion. Il faut que Mme Du Châtelet, née Le Tonnelier de Breteuil, l'aide de ses relations à la cour. Il faut qu'elle le détourne, sans toujours y réussir, de commettre des imprudences. Au total, tant que gouvernera Fleury, Voltaire a le sentiment d'être tenu très injustement à l'écart. Aussi, quelle merveilleuse surprise, lorsqu'un jour de 1736 lui parvient la lettre d'un de ses admirateurs, qui n'est autre que l'héritier d'une des premières couronnes d'Europe: le *kronprinz* Frédéric de Prusse.

Il est peu de documents aussi étonnants que cette missive, laborieusement écrite en français par le jeune prince. Il n'en est peut-être aucune qui ait eu

---

2. C'est, on se le rappelle, l'expression qui désignera le groupe formé par les rescapés de *Candide* dans «le jardin».

autant de conséquences. Par son initiative, Frédéric ouvrait tout un avenir: celui d'une relation qui deviendra, les années passant, souvent orageuse, mais qui, de nature essentiellement épistolaire – Christiane Mervaud l'a parfaitement montré – restera indestructible. Par Frédéric encore, s'ouvre dans la vie de Voltaire une nouvelle orientation européenne. Après l'Angleterre et les Pays-Bas (belges et hollandais), il se tourne vers l'Allemagne: une Allemagne du Nord, ayant pour pôle la Prusse; mais une Allemagne alors très francisée, celle des petites cours. Il en raffole, constate avec dépit Mme Du Châtelet. S'il avait connu l'Allemagne véritablement germanique des profondeurs, peut-être l'eût-il moins aimée. Il est évident en tout cas que, comme ses perspectives intellectuelles, à partir de Cirey, son horizon culturel s'élargit. Par ses relations outre-Rhin il commence à s'affirmer comme le grand auteur cosmopolite d'une Europe des Lumières: une Europe à la française, où il ne saurait se sentir dépaysé.

En France même, la lettre du *kronprinz* a changé les dispositions du pouvoir à son égard. Le vieux roi-sergent touche à sa fin. Bientôt Frédéric deviendra, dans le jeu politico-militaire, le chef d'une des plus puissantes armées de l'époque. Même si l'on ne soupçonne pas encore le génie stratégique du futur roi, il ressort que l'on doit, bon gré mal gré, ménager son correspondant français. Le recours à Voltaire s'imposera, après 1741, quand le ministère, engagé dans une guerre décevante, découvrira en Frédéric II un «allié» singulièrement difficile à manier. Le vieux cardinal de Fleury, dépassé déjà par les événements dans ses derniers mois, est après sa mort remplacé par une jeune équipe qui entend rompre avec la circonspection du ministre nonagénaire. On aspire à la gloire des armes, à un certain renouveau politique. Voltaire rencontre des appuis dans les ministres récemment promus, les frères d'Argenson, ses anciens condisciples. Et voici qu'il peut compter sur la protection de la nouvelle favorite, Antoinette Poisson, marquise de Pompadour.

Va-t-il donc «se ranger»? Ayant atteint la cinquantaine, malgré les déboires et de fâcheuses querelles, il parvient à accumuler les honneurs officiels, sous un roi qui parfois donne l'illusion de faire revivre les beaux jours de Louis XIV. Voltaire est élu (enfin!) à l'Académie française, nommé historiographe du roi (comme en leur temps Racine et Boileau), et de surcroît «gentilhomme ordinaire de la chambre du roi». En contrepartie, il lui faut célébrer les fastes du règne. Il le fait sans répugnance. C'est même avec enthousiasme qu'il chante la victoire de Fontenoy... Sur le seuil de ce qui est au dix-huitième siècle la vieillesse, va-t-il s'assoupir dans une rhétorique laudative qu'il pratique mieux que personne (qu'on relise par exemple son *Panégyrique de Louis XV* et autres homélies du même goût)? Mais il ne suffit pas d'encenser un prince tel que Louis XV pour s'en faire aimer. «Trajan est-il content?» Non, «Trajan» ne l'est pas. Et Voltaire n'a pas l'étoffe du parfait courtisan. Thuriféraire du roi «Très-Chrétien», il a eu le tort de produire récemment un inquiétant *Mahomet*. L'illustre poète, si répandu dans Versailles, broche pourtant un «anti-Versailles», *Zadig*, où les puissances ne sont nullement ménagées. Et si l'on savait ce que recèlent ses portefeuilles! Peut-être a-t-il écrit déjà, et cache-t-il «sous cent clés», cette furieuse diatribe anti-chrétienne, le *Sermon des cinquante*.

Il n'achèvera pas sa vie en poète de cour. Mais il ne rompra pas non plus avec le pouvoir. A la différence de certains encyclopédistes, il ne concevra jamais la politique des Lumières comme s'insurgeant contre les puissances établies. Il tentera plutôt de servir la «philosophie» en gagnant les pouvoirs à sa cause. De ce côté aussi, la période de Cirey annonce de futurs développements.

La faveur officielle de Voltaire avait coïncidé avec une dégradation de ses rapports avec Mme Du Châtelet. Entre les deux amants l'accord n'avait jamais été paisible. Même aux plus beaux jours, des disputes, des «scènes» avaient éclaté. Mais au bout d'une dizaine d'années le bonheur du vieux ménage s'est usé: infidélité de part et d'autre. On ne se sépare pas pour autant, car l'entente entre les deux esprits demeure la plus forte. On serait tenté de récrire cette vie autrement qu'elle ne fut. Imaginons qu'après l'accouchement du 4 septembre 1749, Emilie ait surmonté la fièvre puerpérale. Ils continueront à vivre côte à côte, de querelles en raccommodements. Lui ne quittera pas la France. Il persévérera, cahin-caha, dans une carrière de poète de cour, plus ou moins mal en cour. Mais Mme Du Châtelet est morte: voilà la brutale réalité. La Destinée a frappé Voltaire-Zadig du plus inattendu de ses coups. Quel avenir désormais pour lui? Vivre définitivement à Paris, où il vient de s'installer avec Mme Denis, faute de mieux? Ou bien céder enfin à l'appel de la sirène Frédéric? Au moment où s'interrompt le récit de René Vaillot, si dramatique dans ses dernières pages, en ce 12 janvier 1750, jour de la première d'*Oreste*, l'avenir de Voltaire paraît imprévisible.

René Pomeau

Le manuscrit de ce volume a été lu par Jean Ehrard, Christiane Mervaud, Charles Porset, Ute van Runset. René Pomeau a revu l'ensemble et complété quelques passages.

Comme le tome I de *Voltaire en son temps*, le tome II a bénéficié de l'aide du Centre d'étude des XVIIe et XVIIIe siècles de l'Université de Paris-Sorbonne, unité associée du CNRS.

1. Voltaire au désert

D'Autun à Cirey, il n'y a guère qu'une cinquantaine de lieues. Même en évitant Dijon afin de ne pas se jeter dans la gueule du loup et en empruntant de mauvaises routes, Voltaire a eu le temps de se reposer la nuit. Il ne s'est pas arrêté à Semur où pouvait l'attendre la maréchaussée.[1] Le fugitif a dû atteindre son but dès le lendemain de son départ, puisque le 8 mai il adresse à d'Argental une lettre laissant deviner qu'il est à Cirey: «Ne pourriez-vous savoir si le [garde des sceaux] a toujours la rage de vouloir faire périr à Aussone, un homme qui a la fièvre et la dissenterie, et *qui est dans un désert*? Qu'il m'y laisse [...] et qu'il ne m'envie pas l'air de la campagne.»[2]

Oui, Cirey est un véritable désert. Les deux petites villes les plus proches, Bar-sur-Aube et Wassy, en sont éloignées de six lieues. Des collines boisées l'isolent. Aujourd'hui encore, en venant de Bar-sur-Aube, on traverse une immense forêt avant de descendre vers le village. Appuyé sur une «motte» peu élevée où domine le château, Cirey s'allonge en pente douce par-delà le pont de la Blaise, petite rivière tranquille. Derrière le château, à une demi-lieue vers l'amont, la forêt, où se trouvaient les forges de M. Du Châtelet, ferme l'horizon. Quand Voltaire s'y réfugia, le village comptait à peine une douzaine de maisons. D'après une gravure de Deroy, le château comprenait à droite deux corps de bâtiments d'un seul étage; à gauche, l'aile en rez-de-chaussée sera construite par Voltaire. Massif et inconfortable, il était alors mal éclairé et mal chauffé. Les fenêtres, peu nombreuses et étroites, vétustes et disjointes, laissaient passer le vent.

Cependant, Voltaire a la chance d'y arriver au printemps. Autre consolation, il trouve à la ferme du château le laitage, les œufs et la volaille. Dans sa correspondance, on ne découvre ni découragement ni hésitation: il voit très vite le parti qu'il peut tirer de cet isolement pour sa santé, sa sécurité, son travail.

Mme Du Châtelet, afin de recevoir plus rapidement et plus discrètement des nouvelles de son ami, a décidé de ne point quitter Montjeu avant le 20 juin, même pour se rendre à Semur. La ville vient d'acquérir le château du gouverneur pour y installer l'hôpital. Les formalités de la vente sont fixées au

---

1. Lucien Hérard, *Voltaire à Semur* (Dijon 1962).
2. D738 (vers le 8 mai 1734). C'est nous qui soulignons.

5 juin; le marquis étant retenu aux armées, a délégué à sa femme ses pouvoirs par procuration. Or, le 20 avril, elle a fait reporter cette procuration sur «le sieur Guillaume Raynal, bourgeois de Paris». La vente aura donc lieu sans elle.[3]

Cette soudaine séparation a permis à Voltaire et à Mme Du Châtelet de mieux connaître la nature de leurs sentiments. Tous deux s'en sont expliqués. Dans sa lettre du 8 mai, Voltaire confie à d'Argental la profondeur de son amitié pour Emilie en même temps que l'inquiétude des jugements superficiels ou malveillants que le monde peut porter sur elle: «Vous savez tout ce que je dois à la généreuse amitié de Mme Duch... [...] c'est à vous et à elle que je dois la liberté dont je jouis. Tout ce qui me trouble à présent c'est que ceux [...] qui n'ont pas un cœur aussi tendre et aussi vertueux que vous, ne rendent pas à l'extrême amitié et aux sentiments respectables dont elle m'honore toute la justice que sa conduite mérite. Cela me désespérerait et c'est en ce cas surtout que j'attends de votre générosité que vous fermerez la bouche à ceux qui pourraient devant vous calomnier une amitié si vraie et si peu commune».[4]

Ce souci n'est pas nouveau. Toutefois l'émotion du poète est plus grave ici et plus profonde que dans l'*Epître sur la calomnie*, qu'il composa un jour au cours d'une sortie à la campagne, en l'été 1733:

> Ecoutez-moi, respectable Emilie,
> Vous êtes belle; ainsi donc la moitié
> Du genre humain sera votre ennemie.
> Vous possédez un sublime génie,
> On vous craindra: votre tendre amitié
> Est confiante, et vous serez trahie.
> Votre vertu, dans sa démarche unie,
> Simple et sans fard, n'a point sacrifié
> A nos dévots, craignez la calomnie.

La marquise n'est pas encore prête à suivre ce conseil. Néanmoins, dans ses lettres de Montjeu, si l'on en réduit l'excessive dramatisation puisqu'elle feint de croire que Voltaire est prisonnier à Auxonne, elle fait bien la différence entre ses sentiments pour Voltaire et ce qu'elle éprouve pour un «amant»: «je ne connais que vous», écrit-elle à l'abbé de Sade, «avec qui je puisse pleurer le malheur de mon ami [...] Je ne croyais pas que l'amitié pût causer une douleur si sensible [...] je l'ai perdu dans le temps où je sentais le plus de bonheur de le posséder [...] La coquetterie, le dépit, tout nous console de la perte d'un amant; mais le temps qui guérit toutes les plaies, ne fera qu'enveni-

---

3. Archives de l'Hôtel de ville de Semur-en-Auxois, Registre des délibérations B B 22 (1722-1734).
4. D738.

mer la mienne.»[5] Or «l'amant» est toujours accessible: si cette femme, qui ne veut perdre aucune des formes du bonheur, exprime à Maupertuis sa tristesse, c'est pour en espérer aussitôt des compensations: «Votre amitié monsieur a fait le charme de ma vie dans les temps les plus heureux pour moi, c'est-à-dire dans ceux où je vous voyais souvent, jugez combien elle m'est nécessaire dans le malheur. Je viens de perdre Voltaire.»[6]

Après une installation rapide dans une chambre où il écrit «mille lettres», Voltaire accourt chez deux châtelaines des environs, amies de la famille Du Châtelet, l'une jeune et jolie, Mme de La Neuville, l'autre moins jeune, un peu grosse, Mme de Champbonin, qui sera, pour l'exilé, d'un parfait dévouement. Quel bonheur, pour ces dames, dont les époux sont aux armées, d'accueillir un homme extraordinaire! «Voilà», s'écrie Voltaire, «la société la plus délicieuse et la plus respectable que je connaisse!»

Il fait poster ses lettres dans des villes éloignées, même jusqu'à Bâle, et fait adresser son courrier chez un ami de la famille, l'abbé Moussinot, cloître Saint-Séverin à Paris. Cette correspondance a surtout pour objet de chercher comment et par qui il a été trahi. Avant de quitter Montjeu, spontanément, sous l'empire de l'émotion et de la crainte, il a dénoncé à Hérault l'imprimeur Jore, et ceux qui répandent les *Lettres anglaises*, La Bauche et la femme Pissot. Puis il s'adresse à Jore lui-même, mais cette lettre, qui risque d'être ouverte par la police, ne peut être qu'une vaine tentative de se couvrir: «S'il est vrai que vous ayez une édition de ce livre (ce que je ne crois pas) [...] portez-la chez M. Rouillé, et je la payerai au prix qu'il taxera».[7] Jore ne peut répondre: il est à la Bastille. Durant tout le mois de mai les renseignements obtenus par Voltaire et les hypothèses auxquelles il se livre à Cirey ne laissent pas d'être contradictoires. Son meilleur recours, pense-t-il, est de s'adresser à Cideville qui est à Rouen, en relations avec Jore et sa famille: «Votre protégé J... [Jore] m'a perdu [...] Le remède est dans votre amitié. Vous pouvez engager la femme de J. à sacrifier 500 exemplaires. Ils ont assez gagné sur le reste supposé que ce soient eux qui aient vendu l'édition. Ne pourriez-vous point alors écrire en droiture à M. Rouillé, lui dire qu'étant de vos amis depuis longtemps, je vous ai prié de faire chercher à Rouen l'édition de ces Lettres, que vous avez engagé ceux qui s'en étaient chargés à la remettre».[8] «Précautions et subterfuges», note Th. Besterman. C'était, une fois de plus, accuser Jore.

La réponse de Cideville l'a-t-elle troublé? Veut-il lui faire plaisir? Il «commence à croire» que l'édition qui «porte son nom à la tête» est une édition de

5. D741 (12 mai 1734).
6. D730 (29 avril 1734).
7. D735 (vers le 6 mai 1734).
8. D736 (8 mai 1734).

Hollande. Dans ce cas, il demande pardon à Jore de l'avoir soupçonné, il devrait dire «dénoncé». De toute façon, il n'a guère d'illusions sur l'honnêteté de Jore: «Il connaît son homme».[9] En effet, dans le même temps, Hérault rend compte à Maurepas que dans un appartement loué à Paris par Jore fils «à la nommée Richard dite Aubry», on a trouvé un grand nombre de *Lettres philosophiques*, ainsi commence-t-on à les nommer.[10] Voltaire a beau jeu de répliquer à Cideville que «c'est l'édition de votre protégé qui a paru, et qui a fait tout le malheur».[11] Contradiction: le 1er juin Voltaire apprend que Jore vient d'être libéré, car on ne le croit pas coupable. Il a déclaré au lieutenant de police que c'est Voltaire lui-même qui a édité et laissé vendre son ouvrage. Sur cette déposition, on a perquisitionné chez Voltaire, rue de Longpont, on a «tout renversé», et l'on a saisi une petite armoire où étaient ses papiers et «toute ma fortune». En chemin, elle s'est ouverte et «tout a été au pillage».[12] Or, on vient de découvrir à Paris une presse sur laquelle on réimprimait les *Lettres*, ce qui semble innocenter Jore et Voltaire.

Il n'a pas fini d'irriter le pouvoir, d'étonner ses amis, d'inquiéter Mme Du Châtelet. La guerre de la succession de Pologne vient de commencer. Non loin de Cirey, dans le duché de Bade, combat le duc de Richelieu au siège de Philippsbourg. Un jour, dans le camp, il rencontre François de Lorraine, prince de Lixin, qui avait refusé, considérant qu'il y avait mésalliance, de signer le contrat de mariage de sa cousine Elisabeth de Guise. Lixin insulte le duc; les deux hommes dégainent. Lixin blesse légèrement Richelieu, mais celui-ci transperce son adversaire et le tue. Voltaire, mal informé, apprend que le duc de Richelieu est gravement blessé, peut-être mort. Sans réfléchir davantage, il se met en route pour Philippsbourg: peut-on condamner ce que le cœur commande? Là-bas, il trouve le duc de Richelieu remis de sa blessure. Pourtant, il va passer au camp le mois de juillet presque entier. Expérience unique d'un champ de bataille dont il conservera et utilisera le souvenir. Il s'étonne de la vie fastueuse des officiers grands seigneurs: Richelieu, colonel d'un régiment, possède un équipage de soixante-douze mulets, trente chevaux et une multitude de valets. Voltaire prend la liberté de fureter à travers le camp; des sentinelles du jeune prince de Conti le prennent pour un espion et décident de le pendre; mais Conti venant à passer le reconnaît et le prie à souper:[13] le père du prince n'était-il pas un grand admirateur d'*Œdipe*? Et ne

---

9. Note de Th. Besterman à D736.
10. D742 (mai 1734).
11. D743 (20 mai 1734).
12. D751 (1er juin 1734).
13. D768 (12 juillet 1734).

voilà-t-il pas un de ces retournements de la destinée digne de *Candide?* Les officiers ne manquent point de culture et, ici, on ne s'occupe point des lettres de cachet. Conti, les comtes de Charolais, de Clermont et beaucoup d'autres accueillent le poète avec courtoisie et admiration.

Lui les plaindrait plutôt de faire la guerre. Il prend la liberté de l'écrire à Mme de La Neuville dont le mari est au combat: «Hier on acheva d'emporter un certain ouvrage à corne dont M. de Belle-Isle avait déjà gagné la moitié. Douze officiers aux gardes ont été blessés à ce maudit ouvrage. Voilà, madame, la folie humaine dans toute sa gloire, dans toute son horreur».[14] Outre cette expérience de la guerre, il a eu l'avantage de rencontrer le marquis Du Châtelet, qui combat sous les ordres de Richelieu, et en a obtenu l'autorisation d'occuper son château.

Cependant, cette équipée n'arrange pas les affaires du poète auprès du pouvoir. Mme Du Châtelet, rentrée à Paris, prend le vent à la cour et dans les ministères; elle apprend que le cardinal et le ministre sont plus mécontents que jamais: «il y a dans l'arrêt», écrit-elle à l'abbé de Sade, «une permission d'informer que le procureur général veut poursuivre contre toute vraisemblance. La cour ne veut point révoquer sa lettre de cachet. On lui fait un crime d'un voyage qu'il a fait au camp que son amitié seule pour M. de Richelieu lui a fait entreprendre [...] on parle d'un bannissement».[15] Voilà qui serait grave si l'on pense au bannissement de J.-B. Rousseau, condamné à l'exil depuis 1712!

Les relations de Mme Du Châtelet avec Voltaire, trop récentes, et qui n'osent encore s'affirmer, ne lui permettent pas d'intervenir directement auprès des ministres. Si elle s'efforce, par des amis, d'obtenir la liberté du poète, c'est qu'elle redoute pour lui un hiver à Cirey et qu'elle ne désire pas le rejoindre au «désert». Elle aime Paris, dont elle vient d'être privée, et surtout elle est toujours éprise de Maupertuis.

Pourtant, ses relations avec le savant demeurent aussi difficiles. En juillet, il se laisse entraîner par Emilie à une partie de campagne qui se termine par une brouillerie. Clairaut, qui est amoureux de Mlle Du Thil, l'amie de Mme Du Châtelet, en est chagriné et gêné; il plaide pour Emilie, Maupertuis réfléchit et revient. Mais Clairaut remplacera peu à peu Maupertuis dans la direction des études de Mme Du Châtelet: doux et patient, il aime enseigner; son père était professeur et lui en a donné le goût. S'il publie, en 1741, ses *Eléments de géométrie,* c'est poussé par sa vocation pédagogique et non pour

14. D766 (1er juillet 1734).
15. D769 (vers le 15 juillet 1734).

9

instruire Mme Du Châtelet dont les connaissances sont d'un niveau supérieur.[16]

En août, elle invite chez elle Maupertuis alors que son dernier enfant, né en avril 1733, vient de mourir: «Mon fils est mort cette nuit monsieur, j'en suis je vous l'avoue extrêmement affligée [...] Si vous voulez venir me consoler vous me trouverez seule. J'ai fait défendre ma porte mais je sens qu'il n'y a point de temps où je ne *trouve un plaisir* extrême à vous voir».[17] A cette époque, la mort d'un enfant en bas âge est un incident vite oublié.

Voltaire a suffisamment d'ennemis et de faux amis pour être informé de la conduite de Mme Du Châtelet. Elle tarde tant à le rejoindre à Cirey que ses deux voisines s'en étonnent. Laissant de côté tout amour-propre, il s'est résolu, en plaisantant, à leur en donner la raison: «Permettez-moi», écrit-il à Mme de La Neuville, «de vous prier d'entretenir la bonne volonté qu'on a pour moi à la Neuville. A l'égard de celle de ma femme, je m'en remets à la providence et à la patience de c..u [cocu].»[18] Plus tard, son amertume se cache sous la plaisanterie un peu vulgaire: «Que ma femme me fasse souvent cocu; que madame de Champbonin [...] n'ait point d'indigestion; je serai toujours très heureux».[19] Il pense sans doute aux faiblesses de son amie quand il dit à sa voisine: «c'est un bonheur véritable de trouver une femme comme vous, dont le cœur est si respectable». Il est vrai que Mme de La Neuville est «un peu» janséniste.

Cependant, avec l'autorisation de M. Du Châtelet, Voltaire va entreprendre de restaurer le château de Cirey, et surtout d'y ajouter l'aile dont le marquis, faute de fonds, avait abandonné la construction. Conçue par Voltaire, cette aile sera plus légère et plus élégante que les anciens bâtiments. Dans l'angle droit ainsi formé, il aménagera des terrasses et dessinera un jardin.

A cette époque, Voltaire est riche. On connaît les sources de sa fortune.[20] Or, il ne laisse point dormir ses capitaux; il les investit dans «les affaires de Barbarie». D'abord, il s'en occupe lui-même assidûment et contrôle Demoulin; il oriente la vente des blés d'Afrique du Nord vers l'Espagne et l'Italie, où elle est plus lucrative qu'à Marseille, et il en retire d'importants bénéfices. A ces affaires de Barbarie, s'ajoutent à la même époque les transactions de Cadix. Cette ville est le port de commerce par excellence vers l'Amérique espagnole.

---

16. Pierre Brunet, *La Vie et l'œuvre de Clairaut* (Paris 1951), p.63: «Il n'est pas vraisemblable d'admettre, comme on l'a souvent répété, que ce livre, à l'usage des débutants, n'est que la rédaction des leçons données à la savante marquise.»

17. D778 (août 1734). Souligné dans le texte.

18. D779 (?août 1734).

19. D781 (?août 1734).

20. René Pomeau, *Voltaire en son temps*, i.259.

Savary, dans *Le Parfait négociant*, signale que s'y effectuent des échanges entre la Barbarie et les colonies d'outre-Atlantique. Les Français y échangent les produits de leurs propres colonies, cacao, sucre, tabac de Saint-Domingue, contre l'or et l'argent qui affluent du Pérou et du Mexique.[21] Voltaire, s'il ne s'en occupe plus directement, confie à un homme bien placé, le sieur Gilly, des capitaux qui lui rapportent environ trente pour cent.

Mais les seuls placements qui lui éviteront les dangers de la mer et les faillites des banquiers sont ceux qu'il engage chez les frères Pâris, dans leur vaste entreprise de fournitures aux armées. C'est en 1734 qu'il commence à leur confier des capitaux. Ces affaires ne cesseront de se développer, favorisées plus tard par le comte d'Argenson, ministre de la guerre. De la fourniture des fourrages, Voltaire passe à celle du drap, puis à celle du ravitaillement des troupes.[22] Le poète se constitue ainsi une rente viagère qui, s'élevant d'année en année, devient la meilleure garantie de liberté. Cette liberté, il la consolidera en prêtant de l'argent à quelques grands, au prince de Guise, au duc de Richelieu, au comte de Guébriant, au marquis de Lezeau dont les noms apparaîtront fréquemment, à partir de 1736, dans les lettres de Voltaire à l'abbé Moussinot. C'est l'abbé qui sera chargé d'arracher les intérêts à ces débiteurs désinvoltes.

Il est difficile d'évaluer la fortune de Voltaire à l'époque où il entreprend les travaux de Cirey. On a parlé de quatre-vingt mille livres *de rente*. Jean Sgard[23] situe entre quarante et cent mille livres les revenus de bonne noblesse. Ces chiffres, pour une approximation en francs actuels, seraient à multiplier par quatre-vingts, ce qui donnerait, pour Voltaire, six millions quatre cent mille francs. On comprend qu'il s'engage dans ces travaux, sachant bien qu'ils seront coûteux, sans lésiner. Il mobilise maçons et charpentiers de la région. Le voici, «entouré de plâtras», laissant croire qu'il «ruine» Mme Du Châtelet, essayant de gagner de vitesse son amie: obtenir que le château soit habitable avant l'hiver, et même séduisant, pour celle qu'il nomme «sa femme». Tel est son objectif. Non pas qu'il envisage d'en faire une demeure où il pourrait se fixer, mais il le considère comme un refuge occasionnel contre l'arbitraire du pouvoir. Enfin, son entêtement à construire est une sorte de défi lancé à Mme Du Châtelet et à l'instabilité de sa propre destinée. Car il sait bien qu'il ne pourra se retenir toujours d'écrire ce qu'il pense. C'est en cet automne de 1734 qu'il commence à rédiger son *Traité de métaphysique*, un ouvrage «à faire

21. Jacques Savary, *Le Parfait négociant ou instruction générale pour ce qui regarde le commerce des marchandises de France et des pays étrangers* (Paris 1721-1724), p.155-66 (livre II, chapitre 5).

22. Léon Kominski, *Voltaire financier* (Paris 1929), p.59-70. Voir aussi Jacques Donvez, *De quoi vivait Voltaire?* (Paris 1949), p.69-75.

23. Jean Sgard, «L'échelle des revenus», *Dix-huitième siècle* 14 (Paris 1982), p.425-32.

brûler son homme»; il ajoute, pour s'amuser, quelques chants de *La Pucelle*. «Quand est-ce donc», écrit-il à Formont, «que nous pourrons dire ensemble avec liberté, qu'il n'est pas sûr que la matière soit nécessairement privée de pensée, qu'il n'y a pas d'apparence que la lumière, pour éclairer la terre, ait été faite avant le soleil, et d'autres hardiesses semblables, pour lesquelles certains fous se sont fait brûler autrefois par certains sots?»[24]

Néanmoins, c'est par un nouveau succès au théâtre qu'il espère tourner en sa faveur l'opinion et atténuer la sévérité du pouvoir. Il faut donc, avant tout, qu'il achève sa nouvelle tragédie, *Alzire ou les Américains*. Il l'avait commencée en 1733, avant la première d'*Adélaïde*. Il la termine en cet automne de 1734, dans le loisir de Cirey. Au début de décembre, les cinq actes sont prêts. Il les expédie à d'Argental pour qu'il les soumette aux Comédiens français, sans nommer l'auteur.[25]

Il reprend un schéma analogue à celui de *Zaïre*: deux mondes étrangers l'un à l'autre, s'affrontant avec une grandeur d'âme égale de part et d'autre. La disposition permet de puissants effets de pittoresque, de pathétique, de noblesse morale, et dégage une leçon philosophique.

Cette fois le «monde nouveau» avec lequel les chrétiens sont aux prises, c'est celui des Incas à l'époque de la conquête espagnole, au seizième siècle. La ville fortifiée de Los Reyes, c'est-à-dire Lima, où se situe l'action, dans le palais du gouverneur, vient à peine d'être construite. La guérilla indigène continue de contrôler la campagne et les forêts avoisinantes. Récemment un commando de ces rebelles a été intercepté. Ils vont paraître sur la scène, coiffés de plumes, habillés en «sauvages». En ce sujet «américain» Voltaire élargit le kaléidoscope de ses tragédies, s'efforçant ainsi de rompre la monotonie inhérente à un genre aussi figé. Après l'Orient des croisades, après le moyen age de la guerre de Cent Ans, il transporte l'imagination de son public dans l'Amérique des conquistadores. Néanmoins, comme les conditions du spectacle interdisent les effets de mise en scène, l'exotisme s'affirmera surtout dans le caractère de ses héros indigènes.

Voltaire exploite le pathétique naissant du choc entre ces «sauvages» intrépides et des Espagnols implacables. A quel point son *Alzire* fut à cet égard un succès, une anecdote le prouve. Le jeune Rousseau assista à Grenoble à une représentation de la tragédie, quelques mois après sa création à Paris. La troupe de province jouait mal. Pourtant l'émotion du spectacle affecte Jean-Jacques jusqu'au malaise physique. Il en est remué au point de «perdre la respiration». Il est saisi de palpitations qui persistent, de sorte qu'il doit après

---

24. D794 (octobre 1734).
25. D804 (vers le 1er décembre 1734).

cela «renoncer [...] au tragique» pendant quelque temps.[26] Si la biographie est aussi une «résurrection», nous devons tenter de restituer le potentiel d'émotion qu'une telle pièce développait et pour le public et pour son auteur. Car rien ne serait plus faux que de supposer Voltaire combinant froidement ses cinq actes. N'en doutons pas, et son expérience d'acteur le prouve suffisamment: il vibrait lui-même des instants intenses que l'action tragique suscitait, puissants stimulants de son inspiration.

A cette fin, l'intrigue d'*Alzire* est efficacement construite. Elle vise à amener de grandes scènes qui «coupent le souffle» (au sens propre dans le cas de Jean-Jacques) et se succèdent à vive allure, ne laissant pas au spectateur le loisir de «respirer».

Au lever du rideau, le vieil Alvarez cède le commandement à son fils Gusman. Les deux hommes sont en désaccord sur la méthode de colonisation. Gusman tient pour la manière forte: répression, supplices. Alvarez est d'avis qu'il faut au contraire gagner les cœurs par l'indulgence. Lui-même, tombé aux mains de la guérilla, ne dut-il pas la vie sauve à la générosité d'un jeune chef inca? Gusman, fils respectueux, se soumet. Il accepte de libérer un groupe de rebelles, prisonniers dans les cachots du palais. Il va d'ailleurs épouser, en ce jour, une jeune indigène, Alzire, fille d'un chef converti. Mais Alzire exprime la plus vive répugnance pour une telle union. Elle n'a pas cessé d'aimer le jeune «cacique» Zamore, chef des insurgés. Si elle se résigne, c'est qu'elle le croit mort. Mais Zamore, on l'a compris, est bien vivant. A l'acte suivant, ses «Américains» et lui, sortant de leurs geôles, envahissent le plateau. Premier choc: Alvarez reconnaît en lui le chef qui le sauva. Effusions. Zamore n'en est pas moins déterminé à délivrer Alzire, naguère sa fiancée, et à se venger de Gusman (il ignore que celui-ci est le fils d'Alvarez) – ce Gusman qui le fit atrocement torturer après sa capture. L'ardent commando va reprendre le combat, s'enfuyant par une brèche du rempart. Or, à ce moment, des coups de canon se font entendre, des lueurs zèbrent le ciel. Zamore s'interroge. Le spectateur quant à lui sait que ce sont là les signaux du mariage entre Gusman et Alzire, qui vient d'être célébré. Le temps fort suivant est la rencontre d'Alzire et de Zamore, toujours épris l'un de l'autre, mais désormais définitivement séparés. Le jeune rebelle apprend avec horreur que sa bien-aimée a épousé son bourreau et que ce Gusman est fils d'Alvarez. Entre alors Gusman. Follement téméraire, Zamore le provoque. Sur ces entrefaites on apprend que les insurgés occupent toute la campagne et menacent la ville. C'en est trop. On se saisit de Zamore. Gusman ordonne de l'exécuter. Le chef espagnol ne

---

26. *Correspondance complète de Jean Jacques Rousseau*, éd. R. A. Leigh (Genève, Banbury, Oxford 1965-), i.16, lettre écrite le lendemain à Mme de Warens, 13 septembre 1737.

se laisse fléchir ni par les prières d'Alvarez ni par celles d'Alzire. En cette extrémité il ne reste qu'un recours. La suivante corrompt par de l'or un soldat de garde: il conduira le prisonnier hors de la ville. Mais Zamore assomme le soldat, prend son armure et ses armes, et se glisse jusqu'auprès de Gusman. Il le perce de coups. Au cinquième acte, Zamore reparaît enchaîné aux côtés d'Alzire. Les Espagnols en fureur vont les massacrer. Alvarez supplie les deux jeunes gens de se déclarer chrétiens pour sauver leur vie. Ils refusent. A cet instant se produit le coup de théâtre qui va élever l'émotion à son comble. On porte sur le théâtre Gusman agonisant. Au moment d'expirer, «un nouveau jour l'éclaire». Il comprend l'horreur de toute cette violence. Il pardonne à Zamore, au nom du Dieu chrétien. Il lui demande après sa mort d'épouser Alzire. Devant tant de grandeur d'âme, Zamore est ébranlé. Il doit avouer la supériorité du Dieu qui inspire de tels sentiments. Il se dit prêt à se convertir. Gusman meurt apaisé.

Une action aussi dramatique était propre à faire accepter la leçon philosophique. Une leçon double. Avec des accents dont la modernité parfois étonne, Voltaire fait le procès de la colonisation. «On sait», écrit-il, «quelles cruautés Fernand Cortez exerça au Mexique et Pizarre au Pérou.»[27] Il connaît l'*Histoire de la conquête du Mexique ou de la Nouvelle Espagne* par Antonio Solis. Peut-être a-t-il lu déjà Garcilaso de La Vega et le réquisitoire de Las Casas. Dans la ligne de ces ouvrages, *Alzire* fait ressortir la justice de la cause indigène. On donne raison à Montèze, le père d'Alzire, lorsque, tout rallié qu'il est aux Espagnols, il dénonce «la rage impitoyable» des conquérants. La sympathie va à ces «sauvages» qui défendent leur peuple contre des «assassins», «avides» et «de sang enivrés» (II.i). L'intérêt dramatique exige cependant que les deux partis, comme dans *Zaïre*, se situent à un même niveau de noblesse morale. Alvarez le reconnaît impartialement:

> L'Américain, farouche en sa simplicité,
> Nous égale en courage, et nous passe en bonté. (I.i)

Parallèlement, en face, il est aussi de grandes âmes: cet Alvarez, précisément, et Gusman lui-même, ne se présentent pas comme des «méchants» dont on doive désespérer. Il existe de bons colonisateurs. Il existe de même, et c'est le second article de la leçon philosophique, une religion bienfaisante. Celle que pratique le même Alvarez, prêchant à son fils que «le vrai Dieu est un Dieu qui pardonne» (I.i). Un Dieu qui s'avère au dénouement, par la bouche de Gusman repenti, valoir mieux que les divinités barbares des indigènes:

> Des dieux que nous servons connais la différence:
> Les tiens t'ont commandé le meurtre et la vengeance;

27. Note sur l'acte I, scène I.

Le mien, quand ton bras vient de m'assassiner,
M'ordonne de te plaindre et de te pardonner. (v.vii)

Voltaire reprend l'antithèse sur laquelle il fonde son déisme. Mais il la situe ici à l'intérieur du christianisme. Sa tragédie par là faisait, ou semblait faire, l'apologie de la religion la plus orthodoxe, conçue dans une interprétation généreuse. Il se flattait donc que cette pièce «fort chrétienne» pourrait le «réconcilier avec quelques dévots».[28] Elle arrivait en effet à point nommé en cet automne de 1734. Après la condamnation et l'exil, elle pourrait s'insérer dans une stratégie du retour.

Mais l'affaire restait malaisée. Comment obtenir l'annulation de la lettre de cachet lancée le 8 mai? En septembre, la duchesse de Richelieu était rentrée à Paris. Elle avait engagé aussitôt de courageuses démarches. Elle s'adresse d'abord au plus intransigeant, le procureur général Joly de Fleury. Elle lui apporte un projet de désaveu de Voltaire. Elle voit ensuite Chauvelin, le garde des sceaux, qu'elle trouve dans les meilleures dispositions. Il prouve sur le champ sa bonne volonté en demandant au procureur général ses réflexions confidentielles sur le désaveu «afin que l'affaire puisse s'arranger convenablement».[29] Ni cette invitation, très nette, ni la dignité et la diplomatie de la duchesse ne viendront à bout du procureur: «Il est vrai», répond-il au ministre, «que Mme la duchesse de Richelieu a voulu absolument me laisser un projet pour Voltaire, elle a mis par là mon respect et ma déférence pour elle à la plus grande épreuve. Tout ce que j'ai de plus intimes amis m'avaient apporté ce même projet, et je n'avais pas voulu m'en charger. Je le fis par respect.» Suit une critique du désaveu, longue, embarrassée, tâtillonne, d'où ressortent quelques vérités gênantes pour Voltaire: celui-ci en effet «compte sur la sagesse de sa conduite à l'avenir. Il ne dit pas un mot de la sagesse de ses pensées [...] Le désavouant est un menteur [...] il n'y a point de coupable qui ne désavoue son crime ou qui ne cherche à s'excuser.»[30]

Emilie a espéré que Voltaire serait de retour à Paris pour Noël 1734. Mais l'affaire est de nouveau bloquée: comme Joly de Fleury, le parlement est jansénisant et ne saurait oublier que Voltaire a maltraité Pascal.

Au début de septembre, l'obstination de l'ermite semble l'emporter: Mme Du Châtelet lui annonce qu'elle va renoncer à suivre la cour à Fontainebleau et partir pour Cirey. Curiosité de voir où en sont les travaux? Désir d'apporter à son ami sa présence? Certes, mais la vraie raison, c'est que Maupertuis vient d'accepter de Jean Bernoulli l'invitation de se rendre à Bâle. Et c'est cette

---

28. D804 (vers le 1er décembre 1734).
29. D790 (7 octobre 1734).
30. D791 (8 octobre 1734).

nouvelle goujaterie de Maupertuis qui va brusquer sa décision: «Je suis au désespoir», lui écrit-elle, «non que vous soyez parti puisque vous l'avez voulu [...] mais de ce que vous ne me l'avez pas dit.»[31]

Avant de rejoindre Voltaire, elle se renseigne sur ce que pense la Sorbonne de l'opéra *Samson*. Elle en rend compte à Forcalquier en un style voltairien: «on dit que l'on y attribue les miracles de Moïse à Samson et que le feu du ciel qui désola la contrée des philistins tomba premièrement sur la gauche, au lieu que dans l'opéra on le fait commencer par la droite, ce qui, comme vous sentez bien, est une grande hérésie».[32] Rameau lui «a fait la galanterie» de l'inviter à une répétition chez Fagon le fils; elle trouve admirables le troisième et le cinquième actes. Sans attendre, Voltaire continue à raccommoder son opéra.

Elle arrive enfin à Cirey le 20 octobre. Voltaire, tout heureux, l'annonce à Mme de Champbonin: «Elle est venue dans le moment que je recevais une lettre d'elle, par laquelle elle me mandait qu'elle ne viendrait pas si tôt. Elle est entourée de deux cents ballots qui ont débarqué ici le même jour qu'elle. On a des lits sans rideaux, des chambres sans fenêtres, des cabinets de la Chine et point de fauteuils, des phaétons charmants et point de chevaux qui puissent les mener. Madame Du Châtelet, au milieu de ce désordre, rit et est charmante.»[33] Avec la même bonne humeur, Voltaire accepte qu'Emilie modifie les plans qu'il a élaborés: «Elle fait mettre des fenêtres où j'avais mis des portes. Elle change les escaliers en cheminées, et les cheminées en escaliers. Elle fait planter des tilleuls où j'avais proposé des ormes».[34] Oubliant sa longue attente et ses blessures d'amour-propre le poète accourt avec son amie à La Neuville et à Champbonin dans un phaéton, voiture légère, tirée par un cheval «gros comme un éléphant».

Voltaire imagine-t-il qu'il a remporté une victoire définitive? Il invite, non sans crânerie, son rival Maupertuis à passer par Cirey lors de son retour de Bâle: «La plus belle âme du monde passe la vie à vous écrire en algèbre, et moi je vous dis en prose que je serai toute ma vie votre admirateur, votre ami etc.»[35]

On admire cette absence de jalousie, mais au fond, Voltaire s'installant ainsi chez Mme Du Châtelet n'occupe-t-il pas la position la plus solide et la plus durable?

31. D783 (vers le 10 septembre 1734).
32. D784 (14 septembre 1734).
33. D793 (octobre 1734).
34. D800 (vers le 1er novembre 1734).
35. D795 (octobre 1734).

Ce bonheur devait être court. Le froid de l'hiver s'installe en ce dur climat et Voltaire est maintenant certain de ne pas être à Paris pour Noël. Il n'a pas la vigueur nécessaire pour retenir son amie. Il est malade en novembre, et il se trouve, en décembre, «dans un accablement si grand, qu'à peine ai-je la force d'écrire un mot»;[36] il décommande une invitation qu'il a faite à Mme de Champbonin. Maupertuis est rentré de Bâle en se gardant bien de passer par Cirey; Emilie peut-elle dissimuler qu'elle aime son géomètre? Elle brûle de repartir pour Paris. La géométrie n'est pas son seul prétexte: les quelques nuits de Montjeu ont été fécondes pour la duchesse de Richelieu qui souffre, à Paris, d'une grossesse difficile; comment ne pas se précipiter à son chevet? En outre, Mme du Châtelet rendra service à Voltaire: elle emporte, sous le secret, le manuscrit d'*Alzire* pour le remettre à d'Argental. «C'est une pièce fort chrétienne; [...] par le temps qui court, il vaut mieux faire sa cour à la religion qu'à la poésie.»[37] S'il se trompe sur les vertus de sa pièce, du moins montre-t-il que lui aussi a envie de rentrer.

A la fin de janvier, le poète reçoit de bonnes nouvelles. Son projet de désaveu, remanié par le procureur général, où il «proteste de sa soumission entière à la religion de ses pères», a été présenté par Chauvelin au cardinal de Fleury qui l'a trouvé «bien». Chauvelin a déclaré qu'il en faisait son affaire. Depuis la sortie des *Lettres*, les admirateurs et amis du poète ont effectué lentement leur travail de fourmis. Le procureur, dont la bonne volonté s'est curieusement modifiée, admet que «le libraire se trouve plus compromis que l'auteur». Enfin le pouvoir, qui n'est pas janséniste, passe outre à la résistance du parlement et, le 2 mars, Hérault écrit à Voltaire qu'il pourra revenir à Paris lorsqu'il le jugera à propos. Il termine sa lettre par un sermon paternel: «Plus vous avez de talent, monsieur, plus vous devez sentir que vous avez et d'ennemis et de jaloux. Fermez-leur donc la bouche pour jamais par une conduite digne d'un homme sage et d'un homme qui a déjà acquis un certain âge.»[38]

Le lieutenant de police ne connaît pas encore son Voltaire. Mais la lettre de cachet du 8 mai 1734 n'est pas révoquée: le pouvoir pense sans doute que c'est là le bon moyen d'obtenir cette sagesse.

Voltaire ne se hâte pas. Il abandonne les travaux de Cirey à un homme de l'art et n'arrive à Paris que le 30 mars.[39] Or, six semaines plus tard, vers le 12 mai, il va fuir Paris. Il cherche à l'expliquer à ses correspondants, leur donnant des arguments embarrassés et peu convaincants. A Paris, il vit dans un tourbillon; son imagination est appesantie par «les affaires et les devoirs»; il

---

36. D814 (vers le 15 décembre 1734).
37. D804 (vers le 1er décembre) et D813 (10 décembre 1734).
38. D848 (2 mars 1735).
39. D854 (30 mars 1735).

est déçu par Linant, qui s'est mal conduit dans «le bouge» de la rue de Longpont et n'a rien écrit «qui ressemble à une tragédie». Si Voltaire est satisfait que les théories de Newton soient un peu mieux connues, il est fâché que Paris ne s'intéresse plus assez à la poésie; les «vers ne sont plus à la mode»; le siècle va vers la physique et la philosophie... «Tout tombe, tout s'en va dans Paris. Je m'en vais aussi».[40] Et les dévots prêtent l'oreille aux bruits qui courent à propos de «cette Pucelle».[41]

Si son départ est étonnant, la destination qu'il prend l'est davantage encore: il ne va pas à Cirey, il part pour la cour de Lorraine, à Lunéville, avec la duchesse de Richelieu, laissant à Paris Mme Du Châtelet. Il n'est pas difficile de deviner qu'il a eu avec son amie une explication grave, qu'il lui a reproché sa conduite et qu'il l'a mise en demeure de se décider soit pour Voltaire et l'étude, soit pour Maupertuis et la dissipation. Bien qu'il soit libre désormais de vivre à Paris, il retournera à Cirey, mais à condition qu'elle s'y installe avec lui. Il ne s'agit pas d'une simple brouille; c'est plus important: c'est un choix de destinée. Voltaire laisse à Mme Du Châtelet quelques semaines pour réfléchir.

C'est ce qu'elle fait enfin, lucidement, honnêtement. Sa décision, nous la trouvons dans les longues lettres confidentielles qu'elle écrit à Richelieu en mai et juin. Dès le 21 mai, son «sacrifice» est fait. Il n'est pas mince, car elle était très «lancée» dans le monde et pouvait parvenir peu à peu à consolider la situation de Voltaire: elle a été reçue chez les Condé et a soupé chez le cardinal de Fleury. «Tout mon bien», écrit-elle, «est à Lunéville et à Strasbourg [où Richelieu a rejoint son régiment]. Je perds ma vie loin de tout ce que j'aime [...] l'ennui ne me quittera qu'en Champagne. Je n'y pourrai guère être avant le 20ᵉ de juin.»[42] Richelieu demande sans doute des explications. Elle les lui donne dans les lettres suivantes.

Elle fait, de ses rapports avec Voltaire, une analyse lucide où l'on recueille les échos de récentes discussions avec le poète: «Mon esprit est accablé, mais mon cœur nage dans la joie. L'espérance que cette démarche [son proche départ pour Cirey] lui persuadera que je l'aime me cache toutes les autres idées, et je ne vois que le bonheur extrême de guérir toutes ses craintes et de passer ma vie avec lui. [...] je vous avoue cependant que ses inquiétudes et ses méfiances m'affligent sensiblement. Je sais que cela fait le tourment de sa vie. Il faut bien moyennant cela que cela empoisonne la mienne, mais nous pourrions bien avoir raison tous deux. Il y a bien de la différence entre la jalousie et la crainte de n'être point assez aimé [...] L'un est un sentiment

---

40. D867 (6 mai 1735).
41. D874 (vers le 30 mai 1735).
42. D871 (21 mai 1735).

fâcheux et l'autre une inquiétude délicate contre laquelle il y a moins d'armes et moins de remèdes hors celui d'aller être heureux à Cirey. Voilà en vérité de la métaphysique d'amour.»[43] Rien d'étonnant à cette «métaphysique»: elle vient de se promener deux heures aux Tuileries avec Fontenelle, le «père» et l'ami de Marivaux.

A plusieurs reprises, elle avoue qu'elle aime Voltaire et le déclare son amant, un amant de choix auprès de qui elle est décidée à jouer un rôle historique: «Plus je réfléchis sur la situation de Voltaire et sur la mienne, et plus je crois le parti que je prends nécessaire. Premièrement, je crois que tous les gens qui aiment passionnément vivraient à la campagne ensemble si cela leur était possible; mais je crois de plus, que je ne puis tenir son imagination en bride que là: je le perdrais tôt ou tard à Paris, ou du moins je passerais ma vie à craindre de le perdre, et d'avoir des sujets à me plaindre de lui. [...] Je ne puis allier dans ma tête tant d'esprit, tant de raison dans tout le reste, et tant d'aveuglement dans ce qui peut le perdre sans retour: mais je suis obligée de céder à l'expérience. *Je l'aime assez, je vous l'avoue, pour sacrifier au bonheur de vivre avec lui sans alarmes, et au plaisir de l'arracher malgré lui à ses imprudences et à sa destinée.*»[44]

La réflexion de Mme Du Châtelet a porté aussi sur sa situation conjugale. A cette époque, il est plus facile à une femme du monde de se dissiper que de s'installer dans l'adultère. La cohabitation de l'ami et de l'époux pose des problèmes, car enfin c'est chez M. Du Châtelet que le couple va vivre. En ce qui concerne l'aspect moral de cette situation, Richelieu, qui se trouve sur le même champ de bataille que M. Du Châtelet, peut rendre à Emilie un inappréciable service: très écouté du marquis, il le persuadera de la nécessité et de l'innocence de la collaboration des deux génies loin du monde. «Si vous voyez M. de Châtelet, comme je n'en doute pas, parlez lui de moi avec estime et amitié; surtout vantez mon voyage, mon courage, et le bon effet que cela fait dans le monde. Parlez-lui de Voltaire simplement, mais avec intérêt et amitié, et surtout tâchez de lui insinuer qu'il faut être fou pour être jaloux d'une femme dont on est content, qu'on estime, et qui se conduit bien, cela peut m'être essentiel. Il a un grand respect pour votre esprit, et sera aisément de votre avis sur cela.»[45]

A Lunéville, Voltaire s'amuse beaucoup, ce qui laisse supposer qu'Emilie l'a informé dès le mois de mai de sa décision. Le duc Léopold de Lorraine, qu'il a connu naguère, étant mort en 1729 à la suite d'un accident, c'est Elisabeth, sœur de Philippe d'Orléans, qui assure la régence; elle est en

43. D876 (vers le 15 juin 1735).
44. D874 (vers le 30 mai 1735), souligné par nous.
45. D872 (22 mai 1735).

relations d'amitié avec Elisabeth de Guise, duchesse de Richelieu. C'est dire que Voltaire, favorisé aussi par la réputation d'homme d'esprit qu'il y a laissée en 1729, et par son actuelle renommée, est accueilli dans la petite cour avec un respect teinté de joyeuse familiarité. La liberté des propos est, dans cette cour, aussi grande que celle des mœurs, qui reste cependant décente et du meilleur ton parce qu'elle est sans passion. En nul autre pays proche du royaume de France, on ne saurait trouver un tel goût pour la poésie, le théâtre, les belles-lettres et les arts. Non seulement Voltaire fréquente familièrement le prince de Beauvau-Craon, premier serviteur des ducs, et ses nombreux enfants, mais il va au bal, au concert, à la comédie,[46] car la cour possède un merveilleux théâtre et une troupe. Belle occasion pour le poète de faire jouer ses pièces en dirigeant lui-même les acteurs. Dans cette fête perpétuelle, on n'oublie pas les sciences et la philosophie. La duchesse de Richelieu se passionne, avec Voltaire, pour l'étude de la physique. Comment résister? Ils ont trouvé là une «salle des machines» qui n'a pas sa pareille en France et «un simple serrurier devenu philosophe» nommé Vairinge, qui fabrique lui-même ses appareils et enseigne la physique. La duchesse a fait des progrès si étonnants qu'elle donne, dans cette salle, une conférence sur les théories de Newton. Un jésuite, le P. Dallemant, qui s'est avisé de venir disputer contre elle, «a été confondu et hué en présence de quelques Anglais qui ont conçu de cette affaire beaucoup d'estime pour nos dames, et un peu de mépris pour la science de nos moines.»[47]

Voltaire regagne Cirey le 25 juin.[48] Mme Du Châtelet le rejoint, accompagnée de Linant, l'abbé joufflu, bégayant et paresseux, engagé par pitié pour faire plaisir à Cideville. Il ne tiendra qu'à Mme Du Châtelet, écrit Voltaire, «d'enseigner le latin au précepteur qui restituera au fils ce qu'il aura reçu de la mère».[49] Richelieu a réussi sa mission auprès de M. Du Châtelet, qui obtient du garde des sceaux une autorisation officieuse d'héberger Voltaire. Tout le monde est heureux et semble promis à une vie paisible. C'est l'été. Voltaire retourne à ses maçons et s'attelle au *Siècle de Louis XIV*.

---

46. D872.
47. D881 (vers le 20 juin 1735).
48. D882 (25 juin 1735).
49. D895 (3 août 1735).

2. Le ménage de Cirey

Comment l'opinion admettra-t-elle que Mme Du Châtelet et Voltaire puissent former un couple et s'installer «en ménage» à Cirey? Voilà qui ne passera inaperçu ni de leurs ennemis ni, surtout, de l'Officialité, ce tribunal ecclésiastique chargé de faire respecter le sacrement du mariage, d'empêcher la prolifération des scandales publics, dangereux pour l'autorité de l'Eglise et pour l'ordre social qu'elle soutient. Il suffit qu'un prêtre, s'il a vent d'un cas de concubinage, d'adultère ou d'inceste, le dénonce à un «promoteur» ou procureur ecclésiastique, pour que l'official, juge suprême du tribunal, ordonne des enquêtes et engage un procès. Si la vigilance de l'Officialité s'est relâchée sous la Régence, c'est précisément vers 1735 que son action s'amplifie. Elle s'efforce encore de juger selon le droit romain: «L'adultère se punit en la personne de la femme et non en celle du mari.»[1] La femme n'a aucun recours contre l'infidélité de l'époux: «Elle doit présumer qu'il est fidèle, et la jalousie ne doit pas la porter à faire des recherches sur sa conduite».[2] Non que le législateur aille jusqu'à reconnaître la polygamie de l'homme comme naturelle et nécessaire! Il s'agit seulement de protéger dans la femme la descendance légitime du mari, sans interdire à ce dernier de fausser celle des autres. Les sanctions les moins sévères, qui entraînent toujours la séparation sous peine d'excommunication, sont des prières à répéter à genoux pendant des mois ou une année entière; les plus sévères sont des amendes allant de trente à cent livres, assorties de retraites obligatoires dans un couvent pour une durée de huit jours à six mois, parfois avec jeûne au pain et à l'eau.

Certes, Mme Du Châtelet et Voltaire contreviennent au sacrement du mariage à la fois par concubinage et par adultère. Savent-ils que, lorsque les étrangers s'installent dans une paroisse, ils doivent présenter au curé un certificat de leur mariage? Mais nos deux philosophes sont de toute façon protégés. C'est dans les gros bourgs ou les petites villes, où l'encadrement par le clergé est le plus dense et le plus vigilant, que les procès de l'Officialité sont fréquents et sévères. Bien entendu, il n'en est pas question dans les milieux privilégiés où le clergé, quand il n'est pas lui-même compromis ou complice, ferme les yeux. C'est de la noblesse et de la bourgeoisie que partira un

---

1. Alain Lottin, *La Désunion du couple sous l'ancien régime* (Lille 1975), p.75-79, 105.
2. *Traité du contrat de mariage*, no.516 (voir Lottin, p.151, notes).

adoucissement progressif du sort de la femme. Certes, on n'annulera jamais le sacrement du mariage, mais les demandes de séparation de corps seront de plus en plus fréquentes et souvent accordées, en particulier quand l'épouse subira de mauvais traitements: ce sera le cas de Mme de Graffigny.

C'est ainsi que l'on s'habitue, chez les nobles, les parlementaires et les financiers, aux faux ménages. Les plus connus sont ceux du président Hénault avec Mme Du Deffand, du président de Mesnières avec Mme Belot et, avant leur mariage, de La Popelinière avec Mlle Deshayes. Par respect pour la famille Du Châtelet, les ennemis de Voltaire attaqueront rarement Emilie. L'opinion, dans son ensemble, restera discrète: le marquis Du Châtelet lui-même ne trouve-t-il pas toute naturelle cette collaboration hors du commun et ne viendra-t-il pas vivre avec les deux amis?

L'été de 1735 apporte au couple une paix jusqu'alors inconnue. Voltaire, qui a retrouvé sa santé et sa gaieté, se déclare «tranquille, heureux et occupé».[3] Emilie et lui, comme s'ils étaient en vacances, se laissent séduire par cette liberté: ils se procurent des chiens, vont à la chasse, se promènent à pied, montent sans aucun risque leurs lourds chevaux, jouent au tric-trac et aux échecs chez leurs voisines. L'air de la campagne exalte Linant à tel point que le jeune effronté fait une cour trop appuyée à Mme de La Neuville qui en est fort choquée, d'autant plus que M. de La Neuville vient de rentrer. Voltaire, toujours indulgent pour ses protégés, fait oublier l'affront par un madrigal à la jolie châtelaine:

> On est souvent un fat en montrant trop d'ardeur;
> Mais soupirer tout bas, serait-ce vous déplaire?[4]

La réfection, la décoration et l'ameublement de leurs chambres occupent beaucoup Voltaire et son amie. Bien que le château soit encore un chantier, Voltaire invite le duc de Richelieu, rentrant des armées, à passer par Cirey. Après l'avoir engagé à «se saisir» de la première femme qu'il rencontrera, il lui donne un indispensable conseil:

> Mais s'il vous peut rester encore
> Quelque pitié pour le prochain,
> Epargnez dans votre chemin
> La beauté que mon cœur adore.[5]

Voltaire et Emilie s'aperçoivent bientôt que le temps s'écoule, dévoré par des occupations matérielles ou frivoles. Pour préserver l'essentiel, c'est-à-dire la conversation et l'étude, ils s'imposent une discipline et un horaire. C'est

3. D885 (26 juin 1735).
4. D894 (?juillet 1735).
5. D886 (30 juin 1735).

Voltaire qui se montre le plus attaché à la conversation, moment nécessaire à l'expression de l'amitié et à l'enrichissement de la pensée. Très touché par le sacrifice que Mme Du Châtelet lui a fait de ses relations mondaines, il exalte souvent, dans sa correspondance, la profondeur des sentiments qu'elle lui inspire et le profit qu'il tire de leurs échanges intellectuels: «Ce qu'elle a fait pour moi», écrit-il à Thiriot, «dans l'indigne persécution que j'ai essuyée, et la manière dont elle m'a servi m'attacherait à son char pour jamais, si les lumières singulières de son esprit, et cette supériorité qu'elle a sur toutes les femmes ne m'avait déjà enchaîné. Vous savez si mon cœur connaît l'amitié; jugez quel attachement infini je dois avoir pour une personne dans qui je trouve de quoi oublier tout le monde, auprès de qui je m'éclaire tous les jours, à qui je dois tout.»[6] Il s'instruit davantage auprès d'elle «qu'il ne le ferait dans tous les livres». Parfois, Linant est convié à leurs réunions. Ainsi, dit Voltaire, tous deux «apprennent d'elle à penser». Modestie compréhensible: Linant ne pense guère et Voltaire pense trop vite. Emilie oblige son ami à discipliner son esprit.

Respecter l'horaire pour que discussions, lectures et travaux en commun, travaux personnels et repas trouvent leur place dans la journée devient si nécessaire qu'il y faut une règle. Aussi le temps est-il bientôt ponctué par le son d'une cloche. Cette vie apparemment austère impose le plus profond respect au marquis Du Châtelet, qui rentre en septembre, insatisfait de s'être trop peu battu. Habilement, on lui fait fête, puis on l'abandonne à ses occupations; il visite ses bois, ses fermes et ses forges. C'est un homme facile à vivre. Il comprend que la marquise et Voltaire sont occupés à d'importants travaux exigeant qu'ils ne vivent point comme tout le monde. Aussi accepte-t-il de prendre son repas de midi avec Linant et les enfants. Quant aux deux philosophes, qui travaillent la nuit, ils se contentent du petit déjeuner, vers onze heures, et du souper.

Le souper, point culminant de la journée, à condition que Voltaire ne soit ni malade, ni accablé de soucis, c'est la fête, plus éclatante encore quand passe un visiteur, la fête autour d'une table illuminée à profusion, où des laquais servent dans la vaisselle d'argent le gibier et les produits de la ferme: fête égayée par les fusées spirituelles de Voltaire et par son intarissable verve.

Calme précaire. A l'automne de 1735, surgissent des soucis venus de Paris. Qui se fût douté qu'ils naîtraient des bonnes relations de Voltaire avec l'abbé Asselin, proviseur du collège d'Harcourt? L'abbé, qui a dix ans de plus que Voltaire, n'est pas un inconnu dans le monde des belles-lettres: poète, il a été couronné cinq fois aux Jeux floraux, et normand, il a été l'ami de Thomas

6. D935 (3 novembre 1735).

Corneille. Certes, il a écrit un *Discours pour disposer les déistes à l'examen de la vérité*, mais la modération de ce titre annonce une intention pédagogique plus qu'une mise en accusation, et l'abbé ne s'interdit point d'admirer en Voltaire l'auteur dramatique. Celui-ci l'a prié d'accueillir en pension, dans les conditions les moins onéreuses, le «petit Champbonin». Asselin lui a confié ses regrets de n'avoir pas une tragédie qui pût être jouée par ses élèves pour la distribution des prix. Voilà qui tombe bien! «Vous réveillez en moi une idée», répond Voltaire, «que j'ai depuis longtemps de vous présenter la Mort de César, pièce de ma façon, toute propre pour un collège où l'on n'admet point de femmes sur le théâtre [...] Je m'y suis proposé pour modèle votre illustre compatriote.»[7]

La pièce[8] plaît à l'abbé Asselin parce qu'elle ne compte que trois actes et qu'elle atteint à la grandeur cornélienne. Il ne se pose pas de problème de fond. Sans doute s'agit-il de conspirateurs en révolte contre un tyran et soutenus par tout un peuple, mais l'audace n'est-elle pas atténuée par l'éloignement dans le passé?

Voltaire confie donc sa pièce au proviseur à condition que jamais le texte ne sorte du collège. En mai, il lui écrit de Lunéville: «Je vous réitère [...] mes prières d'empêcher qu'on en prenne copie».[9] Encore n'a-t-il pas, pour le collège, osé montrer sur la scène l'assassinat de César: il «n'a osé être ni Romain ni Anglais».

La représentation a lieu le 11 août 1735 devant «un public de la première distinction», dit le *Mercure*; parents d'élèves, personnalités et amis de Voltaire. Les élèves, trois d'entre eux surtout, se surpassent dans leur rôle et le succès de la pièce retentit dans Paris. Heureux, Voltaire remercie chaleureusement, le 24 août, proviseur et acteurs.

La destinée va parfois très vite: dès le 1er septembre, Voltaire reçoit la «taloche de la Fortune»: il apprend que l'on vient d'imprimer sa tragédie, non seulement remplie de fautes, mais déformée par des omissions, «des additions et corrections qu'un régent de collège y a faites [...] Ainsi me voilà calomnié, et ridicule», écrit-il à Thiriot, et il demande à son ami de le sauver de «l'opprobre» en publiant que l'auteur n'est «en aucune manière responsable [...] de cette misérable édition».[10] Cherchant aussitôt à se couvrir du côté de l'abbé Desfontaines, il prend les devants et le prie de déclarer dans les *Observations* que «cette pièce n'est point imprimée telle que je l'ai faite». Mais Cirey est loin: quand sa lettre parvient à Desfontaines, celui-ci a achevé son

---

7. D869 (vers le 10 mai 1735). L'«illustre compatriote»: Pierre Corneille.
8. Voir *Voltaire en son temps*, i.274-76 et 280-85.
9. D873 (23 mai 1735).
10. D908 (1er septembre 1735).

article! Il y critique les personnages de la pièce, et surtout les vers: «Qu'il y en a de faibles et de durs! Que d'expressions vicieuses! Que de mauvaises rimes!» Un tel jugement sur les vers de Voltaire comporte toujours quelque chose de vrai; c'est pourquoi Desfontaines n'en démord pas: il publie son article et, croyant peut-être en atténuer la sévérité, il y ajoute la mise en garde de Voltaire. Le fait-il sciemment? Le malheur, c'est que cette lettre du poète, qui n'est pas destinée à devenir publique, est datée de Cirey: elle divulgue le lieu de sa retraite, qui ne devait être connu que des ministres et de quelques amis. Elle gêne surtout le marquis et la marquise Du Châtelet qui désiraient que leur hospitalité fût la plus discrète possible.

Ce n'est pas tout: ainsi que Voltaire l'a prévu, «la calomnie va se joindre à la critique». On ne tarde pas à découvrir que la pièce met en cause le pouvoir, ce que Voltaire, certainement, n'a pas voulu. D'ailleurs, qui donc peut penser que le pouvoir, en France, soit tyrannique? Il n'en reste pas moins qu'on y tue un dictateur et que Voltaire a laissé passer des vers tels que ceux-ci:

> Chacun baise en tremblant la main qui nous enchaîne.   (II.ii.24)

> Je déteste César avec le nom de roi,
> Mais César citoyen serait un dieu pour moi.   (III.iv.160-161)

Et des répliques fracassantes:

> CÉSAR: Qu'oses-tu demander, Cimber?
> CIMBER: La liberté.   (I.iii.208)

> CÉSAR: Que peux-tu donc haïr en moi?
> BRUTUS: La tyrannie.   (III.iv.162)

Aussi, dès le 1er septembre, un janséniste, Claude Le Pelletier, a-t-il protesté violemment auprès de Chauvelin: «C'est l'ouvrage le plus séditieux, le plus opposé au gouvernement monarchique [...] Faites brûler cet ouvrage de ténèbres propre à former des Jacques Clément et des Ravaillac.»[11]

Sous le coup de l'émotion, Voltaire s'abandonne, comme toujours, à une violente colère. Il fulmine dans les lettres à ses amis contre les vils calomniateurs, «les cris de la canaille», contre la rage des gens de lettres qui s'acharnent à lui reprocher sa fortune et l'usage qu'il en fait. Ce qui le révolte le plus, c'est que Desfontaines prétend que *La Mort de César* est contraire aux bonnes mœurs. Lui qui satisfait son vice avec de petits Savoyards! Voltaire regrette de l'avoir tiré de Bicêtre. Il finit par s'amuser de ses propres invectives: «Il vaut mieux après tout brûler un prêtre que d'ennuyer le public.»[12]

Sous l'influence réfléchie de Mme Du Châtelet, il se calme. La feuille de

11. D909 (1er septembre 1735).
12. D915 (20 septembre 1735).

Desfontaines est très lue: ne peut-il avoir besoin de lui quelque jour? Alors, il supplie l'abbé Asselin d'intervenir. Thiriot, qui est resté en bonnes relations avec Desfontaines, obtient, dans les *Observations* du 5 novembre, une mise au point conciliante. Mais l'impatience de Voltaire brouille tout: il vient d'envoyer au *Mercure* une note qui rallume la guerre. «C'est le libellé du divorce», écrit Desfontaines qui exige des excuses. On devine les reproches d'Emilie. Voltaire, doucereux, écrit à Desfontaines une lettre apaisante, presque amicale: «La pénitence que je vous impose», dit-il, «est de m'écrire au long ce que vous croyez qu'il y ait à corriger dans mes ouvrages dont on prépare en Hollande une très belle édition.»[13] Calmé en apparence, mais cruellement facétieux, c'est à un excès de zèle que va se livrer Desfontaines.

Voltaire vient d'écrire étourdiment une épître assez indélicate qui met en danger non plus sa liberté, mais son bonheur. C'est l'*Epître à Algarotti*. Né à Venise en 1712, le comte Francesco Algarotti est un jeune homme comblé de dons: à vingt-trois ans, il a étudié les mathématiques, l'astronomie, la physique et la philosophie; il connaît le latin et le grec et parle la plupart des langues de l'Europe. Comme délassement, il cultive la poésie et se passionne pour les beaux-arts. Il lui manque la puissance du génie, mais il parle et écrit comme Fontenelle, avec aisance, clarté, justesse. A Paris, il s'est associé aux travaux de Maupertuis et de Clairaut. Comme il fait le projet de partir en expédition pour le pôle avec Maupertuis, l'épître que lui adresse Voltaire se termine ainsi:

> Cependant je vous attendrai,
> Tranquille admirateur de votre astronomie,
> Sous mon méridien, dans les champs de Cirey,
> N'observant désormais que l'astre d'Emilie. [...]
> Et j'atteste les cieux mesurés par vos mains
> Que j'abandonnerais pour ses charmes divins
> L'équateur et le pôle arctique.[14]

Innocemment, Desfontaines demande à Voltaire s'il peut publier cette épître. Stupéfaction du poète qui répond immédiatement qu'une telle publication heurterait les convenances et offenserait gravement M. et Mme Du Châtelet. L'abbé résistera-t-il? Il tient sa vengeance: plus encore que la publication des vers qu'il trouve faibles, le scandale qu'il va provoquer le réjouit; il fait paraître l'épître dans les *Observations* du 19 novembre 1735.

Le marquis Du Châtelet s'entendait fort bien avec Voltaire dont il appréciait la discrétion et la générosité. Qui lui a procuré l'épître? Nous ne saurions le dire. Toujours est-il que cet homme paisible se fâche. Voltaire, surpris, a

---

13. D940 (14 novembre 1735).
14. M.x.297.

recours à son instinct de défense le plus puéril: Non! il n'est pas l'auteur de l'épître! Au château, c'est un drame de l'honneur. Mme Du Châtelet, qui sait à quoi s'en tenir et qui ne saurait soupçonner Algarotti, demande à son ami par quel moyen l'épître est allée à Paris. Elle sait que Voltaire est incorrigible: il ne peut se retenir de communiquer à ses «amis» les plus légers de ses vers. Cette fois, c'est Thiriot qui les a reçus. Voltaire a-t-il besoin de le lui rappeler? «Vous connaissez cette guenille que j'avais écrite au marquis Algaroti?»[15] Confiance fort mal placée dont le poète n'a pas fini de souffrir: Thiriot est un ami de Desfontaines.

M. Du Châtelet veut se plaindre au garde des sceaux. Voltaire continue à nier... Par bonheur, survient la condamnation de Desfontaines par la Chambre de l'Arsenal pour avoir fait un libelle contre l'Académie. Le calme revient peu à peu. Le poète opère un grand retour à la générosité et tient à rassurer l'abbé Asselin: «J'apprends que l'abbé des Fontaines est malheureux et dès ce moment-là je lui pardonne.»[16] Mais on reparlera de Desfontaines et de Thiriot!

Voltaire et Mme Du Châtelet n'ont reçu, en 1735, que deux visites importantes. Celle d'Algarotti, la plus longue, a duré près d'un mois, approximativement du 10 octobre au 10 novembre. L'hôte s'est fort bien adapté à la vie du couple, sans danger pour Emilie, non pas parce qu'il vibre d'une apparente pureté – Voltaire l'a surnommé «le Cygne de Padoue» – mais parce qu'il est homosexuel par nature. Comme il prépare des dialogues newtoniens pour dames du monde,[17] procédé de vulgarisation imité de Fontenelle, il a beaucoup «newtonisé» à Cirey, tout en s'intéressant aux études bibliques d'Emilie, à la correction d'*Alzire* et à *La Mort de César*. En vue de la publication de cette tragédie, il laisse à Voltaire une lettre-préface en italien. Le poète semble avoir beaucoup apprécié ce «jeune homme qui sait les langues et les mœurs de tous les pays, qui fait des vers comme l'Arioste, et qui sait son Loke et son Newton.»[18]

Moins reposante, plus ambiguë et plus brève, la visite de Richelieu ne dura que quelques jours, à la fin de novembre. Emilie s'est beaucoup réjouie qu'il eût accepté de s'arrêter à Cirey: «Quelque difficile que je sois à vivre (et je vous avoue que je le suis presque autant pour mon ami que pour mon amant) [...] Vous viendrez donc voir le phénomène, deux personnes qui ont passé trois mois tête-à-tête, et qui ne s'en aiment que mieux [...] je vous jure que qui m'eût dit, il y a deux ans, que je mènerais par choix la vie que je mène, j'en aurais été bien étonnée.»[19]

---

15. D951 (30 novembre 1735).
16. D997 (29 janvier 1736).
17. Francesco Algarotti, *Il Neutonianismo per le dame* (Napoli 1737); traduit par Castera (Paris 1738).
18. D935 (3 novembre 1735).
19. D943 (?novembre 1735).

Il est vrai que le château fourmille encore d'ouvriers. Il est moins confortable qu'un de ces camps d'officiers organisés et ravitaillés par les frères Pâris. Mais cela ne saurait suffire à expliquer la brièveté de cette visite. Il semble que la présence du prestigieux duc, sans doute un peu gênante pour Voltaire, ait provoqué chez Mme Du Châtelet un retour de flamme. La lettre qu'elle lui écrit par la suite fait allusion à un «aveu» qu'elle a eu tort de lui faire, suivi d'une dispute et d'une réconciliation, toutes choses demeurées obscures. Le duc a «cru» Emilie capable d'une «indignité» qui excita en lui «l'indignation et le mépris». Elle n'en manifeste pas moins un grand amour pour Voltaire et une amitié trop tendre pour le duc. Ah! si elle pouvait vivre entre ces deux hommes, quel bonheur! Où irait l'amitié? Où irait l'amour?

Sans doute ignorée de Voltaire, la dispute n'a pas compromis la paix du château. Quelques jours plus tard le poète déclare à Thiriot: «Je passe mes jours dans les douceurs de la société et du travail.»[20] Il se remet à *Samson* en renouant avec Rameau, discute avec d'Argental de la religion d'*Alzire* et «caresse la métaphysique».

Mais sa mauvaise étoile ne l'a pas quitté. En décembre surviennent deux événements qui vont bouleverser au château les fêtes de fin d'année. Peut-être des textes plus importants que l'*Epître à Algarotti* ont-ils quitté ses tiroirs? Il s'agit de cinq chants de *La Pucelle*. Quelle source de convoitises et de nouvelles angoisses, cette *Pucelle*! «On» vient d'avertir Voltaire que ces chants courent dans Paris, et que c'est M. Rouillé lui-même qui l'affirme. Voici les bonnes résolutions du désaveu gravement compromises: ni Chauvelin, ni Hérault, ni surtout Joly de Fleury, désormais, ne feront confiance à Voltaire. Il croit se souvenir qu'il a commis naguère une imprudence: «Si quelqu'un m'a trahi, ce ne peut être qu'un nommé Dubreuil, beau-frère de Demoulin, qui a copié l'ouvrage il y a six mois.»[21] Et si c'était Demoulin lui-même? L'homme est beaucoup plus trouble que Dubreuil: «Il faut absolument empêcher l'entreprise de Demoulin», écrit le 3 décembre Formont à Cideville.[22] Maître de l'appartement de la rue de Longpont, Demoulin aurait escamoté des dossiers appartenant à Voltaire, parmi lesquels le début de *La Pucelle*. Avait-il déjà l'intention de faire chanter le poète? Qui donc a averti Voltaire que le garde des sceaux possédait ces chants dans ses tiroirs? Voltaire prévient ses amis. Le chevalier de Froulay parle «en vrai Bayard» au garde des sceaux.[23] Le marquis et Mme Du Châtelet aussi lui ont écrit. Mais, au reçu de deux lettres peu rassurantes de Thiriot, Voltaire décide de s'éloigner. Le 28

20. D966 (17 décembre 1735).
21. D958 (8 décembre 1735).
22. D956 (3 décembre 1735).
23. D971 (25 décembre 1735).

décembre, le voici – c'est lui qui le dit – «avec une chaise de poste, des chevaux de selle, et des amis, prêt à gagner le séjour de la liberté».[24] Et quelle adresse donne-t-il à ses amis? Celle de Demoulin! Emilie déclare à Thiriot: «Vous savez que j'ai perdu votre ami.»[25] Elle ajoute qu'elle aurait l'espoir de le revoir, si l'on pouvait connaître les véritables sentiments du «keeper» (Chauvelin, garde des sceaux) à son égard et s'il a réellement les cinq chants. Voltaire, de son refuge, déprimé et pessimiste, ne fait que suggérer à Thiriot de mentir misérablement: «Si M. le garde des sceaux, a dans son portefeuille quelque pièce sous le nom de la pucelle c'est apparemment l'ouvrage de quelqu'un qui a voulu m'attribuer son style pour me déshonorer et me perdre.»[26] Thiriot n'aime pas ce Voltaire émotif et, pour tout dire, brouillon: on saura plus tard ce qu'il en pense.

Or, ce n'est jamais qu'une crise. Voltaire se ressaisit vite. Près de sa «frontière», il continue à s'occuper d'*Alzire* et de *Samson*. Mme Du Châtelet ne semble pas inquiète outre mesure. Qui donc a dramatisé l'affaire? On pourrait croire que c'est Thiriot lui-même. Il ne semble pas que Voltaire se soit caché si loin de Cirey, car en cette cachette, il avait «des amis»: peut-être n'a-t-il pas dépassé La Neuville? Les chants n'ont pas circulé et Chauvelin ne nourrit point à son égard de sentiments hostiles. De bonne heure, il a dû recevoir des assurances de d'Argental ou de Formont. Tout s'apaise comme par miracle: le 6 janvier, Voltaire date une lettre de Cirey; mais d'après la tranquillité qui transparaît dans une autre d'Emilie, du 3, et une de Voltaire, du 4, il est possible qu'il soit rentré dès le 2 janvier.

S'il n'a pas cessé de s'occuper d'*Alzire*, et s'il va s'en occuper «nuit et jour», c'est qu'il se voit contraint de gagner de vitesse un concurrent. En décembre, au moment où il va s'éloigner de Cirey, il apprend que Le Franc de Pompignan a entendu parler du sujet d'*Alzire* par l'abbé de Voisenon, peut-être par l'acteur Dufresne, et pourquoi ne pas ajouter l'inévitable Thiriot, qui rencontre Le Franc chez La Popelinière? De ces renseignements, Le Franc aurait tiré une pièce, *Zoraïde*, qu'il a portée aux comédiens; ceux-ci ont décidé de la jouer. Or Voltaire pense que l'originalité d'*Alzire ou les Américains* tient au lieu où il a situé l'action et à son idée, bien voltairienne, d'opposer au fanatisme une religion indulgente. D'abord furieux et injurieux, il se reprend. Et comme toujours, l'émotion le pousse à l'action: il va tout faire pour dominer l'adversaire, mais sans l'écraser. Il voudrait réussir «sans que Le Franc tombât».

Quel est cet adversaire? Venu de Montauban où il possède des terres, il fit de brillantes études au collège Louis-le-Grand, avec le P. Porée en classe de

24. D973 (28 décembre 1735).
25. D975 (29 décembre 1735).
26. D972 (26 décembre 1735).

rhétorique, comme Voltaire, mais dix ans plus tard. Il passa à l'Ecole de droit et devient avocat. Après avoir aimé sa filleule avec une violence excessive et scandaleuse, il fuit sa famille à vingt-deux ans et, pour oublier, écrit *Didon*, sa première tragédie. Jouée le 21 juin 1734, la pièce remporte un grand succès. A vingt-cinq ans, Le Franc est connu: il se voit honoré d'une épître du prince royal Frédéric de Prusse, il se lie avec Mlle Dufresne, l'actrice qui joua le rôle de Didon, il compose des vers galants et triomphe dans les salons. Que faut-il de plus pour lui tourner la tête? Respectueux de la tradition religieuse, mais orgueilleux et violent, épris de justice et frondeur, tel est l'homme qui vient d'écrire *Zoraïde*.[27] Voltaire, ignorant ce que Le Franc a pu savoir d'*Alzire*, et sur de simples rumeurs, écrit aux comédiens, les priant de jouer sa pièce avant celle de Le Franc.

Sa lettre est modeste et habile: «mais il arriverait que si [la pièce de Le Franc] était jouée la première, la mienne ne paraîtrait plus qu'une copie de la sienne; au lieu que si sa tragédie n'est jouée qu'après, elle se soutiendra toujours par ses propres beautés».[28] Dans ce cas, Voltaire serait le premier à applaudir, car il ne veut point de guerre entre auteurs. Les comédiens, aisément convaincus, décident de renvoyer *Zoraïde* à l'auteur pour une seconde lecture et de faire passer d'abord la pièce de Voltaire. Bien que nous connaissions le personnage, la réaction de Le Franc est si violente qu'elle nous étonne: il rompt avec les comédiens et la Comédie-Française: «Je suis fort surpris, messieurs que vous exigiez une seconde lecture d'une tragédie telle que *Zoraïde*. Si vous ne vous connaissez pas en mérite, je me connais en procédés; et je me souviendrai assez longtemps des vôtres pour ne m'occuper plus d'un théâtre où l'on distingue si peu les personnes et les talents».[29]

De dépit, Le Franc déchire sa tragédie, de sorte qu'il n'en reste rien sinon un plan reconstitué dans une lettre autographe de La Trémoille qui l'avait entendue et lue.[30] *Zoraïde* se situait en Inde et n'avait qu'un point commun avec *Alzire*, c'est que l'auteur y opposait les mœurs européennes à celle de ce pays. Beaucoup de bruit pour rien. Le Franc, perdu par son orgueil, se tourne vers les Italiens et l'Opéra. Voltaire lui reproche d'empêcher Mlle Dufresne de jouer Alzire: «le rôle était fait pour elle». C'est donc Mlle Gaussin, dont le talent manque de force et «qu'il faudra hausser sur son cothurne», qui tiendra le rôle; mais elle se rachètera par sa tendresse, sa douceur déchirantes.

C'est elle surtout qui en fait le succès, le plus grand depuis *Zaïre*. La pièce, créée le 27 janvier 1736, est jouée vingt fois et deux fois à la cour; elle obtient

27. Theodore Braun, *Un ennemi de Voltaire: Le Franc de Pompignan* (Paris 1972).
28. D965 (décembre 1735).
29. Citée par Braun, p.84.
30. Citée par Braun, p.274, 275.

une excellente presse. Desfontaines lui-même s'incline et prend au succès de Voltaire «toute la part possible, comme son admirateur et son ancien ami».[31] Plein de bonne volonté, il ira jusqu'à tenter une réconciliation entre J.-B. Rousseau et Voltaire. C'est méconnaître la jalousie hargneuse de Jean-Baptiste et sa haine des philosophes. Et Voltaire l'attaquera bientôt, maladroitement, dans sa préface de *La Mort de César*.

Les défauts de la tragédie sont estompés par l'émotion qu'elle provoque. Le public n'en attend que le triomphe de l'amour et ne fait qu'effleurer le fond du problème. D'Argental et le marquis d'Argenson s'étonnaient que Voltaire s'y montrât si dévot. Les naïfs! Voltaire convient volontiers qu'il a fait une pièce «chrétienne». Mais qui ne voit que les conquérants espagnols font penser à chaque instant aux dévots hypocrites et sectaires du royaume de France? Voltaire s'en explique sans détours dans son «Discours préliminaire» destiné à l'édition: «La religion d'un barbare consiste à offrir à ses dieux le sang de ses ennemis. Un chrétien mal instruit n'est souvent guère plus juste. Etre fidèle à quelques pratiques inutiles et infidèle aux vrais devoirs de l'homme, faire certaines prières et garder ses vices, jeûner mais haïr, cabaler, persécuter, voilà sa religion. Celle du chrétien véritable est de regarder tous les hommes comme ses frères, de leur faire du bien et de leur pardonner le mal. Tel est Gusman au moment de sa mort, tel Alvarez dans le cours de sa vie».[32]

Languet de Gergy, curé de Saint-Sulpice, le frère de celui qui recevra Marivaux à l'Académie par un discours si blessant, ne s'y trompe pas. Il craint plus encore que la contagion de ce christianisme d'amour, la mise en accusation des dévots et dénonce le vrai dessein de Voltaire: «Les plus vifs mouvements de cette tragédie», écrit-il à Timothée d'Eon, «présentent à l'esprit tout le système des déistes et rien n'est omis pour le faire valoir ou l'insinuer.»[33] Mais d'Eon, rendant compte à Maurepas et sachant que le ministre aime à s'amuser, lui propose une tout autre conception de la pièce: «Dans le premier acte Alzire est fille, dans le second femme, dans le troisième putain, dans le quatrième cause le meurtre de son mari, dans le cinquième épouse l'assassin de son mari.»[34] Au fond, c'est peut-être à cause de ces événements mélodramatiques que l'on y pleure. Et c'est pour la même raison qu'il a été si facile à Romagnesi et Riccoboni d'en présenter aux Italiens une parodie, *Les Sauvages*,[35] dont la versification ne manque pas de talent.

---

31. *Observations* (1736), iv.142.
32. M.iii.379.
33. D1015 (16 février 1736).
34. D1016 (20 février 1736).
35. Romagnesi et Riccoboni, *Les Sauvages* (Paris 1736).

Voltaire propose à Mme Du Châtelet de lui dédier *Alzire*; elle ne refuse point, sous réserve que l'épître dédicatoire ne soit pas en vers; elle se souvient de l'*Epître à Algarotti* et redoute le badinage: «les vers n'ont point l'air de la vérité et de l'amitié». Voltaire admet que les vers conviennent mieux à Mlle Gaussin. L'épître dédicatoire sera donc sérieuse. Il faut croire que la marquise a préféré d'être comparée à Locke et à Newton, alors qu'à cette époque elle n'a rien publié qui pût établir une telle renommée. Et même son «génie» est plus universel que le leur, car, écrit Voltaire, «le plus grand génie et sûrement le plus désirable, est celui qui ne donne l'exclusion à aucun des beaux-arts [...] Tel est votre génie, madame».[36] Comment n'imagine-t-il pas que, de cette outrance, ses amis, vrais ou faux, qui connaissent Emilie, vont se gausser? «Il faut moins louer ses amis», écrit Formont, «quand on veut que le public signe les louanges. Mme Du Châtelet, femme forte, rivale de Neuton et de Loke, cela donne trop de prétexte à rire au public. [...] Combien d'agréables diront qu'ils ne croyaient pas avoir couché avec un si grand philosophe.»[37] La duchesse Du Maine aussi se dit «choquée».

Mme Du Châtelet ne sera pas seule en tête de l'ouvrage. Voltaire y fait figurer ce «Discours préliminaire» où il éprouve le besoin de parler un peu de lui-même, «une fois dans ma vie», non pas pour répondre aux critiques de ses œuvres, mais aux calomnies que ses ennemis ont répandues contre lui. Ce discours devait être publié en postface et adressé à Thiriot. Mais celui-ci conteste le dessein de Voltaire de faire lui-même son «apologie»: pourquoi n'en laisse-t-il pas le soin à l'abbé Prévost dans *Le Pour et contre*? Mme Du Châtelet s'efforce de réfuter ces arguments dans une longue lettre. Voltaire n'a pas l'intention de parler de ses talents, il ne le fait jamais: «il en est tout autrement de l'honneur et des mœurs. On peut, et on doit les justifier hardiment. Je conviens qu'il résulte des faits avancés dans cet ouvrage [*Alzire*] qu'il est le plus honnête homme du monde, et parfait, de cette perfection qui fait que l'on n'a rien à se reprocher.»[38] Voltaire-Alvarez! Comme ce serait simple! Il faut reconnaître que le poète sera modeste et restera très sobre. «On trouvera dans presque tous mes écrits», affirme-t-il, «cette humanité qui est le premier caractère d'un être pensant [...] On m'a traité dans vingt libelles d'homme sans religion [...] Je demande qui a le plus de religion, ou le calomniateur qui persécute ou le calomnié qui pardonne.»[39] C'est vrai: c'est là le meilleur Voltaire, mais il n'est qu'intermittent, s'abandonnant le plus

36. M.iii.373.
37. D1076 (mai 1736).
38. D1026 (1er mars 1736).
39. M.iii.380.

souvent aux émotions, aux jeux d'esprit, aux éclats de colère contre les deux hommes auxquels il ne pardonnera jamais, J.-B. Rousseau et Desfontaines.

Quoi qu'il en soit de son application, la morale d'*Alzire* participe de la philosophie de Cirey. Elle n'est autre que celle de Clarke, que viennent de lire les deux ermites. «La religion chrétienne est le plus beau système de morale», dit Clarke.[40] Certes, ils ne le suivent pas jusqu'à admettre la vérité de cette religion, mais Clarke leur permet, on le voit, de s'absoudre et de s'admirer mutuellement, dans une pureté retrouvée. Miracle des études communes. Si ces premières années de Cirey sont, malgré quelques événements extérieurs, les plus heureuses de leur liaison, c'est qu'ils vivent dans une perpétuelle et joyeuse activité intellectuelle. C'est là que cristallise une amitié qui résistera aux faiblesses et aux épreuves.

Les études philosophiques de Cirey ont marqué profondément la pensée et l'activité future de Voltaire. Non pas que sa recherche n'eût été commencée auparavant, mais elle s'y est épanouie dans la diversité, grâce à l'isolement, à une quiétude relative et à l'influence apaisante de Mme Du Châtelet. La liberté cloîtrée des deux amis devait leur permettre d'aller jusqu'au bout de leurs idées à condition que leurs écrits fussent enfermés au tiroir. C'est ce qu'il advint de l'*Examen de la Bible*, de Mme Du Châtelet, du *Traité de métaphysique*, du *Siècle de Louis XIV* et de la redoutable *Pucelle*. Ne furent imprimés entre 1735 et 1738 que l'*Essai sur la nature du feu*, les *Discours en vers sur l'homme*, et, par accident, les *Eléments de la philosophie de Newton*. I. O. Wade[41] suppose que d'autres œuvres, trop scandaleuses pour l'époque et qui paraîtront beaucoup plus tard, après la mort de Mme Du Châtelet, ont été rédigées à Cirey. C'est peu vraisemblable[42] car Voltaire en aurait parlé à ses amis: sa correspondance rend toujours compte de ses travaux en chantier, même lorsqu'il ajoute seulement quelques chants à *La Pucelle*. Ce qui est certain, c'est que l'*Examen important de milord Bolingbroke*, la *Bible enfin expliquée*, et le violent *Sermon des cinquante*, œuvres qui se rapportent aux préoccupations de Cirey, y ont été préparées par la conversation et par beaucoup de lectures: les ouvrages parus à cette époque et figurant au catalogue de la bibliothèque de Leningrad sont nombreux;[43] il est vraisemblable qu'ils sont passés de Cirey à Paris, puis à Ferney.

---

40. Samuel Clarke, *Traité de l'existence et des attributs de Dieu, des devoirs de la religion naturelle et de la vérité de la religion chrétienne* (Amsterdam 1728), p.1, 15, 16.

41. Ira O. Wade, *Voltaire and Mme Du Châtelet: an essay on the intellectual activity at Cirey* (Princeton 1941), p.6, 46.

42. René Pomeau, *La Religion de Voltaire* (Paris 1969), p.179.

43. *Bibliothèque de Voltaire: catalogue des livres* (Leningrad, Moscou 1961).

Avant l'installation à Cirey, les échanges intellectuels et les recherches du couple avaient porté sur la religion et la science, sœurs alors inséparables en raison de leur fondement métaphysique. Voltaire et Emilie cherchent une explication du monde. Voltaire s'en plaignait à l'abbé de Sade, en août 1733. Emilie aimait qu'on lui parlât de métaphysique alors «qu'on voudrait parler d'amour». Badinage! C'est lui qui, dès l'été 1734, au cours de ses premiers mois d'exil solitaire, entre deux visites aux maçons, sur la lancée des *Lettres philosophiques* et surtout de la vingt-cinquième sur Pascal, se prend à méditer sur Dieu. Il continue avec Mme Du Châtelet pendant les deux mois d'automne qu'elle passe auprès de lui, si bien que, début novembre, il déclare à Cideville qu'il tient «un petit traité de métaphysique tout prêt».[44] Voilà la première version de son *Traité* qui restera en chantier pendant plusieurs années.

Dès que les deux amis se sont rejoints à Cirey dans l'été de 1735, ils attaquent avec passion le problème de Dieu et la critique des religions. Certes, le château comprend une chapelle et, à certaines périodes, un aumônier: ce n'est là que conformisme indispensable à une marquise de la maison de Lorraine et concession à un époux attaché aux traditions; le marquis ne souhaite-t-il pas pour l'éducation de son fils un vrai prêtre qui puisse dire la messe?

Voltaire parviendra-t-il à la logique rigoureuse exigée par Mme Du Châtelet? Fonder la métaphysique sur des bases rationnelles n'est pas facile. On se souvient que le poète, dans l'*Epître à Uranie* de 1722, avait donné à sa recherche une orientation toute sentimentale:

> Je ne suis pas chrétien, mais c'est pour t'aimer mieux.
> On te fait un tyran, en toi je cherche un père.

Alors, il avait besoin d'un Dieu protecteur comme il a besoin d'Emilie pour le soutenir et le défendre. Cette conception paraît trop humaine à Mme Du Châtelet: elle voudrait boucler un système du monde sans échappatoire, irréfutable, et moins gênant que l'athéisme vers lequel elle se sent parfois attirée. Au fond, elle cherche ce qu'elle a déjà trouvé: il n'est pas possible que le Dieu des Hébreux soit le vrai Dieu; le vrai, c'est l'architecte qui a créé l'univers et anime la nature, le Dieu de Newton. Mais il faut amasser des arguments et bâtir une œuvre.

Dans le partage des tâches, le *Traité de métaphysique* revenait à Mme Du Châtelet, mais comme Voltaire en possède une ébauche et qu'il a commencé les *Eléments de la philosophie de Newton*, c'est donc la marquise qui rédigera l'*Examen de la Bible*.[45] Ses manuscrits n'ont pas été publiés: à l'époque, ils

---

44. D799 (1er novembre 1734).

45. Des manuscrits non autographes se trouvent à la Bibliothèque municipale de Troyes: *Examen de la Genèse* (MS 2376) et *Examen des livres du Nouveau Testament* (MS 2377).

étaient incendiaires, et sa critique biblique a été, par la suite, vite dépassée. Quant au *Traité*, Voltaire en reconnaît les dangers dans sa dédicace à son amie:

> L'auteur de la métaphysique
> Que l'on apporte à vos genoux
> Mérita d'être cuit dans la place publique
> Mais il ne brûla que pour vous.[46]

En réalité, ces œuvres leur sont communes. Sur ce point, les témoignages de Grimm et de Mme de Graffigny se recoupent. A Cirey, après le petit déjeuner du matin, c'est l'heure de la philosophie. On lit un passage de la Bible et on le livre à une discussion que l'on alimente en cherchant ce qu'en pensent quelques critiques dont on a les ouvrages sous la main. Voltaire et Emilie consultent Tindal,[47] le *Dictionnaire* de Bayle et les *Discours* de Woolston.[48] Quant au *Testament* du curé Meslier, il est probable qu'ils connaissent l'une «des versions manuscrites de l'*Abrégé de la vie de Meslier* qui circulaient bien avant l'*Extrait* que publiera Voltaire beaucoup plus tard»,[49] en 1762. Dès le 30 novembre 1735, Voltaire est alerté: «Quel est donc ce curé de village dont vous me parlez?», écrit-il à Thiriot. «Comment, un curé et un Français! aussi philosophe que Loke? Ne pouvez-vous point m'envoyer le manuscrit?»[50] Sans doute l'ont-ils reçu, car on a pu faire un certain nombre de rapprochements entre le texte du curé d'Etrépigny et l'*Examen de la Bible*, par exemple «sur l'intelligence des bêtes attestée par la Genèse qui contredit ainsi la théorie cartésienne [...], sur la fausseté des promesses faites par Dieu aux Israélites, sur la vanité de l'interprétation allégorique des prophètes, sur l'absurdité de s'en remettre à la Providence pour la satisfaction de nos besoins, sur l'impuissance de l'Eglise à obtenir par ses prières l'extirpation des hérésies et la conversion des infidèles», sur Jésus suivi «d'une vile populace».[51]

Il est probable que Voltaire et Emilie possèdent aussi l'*Examen de la religion*, manuscrit clandestin que Voltaire publiera plus tard, ainsi que les ouvrages compacts de Richard Simon,[52] puisqu'il arrive à Mme Du Châtelet de le citer. Mais leur ouvrage préféré, en particulier pour l'*Examen de la Bible*, c'est l'œuvre monumentale en vingt-quatre volumes, le *Commentaire littéral sur les livres de*

---

46. M.xxii.189.

47. Matthew Tindal, *Christianity as old as the creation* (London 1730).

48. Thomas Woolston, *Discours sur les miracles de Jésus-Christ*, trad. par d'Holbach (s.l., s.d.).

49. Jean Meslier, *Œuvres* (Paris 1970), p.xxxv.

50. D951 (30 novembre 1735).

51. Jean Meslier, *Le Testament de Meslier*, éd. R. Desné, p.9 (manuscrit encore inédit; l'exemplaire que nous avons consulté est un don de l'auteur; nous l'en remercions).

52. Richard Simon, *Histoire critique du Nouveau Testament* (Rotterdam 1689).

l'Ancien et du Nouveau Testament.[53] Mme Du Châtelet aime beaucoup dom Calmet pour plusieurs raisons. D'abord, elle est en relations personnelles avec lui; Voltaire lui-même, plus tard, fera un séjour dans sa retraite de Senones où Calmet travaille à une *Histoire généalogique de la maison Du Châtelet*. Ensuite, la critique biblique de Calmet, la meilleure de l'époque, va parfois assez loin dans le sens du dessein d'Emilie. Méfiant, raisonneur, il émet des doutes sur la vraisemblance des événements, il tente d'expliquer, cherche à justifier ce qui est peu crédible. Ainsi lève-t-il des voiles, ce qui permet à la marquise d'y voir plus clair. «L'esprit du siècle a soufflé dans sa cellule»,[54] écrit René Pomeau qui cite Gustave Lanson: «Il faut lire dom Calmet pour s'expliquer Voltaire.»[55] Bref, si le père réjouit souvent les deux amis par ses naïvetés, il leur fournit son érudition et oriente leur esprit critique.

Il n'est donc pas étonnant que le *Commentaire littéral* soit devenu l'ouvrage que les deux philosophes consultent le plus volontiers, que Mme Du Châtelet, dans son *Examen*, le cite si fréquemment, et même, qu'elle «le pille sans le nommer».[56] C'est grâce à dom Calmet qu'elle trouve si aisément ce qu'elle cherche dans la Bible: invraisemblable, incohérent, immoral, voire cruel, ce livre ne peut être inspiré par Dieu, il ne peut être un livre «sacré». «Si Dieu voulait se peindre de façon sensible», écrit la marquise, «il devait du moins se peindre avec des qualités qui font respecter les hommes et non pas avec celles qui les font haïr ou mépriser.» Voltaire exprimera cette idée dans la formule célèbre de ses carnets: «Si Dieu nous a faits à son image, nous le lui avons bien rendu.»[57]

Quelle est donc la part prise par Voltaire dans cet *Examen de la Bible*? Sans doute a-t-il eu plus de facilité qu'Emilie à s'inspirer des déistes anglais, en particulier les *Discours* de Woolston et le *Christianity as old as the creation* de Tindal. «On le croira d'autant plus volontiers», écrit René Pomeau, «que, dans le livre de Tindal, marques et annotations [de Voltaire] se trouvent presque toutes aux chapitres XII et XIII abondamment utilisés par Mme Du Châtelet.»[58] La marquise se pose les mêmes questions que Tindal. Pourquoi Dieu fait-il défiler sous les yeux d'Adam les animaux pour qu'il les nomme? «Comme si un nom était originairement plus propre qu'un autre et que toute langue ne

---

53. Augustin Calmet, *Commentaire littéral sur tous les livres de l'Ancien et du Nouveau Testament* (Paris 1707-1716).
54. René Pomeau, *La Religion de Voltaire*, p.108.
55. Gustave Lanson, *Voltaire* (Paris 1960), p.172.
56. René Pomeau, *La Religion de Voltaire*, p.165-67: étude comparative très précise des deux textes.
57. *OC*, lxxxi.363.
58. René Pomeau, *La Religion de Voltaire*, p.177.

fût pas de pure convention»? Comment Dieu peut-il ordonner aux Hébreux de voler les Egyptiens? A Saül de massacrer tous les Amalécites pour une injure vieille de quatre cents ans? Admettre qu'Elisée fasse dévorer par deux ours les enfants qui l'avaient appelé «tête chauve»? Qu'Isaïe se promène nu pendant trois ans? Qu'Osée prenne une prostituée et en ait «des fils de prostitution»?

L'Ancien Testament est catégoriquement condamné par Mme Du Châtelet. La Genèse est absurde: comment Dieu peut-il créer la lumière avant le soleil? Il ne fait pas de différence entre le soleil et la lune, qu'il considère comme sources de lumière, alors que la lune ne fait que refléter celle du soleil. Curieuse astronomie. Dieu ignore-t-il donc sa création?

On s'attendrait à ce que le Nouveau Testament trouvât plus d'indulgence auprès d'une sensibilité de femme. Il n'en est rien: elle y relève la même absurdité. Telle la divinité de Jésus: Dieu, après nous avoir tous condamnés au péché et «avoir formé le dessein d'envoyer son fils unique pour nous en retirer [...] le garde *in petto* pendant quatre mille ans». Que l'histoire de Jésus soit rapportée par trente-neuf évangiles ne met-il pas en doute les quatre que l'Eglise a retenus? Encore sont-ils différents les uns des autres! La généalogie, l'enfance, la jeunesse de Jésus sont-elles d'un dieu? Peut-on admettre la fuite en Egypte? Le sauveur du monde aurait-il peur d'être tué? Quant à la parole de Jésus, elle demeure impénétrable à la raison «carrée» d'Emilie, qui ne saurait en interpréter la symbolique – «Laissez les morts enterrer les morts» – ni la pédagogie remarquablement adaptée à des foules primitives: «Je vous ferai pêcheur d'hommes [...] Regardez les lys des champs, ils ne travaillent ni ne filent»... Le caractère populaire, mythique et sacré des religions du passé lui échappe, ce qui va de pair, à cette époque, avec son incompréhension de l'histoire.

Voltaire est-il intervenu dans la rédaction de ces jugements? On peut regretter qu'auparavant il n'ait pas converti son amie au sens de l'histoire. Se souvient-elle d'*Alzire*, où Voltaire exalte la valeur de la fraternité chrétienne? A-t-elle retenu les entretiens de Voltaire, qui a connu Clarke et admire sa morale? Là est la grandeur de Voltaire, qui s'élève, par sa curiosité des hommes, de leur esprit, de leurs mœurs, vers une conception humaniste de l'histoire.

Quant au *Traité de métaphysique*, qui est aussi sans doute un travail commun, mais rédigé par Voltaire et portant fortement sa marque, il demeure intéressant en tant que recherche. Voltaire a l'originalité de se donner un point de départ empirique. Il imagine un observateur descendant «du globe de Mars ou de Jupiter» et abordant sur les côtes d'Afrique. Le voyageur céleste aperçoit «des singes, des éléphants, des nègres, qui semblent tous avoir quelque lueur d'une raison imparfaite». L'homme appartient au règne animal, mais il a la supériorité d'un langage «bien mieux articulé», et il possède davantage d'idées. Les hommes sont d'ailleurs de races fort diverses. Comment croire qu'ils sont «tous nés d'un même père»? Le philosophe se demande ensuite «ce que c'est que la faculté de penser de ces espèces d'hommes différentes», et comment «nous acquérons avec le temps la connaissance d'un Dieu, de même que nous parvenons aux notions mathématiques et à quelques idées métaphysiques».[59] Après avoir pesé les arguments pour et contre l'existence de Dieu, il se range à la conclusion que «la proposition ‹il y a un Dieu› est la chose la plus vraisemblable que les hommes puissent penser», et que «la proposition contraire est une des plus absurdes».[60] Puis il revient à l'empirisme de Locke («Que toutes les idées viennent par les sens») et, après avoir réfuté l'idéalisme de Berkeley («Qu'il y a en effet des objets extérieurs») et l'idée de l'âme conçue comme une substance immortelle, il se prononce en faveur du libre arbitre de l'homme contre ce que nous appelons le «déterminisme», affirme la nature sociable de l'être humain et fonde la morale sur des valeurs sociales. Ce *Traité*, qu'il conservera, sa vie durant, dans ses papiers (le texte ne sera publié que dans l'édition posthume de Kehl), manifeste un effort de réflexion systématique. Voltaire entend mettre au net ses idées sur des «questions d'une importance à qui tout cède», en comparaison de quoi «les recherches dans lesquelles nous amusons notre vie sont bien frivoles».[61] Sa pensée se modifiera sur quelques points, notamment sur le libre arbitre. Mais pour l'essentiel les bases de sa «philosophie», après tout assez authentiquement philosophique, sont posées.

La métaphysique étant considérée au dix-huitième siècle comme une introduction à la physique, les spéculations du *Traité* ne sont nullement incompatibles avec l'étude de Newton: tout au contraire, Voltaire ira jusqu'à parler d'une «métaphysique de Newton». Là, il est accompagné par Emilie qui traduit du latin l'œuvre du savant. Cette collaboration leur assure un sens de l'univers cosmique fort en avance sur leur époque. Du contraste entre l'immensité de cet univers et la petitesse de la terre, cet «atome de boue» sur lequel s'agitent les hommes, ces «insectes» si vains, va naître l'idée des contes de Voltaire, de *Micromégas* à *Zadig*, en commençant, dès ce premier séjour à Cirey, par *Le Songe de Platon*.

«J'aime tout ce qui est grand», a dit Voltaire.[62] Pour lui, s'il est quelques grands personnages de l'histoire, quelques héros de ses tragédies, qui échappent à la petitesse, ce n'est que par leur vertu, leur valeur morale et humaine.

---

59. Edition critique du *Traité de métaphysique* par H. Temple Patterson (Manchester 1937), p.25.
60. *Traité*, p.18.
61. *Traité*, p.4.
62. D14187 (18 mai 1767), à Mme Du Deffand, à propos de Catherine II.

L'étude de la morale est la seconde préoccupation des deux ermites. Cette étude ne s'accomplit pas dans le même registre que celle de la métaphysique car, pas plus que les hommes du commun, l'homme de génie ne saurait demeurer sur les sommets de l'humain.

Comme la religion déiste, la morale se veut universelle. Elle ne saurait être fondée sur la crainte des sanctions. Elle l'est encore moins sur l'analyse intérieure. De ce point de vue, Voltaire appartient, plus qu'aucun autre, à son époque: il fuit l'examen de conscience. Il agit parfois par raisonnement, lorsqu'un revers l'y contraint, mais le plus souvent par sentiment. C'est pourquoi il se connaît si peu. Bien entendu, cette morale ignore ou repousse les remords; c'est Mme Du Châtelet qui le dira le plus nettement dans son *Discours sur le bonheur*: il est inutile de se reprocher les fautes que l'on commet: «c'est nous couvrir de confusion, sans aucun profit». Chassons donc les «idées désagréables». Cette morale épicurienne, morale de l'intérêt, n'est-elle pas celle qui convient le mieux aux deux amis dans les premières années de Cirey? Ils la trouvent dans l'*Essay on man* de Pope que Mme Du Châtelet lit et relit dans le texte. Santé, paix, aisance, telles sont les conditions du bonheur pour le moraliste anglais.

> Le triste Anglais n'a pas compté l'amour!
> Que je le plains! Il n'est heureux ni sage![63]

s'écrie Voltaire. Morale de l'amour-propre et de la bienveillance, deux tendances contradictoires entre lesquelles le poète hésitera toute sa vie. Contradiction très humaine, avouons-le, et de tous les temps, quelles que soient les doctrines. La source en est principalement dans l'œuvre d'un autre Anglais, la *Fable des abeilles* de Mandeville.

Sans doute est-ce Voltaire qui a proposé à Mme Du Châtelet la traduction de cette œuvre fort originale. Emilie a senti le besoin de se remettre à l'étude de la langue anglaise, d'abord pour mieux communiquer avec Voltaire: tous deux ne se privent pas de l'utiliser pour n'être pas compris des tiers et des domestiques; ensuite, et c'est la raison essentielle, pour avoir accès, dans leurs travaux communs, aux auteurs anglais dont la pensée est la plus libre et la plus audacieuse. Mandeville est dans ce cas; et alors cette traduction n'est plus pour la marquise simple exercice.[64] *La Fable des abeilles* finit par devenir une œuvre importante qu'elle a traduite par choix personnel: «J'ai choisi ce livre», déclare-t-elle dans sa préface, «parce qu'il me semble que c'est un des ouvrages [...] qui est le plus fait pour l'humanité en général. C'est, je crois, le meilleur

---

63. *A M. Pallu* (M.x.512).
64. Ira O. Wade, *Studies on Voltaire, with some unpublished papers of Mme Du Châtelet* (Princeton 1947).

livre de morale qui ait jamais été fait, c'est-à-dire celui qui ramène le plus les hommes à la véritable source des sentiments auxquels ils s'abandonnent presque tous sans les examiner.»[65] Elle va jusqu'à le nommer «le Montaigne des Anglais». Disproportion certaine: connaît-elle bien son Montaigne?

L'œuvre de Mandeville devait séduire Voltaire pour plusieurs raisons. D'abord, elle niait l'influence des religions sur la morale: «Les superstitions des nations [...] et les notions pitoyables qu'ils avaient de l'être suprême n'étaient pas capables d'exciter les hommes à la vertu.»[66] Les Grecs et les Romains, qui ont produit de grands modèles de vertu, les ont-ils trouvés chez leurs dieux? Mais surtout, Mandeville proposait une explication audacieuse et réaliste du bon fonctionnement des «sociétés florissantes» qu'il fondait sur les *vices* des hommes, autrement dit leurs appétits multiples de consommateurs, et l'énorme appétit d'argent, qu'il nommait «l'avarice», des producteurs et des négociants. C'était là une synthèse d'éléments psychologiques et économiques tout à fait nouvelle pour l'époque.

Ici encore, on discerne le travail en commun de nos deux philosophes. Les éclaircissements et l'approfondissement du texte provenant de leurs discussions sont passés d'abord dans le travail de la marquise: loin de respecter absolument le texte de Mandeville, elle supprime des développements inutiles, et surtout elle y ajoute, honnêtement distinguées par des guillemets, des réflexions qui passeront à leur tour dans le travail de Voltaire. On les retrouve en effet, parfois mot pour mot, mises en évidence par I. O. Wade, dans les chapitres VIII et IX du *Traité de métaphysique*: «De l'homme considéré comme un être sociable» et «De la vertu et du vice».[67]

Voltaire et Emilie furent sans doute étonnés par l'expression inattendue, paradoxale, de la pensée de Mandeville: «Ce n'est point le bon naturel», dit-il, «la pitié ni les autres qualités aimables, qui rendent les hommes sociables [...] Mon principal but a été de faire voir combien l'innocence et les vertus du prétendu âge d'or sont incompatibles avec les richesses et la puissance d'un grand Etat.»[68] Aussi se montrait-il prophétique en dénonçant le mal dont souffrent encore aujourd'hui les sociétés capitalistes, le «divorce entre l'économie et l'éthique».[69] Mais, ne pouvant alors concevoir d'autre contrat social que le négoce, il est obligé de louer l'immoralisme économique, «la sagesse et l'habileté des législateurs qui ont construit une machine si admirable de

65. Wade, p.137.
66. Wade, p.146.
67. Wade, p.70-74.
68. Wade, p.139.
69. Cette formule est le titre d'un article du journal *Le Monde* du 4 octobre 1977. L'auteur, M. J.-P. Dupuy, y cite *La Fable des abeilles*.

matériaux si abjects et qui ont trouvé le moyen de faire servir au bonheur de la société les vices de ses différents membres». Ainsi, «une nation dans laquelle les vices seraient inconnus [...] et dont les particuliers seraient pleins d'honnêteté [...] n'aurait pu subsister».[70]

Il fallait un correctif: le rôle de l'Etat n'est pas seulement de laisser les hommes consommer et s'enrichir, mais aussi bien d'instaurer et de maintenir un ordre social. Il ne peut y avoir de négoce sans certaines vertus, par exemple le respect de la parole donnée; ni de sécurité sans la «bienveillance naturelle» et le respect d'autrui: «Ne fais pas à autrui ce que tu ne voudrais pas qu'il te fût fait». Enfin, la discipline collective doit être consolidée, exaltée, par une incitation au bien plus positive et alléchante; c'est pourquoi «les législateurs» ont fait appel à ces leviers puissants que sont l'amour-propre et l'orgueil: pouvait-on trouver mieux que de dispenser aux citoyens la flatterie, les louanges, les récompenses officielles? C'est ainsi que l'humanité s'est divisée en deux classes, chaque citoyen s'efforçant de pénétrer dans la plus élevée.

La Fable des abeilles contenait en germe une étude de l'économie dans les sociétés modernes. L'époque ne s'y prêtait point. Bon observateur, mais sans posséder le génie nécessaire à l'approfondissement de sa doctrine, Mandeville dériva vers la facilité en multipliant les exemples; ceux-ci se dégradèrent jusqu'à devenir si cocasses que l'on se demande s'il ne fait pas de l'humour: Un voleur qui habille une pauvre fille, va-t-il jusqu'à dire, fait le bien de la couturière et du cordonnier, «et s'il n'y avait pas de voleurs, les serruriers mourraient de faim». Mais, alors, aurait-on besoin de serruriers?

Malgré les naïvetés et l'outrance, l'œuvre de Mandeville proposait à Voltaire et à son amie des idées neuves et fécondes. Leur éducation et leur époque, où s'affirmaient, plus en Angleterre qu'en France, les bienfaits du négoce, ne leur permettaient point de les exploiter plus avant. Voltaire en utilisa quelques-unes dans son *Traité*, puis, poussant la théorie à l'absurde, retourna à l'ironie: «ôtez aux négociants l'avarice, les flottes anglaises sont anéanties.» Néanmoins, il reste quelque chose dans Mandeville qui l'inquiète. Il se débarrasse de son inquiétude en ramenant, dit-il, la *Fable des abeilles* à sa juste valeur: «Il est très vrai que la société bien gouvernée tire parti de tous les vices; mais il n'est pas vrai que ces vices soient nécessaires au bonheur du monde. On fait de très bons remèdes avec des poisons, mais ce ne sont pas les poisons qui nous font vivre.»[71]

Enfin, Voltaire commence à Cirey une œuvre de longue haleine qui lui appartient en propre, mais qui est aussi bien une tentative d'intéresser et de

---

70. Wade, p.139.
71. Voltaire, *Questions sur l'Encyclopédie*, article «Abeilles» (1770), cité par Wade, p.25.

convaincre Mme Du Châtelet. Cette œuvre est l'une des plus importantes de sa carrière, car le poète prend, en l'écrivant, une dimension nouvelle: c'est *Le Siècle de Louis XIV*. Dès 1732, il parle plusieurs fois, dans sa correspondance, de son projet de construire «ce grand bâtiment».[72] Mais il ne se met vraiment à l'ouvrage qu'en juin 1735. En septembre, il annonce à Thiriot que les trente premières années sont faites, et, en décembre, il en est à la bataille d'Hochstedt. C'est maintenant, dit-il, «ma sultane favorite».

L'adolescent passionné qui a vécu les dernières années du règne de Louis XIV n'en a-t-il pas conservé lui-même mieux que des échos? Avec du recul, il conçoit que ce règne fut une des grandes époques de la civilisation et il pense, par association, aux grands siècles précédents, ceux de Périclès, d'Auguste et des Médicis. Le siècle de Louis XIV leur est supérieur, dit-il, car «la raison humaine s'est perfectionnée». Il importe donc de transmettre la mémoire de ce siècle à la postérité. Il éprouve quelque plaisir à montrer que Louis XIV était mieux disposé que Louis XV à l'égard des ouvrages de l'esprit: «La profession des lettres», écrit-il à Formont, «si brillante, et si libre sous Louis XIV, le plus despotique de nos rois, est devenue un métier d'intrigues et de servitude [...] [Aujourd'hui] Boileau et la Bruyère ne seraient que persécutés.»[73]

Mais s'il s'attache à ce projet, c'est aussi bien pour convaincre son amie: Mme Du Châtelet n'aime pas l'histoire. En ce temps-là, elle n'est pas la seule dans ce cas: «Un certain cartésianisme refuse à l'histoire toute rationalité.»[74] Emilie ne voit dans l'histoire que récits de batailles et d'intrigues, remplis d'erreurs et d'approximations, n'apportant à l'esprit «aucun enseignement de vérités utiles». Cependant, pour Voltaire, c'est là seulement que se trouve la réalité de l'homme; l'histoire est parente de la tragédie; le poète veut faire comprendre à son amie que l'humanité n'a d'existence qu'historique. Or, les historiens qui ont précédé Voltaire sont ennuyeux, car ils ne savent ni peindre ni remuer les passions. Au surplus, ne sachant pas découvrir les vraies causes des événements, ils n'ont point de vérité. L'*Histoire universelle* de Bossuet, les œuvres de Mézeray, de l'abbé Fleury ne sont, à des degrés divers, que justifications du providentialisme: des histoires où intervient la Divinité pour punir ou récompenser. Elles sont aussi une glorification des puissants: «Il semble que, pendant 1400 ans», écrira Voltaire au marquis d'Argenson, «il n'y ait eu dans les Gaules que des rois, des ministres et des généraux, mais nos mœurs, nos lois, nos coutumes, notre esprit, ne sont-ils donc rien?»[75] C'est bien là que la raison humaine a progressé. Mme Du Châtelet eût exigé

---

72. D526 (vers le 12 septembre 1732).
73. D764 (27 juin 1734).
74. René Pomeau, introduction à l'*Essai sur les mœurs* (Paris 1963), i.1.
75. D2148 (26 janvier 1740).

volontiers que l'histoire ancienne eût été écrite par des philosophes. L'histoire contemporaine le sera: Voltaire a la vocation d'historien parce qu'il est philosophe. Il est curieux d'histoire parce qu'il y retrouve l'homme, ses passions, sa raison et ses idéaux; et il puisera dans l'histoire des arguments en faveur du progrès de l'esprit humain. «Ce n'est pas seulement la vie de Louis XIV», écrira-t-il dans l'introduction du *Siècle*, «qu'on prétend écrire; on se propose un plus grand objet. On veut essayer de peindre à la postérité, non les actions d'un seul homme, mais l'esprit des hommes dans le siècle le plus éclairé qui fut jamais.»[76] Son intention pédagogique est partout visible et souvent exprimée: «On ne s'attachera [...] qu'à ce qui mérite l'attention de tous les temps, à ce qui peut peindre le génie et les mœurs des hommes, à ce qui peut *servir d'instruction et conseiller* l'amour de la vertu, des arts et de la patrie».[77] Réciproquement, les leçons de l'histoire pénètrent dans les tragédies et les contes. Si l'on met à part quelques ouvrages de commande, l'œuvre de Voltaire présente une très forte unité: Voltaire historien, Voltaire conteur, Voltaire auteur de tragédies et des *Discours en vers sur l'homme*; c'est toujours le même Voltaire, c'est Voltaire humaniste.

76. *Le Siècle de Louis XIV*, dans *OH*, p.616.
77. *OH*, p.620. C'est nous qui soulignons.

3. Des imprudences, des succès, un voyage

Le bonheur semble assuré: un heureux équilibre s'est établi entre Voltaire et Emilie; celle-ci est fière du succès récent du poète, qu'elle nomme «le père d'Alzire», et lui, sous l'influence de son amie, se passionne de plus en plus pour l'étude des sciences.

Pourquoi Voltaire, se dérobant soudain à ce bonheur, part-il seul, vers la mi-avril, pour Paris où il va passer tout le printemps de 1736? Officiellement, il y va pour mettre en ordre ses affaires: c'est ce que déclare Emilie à ses correspondants. Ignorerait-elle la vraie raison de ce voyage? Cette raison, lui-même ne la révélera que lorsqu'il y sera contraint. L'abbé Le Blanc, qui sait tout, et qui a soupé avec Voltaire vers le 30 avril, pense qu'il est venu pour «donner une nouvelle édition de la *Henriade*».[1]

Il arrive malade. Et pourtant, il est obligé d'assumer sa gloire. On le fête partout: chez les Brancas, les Villars, les Richelieu, les Guise... et même au Mont-Valérien.

Certes, il s'occupe de ses affaires. S'il ne réintègre pas son domicile de la rue de Longpont et descend à l'hôtel d'Orléans, c'est pour éviter le voisinage de Demoulin qui lui a croqué vingt mille livres. Il est obligé de lui retirer sa confiance; il va la donner à l'abbé Moussinot, un ami de la famille, beau-frère de ses deux hommes d'affaires précédents. Voltaire ne tient pas, d'ailleurs, à se brouiller avec Demoulin; il conseille à l'abbé de parler avec bonté à son beau-frère. Chanoine de Saint-Merry, trésorier du chapitre, d'une honnêteté quasi janséniste, mais homme de cœur à l'esprit très ouvert, l'abbé Moussinot a beaucoup de goût: tout en sachant conduire une affaire, il aime à fureter pour dénicher des tableaux ou des objets d'art. Dans l'organisation et la décoration de Cirey, Voltaire va d'abord l'employer à des courses variées, parfois futiles, puis il lui demandera de gérer ses biens. Moussinot commencera par expédier des Lancret et des Albane; puis, patient et dévoué, il achètera toutes les fournitures du château. Et, surtout, qu'il ne s'adresse pas n'importe où! Voltaire et Mme Du Châtelet connaissent les meilleurs fournisseurs de Paris dont ils lui donnent les adresses. L'abbé devient un client assidu de Geoffroy, l'apothicaire de l'Académie des sciences. Pour les énormes pots de pâte de Mme Du Châtelet, qu'il n'aille pas ailleurs que chez Provost. L'abbé

---

1. D1068 (vers le 30 avril 1736).

expédie les bougies, le café, les oranges, les citrons, les plumes, le papier à lettres doré, *in quarto*, exigeant qu'il soit de Hollande, la poudre à perruques par dizaine de livres et même une chaise percée... Au début, l'abbé se trompe et fait passer par Bar-sur-Aube ce qui devait passer par Wassy: «Les oranges et les citrons sont pourris»! Il envoie jusqu'à des louis d'or: un jour, ils arrivent mélangés aux marrons glacés et aux dragées. Il n'ignore plus rien des caprices féminins. Mme Du Châtelet ne veut pas «de ces petites pinces de toilette» du quai de Gesvres, mais de celles que l'on vend rue Saint-Honoré. Il arrive alors que la compétence échappe à Moussinot: c'est «mademoiselle sa sœur» qui cherche douze livres de poudre fine et un pot de bonne pommade à la fleur d'oranger, et «mesdemoiselles ses nièces» qui choisissent une douzaine de gants blancs. D'importants crédits lui sont ouverts pour l'achat de belles et grandes boucles de souliers à diamants, et, pour commander chez l'artisan un nécessaire destiné à Mme Du Châtelet, il doit s'adresser chez Hébert, à l'enseigne du *Roi de Siam*, rue Saint-Honoré. Il faudra peut-être vendre une action: Hébert a du goût, «et il faut payer son goût». Moussinot assume aussi les missions les plus délicates dans les procès où Voltaire s'engage. En période de crise, son activité devient si complexe qu'il doit s'entourer de commissionnaires, louer des carrosses, et, sur l'ordre de Voltaire, pour faire marcher cette agence, puiser dans la caisse.

S'attacher Moussinot, c'est la meilleure «affaire» que traite le poète. Les autres l'accablent. Simultanément, il fait face à trois procès. Il en gagnera deux, non sans peine, l'un contre son tailleur, l'autre contre l'imprimeur Bauche, personnages qui ne sont pas de grands fripons. Mais le troisième – la vraie raison de son séjour à Paris – va broyer son amour-propre. Jore, le scélérat, lui a tendu un énorme piège, et, derrière Jore, on devine Desfontaines et surtout Demoulin. Ce Demoulin en sait long sur Voltaire. Doucereux, sans scrupules, d'une parfaite hypocrisie, il ne s'est pas privé de fouiller l'appartement de la rue de Longpont et d'y prélever des papiers compromettants dont il n'a pas fini de se servir; il possède une évaluation assez sûre de la fortune de Voltaire, il connaît ses faiblesses, les dangers qu'il a esquivés et qui peuvent encore le menacer. Il renseigne Desfontaines qui est le cerveau du trio. Pour commencer, les trois complices vont réchauffer l'affaire mal refroidie des *Lettres philosophiques*.

Vers le 20 mars, à Cirey, Voltaire a reçu de Jore une lettre très humble: il ne tiendrait qu'au poète de lui «racheter la vie». En effet, le garde des sceaux aurait offert à l'imprimeur de le rétablir dans sa maîtrise à condition qu'il précise avec sincérité le rôle qu'il a joué dans l'édition et la vente des *Lettres*. Voltaire, optimiste et naïf, rendu trop confiant par le succès d'*Alzire* et le bonheur de Cirey, se précipite pour rendre service à l'imprimeur: «Moi qui suis bon [...] j'écris à Jore une longue lettre bien détaillée, bien circonstanciée, bien regorgeant de vérité, et je l'avertis qu'il n'a autre chose à faire que de tout avouer naïvement.»[2]

Comment n'a-t-il pas pensé que le garde des sceaux connaissait l'affaire mieux que Jore, qu'il n'avait plus d'illusions sur la paternité et la diffusion des *Lettres*, et qu'une telle proposition faite à l'imprimeur était invraisemblable? Il ne s'agissait pour Jore que de faire avouer à Voltaire, par écrit, qu'il était l'auteur des *Lettres philosophiques*, et surtout que l'édition de Rouen, ayant été interdite et saisie, n'avait pas été payée. A ces deux points de vue, il ne manque rien à la réponse de Voltaire, pas même l'indication de témoins: «Un de mes amis [Thiriot] ayant fait imprimer ce livre en Angleterre uniquement pour son profit [...] vous en fîtes de concert avec moi une édition en 1730 [*sic*].» Apprenant que le garde des sceaux interdisait la vente de l'ouvrage, Voltaire prit alors des précautions: «Je priai alors un conseiller au parlement de Rouen [Cideville] de vous engager à lui remettre toute l'édition [...] vous lui dîtes que vous la déposeriez ailleurs, et qu'elle ne paraîtrait jamais sans la permission des supérieurs. [...] Je vous fis venir chez M. le duc de Richelieu, je vous avertis que vous seriez perdu si l'édition paraissait, et je vous dis expressément que je serais obligé de vous dénoncer moi-même. Vous me jurâtes que vous aviez besoin de 1500 livres; je vous les fis prêter sur-le-champ par le sieur Paquier, agent de change, rue Quinquempoix, et vous renouvelâtes la promesse d'ensevelir l'édition.»[3]

Généreux, Voltaire n'accuse dans sa lettre que les deux cousins François et René Josse, qui imprimèrent et vendirent chacun leur édition de l'ouvrage, et il omet de préciser que Jore commença de débiter la sienne, dont une partie fut saisie à Paris chez sa maîtresse, Mlle Aubry.[4] C'est alors qu'ignorant «le crime» de François Josse, il écrivit à Jore de porter toute l'édition à M. Rouillé et *offrit de la lui payer*, mais Jore était déjà à la Bastille. Le principal coupable est donc François Josse qui «a joui du fruit de sa méchanceté impunément».[5] Il apparaît donc bien que l'édition de Jore, non débitée et saisie, n'a pas été payée.

Jore peut être satisfait. Fort de ces aveux, il réclame à Voltaire la somme de vingt-deux mille livres pour payer l'édition, faute de quoi il le dénoncera comme l'auteur des *Lettres philosophiques*. Voltaire aurait intérêt à transiger. C'est pourquoi sans doute il demande à Jore de passer chez lui le 5 mai. Il lui propose de couper la dette par moitié. «Je lui répliquai ingénument», écrit Jore, «que je consentirais volontiers au partage, à condition qu'il serait égal;

2. D1080 (30 mai 1736).
3. D1045 (25 mars 1736).
4. D757 (vers le 10 juin 1734).
5. D1045.

que j'avais été prisonnier à la Bastille pendant 14 jours; qu'il s'y fît mettre sept, que l'impression de son livre m'avait causé une perte de 22 000 livres, qu'il m'en payât 11, qu'il me resterait encore ma destitution de maîtrise pour mon compte. Ma franchise déplut au sieur de Voltaire, qui [...] poussa la générosité jusqu'à m'offrir cent pistoles pour solde de compte.»[6]

Jore n'a rien à perdre. Le même jour, il fait assigner Voltaire à l'aide d'un long mémoire où se reconnaît le style incisif de Desfontaines. Après avoir donné des exemples de l'avarice de Voltaire avec les domestiques au temps où il le logeait à Rouen, il analyse aussi les combinaisons du poète avec des éditeurs: «Il est dans l'usage de faire imprimer [ses ouvrages] à ses frais; et après en avoir détaillé par lui-même une partie, il vend à un libraire le surplus de l'édition, qui tombe dans l'instant par une nouvelle qu'il fait succéder, à la faveur de quelques changements légers. C'est par ce petit savoir-faire que les faveurs des Muses ne sont point pour Voltaire des faveurs stériles.»[7] Que fait donc Voltaire? Avant qu'il ait eu le temps de réagir, Jore enlève à l'esbroufe une sentence, signifiée le 16 mai rue de Longpont, que Demoulin se garde bien de transmettre, suivie le 21 d'une saisie-arrêt sur les biens du poète. Puis, la «cabale» publie le mémoire de Jore et le fait vendre à la sortie des spectacles. L'affaire devient publique, et le scandale accablant.

C'est le moment qu'a choisi J.-B. Rousseau pour décocher à Voltaire un nouveau coup. En réponse à l'attaque injurieuse de Voltaire dans la préface de *La Mort de César*,[8] Rousseau a envoyé à la *Bibliothèque française* un libelle signé, comme il se doit, d'un «ami», retraçant les relations passées du poète lyrique avec Voltaire. Rousseau y révèle «une partie de ses turpitudes» et le menace de publier en deux volumes la collection de tous les brocards que le poète s'est attirés. Mais Voltaire est trop occupé par la cabale de Jore: libelle et menaces de Rousseau passent provisoirement au second plan.

Ici, point d'Emilie pour le calmer, le retenir, le conseiller. Apparemment tranquille à Cirey, elle poursuit sa traduction de Mandeville, discute avec Linant, correspond avec Maupertuis et Algarotti. «Agité comme un démon»,[9] écrit Le Blanc, plongé dans un profond désarroi, Voltaire se fâche et tergiverse. Il cherche à s'appuyer sur ses amis. Richelieu ne saisit pas l'importance de l'affaire: «qu'importe que ce soit Jore ou Josse, qui ait imprimé ce f. livre? que Voltaire s'aille faire f. et qu'on n'en parle plus.»[10] Il reviendra, il est vrai, sur

6. D.app.39, p.499.
7. D.app.39, p.495.
8. M.ii.311, «Préface à l'édition de 1736».
9. D1089 (vers le 15 juin 1736).
10. D1069 (vers le 1er mai 1736).

cette attitude. C'est surtout à d'Argental que Voltaire a recours. Mais l'ange, pour une fois, lui rend un mauvais service en lui conseillant de plaider.

Voltaire plaidera donc, et c'est à cette fin qu'il rédige son *Mémoire*.[11] Celui de Jore, remarque-t-il, est rempli d'outrages étrangers à l'affaire. Mais Jore s'est rendu plus coupable encore lorsque, pour extorquer à Voltaire ses aveux, il a imaginé que le ministre voulait le rétablir dans sa maîtrise: il a fait mentir le ministre. Ensuite, pour réussir son chantage, l'imprimeur a interprété malhonnêtement la lettre de Voltaire, en essayant de prouver que le poète lui devait de l'argent depuis six ans. Or, Voltaire a toujours été généreux avec Jore: il lui a prêté mille cinq cents livres et lui a donné, il y a quatre mois, une gratification de dix pistoles. Il en possède le reçu ainsi qu'une lettre où l'imprimeur l'assure de sa très humble reconnaissance. Serait-il possible que Jore eût remercié si humblement en 1736 «celui qui le volerait depuis 1730»? Voilà bien les contradictions des calomniateurs!

S'il exprimait ces arguments avec sobriété et modestie, Voltaire serait plus convaincant. Hélas! il y parle beaucoup trop de lui. L'abbé Le Blanc, qui le connaît bien et qui est à l'affût de tout ce qui le touche, ne s'y trompe pas. Le *Mémoire* est paru le 14 juin; dès le lendemain, l'abbé l'envoie à Bouhier avec celui de Jore: «Voltaire est bien misérable», écrit-il, «il devait sacrifier mille écus plutôt que de laisser paraître un pareil factum contre lui [...] Son propre mémoire est encore plus contre lui que celui de son libraire. La vanité, les airs de bienfaiteur qu'il y affecte, un certain ton d'impudence [...] surtout les mensonges qu'il y avance avec tant d'effronterie sur sa pauvreté et sa générosité, tout cela fait crier contre lui. Pour le coup le voilà, je pense, bien loin de l'Académie.»[12]

En même temps qu'il publie son mémoire, Voltaire écrit à Maurepas et à Chauvelin. Mais c'est au lieutenant de police Hérault qu'il dénonce, presque au jour le jour, les agissements de la cabale. Demoulin lui paraît, pour l'avenir, plus redoutable que Jore: «Je vous supplie monsieur de faire attention que ce Demoulin, ci-devant mon homme d'affaires, m'ayant volé mon bien, garde encore tous mes manuscrits. Il ne tiendrait qu'à vous monsieur de lui ordonner de vous les apporter.»[13] Hérault se fatigue à lire toutes ces lettres que dévaluent les excès, Voltaire allant jusqu'à affirmer: «Je n'ai plus rien. Jore par ses procédures a fait des saisies sur le peu de bien qui me reste.»[14] Au moins le

11. Signé par Robert, son avocat: *Mémoire pour le sieur de Voltaire contre François Jore* (Paris 1736). Voir aussi le *Nouveau mémoire signifié pour le sieur de Voltaire, défendeur, contre François Jore, demandeur* (Paris 1736).

12. D1089 (vers le 15 juin 1736).

13. D1087 (14 juin 1736). Voir aussi les autres lettres à Hérault: D1092, 1093, 1095, 1103, 1104 et 1105, toutes datées de juin et juillet 1736.

14. D1087.

lieutenant de police exige-t-il que Jore lui restitue la lettre de Voltaire. Non content de la lui refuser «obstinément», et afin de poursuivre son chantage, Jore la publie avec un nouveau factum. Voltaire enrage. C'est tout juste s'il ne reproche pas à Hérault sa lenteur et ses hésitations: «Les lois, les bonnes mœurs, votre autorité sont également blessées. [...] Serait-il dit que Jore et Desfontaines tous deux repris de justice par vous triomphassent à vos yeux d'un homme que vous protégez?»[15] Voltaire en appelle à Maurepas qui pensait l'affaire terminée et lui répond aussitôt: «J'en parlerai encore demain à M. Hérault, et j'examinerai avec lui quels moyens on pourrait employer pour en arrêter le cours.»[16] A son tour, le garde des sceaux intervient et obtient enfin de Jore qu'il restitue à Hérault la lettre incriminée. Il est un peu tard! Jore s'étant exécuté, le garde des sceaux propose à Voltaire un accommodement. Voltaire s'insurge. Quoi! tous les mauvais tours de ses ennemis, toutes leurs calomnies, aboutiraient à ce dénouement: qu'il fût condamné à payer! Il réplique à Chauvelin: «Tout le monde me dit que je suis déshonoré si je m'accommode à présent.»[17] Au lieu que s'il plaide, il peut en une seule audience faire casser la procédure et condamner Jore aux dépens.[18]

Nous voici en juin. Le bel été se passera-t-il pour Voltaire, comme le printemps, à perdre des batailles? Ses adversaires sont forts; ils ont obtenu un scandale retentissant et ont gagné de l'argent à vendre des factums. Voltaire se fatigue. Poussé par la trinité Maurepas-Chauvelin-Hérault, il va céder à l'usure, mais non sans révolte et marchandages: «M. Hérault [...] veut que je donne 500 livres aux pauvres. Je passe dans Paris pour être condamné à l'aumône, ainsi je suis déshonoré.»[19] Comment trouvera-t-il cinquante pistoles? Il a «vraiment à peine de quoi partir»! Il sollicite au moins de pouvoir choisir les personnes à qui il donnera cet argent; il va commencer par dix pistoles à «un jeune homme de lettres» qui n'a rien: sans doute Baculard d'Arnaud, qu'il a beaucoup rencontré à Paris.

Enfin, le voici partant pour Cirey afin d'y retrouver «l'amitié et la paix», avouant à Cideville qu'il éprouve un «petit remords» d'avoir, pour une fois, de l'obligation «au pouvoir arbitraire».[20]

«Retournons à nos goûts et à nos plaisirs», se dit Voltaire. Pour oublier l'humiliation qu'il vient de subir, n'a-t-il pas tout ce qu'il faut: son esprit, Mme

---

15. D1095 (20 juin 1736).
16. D1098 (22 juin 1736).
17. D1101 (vers le 27 juin 1736).
18. D1103 (vers le 28 juin 1736).
19. D1107 (1er juillet 1736).
20. D1108 (2 juillet 1736).

Du Châtelet et le bien-être de Cirey? Il rapporte dans ses bagages une apologie du luxe en petits vers allègres: *Le Mondain*. Il en régale, à son arrivée, son amie.[21] Emilie, qui a poursuivi seule les aménagements et la décoration du château, invite Algarotti le 10 juillet: «Cirey s'embellit tous les jours pour vous recevoir. Son plus grand ornement, le premier des Emiliens, y est de retour.»[22]

Algarotti ne viendra pas. Voltaire reprend aussitôt son poème sur le luxe. Il relit *La Fable des abeilles*, qui décrit le train de vie d'un «mondain». C'est dans Mandeville sans doute qu'il a trouvé son titre[23] et qu'il puisera des arguments pour la *Défense du Mondain*. Heureuse et amusée, Emilie se saisit du poème, oublie son habituelle prudence, en expédie une copie à Cideville et le prie d'en faire part à Formont. De là, ne volera-t-il pas chez Mme Du Deffand? Scrupuleuse, Emilie ajoute au bas de la page: «Le mondain n'est pas public, je vous en avertis.»[24] Elle ne tardera pas, en effet, à se repentir de cette étourderie. Elle ne pense pas que les ennemis de Voltaire peuvent être jaloux non seulement de ses succès, mais aussi de la richesse et du luxe dont il ose se vanter après ce qu'il a écrit à Hérault et ce qu'il a pu dire à Paris de sa pauvreté. Est-ce une vengeance délibérée de jeter à la face de ses ennemis ce bonheur de châtelain? C'est Mme Du Châtelet qui le dira dans une formule digne de La Rochefoucauld: «La plus grande vengeance que l'on puisse prendre des gens qui nous haïssent, c'est d'être heureux.»[25] Bonheur selon le goût du temps: le système de Law a donné à ceux qu'il n'a pas ruinés le goût de la dépense et du luxe, et ce goût se répand dans les milieux privilégiés. Mais appartient-il à un Arouet de le chanter?

> Ce temps profane est tout fait pour mes mœurs.
> J'aime le luxe et même la mollesse,
> Tous les plaisirs, les arts de toute espèce
> La propreté, le goût, les ornements [...]
> O le bon temps que ce siècle de fer!
> Le superflu, chose si nécessaire,
> A réuni l'un et l'autre hémisphère [...]
> Le paradis terrestre est où je suis.[26]

Qu'y a-t-il là de choquant pour les nantis, nobles, financiers, bourgeois, cardinaux et évêques qui vivent dans le luxe? Rien, sinon cette allégresse «profane». Mais certains sauront trouver dans le poème de quoi l'attaquer.

21. D1116 (18 juillet 1736).
22. D1112 (10 juillet 1736).
23. André Morize, *Le Mondain et l'apologie du luxe au XVIIIe siècle* (Paris 1909), p.75.
24. D1116 (18 juillet 1736).
25. D1237 (28 décembre 1736).
26. M.x.83.

En attendant, le poète dort dans un tranquille oubli.

Ce n'est pas seulement *Le Mondain* qui répand dans Paris les bruits de la richesse et du confort de Cirey. Voltaire lui-même s'en vante beaucoup trop. Quel doux été dans ce château que l'on embellit depuis deux ans! «La lecture de Neuton, des terrasses de cinquante pieds de large, des cours en balustrade, des bains de porcelaine, des appartements jaunes et argent, des niches en magots de la Chine»,[27] voilà le paradis! Et cette description s'adresse à Thiriot, «l'ami» faux et envieux! Ce que l'on déforme plus encore, c'est le récit d'une visite que fit à Cirey, en passant, le chevalier de Villefort de Montjeu, attaché du comte de Clermont. Dans une lettre où Le Blanc rapporte ce récit au dijonnais Bouhier, il n'est pas difficile de voir combien les faits, pour avoir été colportés, sont déformés ou romancés. Telle est la réception apprêtée, théâtrale, que fait la marquise au chevalier dans «un salon éclairé de plus de vingt bougies. La divinité de ce lieu était tellement ornée et si chargée de diamants qu'elle eût ressemblé aux Vénus de l'Opéra si malgré la mollesse de son attitude et la riche parure de ses habits, elle n'eût pas eu le coude appuyé sur des papiers barbouillés d'xx et sa table couverte d'instruments et de livres de mathématiques. On fit à l'étranger une demi-inclination et [...] on lui proposa d'aller voir M. de Voltaire. Un escalier dérobé répondait à l'appartement de cet enchanteur: on le monte, on frappe à sa porte, mais inutilement, il était occupé à quelques opérations magiques et l'heure de sortir de son cabinet, ou de l'ouvrir n'était pas venue; cependant la règle fut enfreinte en faveur de M. de Villefort. Après une demi-heure de conversation une cloche sonna. C'était pour le souper. On descend dans la salle à manger, salle aussi singulière que le reste de ce château; il y avait à chaque bout un tour, comme ceux des couvents de religieuses, l'un pour servir, l'autre pour desservir. [...] La chère fut merveilleuse, le souper long; à une certaine heure la cloche de nouveau se fit entendre. C'était pour avertir qu'il était temps de commencer les lectures morales et philosophiques [...] A quatre heures du matin on va éveiller l'étranger pour savoir s'il veut assister à l'exercice de poésie et de littérature qui vient de sonner [...] On demande ce que fait le mari pendant tout ce temps-là et personne n'en sait rien. Au reste, vous prendrez, vous laisserez ce que vous voudrez de ce conte, je vous le donne tel [...] qu'il court Paris.»[28] Mme Du Châtelet, informée de ces bruits par des lettres de la capitale, ne reconnaît point ces «descriptions qu'on a brodées et dont on a fait un conte de fées.»[29] Elle pense qu'ils ont nui gravement à Voltaire.

Pour s'en faire une idée plus conforme à la réalité, il faut lire les lettres

27. D1179 (21 octobre 1736).
28. D1205 (19 novembre 1736).
29. D1238 (30 décembre 1736).

qu'écrira Mme de Graffigny à son ami Panpan lors de son séjour à Cirey en 1738. D'après ces lettres, le luxe de Cirey est circonscrit à l'appartement de Mme Du Châtelet et à la chambre de Voltaire. Mme de Graffigny le dénonce dans son langage cru: «tout ce qui n'est point l'appartement de la dame et de V. est d'une saloperie à dégoûter». Les chambres du marquis et des invités sont demeurées dans un état fort délabré. Mme de Graffigny occupera l'une d'elles en hiver: fenêtres et portes laissent passer le vent qui s'engouffre dans des cheminées monumentales. Aussi brûle-t-on, chaque jour, six cordes de bois dans les trente-deux feux du château. A croire que le marquis Du Châtelet et le duc de Richelieu, ces officiers, sont mieux traités dans leurs camps militaires. Si l'on ferme les yeux sur l'état général du château, on ne saurait pourtant l'ignorer, et Mme Du Châtelet a raison de considérer les bruits qui courent à Paris comme des «contes de fées».[30]

Il n'empêche qu'elle apporte à faire visiter son appartement «des airs de vanité satisfaite». Il se situe vraisemblablement dans l'aile construite par Voltaire. Ici, Mme de Graffigny s'extasie. Ce qu'elle admire le plus, c'est «l'appartement des bains». Elle est pauvre, il est vrai, mais sans doute a-t-elle vu des appartements de même usage au château d'Haroué, chez les princes de Beauvau-Craon et à Lunéville, chez les ducs de Lorraine et le roi de Pologne. Quoi qu'il en en soit, il apparaît que celui de la marquise les surclasse par un luxe importé de Paris: il est entièrement carrelé de faïence et pavé de marbre. Quant au cabinet de toilette attenant, son lambris est «vernissé d'un vert céladon clair, gai, divin, sculpté, doré; des meubles à proportion, un petit sopha, de petits fauteuils charmants, [...] des encoignures, des porcelaines, le plafond peint, des estampes, [...] si j'avais un appartement comme celui-là, je me ferais réveiller la nuit pour le voir».[31] La chambre de la marquise est «boisée en vernis petit jaune avec les cordons bleu pâle [...] le lit est en moiré bleu, et tout est tellement assorti que jusqu'aux paniers de chien tout est jaune et bleu – bois de fauteuil, bureau, encoignures, secrétaire, les glaces à cadre d'argent – tout cela est d'un brillant admirable. Une grande porte vitrée mais de glace-miroir conduit à la bibliothèque». En entrant dans le petit boudoir d'Emilie, on «est prêt à se mettre à genoux [...] Tous les petits panneaux sont remplis par des tableaux de Vateau. [...] Ah, quelles peintures! [...] des rideaux de mousseline brodés aux fenêtres. Il n'y a rien de si joli.» Ce boudoir, situé à l'arrière du château, donne sur une terrasse dont la vue est magnifique, vers les jardins, les bois et la vallée.

S'il est un personnage qui ne croit pas au paradis terrestre de Cirey, c'est

30. *Correspondance de Mme de Graffigny*, éd. J. A. Dainard *et al.* (Oxford 1985), i.199.
31. Graffigny, i.209.

Linant. Il n'admet pas que Voltaire et Emilie soient aussi soumis, dans cette retraite, à l'étiquette de la noblesse. A ce sujet, c'est Mme Du Châtelet la plus exigeante. Linant n'a pu tenir son sérieux quand Voltaire est venu lui dire, gravement, qu'elle prétendait qu'il ne s'asseyât pas devant elle avant qu'elle ne le lui eût ordonné. On ne doit pas oublier qu'elle est marquise, et de la maison de Lorraine. «En vérité», écrit l'abbé, «si cela ne fait pas rire cela doit révolter.»[32] Assez fruste et peu féministe, il n'aime pas la marquise, et n'éprouve pas une grande admiration pour son «génie». Il trouve singulier qu'un homme comme Voltaire se soumette à cette femme au point d'en adopter les artificielles convenances et parfois de se comporter lui-même en seigneur. On humilie encore davantage Linant en ne tenant point compte du «génie» dont lui aussi se prévaut; on le traite en précepteur pour ne pas dire en domestique. Mais comment ses hôtes, dont la réputation est établie et qui donnent l'exemple d'un travail acharné, pourraient-ils reconnaître des dons aussi stériles et supporter sa paresse? Voltaire se montre à la fois ironique et indulgent; Emilie se plaint à Cideville de l'ignorance et de la vanité de son protégé, et Linant doit se défendre auprès de son protecteur: «j'ai un petit garçon pendu tout le jour à ma ceinture dont je suis plutôt l'ami que le précepteur. Il faut prendre garde l'été qu'il ne se jette dans le puits et l'hiver dans le feu. Il faut lui apprendre des choses qu'il n'entend point et qu'il ne veut point entendre et il a raison et je suis fâché d'être payé pour le rendre malheureux, mais il me le rend bien par les soins qu'il me donne. Je lui dis depuis le matin jusqu'au soir, monsieur tenez-vous droit ou pensez plus juste [...] comment pouvoir penser après cela à des choses tout à fait opposées et qui demandent un homme entier et un homme qui ait un grand génie, pour être bien faites [...] je suis comme un homme lié à qui on dirait de courir.»[33]

Autant que de sa servitude, Linant souffre de ce préceptorat qui ne lui convient pas. Dans sa révolte, il trouve des accents qui ne manquent ni de vigueur ni de talent:

> Tout poète est né libre et la fière Uranie
> Lui souffle avec les vers l'esprit de liberté,
> La liberté toujours fut l'âme du génie[34]

On ne saurait qu'approuver. Quel dommage que ce garçon soit si paresseux et si vain. Fatigué de sa tragédie, il «pense» à un roman. Que n'écrit-il point en secret celui de la vie à Cirey? C'est bien là qu'il a perdu l'occasion d'illustrer son nom. Mais que faire, sinon se soumettre? Linant tient compagnie à Mme

32. D1046 (25 mars 1736).
33. D1075 (vers mai 1736). Il s'agit du fils de Mme Du Châtelet, alors âgé de dix ans.
34. D1046 (25 mars 1736).

Du Châtelet en l'absence de Voltaire et du marquis, et il lui dit de «bons mots». Si bien que la marquise va prendre «la petite Linant», sa sœur, pour femme de chambre. Ce qui la gêne, c'est que la sœur du précepteur de son fils soit femme de chambre. Question de convenances. Mais elle le fera par amitié pour Cideville.

Alors que chemine sourdement le nouveau scandale du *Mondain*, quelques chances sourient à Voltaire à la fin de l'été et en automne. Au début d'août, il reçoit une première lettre élogieuse, enthousiaste, du prince royal de Prusse, qui se déclare son «très affectionné ami».

Curieuse et dramatique jeunesse que celle du prince Frédéric. Né en 1712, il a vingt-quatre ans lorsqu'il écrit cette première lettre à Voltaire. Dès le début de l'adolescence, il manifeste une passion exceptionnelle pour la littérature française et la musique. Son amour de la vie douce, sédentaire, luxueuse et méditative s'oppose vivement aux exercices d'endurance et à la discipline militaire auxquels son père, Frédéric-Guillaume, «le roi-sergent», veut le contraindre. Il subit alors de véritables scènes de fureur où le roi se jette sur lui et le frappe à coups de canne.[35] Ses défenseurs, sa sœur Wilhelmine et son ami Ulrich Friedrich von Suhm, demeurent impuissants à le délivrer. Ce conflit entre le jeune prince et son père devient si aigu que Frédéric tente de s'évader avec un jeune officier, son ami, le lieutenant de Katt. Rejoints et arrêtés, les deux fuyards sont emprisonnés. Frédéric-Guillaume pousse la cruauté jusqu'à faire exécuter de Katt en novembre 1730, sous les yeux du prince.

Après cette crise, le roi se calme; les deux adversaires s'observent: les qualités de caractère et l'intelligence du prince n'échappent pas au roi, pas plus que les qualités d'organisateur et d'administrateur du roi n'échappent au prince. Frédéric-Guillaume pardonne, non sans avoir contraint son fils à épouser, en 1733, une nièce de l'empereur, Elisabeth Christine de Brunswick. Mariage imposé, qui va entraîner un drame intime, pas nécessairement lié, si l'on en croit son médecin, von Zimmermann, à une prétendue homosexualité.[36]

35. Ernest Lavisse, *La Jeunesse du Grand Frédéric* (Paris 1891), p.233-427.
36. J. G. von Zimmermann, *Fragmente über Friedrich den Grossen* (Leipzig 1790). Le médecin rapporte (i.75 et suivantes) qu'avant son mariage Frédéric souffrait d'une maladie vénérienne, contractée dans une relation sexuelle clandestine. Pour le guérir, le margrave Henri de Schvedt le fait traiter par le chirurgien von Malchov. A la suite de cette cure, le mariage peut avoir lieu. Selon la dame d'honneur von Komensky le prince aurait vécu six mois avec sa femme. Il aurait consommé le mariage, pour assurer sa descendance. Mais la maladie reprend. Zimmermann parle d'une «gangrène froide» et d'une ablation cruelle qui devait le guérir définitivement. Selon le médecin, ce n'était pas une castration, mais «il était un peu mutilé». A la suite de l'opération, Frédéric se croyait eunuque. A vingt-huit ans, il s'imagine privé de virilité et incapable d'assurer

Malgré tout, il s'acquitte avec conscience de ses fonctions d'officier dans un régiment de Ruppin. Service très lourd: «Je viens d'exercer, j'exerce, j'exercerai», dit-il. La pédagogie infligée par Frédéric-Guillaume développe des effets contradictoires. Elle fait de lui un soldat dans l'âme, le préparant à sa destinée. Mais dans l'immédiat, elle provoque sa résistance. La vie de cour et de famille, imprégnée de moralisme protestant, le révolte. Il s'en libère par la «philosophie». Il se veut un adepte des Lumières. Il a recours à Wolff, et à Voltaire.

Après des années laborieuses, coupées de voyages en compagnie de son père, il s'installe, en 1736, à Rheinsberg: château seigneurial, flanqué de deux tours carrées, dans un paysage de dunes, de sapins, de bouleaux, d'étangs.[37] La ville la plus proche, à vingt kilomètres, est Ruppin, agglomération de Mecklembourg peuplée surtout de réfugiés huguenots français. Berlin est à trois cents kilomètres. Frédéric fait aménager le château. Sur le portail, il fait inscrire: *Frederico tranquilitatem colenti*. «Cultivant le repos», il passe là les années les plus heureuses de sa vie.

Il s'est entouré d'un cercle d'amis. Comme d'autres princes allemands de l'époque, il fonde un «ordre» s'inspirant à la fois de la maçonnerie et de la table ronde du roi Arthur. Douze membres, parmi lesquels deux de ses frères, deux princes de la maison de Brunswick, et ses amis les plus intimes. L'un d'eux est von Keyserlingk, dit Césarion, court et laid, mais remarquablement courtois, érudit, poète, récitant des vers allemands et des passages de *La Henriade*, musicien, gros mangeur, mais danseur agile, qui virevolte dans le salon, sautant brillamment d'un sujet à un autre; il adore le prince qui ne s'en séparera que pour l'envoyer à Cirey. Très appréciés aussi sont le major Stille, un savant qui connaît plusieurs langues, le baron de La Motte-Fouqué, le chevalier de Chazot, né à Caen, plus jeune que Frédéric, qui vient de s'exiler pour avoir tué en duel un parent du duc de Boufflers.

Parmi les amis lettrés du prince le plus apprécié est son secrétaire, Charles Etienne Jordan, né en 1700 de parents français réfugiés à Berlin. C'est un pasteur ayant quitté le ministère dans la douleur d'avoir perdu sa femme et qui, en même temps, a perdu la foi. Il a fait, en 1733, un voyage littéraire en

la succession au trône en ligne directe. Il laisse désormais se répandre les rumeurs sur son homosexualité. Il les encourage même (voir sur ce point son *Palladion*). D'après von Zimmermann, il ne s'est jamais déshabillé devant un témoin. Il avait même donné l'ordre qu'après sa mort on ne lui enlevât pas ses vêtements.

37. Theodor Schieder, *Friedrich der Grosse* (Frankfurt, Berlin, Wien 1983), reproduit, p.191, une toile d'époque représentant le site de Rheinsberg: le château apparaît dans le lointain, donnant sur un vaste plan d'eau qui occupe tout le premier plan; paysage de lande, parfaitement plat. On cherche vainement le «mont» qu'annonce l'onomastique de Rheinsberg.

France, en Angleterre et en Hollande, dont il vient de publier le récit. Il a apprécié la belle humeur des écrivains français, sauf chez Voltaire, «ce jeune homme maigre», dit-il, «qui semble attaqué de consomption et dévoré d'un feu aveugle».[38] Jordan est tombé sans doute sur un jour de fièvre; mais Voltaire se déride: «Il est poli, sa conversation est vive, enjouée et pleine de saillies.» Jordan est resté un Français à l'esprit rapide, fuyant toute pédanterie. Frédéric aime sa conversation; il l'utilise comme conseiller littéraire, critique et copiste, pour le perfectionnement de la langue et de l'orthographe françaises. Jean Deschamps, aumônier de la princesse, fort instruit en métaphysique et en philosophie, a traduit le leibnizien Wolff.

Les amis les plus nombreux sont sans doute les artistes. Des musiciens d'abord: les deux frères Graun, dont le plus jeune, violoniste, ténor, compositeur, fournira au prince deux opéras chaque année, presque en collaboration avec Frédéric qui les retouchera sans scrupules. Un peintre, Pesne, né à Paris, qui a plus que la cinquantaine; il a visité l'Italie; c'est Frédéric Ier, grand-père du prince, qui l'a appelé à sa cour; il a épousé Anne Du Buisson, d'une famille de peintres de fleurs; cette famille tout entière l'a suivi à Berlin; ayant passé de durs moments avec Frédéric-Guillaume qui, par bonheur, barbouillait quelques toiles, Pesne n'a jamais été aussi heureux qu'à Rheinsberg. Ajoutons Knobelsdorff, véritable Allemand, soldat devenu artiste, musicien, peintre et sculpteur: il sera l'architecte de tous les bâtiments et châteaux de Frédéric.

Frédéric ne va plus guère à Berlin où il retrouve une société à la fois frivole et méchante. Son père viendra le voir deux fois. L'une de ces visites est restée célèbre: écoutant au temple un sermon qui lui déplaisait, il brandit sa canne vers le pasteur. Quant au prince, il ne va jamais au prêche; le dimanche, il se rend à Neu Ruppin et récite devant son régiment des traductions allemandes de Bourdaloue, Fléchier et Massillon!

L'esprit et l'amitié sont les seules raisons d'être de cette cour. Si l'on s'y livre parfois à des orgies, le vrai plaisir de la table qui réunit une vingtaine de convives, c'est la conversation. Frédéric s'est amusé à élever une guenon qui donne lieu à toutes sortes de remarques philosophiques... On parle de tout. On joue la comédie, des mascarades à l'italienne, les tragédies de Racine et l'*Œdipe* de Voltaire, où le prince tient un rôle. Très actif, animateur passionné, il danse beaucoup, dans des costumes richement décorés; il joue de la flûte et compose de la musique.[39]

Pour travailler, il s'isole dans la vieille tour du château; les baies percées dans les profondes murailles donnent à son cabinet, malgré les ornements,

38. Charles Etienne Jordan, *Histoire d'un voyage littéraire fait en MDCCXXXIII en France, en Angleterre et en Hollande* (La Haye 1735), p.63.
39. Ernest Lavisse, *Le Grand Frédéric avant l'avènement* (Paris 1893), p.1-198.

une austérité féodale; il n'aperçoit que des arbres, de l'eau et du ciel. Il ne chasse jamais. Levé à quatre heures, il rejoint ainsi la discipline de son père: il lit six heures de suite, copiant des extraits ou prenant des notes. Il veille jusqu'à deux heures. Et même, considérant que le sommeil est du temps perdu, il essaie de s'entraîner à ne plus dormir du tout, jusqu'à ce qu'il tombe malade et que les médecins se fâchent. Il correspond régulièrement avec Camas, d'une famille de réfugiés, grand liseur et bon géomètre, avec Manteuffel, conseiller moral et religieux. En outre il vient de conquérir le plus célèbre de ses correspondants, celui qui lui prendra le plus de temps, Voltaire!

Ce fut «une petite cause» qui mit en mouvement cette correspondance. Frédéric, qui se tenait au courant des activités de Voltaire, était à l'affût de textes inédits du poète, et sa curiosité s'était portée précisément sur les chants de La Pucelle. La Chétardie, ambassadeur à Berlin, les avait demandés, suprême naïveté, à Versailles! Dès qu'il fut installé à Rheinsberg, le prince décida de s'adresser directement à l'auteur. Il lui écrivit le 8 août 1736. Lettre fort habile qui engage vivement l'amour-propre du poète. Sans pouvoir le connaître personnellement, Frédéric affirme que «vous ne m'en êtes pas moins connu par vos ouvrages: ce sont des trésors d'esprit». C'est Voltaire, et lui uniquement, qui fera «pencher la balance» du côté des écrivains modernes. Le prince admire en lui non seulement le poète, mais l'homme possédant «une infinité d'autres connaissances». Voltaire a un goût particulier pour la philosophie et la métaphysique. Heureuse rencontre: Frédéric partage ce goût et vient de s'engager dans le même combat en faveur de la tolérance. Il se permettra d'envoyer à Cirey une traduction qu'il a «fait faire de l'accusation et de la justification du sieur Wolf [...] cruellement accusé d'irréligion et d'athéisme». Sans doute le prince est-il un admirateur un peu trop zélé de Wolff, car il ajoute: «Tel est le destin des grands hommes: leur génie supérieur les expose toujours en butte aux traits envenimés de la calomnie et de l'envie.» Suivent les éloges de La Henriade, d'Alzire et du Temple du Goût, éloges qui servent d'introduction naturelle à l'objet premier de sa démarche: «C'est ce qui me fait désirer si ardemment d'avoir tous vos ouvrages.» Sans oser réclamer précisément La Pucelle, il lui promet le secret.

Rien ne manque à cette lettre: ni la connaissance des occupations actuelles de Voltaire qui insinue «le goût des sciences de manière si fine et si délicate», ni le souhait d'un havre de gloire et de liberté à la cour du futur roi: «Ah! que la gloire ne se sert-elle de moi pour couronner vos succès!»[40]

On imagine l'émotion de Voltaire recevant une lettre aussi flatteuse et inattendue. Elle attestait sa réputation européenne et le bien-fondé de son

40. D1126 (8 août 1736).

action philosophique. Elle venait d'un prince jeune, éclairé, qui serait roi, et libre alors de faire apprécier les œuvres du poète et d'appliquer ses conceptions morales. Quel réconfort aussi pour un écrivain qui se trouvait, dans sa patrie, accablé par la surveillance pointilleuse du pouvoir et l'animosité des dévots! Après avoir connu la Bastille, l'exil en Angleterre et le demi-exil de Cirey, après les tracasseries de l'affaire Jore et du *Mondain*, c'était un baume sur ses plaies et une bouffée de liberté.

La réponse de Voltaire donne à leurs échanges le ton laudatif qu'ils conserveront durant les quatre premières années: le poète y rend hommage à «un prince qui pense en homme, un prince philosophe qui rendra les hommes heureux».[41] Qu'on ne se laisse pas prendre à leur «sincérité». Christiane Mervaud a finement analysé les relations des deux hommes: «ainsi [...] s'enclenche, puis s'amplifie un double processus de transfiguration où dialoguent le prince idéal et le sage, l'un et l'autre jouant dûment leur rôle [...] Voltaire et Frédéric [...] ont rêvé et se sont rêvés [...] l'écriture épistolaire purifie et dupe»; de ce mécanisme «ils ne furent plus les maîtres».[42] Mme Du Châtelet les suivra d'abord, mais non pas sans méfiance, et l'on admire sa liberté d'esprit: «puisqu'il faut qu'il y ait des princes, sans qu'on sache pourquoi, il faudrait du moins qu'ils fussent tous faits comme lui».[43] De son côté, Frédéric se méfie-t-il? Il engage malheureusement, comme agent de renseignements, Thiriot, qui ne manquera aucune occasion de desservir Voltaire et Mme Du Châtelet.

Depuis *L'Indiscret* (1725), Voltaire n'a plus fait de tentative au théâtre du côté de la comédie. On se tromperait en lui prêtant le propos délibéré d'occuper tous les secteurs de la littérature. Si en fait il se trouve bien dans tous les genres, c'est moins par arrivisme littéraire que par expansion spontanée d'un génie tenté par toutes les formes d'écriture.

Depuis un certain temps il a en portefeuille une comédie fort comique, dont le titre a varié: d'abord *Monsieur du Cap-Vert*, puis *Boursoufle*, ou le *Grand Boursoufle*,[44] enfin *Les Originaux*.[45] La date de sa composition demeure incertaine: «il y a dix ans», prétendra-t-il en 1738, contre toute vraisemblance.[46] Comprenons que la pièce était faite alors depuis plusieurs années. Une tradition

---

41. D1139 (1er septembre 1736).

42. Christiane Mervaud, *Voltaire et Frédéric II: une dramaturgie des Lumières*, Studies 234 (Oxford 1985), p.19-20.

43. D1228 (20 décembre 1736).

44. Pour la distinguer d'un *Petit Boursoufle*, devenu *L'Echange, ou quand est-ce qu'on me marie?*

45. Dans les *Œuvres complètes* (Paris, Lequien, 1820-1826), où l'œuvre est publiée pour la première fois.

46. Graffigny, i.243 (23 décembre 1738): «Il l'a montré à la Quinault il y a dix ans.» En décembre 1728, il se cachait à Dieppe à son retour d'Angleterre.

rapporte qu'il la fit jouer en 1732 sur le petit théâtre de Mme de Fontaine-Martel. En tout cas il en a, avant sa fuite de 1734, fait lire le manuscrit à Mlle Quinault.

Celle-ci, Jeanne-Françoise, dite Quinault la cadette,[47] était la plus jeune des cinq enfants de l'acteur Jean Quinault, tous acteurs et actrices comme leur père, le plus célèbre d'entre eux étant Dufresne, créateur, entre autres rôles à succès, d'Orosmane, de Vendôme, de Zamore. Mlle Quinault, de son entrée à la Comédie-Française (1718) à sa retraite (1741), n'avait cessé de triompher dans un emploi apparemment modeste, celui de soubrette. Mais à la ville elle était devenue le centre d'une société libre, dite «du bout du banc», qui se réunissait pour souper tantôt chez elle tantôt chez le comte de Caylus. Au dessert, les domestiques ayant été renvoyés, on tenait des propos fort libres, d'une élégante impiété. Parmi les habitués, Duclos, Saint-Lambert, Collé, Voisenon, Moncrif, Crébillon le fils... Voltaire dut participer quelquefois à ces agapes. A la Comédie-Française, Mlle Quinault avait acquis l'influence d'une animatrice. Elle dirigeait acteurs et actrices. Elle conseillait les auteurs. Elle ressentait plus que personne la nécessité, en raison de l'étroitesse du public, de produire sur la scène le plus souvent possible des pièces nouvelles. Elle imaginait elle-même des sujets de tragédies et de comédies, elle «les donnait aux auteurs en les pressant de les travailler».[48] Des idées lui venaient parfois en lisant les manuscrits qu'on lui soumettait.

Ainsi *Boursoufle* lui fit concevoir le sujet du *Préjugé à la mode*. Ce fut elle qui le communiqua à Nivelle de La Chaussée. Il s'agissait, on le sait, du «préjugé» selon lequel un homme du monde peut aimer n'importe quelle femme à l'exception de celle qui est son épouse. Or le Durval de La Chaussée se trouve aimer profondément la sienne, la tendre Constance. Il n'ose d'abord le laisser voir. Mais au cours d'un bal masqué, Constance lui a parlé sans le reconnaître. Elle lui a dit combien elle aimait son mari. Alors Durval lève le masque, tombe à ses genoux. Les jeunes époux s'aimeront désormais sans souci du «qu'en dira-t-on?». Un épisode analogue se rencontre effectivement dans *Boursoufle*. La sœur aînée de l'héroïne, la jeune Fanchon, est mariée de la plus déplorable manière à un comte de Boursoufle (M. des Apprêts, dans la version définitive): l'insupportable petit-maître n'a même pas regardé celle qu'il épousait. Il s'estimerait déshonoré d'avoir le moindre égard pour elle. Désolation de la pauvre femme qui aime sincèrement son volage mari, sachant qu'il vaut mieux qu'il n'en a l'air. Au dernier acte Boursoufle, ruiné par ses folies, reçoit une mystérieuse bienfaitrice qui a promis de le renflouer. Elle a fait enlever les

47. Voir la notice de G. Bengesco, *Les Comédiennes de Voltaire* (Paris 1912), p.69-82.
48. Graffigny, i.338.

lumières et se dissimule dans ses coiffes. Elle parle au comte avec adresse, conviction. Elle l'attendrit, elle l'émeut. Il lui jure un amour durable, fidèle. Alors la dame enlève ses voiles, fait apporter des lumières. Le comte s'aperçoit qu'il a fait la cour à sa femme. Il se jette à ses pieds. Définitivement converti, à l'avenir il vivra en mari attentionné avec celle qu'il découvre être fort séduisante.

Scène «larmoyante», mais dans une comédie au total fort gaie. Voltaire s'amuse de ses «originaux» farfelus: un président entiché d'astrologie, une présidente maniaque de pharmacopée, un vieux loup de mer jurant par tous les sabords, Monsieur du Cap-Vert. Ce truculent septuagénaire vient pour épouser ce soir même la pauvre Fanchon, que le président lui avait promise dès avant sa naissance. Bien entendu Fanchon aime un sympathique chevalier et en est aimée. Monsieur du Cap-Vert ne peut pas attendre. Il doit repartir le soir même pour les Amériques, enlevant la jouvencelle. Le désastre allait s'accomplir, lorsque surgit une petite vieille, volubile, brandissant sa canne. C'est Madame du Cap-Vert! Le navigateur et elle se sont mariés il y a vingt ans. Au bout de quelques mois, son mari l'a enfermée dans un couvent, pour courir le guilledou. De temps à autre, entre deux équipées maritimes, il revient épouser sur le continent une jeunesse. Mais Mme du Cap-Vert, sautant le mur de son couvent, est partie à la recherche de l'infidèle: elle vient de le retrouver. Penaud, M. du Cap-Vert filera doux, et tout se termine le plus joyeusement du monde. Avec ses personnages bien typés, son action prestement menée, la pièce est faite pour réussir sur les théâtres de société, interprétée par des amateurs. Mme de Graffigny la verra représentée deux fois à Cirey (février 1739).[49] C'est le genre de comédie qui rappelle que le théâtre est un jeu, un jeu fait d'abord pour le plaisir de ceux qui le jouent.

Voltaire a prétendu qu'il avait renoncé à donner ses *Originaux* à la Comédie-Française après que La Chaussée en eut pillé le sujet dans *Le Préjugé à la mode*.[50] Il accuse l'indiscrétion de Mlle Quinault. En réalité, considérées globalement, les deux pièces ne se ressemblent nullement. Il n'est pas sûr que Mlle Quinault ait beaucoup insisté pour porter au théâtre une comédie aussi vaudevillesque. L'actrice préférait le genre larmoyant. Voltaire se plaindra qu'elle ait «introduit ce misérable goût des tragédies bourgeoises»,[51] qu'elle ait mis à la mode cette «infamie», ce «monstre»: «les comédies où il n'y a pas le mot pour rire».[52] On pensera plutôt que l'actrice suivait le goût du public. Les brillants succès du *Glorieux* de Destouches, des pièces «larmoyantes» de

49. Graffigny, i.307, 317.
50. Graffigny, i.338.
51. D10289 (26 janvier 1762).
52. D10904 (12 janvier 1763).

La Chaussée, la tonalité «sensible» du théâtre de Marivaux attestent la préférence des contemporains pour les comédies visant à susciter non le rire, mais l'émotion. Voltaire va pratiquer lui-même ce genre qu'il désapprouve.

Mlle Quinault lui a écrit à Cirey pour lui proposer *L'Enfant prodigue*. Or voici que soudain il est saisi par ce sujet, comme naguère par celui de *Zaïre*. Trois semaines après avoir reçu la lettre de l'actrice, il a terminé la pièce et l'a envoyée à d'Argental. Il l'a rédigée «dans un accès de fièvre sans [la] corriger».[53] Ce qui l'a inspiré, ici comme dans ses tragédies, ce sont deux scènes d'émotion intense: celles que comporte la donnée de «l'enfant prodigue» revenant, repenti, au foyer paternel. Euphémon, le prodigue, en a tant fait qu'il a dû s'enfuir, abandonnant sa fiancée Lise, maudit et déshérité par Euphémon le père. A son défaut, c'est le cadet, l'odieux et ridicule Fierenfat, qui doit épouser Lise, désespérée d'une telle union. Le petit bonhomme Rondon, père de la jeune fille, presse la signature du contrat. Une grotesque baronne de Croupillac prétend s'y opposer: Fierenfat lui avait naguère promis le mariage. Pendant qu'on hésite, un pauvre hère se présente, en loques, mourant de faim: c'est Euphémon le fils, bourrelé de remords. Ce qui introduit les deux moments pathétiques: la reconnaissance du prodigue et de Lise, qui n'a jamais cessé de l'aimer; puis, adroitement préparée par la jeune fille, la scène des retrouvailles entre le père et le fils.

Comme Voltaire l'expliquera dans la préface de l'édition, il a voulu réaliser «un mélange de sérieux et de plaisanterie, de comique et de touchant»; car «la vie des hommes est bigarrée». Il suit ainsi la mode et le vœu de Mlle Quinault. Il n'est pas fâché, en même temps, de démentir les idées sur le théâtre que vient d'afficher Jean-Baptiste Rousseau. Contre la proscription du «docteur flamand» (c'est ainsi qu'il le nomme),[54] il déclare que «tous les genres sont bons, hors le genre ennuyeux»: c'est dans la préface de *L'Enfant prodigue* que se lit cette phrase célèbre. Le «mélange» toutefois paraît assez artificiel. L'élément comique repose tout entier sur trois personnages de second plan: Madame de Croupillac, Rondon, Fierenfat, caricatures banales. L'intérêt se porte sur la partie touchante qui se joue entre Euphémon fils, Lise, Euphémon père. Malheureusement la versification en décasyllabes, bien adaptée à l'allure sautillante des grotesques, convient mal dans ces moments d'attendrissement.

Voltaire refusait que la pièce, différente de sa manière habituelle, fût donnée sous son nom. Il craignait une réaction hostile de son public. Mlle Quinault la fit donc jouer sans l'annoncer, et anonymement. Le 10 octobre 1736 on avait inscrit au programme *Britannicus*. Mais au dernier moment, impossible

53. D1036; Graffigny, i.200.
54. D1220 (8 décembre 1736).

de jouer la tragédie de Racine: un acteur est malade. Les comédiens donnent donc, à l'improviste, une comédie nouvelle, d'un auteur inconnu, *L'Enfant prodigue*. Le public de *Britannicus*, plutôt clairsemé, applaudit fort cette pièce imprévue. Les jours suivants les représentations réunissent des auditoires bien fournis. L'auteur? Voltaire fait répandre le bruit que c'est Gresset, qui dément. On est bien vite convaincu qu'il est lui-même responsable de cette œuvre d'un genre nouveau. Il n'avait pas tort de se tenir sur ses gardes. Les critiques sont peu favorables à cette comédie mêlée: «un monstre», s'accordent à dire l'abbé Le Blanc, un anonyme du *Mercure de France*, et Contant d'Orville.[55] Les deux premiers pourtant reconnaissent y avoir «pleuré». Ce sont bien en effet les larmes qui font le succès de *L'Enfant prodigue*. La pièce en sa première saison atteint le total de vingt-six représentations. Encouragé, Voltaire récidivera. Mais dans l'immédiat il refuse de satisfaire une nouvelle commande, tragédie ou comédie, de Mlle Quinault. Il va pour un temps sacrifier le théâtre aux «vérités arides».

Sous l'influence de Mme Du Châtelet dont il partage la curiosité et les lectures, il pense avoir le goût de l'expérience scientifique et de l'expression exacte de la pensée. Ne lui est-il pas possible d'égaler son amie et même de la surpasser? Il vient d'éprouver une vive satisfaction à lire la *Dissertation sur les forces motrices* de Mairan, «un des esprits des plus justes, des plus fins et des plus exacts».[56] Fort de cet enthousiasme, il demande à Moussinot de lui envoyer le sujet proposé pour l'année 1737 par l'Académie des sciences en vue du prix annuel. C'est pour un ami, qui exige «un secret inviolable». Mme Du Châtelet triomphe discrètement et remercie Maupertuis de l'avoir aidée à élargir ainsi le génie de Voltaire: «Il y a longtemps que vous avez envie de faire un philosophe du premier de nos poètes et vous y êtes parvenu car vos conseils n'ont pas peu contribué à le déterminer à se livrer à l'envie qu'il a de connaître.»[57]

Hélas! A peine a-t-elle écrit cette lettre, qu'une nouvelle «taloche» s'abat sur Voltaire. *Le Mondain* circule sous le manteau. Vers le 20 novembre, le président Dupuis possède le texte; il en tire quelques centaines de copies qu'il distribue. On a trouvé le poème jusque dans les papiers de l'évêque de Luçon, un libertin, qui vient de mourir. Dévots et jansénistes sont scandalisés par l'évocation de la vie d'Adam – créé à l'image de Dieu – au paradis terrestre:

> Mon cher Adam, mon gourmand, mon bon père,
> Que faisais-tu dans les jardins d'Eden? […]

55. D1205 (*Mercure de France*, décembre 1736, xxi.373). Contant d'Orville, *Lettre critique sur la comédie intitulée l'Enfant prodigue* (Paris 1737), p.5-10.
56. D1137 (31 août 1736).
57. D1216 (1ᵉʳ décembre 1736).

Caressais-tu madame Eve, ma mère?
Avouez-moi que vous aviez tous deux
Les ongles longs, un peu noirs et crasseux,
La chevelure un peu mal ordonnée,
Le teint bruni, la peau bise et tannée.
Sans propreté l'amour le plus heureux
N'est plus amour, c'est un besoin honteux.[58]

Voltaire ne parvient pas à croire que ce texte puisse menacer sérieusement sa liberté. Il poursuit le badinage dans une lettre à Thiriot qui circulera sans doute chez La Popelinière: «Cela mènerait tout droit à penser qu'il n'y avait ni ciseaux ni rasoir ni savonnette dans le paradis terrestre, ce qui serait une hérésie [...] De plus on suppose dans ce pernicieux libelle qu'Adam caressait sa femme dans le paradis, et dans les anecdotes de la vie d'Adam trouvées dans les archives de l'arche sur le mont Ararat par saint Cyprien, il est dit expressément que le bonhomme ne bandait point, et qu'il ne banda qu'après avoir été chassé et de là vient, à ce que disent tous les rabbins, le mot ‹bander de misère›.»[59]

Qu'il se hâte d'en rire! Maurepas, qui s'amuse toujours dans un premier temps, mais qui voit fort bien où les démangeaisons de l'esprit conduisent Voltaire, présente à d'Argental l'affaire comme sérieuse. Un prêtre nommé Couturier s'empare du poème et le porte au cardinal de Fleury. Les ministres et les dévots y flairent le persiflage des chants de La Pucelle que personne n'a lus. Par cet irrespect des choses sacrées, Voltaire apparaît de plus en plus comme un adversaire de la religion.

S'il doit être périodiquement menacé pour de telles plaisanteries, comment pourra-t-il continuer de vivre en France? Il décide de s'éloigner. Ira-t-il, non loin de Cirey, en Lorraine ou à Bâle? S'il choisit Amsterdam, c'est que le libraire Ledet prépare une édition de ses œuvres; le poète la corrigera sur place, et, pour une fois, elle paraîtra sans fautes ni pirateries de libraires. A Leyde, il suivra les cours du savant newtonien 's Gravesande afin de mettre au point ses Eléments de la philosophie de Newton. Enfin, il consultera le célèbre médecin Boerhaave. Mais, comme il ne veut point donner à ce départ les apparences d'une fuite ou d'un exil, il fait courir le bruit qu'il répond à une invitation du prince royal de Prusse. Il a prévenu Frédéric.

Le secret ne sera révélé qu'à d'Argental qui va devenir, en l'absence de Voltaire, le principal correspondant et, peu à peu, le confident de Mme Du Châtelet. Elle ne lui cachera rien de ses craintes ni de ses souffrances. Il restera longtemps son ami le plus attentif et le plus dévoué.

58. M.x.85.
59. D1207 (24 novembre 1736).

Dans la nuit du 9 au 10 décembre, Mme Du Châtelet accompagne Voltaire jusqu'à Wassy où il doit prendre à quatre heures du matin des chevaux de poste. Mais là, ils hésitent encore à se séparer et décident d'attendre une lettre de d'Argental pouvant confirmer la menace ou l'écarter. Pénibles instants dont chacun des deux amis ne souffre pas du même cœur. Pour Mme Du Châtelet, toujours possessive, c'est la douleur de l'absence, la crainte de se retrouver seule à Cirey en hiver, de voir la santé de Voltaire exposée à un pénible voyage, et surtout la hantise qu'il ne soit séduit par la liberté d'écrire et de publier. Sur ce point, elle ne se trompe pas: dans la curieuse lettre qu'il adresse alors à d'Argental transparaissent de significatives arrière-pensées. Cherchant, un peu trop, à justifier son chagrin, il laisse échapper certains mots qui pourraient inquiéter son amie: «quand je vois arriver le moment où il faut se séparer pour jamais de quelqu'un qui a fait tout pour moi, qui a quitté pour moi, Paris, tous ses amis et tous les agréments de sa vie, quelqu'un que j'adore et que je dois adorer [...] L'état est horrible.» Son rêve de liberté, bien qu'il s'exprime au conditionnel, n'en échappe pas moins à sa plume: «Je partirais avec une joie inexprimable, j'irais voir le prince de Prusse [...], je vivrais dans les pays étrangers [...] je serais libre [...] Mais votre amie est devant moi qui fond en larmes. [...] Faudra-t-il la laisser retourner seule dans un château qu'elle n'a bâti que pour moi, et me priver de ma vie parce que j'ai des ennemis à Paris? Je suspends dans mon désespoir mes résolutions, j'attendrai encore que vous m'ayez instruit de la mesure ou de l'excès de fureur à quoi on peut se porter contre moi.»[60]

Il semble que Voltaire n'ait pas attendu les instructions de son ami. Ce serait, d'après ce qu'expliquera la marquise à d'Argental, une lettre de Berger, «hors de mesure sur tous les points» qui précipita son départ.[61]

Sa première lettre, écrite à la frontière, ne calme pas l'inquiétude d'Emilie, car elle «regarde la terre couverte de neige». Néanmoins, l'affection profonde dont Voltaire fait preuve dans les suivantes la rassure: «Je vois par la douleur extrême dont ses lettres sont remplies qu'il n'y a rien qu'il ne fît, même les choses les plus opposées à son caractère, pour passer sa vie avec moi. Je lui ai fait sentir la nécessité d'être sage et ignoré pour y parvenir.» Mais connaissant Voltaire, dans la même lettre, elle se reprend: la méfiance, les soupçons ne la quitteront plus guère. Loin d'elle, Voltaire lui échappe; sa conduite, ses décisions sont imprévisibles. De Hollande, ne va-t-il pas gagner la Prusse? Quelle distance alors la séparera de lui? Et dans quel piège ira-t-il se jeter? «Le prince royal n'est pas roi [...] Son père [...] est soupçonneux, et cruel, il

60. D1221 (9 décembre 1736).
61. D1237.

hait et persécute son fils». Il serait capable de faire arrêter Voltaire. Emilie se trouve soudain devant la solitude, le vide, l'inutilité de son discours et de sa vie. Désemparée, attribuant à d'Argental un pouvoir exorbitant, elle le supplie de retenir Voltaire: «Je ne veux point absolument qu'il aille en Prusse, et je vous le demande à genoux.»[62] D'Argental vient de tomber amoureux de Mlle Du Bouchet dans le salon de sa tante, Mme de Tencin, mais il n'en sera pas moins dévoué à Mme Du Châtelet et diplomate avec Voltaire.

Non, Voltaire n'ira pas en Prusse: il a trop d'intérêts en Hollande, et il aime ce pays qu'il connaît et qui l'accueille en faisant jouer *Zaïre* et *La Mort de César*. D'Argental rassure Emilie; d'autres apaisements sont parvenus à Cirey par le bailli de Froulay sur les intentions du garde des sceaux; la duchesse de Richelieu désapprouve Voltaire d'être parti trop vite: elle avait la parole du garde des sceaux et craint que ce dernier «ne prenne mal ce départ sans permission». Qui croire? Mme Du Châtelet découvre en même temps qu'un ennemi personnel la dessert auprès de Chauvelin. Il s'agit de son cousin germain, François Victor de Breteuil, marquis de Fontenay-Trésigny, fils aîné du frère de son père, Louis Nicolas. On se souvient que celui-ci avait eu de la présidente Ferrand une fille, Michelle, qui avait été mise au couvent. Or, il y a six mois que la nonne, âgée de cinquante ans, a gagné son procès en reconnaissance. Son principal adversaire fut François Victor de Breteuil, ancien ministre, il espère le redevenir, il est dévot et fait du zèle auprès du cardinal. Il s'est efforcé d'écarter de la famille la bâtarde de Louis-Nicolas. Mme Du Châtelet au contraire, prenant généreusement le parti de sa demi-sœur, s'est brouillée «ouvertement» avec le marquis. Depuis ce temps, il la poursuit de sa haine. Il s'est rendu à Créteil auprès de la mère d'Emilie, et il a tenté de lui faire écrire une lettre à M. Du Châtelet afin qu'il chasse Voltaire de Cirey. Il est peu probable que la baronne de Breteuil se soit prêtée à ses intrigues. «Cette lettre de ma mère», confie Emilie à d'Argental, «eût brouillé tout autre ménage, mais heureusement, je suis sûre des bontés de M. du [Châtelet].»[63]

Il n'en reste pas moins que le bailli de Froulay lui-même, influencé peut-être par Fontenay-Trésigny, prévient Emilie de prendre garde aux bruits qui circulent. Le public ne peut ignorer les épîtres dédicatoires de Voltaire, ni l'*Epître à Algarotti*, sur les charmes d'Emilie, ni sans doute l'*Epître à Uranie*.

Voilà qui n'est pas rassurant. Mme Du Châtelet, certaine aujourd'hui d'aimer Voltaire et qui s'est engagée à vivre avec lui à Cirey, devrait-elle donc, devant le scandale, y renoncer? Elle s'accuse maintenant d'être la cause des malheurs de son ami. La douleur de la séparation en est accrue. C'est encore

---

62. D1231 (21 décembre 1736).
63. D1238 (30 décembre 1736).

à d'Argental qu'il incombera de voir, du côté de Maurepas, quel sacrifice pourrait exiger cette nouvelle menace: «Ma vie, mon état, ma réputation, mon bonheur, tout est entre vos mains, je ne ferai pas une démarche que vous ne me guidiez.»[64]

Ce qui sépare pour la première fois les deux amis, ce n'est point tant la distance, c'est que Voltaire est occupé et heureux en Hollande tandis que Mme Du Châtelet se morfond à Cirey. Dans toutes les villes qu'il traverse, on fête sa gloire. A Amsterdam, où la vie est fort agréable, il dîne avec une trentaine d'admirateurs et d'amis, parmi lesquels le jeune marquis d'Argens, le chevalier de Jaucourt, qui s'interpose entre Voltaire et l'éditeur Ledet quand ils sont en désaccord, Prosper Marchand, plus âgé, qui a tenu une boutique de libraire à Paris, rue Saint-Jacques, mais, étant protestant, s'est réfugié à Amsterdam en 1711: c'est un savant, grand liseur, bibliographe apprécié de 's Gravesande, dont il met en ordre les manuscrits; il aime l'esprit de Voltaire, mais, devant les projets foisonnants du poète, il demeure sceptique: «Je doute fort», écrit-il à d'Argens, «que l'on puisse arriver à l'immortalité lorsqu'on y court ainsi à pas de géant et bottes de 7 lieues.»[65] A ce groupe d'amis appartient aussi le Suisse Allamand, venu de Lausanne, collaborateur et futur successeur de 's Gravesande. On ne peut que deviner combien, dans une telle société, la conversation doit être libre et exaltante.

Voltaire se déplace sans cesse entre Amsterdam et Leyde: «Je suis ici à Leyde», écrit-il à d'Argens, «je reviens toujours à mon 's Gravesande.»[66] Il suit assidûment les cours du savant newtonien. Il aime le cosmopolitisme intellectuel de cette ville «où deux simples particuliers, où M. Boerhave d'un côté, et M. 's Gravesande de l'autre attirent quatre ou cinq cents étrangers».[67] Le poète a vu le médecin Boerhaave qui, certes, ne l'a pas guéri, mais qui lui inspire la plus grande admiration. Il discute aussi avec Jan Van Musschenbroek, frère du physicien, expérimentateur ingénieux, «bon machiniste et brave homme».

Mieux qu'en France, le poète jouit d'une gloire sans nuages. On joue ses pièces. Jacob Vordaagh a traduit en néerlandais *La Mort de César* et publie la pièce précédée d'une lettre-préface où il évoque ses liens d'amitié avec le poète. C'est ce que Voltaire confie à Mlle Quinault, et il ajoute: «Je ne suis pas traité ainsi dans mon pays [...] Je vous souhaite le nouveau bonheur dont je jouis, du repos.»[68] Bien entendu, il cache ce bonheur à d'Argental, confident d'Emilie: «Du reste je vis assez en philosophe, j'étudie beaucoup, je vois peu

64. D1238.
65. D1275 (vers le 30 janvier 1737).
66. D1277 (2 février 1737).
67. D1243 (vers le 1er janvier 1737).
68. D1286 (18 février 1737).

de monde, je tâche d'entendre Neuton et de le faire entendre, je me console avec l'étude, de l'absence de mes amis.»[69]

Ce qui le séduit par-dessus tout en Hollande, c'est la liberté. De là, il mesure mieux ce qui l'accable en France: «Je suis persécuté», écrit-il à Frédéric, «depuis que j'ai fait la *Henriade*. Croiriez-vous bien qu'on m'a reproché plus d'une fois d'avoir peint avec des couleurs trop odieuses la Saint-Barthélemy? On m'a appelé athée parce que je dis que les hommes ne sont point nés pour se détruire.»[70] Et une fois rentré en France, il confiera à Prévost qu'il n'aurait jamais dû «quitter Amsterdam, et la liberté, l'étude, votre société surtout,» ajoute-t-il, «auraient fait le charme de ma vie».[71]

Et pourtant ses ennemis l'ont persécuté même en Hollande; dès le 3 janvier, sa présence est signalée dans la *Gazette d'Utrecht* par un texte qui n'a d'autre dessein que d'irriter le ministère français: «Plusieurs personnes sont persuadées que M. de Voltaire ne reviendra point en France et qu'il préférera le séjour des pays étrangers afin de pouvoir écrire avec une pleine liberté d'esprit et de sentiment.»[72] Or Voltaire n'est pas en conflit avec le pouvoir et reçoit de Paris des lettres rassurantes; le venin vient de Bruxelles. Une deuxième note rend insupportable la situation de Voltaire et aggrave sa douleur: elle affirme que le ministère a voulu lui faire subir l'emprisonnement le plus humiliant et qu'il l'a évité par l'exil. Pourquoi cette menace? Pour les chants de *La Pucelle*! C'est tellement excessif que Voltaire fait preuve d'une modération qui étonne et émeut son amie. «Ce sont», dit-elle, «les Rousseau et les Desfontaines qui ont fait mettre cela.» Elle ne se trompe pas, et Voltaire sait comment ils procèdent: «quelques malheureux réfugiés» se livrent en Hollande à un commerce de fausses nouvelles, de scandales et de mensonges qu'ils débitent chaque semaine pour quelques florins. Ils ont des correspondants à Paris qui leur fournissent «des infamies». Donc, avec un peu d'argent les Rousseau et les Desfontaines ont la partie belle. Rousseau fait écrire par un moine défroqué, son correspondant à Amsterdam, des lettres circulaires qu'il expédie à Paris. Voltaire réplique en décidant d'informer lui-même l'opinion dans la *Gazette d'Utrecht* du 14 janvier: «M. de Voltaire qui est arrivé d'Aix-la-Chapelle en cette ville [Leyde] pour y entendre les leçons du célèbre professeur 's Gravesande, déclare que le bruit qui a couru depuis son départ de France qu'il y paraissait un poème épique de sa composition intitulé *La Pucelle d'Orléans* et écrit d'une manière qui offense la religion n'est qu'une calomnie que ses ennemis viennent de renouveler [...] sans que jamais pareil ouvrage eût

69. D1270 (27 janvier 1737).
70. D1255 (vers le 15 janvier 1737).
71. D1298 (16 mars 1737).
72. Jeroom Vercruysse, *Voltaire et la Hollande*, Studies 46 (1966), p.35.

existé.»[73] Rousseau ne se décourage pas: il fait publier partout, et Formont en a recueilli l'écho à Paris, que Voltaire a provoqué au cours de 's Gravesande de telles discussions sur l'existence de Dieu et l'immortalité de l'âme que le professeur l'a prié de quitter les lieux. 'S Gravesande s'empresse de démentir, affirmant qu'une telle calomnie ne pouvait provenir de ses compatriotes. Il a apprécié, au contraire, la présence du poète et sa facilité à exprimer des idées «qui ne semblaient guère susceptibles des ornements du langage». A son retour en France, pour couper court aux mêmes bruits qui circulent encore à la cour parmi les dévots, Voltaire sollicitera du savant un nouveau démenti. «Vous connaissez par ouï-dire», lui écrit-il, «ce que peut le pouvoir arbitraire.» La réponse de 's Gravesande sera publiée après sa mort par son successeur Allamand. Le savant, par modestie ou timidité, ne s'engage pas: il se considère comme un inconnu, un «jardinier», écrivant au cardinal de Fleury. «Je ne connais pas l'air du bureau, je m'exposerais à jouer un personnage très ridicule sans vous être d'aucune utilité.» La lettre, jugée suffisante pour témoigner, sera portée par Richelieu à Fleury et à Maurepas.[74]

A Cirey, au mois de janvier 1737, pour plusieurs raisons, l'inquiétude de Mme Du Châtelet ne cesse de croître. A Amsterdam, en même temps qu'il corrige la nouvelle édition de ses œuvres, Voltaire prépare la publication des *Eléments de la philosophie de Newton*. Mais ce qui désole Emilie, c'est que, dans une lettre à Frédéric dont il joint la copie, il annonce au prince le manuscrit de son *Traité de métaphysique*. «C'est une métaphysique d'autant plus raisonnable», écrit-elle à d'Argental, «qu'elle ferait brûler son homme, et c'est un livre mille fois plus dangereux et assurément plus punissable que *La Pucelle* [...] J'ai écrit une lettre fulminante.» Mais de Cirey le courrier est si lent qu'elle ignore si le manuscrit n'est pas déjà parti pour Remusberg.[75] L'avenir de Voltaire et le bonheur de Cirey vont-ils lui échapper? Désormais, elle va donc passer sa vie «à combattre contre lui pour lui-même [...] à trembler pour lui, ou à gémir de ses fautes, et de son absence». Si encore il était capable de garder un secret, mais il confie tout aux Thiriot et aux Berger. Elle emploie, ajoute-t-elle, «plus de politique pour le conduire, que tout le Vatican n'en emploie pour retenir la chrétienté dans ses fers.»[76] Voltaire lui réplique de plus en plus vivement:

73. Vercruysse, p.35.

74. Vercruysse, p.41-43.

75. Rheinsberg. Frédéric nomme sa ville Remusberg: un professeur de l'Université de Rostock apprenant qu'un tombeau avait été découvert dans le lac de Rheinsberg en conclut que ce nom était la traduction de *Remi mons*, montagne de Remus, frère de Romulus. Si Frédéric n'y crut qu'un moment, les habitants s'attachèrent à cette légende qui conférait à leur ville une originale renommée (d'après Lavisse).

76. D1265 (22 janvier 1737).

toutes les lettres d'Emilie sont des «sermons», elle a peur de son ombre et ne voit point les choses telles qu'elles sont; à Amsterdam, les points de vue peuvent-ils être les mêmes qu'à Cirey? Elle répond qu'il n'entend rien à «sa véritable réputation». Mais chacun d'eux ne donne point à cette expression le même contenu: sans doute s'agit-il pour la marquise de le voir écrivant des tragédies et publiant en France des mémoires scientifiques munis du privilège royal, et pour Voltaire de donner libre cours, dans la liberté, à sa passion philosophique des Lumières. Bien que Voltaire se révolte contre les exigences d'Emilie, l'alternative existe aussi dans ses propres hésitations: le voici, héros de tragédie, partagé entre l'amitié d'une femme et la liberté d'écrire. Nous n'en sommes qu'au premier acte.

Emilie dramatise: vers la fin de janvier, sa passion possessive et jalouse s'exaspère dans ses lettres à d'Argental: «je crains fort», dit-elle, «qu'il ne soit bien plus coupable envers moi qu'envers le ministère [...] Je n'ai rien à me reprocher [...] je ne suis pas née pour être heureuse.»[77] Pour décider Voltaire à rentrer, elle a recours, pour la première fois contre lui, au procédé familier des amoureux, le chantage: «Mandez-lui que je suis bien malade [...] et qu'il me doit au moins de revenir m'empêcher de mourir»!

Voltaire résiste. Sans doute voulait-il achever coûte que coûte la tâche qu'il s'était fixée chez Ledet, et peut-être même avait-il rêvé, au moins à de certains moments, de s'établir à Amsterdam... Sa dernière lettre retentit dans le cœur de la marquise comme l'annonce d'une rupture: «elle est signée et il m'appelle *madame* [...] la tête m'en a tourné de douleur.»[78]

Le 10 février, Voltaire annonce qu'il va rentrer. Comme c'est à Mme de Champbonin qu'il l'écrit, on peut supposer qu'elle est intervenue. Il arrange tout en Hollande, il met tout en ordre pour partir... De quel «ordre» peut-il s'agir s'il peint son départ comme un arrachement? Il laisse inachevés, chez l'imprimeur, les *Eléments de la philosophie de Newton*, ce qui lui portera gravement préjudice; il employait chez Ledet sept ou huit personnes qu'il était le seul à pouvoir diriger. Il ne reviendrait pas «si des rois me demandaient», mais il répond à l'appel de son amie: «Je me tue pour aller vivre dans le sein de l'amitié.»[79]

Il arrive à Cirey à la fin de février. Les signes qu'il ait eu l'intention de repartir ne manquent pas: il tiendra secret son retour; il recommande à Mme de Champbonin de ne dire à personne qu'il *vient* en France, ce verbe signifie-t-il qu'il n'y fait qu'une visite?

En arrivant, il a trouvé une lettre de Frédéric qui lui réclame *La Pucelle* et

---

77. D1274 (30 janvier 1737).
78. D1274.
79. D1282 (vers le 10 février 1737).

lui donne un conseil qui le doit déchirer: «Continuez, monsieur, à éclairer le monde. Le flambeau de la vérité ne pouvait être confié à de meilleures mains.»[80]

Est-ce le meilleur choix que Voltaire vient de faire pour sa destinée de philosophe? Ce choix, il aura d'autres occasions, à l'égard de son amitié pour Emilie, de le renouveler, toujours dans le même sens: jamais il ne pourra quitter son amie.

80. D1281 (9 février 1737).

4. La bataille contre les tourbillons

Le séjour de Voltaire en Hollande a rompu le charme de Paris et peut-être de Cirey. La crainte du pouvoir demeure tenace chez le poète au point qu'il cache son retour et annonce à ses amis qu'il va passer en Angleterre. A d'Argental seul il révèle sa présence à Cirey; encore fait-il porter sa lettre par M. Du Châtelet qui part pour Paris. «Je m'y verrais [en France] avec horreur», dit-il à son ami, «si la tendresse et toutes les grandes qualités de la personne qui m'y retient, ne me faisaient oublier que j'y suis.» Il lui faut donc se «résoudre à mener la vie d'un esclave craintif».[1]

Les hommes qui gouvernent la France à cette époque sont ceux qui ont le plus de pouvoir sur l'esprit de Louis XV. Fleury surtout a conservé sur le roi son influence de précepteur. Nommé cardinal à soixante-treize ans, en 1726, quelques mois après avoir éliminé, avec la complicité du jeune roi, Monsieur le duc et sa toute-puissante maîtresse Mme de Prie, il va gouverner la France pendant dix-sept ans. L'aspect de ce règne participe beaucoup du caractère de ce vieillard conservateur et matois. Le cardinal s'est bien gardé de prendre le titre de premier ministre, mais il assiste, en toute simplicité, aux entretiens de chaque ministre avec le roi. Il exerce dans le calme une domination prudente, obstinée, vaniteuse. Les jugements portés sur le cardinal de Fleury sont généralement empreints de partialité, différents surtout selon que l'on parle de l'homme ou de son œuvre. Le marquis d'Argenson s'est acharné sur l'homme vieillissant: «Le pauvre bonhomme, accablé, abandonné de tous depuis sa maladie, depuis son incapacité, son radotage, ses fautes, le dégoût du roi et de la cour [...] Voici que les molinistes lui offrent leur secours pour le soutenir.»[2] Mais pour le marquis cette incapacité vient de plus loin: «Jamais aucun de nos rois ni de nos ministres ne s'est moins connu en hommes que le cardinal de Fleury.»[3] Incapacité ou méfiance à l'égard d'hommes qui ont trop de lumières et risqueraient de le supplanter? Ce serait le cas de la réponse qu'il fit à Bernis[4] et du renvoi de Chauvelin. Cependant le choix d'Orry aux finances fut judicieux.

---

1. D1291 (1er mars 1737).
2. Marquis d'Argenson, *Journal et mémoires* (Paris 1859-1867), ii.104.
3. D'Argenson, ii.35.
4. Cardinal de Bernis, *Mémoires* (Paris 1980). L'abbé de Bernis, bien que d'une très ancienne noblesse, était très pauvre. Un jour, il alla demander du secours au cardinal de Fleury. Il lui fit

En réalité, le cardinal fut lucide jusqu'à sa mort et son âge fut une garantie de prudence et de sagesse. Après les dettes de Louis XIV et le désastre du système de Law, «notre histoire ne donnera plus d'exemple d'un semblable équilibre [financier] jusqu'à la Restauration».[5] De nombreuses routes furent construites ou améliorées; le commerce intérieur et le «commerce des Iles» s'intensifièrent par l'action de la bourgeoisie d'affaires; la politique de paix assurée par le cardinal permit le développement d'une réelle prospérité et, comme en témoigne *Le Mondain*, d'une vie luxueuse pour les classes privilégiées.

L'un des principaux mérites de Fleury fut d'avoir compris, comme Bernis le comprendra dix ans plus tard, que l'une des causes essentielles du désordre social et, à long terme, de la perte d'autorité du pouvoir royal, résidait dans l'agitation du jansénisme laïque et judiciaire des parlements. Il pratiqua une diplomatie de balancier qui ne s'embarrassa point de scrupules. Il agit par personnes interposées. On l'a vu avec Tencin louvoyer entre molinistes et jansénistes: dans un premier temps, il engage l'archevêque, au concile d'Embrun, à condamner et exiler l'évêque janséniste de Senez, Soanen, un homme d'une foi sincère et d'une grande pureté de mœurs. Puis, voyant que cette décision déchaîne des tempêtes dans le parlement de Paris et dans l'opinion, Fleury «lâche» Tencin qui ne s'en doute point et poursuit avec sa sœur son agitation anti-janséniste. Cherchant alors à ménager les parlementaires, le cardinal-ministre maintient l'archevêque dans un exil officieux sur son rocher d'Embrun, torpille sournoisement sa candidature au cardinalat et exile sa sœur à Ablon. Enfin, en 1736, les jansénistes ayant perdu du prestige dans l'agitation convulsionnaire de Saint-Médard, Fleury amorce le retour en grâce de Tencin et de sa sœur. Trêve d'objections: Tencin sera cardinal et ministre, mais n'obtiendra jamais le portefeuille des affaires étrangères.

Ainsi, pour Fleury, qui vit encore avec les idées du dix-septième siècle, la seule force politique menaçant l'ordre public, c'est le jansénisme, non pas la philosophie des Lumières dont la puissance n'apparaîtra que dans la deuxième moitié du siècle. Entre Fleury et Voltaire, il n'y aura pas d'affrontement. Le cardinal ménage le poète; il le reçoit même à Issy afin de lui raconter quelques anecdotes pour le *Siècle de Louis XIV*, mais il le connaît mal et il est trop prudent pour s'y fier. Voltaire n'ignore point les défauts du vieil homme et ne s'est pas privé de les railler. Dans une lettre à Thiriot, il rappelle que

une belle harangue pour s'excuser des étourderies de sa jeunesse. «Je vis son front qui se rembrunissait», dit Bernis, «il m'interrompit avec humeur et me dit avec dureté: Oh! monsieur, tant que je vivrai, vous n'aurez point de bénéfice. – Eh bien, monseigneur, *j'attendrai*, répondis-je en lui faisant une profonde révérence» (p.71-72).

5. Maxime de Sars, *Le Cardinal de Fleury, apôtre de la paix* (Paris 1942), p.110-66.

Desfontaines est l'auteur d'une épigramme dans laquelle «il y a un bon vers», celui qui qualifie Fleury de «Fourbe dans le petit et dupe dans le grand.»[6] Il n'empêche que publiquement, et surtout s'il s'adresse à lui, Voltaire sait manier le respect et la flatterie dont le cardinal, trop habitué de s'en repaître, ne sent pas toujours les excès. A part quelques crises, grâce aux bonnes relations du poète avec Frédéric et à la diplomatie de Mme Du Châtelet, les relations de Voltaire avec Fleury ne cesseront, jusqu'à la mort de celui-ci, de s'améliorer.

Comme il a gagné la paix religieuse, Fleury veut préserver la paix entre les Etats. C'est Chauvelin, ministre anti-autrichien, qui l'a engagé dans la guerre de la Succession de Pologne. Comme ce ministre continue à s'opposer à la diplomatie en demi-sommeil du cardinal et fréquente en outre des compagnons de chasse du roi, il prend trop d'importance. En 1737 Fleury décide de l'exiler à Bourges. C'était l'un des hommes du pouvoir les moins défavorables à Voltaire.

Chauvelin exilé, le parti de la guerre contre l'Autriche, cette ennemie héréditaire, demeure très fort. Le maréchal de Belle-Isle en est le chef. Opportuniste, il se retournera avec la même vigueur, en 1756, quand Louis xv s'alliera à l'Autriche. C'est un homme très en relief, fastueux, plein de faconde et d'entregent face à ces maréchaux médiocres et à ce vieux cardinal parcimonieux et prudent. Ainsi, à mesure que la vieillesse atténue sa résistance, le cardinal se laisse gagner peu à peu par le parti de la guerre. Et, finalement, pour reconquérir l'alliance prussienne, il pense à utiliser Voltaire.

Amelot de Chaillou, qui va succéder à Chauvelin aux affaires étrangères, ne sera que le commis de Maurepas, ministre d'une intelligence brillante, mais à tout faire, qui respecte la politique du cardinal et tempère son influence en amusant le roi. Maurepas fréquente des salons où l'on s'amuse fort librement et compose, dans le plus grand secret, libelles et chansons contre les maîtresses de Louis xv.

Liberté et légèreté des mœurs coexistant avec l'intolérance d'un haut clergé tout puissant et de robins jansénistes pointilleux, telle est la situation que Voltaire retrouve après sa liberté de Hollande et dont l'étrangeté le frappe. Sa lettre à Cideville est amère: paraissant renier ce qu'il a aimé, se rend-il compte qu'il s'en prend indirectement à cet ami trop léger ainsi qu'à Emilie? «Ne croyez pas [...] qu'il n'y ait que la France où l'on puisse vivre. C'est un pays fait pour les jeunes femmes et les voluptueux, c'est le pays des madrigaux et des pompons. Mais on trouve ailleurs de la raison, des talents, etc. Bayle ne pouvait vivre que dans un pays libre.»[7]

6. D1990 (23 avril 1739).
7. D1285 (18 février 1737).

Sans doute ses ennemis et ses faux amis, Mouhy, Lamare ou Thiriot, auront-ils travaillé contre Voltaire; ils n'auront pas manqué de lui communiquer la critique de *L'Enfant prodigue* et de lui rapporter les bruits qui courent dans Paris. Formont, qui séjourne dans la capitale, en est surpris et offusqué: «J'ai trouvé ici un déchaînement affreux de mauvais contes sur V[oltaire].» On raconte l'anecdote mensongère du cours de 's Gravesande. On assure que le chevalier Du Châtelet, «aussi bête que son frère», l'a prié de quitter Cirey, et qu'il a couché avec la fille de la concierge de Mme Du Châtelet... «Ce qui est de sûr c'est qu'il est plus mal que jamais en ce pays-ci.»[8]

Que n'est-il demeuré en Hollande! Pour Mme Du Châtelet au contraire, son retour lui a «sauvé un panneau»: ce panneau, c'est la publication, à Amsterdam, des *Eléments de la philosophie de Newton*; car c'est en France qu'il les faut publier, avec privilège, et surtout, il faut «tenir la Pucelle sous cent clés».[9] Et ne la livrer à aucun prix à Frédéric!

Comme il écrit moins de lettres, sauf à d'Argental et au prince royal, le poète, pour oublier la Hollande, se jette dans le travail. Ses activités sont des plus variées: pour améliorer les *Eléments*, il procède à des expériences scientifiques dont il a eu l'idée en écoutant le cours de 's Gravesande, il continue la rédaction d'une tragédie grecque, *Mérope*, commence des épîtres qui deviendront les *Discours en vers sur l'homme* et n'abandonne jamais l'histoire. Dispersion apparente, jamais inorganisée, chez cet homme qui passe si aisément d'un sujet à un autre, qui sait mettre une œuvre en veilleuse, mais ne la laisse jamais inachevée.

Ce n'est point des sources grecques qu'il tire le sujet de *Mérope* mais de la pièce du marquis de Maffei, acclamée en Italie en 1713, jouée à Paris aux Italiens en 1717 et traduite par Fréret en 1718. Au demeurant, Voltaire sait assez d'italien pour la lire dans le texte. A l'en croire, il a conçu le projet de «traduire» la pièce dès 1733, et cette même année, sa rencontre à Paris avec Maffei, fort chaleureuse, «redouble» son désir de la porter à la scène en vers français. Ce qui fait qu'il hésite et repousse plusieurs fois l'exécution de son projet, c'est que *Mérope* est une tragédie sans amour, et l'amour, pense-t-il, est indispensable au public parisien. C'est pourquoi, un moment, il eut l'idée de confier ce travail d'adaptation à Linant. Mais Linant trouva la tâche indigne de son «génie» et trop pesante à sa paresse. Voltaire, toujours tenté, ne renonce pas; c'est ainsi qu'il écrit, au cours de cette année 1737, une première version de la pièce. Il l'abandonne pour les sciences et la reprend en 1738, certain qu'elle aura au moins un lecteur enthousiaste, Frédéric.

---

8. D1278 (2 février 1737).
9. D1293 (1er mars 1737).

C'est au moment où il s'enfuyait en Hollande et que le bonheur à Cirey lui échappait que lui vint la première idée des discours sur l'homme qu'il nomme d'abord *Epîtres sur le bonheur*. Dès son retour, il éprouve le besoin d'y revenir et d'étendre ses méditations à la condition morale de l'homme. Quel beau sujet que l'homme! En réalité, il y pense depuis qu'il a découvert, en 1733, l'*Essay on man* de Pope dont son ami Du Resnel achève, en cette année 1737, la traduction en vers. C'est tout au long des années 1737 et 1738 qu'il écrit les deux premières épîtres. Il donne, en 1738, ses *Conseils à M. Helvétius sur la composition et sur le choix d'une épître morale*, mais il ne s'est pas encore posé tous les problèmes de la poésie didactique, il se contente de suivre son maître Boileau. Devenir «un Boileau qui serait philosophe», telle est son ambition. Il est convaincu que les vers permettent mieux que la prose d'exprimer des idées et de les mettre en formules serrées, vivantes et harmonieuses.[10] Ces épîtres vont constituer «un système de morale» qui sera soumis à Mme Du Châtelet, mais surtout qui prendra vie au cours d'une abondante correspondance avec le prince royal. Aucun doute: en écrivant ces poèmes, Voltaire pense aux réactions de Frédéric. Ayant mesuré l'ascendant qu'il pouvait exercer sur l'esprit du prince, il s'est vu devenir peu à peu le précepteur philosophe d'un futur grand roi: l'enjeu en valait la peine.

D'abord les deux hommes se congratulent, font la roue, et dans un langage surpassant celui du plus grand amour, s'adorent comme des dieux. Voltaire lui écrit qu'il sera «l'amour du genre humain».[11] Frédéric répond: la raison «vous rend justice comme au plus grand homme de France [...] Si jamais je vais en France, la première chose que je demanderai, ce sera: où est M. de Voltaire? Le roi, sa cour, Paris, Versailles, ni le sexe, ni les plaisirs [n']auront part à mon voyage; ce sera vous seul.»[12]

Pourtant, Frédéric connaissait le portrait anonyme de Voltaire que Manteuffel lui avait envoyé en septembre 1735, alors qu'il venait d'être publié.[13] Il n'était pas aisé pour le jeune prince de se déprendre des formules frappantes de ce texte qui ont exercé, et exercent encore sur les adversaires de Voltaire et sur tous ceux qui ne se donnent pas la peine de comprendre son œuvre, une influence indélébile. Néanmoins, Frédéric chercha, écrit Christiane Mervaud, «à faire la part des choses et à nuancer des remarques trop sévères et malveillantes».[14] De toute façon, ce portrait ne pouvait que l'inciter à connaître

---

10. Jacques Van den Heuvel, éd. Voltaire, *Discours en vers sur l'homme* (thèse complémentaire, s.d.).
11. D1243 (vers le 1er janvier 1737).
12. D1281 (8 février 1737).
13. Voir *Voltaire en son temps*, i.336-39.
14. Christiane Mervaud, p.25.

directement et de façon plus intime cet homme «extraordinaire»; il s'y applique avec obstination; y parviendra-t-il? Et comment ne pas voir que ce portrait, connu des deux hommes, rendait plus nécessaire encore la transfiguration?

Voltaire s'émerveille que Frédéric, si jeune, puisse écrire en français «avec la correction et l'élégance d'un Français homme d'esprit dont le métier serait d'écrire.»[15] Il est vrai que le prince aime la langue française pour son énergie, sa finesse et sa grâce. A la petite cour de Remusberg, tout le monde parle français. Cette belle langue, Frédéric apprend à la pratiquer sous la forme prosodique. Que de vers seront échangés entre les deux hommes! Le prince sollicite remarques et critiques de son maître qui redresse et explique patiemment les fautes commises. Le génial disciple fait de rapides progrès. Voltaire, dont la vocation pédagogique s'affirme et qui connaît le pouvoir de l'amour-propre, le félicite et s'extasie. Les satisfactions de la réussite ne lui font pas oublier tout à fait son intérêt: la cour de Prusse peut devenir, quand Frédéric sera roi, l'exil le plus glorieux et le plus confortable. Pour Emilie, cet attrait n'est qu'un piège; elle n'aimera jamais Frédéric, à qui elle écrit quelques lettres respectueuses mais sans chaleur, pour le remercier d'un encrier d'ambre ou de la peine qu'il s'est donnée de lire son mémoire.

Inimitié réciproque. On sait que Frédéric, par nature, n'est pas attiré par les femmes, ce qui explique son jugement sur l'amour dans la tragédie: «l'esprit se dégoûte d'une répétition continuelle de sentiments doucereux».[16] Mais, dans le cas d'Emilie, cela ne suffit pas à justifier son animosité: il est jaloux. Bien qu'il reconnaisse avec Voltaire qu'Emilie a un génie puissant et un style «mâle», elle est aussi la femme qui retient chez elle le génie du siècle et qui enferme dans ses tiroirs les productions les plus audacieuses dont Frédéric est friand. Que de chefs-d'œuvre Voltaire n'écrirait-il pas s'il était en Prusse! Néanmoins, c'est avec courtoisie qu'il exprime sa jalousie: «Que vous êtes heureuse, madame, de posséder un homme unique comme Voltaire, avec tous les talents que vous tenez de la nature! Je me sentirais tenté d'être envieux, si je n'abhorrais l'envie.»[17]

Les premières discussions entre Frédéric et Voltaire traitent de métaphysique et de morale. Le jeune prince est en pleine crise métaphysique et Voltaire est alors occupé des mêmes problèmes dans son *Traité de métaphysique*. Au départ, ils s'entendent sur un point essentiel: la fausseté des religions établies. Frédéric est déiste. Mais il est barbouillé de Leibniz, revu par Christian Wolff, dont il a fait traduire en français la *Métaphysique*, encore manuscrite,[18] par son

---

15. D1234 (24 décembre 1736).
16. D1464 (27 février 1738).
17. D1627 (octobre 1738).
18. D1307 (vers le 30 mars 1737), D1311 (7 avril 1737).

ami Suhm, de mars à juillet 1736. Pour le prince, Wolff est aussi le symbole de la liberté de penser: il a été banni en 1727 par Frédéric-Guillaume; pour avoir «porté la lumière», écrit Frédéric à Voltaire, «dans les endroits les plus ténébreux de la métaphysique [... il a été] cruellement accusé d'irréligion et d'athéisme».[19] En 1740, à la mort de Frédéric-Guillaume, l'un des premiers actes de Frédéric II sera de le rappeler.

Tout de suite, le prince «jette dans le creuset de Voltaire» son manuscrit de Wolff. Cette opération aurait sans doute été inutile si Voltaire eût été autorisé par Emilie à envoyer d'abord son *Traité de métaphysique* à Frédéric. Voici donc Voltaire contraint, en mars 1737, de lire Wolff avec Mme Du Châtelet.[20] Profondément attaché à la philosophie de Newton, il est vite découragé en redécouvrant dans ce texte la métaphysique de Leibniz, à laquelle il s'oppose dans les *Eléments*. Sans égard pour Wolff, Suhm, Deschamps et Jordan, c'est alors qu'il lance au prince royal sa formule lapidaire: «Toute la métaphysique à mon gré contient deux choses, la première ce que tous les hommes de bon sens savent, la seconde ce qu'ils ne sauront jamais.»[21]

Néanmoins, Voltaire ne saurait se dispenser de poursuivre la discussion, mais sa réaction va devenir prudente. Tâche difficile! Frédéric, inspiré sans doute par Jordan, fait preuve d'une attitude critique et d'une franchise désarmante à propos de *L'Enfant prodigue*, où il trouve des vers qui sont «plutôt l'ouvrage d'un écolier que d'un maître».[22]

Leur dialogue est à peine interrompu par la visite à Cirey du baron Keyserlingk, Césarion, qui est chargé «d'extorquer» à Voltaire tous ses manuscrits inédits: «la Pucelle, le règne de Louis 14, la Philosophie de Neuton, et les autres merveilles inconnues».[23] Mme Du Châtelet reçoit princièrement Césarion, mais lorsqu'il repart pour Remusberg, à la fin de juillet, il emporte, mis à part ce qui est écrit du *Siècle de Louis XIV*, peu de textes compromettants. «J'ai donné tout ce que j'avais», explique Voltaire modestement. Tout ce qu'il «pouvait», veut-il dire! Non pas *La Pucelle*, bien entendu: «Ce petit ouvrage est, depuis près d'un an, entre les mains de madame la marquise du Châtelet, qui ne veut pas s'en dessaisir [...] Elle craint tous les accidents.» D'ailleurs, à quoi bon? Cette *Pucelle*, ce n'est qu'une «plaisanterie en vers».[24]

On devine la déception du prince, à laquelle une autre vient aussitôt s'ajouter: après de précautionneuses congratulations, Voltaire se décide à rejeter la

19. D1126 (8 août 1736).
20. D1307 (vers le 30 mars 1737).
21. D1320 (vers le 5 avril 1737).
22. D1350 (6 juillet 1737).
23. D1330 (25 mai 1737).
24. D1359 (vers le 30 juillet 1737).

doctrine de Wolff: «je vous dirai, monseigneur, que je n'entends goutte à l'être simple [Dieu et les monades] de Wolf. Je me vois transporté tout d'un coup [...] chez des gens dont je n'entends point la langue.» Il ajoute une nouvelle précaution: «Je suis tolérant; je trouve très bon qu'on pense autrement que moi.»[25] Ce dégoût de Leibniz à travers Wolff n'aura pas été inutile à Voltaire: ses exigences de bon sens et de clarté s'affirment contre la métaphysique. Il essaie d'entraîner le prince vers un sujet plus réaliste: «Je ramène toujours, autant que je peux, ma métaphysique à la morale [...] C'est l'homme que j'examine.»[26] Cette morale, comme la religion, doit être universelle, et Dieu a voulu que, partout, les hommes vivent en société. Finalement, «ce qui sera utile à la société sera donc bon par tout pays.»[27] Morale utilitaire et sociale, pour le bien de l'homme; c'est celle qui va s'épanouir au cours du siècle.

Frédéric se laisse convaincre aisément; il n'ose plus parler de l'être simple; même il laisse voir un certain dépit de s'être laissé entraîner par Wolff. On ne l'y prendra plus. Dans sa correspondance avec Suhm perce l'irrévérence, et auprès de Voltaire, il ne se gêne plus pour brocarder les métaphysiciens: «ces messieurs [...] nous débitent leur roman dans l'ordre le plus géométrique».[28]

Mais la métaphysique est, à cette époque, si enracinée dans les esprits que les deux illustres correspondants y reviennent sans cesse. Voltaire, poursuivant sa réflexion sur l'homme, expédie à Frédéric un chapitre remanié du *Traité de métaphysique*, sous le titre: «Si l'homme est libre»,[29] le seul, sans doute, qu'Emilie ait jugé inoffensif. «La liberté est uniquement le pouvoir d'agir», écrit Voltaire, c'est tout simple, et c'est l'idée de Locke. Mais, là encore, il faut bien que le philosophe remonte à la cause première: «Si je n'avais point de volonté croyant en avoir une, Dieu m'aurait créé exprès pour me tromper [... ce serait] une absurdité dans la manière d'agir d'un être suprême infiniment sage.»[30] Combien utile et rassurant ce postulat de la sagesse infinie de Dieu! Mais là Frédéric abandonne son maître: «J'ai reçu votre chapitre de métaphysique sur la liberté, et je suis mortifié de vous dire que je ne suis pas entièrement de votre sentiment.»[31] Pour lui, tous les hommes obéissent aveuglément au dessein du créateur, en ignorant qu'ils sont manipulés. C'est sur cette «prescience» de Dieu, lequel sait «ce que nous ferons dans vingt ans» et comment nous le ferons, que la raison de Voltaire achoppe: «si vous croyez

25. D1375 (vers le 12 octobre 1737).
26. D1376 (vers le 15 octobre 1737).
27. D1376.
28. D1392 (19 novembre 1737).
29. M.xxii.215.
30. M.xxii.217.
31. D1413 (25 décembre 1737).

que nous sommes de pures machines, que deviendra l'amitié dont vous faites vos délices?»[32] Tous les arguments ne sont-ils pas bons en la matière? Plus Voltaire s'examine «plus [il] se sent libre». C'est alors qu'il expédie à Frédéric les épîtres sur l'homme, par petits paquets. La deuxième traite encore de la liberté, cette liberté qu'il suffit d'avoir perdue pour y croire:

> Tu l'avais donc en toi puisque tu l'as perdue?

Frédéric se laissera-t-il prendre à cette éloquence? Englué dans l'ambiguïté d'un problème mal posé, il se débat, il a des soubresauts, leibniziens ou personnels, il se fatigue et préfère demeurer sceptique: «Les hommes ne sont pas faits pour raisonner profondément sur des matières abstraites».[33] «La métaphysique est comme un charlatan, elle promet beaucoup, et l'expérience seule nous fait connaître qu'elle ne tient rien.»[34] Dans un mouvement de dépit, malgré la valeur qu'il reconnaît à l'expérience scientifique, son scepticisme s'étend: «Ne vous paraît-il pas qu'il y ait autant d'incertitudes en physique qu'en métaphysique? Je me vois environné de doutes de tous les côtés.»[35] Attitude provisoire: Frédéric va réfléchir, et l'année suivante, il va se mettre, lui aussi, à expérimenter.

Conséquence inattendue des relations de Voltaire avec Frédéric: la visite de Keyserlingk a provoqué chez Mme Du Châtelet un petit drame domestique. Linant a comploté avec le baron prussien d'abandonner Cirey pour la cour de Remusberg. Après le départ de Césarion, il confie son projet à Voltaire. Surpris, mais compréhensif, celui-ci tente de négocier ce départ avec Emilie. Mais elle ne veut rien entendre, se fâche et écrit à Cideville qui n'en peut mais une lettre indignée. Comment a-t-on pu disposer «d'un homme qui est à moi»? Elle en est «extrêmement piquée».[36] Linant s'est conduit comme un domestique quittant son maître pour cent livres de plus! N'espérait-elle pas que le précepteur suivrait son fils jusqu'à son entrée dans le monde, et qui sait, à l'Académie? Bref, c'est grâce à son amitié pour Cideville qu'elle n'a pas renvoyé Linant sur-le-champ «avec sa chimère».

Linant se rétracte et lui promet de lui dédier sa tragédie... Si elle le supporte encore, c'est qu'il n'a pas si mal réussi, mais c'est aussi parce qu'elle veut conserver sa sœur, dont elle est «infiniment contente». Hélas! Dix jours plus tard, elle découvre des copies de lettres dans lesquelles cette sœur écrit à «un petit abbé Fontaine», de Rouen, «les choses les plus insultantes, et les plus

---

32. D1432 (23 janvier 1738).
33. D1459 (19 février 1738).
34. D1524 (17 juin 1738).
35. D1621 (30 septembre 1738).
36. D1393 (vers le 25 novembre 1737).

piquantes» sur Mme Du Châtelet. Et le plus souvent, ce n'est pas elle qui les invente: elle rapporte ce que lui dit son frère. Par exemple, dans l'épître dédicatoire de sa tragédie, il va donner à la marquise des coups «de l'encensoir au travers du nez», il va la louer «de toutes les bonnes qualités» qu'elle n'a pas.[37] Cette fois, c'en est trop, Mme Du Châtelet congédie sur-le-champ le frère et la sœur, tout en regrettant un peu, tout de même, le frère, car comment le remplacer?

Ce serait facile s'il s'agissait, pour le précepteur, de vivre à Paris. Mais qui acceptera de s'exiler à Cirey, même pour vivre auprès de Voltaire? Et que de conditions peu plaisantes! Il faudra, au moins les premiers temps, qu'il mange maigre, qu'il couche toujours dans la chambre de son élève, qu'il dîne avec lui et M. Du Châtelet. Au surplus, il serait souhaitable qu'il pût dire la messe.[38] On remue, à Paris, tous ceux qui sont susceptibles de trouver quelqu'un: Thiriot, l'abbé de Breteuil, l'abbé Du Resnel, Duclos, qui a tant de relations. On en essaie plusieurs qui se découragent ou ne conviennent pas. Enfin, Duclos en propose un. Voltaire lui répond aussitôt: «Voudriez-vous bien voir avec M. Thiriot ce que l'on pourrait faire pour avoir ce profane-là, au lieu d'un sacristain?»[39] Ce «profane-là» est un nommé Dinard, qui est agréé. Sans doute réussit-il puisqu'on n'en entend plus parler... jusqu'au jour où, dans un gazetin, Mouhy le signale au lieutenant de police: «Le sieur Dinart, gouverneur [du fils de Mme Du Châtelet], n'a été choisi, dit-on, pour cet emploi, que parce qu'il se pique d'être sans religion.»[40] On reconnaît le venin de Mouhy: quel précepteur serait assez maladroit pour professer de tels sentiments dans la maison de M. Du Châtelet?

Voltaire, au risque de déplaire à la marquise, continue, en cachette, à aider Linant. Quand Moussinot fait un don à l'ancien précepteur, il faut prendre l'argent chez Prault: «Je souhaite que ce soit Prault qui donne 50 livres à Linant. J'ai mes raisons.»[41] On les devine: ce don ne doit pas apparaître dans ses comptes. Dans le malheur, Linant se ressaisit, achève sa tragédie et la soumet à d'Argental qui, par un effet de sa bonté, en approuve les trois premiers actes. Puis il écrit à Voltaire une lettre émouvante: «Vous m'êtes si présent que je crois souvent avoir l'honneur de vous parler [...] je vous dois depuis deux mois presque autant de vers passables que vous m'avez rendu de services essentiels depuis que j'ai eu le bonheur de vous connaître.»[42] Finale-

37. D1401 (12 décembre 1737).
38. D1411 (23 décembre 1737).
39. D1477 (3 avril 1738).
40. D2633 (8 août 1742).
41. D1491 (5 mai 1738).
42. D1457 (17 février 1738).

ment, Voltaire aura été moins déçu par Linant que par ses autres protégés. Le «petit La Mare», aigrefin médiocre qui mendie toujours quelques écus, à qui Voltaire vient de donner *L'Envieux*, mauvaise comédie, pour qu'il la fasse jouer à son profit, ne manque jamais d'expédier méchamment au poète tout ce qui s'écrit contre lui. Le chevalier de Mouhy, d'une autre envergure, qui vient d'être engagé comme correspondant par Voltaire, avec une trop maigre rémunération, fait argent de tout et deviendra le gazetier[43] du lieutenant de police.

Quoi d'étonnant que Voltaire se soit éloigné de la métaphysique? Dans le même temps qu'il discute avec Frédéric, il lit des ouvrages de physique, fait des expériences sur le feu et sur l'optique de Newton. Malgré les apparences, ce n'est point pour se soumettre à la volonté de Mme Du Châtelet qu'il se livre, en 1737 et 1738, à des expériences scientifiques. Il a appris que l'Académie des sciences venait de mettre au concours une question sur la nature du feu et de sa propagation. Ce sujet retient son attention. Le feu, à cette époque où l'on ignore l'existence de l'oxygène, est un mystère. Ce mystère, Voltaire est tenté par l'aventure de le dévoiler, au moins en partie. Certes, il n'est pas préparé à la recherche expérimentale, mais en Hollande, il a vu Boerhaave, chimiste et médecin célèbre, et n'a pas manqué de l'interroger. L'essentiel pour lui est d'acquérir les qualités d'esprit, observation et déduction qu'exige une telle recherche, et d'éprouver les bienfaits du doute sur la réflexion. L'entreprise l'amuse, mais il sait que la science est un jeu sérieux dont il devine l'importance pour le progrès matériel et l'abolition des préjugés.

Le petit laboratoire de Cirey se trouve provisoirement dans une pièce de l'ancien château en attendant que soit aménagée une salle obscure nécessaire aux expériences d'optique. Quant aux «grandes machines», sphères, miroirs, appareils de physique, elles sont exposées dans la galerie qui sert à cette époque de salle à manger. A partir de 1737, l'appareillage va s'enrichir. Les commandes pleuvent sur Moussinot: outre la *Chimie* de Boerhaave et celle de Lémery, ce sont quatre miroirs concaves de même foyer, «un grand miroir ardent convexe des deux côtés», un baromètre, deux thermomètres, deux terrines «qui résistent au feu le plus violent», des creusets, des cassures de glace, un bâton ferré... Moussinot comprend et se passionne à son tour, si bien qu'il se voit confier de difficiles missions: il se rend chez Fontenelle pour lui demander ce qu'il faut entendre par «propagation du feu». Il faut qu'il «se transporte» chez Geoffroy, apothicaire de l'Académie des sciences, avec lequel il va se permettre de discuter, et le rapport de l'abbé plonge Voltaire dans de nouvelles discussions avec son commissionnaire. Il faut que celui-ci coure

---

43. Un gazetier fournissait au lieutenant de police des gazetins, rapports sur «les petites nouvelles et bruits du monde».

chez Boulduc pour savoir s'il pense que le feu augmente la pesanteur des corps. Voltaire explique à Moussinot que Lémery, après avoir «calciné vingt livres de plomb, il les a trouvées augmentées de 5 livres [...] Cinq livres de feu, cinq livres de lumière, cela est admirable! et si admirable que je n'ose le croire [...] Voilà mon cher abbé ce qui me tient en échec depuis près d'un mois.» Mais toutes ces commandes coûtent cher. «Et où prendre de l'argent? Où vous voudrez mon cher abbé. On a des actions [...] et il ne faut jamais rien négliger de son plaisir pour ce que la vie est courte.»[44] Que Moussinot n'épargne donc ni les carrosses ni les commisionnaires!

Le poète fait rougir le fer et le pèse, le laisse refroidir et le repèse; il fait «péter» ses thermomètres. Puis il se rend dans une forge du marquis, car M. Du Châtelet est un modeste «maître de forges». Il en possède plusieurs dans la forêt de l'Aillemont, au nord de Cirey. De la terrase du château, on aperçoit encore, à l'orée du bois, l'emplacement de la plus proche. C'est là, sans doute, que Voltaire fait peser deux mille livres de fonte ardente. La fonte blanche acquiert du poids, mais non la fonte grise. C'est embarrassant. Enfin, il calcine des métaux dont le poids augmente. Il conclut prudemment: il est «fort probable» que le feu est pesant.

Mme Du Châtelet ne peut que suivre ses expériences, écouter ses réflexions, commenter ses échecs. Pour elle aussi, ce travail devient captivant. Elle s'aperçoit que ses conceptions s'écartent sensiblement de celles de Voltaire. Elle y pense à tel point qu'elle ne résiste plus, elle décide de présenter au concours son propre mémoire. Mais elle y travaille à l'insu de Voltaire, ce qui va lui interdire l'expérimentation. Elle doit se contenter de lectures et se fier à sa réflexion. Maintenant, il faut courir après le temps, et le jeu, pour elle, est souvent douloureux. Elle ne dort plus qu'une heure par nuit; elle se tient en éveil par des ablutions et des exercices physiques. Il faut bien écouter Voltaire qui continue à lui décrire ses expériences et ignore qu'il la confirme parfois dans des conclusions différentes. Curieusement, elle qui a inspiré à son ami l'amour de la science, elle fait preuve, en définitive, dans ce travail, d'un esprit déductif plus métaphysique que scientifique: pour elle, le feu, générateur de lumière et de chaleur, n'est pas pesant: c'est «un être particulier qui ne serait ni esprit ni matière de même que l'espace».[45] Elle n'est point parvenue à en expliquer l'origine et reste étonnée devant le mystère du briquet: «C'est sans doute un des plus grands miracles de la nature que le feu le plus ardent puisse être produit en un moment par la percussion des corps les plus froids en apparence.»[46]

44. D1339 (18 juin 1737).
45. D1528 (21 juin 1738).
46. Mme Du Châtelet, *Dissertation sur la nature et la propagation du feu* (Paris 1744), II.iii.60.

Naturellement, Mme Du Châtelet envoie son travail en secret à l'Académie des sciences. Par hasard, ils arrivent en même temps et sont classés sous les numéros six et sept. Emilie ne dira rien avant de connaître les résultats. Lorsqu'elle sait qu'aucun des deux n'obtient le prix, elle avoue à Voltaire qu'elle est l'auteur du sixième. La tolérance et l'amitié veulent que Voltaire et son amie fassent assaut de modestie et de compréhension. Des compensations leur viennent d'abord de Maupertuis. Mme Du Châtelet est heureuse que le mémoire de Voltaire lui ait plu; il lui en fait l'éloge;[47] il lui dira bientôt et le fera savoir à ses amis, qu'il apprécie également le sien. Les qualités différentes des deux mémoires devaient échapper à l'Académie: Voltaire s'y montrait fort méthodique dans la recherche expérimentale, et Mme Du Châtelet rigoureuse dans la déduction. Plus insolites encore apparaissaient leurs qualités communes: ils se tenaient proches de l'esprit de Boerhaave et de Boyle, des savants étrangers! Ils s'opposaient aux principes *à priori* et au dogmatisme traditionnel. Les trois mémoires qui obtenaient le prix prouvaient à quel niveau s'attardait l'Académie. Celui d'Euler, géomètre réputé, considérait le feu comme «un fluide élastique», mais il donnait la formule de la vitesse du son, jusqu'alors inconnue; les deux suivants expliquaient le feu par les tourbillons. Un siècle après le *Discours de la méthode*, ce n'était pas la méthode, c'était la métaphysique de Descartes qui survivait.

En cette occasion, Mme Du Châtelet eût aimé voir, pour la première fois, son œuvre imprimée. Sans doute exprima-t-elle à son ami une vive déception car il en demanda d'abord l'impression à l'Académie. Puis elle écrit elle-même à Maupertuis afin qu'il intervienne auprès de MM. Du Fay[48] et Réaumur. L'Académie se montre généreuse et décide, au début de juillet 1738, de tenir compte du prestige des candidats et d'imprimer les deux mémoires; mais afin que l'on n'en puisse conclure qu'elle les approuve, elle fait précéder les deux textes d'un avertissement: «Les auteurs des deux pièces suivantes s'étant fait connaître à l'Académie et ayant désiré qu'elles fussent imprimées, l'Académie y a consenti avec plaisir quoiqu'elle ne puisse approuver l'idée que l'on donne, dans l'une et l'autre de ces pièces, de la nature du feu, et elle y a consenti parce que l'un et l'autre supposent une grande lecture, une grande connaissance des meilleurs ouvrages de physique, et qu'ils sont remplis de faits et de vues. D'ailleurs le nom seul des auteurs est capable d'intéresser la curiosité du public. La pièce numéro six est d'une dame de haut rang, de Mme la marquise Du Châtelet, et la pièce numéro sept d'un des meilleurs de nos poètes.»[49]

---

47. D1519 (15 juin 1738) et D1507 (21 mai 1738).
48. Du Fay, savant chimiste qui se voulait universel et précéda Buffon dans l'organisation du Jardin des plantes.
49. D1548 (7 juillet 1738). L'avertissement de l'Académie y est cité par Mme Du Châtelet.

Réaumur, qui connaît parfaitement les sympathies newtoniennes de Voltaire, lui écrit, non sans une certaine hauteur, pour lui rappeler les grandes obligations que la physique doit au P. Malebranche de lui avoir fait connaître tant d'ordres de tourbillons différents. La bataille est encore larvée. «Sûrement», écrit Mme Du Châtelet à Maupertuis, «ce M. Fuller [Euler] qui est nommé, est un leibnizien et par conséquent un cartésien. Il est fâcheux que l'esprit de parti ait encore tant de crédit en France.»[50]

Lorsqu'il s'agit des résultats de la mission de Maupertuis en Laponie, la querelle partisane s'aggrave. Maupertuis rentre à Paris vers le 15 août 1737. Parti le 2 mai 1736 pour mesurer les degrés de longitude le plus près possible du pôle, ce qu'il a réalisé, avec son équipe, au prix de mille difficultés matérielles, abattant des arbres pour installer ses observatoires, franchissant des cataractes, dormant sur des peaux de rennes, souffrant de la mauvaise nourriture et du froid en hiver, Maupertuis rapporte des résultats précis et pense prouver que la terre est aplatie aux pôles. Avec ses compagnons, il est présenté au roi par Maurepas le 21 août. Louis XV, sans doute prévenu par son géographe, s'intéresse davantage aux circonstances de l'expédition qu'à la mesure de la terre.[51] Si les résultats scientifiques de cette expédition ont été trop souvent effacés par l'épopée du voyage et de ses difficultés, cela tient un peu au personnage: vaniteux, Maupertuis se taille tout de suite un succès d'explorateur et d'aventurier. Les deux Laponnes qu'il ramène défraient la chronique. Mais, surtout, l'Académie et les adversaires cartésiens de Maupertuis, Cassini, Mairan, Réaumur et Fontenelle affirment que les mesures qu'il rapporte prouvent aussi bien que la terre est ovoïde. Le pouvoir en est solidaire: d'Anville, géographe du roi, prend parti pour Cassini. «On ne veut pas en France que M. Neuton ait raison», écrit Emilie à Maupertuis, «nous sommes des hérétiques en philosophie.»[52] Voltaire le réconforte: «Tôt ou tard il faut bien que vous et la vérité, vous l'emportiez. Souvenez-vous qu'on a soutenu des thèses contre la circulation du sang. Songez à Galilée, et consolez-vous.»[53] Maupertuis refuse la ridicule pension de cent vingt pistoles que lui octroie le cardinal de Fleury et la fait répartir sur ses compagnons de voyage. Ses succès de salon le rassurent: il est reçu chez la duchesse de Saint-Pierre, la duchesse d'Aiguillon, la marquise Du Deffand, la comtesse de Rochefort, la duchesse de Chaulnes et les Brancas installés depuis peu au château de Meudon. Invité à Cirey, il se fera attendre pendant seize mois.

Est-ce encore en vertu des préjugés cartésiens que le censeur royal, auquel

50. D1509 (22 mai 1738).
51. Pierre Brunet, *Maupertuis, étude biographique* (Paris 1928), p.40-43.
52. D1422 (10 janvier 1738).
53. D1423 (vers le 10 janvier 1738).

Voltaire a confié un manuscrit des *Eléments*, le retient dans ses tiroirs? Par malchance, Voltaire en a laissé un autre en Hollande, mais incomplet, les derniers chapitres manquant. En juin 1737, sans attendre le retour de Maupertuis qui pouvait le conseiller, il met au point un nouveau manuscrit qu'il soumet à Pitot, ingénieur-mathématicien adhérant aux théories de Newton. Pitot doit en parler au marquis d'Argenson afin qu'il obtienne pour Voltaire le privilège royal. C'est Mme Du Châtelet qui pousse le poète dans la voie de l'approbation officielle et de l'édition à Paris: elle ne veut pas qu'il retourne en Hollande, elle redoute, à propos des *Eléments*, une nouvelle affaire des *Lettres philosophiques*.

La résistance des cartésiens s'est organisée. De bons mathématiciens s'efforcent de sauver et de perfectionner la théorie du «plein» et des tourbillons. Privat de Molières, et surtout Jean Bernoulli, ami de Maupertuis et pourtant leibnizien, prétendent accorder «merveilleusement» les tourbillons avec les règles de Kepler. Villemot reprend l'explication des marées par Descartes: c'est le tourbillon de la lune qui fait pression sur la mer. Mairan va chercher dans Newton des principes dont il se sert pour défendre Descartes.[54]

On devine combien Voltaire s'irrite et se passionne. Fort de ses *Eléments* et d'une célébrité non contestée, même de ses ennemis, il a décidé de frapper un grand coup. On est surpris par l'énorme travail que cet ouvrage a exigé. Il s'appuie sur l'œuvre de vulgarisation de Pemberton et sur le texte original de Newton que traduit du latin Mme Du Châtelet. Devant l'étendue et la profondeur du génie de Newton, il est modeste: «je suis comme les petits ruisseaux», écrit-il à Pitot, «ils sont transparents parce qu'ils sont peu profonds. J'ai tâché de présenter les idées de la manière dont elles sont entrées dans ma tête [...] Mais le détail des calculs me fatigue».[55] C'est pourquoi il a recours à la «tête algébrique» du mathématicien.

Habilement et logiquement, Voltaire commence par exposer la théorie newtonienne de la lumière qui va lui permettre d'aborder l'optique généralement incontestée des savants honnêtes comme Mairan. Les *Opticks* avait été traduits en français par Coste en 1720 avec une préface élogieuse, mais le dessein de Voltaire est de s'en servir, en la simplifiant, contre Descartes. Ajoutons que Mme Du Châtelet rédige elle-même un traité d'optique selon Newton.[56] Les découvertes de Newton sont fondées sur des expériences que Voltaire a le plus souvent reproduites dans son cabinet de physique. Descartes affirmait que la lumière était une poussière fine et déliée répandue partout, et que les couleurs étaient des sensations que Dieu excite en nous selon les divers

54. Pierre Brunet, *L'Introduction des théories de Newton en France au XVIIIe siècle* (Paris 1931), p.1-10, 153-200, 203-93 et 299-338.
55. D1341 (20 juin 1737).
56. I. O. Wade, *Studies on Voltaire, with some unpublished papers of Mme Du Châtelet*, ch.4.

mouvements qui portent cette matière à nos organes. «Nous devrions voir clair la nuit», rétorque Voltaire, «un petit trou dans la porte d'une chambre obscure devrait l'illuminer tout entière».[57] Selon Newton, la lumière, «dardée» par le soleil, nous arrive en sept ou huit minutes et se propage en ligne droite. Comment concilier cette trajectoire avec les tourbillons qui se meuvent en lignes courbes? Décrivant les expériences, publiant croquis et figures, Voltaire explique comment les rayons lumineux se réfléchissent, comment les miroirs concaves et convexes déforment les objets. Mais le coup de génie, c'est ce que Newton a nommé la réfrangibilité, ou décomposition de la lumière par le prisme, «en toutes les couleurs possibles». On pouvait alors expliquer la formation de l'arc-en-ciel. On comprenait enfin comment les objets, ne réfléchissant que certaines couleurs et non d'autres, selon leur matière, leur épaisseur, leur surface, nous apparaissent diversement colorés. Que pouvaient opposer cartésiens et malebranchistes? Et pourtant, tous ne furent pas convaincus, par exemple le P. Castel, ami de Montesquieu.

C'est à propos de la polémique de Voltaire avec Castel que Jacqueline Hellegouarc'h[58] a pensé que l'on pouvait rattacher à cette période la composition d'un conte très bref, la *Petite digression sur les Quinze-Vingts*, intitulé par les éditeurs de Kehl *Les Aveugles juges des couleurs*.[59] Castel a eu, vers 1725, l'idée d'un «clavecin oculaire», dont il expose les principes en 1735 dans les *Nouvelles expériences d'optique et d'acoustique, adressées à M. le président de Montesquieu*. Voltaire lui consacre alors, dans la deuxième partie de ses *Eléments*, un paragraphe assez élogieux et le lui envoie. En réponse, Castel imprime, dans les *Mémoires de Trévoux*, «les choses les plus insultantes»[60] sur Voltaire. Euclide-Castel devient aussitôt Zoïle-Castel. Et Voltaire exploite le différend qui oppose également le jésuite à Rameau dans une lettre à celui-ci[61] où il tourne en ridicule le P. Castel, ce «don Quichotte des mathématiques».

Le conte lui-même n'est pas aussi simple qu'il le paraît. Il est symbolique, et Jacqueline Hellegouarc'h suggère qu'il peut se lire à «plusieurs niveaux». Les personnages sont les aveugles de l'hospice des Quinze-Vingts. Un jour, un professeur décide de leur faire croire que tous leurs vêtements sont blancs, alors qu'il n'y en a aucun de cette couleur. Comme on se moque de leur crédulité, ils vont se plaindre au professeur. Deux partis antagonistes se

57. M.xxii.440-41.

58. Jacqueline Hellegouarc'h, «*Les Aveugles juges des couleurs*: interprétation et essai de datation», *Studies* 215 (1982), p.91-97.

59. M.xxi.243.

60. D1519 (vers le 15 juin 1738).

61. Cette *Lettre à M. Rameau*, datée du 21 juin 1738, n'est pas une vraie lettre mais un opuscule, publié par Th. Besterman dans D.app.50.

constituent parmi les pensionnaires. Pour les apaiser, le professeur déclare que tous les vêtements sont rouges. On se moque encore, et les aveugles se plaignent de nouveau; ils se divisent en deux partis qui se battent. Enfin, la paix revient lorsqu'il est permis aux aveugles «de suspendre leurs jugements sur la couleur de leurs habits.» «Un sourd, en lisant cette histoire, avoua que les aveugles avaient tort de juger des couleurs, mais il resta ferme dans l'opinion qu'il n'appartient qu'aux sourds de juger de la musique.»

Comme la plupart des contes de Voltaire, celui-ci prend racine sur une actualité toute fraîche. Son sens, non explicite, est néanmoins facile à dégager, si l'on connaît les préoccupations de Voltaire et de son amie à cette époque: les hommes qui ne *suspendent* pas leurs jugements jusqu'à ce qu'ils possèdent les preuves tangibles d'une affirmation sont des aveugles; ils tombent dans des passions partisanes qui retardent l'établissement de la vérité. «Les aveugles juges des couleurs», écrit Jacqueline Hellegouarc'h, «représentent les sots qui tranchent de ce qu'ils ne connaissent ou ne comprennent pas des nouvelles théories scientifiques et des œuvres de Voltaire qui les répandent; ils admettent sans réfléchir les systèmes erronés que leur imposent successivement des maîtres à penser représentés par le professeur des Quinze-Vingts.»[62]

L'exposé des *Eléments* ouvrait la voie aux questions les plus brûlantes sur les lois de la gravitation. Voltaire ne manque pas une occasion d'y pourfendre Descartes pour qui la pesanteur provient des tourbillons qui poussent les corps vers la terre. Quelle illumination du génie lorsque, en 1666, Newton voyant tomber des fruits conçoit l'attraction terrestre! La même force doit agir sur la lune, et pourtant la lune ne tombe pas. Newton comprend alors qu'il faut se livrer à des *mesures*: mesure de la terre, de sa masse, de sa distance à la lune. La pesanteur est en raison inverse du carré des distances: il existe donc un point d'équilibre avec la force centrifuge. Et pour que la gravitation se perpétue, il faut que l'univers soit vide. Tout se développe logiquement et s'éclaire: l'attraction du soleil agit à la fois sur la terre et la lune, d'où «les inégalités du mouvement de l'orbite de la lune». En cette interaction résident les secrets de la gravitation universelle, de la figure de la terre, bombée à l'équateur et aplatie aux pôles, du flux et du reflux et des grandes marées.

Mais la publication des *Eléments*, en 1738, ne se déroula point sans avatars. Mme Du Châtelet s'était résignée à ce que l'ouvrage parût à l'étranger: «L'édition [des *Eléments* en Hollande] est inévitable», avait-elle écrit à Maupertuis.[63] Mais au moment où Voltaire s'avise qu'ils ne peuvent y paraître en l'état «informe» où le chantage de son amie l'a contraint de les y laisser, il

---

62. J. Hellegouarc'h, p.92.
63. D1442 (2 février 1738).

apprend, vers le 10 avril 1738, que le libraire Ledet, «affamé par le gain», vient de publier cette œuvre, «fourmillante de fautes». Elle était inachevée. Qu'à cela ne tienne! Le libraire a trouvé, pour écrire les derniers chapitres, un «continuateur» qui a trahi la pensée de Voltaire! Pire! Il a ajouté au titre: «mise à la portée de tout le monde»! Voltaire enrage. «Il faut être [...] un imbécile», s'écrie-t-il, «pour penser que la philosophie de Newton puisse être à la portée de tout le monde.»[64] Mais était-ce un imbécile celui qui lança que les *Eléments* étaient «mis *à la porte* par tout le monde»?

Mme Du Châtelet s'inquiète et écrit aussitôt à «l'ange gardien»: «pourvu que M. le chancelier [...] ait la justice de ne se pas fâcher [...] vous nous avez promis de parer ce coup.»[65] Cette crainte, Voltaire la partage un moment: «je ne veux point de querelle pour un livre. Je les brûlerais plutôt tous.»[66] Mais il recommande à Thiriot de lire cette partie de sa lettre à M. d'Argenson. Il n'oublie pas l'affaire des *Lettres philosophiques*. Ce qui importe, c'est de ne pas perdre la face aux yeux des cartésiens; il envoie un mémoire préventif à tous les journaux. Puis il se hâte de mettre au point une deuxième édition. «Le torrent de l'avidité des libraires» l'entraîne. Il travaille tant qu'il en a «la vue éblouie», il tombe malade et demande à Maupertuis de l'aider. Demi-victoire: il obtient de d'Aguesseau une permission tacite d'imprimer l'ouvrage à l'étranger. Mais les «permissions tacites» peuvent être utilisées pour une publication en France. C'est pourquoi cette seconde édition, qui sort à Paris chez Prault, provient officiellement de Londres. Voilà qui fait monter la colère de Ledet, et le «pédant de continuateur» insulte Voltaire après avoir gâté son œuvre.[67] Voltaire achète un grand nombre d'exemplaires à Prault et en envoie à Thiriot pour les distribuer. Toutes ces opérations n'ont pas demandé deux mois! Et le poète a écrit tant de lettres! Et pour se reposer, il a corrigé *Mérope*!

Ce sont ses ennemis qui réagissent les premiers, ils utilisent donc l'édition Ledet. Desfontaines s'empresse d'écrire à J.-B. Rousseau: «Tous les philosophes et géomètres tombent naturellement sur le corps du pauvre génie newtoniste», le P. Castel, le P. Regnault, l'abbé de Molières...[68] En effet, le P. Castel expose une théorie «ondulatoire» de la lumière expliquant les différentes couleurs par des «vibrations plus ou moins rapides de la matière subtile».[69] Le P. Regnault, nettement plus agressif, affirme que le système de

---

64. D1502 (14 mai 1738).
65. D1487 (1er mai 1738).
66. D1489 (1er mai 1738).
67. D1549 (9 juillet 1738).
68. D1549.
69. Louis Bertrand Castel, *L'Optique des couleurs fondée sur les simples observations et tournée surtout à la pratique de la peinture, de la teinture et des autres arts coloristes* (Paris 1740). Voir aussi *Le Vrai*

Newton «n'en est pas devenu plus clair pour être passé par les mains de M. de Voltaire. Il n'instruit ni les savants ni les ignorants.»[70]

Ce n'est pas l'avis du P. Tournemine, qui écrit à Voltaire: «Neuton n'est intelligible que dans votre ouvrage». Il faut cependant reconnaître le génie de Descartes, même s'il se trompe sur certains points. Le père jésuite conclut en souhaitant que Voltaire veuille bien étudier un jour la religion «sans prévention, sans préjugés».[71] Mairan réfléchit; il écrit à Voltaire une lettre élogieuse, mais il lui reproche également d'avoir trop peu ménagé Descartes et Malebranche. Le poète comprend que Descartes, en tant que génie français, est devenu une sorte d'idole et qu'il y a de l'impiété à le contredire sans précautions. Voilà bien le tort de Voltaire: ne pouvoir assurer le triomphe de Newton sans ternir la renommée de Descartes. Dans sa réponse à Mairan, il proteste toutefois contre ce culte du génie et exprime sur l'illusion de la gloire personnelle des pensées que beaucoup d'écrivains auraient intérêt à méditer: «Je conviens que j'ai trop peu ménagé Descartes et Mallebranche [... Mais] la réputation des hommes ne leur appartient point après leur mort [...] il faut peser les esprits et non les hommes.» Ce qui survit d'un écrivain n'est pas l'homme que l'on a pu admirer: «les lettres de l'alphabet qui composent les noms de Descartes et de Mallebranche ne méritent aucun respect».[72]

Peu à peu, le succès des *Eléments* s'impose. En demandant à l'abbé Prévost un article dans *Le Pour et contre* Voltaire le place dans une situation délicate. Ami de Fontenelle pour qui «les tourbillons se présentent si agréablement à l'esprit philosophique», l'abbé Prévost redoute de s'aliéner les partisans du secrétaire perpétuel de l'Académie. Il s'en tire toutefois avec habileté: il prend le parti de Voltaire contre l'éditeur pirate et glisse à l'éloge: «Je dois dire que, dans la mesure de mes lumières, j'y ai trouvé assez de pénétration et de justesse d'esprit pour le regarder comme un excellent livre [...] S'il se trouve quelques endroits moins bien éclaircis, ce sont les taches qui s'élèvent quelquefois sur l'astre le plus brillant.»[73] Prévost acceptera ensuite d'insérer des éclaircissements de Voltaire. Mme Du Châtelet écrit au *Journal des savants* une lettre anonyme élogieuse mais sans flatterie; l'abbé Trublet, rédacteur au journal, révéla plus tard qu'elle en était l'auteur. Enfin, les journalistes de Trévoux s'enthousiasment: «Newton était un secret que l'on se disait comme à l'oreille,

---

système de physique générale de M. Isaac Newton exposé et analysé en parallèle avec celui de Descartes (Paris 1743).

70. Noël Regnault, *Lettre d'un physicien sur la philosophie de Neuton, mise à la portée de tout le monde* (s.l. 1738), p.2.

71. D1600 (28 août 1738).

72. D1611 (11 septembre 1738).

73. *Le Pour et contre* (1738), xv.234-40.

encore fallait-il de bons entendeurs [...] M. de Voltaire parut enfin, et aussitôt Newton est entendu ou en voie de l'être; tout Paris retentit de Newton, tout Paris bégaie Newton, tout Paris étudie et apprend Newton.»[74]

On s'arrache les *Eléments* à la fin de 1738; ce qui ne signifie pas que les cartésiens sont vaincus: l'Académie des sciences dominée par Fontenelle, ne saurait si aisément se déjuger. Mais en France, Newton l'étranger fait lentement sa percée. Voltaire a réussi: les *Eléments* demeurent l'un des événements les plus importants du siècle. Tous les historiens des sciences le reconnaissent.

Pendant ce temps, dans la famille de Voltaire, un événement grave est survenu. Ses deux nièces, Louise et Elisabeth Mignot, sont devenues orphelines; elles avaient perdu leur mère, Catherine Mignot Arouet, en 1726; elles perdent leur père en 1737. Armand Arouet le janséniste ne se chargera point de ses nièces: il se propose de les mettre au couvent. Or, elles ont atteint largement l'âge d'être mariées. Aussi Voltaire proteste-t-il contre le projet d'Armand: «Il me semble», écrit-il, «que c'est le seul parti qu'il ne faille pas prendre.»[75] L'aînée épousera M. de Fontaine. Quant à sa sœur Louise, Voltaire éprouve pour elle une affection toute particulière. Il projette de la marier au fils de Mme de Champbonin, un garçon sans esprit qui, selon Mme de Graffigny, copie les ouvrages de Voltaire «sans y entendre un seul mot». Il se fie à la diplomatie de Thiriot, qui fréquente beaucoup chez les Mignot, pour emporter l'adhésion de Louise. Quel rêve! Elle serait châtelaine, elle aurait pour amie Mme Du Châtelet, et Voltaire serait son «vrai père». Conception très personnelle du bonheur de sa nièce, comme si le poète sentait, dans ce rêve, germer tout son avenir. Connaît-il cette nièce qui aime la ville, les relations, les soupers, et qui désire vivre pour elle-même? La réponse est nette: Louise ne veut pas du hobereau campagnard. Que l'on admire la forme ambiguë que prend alors la résignation de l'oncle! «Je ne veux que son bonheur, et je mettrais une partie du mien à pouvoir vivre quelquefois avec elle.»[76]

La place était prise. Le cœur de Louise s'était enflammé pour un commissionnaire ordinaire des Guerres, Nicolas Charles Denis. La passion du commissionnaire est aussi vive. Aussitôt, Voltaire, par dépit de la voir s'éloigner, diminue la dot: au lieu de huit mille livres de rente pour le mariage Champbonin, il ne donnera qu'une dot de vingt-cinq mille en une seule fois.[77] Mme Du Châtelet, qui ne devine point les arrière-sentiments de son ami, explique

74. *Mémoires de Trévoux* (août 1738).
75. D1379 (26 octobre 1737).
76. D1412 (23 décembre 1737).
77. D1412 (23 décembre 1737) et D1447 (7 février 1738).

à Thiriot combien elle est heureuse de ce dénouement; au mariage de Louise, le 25 février 1738, Voltaire n'assistera pas.

Mme Denis devra quitter la capitale, son mari ayant obtenu le poste de Landau. Les époux se mettent en route en avril. Cirey se trouvant sur leur chemin, Mme Du Châtelet les invite à s'y arrêter. Ils y font un bref séjour à la fin du mois. Voltaire est malade. Son impression après leur départ est une énigme: «*On* a été content», écrit-il. Par contre, celle de Mme Denis, qu'elle s'empresse de communiquer à Thiriot après son installation à Landau, ne manque point de sel, de sincérité et d'un remarquable sens des réalités: «Je crois que je m'accommoderai assez de la vie que je mène ici. J'y ai une fort bonne maison, et quatre cents officiers à ma disposition, qui font autant de complaisants, sur lesquels j'en trierai une douzaine d'aimables, qui souperont souvent chez moi.» Quant à la vie de son oncle à Cirey, ce qu'elle en dit mérite d'être cité:

M. de Voltaire est d'une santé bien délicate, il a toujours été malade pendant le peu de temps que j'ai séjourné à Cirey. Mme Du Châtelet est fort engraissée, d'une figure aimable, et se portant à merveille [...] Mon oncle vous est toujours attaché [...] Je suis désespérée. Je le crois perdu pour tous ses amis. Il est lié de façon qu'il me paraît presque impossible qu'il puisse briser ses chaînes. Ils sont dans une solitude effrayante pour l'humanité. Cirey est à quatre lieues de toute habitation, dans un pays où l'on ne voit que des montagnes, et des terres incultes, abondonnés de leurs amis et n'ayant presque jamais personne de Paris.

Voilà la vie que mène le plus grand génie de notre siècle, à la vérité, vis-à-vis une femme de beaucoup d'esprit, fort jolie et qui emploie tout l'art imaginable pour le séduire. Il n'y a point de pompons qu'elle n'arrange, ni de passages des meilleurs philosophes, qu'elle ne cite pour lui plaire, rien n'y est épargné [...] Il se construit un appartement assez beau, où il y aura une chambre noire pour des opérations de physique. Le théâtre est fort joli, mais ils ne jouent point la comédie faute d'acteurs.[78]

Comme Mme Denis, Frédéric a pris du recul à l'égard de Voltaire. Il ose le critiquer plus souvent; c'est qu'il pousse des ailes au jeune prince, mais ce ne sont pas encore des ailes de rapace, quelques plumes seulement. Ayant certainement mal compris les *Eléments de la philosophie de Newton*, il n'ose le laisser trop voir à Voltaire, mais il exprime à Thiriot un détachement où perce le mépris; il voudrait «qu'on ne fît point une panacée de l'attraction; elle explique pitoyablement le flux et le reflux de la mer». Et il s'abaisse à faire à son agent, qu'il connaît bien, une confidence déplacée: «Je me regarde comme une créature qui est plus propre à jouir que faite pour connaître.»[79]

De plus en plus, chez le jeune prince, se révèle le futur roi dans ses

78. D1498 (10 mai 1738).
79. D1664 (23 novembre 1738).

préoccupations politiques et militaires. Lorsque Voltaire lui propose d'acheter les terres de Ham et de Beringhen, appartenant au marquis et à Mme Du Châtelet comme héritiers de la famille Trichâteau, il fait une réponse dilatoire. «Une guerre très sérieuse se prépare», qui doit agrandir les possessions prussiennes à l'ouest. Quand ce sera chose faite, «il sera bien plus naturel de chercher à s'arrondir et à faire des acquisitions, comme celle de la seigneurie de Beringhen.»[80] Réticence qui marque un certain refroidissement.

On peut supposer que Thiriot y a contribué en n'épargnant à Frédéric aucune information sur les défauts de caractère du poète, en particulier sur l'hypertrophie de son amour-propre. Thiriot étant l'ami de Desfontaines, le prince n'ignore pas, sans doute, que Voltaire vient d'écrire contre Desfontaines *Le Préservatif*, signé et publié par le chevalier de Mouhy. Le 25 décembre, Frédéric félicite Voltaire pour son *Epître sur la modération*, mais il ajoute: «L'art de rendre injure pour injure est le partage des crocheteurs.»[81] Voltaire s'est-il senti concerné?

A la fin de l'année 1738, et après la réussite des *Eléments*, Maupertuis ne peut se dérober plus longtemps à l'invitation des philosophes de Cirey. Engagé dans le même combat newtonien, il vient d'écrire l'*Examen désintéressé des différents ouvrages qui ont été faits pour déterminer la figure de la terre*. Cette œuvre, où l'ironie affleure souvent, obtient un grand succès, peut-être parce qu'elle est anonyme, tant les cartésiens ont l'esprit prévenu contre l'auteur. En décembre enfin, il s'annonce à Cirey pour le début de janvier. Il va y rencontrer une autre invitée, Mme de Graffigny. Mais tous deux tombent au plus mal: le lendemain de Noël, parvient à Mme Du Châtelet la nouvelle de la fameuse et terrible réplique de Desfontaines au *Préservatif*, la *Voltairomanie*.

80. D1621 (30 septembre 1738).
81. D1711 (25 décembre 1738).

5. Orages sur le paradis terrestre

A quarante-trois ans, Mme de Graffigny quitte la cour de Lorraine où elle a passé le meilleur de sa vie, pour tenter à Paris une carrière littéraire. Elle y sera reçue par son amie, la duchesse de Richelieu. Quelle étape pourrait lui être plus favorable que Cirey? Malgré les souffrances éprouvées dans sa vie conjugale, elle est restée confiante, enjouée, facile à éblouir. Aussi son imagination vive s'est-elle enflammée à la pensée de l'extraordinaire privilège qui lui échoit, de séjourner quelques semaines, invitée par Emilie, auprès d'un homme aussi célèbre que Voltaire.

Que de regrets, pourtant, d'avoir quitté un lieu aussi agréable que la petite cour de Lorraine! Depuis le séjour qu'a fait Voltaire à Lunéville en 1735 avec la duchesse de Richelieu, cette cour s'est encore affranchie et raffinée. Stanislas Leszczynski a succédé, en 1737, à la régente Elisabeth d'Orléans.[1] Par la Déclaration de Meudon,[2] signée avec Louis XV, il a conservé le titre honorifique de roi de Pologne; il est assisté d'un intendant en même temps chancelier et garde des sceaux dont les pouvoirs sont presque absolus: M. de La Galaizière, nommé par le roi de France, lève les impôts, administre les domaines, choisit les fonctionnaires et les magistrats. Il le fait avec beaucoup de tact et de courtoisie, non seulement parce que Stanislas est le père de la reine de France, mais parce que les deux hommes vivent en sympathie: ils sont instruits, exempts de préjugés et ils aiment la vie. Le duc de Lorraine conserve la haute main sur le commandement de sa garde, la direction de sa cour et l'organisation des cérémonies. Déchargé des soucis administratifs, Stanislas est maître chez lui. En outre, il reçoit du roi de France une pension de un million cinq cent mille livres, ce qui lui permet de dispenser aux courtisans le luxe et la bonne chère, d'entretenir son palais et ses jardins, sa vénerie, ses musiciens, son théâtre et ses comédiens. Il y a, dans ses châteaux de Lunéville et de Commercy, beaucoup plus de domestiques et d'employés que de courtisans.[3]

Stanislas a recueilli à sa cour des parents polonais et des compagnons d'infortune dont les mœurs sont demeurées brutales. A l'écart, se tient la reine Opalinska, humble, pieuse et charitable, qui aime les processions et va, le

1. Sœur de feu le régent Philippe d'Orléans.
2. En attendant de régner sur son duché, Stanislas a résidé au château de Meudon.
3. Gaston Maugras, *La Cour de Lunéville au XVIIIe siècle* (Paris 1904).

Vendredi saint, laver les pieds des pauvres. Mais les cousines du roi, la duchesse Ossolinska et la comtesse Jablonowska, future princesse de Talmont, mènent une vie scandaleuse. Stanislas, épicurien raffiné, aimant les arts et les lettres, ayant goûté, au château de Meudon et à la cour de Versailles, à l'élégance et à l'esprit de la société française, s'est rapproché du groupe lorrain de l'ancienne cour. C'est toujours la famille du prince de Craon, descendant d'Isabeau de Bavière, qui donne le ton et exerce une influence prépondérante. Une différence toutefois: sous la régence d'Elisabeth d'Orléans, le prince a rendu au Trésor, de bon gré, les biens dont sa famille avait été comblée par Léopold qui aimait de passion délirante la princesse. Celle-ci a eu vingt enfants, tous élevés au château d'Haroué, à sept lieues environ de Lunéville. Stanislas a particulièrement favorisé deux d'entre eux: le marquis de Beauvau, nommé colonel de ses gardes à dix-neuf ans, et sa sœur Catherine qui a épousé contre son gré le marquis de Boufflers.[4] Stanislas appelle à la cour le marquis comme capitaine de ses gardes, ce qui lui permet d'offrir à Mme de Boufflers une place de dame du palais auprès de la reine et d'en obtenir les faveurs. Mme de Boufflers a un visage d'une beauté insolite, bien que voisine de la laideur, qui est toujours un spectacle d'un agrément irrésistible, auquel s'ajoutent le charme de son esprit et ses dons: elle dessine à merveille, joue de la harpe, rime des chansons amusantes.

Mme de Boufflers fait les délices d'une petite société littéraire très appréciée de Stanislas; c'est le salon qu'ouvrit à Lunéville Mme de Graffigny et qui s'est transporté à la cour. Mme de Graffigny est beaucoup plus âgée que Mme de Boufflers qu'elle a vue naître à Haroué. C'est chez les Craon qu'elle a connu également Elisabeth de Guise, duchesse de Richelieu, et Gabrielle Emilie de Breteuil, marquise Du Châtelet, grâce aux excellentes relations du baron de Breteuil avec le prince de Craon. Françoise d'Issembourg d'Happoncourt de Graffigny appartient à une famille lorraine de noblesse ancienne; son père était major des gardes de Léopold, sa mère apparentée au marquis Du Châtelet. Mariée trop jeune à Huguet de Graffigny, une sorte de fou, avare et grossier, qui la battait, elle parvint à le faire enfermer. Il mourut en prison. Mais le mal était fait: Françoise reste blessée à jamais par la brutalité de cet homme. «Je pense le plaisir», avoue-t-elle, «je le sens presque, et je ne suis pas gaie.»[5] Demeurée sans ressources, elle vit d'une maigre pension que lui verse Elisabeth d'Orléans, ex-régente retirée à Commercy, mais la cour lui est ouverte ainsi que la table des grands seigneurs lorrains, les Craon, les Choiseul, les Lenon-

---

4. Ne pas confondre Mme de Boufflers-Beauvau avec Mme de Boufflers, tante du marquis de Boufflers, qui deviendra la duchesse de Luxembourg.

5. Graffigny, i.308.

court. Elle cache ses blessures sous le charme d'un esprit juste et fin. Elle a fait jouer avec succès, au théâtre de Stanislas, de petites comédies.

Ses principaux amis se trouvent aujourd'hui à la cour de Lunéville. Le plus familier, François Etienne Devaux, dit Panpan, surnom qui date de son enfance, est un petit poète charmant, mais d'une timidité et d'une paresse proverbiales. Admirateur passionné de Voltaire, qu'il nomme son «idole», il passe son temps à lire, à rimer quelques impromptus et à rendre aux dames de menus services. Collé le tient pour un sot, complaisant et amuseur de toutes les femmes, souffre-douleurs de Mme de Boufflers, «un valet de chambre bel-esprit». Voltaire, moins cruel, apprécie son charme et ses qualités de cœur. Mme de Graffigny le tutoie. Il est bien possible qu'elle ait été son initiatrice; mais les lettres qu'elle lui écrira presque chaque jour de Cirey conserveront toujours le ton de la plus affectueuse camaraderie.

Le meilleur ami de Panpan est Saint-Lambert. Ils ont fait leurs études ensemble chez les jésuites de Pont-à-Mousson. D'une famille ancienne mais pauvre, Saint-Lambert a eu la chance de naître à Affracourt, près du château d'Haroué, et d'être admis à jouer avec les enfants du prince de Craon. Il doit à l'amitié du marquis de Beauvau et de sa sœur le privilège d'être officier de la garde de Stanislas, en garnison à Nancy. Officier de salon, il est plus souvent à la cour de Lunéville qu'à son régiment. En même temps qu'il cultive son prestige de poète, il exploite auprès des femmes son impassible beauté et son élégance raffinée. Il n'a composé jusqu'alors que des «poésies fugitives», mais il «parle» d'une tragédie. Une bonne part de sa réputation lui vient de Voltaire: en 1735, Saint-Lambert avait osé, à l'âge de dix-neuf ans, adresser à l'auteur de *Zaïre* quelques vers; Voltaire, modeste et généreux, lui avait répondu par une épître plus prophétique pour l'amant que pour le poète:

> J'ai quitté les brillants appas
> Des muses, mes dieux et mes guides,
> Pour l'astrolabe et le compas
> Des Maupertuis et des Euclides [...]
> Vénus ne veut plus me sourire;
> Les Grâces détournent leurs pas;
> Ma Muse, les yeux pleins de larmes,
> Saint-Lambert, vole auprès de vous.
> Elle vous prodigue ses charmes:
> Je lis vos vers, j'en suis jaloux.[6]

Un autre officier, Léopold Desmarest, que Mme de Graffigny surnomme «le docteur», plus âgé que Saint-Lambert, mais aussi plus vivant et plus

6. M.x.297-98.

spirituel, est aimé de Mme de Graffigny. Invité par Mme Du Châtelet, il doit venir rejoindre son amie à Cirey et l'accompagner à Paris. Par bonheur, ce sont les lettres de celle-ci à Panpan qui nous sont parvenues; adressées à un amant, peut-être eussent-elles été moins riches de détails et d'anecdotes. Bien qu'on lise encore son roman, les *Lettres d'une Péruvienne*, on ne se souvient guère de *Cénie*, sa pièce de théâtre, qui connut le succès. Ses lettres restent l'essentiel de son œuvre par ce qu'elles révèlent de la vie à Cirey; elle a confié à son ami Panpan, au jour le jour, des impressions vivantes, familières ou dramatiques, de la vie de Voltaire avec Mme Du Châtelet.

Si elle est attendue avec joie au château, c'est qu'elle y apporte le charme de son esprit, des nouvelles de ses amis et de la cour de Stanislas que ne connaissent ni Voltaire ni Emilie.

Mme de Graffigny quitte Lunéville le 11 septembre 1738 pour Commercy où elle s'arrête chez l'ex-régente de Lorraine. Le lendemain, Mme de Stainville, épouse de François-Joseph de Choiseul et mère du futur ministre, vient la chercher et l'emmène chez elle à Demange, village situé à quelques lieues de Ligny. Incorrigible bavarde, Mme de Stainville lui refuse ses chevaux et la retient tout le mois de novembre. Mme de Graffigny s'ennuie et s'impatiente car Mme Du Châtelet lui a écrit plusieurs fois pour la presser d'arriver. En attendant, pour plaire à Voltaire et à son amie, elle lit Locke et se renseigne sur Newton, mais elle aura de la peine, avoue-t-elle, «à se convertir sur le vide». Voici enfin la délivrance: Mme de Lenoncourt vient en visite chez Mme de Stainville le 3 décembre et prête des chevaux à Mme de Graffigny qui «décampe» aussitôt du «château de l'ennui».[7]

C'est le lendemain, en pleine nuit, à deux heures du matin, que les postillons la déposent à Cirey devant les grilles du château. Elle a l'impression qu'elle «grimpe une montagne à pied, à tâtons.»[8]

La «nymphe» reçoit fort aimablement son invitée qui monte ensuite dans sa chambre pour se «décrasser». C'est alors qu'arrive «l'idole» de Panpan, «un petit bougeoir à la main comme un moine, qui m'a fait mille caresses [...] Il m'a baisé dix fois les mains»; Mme de Graffigny ne revoit Mme Du Châtelet que le lendemain. Elle avait oublié son «caquet» étonnant: Emilie parle «comme un ange», abondamment et très vite. «Elle a une robe d'indienne, un grand tablier noir et ses cheveux noirs très longs, relevés par derrière jusqu'au haut de sa tête, et bouclés comme on fait aux petits enfants. Cela lui sied fort bien.»

---

7. Graffigny, i.192.
8. Graffigny, i.192. Le tertre sur lequel est construit le château n'est pas une «montagne». Mais voir i.40, n.25: Mme de Graffigny emploie souvent ce mot pour désigner «un lieu de retraite, d'exil, ou d'isolement». Les détails qui suivent sont empruntés à la lettre du 4 décembre et aux lettres suivantes.

Le souper, à la chère parcimonieuse mais recherchée, est servi dans une abondante vaisselle d'argent. Il a lieu dans la petite galerie de Voltaire; Mme de Graffigny se trouve «vis à vis cinq sphères et toutes les machines de physique»: elles sont là en attendant que la chambre obscure soit achevée. On place Voltaire à sa gauche, éveillé, attentif, poli, et à sa droite le marquis Du Châtelet endormi, muet, qui se retire dès que le repas est achevé. Un cousin du marquis, le «vilain petit Trichatteau se fit traîner au bout de la table». Bien qu'il soit perclus de goutte et épileptique, on le flatte, on affecte même de lui parler, car on espère recevoir en héritage ses terres de Beringhen, de Ham et de Juliers. Au cours de ce premier souper, Voltaire apparaît, aux yeux de Mme de Graffigny, comme un grand seigneur: son valet de chambre ne quitte point le dossier de sa chaise, «et ses laquais lui remettent ce qui lui est nécessaire, comme les pages aux gentilshommes du roi». Il est vrai qu'il a une façon plaisante d'ordonner. Etincelant, faisant des contes à mourir de rire, et soudain changeant d'humeur si l'on vient à parler de Rousseau et de Desfontaines, «c'est là où l'homme reste et le héros s'évanouit [...] Je ne sais s'il ne parle point de ces deux hommes sans que la fermentation du sang ne devienne fièvre, mais enfin elle lui prit, nous sortîmes pour le laisser se coucher.» Voltaire lui donne tout de suite *Le Préservatif* «qu'il prétend qu'un de ses amis a fait». Pourquoi commencer par là? Mme de Graffigny le lira pour «pouvoir dire que je l'avais lu». Heureusement, il y ajoute «un beau Neuton relié en maroquin».[9] Elle le lit aussi pour «pouvoir en parler le soir», avec la crainte de n'en rien saisir; et elle est heureuse, car elle comprend.

C'est dans sa chambre qu'elle va lire. Il lui faut du courage pour s'y plaire: c'est une sorte de halle mal éclairée par une seule fenêtre et assombrie par une montagne si proche «que je toucherais quasi de la main». Mme de Graffigny force l'image: le château, très dégagé, est séparé de la montagne la plus proche par la vallée de la Blaise et le chemin de Doulevant. Au surplus, dans cette chambre, «tous les vents se divertissent par mille fentes» jusqu'à souffler sa bougie! La cheminée est si large que «tout le sabbat [y] passerait de front». Le froid n'incommode point les habitués du château qui viennent, dès le premier soir, tenir compagnie à la nouvelle venue. C'est d'abord Mme de Champbonin «qui passe sa vie ici, parce qu'elle a une petite terote dans le voisinage. Elle est trait pour trait la grosse femme courte du *Paysan parvenu*. [...] Elle aime Voltaire à la folie, et lui m'a dit qu'il l'aimait beaucoup parce qu'elle a le cœur bon. La pauvre femme, on la fait tenir tout le jour dans sa chambre [...] elle a lu tout ce qu'il y a de livres ici et n'en est pas plus savante.» Voltaire ne se gêne pas pour en plaisanter, mais de lui, elle accepte tout. Mme

9. Les *Eléments de la philosophie de Newton*.

97

de Graffigny pressent que Mme de Champbonin sera une précieuse confidente car elle a l'air de savoir beaucoup de choses sur Voltaire et le couple. Aussitôt qu'elle est sortie, le marquis Du Châtelet lui succède: «sans aucune pitié, [il] m'ennuya pendant deux heures et plus». Il se montre intarissable sur la noblesse de Lorraine, les parentés, les anecdotes militaires: il se rattrape, lui aussi, de son mutisme au souper.

Mme de Graffigny retrace pour Panpan l'horaire d'une journée à Cirey: café du matin vers onze heures avec discussion sur les mathématiques, la physique et la philosophie. Voltaire et Mme Du Châtelet ne dînent pas. Seuls se mettent à table à midi les «cochers»,[10] c'est-à-dire le marquis, Mme de Champbonin et son fils, qui ne vient au château que pour copier des ouvrages. Par mauvais temps, chacun retourne dans sa chambre jusqu'au souper. Il arrive que cet horaire subisse quelques dérogations quand passe un visiteur important: alors on se promène à cheval ou l'on chasse dans les bois de la Héronnière. Maiss dans les jours de travail, ce n'est qu'au souper qu'on se livre à une vraie détente. Cette récréation, si le maître n'est pas malade et si rien ne trouble son humeur, il la prolonge à son gré. La distraction la plus fréquente et la plus extraordinaire est la conversation. Voltaire s'y prend au jeu et devient à lui seul un personnage de comédie. Un soir qu'il montre la lanterne magique, les images ne sont qu'un prétexte aux commentaires les plus drôles et à de successives mises en scène: «Il y a fourré la coquetterie de M. de Richelieu, l'histoire de l'abbé Desfontaines, et toute sorte de conte, toujours sur le ton savoyard.»[11] Créateur et acteur, il mime, gesticule et renverse la lampe; l'esprit de vin s'enflamme et lui brûle la main. Mais c'est sans gravité, et l'on rit de plus belle. Un autre soir, sa sensibilité l'emporte, aussi ostensible et extrême que sa gaieté. Les convives ayant supplié Mme de Graffigny de raconter sa vie, elle s'y refuse d'abord, pour ne point les attrister, puis elle cède. «V[oltaire], cet humain qui n'a pas honte de le paraître, fondait en larmes. [...] Leurs réflexions sur mon sort ont duré jusqu'à plus de deux heures.» Voltaire n'en a pas dormi.[12]

Mais les deux principales distractions sont les marionnettes, qui sont «très bonnes», et le théâtre. Malheureusement, en temps normal, on manque d'acteurs. Lorsque passe l'abbé de Breteuil, un homme très vivant, ou un visiteur susceptible de tenir un rôle, on joue le *Grand* ou le *Petit Boursoufle*, et l'on fait venir de son couvent Mlle Du Châtelet, qui a douze ans et revoit dans

---

10. Graffigny, i.220. Mme de Graffigny ne donne aucune explication de ce terme. Il signifie sans doute que ces personnages sont «extérieurs», comme les cochers sur leur siège.

11. Graffigny, i.210.

12. Graffigny, i.239.

sa chaise de poste le rôle de Thérèse de La Cochonnière.[13] Voltaire n'a pas le temps d'apprendre le sien, mais il le réinvente, et son jeu est alors si comique que tous les acteurs, qui sont en même temps les spectateurs, s'arrêtent pour rire.

A l'égard de Mme Du Châtelet, peut-être sous l'influence de Mme de Champbonin, Mme de Graffigny se montre plus réservée. Au début de son séjour, n'ayant pas encore souffert de son caractère, elle loue, non sans enthousiasme, ses dons intellectuels. Elle reconnaît qu'Emilie chante «divinement». Elle s'émerveille de l'étendue de ses connaissances. Un matin, au café, la marquise lit «un calcul géométrique d'un rêveur anglais»[14] qui démontre que les habitants de Jupiter sont des géants. Quel n'est point l'étonnement de Mme de Graffigny, lorsqu'elle peut ouvrir le livre, de voir qu'il est écrit en latin! Elle trouve son mémoire sur le feu supérieur à celui de Voltaire. Que dire de la traduction de la *Fable des abeilles*! La préface du traducteur est «une chose surprenante». «Ah, quelle femme! que je suis petite! [...] Il est bien vrai que quand les femmes se mêlent d'écrire, elles surpassent les hommes [...] Mais combien de siècles faut-il pour faire une femme comme celle-là?»[15] Les germes de «féminisme», déjà vigoureux dans la préface d'Emilie, sont tombés dans un terrain propice, mais ce féminisme, Mme de Graffigny le dirige contre les hommes dont elle a souffert: dans ses lettres, ils apparaissent souvent comme des créatures faibles, égoïstes, infidèles, à commencer par Desmarest.

Par Voltaire lui-même, elle est parfois déçue en découvrant ses faiblesses. Elle désapprouve sa peur de la maladie; en se «droguant» sans cesse et en se privant de nourriture, il aggrave son état; sa seconde faiblesse, dont elle va être le témoin malheureux, c'est son «fanatisme terrible» concernant J.-B. Rousseau et Desfontaines: «Nous avons essayé de le persuader de les mépriser. O faiblesse humaine! Il n'a ni rime ni raison quand il en parle [...] Réellement, le cœur m'en saigne, car je l'aime.»

Mme de Graffigny ne tarde pas à s'apercevoir que le couple est moins heureux qu'il ne le paraît. Alors qu'elle n'a pas encore souffert du caractère de la «nymphe», elle en observe avec impartialité les défauts. Elle va jusqu'à comprendre qu'Emilie surveille le courrier de Voltaire parce qu'elle craint ses imprudences et «la démangeaison qu'il a de répondre à tous ces grimauds». Ce qui est plus grave, c'est que l'admiration, le respect qu'elle devrait éprouver

---

13. Graffigny, i.212.

14. Graffigny, i.211. I. O. Wade dans son édition critique de *Micromégas* (Princeton 1950), p.37-39, n'identifie pas ce «rêveur» anglais. Il s'agirait plutôt de l'allemand Christian Wolff, qui écrivait habituellement en latin. Voltaire dans une lettre à Maupertuis (D2566, 10 août 1741) raille précisément Wolff pour sa spéculation sur les habitants de Jupiter.

15. Graffigny, i.245.

pour le génie de Voltaire font souvent défaut. Devant témoins, elle cherche les occasions d'exercer sur lui son autorité, jusque dans le choix de ses travaux. De Voltaire, qui est avant tout poète, elle voudrait faire un savant, elle le persécute pour qu'il ne fasse point de vers, «elle lui tourne la tête avec sa géométrie; la grosse dame et moi, nous la contrarions tant que nous pouvons». Lorsqu'il lit ses épîtres sur la liberté et la modération, elle le critique parfois sévèrement, il réplique, et leurs disputes, bien qu'elles ne laissent point d'être instructives, n'en sont pas moins âpres. Elle le heurte sans cesse à propos de détails matériels. Qu'elle lui interdise le vin du Rhin, on le comprend, il le rend malade. Mais pourquoi, un soir qu'il doit lire *Mérope* et qu'il arrive avec un habit agrémenté de dentelles, Mme Du Châtelet en est-elle choquée et se met-elle dans la tête de lui faire changer cet habit? Elle insiste et ne sait plus s'arrêter, à tel point qu'il se fâche, «lui parle vivement en anglais, et sort de la chambre.» Apparemment, il s'en va bouder... Mais Mme de Graffigny, partie à sa recherche, le trouve plaisantant avec Mme de Champbonin, «qui par parenthèses m'à l'air d'être sa confidente». Il accepte de revenir, mais demeure morose et ne dit mot. Enfin, il consent à lire sa tragédie. Pourquoi Mme Du Châtelet n'aime-t-elle pas *Mérope*? Est-ce parce que c'est une tragédie sans amour, ou parce qu'elle plaît à Frédéric, ou simplement parce que c'est une tragédie?[16]

Vers la fin du mois de décembre, le ton de Mme de Graffigny à l'égard de la «dame» se durcit alors qu'elle prend régulièrement la défense de Voltaire. Elle a l'impression qu'un désaccord profond s'est creusé dans le couple ou qu'un malheur est arrivé, qu'on lui cache. Surtout, elle s'est aperçue qu'un changement est intervenu dans le comportement du poète; il parle peu, se contente d'écouter; son esprit est loin: «Il a eu cet après-midi une faiblesse très considérable et qui a beaucoup alarmé tout le monde. [...] Il est fort abattu.»[17]

La raison de cet oppressant mystère est que Voltaire et Emilie se cachent mutuellement l'arrivée à Cirey, le 26 décembre, d'une petite brochure, la *Voltairomanie*, injurieuse, accablante pour Voltaire, dont l'auteur ne peut être que Desfontaines. C'est une réponse au *Préservatif*.[18]

Il faut avouer que le ton a monté d'un libelle à l'autre. Celui de Voltaire est beaucoup moins violent; comme l'indique son sous-titre, «critique des *Observations sur les écrits modernes*», c'est au périodique de Desfontaines qu'il a

16. Graffigny, i.207.

17. Graffigny, i.249.

18. Desfontaines, *La Voltairomanie, ou lettre d'un jeune avocat, en forme de mémoire, en reponse au libelle du sieur de Voltaire, intitulé le Préservatif, etc.* [Paris 1739]. Voir l'édition critique par M. H. Waddicor (Exeter 1983).

l'intention de s'en prendre. Numéro par numéro, il y relève toutes les erreurs, les ignorances, les bévues de «l'observateur». C'est ainsi que la force du *Préservatif* se noie peu à peu dans les détails et qu'il devient ennuyeux. L'attaque contre le style est plus vive: il est qualifié de «galimatias». Mais ce qui explique surtout l'explosion de haine chez l'abbé, ce n'est point seulement que Voltaire le traite en écolier, c'est que son vice et son ingratitude soient une fois de plus rappelés. En effet, le poète insère à l'avant-dernière page une lettre dans laquelle il retrace l'affaire de la détention de Desfontaines à Bicêtre. C'est par là que le véritable auteur du libelle montre le bout de l'oreille. Combien fine est la lettre que lui écrira l'abbé Trublet, bien informé par Thiriot: «J'étais persuadé, avant que vous me l'eussiez écrit, que le *Préservatif* n'est point de vous. Mais il faut avouer qu'il n'a guère dû moins choquer l'abbé D.F. pour n'être que d'un de vos amis. Il est visible que cet ami y a recueilli ce qu'il vous a entendu dire. Il n'écrit pas si bien que vous, mais il écrit d'après vous; et enfin la pièce offensante, c'est la lettre qui y est insérée.»[19]

Mais Voltaire se défendra toujours d'être l'auteur du libelle. Et pour donner plus de crédit à son mensonge, il le complique: «le *Préservatif* est d'un nommé la Touche, rédigé par le chevalier de Mouhi, sur un ancien mémoire connu de l'abbé D'Olivet».[20]

Autrement vigoureuse dans sa violence, la *Voltairomanie* est un dénigrement systématique de l'œuvre et de l'homme. *La Henriade*? «un chaos éblouissant, un mauvais tissu de fictions usées ou déplacées». Ses tragédies? elles n'ont été applaudies «que pour la vaine harmonie de ses pompeuses tirades, et pour sa hardiesse satirique ou irreligieuse». Son *Charles XII*? «l'ouvrage d'un ignorant étourdi, écrit dans le goût badin d'une caillette bourgeoise [...] mauvais roman»! Les *Lettres philosophiques*? un livre «si monstrueux» qu'il fut condamné au feu. Les *Eléments*? l'ouvrage d'un écolier «qui bronche à chaque pas, qui a rendu son présomptueux auteur la risée de la France et de l'Angleterre»! Mais le bouquet, c'est le *Temple du Goût*, «production d'une petite tête ivre d'orgueil». C'est là que se justifie le titre du libelle: il faut guérir Voltaire de cette «manie» de s'admirer lui-même, de cette «voltairomanie» qui fait que toute critique publique le rend furieux. Le plus grave, c'est que Desfontaines accuse Voltaire de ce qui peut lui nuire auprès du pouvoir; c'est un «écrivain téméraire, pour qui ni les mœurs, ni la bienséance, ni l'humanité, ni la vérité, ni la religion n'ont jamais eu rien de sacré». Ainsi, Desfontaines s'est placé, en dépit de son passé et de ses habituelles calomnies, du côté des défenseurs de la morale et de la dévotion. Le souvenir des *Lettres philosophiques* est toujours vivant. Comment Voltaire ne se sentirait-il pas menacé?

19. D1814 (22 janvier 1739).
20. D1862 (2 février 1739).

Après avoir démoli l'œuvre, Desfontaines lance contre l'homme les attaques les plus injurieuses: Voltaire, affirme-t-il, est «déshonoré dans la société civile, par ses lâches impostures, par ses fourberies, par ses honteuses bassesses, par ses vols publics et particuliers, et par sa superbe impertinence». Et pour couronner le tout, les bastonnades sont évoquées!

Là où Desfontaines manque plus encore de pudeur, c'est lorsqu'il fait allusion à la lettre de Voltaire sur Bicêtre: «Comment n'a-t-il pas rougi», dit-il, «de la seule idée de l'horrible lettre qui est à la fin de son libelle?» C'est là enfin que Desfontaines assène à Voltaire son coup le plus violent: il s'agit de cet autre libelle que l'abbé composa, lors de sa sortie de Bicêtre, contre son bienfaiteur. «M. Thiriot [prétend Voltaire] l'obligea de le jeter au feu. Et voilà M. Thiriot qui déclare la fausseté du fait. Le sieur Voltaire est donc le plus hardi et le plus insensé des menteurs.»

Nourriture rêvée de ceux qui aiment le venin, la *Voltairomanie* obtient un succès prodigieux: deux mille exemplaires se sont vendus en quinze jours. Le 25 décembre, Mme Du Châtelet répond à une lettre de d'Argental lui annonçant que la brochure circule. Le lendemain, Emilie reçoit «cet affreux libelle»; elle est au désespoir: «J'ai empêché qu'il ne le vît, la fièvre ne l'a quitté que d'aujourd'hui, il s'évanouit hier deux fois.»[21]

Mme Du Châtelet, seule devant ce drame, se confie à d'Argental. Déjà ulcérée par la trahison de Thiriot, elle intercepte un paquet de Lamare qui renferme, outre le libelle, une lettre à Voltaire où il affirme que jamais autant de brochures ne sont parues contre le poète, que l'on publie l'*Epître à Uranie*, la lettre sur Locke et toutes les épigrammes de J.-B. Rousseau. Qui donc pousse et paie le triste abbé? Thiriot lui-même s'acharne sur Voltaire et l'informe que le P. Porée l'a «honni» publiquement dans un discours en latin. Voilà les «amis» de Voltaire! «Faut-il que des scélérats», s'écrie Mme Du Châtelet, «viennent troubler le plus grand bonheur du monde? [...] [Voltaire] ignore tout cela. S'il vient jamais à le savoir il y succombera.»[22] Pourtant, une lettre du 1er janvier où Voltaire se plaint du libelle a échappé au cabinet noir.

Il ne succombe pas. Il trouve même le courage d'aller réconforter Mme de Graffigny, qui se trouve, ce même jour, aussi accablée que lui. En effet, elle a subi, trois jours auparavant, le choc violent d'une scène de colère que lui a faite Mme Du Châtelet. Depuis quelques jours, Emilie surveillait sévèrement le courrier: elle exigeait de le recevoir et de l'expédier elle-même. C'était, disait-elle, «pour le grouper». Qu'elle eût épié ce que recevait et écrivait Voltaire, on le comprend, la *Voltairomanie* en était la cause. Mais, avant même

21. D1712 (26 décembre 1738).
22. D1723 (29 décembre 1738).

l'arrivée de la brochure, elle avait commencé à se méfier de la correspondance de Mme de Graffigny avec Panpan.

On est surpris par la recommandation que fait à Panpan Mme de Graffigny une semaine seulement après son arrivée: «regarde bien les lettres en les ouvrant, pour voir s'il n'y a rien au cachet; j'ai peur. [...] On craint tant ici que l'on ne dise je ne sais quoi.»[23] Mme Du Châtelet tient enfermé dans ses tiroirs le manuscrit du *Siècle de Louis XIV* afin que Voltaire ne puisse l'achever: c'est du moins ce qu'affirme Mme de Graffigny. Le poète, un peu honteux, cherche à reconquérir quelque liberté: il confie le manuscrit à Mme de Graffigny qui s'en délecte et en copie plusieurs passages pour Panpan. Quant à *La Pucelle*, on entretient sur elle le plus profond mystère, ce qui ne fait qu'exaspérer la curiosité de l'invitée. Enfin, Voltaire obtient l'autorisation de lire quelques chants de ce poème. Pourquoi la méfiance de Mme de Graffigny s'endort-elle à ce point? Elle décrit à Panpan deux de ces chants, dont l'un avec force détails! Panpan lui répond simplement: «Le chant de *Jeanne* est charmant.»

Quatre lettres arrivent décachetées à Mme de Graffigny. Elle a peine à croire que Mme Du Châtelet puisse commettre un acte aussi indélicat: «Elle serait bien attrapée de nos riens»... Soudain, le 1ᵉʳ janvier 1739, le ton de ses lettres change; elle cesse de tutoyer Panpan, qui doit en être stupéfait; elle est malade.[24] A son style, que l'on juge de son désarroi: «J'ai reçu la lettre que je vous mandais n'avoir pas reçue. Vous m'y parlez d'un chant de *Jane* [la *Pucelle*] que vous trouvez charmant; je ne me souviens plus de ce que c'est et je vous prie de me renvoyer la feuille de la lettre où je vous en parle. Il me faut cette lettre. Ne faites aucun commentaire là-dessus, ils seraient inutiles.»

A partir de cette lettre il faut accueillir avec réserve tout ce qu'écrit Mme de Graffigny sur Mme Du Châtelet; l'admiration s'est muée en jalousie, et parfois en haine. Elle arrive à Paris vers le 15 février. Il est certain qu'elle prête une oreille complaisante, ça et là, à tout propos hostile à Mme Du Châtelet. Mais elle n'a pas attendu d'être dans la capitale pour expliquer à Panpan ce qui s'est passé. En quittant Cirey, elle lui poste une lettre où elle libère sa bile. Et aussi bien pour étonner son naïf et provincial ami, elle dramatise la violence de la scène que lui fait la «dame».

La crise a éclaté le soir du 29 décembre. Voltaire entre dans la chambre de Mme de Graffigny, nerveux, désolé, et lui déclare qu'il va être obligé de fuir en Hollande parce qu'il y a «cent copies qui courent d'un ch[ant] de J[eanne] a L[unéville].» Puis, voyant qu'elle ne se sent nullement coupable, il devient

---

23. Graffigny, i.212.
24. Graffigny, i.259-61; et voir la figure en face de la page 258 de cette édition.

furieux et s'écrie: «Point de tortillage, madame, c'est vous qui l'avez envoyé!»
Elle assure qu'elle ne l'a jamais copié. Mais il prétend que Mme Du Châtelet
en a la preuve. La «dame» arrive alors «comme une furie» et, tirant une lettre
de sa poche, elle la lui fourre «presque dans le nez»: «Voilà, voilà la preuve de
votre infamie», dit-elle, «vous êtes la plus indigne des créatures, un monstre
que j'ai retiré chez moi, non pas par amitié, car je n'en eus jamais, mais parce
que vous ne saviez où aller. Et vous avez l'infamie de me trahir, de m'assassiner,
de voler dans mon bureau un ouvrage pour en tirer copie!» Sans Voltaire, elle
l'eût souffletée. Ses gestes sont si proches et menaçants qu'il la saisit à bras le
corps et la fait reculer.

Mme de Graffigny, atterrée, demande qu'on lui montre au moins la lettre
incriminée: elle finit par l'obtenir et lit la terrible phrase: «Le chant de *J*. est
charmant.» Elle proteste qu'elle n'a jamais fait que raconter ce chant: «Dès le
premier moment», dit-elle, «V. le crut et me demanda pardon.» Il comprend
ce qui s'est passé: Panpan a lu la lettre à Desmarest devant quelqu'un qui l'a
écrit à Mme Du Châtelet. Mais «la mégère ne voulait pas en revenir.» La
scène rebondit sans cesse jusqu'à cinq heures du matin. Mme Du Châtelet
veut «voir» le compte rendu qu'a fait Mme de Graffigny du chant de *Jeanne*:
elle la contraint d'écrire à Panpan une lettre le réclamant; c'est à ce prix qu'elle
consent enfin à sortir.[25]

Déjà meurtrie dans son passé, Mme de Graffigny ne surmonte pas ce choc:
elle est atteinte de tremblements et de convulsions. Mme de Champbonin, qui
la trouve vomissant, redescend aussitôt et obtient qu'on lui rende la lettre que
l'on vient d'obtenir et qu'on lui fasse confiance. Mme de Graffigny ne s'en
trouve pas moins dans une cruelle situation: elle était «sans chez moi, insultée
dans une maison dont je ne pouvais sortir, [...] pas un sol pour me faire
conduire dans le premier village». Voltaire, malgré le coup que lui inflige la
destinée, vient la réconforter vers midi, «touché jusqu'aux larmes» de la voir
en cet état. Il comprend que Mme Du Châtelet, dans sa peur maladive de
toute indiscrétion concernant *La Pucelle*, a dramatisé cette affaire. Il éprouve
pour Mme de Graffigny une sympathie que ne partage pas Emilie et cherche
à réparer le mal que celle-ci vient de faire. Il en donne une preuve nouvelle
dans la lettre qu'il écrit le 12 janvier au duc et à la duchesse de Richelieu: «Il
y a dans le paradis terrestre de Cirey une personne qui est un grand exemple
des malheurs de ce monde et de la générosité de votre âme, c'est Mme de
Grafigni. Son sort me ferait verser des larmes si elle n'était pas aimée de
vous.»[26]

25. Graffigny, i.287-89.
26. D1766 (12 janvier 1739).

Malgré cette sollicitude de Voltaire, Mme de Graffigny désire quitter le plus tôt possible cette cohabitation étouffante avec celle qu'elle nomme désormais «Dorothée». Seul Desmarest peut la délivrer en lui apportant l'argent du voyage, mais il se fait attendre. Elle a une fluxion aux yeux qui ne lui permet plus de lire; c'est Mme de Champbonin qui vient lui faire la lecture. Quant à Voltaire, qui serait son plus doux réconfort, Mme Du Châtelet pousse la cruauté jusqu'à l'empêcher de venir dans sa chambre: «Il faut que Doroté ait [des] gens à gages pour savoir quand il sort de son appartement, car il est fort loin du sien.» Voltaire sait-il que toutes les lettres de Panpan arrivent décachetées? Dans ces conditions, comment les relations entre les deux femmes pourraient-elles s'améliorer? A table, Emilie reste muette; Voltaire mal à l'aise, la supplie en anglais de changer d'attitude. Mme de Graffigny s'étonne de cette bouderie obstinée, inhumaine, qui est une faute de jugement: Emilie ne se doute-t-elle point que son invitée va révéler aux Richelieu de telles faiblesses de caractère? Tentation à laquelle Mme de Graffigny finira par céder... Pessimiste, blessée et malade, Mme de Graffigny porte un jugement trop dur et pour le moins prématuré sur le sort de Voltaire et le «ménage» de Cirey. Pour elle, Voltaire est «le plus malheureux homme du monde [...] Jugez du bonheur de ces gens que nous croyons avoir atteint à la suprême félicité! Les querelles que je vous ai mandées dans le commencement vont leur train, jugez encore.»[27] Tel demeurera, dans le souvenir de Mme de Graffigny, le paradis de Cirey.

L'arrivée de Desmarest apporte à tous un heureux dérivatif. Mme de Graffigny lui avait recommandé d'apprendre des rôles, et il les sait car il a une excellente mémoire. On peut donc le conduire tout de suite, par un escalier en colimaçon dans le petit théâtre, situé sous les combles, que l'on pourrait encore utiliser de nos jours. Sa scène, assez basse, est un plancher sommaire où résonnent très fort les pas des comédiens: l'ouverture sur la salle est élégamment dessinée et le rideau bleu a du charme. La salle ne peut guère contenir qu'une vingtaine de spectateurs, mais qu'importe, puisque, le plus souvent les spectateurs sont aussi les acteurs qui se donnent à eux-mêmes la comédie? Profitant de la présence des deux nouveaux comédiens, on joue continuellement, de sorte que Mme de Graffigny ne parvient pas à parler à son ami en tête à tête, et enfin, quand elle le peut, c'est pour lui entendre dire qu'il ne l'aime plus! On peut se demander si cette boulimie de théâtre n'est pas voulue par Mme Du Châtelet pour tirer Mme de Graffigny hors du sentiment de sa disgrâce, et pour éviter qu'elle n'ait le temps d'en faire le récit. Les pièces se succèdent: *Zaïre, Boursoufle, L'Enfant prodigue, L'Esprit de*

---

27. Graffigny, i.294.

contradiction de Dufresny. Dans cette hâte, on joue mal, et l'on comprend que soient sévères les critiques de Mme de Graffigny. Dans *Zaïre*, Mme Du Châtelet «joue à faire vomir, sans âme [...] en scandant les vers pied à pied [...] M. Du Chatelet [...] n'a pas dit un vers qui en fut un, et en bégayant.»[28] On voit bien que l'important, c'est de moudre du théâtre. On va jusqu'à jouer vingt et un actes dans une après-midi, et deux opéras «et demi» dans la nuit suivante. Ici, Mme Du Châtelet chante avec Mme de Graffigny, ce qui atténue la froideur de leurs relations. Si pressé que l'on soit, il n'en faut pas moins, lorsque l'on change de rôle, se friser, se chausser, s'ajuster... ,[29] ce qui n'est ni facile ni discret dans la loge commune, pièce exiguë, à droite de la scène.

Enfin, Mme de Graffigny et Desmarest annoncent leur départ. Leurs hôtes essaient de les retenir jusqu'en avril. Mme Du Châtelet cherche-t-elle à user les ressentiments de son invitée, à reconquérir son admiration en lui vantant ses travaux? Elle va lui expédier son ouvrage de métaphysique.[30] Attentive et enjouée, elle la rejoint fréquemment et l'invite à des promenades en forêt. Double jeu d'Emilie? Incorrigible femme! Car il semble que c'est la société de Desmarest qu'elle va regretter: Elle «se pâmait en lorgneries [pour lui], et que cela allait le meilleur train du monde, au point que le dernier soir c'était sans ménagement, comme aurait fait une petite sotte sans expérience. Le bonhomme V. en a été furieux; il a lâché des brocards à l'un et à l'autre tant qu'il a pu. Pour moi, je haussais les épaules.»[31]

Le 12 février, Mme de Graffigny quitte Cirey avec Desmarest. L'essieu de leur carrosse s'étant rompu à Vandœuvre, ils font chambre commune. Ainsi se console cette victime de la Fortune. Elle va retrouver à Paris la duchesse de Richelieu, la liberté, et devenir écrivain.

Mais comment pourrait-elle oublier Voltaire et Cirey? Elle va écouter, aussi, les échos de la *Voltairomanie*.

Dans cette affaire, ce qui fait souffrir Voltaire par-dessus tout, c'est la trahison de celui qu'il croit son ami. Lâche, égoïste et jaloux, Thiriot s'est laissé circonvenir par Desfontaines. Voltaire éprouve tant de difficulté à l'admettre que, le 2 janvier, il lui écrit deux lettres: «Ce scélérat d'abbé Desfontaines, a donc enfin obtenu ce qu'il souhaitait! Il m'a ôté votre amitié. Voilà la seule chose que je lui reproche.»[32] Thiriot ne se souvient donc de rien? Que Desfontaines ait fait un libelle contre Voltaire, ce même Thiriot l'a encore

---

28. Graffigny, i.318.
29. Graffigny, i.313.
30. Probablement *Les Institutions de physique*.
31. Graffigny, i.318.
32. D1735 (2 janvier 1739).

raconté lors de son séjour à Cirey. Et le poète lui cite une lettre que son ami lui écrivit le 16 août 1726: «Il [Desfontaines] avait fait contre vous un ouvrage satirique dans le temps de Bicêtre que je lui fis jeter dans le feu et c'est lui qui a fait faire une édition du poème de la *Ligue*, dans lequel il a inséré des vers satiriques de sa façon, etc.»[33] Quelle image de lui-même Thiriot veut-il donner à tous leurs amis communs?

C'est le lendemain, 3 janvier, que Voltaire avoue à Mme Du Châtelet qu'il possède le libelle; et il l'étonne par son sang-froid et sa sagesse. Dans les premiers jours, leurs entretiens les apaisent et les rapprochent malgré leur différend au sujet de Mme de Graffigny. Emilie l'approuve et l'admire de puiser dans l'adversité un courage nouveau pour écrire *Zulime*; il va «noyer dans les larmes du parterre le souvenir des crimes de Desfontaines».[34]

Pourtant, ils ne sont pas d'accord sur Thiriot: alors que Voltaire cherche à émouvoir son ami, Mme Du Châtelet le hait: «je le poursuivrai toute ma vie et je le regarderai comme le plus lâche, et le plus ingrat de tous les hommes».[35] Thiriot répond à Emilie une lettre sèche et embarrassée où il se dérobe. Il se déclare «édifié» par le zèle que déploie la marquise pour ses amis. Thiriot a été «scandalisé» par le *Préservatif*, et son amitié a été «vivement émue et alarmée de [le] voir attribué à M. de V.». Quant au libelle de Desfontaines contre le poète en 1725, c'est pour lui un souvenir flou «après tant d'années». Il se souvient vaguement d'un écrit que Desfontaines lui fit voir, mais à quelle date et sous quel titre? Il ne sait plus...![36]

Satisfait de cette lettre, Thiriot la considère comme «ostensible» et va la faire circuler, peut-être la publier. C'est une menace qui terrifie Mme Du Châtelet et indigne tout le monde à Cirey. Chacun s'emploie, à sa façon, à regagner Thiriot. Voltaire essaie encore la persuasion: «au nom de notre amitié, écrivez-lui [à Mme Du Châtelet] quelque chose de plus fait pour son cœur. Vous connaissez la fermeté et la hauteur de son caractère [...] Des amis de deux jours brûlent de prendre ma défense, et vous m'abandonnerez tendre ami de 25 ans [...] mais mon ami n'est-on fait que pour souper? ne vit-on que pour soi? n'est-il pas beau de justifier son goût et son cœur en justifiant son ami?»[37] Mme de Champbonin, douloureuse, écrit à Thiriot et fait appel à sa raison. Révolté, le marquis Du Châtelet défend avec énergie la réputation de son hôte, «aussi connu par ses générosités que par ses ouvrages».[38] Dans sa

33. D1736 (2 janvier 1739).
34. D1893 (20 février 1739).
35. D1738 (3 janvier 1739).
36. D1728 (31 décembre 1738).
37. D1748 (7 janvier 1739).
38. D1762 (10 janvier 1739).

simplicité de soldat, il en fait une question d'honneur. Il doit se rendre prochainement à Paris pour acheter l'hôtel Lambert et se promet d'intervenir.

Pour Mme Du Châtelet, c'est Thiriot le principal coupable. Elle n'hésite pas à l'accuser auprès de Frédéric: «que V. A. R. pensera-t-elle quand elle saura que le même Thiriot, qui veut aujourd'hui affecter la neutralité [...] n'est connu dans le monde que par les bienfaits de M. de Voltaire [... il] l'a nourri et logé pendant plus de dix ans».[39] Intervention tardive et vaine! Non seulement le prince a reçu de Thiriot les deux libelles, mais il s'entend fort bien avec lui sur les faiblesses de Voltaire; du moins lui écrit-il une lettre qui n'est point faite pour le décourager: «Voltaire se ressouviendra de son *Epître sur la modération*». Un poète qui injurie «dégrade son Apollon et met son éloquence au niveau du style des harengères.»[40] Théodore Besterman a pu se demander si Thiriot n'était pas sodomiste.[41] D'après certaines réponses de Voltaire à son ami, il apparaît que celui-ci vante beaucoup le charme de Gentil Bernard, lequel ne plaît pas moins à Algarotti. Si telles étaient les mœurs de Thiriot, on comprendrait mieux ses compromissions avec Desfontaines, que Voltaire avait devinées dès le début de décembre, et l'indulgence de Frédéric. On ne s'étonnera donc pas de la réponse papelarde du prince à Emilie: certes, Thiriot «m'écrit quelquefois des lettres où il paraît brouillé à jamais avec le bon sens», mais c'est un bon garçon, estimable par son exactitude et son désir d'être utile![42] D'une parfaite hypocrisie, et sans doute parce qu'il n'a pas cessé pour autant d'admirer le génie de Voltaire ni de mépriser son agent, Frédéric prie Thiriot de cesser ses «tergiversations»: «Rendez justice à la vérité», ajoute-t-il, «si vous voulez mériter mon estime.»[43]

Emilie ne se tient pas pour satisfaite et rétorquera que Thiriot est «une âme de boue», «lâche» et «méprisable». C'est en ces termes violents que l'on parle de Thiriot à Cirey alors que Voltaire s'efforce encore de le séduire par le langage du sentiment: il veut obtenir qu'il se désavoue publiquement. Mais s'il le ménage tant, c'est plus encore par crainte qu'il ne publie sa lettre «ostensible» à Emilie: «Qu'il ne s'avise pas de cela», écrit celle-ci à d'Argental; «je vous demande en grâce mon cher ami de l'en empêcher. Il n'y a point d'extrémités où M. Du Châtelet et toute ma famille ne se portât. Vous sentez bien tout ce que mon nom une fois prononcé dans cette indigne querelle entraîne.»[44] Thiriot se tait, et son silence est ressenti à Cirey comme une

---

39. D1768 (12 janvier 1739).
40. D1806 (20 janvier 1739).
41. D1736, commentaire.
42. D1815 (23 janvier 1739).
43. D1823 (26 janvier 1739).
44. D1800 (19 janvier 1739).

insulte. Lorsqu'après un mois il reprend la plume, c'est pour «plaindre» Voltaire et faire des allusions ambiguës au *Préservatif*. Le poète proteste: il a la preuve «écrite» qu'il n'en est pas l'auteur! «*Le Préservatif* ne vous regarde en rien.» Thiriot ne parle plus de la lettre ostensible. Pour plus de sécurité, Mme Du Châtelet a recours à l'abbé Trublet, approbateur des feuilles de l'abbé Prévost qui lui-même est absent; et c'est à Voltaire que Trublet donne l'assurance que la lettre ne passera pas.

Désespérant d'obtenir de Thiriot un désaveu et toujours le ménageant, Voltaire décide de poursuivre Desfontaines: «Je mourrai ou j'aurai justice.»[45] Vaine obstination: l'affaire de la *Voltairomanie* va lui prendre quatre mois d'un temps précieux. Dans une première période de cette lutte, il réunit preuves et appuis afin d'engager, avec le plus de chances possibles, un procès criminel devant le parlement. Mais il agit sans plan et sans fermeté, voué aux sautes d'humeur, se déterminant selon les objections d'Emilie, les conseils et les réflexions de ses correspondants. Comme toujours, il va écrire des dizaines de lettres et faire intervenir une foule d'amis. Il cherche à se concilier Maurepas par Pont-de-Veyle, plus proche du ministre que son frère d'Argental; il écrit au chancelier d'Aguesseau, à Barjac, premier valet de chambre du roi, au curé de Saint-Nicolas, ami d'Hérault, à Du Fay qui voit souvent le lieutenant de police, à la princesse de Conti, au marquis de Locmaria, au médecin Silva, au marquis d'Argenson. Seule la réponse de celui-ci lui apporte réconfort et soutien: «M. le chancelier estime vos ouvrages, il m'en a parlé plusieurs fois [...]. Mais de tous les chevaliers le plus prévenu contre votre ennemi c'est mon frère. J'ai été le voir à la réception de votre lettre. Il m'a dit que l'affaire en était à ce que M. le chancelier avait ordonné que l'abbé Desfontaines serait mandé pour déclarer si les libelles en question étaient de lui [...]. Je vous assure que cela sera bien mené. Je solliciterai M. le chancelier en mon particulier ces jours-ci; j'embrasse vos intérêts avec chaleur et avec plaisir.»[46]

Enfin, arrive une lettre de la présidente de Bernières. Voilà le document essentiel! La *Voltairomanie* affirmait que Voltaire, n'ayant pas payé sa pension chez la présidente, ni à la Rivière-Bourdet ni à Paris, vivait de rapines. Subtilement, le libelle en concluait que tirer de Bicêtre Desfontaines, puisqu'il était «parent» des Bernières, n'avait été, pour Voltaire, que s'acquitter d'une dette envers ses hôtes. Ces événements dataient de quatorze ans: la présidente eût fort bien pu se taire, d'autant plus qu'elle avait quitté son mari, qu'il était mort et qu'elle s'était remariée. Or, elle prend la peine d'écrire à Voltaire une lettre aussi précise qu'indignée: «Ce ne fut assurément qu'à votre sollicitation

45. D1787 (16 janvier 1739).
46. D1860 (7 février 1739).

que M. de Berniere le réclama [Desfontaines] pour son parent, et répondit de sa vie et mœurs, et le mena à la Rivière Bourdet; car vous savez bien le peu d'estime qu'il avait pour lui [...] Il est vrai que vous louiez un appartement dans la maison où nous demeurions [...] où vous aviez donné un logement à Thiriot, que vous aviez très bien payé pour vous, et pour lui.»[47]

Mme Du Châtelet, très heureuse, envoie aussitôt une copie de cette lettre à d'Argental, espérant qu'il en sera satisfait.[48] Toutefois, la présidente, craignant d'être compromise, exige que Voltaire lui retourne sa lettre; il lui obéit et la remercie d'avoir permis à d'Argental de la faire voir au chancelier et à quelques magistrats. Il calme ses craintes et l'invite à s'engager davantage; «un peu de fermeté», lui dit-il, «je vous en supplie».[49] Mais il n'a pas manqué de tirer des copies de la précieuse lettre, et sans plus s'occuper de Mme de Bernières, il en envoie à Maurepas, au marquis d'Argenson et à Hérault.

C'est aux mêmes personnages qu'il destine le mémoire qui doit ouvrir le procès contre Desfontaines. Combien de versions successives n'en a-t-il pas rédigé, toutes annotées par le sage et discret d'Argental! Certes, ces préparatifs seraient plus simples et plus rapides si Voltaire était à Paris. Il y éviterait les objections d'Emilie, il y serait occupé au lieu de piétiner à Cirey, il aurait tant de gens à activer, tant de visites à faire! Son impatience de s'y rendre multiplie les discussions et aggrave les tracasseries avec Mme Du Châtelet, qui ne veut à aucun prix le laisser partir et trouve aussitôt un soutien confidentiel auprès de «l'ange». «Si vous n'écrivez pas mon cher ami de la façon la plus forte à votre ami pour le dissuader d'aller à Paris je suis la plus malheureuse de toutes les créatures.»[50] Voltaire se débat, s'agite, se fâche. Pourquoi le retient-on à cinquante lieues alors que son ennemi est à Paris? S'il se résigne, c'est à contre-cœur. Puis il se révolte et va jusqu'à engager Moussinot, l'honnête chanoine, dans un mensonge: «Ecrivez-moi que cette affaire demande absolument ma présence à Paris, et brûlez ma lettre.»[51] Moussinot exécute l'ordre et s'étonne que Voltaire ne vienne point.

Sans doute le chanoine aura-t-il à le regretter, car c'est lui qui sera chargé d'ouvrir le procès, en y apportant «la dernière vivacité». Il faut qu'il se rende avec deux témoins chez un libraire, qu'il y achète la *Voltairomanie* et fasse établir un procès-verbal, qu'il fasse rédiger une requête aux gens de lettres, qu'il tire des copies du mémoire de Voltaire... Mais de quelle version? D'Argental ne se hâte pas de lui livrer celle qu'il approuve. Par contre, Mouhy, impatient de

---

47. D1759 (9 janvier 1739).
48. D1781 (15 janvier 1739).
49. D1809 (21 janvier 1739).
50. D1842 (2 février 1739).
51. D1803 (20 janvier 1739).

conduire le procès, de publier le mémoire et d'en tirer de l'argent, fait preuve de trop de zèle. Certes, il faut «l'encourager», mais aussi «le contenir», recommande Voltaire.[52]

Ne pouvant rien faire d'autre, le poète continue à chercher des appuis. Il s'adresse à Me Pageau, avocat, ancien ami de son père, afin qu'il obtienne de son bâtonnier, Me Denyau, une lettre «par laquelle on marquerait qu'après s'être informé à tous les avocats de Paris, ils avaient tous répondu qu'il n'y en avait aucun de capable de faire un si infâme libelle».[53] C'était naïf: il est bien évident que le bâtonnier ne peut convoquer une assemblée générale des avocats pour un tel fait. Pageau se contente de répondre qu'en effet «le sentiment commun est qu'il n'est pas possible qu'un ouvrage si méchant soit imputé à un avocat». Donc il est de Desfontaines!

Comme on voit, Voltaire s'égare. Il a découvert, en lisant le libelle, un nouveau scélérat, c'est Saint-Hyacinthe. Il feint d'abord de ne le point connaître. A-t-il oublié leurs relations difficiles en Angleterre? Desfontaines, qui fait feu de tout bois, a rappelé dans la *Voltairomanie* ce que raconte Saint-Hyacinthe dans l'*Apothéose ou la déification d'Aristarchus*: Voltaire aurait été bastonné par un officier nommé Beauregard en présence d'un acteur. Et voilà le poète lancé dans une nouvelle enquête qui le fait dévier. Il demande aussitôt à Moussinot de lui procurer l'*Aristarchus*, et à Thiriot à qui il faut s'adresser pour avoir raison de Saint-Hyacinthe. Il apprend qu'il peut l'atteindre par son ami Lévesque de Burigny, à qui il écrit. Il lui joint une lettre pour Saint-Hyacinthe.[54] Mais Burigny répond évasivement que son ami éprouve le plus grand mépris pour Desfontaines et qu'il n'a pris aucune part à la *Voltairomanie*. Voltaire, mécontent, se fâche et menace. Mme de Champbonin étant à Paris, il l'envoie chez Burigny qui accompagne la bonne dame au domicile de Saint-Hyacinthe en vue d'obtenir un désaveu. Saint-Hyacinthe refuse: un désaveu ne permettrait pas, dit-il, d'attaquer Desfontaines comme faussaire. Voltaire ne se domine plus: Saint-Hyacinthe n'est plus qu'un «escroc public», un «plagiaire [...] fait pour mourir par le bâton ou par la corde».[55] Continuant à perdre son temps et le sens des réalités, il s'adresse à Mlle Quinault afin qu'elle obtienne de tous les acteurs une attestation que jamais il n'a été insulté en présence d'un des leurs;[56] la comédienne ne lui envoie qu'une petite lettre où elle condamne, au nom de ses camarades, les calomnies de Desfontaines.

On comprend que la préparation du procès n'avance pas. Thiriot, malgré

---

52. D1892 (18-20 février 1739).
53. D1851 (5 février 1739).
54. D1845 (4 février 1739).
55. D1946 (vers le 20 mars 1739).
56. D1855 (6 février 1739).

les admonestations répétées de Frédéric et les adjurations de Voltaire, ne se décide pas à un désaveu public de sa connivence avec Desfontaines. Emilie raille sa prétention et sa sottise: «Thiriot écrit aujourd'hui une lettre à M. de V. qui commence ainsi: *J'étais enfermé avec un évêque, et un ministre étranger quand Mme de Champbonin est venue pour me voir*. Cela est bien bon».[57] Voltaire se trouve ainsi en situation difficile entre Mme Du Châtelet et Thiriot: «pourquoi», écrit-il à ce dernier, «me forcer à me jeter [aux] pieds [de Mme Du Châtelet] pour l'apaiser?»[58] Cela aussi est bien bon!

Comme dans l'affaire Jore, Voltaire fatigue tout le monde et se fatigue. Mais il n'est plus maintenant le protagoniste: ceux qui dirigent l'affaire, ce sont les deux complices, Emilie et d'Argental. Celui-ci, pas plus qu'Emilie, ne veut du procès; il connaît la position de Maurepas et du marquis d'Argenson. L'ange possède des trésors de calme et de sagesse, car il doit résister au désespoir de Mme Du Châtelet en même temps qu'à l'humeur changeante de Voltaire. La tête froide et l'indulgence au cœur, il va jusqu'à rassurer Thiriot: «Le paquet monsieur que vous avez la bonté de m'envoyer ne contient rien de nouveau, mêmes inquiétudes, mêmes agitations, lettres qu'il a reçues ou qu'il a écrites [...] Je voudrais fort pouvoir contribuer à vous tranquilliser tous. Nous sommes dans un temps d'orage qui passera, il ne faut pas que vous jugiez M. de V... dans le moment présent. La colère, la douleur, la crainte, le malheur peuvent lui arracher quelques propos injustes dont il ne faut pas se souvenir.»[59]

Si Voltaire cède peu à peu vers la mi-février sans toutefois se calmer, il le doit plus à la fermeté de son ami et aux conseils du marquis d'Argenson qu'aux arguments passionnés d'Emilie. Mais ce n'est jamais de plein gré: «Vous me liez les mains», dit-il à d'Argental. On lui a fait voir la différence entre les deux voies à suivre: celle du parlement et des ordres du roi dans laquelle il veut s'engager, voie inexorable, où les interventions des ministres en sa faveur seront impossibles, et la voie plus discrète qui consiste à s'en remettre au jugement du lieutenant de police: là seulement, les interventions officieuses des frères d'Argenson et de Maurepas seront possibles. Hérault lui-même le lui laisse entendre: «J'ai parlé de votre affaire à M. d'Argenson, et tous deux, après en avoir conféré avec M. le chancelier, nous avons pensé que la voie de l'autorité et des ordres du roi n'était ni convenable ni utile en pareil cas.»[60] Et pourtant, c'est Mme Du Châtelet qui s'en donne les gants: «J'ai suspendu le procès jusqu'à présent, je l'empêcherai.»[61]

57. D1871 (12 février 1739).
58. D1870 (12 février 1739).
59. D1941 (mars 1739).
60. D1887 (17 février 1739).
61. D1875 (13 février 1739).

Ainsi commence la deuxième étape de cette pénible affaire. Voltaire ne s'y résigne pas facilement. Enfin, le 14 février 1739, il écrit à Moussinot: «J'arrête toute procédure».[62] Mais il faut conserver toutes les pièces. Dès lors, les preuves, les requêtes, le mémoire, tout doit converger vers le lieutenant de police. Mais le poète apprend que Desfontaines l'a devancé et qu'il a obtenu du lieutenant criminel permission d'informer contre lui; l'abbé va le dénoncer comme auteur de l'*Epître à Uranie* et des *Lettres philosophiques*, car le scélérat a la chance d'être à Paris où il remue ciel et terre. Et à lui, Voltaire, que lui reste-t-il? Presque rien! L'important serait que Thiriot confirmât sa lettre du 26 août 1726 sur l'affaire de Bicêtre. Voici que Voltaire craint de l'avoir égarée. Ainsi démuni, impuissant à remuer par correspondance tous ceux qui ne l'entendent plus et l'oublient, Voltaire se désole: «je n'ai plus de temps, je suis au désespoir de le consumer à ces horreurs nécessaires».[63] «Rendez-moi à mes études, à Emilie, et à *Zulime*», écrit-il à l'ange.[64] Ce que confirme Mme Du Châtelet: «Tout cela a altéré la douceur charmante de ses mœurs, et je suis dans une cruelle situation.»[65]

Le poète fait parvenir à Hérault une requête et lui écrit sans cesse, au risque de l'importuner. «Je parle à l'homme autant qu'au juge»,[66] lui dit-il. Puis il le conjure d'envoyer chercher Desfontaines et de lui faire signer un désaveu. Survient un événement heureux vers le 10 mars: Thiriot vient de signer la requête que d'Argental lui a soumise. Mme Du Châtelet avoue que cette démarche la raccommode «presque» avec lui. A Frédéric qui lui avait enjoint de se réconcilier avec Voltaire, Thiriot rétorque: «Il faudrait pour cela que nous fussions brouillés.»[67]

Le procureur du roi engage une poursuite contre Desfontaines, qui publie *Le Médiateur*, brochure d'un ton modéré, destinée, prétend la marquise, à préparer le public au désaveu qu'on exige de lui. Mais on voudrait, en échange, que le poète désavouât *Le Préservatif*. Voltaire se rebelle: il flaire l'accommodement. Par bonheur, Mme de Champbonin rentre de Paris au début d'avril: aussitôt on réunit le «petit triumvirat». On écoute «Gros chat», la bonne et raisonnable dame, toute pénétrée des arguments de l'ange. On «pèse» tout et l'on élabore un projet de désaveu du *Préservatif*!

Finalement, c'est encore à un accommodement que Voltaire va se résoudre. Hérault devrait parvenir sans trop de peine à obtenir de Desfontaines et de

62. D1878 (14 février 1739).
63. D1893 (20 février 1739).
64. D1874 (12 février 1739).
65. D1895 (20 février 1739).
66. D1894 (20 février 1739).
67. D2003 (4 mai 1739).

Voltaire un désaveu puisque l'un et l'autre ont toujours nié qu'ils fussent les auteurs des libelles. Cependant ce n'est point sans douleur que Desfontaines accepte de signer le texte que propose d'Argenson car c'est pour l'abbé un reniement. Il se sent menacé et se décide le 4 avril: «Je déclare que je ne suis point l'auteur d'un libelle imprimé, qui a pour titre: *la Voltairomanie*, et que je le désavoue en son entier, regardant comme calomnieux tous les faits qui sont imputés à M. de Voltaire dans ce libelle, et que je me croirais deshonoré si j'avais eu la moindre part à cet écrit, ayant pour lui tous les sentiments d'estime dus à ses talents, et que le public lui accorde si justement.»[68]

On peut supposer que ce texte a été apporté à Cirey par Mme de Champbonin et qu'il a contribué à décider Voltaire à signer trois semaines après, non sans réticences, un texte sibyllin qui joue sur le sens des mots: «J'ai toujours désavoué *le Préservatif* et je n'ai eu aucune part à la collection des pièces qui sont dans ce petit écrit, parmi lesquelles il y en a qui n'étaient point destinées à être publiques. A Cirey, ce 2 mai 1739.»[69]

Malheureusement pour Voltaire, il a été convenu que le désaveu de Desfontaines resterait secret. Comment passera-t-il bientôt dans la *Gazette d'Amsterdam*? Complicité du marquis d'Argenson qui avouera: «Nous l'avons laissé échapper dans la gazette».[70]

On comprend alors la déception de Mouhy, toujours avide d'argent, qui a poussé le libraire à commencer l'édition du mémoire de Voltaire; ce qui ne déplaît pas au poète et lui assurerait une autre demi-victoire, mais d'Argenson lui déconseille de rallumer la guerre. Mouhy exerce un chantage sur Mme Du Châtelet qui semble y céder tant son inquiétude est grande de voir sortir ce mémoire; cela se traduit par une nouvelle corvée de l'ange: «Le chevalier de Mouhi avec qui j'ai un petit commerce clandestin me fait de telles peurs en me représentant sans cesse l'impatience du libraire [...] que je vous envoie un billet de trois cents livres sur mon notaire à vue.»[71] Il s'agit certainement de racheter les exemplaires sortis et peut-être de dédommager Mouhy.

Dans cette affaire, le vrai vainqueur, c'est Thiriot. Heureux que Voltaire se soit enfin déterminé à désavouer *Le Préservatif*, satisfait de prouver à Frédéric que ses «remontrances» n'étaient pas justifiées, il considère que son honneur est sauf et que l'on approuve «dans le monde» la sagesse de sa conduite. Le comble, c'est qu'il affirme que ni Maupertuis ni d'Argental n'ont pu éclaircir avec lui ce que Voltaire exigeait de lui, «et nous sommes tous les trois encore», ajoute-t-il, «à obtenir le modèle d'écrit qu'il a toujours voulu que je fisse contre

68. D1972, commentaire.
69. D1994, commentaire.
70. D2041 (7 juillet 1739).
71. D2006 (7 mai 1739).

l'abbé Desfontaines». Magnamine et beau joueur, il ne met point «sur le compte du cœur de [mon] ami les égarements de son esprit». «Je l'aime avec ses défauts comme il m'aime avec les miens [...] et ce qui étonnera peut-être V.A.R., c'est que sa société m'a toujours paru préférable à ses ouvrages ou à son talent.»[72]

«Quel pauvre homme, ce Thiriot!» dirait Mme Du Châtelet.

Et Voltaire? Certes, il sort plus brisé que grandi de cette affaire. Mais que l'on se souvienne de la violence et de la cruauté de la *Voltairomanie* et que l'on mesure le bouleversement qu'a provoqué le libelle dans un organisme aussi fragile et sur un amour-propre aussi sensible, que l'on y ajoute la profonde déception que lui a causée Thiriot et aussi son irritation d'être retenu à Cirey, comment ne le point comprendre? Il n'a pas perdu l'amitié de d'Argental qui le connaît bien, et il a gagné celle d'un admirateur compréhensif et influent, le marquis d'Argenson, à qui il a eu, en fin de compte, la sagesse de céder.

72. D2012 (11 mai 1739).

6. Pierre qui roule...

Le marquis et la marquise Du Châtelet ont-ils vraiment acquis l'hôtel Lambert dans l'île Saint-Louis? C'est ce qu'ils prétendent. Cette magnifique demeure, décorée par Le Brun et Le Sueur, leur aurait été laissée pour deux cent mille livres par Claude Dupin, qui épousa la fille de Mme de Fontaine et du financier Samuel Bernard. C'eût été un véritable cadeau. Et pourtant l'on peut douter que les Du Châtelet aient pu disposer d'une telle somme en 1739. C'est peut-être pour achever de payer l'hôtel et pour le meubler qu'ils vont tenter de gagner le procès engagé par le comte de Lomont soixante ans plus tôt. Certes, ils ont mis dans leur camp «le vilain petit Trichâteau» en l'accueillant à Cirey. Mais l'héritage des terres de Beringhen et de Ham, dans le pays de Juliers, leur est contesté par des cousins d'une branche maternelle, les Hoensbroeck, à laquelle elles ont appartenu. Elles comprennent même une petite principauté, près de Clèves, qui ferait de Mme Du Châtelet une princesse.

C'est dans l'espoir de gagner ce procès que Mme Du Châtelet part pour Bruxelles, le 11 mai 1739, accompagnée de Voltaire et de son nouveau professeur de mathématiques, un Suisse nommé König. C'est un mathématicien connu que Maupertuis et Bernoulli, de passage à Cirey en mars, lui ont recommandé. Emilie est flattée d'être suivie de ces deux hommes: «Je suis venue ici la plus forte en amenant M. de Voltaire et M. de Koenig.»[1] Voltaire regrette Cirey, sa bibliothèque et son théâtre, et il est lui-même regretté; M. de Champbonin écrit à son fils que le poète part «adoré de tout le canton» et qu'il faut l'aimer comme un père.[2] Les trois voyageurs s'arrêtent quatre jours à Valenciennes chez Moreau de Séchelles, beau-père du lieutenant de police Hérault, connaissance très utile...[3]

A peine arrivés à Bruxelles à l'hôtel «L'Impératrice», ils repartent pour visiter les terres en litige. Voltaire exprime à Mme de Champbonin sa déception: «Nous voici maintenant en fin fond de Barbarie dans l'empire de son altesse monseigneur le marquis de Trichâteau, qui, je vous jure, est un assez vilain empire. Si madame du Chastelet demeure longtemps dans ce pays-ci, elle pourra s'appeler la reine des sauvages.» Mais le château de Ham le rassure un

---

1. D2031 (20 juin 1739).
2. D2015 (15 mai 1739).
3. D2022 (1er juin 1739) et D2018 (20 mars 1739), avec la note de Th. Besterman.

peu. On y accède par de belles avenues et il est logeable: «Si le succès [de Mme Du Châtelet] dépend de son esprit et de son travail, elle sera fort riche.»[4]

Bien décidés à relancer le procès, ils rentrent à Bruxelles, y louent une maison, rue de la Grosse Tour, et s'y installent. La ville, toute en rues tortueuses, étroites et malpropres, était presque entièrement circonscrite dans ses remparts, dont les boulevards actuels occupent l'emplacement. Mais les faubourgs, aux habitations dispersées, étaient agréables. La rue de la Grosse Tour tirait son nom d'un donjon massif faisant partie des remparts; elle était située près de la rue aux Laines, l'une des plus belles de la cité. Le couple y reçoit de nombreuses visites, et pourtant Voltaire est déçu par la ville et ses habitants. Pourquoi s'avise-t-il alors de donner une fête? «Je m'avisai de donner une fête [...] sous le nom de l'envoyé d'Utopie [...] mais croiriez-vous bien qu'il n'y avait personne dans la ville qui sût ce que veut dire utopie? Ce n'est pas ici le pays des belles-lettres. Les livres de Hollande y sont défendus et je ne peux pas concevoir comment Roussau a pu choisir un tel asile.»[5]

Malgré l'accident de deux artificiers tombés du troisième étage, ce fut une belle fête, qui étonna Bruxelles, une fête qui a dû torturer «le vieux Rufus», chassé depuis peu par le duc d'Aremberg qui ne supportait plus ses calomnies. Cette disgrâce permit à Voltaire d'inviter le duc avec la princesse de Chimay, fille de la princesse de Beauvau-Craon. Le feu d'artifice déploya en lettres lumineuses des termes de jeu: «Six suis, va-tout, brelan», ce qui, remarque Emilie, n'est pas le produit d'une imagination brillante. «Cela ne corrigera pas nos dames qui aiment un peu trop le brelan», explique Voltaire. «Je n'ai pourtant fait cela que pour les corriger.»[6] Les guérir ou les flatter? Mais que peut-il proposer d'autre à la noblesse de ce pays que le jeu seul occupe?

Le couple travaille peu, et les premiers temps de ce séjour, dit Emilie, s'écoulent comme des «espèces de vacances». Vacances encore à Enghien, à sept lieues de Bruxelles, où le duc d'Aremberg invite Voltaire et Mme Du Châtelet. Il est vrai que l'on ne trouve, en son château, que les livres que le couple y apporte. Que faire d'autre, chez cet «excellent homme», sinon se laisser vivre dans «des jardins plus beaux que ceux de Chantilly»? On y déguste le vin de Hongrie expédié à Voltaire par Frédéric. Mais il ne sera pas dit que l'on n'y joue que le quadrille:[7] Voltaire et son amie parviennent à y faire représenter *l'Ecole des femmes* avec la princesse de Chimay dans le rôle d'Agnès,

---

4. D2027 (juin 1739).
5. D2040 (6 juillet 1739).
6. D2038 (28 juin 1739).
7. Le quadrille était une sorte de jeu d'hombre (jeu de cartes venu d'Espagne) qui se jouait à quatre.

Emilie dans Georgette et Voltaire dans Arnolphe. «On y lira du moins les rôles des acteurs»,[8] ironise le poète. Ils y restent trois semaines. C'est trop; l'ennui revient et ils y perdent beaucoup de temps. Décidément, conclut Voltaire, «les arts n'habitent pas plus Bruxelles que les plaisirs.»[9] Heureux de retourner à son travail, il ajoute: «Il y a [...] beaucoup de princes à Bruxelles, et peu d'hommes.»[10]

Est-il au moins tranquille? Pas tout à fait. Il apprend que J.-B. Rousseau a fait imprimer en Hollande la *Voltairomanie* et que l'Allemagne en est inondée. Pourquoi ne pas répliquer en obligeant Desfontaines à publier son désaveu? Il se plaint à d'Argental que l'on continue à lui lier les mains. Il sait que les *Discours en vers sur l'homme* circulent, ainsi que le début du *Siècle de Louis XIV*, mais sa personne, sinon son amour-propre, est en sûreté. La plus tranquille, c'est Mme Du Châtelet. «Ce que je sais bien», confie-t-elle à l'ange complice, «c'est qu'il ne tient qu'à moi de faire traîner cela en longueur.»[11] Qu'elle ne se donne pas cette peine: le procès «traînera» plus qu'elle ne le désire.

Voltaire travaille beaucoup: il est venu à Bruxelles avec deux tragédies en chantier. L'historien a-t-il résolu de porter à la scène toutes les civilisations du globe? Le voici, avec *Zulime* et *Mahomet*, en «musulmanerie», dans cet Orient fabuleux qui passionne les esprits curieux depuis le dix-septième siècle. En même temps, il accumule pour cette histoire générale que sera l'*Essai sur les mœurs* des documents qu'il utilisera aussi dans *Zadig*. Les informations sur l'Orient ne manquent pas: Antoine Galland a publié, dès 1664, les *Paroles remarquables, bons mots et maximes des orientaux*, puis, en 1676, la *Relation de la mort du sultan Otsman et du couronnement du sultan Mustapha*; enfin, il a adapté les *Mille et une nuits* entre 1704 et 1717. *Les Mille et un jours*, contes persans, furent publiés entre 1710 et 1712. Voltaire a certainement lu les récits de Jean Chardin et les *Six voyages* de Jean-Baptiste Tavernier en Turquie, en Perse et aux Indes. Mais il faut toujours faire la même réserve: la «couleur locale» sera, lorsqu'il s'agit des tragédies de Voltaire, dans les décors et les costumes plus que dans les sentiments.

Il a commencé *Zulime* en 1738 pour quitter les tracas de la *Voltairomanie*, mais le 9 février 1739, il pense déjà à *Mahomet*: «J'ai quelque chose de beau dans la tête», écrit-il à d'Argental.[12] Désormais, les deux pièces ne cesseront plus de se faire concurrence. Néanmoins, il faut au poète un succès rapide pour confondre ses ennemis; c'est pourquoi il se hâte d'écrire *Zulime*. Le 26

---

8. D2040 (6 juillet 1739).
9. D2033 (vers le 20 juin 1739).
10. D2067 (vers le 20 août 1739).
11. D2022 (1er juin 1739).
12. D1862 (9 février 1739).

mars 1739, il mande à Mlle Quinault: «Eh bien connaissez-moi donc [...] *Zulime* a été faite au milieu des mouvements où [mes ennemis] m'ont forcé, et à travers cent lettres à écrire par semaine.»[13]

Mais avant de partir pour Bruxelles, il sent que sa pièce, trop faible, ne répond pas à l'espoir qu'il avait conçu d'en obtenir un grand succès. C'est pourquoi, une fois installé rue de la Grosse Tour, il la corrige et la recorrige. Un peu à contre-temps, car d'après sa correspondance avec Frédéric et le marquis d'Argenson, ses préoccupations sont devenues politiques, et le sujet qui l'attire, c'est *Mahomet*, où il entrevoit un combat plus urgent et plus digne de lui contre le fanatisme et l'imposture. C'est le moment où ses amis se complaisent à lui rappeler l'exemple du roi Henri IV. Le prince royal va faire graver *La Henriade* et compose pour le poème un avant-propos tout en louanges hyperboliques. Frédéric est occupé à *l'Anti-Machiavel*, qu'il conçoit comme une suite à *La Henriade*. Le marquis d'Argenson, manifestant la même admiration et s'élevant vers le même idéal, écrit à Bruxelles des lettres si hardies qu'il demande à Voltaire si elles sont assez prudentes. «Je voudrais le règne d'Henry 4», écrit-il, «au lieu de celui de M. Orry.»[14] Voltaire a emporté un manuscrit du marquis, les *Considérations sur le gouvernement ancien et présent de la France*.[15] Il le dévore, puis il lui exprime sa satisfaction et le cite: «Un parfait gouvernement est celui où toutes les parties sont également protégées [...] Les savantes recherches sur le droit public ne sont que l'histoire des anciens abus [...] Un monarque qui n'a plus à songer qu'à gouverner gouverne toujours bien.» «Que cela est vrai!», s'écrie Voltaire. «Mais pour Dieu que ce monarque songe donc à gouverner!»[16] De peur que le manuscrit ne s'égare ou ne tombe entre des mains peu sûres, Voltaire va le confier à Moussinot, qui est venu à Bruxelles et qui le remettra au marquis.

Soudain, le 1er août, dans une lettre où elle remercie Frédéric du vin de Hongrie et d'un jeu de quadrille, Mme Du Châtelet lui annonce qu'elle va passer une quinzaine de jours à Paris.[17] Curieusement, elle aspire à remplacer Thiriot auprès du prince: «Je voudrais [...] recevoir quelques ordres de V.A.R., et couper l'herbe sous le pied à Thiriot.» L'ingénue! Elle ignore que Frédéric a besoin des ragots et des confidences ambiguës de ce parasite qui a la confiance des ennemis de Voltaire.

«Pourquoi Emilie y va-t-elle?», questionne le poète, «je ne le sais pas trop».

---

13. D1957 (26 mars 1739).
14. D2013 (13 mars 1739).
15. Il ne sera publié qu'en 1764.
16. D2054 (28 juillet 1739).
17. D2056 (1er août 1739).

Lui-même se rend à Paris parce qu'il suit Emilie.[18] Mme Du Châtelet donne des raisons sérieuses de ce séjour à Paris. Elle dit à Cideville que c'est «pour voir le palais Lambert». La raison la plus déterminante paraît être une grossesse pénible de la duchesse de Richelieu; au surplus, la duchesse est atteinte d'un mal qui ne pardonne guère à cette époque: elle crache le sang.

Le 17 août 1739, le procès de Bruxelles n'ayant guère avancé, Mme Du Châtelet et Voltaire se mettent donc en route pour la capitale. La marquise emmène König et son jeune frère, venu de Suisse. Elle loge les deux hommes chez sa mère, à Créteil, et leur donne un équipage.

C'est à l'hôtel de Richelieu, au Temple, qu'elle s'installe. Au chevet de la duchesse, elle retrouve Mme de Graffigny. Voltaire est descendu dans un «garni» du Marais, à l'hôtel de Brie, rue Cloche-Perce. Lorsqu'il a franchi la frontière, son bagage s'est douloureusement réduit: ses tableaux, achetés à Bruxelles, valaient entre cinq et six mille livres, et il les a déclarés pour deux cent soixante. Ils ont été confisqués par la douane. Le poète se dit «ruiné». Cet accès d'avarice et de tricherie amuse fort J.-B. Rousseau. Oui, dit le vieux Rufus à Claude Brossette, Voltaire a réussi sa fête, mais il n'a pas payé les ouvriers ni les marchands.[19]

Voltaire et Emilie tombent dans un Paris de réjouissances et de feux d'artifice: la ville ne s'intéresse qu'au mariage de Louise Elisabeth, fille du roi, avec Philippe, fils de Philippe v d'Espagne. Gaspillage!, s'écrie Voltaire, et c'est à Frédéric qu'il l'écrit! «On dépense beaucoup en poudre et en fusées [...] on tire des canons de l'Hôtel de Ville», et il n'y a pas à Paris de salles de comédie ni d'opéra dignes de ce nom.[20] Les fêtes achevées, quand le bruit court que Voltaire et son amie sont arrivés, la dissipation commence. «Je ne vis point», écrit le poète à Mme de Champbonin, «je suis porté, entraîné loin de moi dans des tourbillons.»[21] König n'apprécie pas ces tourbillons; malgré son équipage, bien qu'il ait assisté au feu d'artifice à Versailles, dîné avec le cardinal de Polignac et chez les Richelieu, le professeur devient «plus déraisonnable tous les jours». C'est si grave que Mme Du Châtelet craint qu'il ne retourne pas à Bruxelles.[22]

De son côté, König demande à voir Maupertuis, probablement pour se plaindre. Mais le capricieux savant est introuvable. Mme Du Châtelet l'invite chez elle, au café, et jusque dans la loge du duc de Richelieu. Voltaire lui-même, qui doit répondre à de nouvelles attaques contre Newton, s'est présenté

18. D2067 (vers le 20 août 1739).
19. D2068 (22 août 1739).
20. D2062 (12 août 1739).
21. D2082 (vers le 28 septembre 1739).
22. D2073 (15 septembre 1739).

«vingt fois» à sa porte, sans le rencontrer. «C'était bien la peine de quitter Bruxelles!»[23]

Voltaire et Emilie sortent beaucoup. Ils vont présenter leurs compliments à Mme de Tencin qui est en plein triomphe: son frère, promu cardinal, a fait son entrée officielle à Rome, comme ambassadeur, le 12 juillet. Certes, cette dame n'aime pas beaucoup Voltaire, qui incarne le parti des «impies». L'intrigante qu'elle est le considère, malgré tout son esprit, comme un naïf. Elle préfère Marivaux et Piron. Voltaire et Mme de Tencin ont aussi, il est vrai, des amis communs: le duc de Richelieu, Dortous de Mairan et le jeune Helvétius. Voltaire n'ignore pas que, pour une élection à l'Académie, il est bon d'avoir Mme de Tencin pour alliée: outre la voix de Fontenelle, elle dispose de nombreux suffrages ecclésiastiques. L'avenir dira si cette visite fut féconde. Mais bizarrement, c'est entre les deux femmes qu'une amitié se noue, confiante chez Emilie, protectrice chez Mme de Tencin dont la vive curiosité ne néglige aucune source de renseignements concernant Voltaire et le pouvoir.

Plus fatigants pour Voltaire sont les soupers. On soupe beaucoup: avec Mairan, et «il n'a été question d'aucune sorte de force»,[24] avec les d'Argental, avec Cideville de passage à Paris, et avec Thiriot. Les retrouvailles avec «cet ami de vingt-cinq ans» ont-elles été détendues et chaleureuses? Certes, l'amitié entre les deux hommes ne peut être la même qu'avant l'affaire de la *Voltairomanie*, surtout si l'on se souvient de la rancune accumulée par Mme Du Châtelet. Mais Voltaire tient à la préserver et réagit contre les bruits de leur «brouille» que «certaines gens» font circuler: «On m'assure», écrit-il à Berger, «qu'un homme qui demeure chez M. de la Popeliniere et à l'amitié duquel j'avais droit a mieux aimé se ranger du nombre de mes ennemis que de me conserver une amitié qui lui devenait inutile. Je ne crois point ce bruit.»[25] S'il ne le croit point, pourquoi le rapporte-t-il? On verra le point de vue de Thiriot, dans la mesure où l'on peut faire confiance aux récits de Mme de Graffigny.

Cette période est particulièrement fertile en médisances et en commérages de toutes sortes dans les salons parisiens. Mme de Graffigny s'en fait le colporteur passionné, quoi qu'elle en dise, et parfois elle les provoque. Si le style de ses lettres par suite de la vie étourdissante qu'elle mène à Paris est plus lâché, parfois plus vulgaire, il reste le même dans sa facilité, son foisonnement, ses piquantes trouvailles. Mais, de plus en plus, ses jugements sur certains personnages, en particulier sur Voltaire et Mme Du Châtelet, sont des «poisons» dont il faut se méfier.

Mme de Graffigny est à Paris depuis la mi-février 1739. Elle habite d'abord

23. D2079 (26 septembre 1739).
24. D2073 (15 septembre 1739).
25. D2252 (29 juin 1740).

chez une dame Babaud, où Panpan a autrefois logé avec un camarade nommé Lubert. C'est là que se consomme, non sans atermoiements, la rupture avec Desmarest, qui se tient longtemps «entre le oui et le non». Il ne la quittera définitivement qu'en 1743. Mais elle est tout de suite si occupée que cette liaison à éclipses ne l'affecte guère.

Chez Mme Babaud, elle retrouve de bons amis de Panpan, en particulier Lubert qui lui apporte son soutien. Mme de Champbonin, venue à Paris pour tenter un arrangement dans l'affaire de la *Voltairomanie*, se jette à sa tête. Mme de Graffigny la surnomme «Tout-Rond» de même qu'elle donnera, par discrétion, un surnom à tous les personnages rencontrés, et comme elle le change souvent, le «décodage» de ses lettres n'est pas toujours facile. Tout-Rond promène dans Paris sa malheureuse amie de Cirey, mais voici que l'amitié de la grosse dame grandit à tel point qu'elle devient une passion suspecte. Dans le carrosse, elle enlace ses jambes à celles de son amie; elle lui fait des scènes de jalousie à propos de ses lettres à Panpan et de ses relations avec Desmarest. Elle lui avoue que c'était «le petit Champbonin», secrétaire à Cirey, qui ouvrait les paquets de la poste puis en tirait, pour Mme Du Châtelet, les lettres adressées à Voltaire et à Mme de Graffigny.

Par Tout-Rond, elle entre en relations avec Thiriot. Il est bien différent de Voltaire! C'est un homme qui parle lentement, «d'un sang-froid qui va jusqu'à la nigauderie». Elle reproduit un de ses «discours», entendu chez Tout-Rond: «Voltaire est un fou, un extravagant qui n'a guère d'amis et mériterait de n'en point avoir du tout. Je lui ai obligation et même de grandes; je ne les oublierai jamais. C'est ce qui fait que je suis encore son ami. Mais elles ne m'engageront jamais à témoigner sur une chose que je n'ai jamais sue ou que j'ai oubliée.»[26] Ce qui est étonnant, c'est que Mme de Champbonin semble l'approuver. Mme de Graffigny ne sait plus «qui ment».

Vers le 20 mars, elle accepte l'hospitalité de la duchesse de Richelieu, non sans regrets ni sans craintes pour sa liberté. La duchesse semble l'aimer beaucoup, mais comment partager l'amitié de cette femme étrange «qui fait enrager son mari par ses jalousies? qui ne vit qu'à force de lait et qui est toujours au bord du tombeau? Qui joue tout et plus qu'elle n'a? Qui n'a jamais un sol et qui doit partout?» (Ce dernier cas n'est-il pas aussi celui de Mme de Graffigny?) Et les Richelieu reçoivent tant de gens! C'est un perpétuel défilé. Encore de faux amis de Voltaire! Chez eux, personne ne se prive de critiquer le poète et son amie. «Les horreurs, les ridicules, rien ne leur est épargné. On me poussait de questions; je n'ai pas voulu répondre, on s'est moqué de moi. La bonne duchesse donnait le ton – c'est un plaisir d'entendre comme on traite

---

26. Graffigny, i.377.

les gens à qui l'on écrit tant d'amitiés!»[27] Mme de Graffigny participe à cette hypocrisie lorsqu'on parle de Mme Du Châtelet: «Dès qu'il est question de cette femme que je déteste, je le prends sur un tel ton de louange sur son esprit et l'arrangement de ses affaires que personne n'ose parler de sa conduite.» Mme de Graffigny écoute et rapporte non sans plaisir ce que d'autres disent de la marquise. «Le mari [M. Du Châtelet] est ici avec un plein pouvoir de traiter au nom de Voltaire qu'il va montrant à tout le monde, et Dieu sait ce que cela fait dire.» Bref, la narratrice «doute de tout», mais aussi elle se mêle de tout non sans complaisance et légèreté. Elle cite une brochure qui vient de paraître, Le Portefeuille nouveau.[28] «C'est une pièce effroyable», dit-elle, «contre [Voltaire], Thiriot et Mme Du Châtelet.» Cette réaction paraît exagérée, car, dans ce Portefeuille, les allusions à Mme Du Châtelet et à Thiriot sont fort obscures et incertaines, et, après la Voltairomanie, l'attaque contre Voltaire est anodine.

Cependant, peu à peu, vers la fin de mars, le monde s'intéresse à Mme de Graffigny. On l'invite pour son esprit, sa naïveté parfois drôle, sans doute, mais aussi dans l'espoir d'en apprendre quelque chose sur la vie à Cirey. Elle hésite à se rendre à ces invitations car elle n'a qu'une robe et surtout point de laquais: «C'est si honteux que cela est insoutenable.» En ce milieu privilégié, mais relativement éclairé, non sans condescendance eu égard à ses misères passées, on lui pardonne sa pauvreté. La voici donc bien placée pour juger les grands et les moins grands. Elle est généralement sans indulgence pour les femmes: Mme de Bernières «est une vieille lourpidon de soixante ans qui est décriée au point qui ne s'imagine pas.» En réalité, la présidente n'en a que cinquante, mais elle a pris beaucoup d'embonpoint.[29]

Le 19 mai, l'invitation à Arcueil, chez les parents de la duchesse de Richelieu, «le prince et la princesse de Guise», est décisive. Elle y rencontre Mme d'Aiguillon. Elle y fait un séjour en compagnie de Maupertuis. Tous deux sont faits pour s'entendre dans le dénigrement d'Emilie. Le savant ne la quitte plus. Mais à quoi veut-il en venir auprès de son admiratrice? Il vient régulièrement, le matin, «polissonner» dans sa chambre. Il roue de coups la femme de chambre de Mme de Graffigny et «lui tient des propos, Dieu sait.» Bref, partout, Mme de Graffigny est étonnée de son propre succès: «Mon bon sens et mon jugement sont aussi fort exaltés.»[30]

Mais le 24 août, Voltaire et Mme Du Châtelet étant arrivés à Paris, sa vie se trouve une nouvelle fois bouleversée. Emilie s'installe chez Mme de Riche-

27. Graffigny, i.393.
28. Portefeuille nouveau ou mélanges choisis en vers et en prose (Bengesco, no.740), i.488; Graffigny, i.427.
29. Graffigny, i.379.
30. Graffigny, i.503.

lieu et Mme de Graffigny s'en va loger «chez le baigneur Ringard», rue Saint-Antoine, non loin de l'Hôtel de Brie, rue Cloche-Perce, où Voltaire est descendu. Le marquis Du Châtelet se trouve relégué, avec König, chez la baronne de Breteuil, à Créteil, mais ils viennent souvent. Ce sont d'abord, entre Mme Du Châtelet et la narratrice, d'heureuses et hypocrites retrouvailles: «Mme Du Châtelet me tient en l'air du matin au soir. Nous courons Paris ensemble.» (Mme de Champbonin est repartie.) «Nous sommes ensemble comme quatre têtes[31] dans un bonnet qui, cependant, garderaient chacune leur secret.» Voltaire est malade, mais toujours charmant, fâché d'être à Paris qu'il n'aime pas.

Quel honneur! Mme de Graffigny dîne alors avec l'aréopage des savants, Mairan, Réaumur, Buffon, Fontenelle. Ils sont quatorze à table. Ce sont «les seuls que j'ai encore trouvé ici avec qui je voudrais vivre. Le Reaumur est bien au-delà de ses insectes.»[32] Fontenelle a la voix cassée et éteinte, mais «ses propos n'ont que quinze ans». Voltaire déclare que «le plus petit sentiment [vaut] mieux que tout le savoir». Plus tard, Mme de Graffigny soupe avec Pont-de-Veyle, doux, poli, l'esprit aimable, et «qui vit en philosophe voluptueux».

Enfin, voici l'homme qui manquait, plus encore que Maupertuis, pour achever le retournement de Mme de Graffigny: le Suisse König. Dieu sait ce qu'il raconte, et rien n'a l'air de la choquer! Prenons-y garde: l'objectivité n'est le fait ni de König ni de cette faible femme, qui vont s'acharner à noircir le caractère de Mme Du Châtelet. «Pour moi», écrit-elle, «chaque minute augmente mon aversion pour elle; elle m'est odieuse.»[33] Mme Du Châtelet a certainement deviné cette complicité car elle s'éloigne, «reprise par le train de Paris».

Au moment où Voltaire et Mme Du Châtelet décident de rentrer à Cirey, une grave querelle éclate entre Emilie et König. Le Suisse refuse de retourner à Cirey et à Bruxelles. Autre complication, Voltaire tombe malade. Malgré les soins de deux médecins bien connus, Silva et Morand, sa maladie évolue lentement. «On me saigne, on me baigne».[34] Mme Du Châtelet étant obligée de reconduire la duchesse de Richelieu à Chaumont, en passant par Cirey, les deux femmes décident de ne pas attendre Voltaire et quittent Paris vers la fin d'octobre. Elles n'ont pas fait leurs adieux à Mme de Graffigny qui écrit le 16 décembre: «Je ne sais si Mégère est partie.»[35] Libérée, en relations d'amitié

31. Il s'agit sans doute des deux couples, Mme Du Châtelet-Voltaire et Mme de Graffigny-Desmarest.

32. English Showalter, *Voltaire et ses amis d'après la correspondance de Mme de Graffigny*, Studies 139 (1975), p.169.

33. Showalter, p.212.

34. D2091 (11 octobre 1739).

35. Showalter, p.227.

avec les Brancas qui ont pris son parti, elle adresse alors à Panpan un long réquisitoire, composé en septembre, octobre et novembre, sur la conduite de Mme Du Châtelet et de Voltaire.[36]

Mme Du Châtelet lui a fait des impertinences publiques. Elle en a fait aussi à Voltaire, «qui gromelle une heure entre les dents et qui à la fin dit tout haut, ‹il y en a qui tirent par la manche mais on n'en voit guère qui déchirent l'habit›.» De lui aussi – l'idole de Panpan! – Mme de Graffigny s'est détachée. Non seulement les jalousies des grands, qui répandent le bruit qu'il est avare, l'ont gagnée, mais il a refusé de lui prêter de l'argent. Comme on le comprend! Elle ne l'estime pas plus que son amie et finit par les détester ensemble. «Il faudrait un volume», lance-t-elle sans rien prouver, «pour conter toutes leurs indécences». Elle va jusqu'à accréditer le ragot d'une femme de chambre selon lequel Emilie aurait été la maîtresse de König.[37] Et lorsqu'elle reçoit de Cirey, le 28 novembre, une lettre de Mme Du Châtelet lui faisant «des protestations d'amitié», elle n'y voit que «le comble de l'impudence et de la fausseté.»[38]

Aussi bien, devant les excès de son amie, Panpan résiste-t-il. Il a peine à croire que Voltaire et Mme Du Châtelet soient si décriés. Qu'il hésite à la croire, elle s'en offusque. Comme lui, restons méfiants. Il est prudent de ne retenir des étourderies et des ressentiments exaltés de Mme de Graffigny que ce qui peut nous aider à comprendre les rapports de Voltaire et de son amie avec König et Maupertuis, ces deux compères.

De ces relations tendues et des dissipations de Paris, le travail de Voltaire se ressent. Il est bien obligé, pourtant, de répondre aux «hérétiques», en particulier à un «maudit cartésien nommé Jean Bannieres [qui] m'est venu harceler par un gros livre contre Newton.»[39] Alors qu'il corrige *Zulime*, tragédie d'amour, et cherche à la faire jouer, il essuie un extraordinaire sermon de l'abbé de Saint-Pierre, l'idéaliste auteur de la *Paix perpétuelle*: «c'est dommage», lui écrit l'abbé, «qu'un tel génie n'ait pas visé plus haut en sortant du collège [...] Destinez le reste de votre vie non plus à divertir les dames d'esprit et d'autres enfants, songez à instruire les hommes [...] laissez là vos ouvrages de *gloriole* pour marcher ainsi vers le sublime de la gloire.»[40] Qui sait si Voltaire n'en a pas été troublé? Car il se détache de plus en plus de *Zulime* au profit de *Mahomet*: «J'ai relu *Mahom.* J'ai relu *Zulime*», écrit-il à Mlle Quinault; «cette *Zulime* est bien faible, et l'autre est peut-être ce que j'ai fait de moins mal.»[41].

36. Showalter, p.209-14.
37. Showalter, p.212.
38. Showalter, p.219.
39. D2069 (25 août 1739). Il s'agit de Jean Banières, *Examen et réfutation des Eléments de la philosophie de Newton* (Paris 1739).
40. D2085 (2 octobre 1739).
41. D2071 (?5 septembre 1739).

Il se repent de n'avoir pas suivi les conseils de la comédienne: «plus je réfléchis plus je suis de votre avis, et plus je suis honteux de ne m'être pas rendu tout d'un coup sur bien des choses.»[42] Sa grande faiblesse est de chercher la «gloriole» avec «la petite Zulime» pour laquelle il éprouve de la tendresse. Après des semaines d'hésitations et de corrections, il pousse la comédienne à la faire représenter. Avec les deux frères, d'Argental et Pont-de-Veyle, elle aura une «autorité absolue» sur les deux pièces. Quelle modestie![43]

Enfin rétabli, alors qu'il se prépare à partir, la police saisit, le 24 novembre, son *Recueil de pièces fugitives* comprenant le début du *Siècle de Louis XIV* et, ce qui est plus grave, l'*Ode sur le fanatisme*, attaque vigoureuse contre «les dévots malfaisants». Prault, le libraire, est condamné à payer cinq cents livres et à fermer boutique pendant trois mois. Voltaire précipite son départ.

Le 26 novembre, Voltaire est à Cirey. Les premiers chapitres du *Siècle de Louis XIV* sont censurés et condamnés au feu par le parlement de Paris le 4 décembre. C'est ce même jour que Mme Du Châtelet, ayant laissé la duchesse de Richelieu à Chaumont, retourne à Paris. Voltaire, prudemment, regagne Bruxelles où il attendra son amie. Pourquoi Mme Du Châtelet retourne-t-elle à Paris? Sans doute son intention est-elle d'arranger, avec le comte d'Argenson, Maurepas et peut-être le cardinal de Fleury, la nouvelle affaire du poète. Il est possible aussi qu'elle veuille tenter de faire revenir König sur sa décision.

Quel est donc le fond de sa querelle avec le Suisse? Elle prétend que ce n'est pas manque de l'avoir choyé. Voltaire lui-même affirme qu'elle comblait de bienfaits König et son frère. Mais König n'a jamais eu l'impression d'être choyé: las de dîner avec «les cochers», et comme on lui présentait le plus souvent «un gros bouilli d'un écu» – c'est Voltaire qui le rapporte – il a été obligé de réclamer de la viande rôtie.[44] Mal logé, se prenant pour un mathématicien célèbre, König, de caractère tranchant et de langage direct, n'a pas respecté les convenances. Au fond, c'est l'affaire Linant qui recommence. En outre, aucune entente n'était possible avec Voltaire: non seulement König manque d'humour mais le poète l'accuse d'avoir converti Emilie à la métaphysique «romanesque» de Leibniz.

Un jour, raconte Formey,[45] König, las de son cours de mathématiques, s'en évade et découvre à son enseignement un intérêt nouveau. Comme Mme Du Châtelet lui disait souvent, après ses démonstrations, «c'est évident», il lui fit remarquer qu'il existait des vérités plus importantes qui ne présentaient pas

42. D2097 (?octobre 1739).
43. D2102 (29 octobre 1739).
44. D2151 (30 janvier 1739).
45. Formey, *Souvenirs d'un citoyen* (Berlin 1789), p.174. Formey (1711-1797), d'origine française, sera secrétaire perpétuel de l'Académie de Berlin en 1748.

un moindre degré d'évidence, c'étaient «les vérités métaphysiques». Il se fit fort de l'en convaincre. N'accordons pas trop de crédit à ce récit publié cinquante ans après les événements. Il tendrait à faire croire que Mme Du Châtelet ignorait la métaphysique alors qu'elle en discute avec Voltaire depuis 1733. Elle a lu le manuscrit de Wolff que Frédéric a expédié à Cirey en 1737. Sans l'avoir approfondie, elle ne s'y est point ralliée, et elle approuve Mairan d'avoir traité Leibniz avec mépris sur «le plein et les monades». Elle conserve toutefois un faible pour «les forces vives». Leibniz «les a découvertes», dit-elle, «et c'est avoir deviné un des secrets du créateur.»[46]

Pourquoi, alors, König a-t-il converti aussi aisément Mme Du Châtelet à la métaphysique de Leibniz contre Newton, provoquant ainsi un véritable divorce philosophique avec Voltaire? En dépit de l'antipathie qu'elle éprouve pour le professeur, elle est séduite par l'apparente perfection de l'édifice qu'il lui propose. «Par son goût des constructions logiques», écrit René Pomeau, «elle était la proie désignée du leibnizien König.»[47]

Selon Formey, König aurait employé pour convertir son élève un procédé fort insolite: «A chaque leçon», écrit-il, «König apportait sur un papier la thèse qu'il voulait démontrer, il l'expliquait [...] demandant à la marquise si elle la comprenait et l'admettait. Si elle acquiesçait, il lui présentait le papier et lui disait: ‹Signez›.»[48] Ce serait de cette suite de signatures que serait née l'œuvre la plus importante de Mme Du Châtelet, les *Institutions de physique*. Cette conclusion de Formey, qui vient tout droit de König, est absolument fausse. Mme Du Châtelet l'expliquera à Bernoulli.[49] Elle avait commencé ses *Institutions* dès 1738. C'est au moment où cet ouvrage était «à moitié imprimé» que König lui expliqua la métaphysique de Leibniz. Elle la trouva «belle» et eut l'idée d'en faire le chapitre d'ouverture de son ouvrage; il fallait, à l'époque, que la science pût se référer à une conception globale du monde: «la physique ne peut se passer de la métaphysique, sur laquelle elle est fondée»,[50] écrira la marquise à Frédéric. Mais Mme Du Châtelet eut le malheur de mettre König dans le secret et le pria, pour gagner du temps, de lui préparer les «extraits de chapitres» qui lui étaient nécessaires.[51]

Or, depuis son arrivée à Paris, bien qu'il soit logé avec son frère chez la mère de Mme Du Châtelet, König donne libre cours à sa hargne et, dramatisant la calomnie, il raconte à Mme de Graffigny qu'il refit les *Institutions de physique*

46. D1448 (vers le 10 février 1738).
47. René Pomeau, *La Religion de Voltaire*, p.127.
48. Formey, p.176.
49. D2254 (30 juin 1740).
50. D2202 (25 avril 1740).
51. D2254 (30 juin 1740).

après que la marquise se fût mise à genoux – oui, littéralement à genoux – devant lui, pour l'en prier. Et pour cet énorme travail, il se plaint de n'avoir pas été suffisamment payé. Pourtant, dit Voltaire, quand il voulut partir, Mme Du Châtelet lui tendit un sac de mille livres, «il en a pris six cents». A l'abbé Le Blanc, qu'il a rencontré, le Suisse a «juré» que l'ouvrage ne renfermait rien d'autre «que les leçons qu'il lui avait données».[52]

Mais les *Institutions de physique* contiennent beaucoup plus de physique que de métaphysique, et si elle modifia certains chapitres, Mme Du Châtelet n'eut pas le temps au cours des quelques mois qu'elle travailla avec König de refondre un ouvrage de quatre-cent-cinquante pages. Même si son premier chapitre n'était qu'un résumé de Leibniz, ce serait un des plus clairs que nous possédions. Certes, l'ouvrage consacra la notoriété de Mme Du Châtelet dans le monde et à la cour et lui valut un compte rendu élogieux dans le *Mercure de France*.[53] Pourtant ce qui fit le plus de bruit, ce fut sa conversion métaphysique. Le premier déçu fut Voltaire; tolérant, il ne laisse apparaître dans ses lettres que de gentilles moqueries à l'égard de son amie devenue, dit-il, «toute leibnizienne». On devine néanmoins quelles âpres disputes dut provoquer cette conversion. Voltaire, déjà irrité par les anti-newtoniens, se remet, tout en corrigeant *Mahomet*, à la métaphysique. «Pour moi», écrit-il à Frédéric, «j'arrange les pièces du procès entre Newton et Leibniz, et j'en fais un petit précis qui pourra, je crois, se lire sans contention d'esprit.»[54] Cet ouvrage, intitulé *Métaphysique de Newton ou parallèle des sentiments de Newton et de Leibniz*, paraîtra à Amsterdam chez Ledet en 1740, presque à la même date que les *Institutions* à Paris chez Prault.

A la lumière de ces deux ouvrages, celui de Voltaire étant le moins lumineux – il est moins bon philosophe que son amie – on voit bien que Mme Du Châtelet n'est pas «toute leibnizienne». N'oublions pas qu'elle traduit Newton, elle a donc cherché à le ménager; aussi bien n'a-t-elle pu se résoudre à trahir absolument ses amis Maupertuis, Clairaut et La Condamine. Cependant sur les points essentiels des deux systèmes, Mme Du Châtelet et Voltaire s'opposent. «Il n'y a personne», dit Mme Du Châtelet, «qui se détermine à une chose plutôt qu'à une autre sans une raison suffisante.»[55] Dieu n'a pu se résoudre à créer le monde et à choisir le meilleur possible sans une telle raison. Il n'avait nul besoin d'une raison, répond Voltaire, ni de faire un tel choix: il a créé le monde par sa liberté absolue et sa seule volonté, tel qu'il est. Que le pessimisme voltairien s'aggrave, la raison suffisante et le meilleur des mondes

---

52. D2141 (13 janvier 1740).
53. *Mercure de France* (juin 1741), xl.336-45.
54. D2177 (10 mars 1740).
55. Mme Du Châtelet, *Les Institutions de physique* (Paris 1740), 22, no.8.

deviendront le leitmotiv de l'absurdité dans *Candide*. Ce qui sépare plus nettement encore nos deux métaphysiciens, c'est la conception de l'espace; pour la leibnizienne, Dieu a créé un univers limité et plein, et l'ayant animé, se tient en dehors de sa création; pour le newtonien, l'univers, c'est le vide, «l'espace pur», «où Dieu agissant, voyant partout, agit et voit dans tous les points de l'espace, qui [...] peut être considéré comme son *sensorium*».[56] Autre sujet de discorde: l'âme et la matière. Voltaire, influencé par Locke, se plaît à répéter que «la matière peut penser». Emilie s'insurge: ce n'est pas la matière qui pense; Dieu, qui est un «être simple», sans quoi il serait lui-même un monde, a délégué dans les êtres et les choses une *substance* simple comme lui et indestructible qui soutient la matière et, dirait-on aujourd'hui, la «programme», c'est l'essence ou la monade. Pour Voltaire comme pour Newton, il n'y a pas de substance abstraite: tous les éléments de la matière, les atomes, si petits et insécables soient-ils, sont encore matière. Que de railleries sur les monades dans les lettres du poète!

Mme Du Châtelet avoue à Frédéric qu'il lui reste encore «bien des doutes» sur la métaphysique de Leibniz.[57] Cela se traduit par des hésitations, des contradictions, parfois des affirmations dogmatiques, passionnées. Tout en admettant le «plein» de l'univers, elle ne va pas jusqu'à accepter les tourbillons ni la forme ovoïde de la terre. Elle reconnaît que Newton, s'appuyant sur les lois de Kepler, a découvert la force centripète; mais l'attraction n'est pas une qualité inhérente à la matière, elle n'est qu'un phénomène qui agit selon des modes variables, non pas une essence.

On ne sait ce que Maupertuis en a pensé dans l'immédiat, car la rupture avec König entraîne une brouille de Mme Du Châtelet avec son ancien amant. Rentrée à Bruxelles sans professeur le 18 décembre 1739, elle s'occupe aussitôt de faire venir Bernoulli. Elle lui écrit beaucoup, dans le ton d'une excessive flatterie. D'abord, Bernoulli ne se dérobe pas. Puis brusquement, le 20 janvier 1740, il lui annonce courtoisement qu'il ne peut accepter sa proposition. Elle devine tout de suite d'où lui vient ce coup: «Je savais monsieur» lui écrit-elle, «que les mêmes personnes qui vous avaient proposé de venir chez moi, vous en ont détourné.»[58] Maupertuis, en effet, a écrit à Bernoulli une lettre bizarre où il commence à juger sans indulgence Mme Du Châtelet et Voltaire. L'histoire de la rupture avec König, lui dit-il, «court Paris et la comble de ridicule [...] Outre que je crois qu'elle a grand tort avec K. [...] la place pour vous ne me paraît pas honnête: cette place de plus a encore d'autres

---

56. Voltaire, *La Métaphysique de Newton ou parallèle des sentiments de Newton et de Leibniz* (Amsterdam 1740), p.10.
57. D2202 (25 avril 1740).
58. D2156 (1er février 1740).

inconvénients, c'est qu'on ne saurait y être avec quelque agrément de la part de Mme du Chast. qu'on ne soit tout d'un coup insupportable à Voltaire, et Voltaire aura toujours le dessus, et on lui sacrifiera tout.»[59]

Deux mois après, en mars, ayant reçu de violents reproches de Mme Du Châtelet, Maupertuis n'hésite plus à confier à Bernoulli un jugement expliquant sans doute qu'il se soit dérobé aux invitations de Voltaire et d'Emilie au cours de leur récent séjour à Paris: «Mme du Chastellet est une femme à qui il est dangereux d'avoir affaire [...] Peu s'en faut qu'elle ne me menace [...] Je fus fort surpris de la voir tout d'un coup m'écrire d'un style fort fâché et fort extraordinaire.»[60] Aussi surpris qu'il le dit? Peut-être Bernoulli a-t-il eu vent des relations passées de son ami avec Emilie? Il comprendrait alors pourquoi le style de la marquise peut être si familier et véhément. Et cela expliquerait que le mathématicien suisse, plus objectif que Maupertuis, soit demeuré en excellents termes avec Mme Du Châtelet. Voltaire, de son côté, a dû sentir que la position de Mme Du Châtelet n'était ni solide ni honorable. Il continuera à correspondre avec Maupertuis, non sans lui avoir reproché d'avoir choisi König d'où vient tout le mal: «C'est une chose très déplorable qu'une Française telle que Mme du Chastelet ait fait servir son esprit à broder ces toiles d'araignée. Vous en êtes coupable, vous qui lui avez fourni cet enthousiaste de König, chez qui elle puisa ces hérésies, qu'elle rend si séduisantes.»[61]

Trichâteau meurt en 1740. Voilà qui complique encore le procès de Mme Du Châtelet et n'améliore point ses ressources. En cette année 1740, Emilie et Voltaire connaissent une gêne pécuniaire qui les ferait croire avaricieux. Peut-être le gros bouilli servi à König en était-il le premier signe? En janvier, Voltaire refuse son aide à un homme criblé de dettes, dont il peut avoir besoin: l'abbé Prévost; il lui donne comme excuse que ses affaires vont mal. Le Blanc raconte à Bouhier que Mme Du Châtelet a emprunté deux mille écus pour faire imprimer les *Institutions de physique*. En juin, Voltaire déclare à Moussinot: «J'ai un effroyable besoin d'argent.»[62] Un mois après survient la faillite du banquier Michel. «Il m'emporte donc», écrit Voltaire au chanoine, «une assez bonne partie de mon bien». Il ne récrimine pas, il en tire d'amères conclusions politiques: «Cependant mon cher abbé vous verrez [...] que les enfants de M. Michel resteront fort riches, fort bien établis [...] son frère l'intendant des menus plaisirs du roi, empêchera s'il veut qu'on ne joue mes pièces à Versailles, et moi [...] j'en serai pour mon argent».[63] Les plaies d'argent de Voltaire se

59. D2140 (12 janvier 1740).
60. D2190 (27 mars 1740).
61. D2526 (10 avril 1741).
62. D2226 (7 juin 1740).
63. D2268 (12 juillet 1740).

referment vite. Toutefois, et ce ne sera pas la seule raison, il aidera moins volontiers les Du Châtelet. En automne l'ameublement de l'hôtel Lambert paraîtra compromis. Voltaire chargera Moussinot de le meubler avec parcimonie: «Madame du Ch. a quelques meubles qui peuvent aider. Elle a surtout un beau lit sans matelas.»[64] Pour un «palais», ce n'est pas la richesse.

Mais les événements de cette année 1740 vont tirer le couple de ces soucis matériels et lui en créer d'autre sorte. Ces événements viendront surtout des relations de Voltaire et d'Emilie avec Frédéric.

Jamais les relations de la marquise avec ce prince n'ont été, en apparence, aussi bonnes. Elle souhaiterait qu'il se mît, lui aussi, à la physique. Mais il est très occupé à réfuter Machiavel. Dès le 4 décembre 1739, il a expédié à Bruxelles ses douze premiers chapitres. Emilie et Voltaire dévorent l'œuvre du prince à mesure qu'elle leur parvient. Voltaire lui apprend à «l'élaguer». Mme Du Châtelet loue sincèrement cette grande entreprise généreuse et humanitaire qui condamne la force, la violence et l'intérêt personnel du monarque. «La vertu», écrit Frédéric, «devrait être l'unique motif de nos actions, car qui dit la vertu dit la raison».[65] L'influence de Voltaire est flagrante: l'esprit de *La Henriade* y règne. Non pas que l'on n'y puisse découvrir parfois une pointe de machiavélisme: «Il y a des occasions [...]», dit Frédéric, «où il faut obtenir par la violence ce que l'iniquité des hommes refuse à la douceur».[66] Mme Du Châtelet, plus froide que Voltaire, attend le prince à ses œuvres de roi. «C'est de cet ouvrage», lui écrit-elle, «que l'on peut dire ce que l'on disait de *Télémaque*, ‹que le bonheur du genre humain en naîtrait, s'il pouvait naître d'un livre›.»[67] Elle confie à Algarotti qu'elle est «curieuse de voir ce phénomène sur le trône».[68]

Elle envoie au prince les *Institutions de physique*, un ouvrage qu'elle est «honteuse» d'avoir imprimé, car il n'était destiné qu'à l'éducation de son fils. Que son altesse royale n'aille pas croire, surtout, qu'elle n'est plus, bien que leibnizienne, la parfaite amie de Voltaire. Elle lui cite Montaigne: «ils avaient tout commun, hors le secret des autres, et leurs opinions».[69] Vers le 20 mai, elle reçoit de Frédéric un jugement qui la devrait refroidir: «On ne saurait lire sans étonnement l'ouvrage d'un profond métaphysicien allemand, traduit et refondu par une aimable dame française. [...] je crois qu'il y a quelques chapitres où vous pourriez resserrer le raisonnement sans l'affaiblir.»[70] Suivent

---

64. D2306 (2 septembre 1740).
65. Frédéric II, *L'Anti-Machiavel*, éd. Charles Fleischauer, Studies 5 (1958), p.227.
66. *L'Anti-Machiavel*, p.343.
67. D2128 (29 décembre 1739).
68. D2178 (10 mars 1740).
69. D2202 et Montaigne, *Essais*, I.xxviii.
70. D2208 (19 mai 1740).

des congratulations dont la fausseté n'a certainement pas échappé à la marquise. Mais le vrai fiel, c'est Jordan qui le connaîtra, par la lettre de Frédéric du 24 septembre: «La Minerve vient de faire sa physique. Il y a du bon, c'est König qui lui a dicté son thème. Elle l'a ajusté et orné par ci par là de quelques mots échappés à Voltaire à ses soupers. Le chapitre sur l'étendue est pitoyable, l'ordre de l'ouvrage ne vaut rien [...] lorsqu'on se mêle d'expliquer ce qu'on ne comprend pas soi-même, il semble voir un bègue qui veut enseigner l'usage de la parole à un muet.»[71] Mais quand Frédéric écrira ces lignes, il sera roi; Maupertuis et Wolff seront auprès de lui, et d'autres événements seront venus accroître le désaccord du trio.

En attendant, Frédéric rédige rapidement l'*Anti-Machiavel* en se préparant à succéder à son père, atteint d'une maladie grave. Dès le 3 février, il opère prudemment un premier repli: «Je parle trop librement de tous les grands princes pour permettre que l'*Anti-Machiavel* paraisse sous mon nom.»[72] Voltaire envoie le manuscrit définitif à La Haye, chez Van Duren, le 1er juin 1740 et pousse le libraire à en accélérer l'impression en lui recommandant l'anonymat. Or, Frédéric-Guillaume 1er est mort la veille, le 31 mai. Le 6 juin, le nouveau roi écrit la phrase que Voltaire montera en épingle: «Pour Dieu, ne m'écrivez qu'en homme, et méprisez avec moi les titres, les noms et l'éclat extérieur.»[73] C'est à ce moment que Frédéric II, accablé de démarches, reçoit, datée du 1er juin, une lettre où Voltaire avoue sa faiblesse: on va jouer *Zulime*, «une pièce toute d'amour, toute distillée à l'eau rose des dames françaises. Voilà pourquoi je n'ai pas osé en parler encore à votre altesse royale. J'étais honteux de ma mollesse.»[74] L'annonce ne pouvait tomber plus mal. Mais c'est l'époque où se précipitent les contre-temps!

En effet, on joue *Zulime* – anonyme encore – le 9 juin, alors que la duchesse de Richelieu est à l'agonie. Le duc pardonnera difficilement au poète de n'avoir pas retardé cette représentation. Bien entendu, c'est l'échec. Voltaire avait vu clair en évoquant «l'eau rose des dames françaises». Pour l'abbé Le Blanc c'est bien là le défaut principal de *Zulime*. On a reconnu Voltaire, écrit-il à Bouhier, en cette pièce «composée pour les oisons des premières loges [...] Au surplus elles l'ont jugée la plus mauvaise tragédie que M. de Voltaire ait encore donnée.»[75] C'est une rapsodie, prétend-il, d'*Ariane*, de *Bajazet* et d'*Inès*. La parenté est encore plus nette avec *Alzire*: les deux pièces présentent l'affronte-ment de deux races dans un décor exotique. Dans *Alzire*, les deux rivaux sont

71. D2317 (24 septembre 1740).
72. D2159 (3 février 1740).
73. D2225 (6 juin 1740).
74. D2214 (1er juin 1740).
75. D2227 (10 juin 1740).

un Espagnol et un Inca du Pérou qui luttent pour conquérir Alzire; dans *Zulime*, ce sont deux femmes, une princesse africaine et une esclave espagnole qui se disputent l'amour de Ramire. Dans chacune des deux pièces triomphent les convenances: le dénouement écarte l'amour entre deux races différentes. Mais ce qui rend *Zulime* inférieure à *Alzire*, c'est que l'action est double, ce que Voltaire a volontiers reconnu. Benassar, père de Zulime, a été détrôné par ses sujets, et Zulime a participé à la révolte: les rapports nouveaux entre le père et la fille constituent une première action et la seconde est celle qui s'engage entre Zulime et l'esclave Atide, Zulime pour gagner l'amour de Ramire, Atide pour le conserver. Car Ramire est déjà marié à Atide, mais cette union ne sera révélée qu'à la fin de la pièce, laquelle repose en partie sur cet invraisemblable secret. Autre défaut: ces quatre personnages courent les uns après les autres pendant les quatre premiers actes sans que l'on sache très bien ce qui les pousse.

Malgré ces défauts, le *Mercure de France*[76] présente une critique de *Zulime* respectueuse et indulgente: «Quoique cette tragédie n'ait pas eu le succès qu'on s'en était promis sous le nom du célèbre auteur à qui on l'attribue, on ne peut lui refuser les éloges qui lui sont dus. Les trois premiers actes, surtout le second, sont de la meilleure plume.» L'auteur de l'article loue le style «dont l'enflure est bannie». Pour lui, la pièce «renferme plus de beautés que de défauts». Mais après avoir raconté les événements du cinquième acte tel qu'il vient d'être remanié par Voltaire, il se montre déçu. «Tout se réduit», conclut le critique, «à des poignards.» Et il ose enfin condamner la pièce «sans se rendre suspect de partialité». Voltaire n'avait-il pas prévu cette dernière critique lorsqu'il avait expliqué par le climat, au début de l'acte, la propension de ses personnages à jouer du poignard? Au surplus, il ajoutait ainsi une note de «couleur locale»:

> Je frémis comme vous de tous ces attentats
> Que l'amour fait commettre en nos brûlants climats,
> En tout lieu dangereux, il est ici terrible.

Voltaire avait compris les causes de son échec. «Je vous supplie», écrit-il à son ami d'Argental dès le 12 juin, «de faire au plus tôt cesser pour jamais les représentations de *Zulime* sur quelque honnête prétexte.»[77] Que Mlle Quinault n'en laisse transpirer aucune copie. Et il travaillera *Mahomet* pendant dix ans s'il le faut, jusqu'à ce qu'elle en soit contente.

Pendant que Voltaire continue à presser Van Duren, Frédéric oublie l'*Anti-Machiavel* et se découvre une vocation de chef militaire. Il a commencé, écrit-

76. *Mercure de France* (juin 1740), xxxviii.369-71.
77. D2230 (12 juin 1740).

il à Voltaire, «par augmenter les forces de l'Etat de seize bataillons, de cinq escadrons de hussards, et d'un escadron de gardes du corps.»[78] Il se rachète un peu en jetant les fondements de sa nouvelle académie: «J'ai fait l'acquisition de Wolff, de Maupertuis, de Vaucanson, d'Algarotti. J'attends la réponse de s'Gravesande et d'Euler.» La plus précieuse de ces acquisitions est celle du doux Algarotti, qui lui «convient, on ne saurait mieux»; et combien réciproque est le coup de foudre! «J'ai vu, *oh me beato*!» écrit l'Italien à Voltaire, «ce prince adorable [...] Je ne saurais vous dire la quantité de plaisirs que j'ai eus.»[79]

Voltaire est particulièrement jaloux de Maupertuis, à qui il a déconseillé de partir, tout en l'ayant, dit-il, recommandé au roi de Prusse. A Voltaire aussi, Frédéric renouvelle son invitation; sachant qu'il ne viendra pas, le roi ironise cruellement:

> Mais je crains moins Pluton que je crains Emilie:
> Ses attraits pour jamais enchaînent votre vie.

«Sans rancune, Mme du Châtelet; il m'est permis de vous envier un bien que vous possédez, et que je préfèrerais à beaucoup d'autres biens qui me sont échus en partage.»[80]

Surprise! La lettre se termine par ce cri: «Pour Dieu, achetez toute l'édition de l'*Anti-Machiavel*.» L'ordre fait à Bruxelles l'effet d'une bombe. Voltaire partira-t-il pour la Hollande? De la souffrance en perspective pour Emilie qui ne s'incline pas sans arrière-pensée. Regrettant que «le genre humain [soit] privé de la réfutation de Machiavel», elle poursuit, «J'espère que V. M. sera servie [par Voltaire] comme elle le désire, et que ce livre ne paraîtra point. M. de Voltaire ira même en Hollande, si sa présence y est nécessaire, comme je le crains infiniment.»[81]

Avant de partir, Voltaire a reçu son ennemi intime Alexis Piron. Celui-ci fait à Mlle de Bar un récit de l'entrevue qui ne manque pas de piquant: il trouve Voltaire sur sa chaise percée. Il a ensuite «avec ce foireux-là une heure ou deux d'entretien aigre-doux [...] C'est un fou, un fat, un ladre, un impudent et un fripon. Un libraire de Bruxelles l'a déjà traduit devant le magistrat [...] et depuis quatre jours qu'il est ici [Voltaire vient de changer d'hôtel] il a déjà pris six lavements et un procès.»[82] Et dans la lettre suivante, il donne à sa correspondante une nouvelle définition de Voltaire: «Voltaire est le plus grand pygmée du monde. Je lui ai scié ses échasses rasibus du pied.»[83]

78. D2250 (27 juin 1740).
79. D1961 (1er avril 1739).
80. D2250 (27 juin 1740).
81. D2269 (14 juillet 1740).
82. D2276 (26 juillet 1740).
83. D2279 (29 juillet 1740).

Sans ses échasses, Voltaire part pour La Haye où il arrive le 20 juillet 1740. Mais l'édition du manuscrit d'un roi représente pour Van Duren une affaire si importante que le libraire refuse d'y renoncer, malgré l'argent qu'on lui offre. Le poète, bien décidé à satisfaire Frédéric, demande à le corriger, et, avec une audace inattendue, décide de le saboter. En le couvrant de ratures et de notes saugrenues, il pense qu'il l'a rendu impubliable. Van Duren va intenter un procès.

Après de longues négociations,[84] Frédéric, qui a des occupations plus urgentes, s'en remet à Voltaire pour l'édition de son œuvre. Le poète, revêtu d'une telle autorité, en profite: il laisse passer l'édition de Van Duren et en prépare une autre. L'œuvre du prince n'est pas toujours claire, et les contradictions n'y manquent pas; tout en prônant la vertu, la raison et l'humanité, il admire fort les armées puissantes. A mesure que l'on avance dans sa lecture, le texte devient de plus en plus machiavélique. Voltaire édulcore, clarifie, et, persuadé qu'il sert l'idéal du roi de Prusse, sollicite le texte en y mêlant ses propres conceptions. L'ouvrage obtiendra un grand succès en Europe, mais Frédéric le trouvera méconnaissable: «il y a tant d'étranger», écrira-t-il à Voltaire, «dans votre édition, que ce n'est plus mon ouvrage»;[85] son projet d'en publier une autre à Berlin, «sous ses yeux», ne sera jamais réalisé.

Maupertuis est parti pour la Prusse. De La Haye, Voltaire lui annonce la mort de la duchesse de Richelieu, leur amie commune, et il saisit cette occasion pour l'incliner à se réconcilier avec Emilie: «Je suis affligé de vous voir en froideur avec une dame qui après tout est la seule qui puisse vous entendre et dont la façon de penser mérite votre amitié. Vous êtes faits pour vous aimer l'un et l'autre. Ecrivez-lui.»[86] Maupertuis dira-t-il encore que Voltaire est jaloux? Il écrit donc à Emilie; elle lui répond qu'elle ne saurait «aimer ni se réconcilier à demi». Elle lui rend tout son cœur et compte sur la sincérité du sien.[87] La sincérité, c'est trop demander à Maupertuis, surtout depuis qu'il vit auprès du roi de Prusse; les relations d'Emilie avec le savant sont à jamais refroidies.

C'est alors que Frédéric, voyageant à travers l'Allemagne avec ses académiciens, fait le projet de venir jusqu'à Bruxelles. Emilie se réjouit: enfin, elle va voir «le phénomène»! Déception. Atteint de la fièvre quarte il s'arrête près de Clèves et invite Voltaire à l'y rejoindre. Le poète ne se fait pas prier, et Frédéric

84. *L'Anti-Machiavel*, introduction.
85. D2362 (7 novembre 1740).
86. D2271 (21 juillet 1740).
87. D2297 (21 août 1740).

s'exalte à la pensée de cette entrevue, en des termes qui gêneraient Voltaire s'il connaissait, à cette date, ses mœurs:

> J'admirerai ses yeux si clairs et si perçants,
> Que les secrets de la nature
> Cachés dans une nuit obscure,
> N'ont pu se dérober à leurs regards puissants.

> Je baiserai cent fois cette bouche éloquente
> Dans le sérieux, dans le badin,
> Et du cothurne au brodequin,
> Toujours également enchanteresse et charmante.[88]

Aussi, quand Voltaire lui demande si Mme Du Châtelet pourra l'accompagner, ne doit-on point s'étonner que Frédéric se dérobe: «C'est vous, c'est mon ami que je désire de voir [...] S'il faut qu'Emilie accompagne Apollon, j'y consens, mais, si je puis vous voir seul, je préférerais infiniment [...] Je serais trop ébloui, je ne pourrais soutenir tant d'éclat à la fois; il faudrait le voile de Moïse pour tempérer les rayons mêlés de vos divinités.»[89]

Non seulement Emilie est déçue, mais elle redoute qu'abandonné à lui-même, Voltaire ne se laisse fléchir et ne s'engage à partir pour la Prusse. Peut-être aussi espérait-elle rencontrer Maupertuis? Comme pis-aller, elle cherche à se faire un allié du savant: «J'espère qu'il [le roi de Prusse] me renverra bientôt quelqu'un avec qui je compte passer ma vie, et que je ne lui ai prêté que pour très peu de jours.»[90]

L'entrevue a lieu le 11 septembre au château de Moyland à deux lieues de Clèves. Voltaire arrive de nuit. La réalité n'est point, pour chacun des deux hommes, aux dimensions de leur rêve. Le tableau que fera Voltaire de cette entrevue est célèbre: «j'aperçus dans un cabinet, à la lueur d'une bougie, un petit grabat de deux pieds et demi de large sur lequel était un petit homme affublé d'une robe de chambre de gros drap bleu; c'était le roi qui suait et qui tremblait sous une méchante couverture, dans un accès de fièvre violent.»[91] Frédéric avouera lui-même à Jordan qu'il avait «l'esprit aussi débandé que le corps affaibli».[92] Le récit de Voltaire manifeste, à l'époque où il l'écrit, un détachement qui «tourne au pamphlet», dit Christiane Mervaud. Mais nulle déception n'apparaîtra de cette rencontre dans leur correspondance. Au

---

88. D2278 (29 juillet 1740).
89. D2281 et D2283 (2 et 3 août 1740). «Moïse avait jeté un voile de douceur et de tempérament sur l'éclat de sa personne et de sa dignité» (Exode, xxxiv).
90. D2310 (12 septembre 1740).
91. *Mémoires* (M.i.16).
92. D2317 (24 septembre 1740).

contraire: aux affirmations d'une amitié confirmée succéderont les invitations réitérées de Frédéric.

Même malade, le roi se lève et soupe avec son hôte, en compagnie de Keyserlingk, Algarotti et Maupertuis. A table, Voltaire est séduit par la simplicité du roi, «qui pense en homme, qui vit comme un particulier». Et Frédéric, malgré sa fièvre, retrouve son enthousiasme: Voltaire «nous a déclamé *Mahomet I*, tragédie admirable [...] Il nous a transportés hors de nous, et je n'ai pu que l'admirer et me taire. La du Châtelet est bien heureuse de l'avoir.»[93]

Emilie connaît une satisfaction, mais si brève! Voltaire ne reste que quatre jours avec Frédéric. Il repart le 14 septembre annonçant qu'il regagne Bruxelles par la Hollande. Par la Hollande et, hélas!, par la Prusse.

En Hollande, il s'acharne à la préparation du deuxième *Anti-Machiavel*. Travail long et harassant. Frédéric ne manque pas de le plaindre, mais il semble si détaché de son œuvre qu'il manifeste dans toutes ses lettres, en prose et en vers, l'impatience de revoir le poète à Berlin. A La Haye, Voltaire n'a-t-il pas fait la moitié du chemin? Qu'il en profite donc! «Emilie est absente, et Machiavel deviendra ce qu'il pourra.»[94] Voltaire, flatté par l'insistance de «son» roi, se laisse tenter et Frédéric s'enthousiasme:

> Ami, j'ai cru mourir de joie
> En vous voyant prêt à venir;
> Nous coulerons à l'avenir
> Des jours filés d'or et de soie
> Si nous pouvons vous retenir.[95]

Le piège est tendu: il ne s'agit pas d'une simple invitation, mais de séduire Voltaire et de le fixer à la cour. Ce sera désormais l'un des objectifs permanents du roi. A ce dessein se mêle le malin plaisir de séparer le poète d'Emilie. La tragi-comédie à trois personnages se noue: Voltaire n'a pas fini d'hésiter entre ses deux amis. Il entend à l'avance les plaintes d'Emilie. Elle souffrira. Leur amitié si bien établie, connue de tous, peut-elle être compromise pour le roi de Prusse? C'est là ce qu'il écrivait récemment au président Hénault: «Je passe ma vie avec un être supérieur, à mon gré, aux rois, et même à celui-là.»[96]

Une circonstance extérieure intervient ici: Mme Du Châtelet vient de perdre sa mère. Elle accourt à Paris où elle doit régler une maigre succession, mais ne s'y attarde pas. Ce qui est inattendu, c'est qu'elle rejoint Fontainebleau où se trouve la cour. Et c'est au roi de Prusse qu'elle explique cet écart: «J'ai pris le temps qu'il [Voltaire] est occupé à exécuter en Hollande les ordres de V.M.,

93. D2317.
94. D2333 (12 octobre 1740).
95. D2333.
96. D2291 (20 août 1740).

pour venir faire un tour à la cour de France, où quelques affaires m'appelaient, et j'ai voulu juger par moi-même de l'état de celles de M. de Voltaire [...] il n'y a rien de positif contre lui; mais une infinité de petites aigreurs accumulées, peuvent faire le même effet que des torts réels.»[97]

Elle constate que sa propre notoriété s'est accrue: grâce aux *Institutions de physique* peut-être? Sans doute aussi l'influence de l'ange et de son frère Pont-de-Veyle, celle du président Hénault ont-elles porté leurs fruits auprès de Maurepas. Toujours est-il qu'elle réussit ce qui semblait impossible: elle obtient le retour en grâce de Voltaire auprès du cardinal de Fleury; elle espère lui présenter son ami, un jour prochain, à Issy. Quand Voltaire l'apprend, il entrevoit, assez perfidement, qu'il en peut tirer la justification de son départ pour la Prusse: il pourrait se charger auprès du roi de Prusse d'une sorte de mission officieuse. Au moins voudrait-il ne point partir sans y être dûment autorisé. Il écrit au cardinal: «J'apprends avec la plus vive reconnaissance le retour de vos bontés pour moi», et il lui décerne le titre pompeux de «père du roi, de la patrie, de la Religion».[98] L'ambassadeur de Hollande Gabriel Jacques de Salignac, marquis de La Mothe-Fénelon[99] recommande à Fleury le voyage de Voltaire. Le poète porterait, en Prusse, «un cœur français», mais ce n'est pas sans réserve: «je ne lui ai pas dissimulé [à Voltaire] ce que j'avais remarqué de bien différent de ce *cœur français* dans le livre publié ici en dernier lieu [l'*Anti-Machiavel*], qu'il veut faire passer pour l'ouvrage du roi de Prusse [...] sans parler de ce qu'on y voit d'offensant pour la religion et les bonnes mœurs et qu'il prétend avoir corrigé dans une seconde édition qu'il commence à répandre.»[100] Sur cette remarque précautionneuse et sceptique, le cardinal ne dut point s'appesantir, pas plus que sur l'*Anti-Machiavel*. Il répond à Voltaire qu'il approuve le voyage à Berlin, avouant qu'il n'a lu qu'une quarantaine de pages de l'*Anti-Machiavel* que Mme Du Châtelet lui a envoyé. «Je serais extrêmement flatté», ajoute-t-il, «que sa majesté prussienne pût trouver dans ma conduite quelque conformité avec ses principes.»[101] Il ne souffle mot de la religion.

Voltaire, sans avoir reçu aucune mission, brusque sa décision, se met en route le 6 novembre et gagne par étapes la cour de Frédéric d'où il écrit à Fleury: «j'ai obéi aux ordres que votre éminence ne m'a point donnés».[102] Comme il fallait s'y attendre, la nouvelle de son départ bouleverse Emilie, son

---

97. D2330 (10 octobre 1740).
98. D2358 (2 novembre 1740).
99. L'actuel propriétaire du château de Cirey appartient à cette famille.
100. D2347 (21 octobre 1740).
101. D2364 (14 novembre 1740).
102. D2368 (26 novembre 1740).

ingratitude la blesse. C'est au duc de Richelieu qu'elle en fait la confidence:
«J'ai été cruellement payée de tout ce que j'ai fait à Fontainebleau [...] Je
procure à M. de Voltaire un retour honorable dans sa patrie, je lui rends la
bienveillance du ministère, je lui rouvre le chemin des académies, enfin je lui
rends en 3 semaines tout ce qu'il avait pris à tâche de perdre depuis six ans.
Savez-vous comme il récompense tant de zèle et d'attachement? En partant
pour Berlin il m'en mande la nouvelle avec sécheresse sachant bien qu'il me
percera le cœur.»[103] Néanmoins, elle est certaine d'avoir sa revanche: «Croirez-
vous», ajoute-t-elle, «que l'idée qui m'occupe le plus dans ces moments
funestes c'est la douleur affreuse où sera M. de Voltaire quand l'enivrement
où il est de la cour de Prusse sera diminué.» Elle sait qu'elle lui reste
indispensable, et sans doute appuie-t-elle sa prophétie sur une connaissance
très sûre de son ami et de Frédéric.

Là-bas, le roi de Prusse ne ménage pas les efforts pour séduire le poète.
Du moins, ces moyens manquent-ils de mesure et de délicatesse. Soupers,
concerts et bals se succèdent. Frédéric en parle non sans brutalité: «Nous
dansons à nous essouffler, nous mangeons à nous crever, nous perdons notre
argent au jeu, nous chatouillons nos oreilles par une harmonie pleine de
mollesse et qui, incitant à l'amour, fait naître d'autres chatouillements.»[104]
Utilisation bien particulière de la musique! Voltaire s'effarouche. Il n'en faut
pas tant pour qu'il voie de quel amour il s'agit. Lui, qui attaqua si violemment
les mœurs de Desfontaines, est témoin de la facilité avec laquelle Frédéric
change de partenaire. Il lui dit en vers:

> Non, malgré vos vertus; non, malgré vos appas,
>   Mon âme n'est point satisfaite.
>   Non, vous n'êtes qu'une coquette,
> Qui subjuguez les cœurs, et ne vous donnez pas.[105]

Il est certain que les reproches d'Emilie le gênent et l'empêchent de goûter
longtemps et sans regrets ces plaisirs fatigants. L'amitié plus attentive et plus
spirituelle d'Emilie, le travail en commun, les convenances françaises lui
manquent. Son refus de s'installer en Prusse refroidit Frédéric. Infatigable, le
roi s'absente souvent pour de mystérieux préparatifs militaires. «Il rassemblait
déjà ses troupes», écrira Voltaire dans ses *Mémoires*, «sans qu'aucun de ses
généraux ni de ses ministres pût pénétrer son dessein». Le poète en est réduit,
comme chacun, à se poser des questions. La mort de l'empereur Charles VI,
survenue en octobre 1740, vient d'ouvrir la crise de la succession d'Autriche.

---

103. D2365 (23 novembre 1740).
104. Citée par H. Bellugou, *Voltaire et Frédéric II* (Paris 1962), p.99, sans référence.
105. D2375, commentaire.

L'empereur, par la «pragmatique sanction», a désigné sa fille Marie-Thérèse comme successeur. Mais les époux de ses nièces, Auguste, électeur de Saxe, et Charles-Albert, électeur de Bavière, revendiquent, chacun pour soi, la succession. Pour dépecer les Etats de Marie-Thérèse, c'est la curée. Elle n'aura d'abord que des ennemis: l'Espagne, le roi de Sardaigne, la Prusse – ce que Voltaire semble ignorer – qui, par un contrat datant de 1537, revendique la Silésie. En France, Fleury, embarrassé par son engagement à respecter la «pragmatique», atermoie et «penche» pour l'électeur de Bavière. Frédéric manque de confiance dans le gouvernement et l'armée de la France, à tel point que Voltaire se demande s'il ne va pas «prendre parti contre la France en faveur de François de Lorraine, époux de Marie-Thérèse». Mais, ajoute Voltaire, «il était dans la nature [de Frédéric] de faire toujours le contraire de ce qu'il disait».[106]

Bien qu'il l'ait écrit en vers à Frédéric, ce ne sont pas les événements de politique extérieure ni la nouvelle et surprenante personnalité d'un roi guerrier qui éloignent Voltaire de la cour de Prusse. Il a le désir de rentrer. Emilie a repris son chantage à la maladie. Qui la croit? Cideville, qui l'a vue dans sa chambre «pleine d'hommes», l'a trouvée «piquante et jolie».[107] Mais ce chantage fournit à Voltaire un prétexte; dès le 28 novembre, il envoie un billet à Frédéric: «Je vais partir demain, Mme Du Châtelet est fort mal.» Au surplus, il irrite son hôte en réclamant le remboursement de ses frais de voyage; voilà qui réveille la jalousie du roi: «Je vous envoie et passeport et véhicule pour votre voyage. Je paierais volontiers cher votre arrivée mais je regrette chaque sou qui doit vous servir pour vous éloigner de moi. Les lettres de Paris d'aujourd'hui me confirment que la marquise se porte assez bien. Je crois qu'elle est à l'agonie pour vous et pour son bon mari. Mais le public qui n'est pas si bon n'en croit rien. Elle doit être toutefois enchantée de la promptitude avec laquelle vous obéissez à ses ordres [...] Enfin je vous souhaite bon et heureux voyage et j'espère de vous revoir peut-être un jour en cas que Mme Du Châtelet y consente.»[108]

Mais s'adressant à Jordan Frédéric s'exprimera avec une franchise cynique: «Ton avare boira la lie de son insatiable désir de s'enrichir; il aura mille trois cents écus. Son apparition de six jours me coûtera par journée cinq cent cinquante écus. C'est bien payer un fou; jamais bouffon de grand seigneur n'eut de pareils gages.»[109]

De son côté, Voltaire a grand tort de se confier à Maupertuis, qui reste en

---

106. *Mémoires* (M.i.18-19).
107. D2380 (5 décembre 1740).
108. D2370, D2369 (28 novembre 1740).
109. Citée par Bellugou, p.100.

Prusse. Avant de partir, il l'invite à dîner chez l'ambassadeur de France, M. de Valory, ou chez le marquis de Beauvau, et il ajoute: «Il faut que j'embrasse mon philosophe [Maupertuis] avant de prendre congé de la respectable, singulière et aimable putain qui arrive.»[110] Les amours du roi ne s'arrêtent donc pas à la coquetterie.

Sa vraie passion n'est pas là. Lorsque le poète quitte Berlin, Machiavel a condamné l'*Anti-Machiavel*; l'ordre du roi a été donné: ses troupes, prêtes avant celles des autres ennemis de Marie-Thérèse, envahissent la Silésie. Voltaire, dont le «pacifisme» et la foi en Frédéric sont à rude épreuve, n'en éprouve pas moins, à mesure qu'il s'éloigne, le regret de l'éclat, de l'étourdissement des plaisirs de la cour.

Bien qu'Emilie l'attende avec impatience, il ne se presse point d'aller s'exposer à ses reproches. Il fait une halte au château de Bückeburg, entre Hanovre et Minden. Le souvenir de son passage a été consigné et soigneusement conservé dans les archives de Schaumburg-Lippe.[111] C'est à Bückeburg que Voltaire doit retrouver le «phénomène rare» de la petite cour, la comtesse Bentinck, devenue la maîtresse du comte régnant Albrecht-Wolfgang. Il est vraisemblable que le poète a fait sa connaissance en Hollande, quatre années auparavant. Cette visite amicale au château prend une importance particulière puisque la comtesse deviendra plus tard une grande amie de Voltaire, une Emilie germanique. Elle est très belle: Maupertuis qui ne l'a vue que quelques heures a eu le coup de foudre. On ne sait si ce fut le cas de Voltaire, mais ce qui est certain, c'est qu'il apprécia grandement son esprit, sa conversation. Elle a lu avec profit Locke et Newton. En Allemagne comme en France, les *Lettres philosophiques* ont réchauffé le débat sur le «lockianisme». C'est donc le philosophe plus que le poète que la comtesse se réjouit de recevoir. Le comte partage son admiration pour le grand homme.

Voltaire était attendu à Bückeburg dès son voyage d'aller. Il venait de faire la connaissance, en Hollande, des jeunes comtes Georges et Guillaume, qui suivaient les cours de s'Gravesande et de Van Musschenbroek; il était muni d'une lettre d'introduction du comte Georges. Aussi, le 12 novembre, le comte Albrecht-Wolfgang mandait-il à ses fils qu'on avait hâte de voir arriver le célèbre voyageur. Mais Voltaire, retardé par un accident d'essieu, avait dû remettre sa visite à son voyage de retour.

C'est donc le 9 décembre qu'il s'arrête à Bückeburg, dans ce «beau château» qui apparaît, dans une région assez inculte, comme un petit paradis. Certes, ce n'est pas Brunswick ou Hanovre, mais on y vit «à la française», et l'on fait

110. D2377 (vers le 1er décembre 1740).
111. André Magnan, *Dossier Voltaire en Prusse*, Studies 244 (1986), p.382-94.

au poète une réception princière, dans l'atmosphère élégante, raffinée, que crée la comtesse Bentinck, libre alors de la surveillance et des reproches de son époux. Elle joue du clavecin et chante agréablement; elle dessine et peint. Quel contraste avec la princesse Amélie, l'épouse délaissée du comte, qui ne brille pas dans la conversation: elle est austère et dévote.

Le poète quitte Bückeburg le 11 décembre. Reste la partie la plus longue et la plus pénible de son voyage qu'il effectue en bateau, d'abord en descendant le Rhin, puis en contournant les côtes de Zélande. Le 31 décembre, il écrit à Frédéric «dans un vaisseau, sur les côtes de Zélande, où j'enrage».[112] Rentré en Hollande, il déclare à d'Argental: «La Meuse, le Rhin et la mer m'ont tenu un mois en route.» Très fatigué, il a contracté une fluxion des yeux.[113]

Sur la route du retour, il a pris la liberté d'écrire en vers à Frédéric ce qu'il pense des mœurs de sa cour. Mœurs athéniennes, qu'il a pu observer de près. Le «gros Valori», le «tendre Algarotti», le «beau Lujac» lui rappellent les amours de Socrate et d'Alcibiade. Quant à lui, il se tient à distance. Il se dit «très désintéressé dans ces affaires de la Grèce»:

> Pour Frédéric seul empressé [...]
> Si je volai dans son empire,
> Ce fut au doux son de sa lyre.

Il ajoute:

> Mais la trompette m'a chassé.[114]

Pas davantage, il n'approuve les goûts guerriers de son «héros», lequel vient d'envahir la Silésie.

De telles incompatibilités d'humeur le ramènent vers «la chapelle d'Emilie». Toutefois, dans une lettre ultérieure, il précise:

> Un ridicule amour n'embrase plus mon âme,
> Cythère n'est point son séjour:
> Et je n'ai point quitté votre adorable cour
> Pour soupirer en sot aux genoux d'une femme.

Mais, sire, cette femme a abandonné pour moi toutes les choses pour lesquelles les autres femmes abandonnent leurs amis; il n'y a aucune sorte d'obligation que je ne lui aie.[115]

A peine arrivé à Bruxelles, il se reconvertit à l'amitié pour Emilie avec une facilité déconcertante: «Il me semble qu'il y a une grande folie à préférer quelque chose au bonheur de l'amitié, que peut avoir de plus celui à qui la

---

112. D2392 (31 décembre 1740).
113. D2394 (6 janvier 1741).
114. D2383 (15 décembre 1740).
115. D2392 (31 décembre 1740).

Silésie demeurera? [...] Jamais madame du Chastellet n'a été plus au-dessus des rois.»[116] La vérité de Voltaire est d'être insaisissable. Sa grandeur n'est-elle pas de tout comprendre, d'être tout à la fois, et sa faiblesse de l'exprimer trop vite?

Les sentiments d'Emilie sont plus faciles à saisir: chez elle, la passion élimine ses contraires, et sa passion, c'est la haine du roi de Prusse: «je le défie de me haïr plus que je ne l'ai haï depuis deux mois [...] Je ne crois pas qu'il y ait une plus grande contradiction que la démarche de la Silésie, et l'*Anti-Machiavel*, mais il peut prendre tant de provinces qu'il voudra pourvu qu'il ne me prenne plus ce qui fait le charme de ma vie.»[117]

Ce n'est pas un dénouement: l'action de cette pièce à trois personnages rebondira.

116. D2394 (6 janvier 1741).
117. D2399 (7 janvier 1741).

7. Succès et protections

A Bruxelles, le procès n'avance pas, bien que Mme Du Châtelet annonce périodiquement qu'elle en a gagné «un incident considérable». Il achoppe sur une importante difficulté que d'Argental avait prévue: comment prouver que Trichâteau n'a pas été circonvenu à Cirey et qu'il a fait son testament seul, en toute lucidité? Ce que les juges de Bruxelles expriment à Mme Du Châtelet sous une forme brutale: «une des raisons qui prouvent qu'un notaire et des témoins sont des fripons, c'est de recevoir le testament d'un homme imbécile».[1]

Voltaire polit son *Mahomet*; il aura bientôt l'occasion de le mettre à l'épreuve de la scène. M. Denis a été promu commissaire-ordonnateur des guerres à Lille, où Mme Denis s'est constitué une sorte de salon. Lille n'est pas loin de Bruxelles et les relations du poète avec sa nièce se sont resserrées. Dans la noblesse et la bourgeoisie, parmi les parlementaires et les membres du clergé, une élite s'est ouverte aux idées nouvelles. On y compte des lecteurs et des amis de Voltaire. Raymond de Valory, chanoine trésorier du chapitre Saint-Pierre, frère de l'ambassadeur de France en Prusse, a réuni une importante bibliothèque qu'il ouvre au public deux fois par semaine. Cette initiative connaît un tel succès qu'en 1731, il faut agrandir le local.[2] On y trouve les œuvres de Locke, de Pope et de Voltaire. Plus tard, l'abbé de Valory se lie avec le ménage Denis et devient l'ami de l'oncle. Le poète rencontre aussi à Lille l'auteur dramatique et acteur La Noue qu'il a connu à Rouen par Cideville. Entrepreneur du théâtre de Lille, La Noue a écrit une tragédie, *Mahomet II*, jouée avec succès en ce théâtre par sa propre troupe en 1739. Aussi, lorsque Frédéric demande à Voltaire, l'année suivante, de constituer une troupe de comédiens pour la cour de Prusse, le poète lui signale-t-il celle de La Noue. Celui-ci, heureux de cette consécration, prépare sa troupe, signe des contrats et attend. Mais il ne reçoit plus de nouvelles de Frédéric. A court d'argent, La Noue écrit une lettre désolée à Voltaire. L'affaire traîne: le roi de Prusse n'est-il pas engagé dans «une guerre importante» où s'engouffrent ses fonds? Finalement, Frédéric abandonne son projet. La Noue ne gardera pas rancune à Voltaire qui n'a été qu'un intermédiaire de bonne foi. Pas plus

---

1. D2486 (18 mai 1741).
2. Louis Trenard, 'L'influence de Voltaire à Lille au XVIIIe siècle', *Studies* 58 (1967), p.1617-1634.

que ne l'effleure le moindre sentiment de rivalité envers le poète qui possède dans ses tiroirs un autre *Mahomet*. Il se trouve que Voltaire a dû retarder la représentation de sa pièce à Paris par suite de la retraite de Mlle Quinault et du départ de Dufresne. La Noue lui propose de la jouer à Lille, ce que le poète accepte aussitôt. «La Noue vous aura mandé», écrit-il à Cideville, «que nos deux Mahomets se sont embrassés à Lile.»[3] Il espère beaucoup de cette avant-première même si l'on dit qu'il n'est «plus qu'un auteur de province [...] j'aime encore mieux juger moi-même de l'effet que fera cet ouvrage dans une ville où je n'ai point de cabale à craindre que d'essuyer encore les orages de Paris.»[4] La Noue est un bon acteur qui jouera le rôle de Mahomet, bien que Voltaire soit un peu gêné par son aspect physique: il est petit et maigre. Voltaire lui trouve des ressemblances avec le singe naturalisé sur la cheminée de Mme de Tencin; «il faut», dit-il, «que Mlle Gautier [son amie, comédienne à Lille] ait récompensé en lui la vertu, car ce n'est pas à la figure qu'elle [s'était] donnée».[5]

La représentation a lieu le 25 avril 1741. La Noue a joué «mieux que n'eût fait Dufrene». Le «petit Baron», dans le rôle de Séide, a fait pleurer la salle. Après deux représentations très applaudies, une véritable émeute du parterre en imposa une troisième. Enfin, il fallut jouer une quatrième fois en l'hôtel de l'intendant de La Grandville «en faveur du clergé qui a voulu absolument voir un fondateur de religion.»[6] Le clergé juge comme le public et ne ménage point ses applaudissements.

C'est au cours de l'une des trois premières représentations que l'on apporte à Voltaire une dépêche du roi de Prusse lui annonçant la victoire de Mollwitz. Très fier, Voltaire apparaît à l'entracte et en donne lecture aux spectateurs qui applaudissent. C'est précisément l'époque où se prépare l'alliance de la France avec la Prusse contre l'Autriche. Fleury a envoyé Belle-Isle auprès de Frédéric afin de le décider à voter pour l'électeur de Bavière. Les tractations sont difficiles, car Frédéric négocie secrètement avec les Anglais. Belle-Isle va rentrer une première fois, le 2 mai 1741, sans avoir conclu. En expédiant son message à Voltaire, Frédéric sait qu'il impressionne favorablement l'opinion française.

La victoire de Mollwitz et le succès de *Mahomet* se répandent donc ensemble et aussi rapidement en Europe. La représentation de Lille ayant révélé à Voltaire les endroits faibles de sa pièce, il va la remanier une fois de plus. Mais il devra attendre encore plus d'un an avant de la faire jouer à Paris.

3. D2444 (13 mars 1741).
4. D2459 (7 avril 1741).
5. D2444 (13 mars 1741).
6. D2477 (5 mai 1741).

Pendant ce temps, la querelle sur les forces vives s'est engagée entre Mme Du Châtelet et Mairan. La marquise avait mis en cause dans ses *Institutions de physique* les conceptions du savant sur la nature de la force d'un corps et sur son expression mathématique. Le secrétaire perpétuel de l'Académie des sciences, profondément piqué dans son amour-propre et atteint dans sa réputation, lui répond publiquement.[7] Malheureusement, il ne se montre pas moins passionné. Il reproche à Mme Du Châtelet d'avoir mal lu son mémoire, d'avoir changé de point de vue depuis qu'elle «a adopté sans réserve toutes les idées de M. Leibniz», en somme, de ne «s'être pas fiée suffisamment à ses propres lumières». Mais lui-même, au lieu de procéder à une démonstration personnelle, s'appuie sur l'autorité de mathématiciens tels que Deidier[8] et Jurin. «Pensez-vous», ajoute-t-il à propos de ce dernier, «qu'un homme aussi habile et aussi clairvoyant ne s'apercevra pas de tout ce que je viens d'observer et peut-être de bien d'autres incompétences? Leibniz était un grand homme, oui, sans doute, mais Newton lui cède-t-il?»

Mairan a de puissants alliés. Buffon écrit à Jurin: «Vous serez assurément content de ses politesses [de Mme Du Châtelet] mais pour ses raisons je pense qu'elles ne vous feront pas changer d'avis car pour moi j'ai toujours regardé l'estimation des forces par le carré des vitesses comme une erreur de Leibnits et un *malentendu* misérable de la part de ses adhérents.»[9]

Cette querelle illustre et aggrave le divorce philosophique entre Voltaire et Mme Du Châtelet. Sans doute le poète, embarrassé, tient-il à préserver la renommée de son amie. Mais il ne saurait donner tort à Mairan que dans la forme. En définitive, il est heureux que le savant se soit rapproché de Newton et, aussitôt, s'opposant à son amie, il rédige et expédie à Mairan ses *Doutes sur la mesure des forces motrices et sur leur nature*, mémoire destiné à être lu à l'Académie, et qu'approuvera, faute de le lire en public, son destinataire.

Par contre, Mme Du Châtelet entrevoit tout de suite la gloire qu'elle peut tirer de cette discussion publique avec un homme aussi éminent. «Je suis très honorée d'avoir un tel adversaire», écrit-elle à d'Argental. *«Il est beau même d'en tomber*, et cependant j'espère que je ne tomberai pas.»[10] Elle rédige et imprime sa réponse en trois semaines.[11] Elle reproche à Clairaut, son nouveau maître, son attitude «politique». «Vous semblez croire», répond le géomètre,

---

7. Dortous de Mairan, *Lettre à Mme *** sur la question des forces vives* (Paris 1741).

8. Abbé Deidier, *Nouvelle réfutation de l'hypothèse des forces vives* (Paris 1741). Mairan a envoyé cet ouvrage à Mme Du Châtelet.

9. D2621 (20 juin 1742).

10. D2450 (22 mars 1741). Souligné dans le texte.

11. Mme Du Châtelet, *Réponse de Mme *** à la lettre de M. de Mairan sur la question des forces vives* (Bruxelles 1741).

«que la politique me retient sur la question des forces vives, je vous proteste le contraire. Si j'ai dit que c'était une question de mots, c'est que je pense que c'en est une pour tous les gens qui sont vraiment au fait.»[12] Mairan se tait; c'est un homme raisonnable et discret: «Je ne l'aime pas cette guerre»,[13] écrit-il à Voltaire. Curieuse querelle que l'expérimentation et le raisonnement devraient aisément résoudre, et que la passion obscurcit. Elle montre que l'esprit scientifique ne s'est pas encore défini, et que l'on ne s'entend pas sur le contenu des mots; peut-être eût-il fallu se souvenir de Pascal plus que de Descartes. Ce que Voltaire, avec son génial bon sens, résume parfaitement dans une lettre à Pitot: «Le fond de la question n'a pas été entamé dans les lettres de M. de Mairan et de Mad^e du Chatelet [...] si on peut disputer encore, ce ne peut plus être que sur les termes dont on se sert. Il est triste pour des géomètres que l'on se soit si longtemps battu sans s'entendre. On les aurait presque pris pour des théologiens.»[14]

Curieusement, Mme Du Châtelet, tout en ayant tort, acquiert en cette querelle une notoriété plus littéraire que scientifique. Mme d'Aiguillon, qui admire sa réponse, en fait un succès mondain, et les *Mémoires de Trévoux*, qui ne cherche pas à comprendre le fond du problème, loue son style «d'honnête homme» et la finesse de son ironie. S'il est une «amie» de Mme Du Châtelet qui ne se laisse pas convaincre, c'est Mme Du Deffand: «La du Châtelet ne parle que comme Sganarelle parlait latin à ceux qui ne le savaient pas».[15]

En cette affaire, Emilie aurait eu grand besoin des avis de son ami Maupertuis. Mais il était loin: pour suivre l'armée prussienne, il s'était fait confectionner un magnifique costume bleu, et, s'étant isolé un moment dans la forêt, il se trouva entouré de «housards» autrichiens qui le prirent pour un officier. Dépouillé de ses vêtements, il faillit être pendu. Sauvé de justesse par un soldat parlant le français, il fut revêtu de hardes et dirigé sur Vienne. Qu'allait-il faire dans cette galère? s'écrie Voltaire. Galère? Point du tout! A Vienne, il retrouve la princesse de Lichtenstein, et il est fêté. La science et les amours, dans la noblesse éclairée, ignorent les frontières et les guerres.

Le procès de Bruxelles se traîne. Pour faire établir par une commission de juges français la validité du testament de Trichâteau, il faut que les deux philosophes viennent à Paris et à Cirey. Ils arrivent dans la capitale au début de novembre 1741. Ils ne s'installent pas à l'hôtel Lambert et, pour ce court séjour, vivent en nomades. La comtesse d'Autrey, leur voisine en Champagne, retenue à Gray par une maladie, leur a prêté, au Palais-Royal, l'appartement

12. D2485 (?mai 1741).
13. D2461 (8 avril 1741).
14. D2500 (19 juin 1741).
15. Mme Du Deffand, *Correspondance complète* (Paris 1865), ii.763.

de sa défunte parente Mme de Fontaine-Martel. Dans ces lieux remplis de souvenirs, Voltaire retrouve rapidement ses habitudes et invite à souper, dès le 17 novembre, le marquis d'Argenson et son fils; il leur fait connaître d'autres invités, l'abbé Du Resnel, traducteur de Pope, le président de Mesnières et le jeune Helvétius.

Dès le 21 novembre, Voltaire et son amie repartent pour Cirey où ils devront vivre trois mois, en plein hiver. Pendant que Mme Du Châtelet s'occupe de l'affaire du testament et des «interminables chicanes» du marquis de Hoensbroeck, Voltaire polit encore son *Mahomet* et commence à se documenter pour son *Essai sur les mœurs*.

Entre 1739 et 1741, son œuvre historique connaît un développement décisif. Comme historien, il se démarque des orientations préférées d'Emilie, de même qu'il s'en démarque par sa production poétique. Bien plus, il échappe par là à son emprise. C'est lui tout au contraire qui tente en ce domaine d'influencer son amie. Car celle-ci, esprit géométrique et tête métaphysicienne, n'a que mépris pour l'histoire, ce fouillis de détails, ce chaos d'événements, où n'apparaît aucune rationalité. Voltaire voudrait la persuader de «surmonter» un tel «dégoût».[16] Il se propose de l'intéresser à une histoire philosophique, qui sera celle de «l'esprit des hommes».

C'est ainsi qu'il a conçu son *Siècle de Louis XIV*. Au début de 1739, il en fait connaître le programme, sous la forme d'une lettre imprimée, adressée à l'abbé Dubos, lequel vient de publier son dernier grand ouvrage, l'*Histoire critique de l'établissement de la monarchie française dans les Gaules* (1734). Il lui expose son plan (qu'il modifiera par la suite). Il définit surtout son projet. Il ne va pas raconter la vie de Louis XIV, ni relater tous les événements de son règne. «Malheur aux détails [...]: c'est une vermine qui tue les grands ouvrages.» Son propos: faire «l'histoire de l'esprit humain, puisée dans le siècle le plus glorieux à l'esprit humain.»[17] Il revient sur le sujet peu après, dans une seconde lettre-programme, adressée celle-ci à l'une de ses anciennes relations d'Angleterre, lord Hervey, récemment promu à Londres garde des sceaux. Hervey avait réagi à la publication, en 1739, des deux premiers chapitres sous le titre *Essai sur le siècle de Louis XIV*. Il avait contesté que le dix-septième siècle pût être désigné comme le «siècle de Louis XIV». Voltaire répond: «Quel roi a [...] rendu plus de services à l'humanité, que Louis XIV?» Ce souverain a protégé et développé les lettres, les arts, les sciences, en France et en Europe. Il a «instruit les nations, il était pour ainsi dire l'âme des princes de l'Europe.»[18] Ces deux textes ainsi que l'introduction du *Siècle de Louis XIV*, publiée

16. *Essai sur les mœurs*, éd. R. Pomeau (Paris 1963), i.195.
17. D1642 (30 octobre 1738).
18. D2216 (vers le 1er juin 1740).

simultanément en 1739, caractérisaient nettement ce qui selon Voltaire fait la grandeur d'une époque: l'éclat des belles-lettres, la production de chefs-d'œuvre dans tous les arts, le progrès de la pensée et des sciences. Cet épanouissement atteint un sommet sous Louis XIV, et par Louis XIV.

De telles vues engageaient l'historien à porter son regard bien au-delà de la période qu'il s'était assignée. Son introduction de 1739 reconnaissait dans le cours des âges trois autres «grands siècles», chacun étant dominé par de «grands» souverains: la Grèce de Philippe et d'Alexandre, la Rome de César et d'Auguste, l'Italie des Médicis. Sa philosophie de l'histoire portait Voltaire à embrasser l'histoire universelle.

Le pas fut franchi en 1741. Une lettre du 1er juin[19] contient l'annonce d'une histoire dépassant les limites du siècle de Louis XIV. Voltaire en promet le manuscrit à Frédéric II: il pense pour premier destinataire à ce disciple devenu roi conquérant. Mais l'avant-propos qu'il rédige s'adresse à Mme Du Châtelet. Il va placer sous les yeux d'Emilie «ce qui mérite d'être connu» d'elle: «l'esprit, les mœurs, les usages des nations principales».[20] On repère ensuite dans la correspondance le progrès de son travail. Une première version était prête au printemps de 1743 et avait été promise au libraire Jean Néaulme. Partant de Charlemagne, le manuscrit (qui ne nous est pas parvenu) devait aller, par l'histoire des croisades, jusqu'à Charles-Quint. Voltaire, comme il l'annonçait à Mme Du Châtelet, prenait le relais de Bossuet, dont le *Discours sur l'histoire universelle* s'arrêtait à Charlemagne. Il s'en tenait donc à l'histoire européenne. Mais bientôt il embrasse dans son plan l'histoire extra-européenne. Des extraits parus dans le *Mercure de France* de 1745 et 1746 traitent de l'Orient ancien – Chine, Inde, empire arabe – avant d'en venir à l'Europe des neuvième et onzième siècles. Changement de perspective fondamental, qui le conduit à considérer et donc à valoriser, dans une histoire vraiment universelle, d'autres civilisations que la nôtre.[21]

La vie itinérante de Voltaire en ces années, entre Bruxelles, Paris et Cirey, entrecoupée en outre de voyages dans les Etats de Frédéric II, ne favorisait guère les recherches érudites. Pourtant elle le met à portée de consulter de riches bibliothèques, comme à Bruxelles celle du petit-fils du grand pensionnaire de Witt: précieuse ressource pour un historien qui élabore son œuvre à partir d'une documentation imprimée, extrayant d'amples lectures «quelques gouttes d'élixir».

Au début de février 1742, Voltaire et Mme Du Châtelet ont quitté Cirey

---

19. D2493 (1er juin 1741).
20. *Essai sur les mœurs*, i.195.
21. Voir *Essai sur les mœurs*, i.III-VI.

pour Paris. Voltaire loge «près du Palais-Royal»,[22] soit sans doute comme précédemment dans l'ancien appartement de Mme de Fontaine-Martel. En cette fin d'hiver et au début du printemps, en dépit des accès de maladie dont il se plaint, il mène une vie mondaine agitée, le plus souvent nocturne, entraîné qu'il est par Emilie dans le tourbillon. Il soupe «quand je devrais me coucher», se couche «pour ne point dormir [...] tracasse ma vie jusqu'à deux heures après minuit.» Ce qui fait qu'il ne travaille point, ou guère.[23]

Cependant des changements s'annoncent à la tête de l'Etat, qui lui sont favorables. Fleury, nonagénaire, perd de son influence; il mourra en janvier 1743. Dans ses derniers mois, Louis xv malgré ses conseils a introduit à la cour sa première favorite, Mme de Mailly. A Versailles, un parti de la guerre, anti-autrichien, se fait de plus en plus écouter. Autour des frères d'Argenson, anciens condisciples de Voltaire, restés ses amis, et du maréchal de Belle-Isle s'est groupée une nouvelle équipe de courtisans et d'officiers épris de prestige, jaloux des victoires de Frédéric II et impatients d'intervenir militairement en Allemagne. Voltaire, malgré son amour de la paix, se sentira plus d'une fois entraîné dans leur mouvement.

En mai 1741, Belle-Isle avait accompli une mission auprès des petits princes de l'empire; il les avait persuadés de soutenir le candidat de la France à la couronne impériale, l'électeur de Bavière Charles-Albert. Puis Belle-Isle avait négocié avec Frédéric II. Le roi de Prusse reconnaît les talents du maréchal, «un Newton pour le moins en fait de guerre», tout en se méfiant de Fleury et, en général, des Français. «On regarde en Allemagne comme un phénomène très rare de voir des Français qui ne soient pas fous à lier.»[24] Belle-Isle signe le 4 juin un traité d'alliance garantissant à Frédéric la possession de la Silésie et de Breslau, tandis qui celui-ci renonce aux prétentions de sa maison sur l'héritage de Berg et Juliers en faveur de la maison palatine de Salzbach, cliente de la France; en outre, il promet de voter pour le candidat français au trône impérial.

Belle-Isle arrive à Versailles sans autorisation le 11 juin. Le roi réunit un conseil qui dure neuf heures. Après avoir parlé pendant six heures, Belle-Isle impose son avis: l'entrée en guerre est décidée. La France enverra trente mille hommes, commandés par Maillebois, en Westphalie, contre l'électeur de Hanovre, qui est aussi roi d'Angleterre, et quarante mille en Bavière, commandés par Belle-Isle. Ces troupes se mettent en marche à la mi-juillet 1741. Leur progression étant lente et indécise, Marie-Thérèse en profite pour obtenir la levée en masse des Hongrois. Au surplus, l'Angleterre, qui ne veut ni un

22. D2589. Voltaire est arrivé à Paris le 10 février (D2592).
23. D2598, à Cideville (?mars 1742).
24. D2475 (2 mai 1741).

candidat à l'empire allié de la France ni l'alliance entre la France, la Prusse et l'Espagne, envoie des subsides et une armée en Hanovre. Par mer, elle prétend s'emparer des colonies françaises et espagnoles.

Tandis que Frédéric marche de victoire en victoire, les armées françaises jouent de malheur. Belle-Isle, d'abord victorieux, se laisse enfermer dans Prague au lieu de marcher sur Vienne, tombe malade, et se retire à Francfort, laissant le commandement de son armée au maréchal de Broglie. Mais il prétend tout diriger de Francfort et mécontente son successeur. Frédéric, qui connaît bien les rivalités et la médiocrité des généraux français, regarde leurs armées s'épuiser. Belle-Isle guérit, lève le siège de Prague et ramène l'armée en France moyennant de lourdes pertes dues au froid et à la maladie. On lui en fait une gloire. Vaille que vaille, l'électeur de Bavière est élu empereur à Francfort le 24 janvier 1742 et prend le nom de Charles VII. Les troupes de Maillebois, bloquées par les Autrichiens dans Linz, capitulent.

Le scandale, c'est que le roi de Prusse, voyant qu'il n'a plus rien à gagner, abandonne l'alliance française et signe avec Marie-Thérèse, le 11 juin 1742, une paix séparée qui lui garantit la Silésie. Et le malheur, c'est que Voltaire, demeuré l'ami et l'admirateur inconditionnel de Frédéric, commet une grave erreur: saisissant l'occasion d'un acte pacifique exceptionnel de son ami, mais qui est une trahison à l'égard de la France, il félicite le roi de Prusse. «La moitié du monde», lui mande-t-il, «crie que vous abandonnez nos gens à la discrétion du dieu des armées [...] Quelques abbés de S. Pierre[25] vous bénissent au milieu de la criaillerie. Je suis un de ces philosophes [...] J'estime que vous avez gagné de vitesse le bon vieillard [Fleury]. [...] Vous n'êtes donc plus notre allié, sire? Mais vous serez celui du genre humain.»[26]

Encore si cette lettre était restée secrète! Le 12 juillet, le président Hénault signale à son amie Mme Du Deffand que la lettre circule dans Paris. «Si c'est une méchanceté qu'on lui a faite [à Voltaire], comme il y a beaucoup d'apparence, vous conviendrez que voilà un tour bien noir [...] Il ne sait quel parti prendre, et il faut avouer que le conseil est difficile à donner; cependant, toutes réflexions faites, il me semble qu'il n'y aurait qu'à écrire une deuxième

---

25. Charles-Irénée Castel de Saint-Pierre, *Projet de paix perpétuelle* (Utrecht 1713). L'abbé de Saint-Pierre avait abandonné les sciences pour s'adonner avec passion à la morale et à la politique. Il accompagna le cardinal de Polignac à la négociation de la paix d'Utrecht (1713). Cette paix, il forma le projet de la rendre *perpétuelle*, d'où le titre de son œuvre célèbre. Dans un discours sur la *Polysynodie*, il jugea sévèrement le règne de Louis XIV et fut exclu de l'Académie le 5 mai 1718. Pour lui, il ne peut exister de peuple ennemi: il embrasse tous les peuples dans une même affection. D'une charité inépuisable, il avait pour devise *Donner et pardonner*; il créa le mot «bienfaisance». Il n'en aimait pas moins la société des femmes et fréquentait les salons de Mme de Tencin et de Mme Dupin.

26. D2623 (30 juin 1742). Nous n'avons pas le texte autographe de la lettre.

lettre au roi de Prusse, dans laquelle il le supplierait de vouloir montrer celle qu'il lui a écrite à M. de Vallori, et envoyer cette seconde lettre à M. Amelot, pour qu'il la fît tenir. Mais pour prendre ce parti il faut deux conditions: la première, qu'il n'ait pas en effet écrit la lettre qu'on lui impute, et puis que celle qui est la véritable ne contienne rien dont on puisse être offensé ici, ce dont je ne répondrais pas.»[27] Le président oserait-il proposer ce stratagème à Voltaire?

Mme Du Deffand, dans sa réponse, croit résoudre le mystère: «il me semble», écrit-elle, «qu'on doit bien juger que c'est une noirceur qu'on lui fait: j'imagine que c'est l'abbé Desfontaines. L'expédient que vous imaginez [...] me paraît scabreux; car, sans être un mauvais *patriote*, il se pourrait qu'il y eût plus de flatterie qu'il ne conviendrait à cette cour-ci.»

La lettre, répandue à un grand nombre d'exemplaires, fait du bruit. Le plus étonné, c'est Voltaire. A Pont-de-Veyle, qui l'a rencontré à la Comédie, il a manifesté une profonde surprise et «a juré avec un grand air de bonne foi qu'il ne savait ce que c'était que cette pièce.» Sans doute se souvient-il d'avoir écrit au roi de Prusse, mais personne, «pas même madame du Châtelet», n'a vu sa lettre.

Pour une fois, Voltaire serait donc sincère? Mme Du Deffand, ayant lu la lettre, revient sur sa première impression. Non, ce n'est pas un mauvais tour de Desfontaines: «Il est certain que la lettre est de Voltaire: on ne peut avoir une idée assez présente de toutes ses façons de parler pour le si bien imiter.» Ce qui lui semble «surnaturel», c'est le moyen par lequel la lettre a été publiée. «Je crois la du Châtelet dans une belle inquiétude», ajoute-t-elle. Et son ami redoute «un nouveau décampement pour Voltaire».

Ce qui est certain, c'est que Voltaire a bien écrit cette lettre du 30 juin 1742: il y qualifie même Frédéric «d'allié du genre humain». Mais il se demande, écrivant à nouveau au roi de Prusse le 15 juillet, «comment elle est parvenue en d'autres mains». «Je suis fait moi», ajoute-t-il, «pour ignorer le dessous des cartes. Mais j'ai essuyé une des plus illustres tracasseries de ce monde. Mais je suis si bon cosmopolite, que je me réjouirai de tout.»[28]

Tracasseries en effet: dans certains salons comme à la cour, les réactions sont vives. Le maréchal de Brancas se fâche et espère une sanction. Le bruit court que Mme de Luxembourg a fermé sa porte au poète. Ce qui est plus grave, c'est que Mme de Mailly s'enflamme et va demander que Voltaire soit puni. Celui-ci lui écrit que les expressions de sa lettre sont «falsifiées»: «si je

27. D2625 (12 juillet 1742). Les extraits suivants sont empruntés à la même lettre et au commentaire de celle-ci.
28. D2627 (vers le 15 juillet 1742).

l'avais écrite telle que l'on a la cruauté de la publier [...], je mériterais votre indignation.»[29]

Qui donc pouvait avoir eu cette «cruauté»? A la lettre du 15 juillet, Frédéric répond que c'est la poste de Bruxelles qui a détourné celle du 30 juin. Voltaire prétend que cela n'est pas possible et que ce détournement s'est produit à Paris. Devant l'absence de preuves, l'explication la plus vraisemblable se présente à l'esprit: n'est-ce pas Frédéric qui, par ce stratagème, a voulu rendre Voltaire indésirable en France pour le réduire à se réfugier en Prusse? Certains biographes n'ont pas craint de l'affirmer.[30]

Aujourd'hui, cette thèse n'a pas été confirmée. Sans doute Mme Du Deffand, qui a reconnu le style de Voltaire, et le poète lui-même, pensant que la lettre a été interceptée à Paris, ont-ils raison. Christiane Mervaud s'est attachée à résoudre ce problème.[31] En s'appuyant sur différentes remarques,[32] elle croit pouvoir affirmer que l'envoi de Voltaire fut ouvert par la censure et rendu public. En outre, elle cite une intéressante suggestion de Jean Sareil: Frédéric «n'avait point intérêt à prolonger le scandale ou à compromettre Voltaire qu'il ne pouvait à ce moment faire venir à Berlin».[33] D'où l'acceptation du roi de Prusse d'écrire à Voltaire une lettre ostensible attestant qu'il avait reçu de Paris une lettre attribuée à Voltaire qui faisait sa «consolation». Le poète, pour la présenter à Fleury, changea la date, déclarant qu'elle était du 26 août, et que Frédéric avait écrit par erreur 26 septembre. Tout se passe comme si Frédéric aidait le poète à duper les autorités françaises. Mais qui, parmi ces autorités? Que de points restent obscurs!

Quoi qu'il en soit, Voltaire ne «décampe» pas. Ses protecteurs l'ont sans doute rassuré. Paris, à cette époque, ne se passionne ni pour la guerre, ni pour le «patriotisme». On n'entend point ce mot avec la même gravité qu'aujourd'hui; dans son article «Patrie» du *Dictionnaire philosophique*, Voltaire ramènera le «sentiment patriotique» à l'intérêt. En outre, il évite de confondre avec d'autres conquérants ce roi qui «sait être un Homère après avoir été un Achille».

Paris court aux représentations de *Brutus* que l'on vient de reprendre à la Comédie. Selon Hénault, «c'est la plus belle pièce de Voltaire».[34] Son éclatant

---

29. D2626 (13 juillet 1742).

30. Desnoiresterres, ii. p.335 et Jean Orieux, *Voltaire, ou la royauté de l'esprit* (Paris 1966), p.270.

31. Mervaud, p.135-37.

32. Mervaud, p.135, n.12. La remarque de Voltaire dans son commentaire de *L'Art de la guerre* de Frédéric (Besterman, «Voltaire's commentary on Frederick's *L'Art de la guerre*», Studies 2 (1956), p.117) sur l'expression «gagner de vitesse», et des extraits de dépêches de Le Chambrier à Frédéric, permettent une telle affirmation.

33. Jean Sareil, *Voltaire et les grands* (Genève 1978), p.46.

34. D2625 (12 juillet 1742).

succès rappelle, en effet, ceux de *Zaïre* et d'*Alzire*. Bonne diversion, l'une des plus belles revanches de Voltaire! Une fois de plus, on applaudit Mlle Gaussin, une actrice fort belle, douce et tendre, mais faible et volage, «aussi incapable de garder un secret que de conserver un amant»,[35] c'est Voltaire qui le dit, pour qui elle éprouve une grande admiration.

Elle va jouer de nouveau dans *Mahomet*. C'est au moment du scandale de la lettre au roi de Prusse que l'on répète la pièce à la Comédie. Bien que ce soit l'une des plus politiques de ses tragédies, Voltaire n'en redoute point l'échec ni même l'interdiction. Le succès de Lille auprès du clergé n'est pas oublié. Un censeur a été désigné par le lieutenant de police Feydeau de Marville: Crébillon le tragique. Il donne un avis défavorable. Mais Voltaire a pris soin de communiquer son manuscrit au cardinal de Fleury. Celui-ci n'a pas fait d'objection. Marville, qui approuve la pièce, s'appuie sur cette autorité. Il en permet la représentation.

Mahomet est donc joué pour la première fois à Paris le 9 août 1742. C'est un grand succès. Le public est sensible à la puissance de l'œuvre: «de grandes beautés, beaucoup de force, beaucoup de hardiesse et des détails brillants», écrit l'abbé Le Blanc.[36] On est étonné par le choix du sujet, plus audacieux encore que dans *Zaïre*, *Adélaïde Du Guesclin*, *Alzire*. Oser porter à la scène non le second Mahomet, le conquérant de Constantinople, comme La Noue, mais Mahomet le Prophète,[37] fondateur de l'Islam, et traiter à ce propos du «fanatisme», avec toutes les allusions qu'on devinait, il y avait là de quoi attirer des foules curieuses et vaguement inquiètes.

Les jansénistes aussitôt réagissent. Quelques «messieurs» du parlement ont assisté à la première. Ils dénoncent la pièce au procureur général Joly de Fleury. Ils y ont vu «des choses énormes contre la religion». Joly de Fleury se plaint à Marville dès le 11 août.[38] Il revient à la charge le 13. «C'est l'énormité en fait d'infamies, de scélératesse, d'irréligion et d'impiété.»[39] Il se veut menaçant. Marville tente de défendre la pièce, mais craint de s'attirer de graves ennuis; il en réfère donc à Maurepas le ministre, qui consulte Fleury. Le cardinal répond qu'il «pense toujours de même au fond». Toutefois il ne

---

35. D2162 (16 février 1740).
36. D2635 (13 août 1742).
37. Voltaire donne au prophète son nom usuel en France. Mais dans une lettre à Cideville (D2649, 1er septembre 1742), il emploie la forme Mahommed (en transcrivant la formule rituelle: «Alla ila Alla, Mahommed rezoul Alla»). «Mahomet» dérive de la dénomination en turc, l'Islam étant essentiellement considéré au dix-huitième siècle commme la religion de l'empire ottoman, la religion «turque». Selon Maxime Rodinson, *Mahomet* (Paris 1961), la transcription la plus exacte serait «Mohammad».
38. D2634 (11 août 1742).
39. D2638 (13 août 1742).

voudrait pas entrer en conflit avec le parlement de Paris pour *Mahomet*. On n'interdira pas la pièce; on persuadera seulement Voltaire de la retirer.[40] Marville convoque donc le poète en pleine nuit. Mme Du Châtelet l'accompagne. La discussion fut longue. Voltaire finalement dut s'incliner. Marville lui rappelle qu'il reste sous le coup d'un décret d'arrestation pour les *Lettres philosophiques*. Le parlement est décidé à passer à l'exécution, dans le cas où il ne serait pas mis fin au scandale de *Mahomet*. Voltaire est furieux, Mme Du Châtelet aussi.[41] Il se résigne pourtant à reprendre son manuscrit après la troisième représentation. Suspension *sine die*: la pièce ne sera rejouée qu'en 1751. La pression janséniste avait obtenu du pouvoir royale réticent l'interdiction de fait de *Mahomet*.

On ne peut que constater le contraste avec l'accueil chaleureux du clergé à Lille. Comment la même pièce, là-bas portée aux nues, a-t-elle pu être à Paris si véhémentement attaquée? La chose fait problème et le biographe se doit de chercher une solution. L'explication se trouve sans doute dans l'ambiguïté de l'œuvre, fondée sur cette notion d'imposture, utilisable à deux fins dans le domaine religieux.

Que le Mahomet de la tragédie soit un imposteur, le sage Zopire nous en avertit dès les premiers vers du premier acte. Le Prophète lui-même l'avoue sans ambages, dans un tête à tête avec ce même Zopire. Son armée assiège La Mecque. Mahomet voudrait convaincre son ennemi, qui est «shérif» de la cité, de se rallier à lui. Il lui dévoile en confidence ses projets, qui sont ceux d'un politique et d'un chef de guerre. Toutes les puissances de l'Orient étant tombées en décadence, l'heure des Arabes est venue. Il va les rassembler et les lancer à la conquête du monde. Pour cela, il lui faut fanatiser son peuple par une nouvelle religion dont il se proclame le chef. «Il faut un nouveau culte», «il faut un nouveau Dieu pour l'aveugle univers» (II.v). «J'ai trompé les mortels, et ne puis me tromper», déclarera-t-il au dénouement (v.iv). Zopire demeurant hostile, irréductiblement, Mahomet et son lieutenant Omar décident de l'éliminer. Ils poussent le jeune Séide, leur ardent partisan, à l'assassinat du vieil homme, avec l'aide de Palmire sa fiancée. Les jeunes gens ignorent ce que savent Mahomet et Omar: qu'ils sont frère et sœur, et enfants de Zopire. Ils découvrent l'affreuse vérité après avoir porté le coup fatal, pendant que le vieillard agonise auprès d'eux. Voyant clair soudain, les jeunes gens appellent le peuple de La Mecque à la révolte. Un instant, Mahomet se croit perdu. Mais Omar avait pris ses précautions. Il a fait absorber à Séide un poison à effet différé. Tandis que le jeune homme apostrophe Mahomet devant

40. D2637 (10 août 1742).
41. D2641 (15 août 1742).

la foule ameutée, voici qu'il chancelle et s'abat, foudroyé: évident châtiment du ciel pour avoir blasphémé contre le Prophète. Palmire désespérée se donne la mort. Mahomet traverse un moment de faiblesse: «Il est donc des remords». Mais il se ressaisit vite:

> Je dois régir en Dieu l'univers prévenu.
> Mon empire est détruit, si l'homme est reconnu.

Le rideau tombe. L'homme n'est pas «reconnu», et «l'empire» de l'imposteur est définitivement établi.

En cette action le public chrétien de Lille avait retrouvé, fort dramatiquement illustrée, l'image de Mahomet à laquelle il était habitué. Comment peut-il exister de fausses religions, quand la vérité de la religion chrétienne devrait s'imposer à tous avec la force de l'évidence? L'apologétique recourait à l'explication par l'imposture. D'adroits fripons, disait-on, ont instauré des religions trompeuses, prétendument révélées, par ambition politique: ils ont fait appel à la force, à la séduction; ils n'ont pas hésité à flatter les bas instincts des hommes. Le Mahomet tragique de Voltaire se conforme à cette image. En ces cinq actes, le Prophète, appuyé sur le prestige de ses victoires, consolide son pouvoir par d'adroites fourberies. Trompés, ses partisans le vénèrent comme un Dieu. Voltaire avait eu soin de rappeler aussi le grief de sensualité allégué contre l'Islam. Son Mahomet confesse que les plaisirs de l'amour sont «l'objet de ses travaux»: il convoite Palmire; il voudrait l'adjoindre à son harem. Le dramaturge marquait également la différence avec la religion chrétienne: la jeune fille, en mourant, forme le vœu «qu'un Dieu plus équitable réserve un avenir pour les cœurs innocents». Les spectateurs lillois, confortés en leur certitudes, pouvaient donc croire que Voltaire n'en voulait qu'au fanatisme musulman.

Mais à Paris un public plus averti reçut tout autrement la pièce, surtout dans la partie janséniste de ce public. Ces dévots, persécutés et agressifs, toujours sur le qui-vive, se sentent atteints. Voltaire effectivement visait cette sorte de passion sectaire qui est la leur. Il va jusqu'à glisser une allusion à l'agitation convulsionnaire:

> [...] en ces murs même, une troupe égarée,
> Des poisons de l'erreur avec zèle enivrée,
> De ses miracles faux soutient l'illusion.
> Répand le fanatisme et la sédition. (i.i)

Il y avait plus grave. L'argument apologétique de l'imposture se laissait aisément retourner. Il suffisait d'appliquer le même raisonnement à la religion chrétienne. Ce que faisait jadis le poème de la *Moïsade*; ce que suggérait le titre du traité mythique des *Trois imposteurs*. On accuse donc Voltaire de taxer d'imposture, à travers l'Islam, le christianisme lui-même. «On a remarqué», commente un journaliste, «que toutes les religions paraissent être attaquées dans cette tragédie, sous prétexte de blâmer celle de Mahomet.»[42] C'est ce que veut dire l'abbé Le Blanc quand il s'étonne que «la police en a permis la représentation».[43]

Rien ne nous semble aujourd'hui plus aberrant que ces discussions sur l'imposture. Nul ne saurait douter de la sincérité foncière de Mahomet. On ne comprend rien à son œuvre si l'on ne commence pas par admettre qu'il était convaincu d'entendre en lui-même la parole d'Allah. Cet homme, judicieux et pondéré en ses actions, mais au psychisme riche et complexe, a connu l'expérience mystique. «Il ressentait comme une inspiration intérieure qui ne s'exprimait pas en mots et, quand la crise cessait, il récitait des paroles correspondant pour lui de façon évidente à ce qui lui avait été inspiré.» Ainsi, selon Maxime Rodinson,[44] prit naissance le *Coran*. Il faut dire cependant que Voltaire dans sa tragédie n'a pas prétendu faire œuvre d'historien. Il reconnaît que le Prophète ne fut point coupable du crime qu'il lui fait commettre.[45] Il a lu les auteurs qui rendent justice au fondateur de l'Islam: Boulainviller dans sa *Vie de Mahomed* (1730), Sale dans sa traduction anglaise du *Coran*. Plus tard, en 1748, il reprendra la question dans un article «De l'Alcoran et de Mahomet», publié à la suite de sa tragédie. Il y maintient que Mahomet fut un «charlatan», mais «sublime et hardi». Il concède désormais que son *Coran* «était fort bon pour ses contemporains et sa religion encore meilleure. Il faut avouer qu'il retira presque toute l'Asie de l'idolâtrie».[46] Enfin, y revenant encore, en historien, dans l'*Essai sur les mœurs* de 1756, il porte cette fois un jugement presque entièrement favorable. L'interprétation par l'imposture s'estompe jusqu'à s'effacer. Mahomet, lisons-nous, observant l'état religieux de ses contemporains, «vit qu'il pouvait s'ériger en prophète». Il est «de bonne foi»; il veut «rappeler les hommes à l'unité d'un Dieu». Voltaire pourtant nuance cette sincérité du Prophète: il «se trompe lui-même en trompant les autres». La propagande ayant ses exigences, il fallut bien pour imposer la foi nouvelle recourir à «des fourberies nécessaires». Si Voltaire demeure réservé à l'égard de Mahomet, il se montre en revanche plein d'éloges pour la civilisation musulmane et pour l'Islam en tant que règle de vie. C'est la matière de tout un chapitre de l'*Essai sur les mœurs*.[47]

---

42. D2641, commentaire.
43. D2635 (13 août 1742).
44. Rodinson, p.100.
45. D2386 (20 décembre 1740), à Frédéric II.
46. M.xvii.104-105.
47. *Essai sur les mœurs*, i.255-68, chapitre «De l'Arabie, et de Mahomet», suivi d'un chapitre «De l'Alcoran, et de la loi musulmane».

A vrai dire, dans sa tragédie il avait utilisé Mahomet comme un «prétexte», et peut-être un «paratonnerre».[48] Il en fait le support d'une thèse philosophique, comme il l'explique à Frédéric II en une lettre insérée dans la première édition de sa pièce, donnée par lui en 1743.[49] Il veut «attaquer [...] cette espèce d'imposture qui met en œuvre à la fois l'hypocrisie des uns, et la fureur des autres.» Soit «l'hypocrisie» de Mahomet et d'Omar, et la «fureur» de Séide. Car Séide est le personnage important de la pièce, le seul (avec Palmire) qui évolue du début à la fin de l'action. Sa «fureur» n'était pas donnée dès le départ. Cet homme jeune adhère avec enthousiasme à la foi nouvelle; le culte du chef – prophète et conquérant – l'exalte. De tels sentiments mobilisent en lui tout ce que son âge comporte de générosité. Omar, qui connaît les hommes, a bien discerné qu'il serait un bon «instrument» (c'est son mot) pour l'assassinat en préparation. Le lieutenant de Mahomet ne s'adresse pas à un tueur professionnel. Il préfère choisir un partisan capable de tous les dévouements, «aveugle avec courage», «amoureux de son propre esclavage», cela en raison de sa jeunesse, «car la jeunesse est le temps de ces illusions» (II.vi). Mais Séide est un cœur pur, «né avec de la vertu».[50] Il éprouve pour Zopire une sympathie spontanée (dont il ignore qu'elle est «la voix du sang»). Pour le conduire au crime, il faut le prendre en mains, le conditionner. C'est à quoi s'emploient les deux scélérats, manipulateurs diaboliques. On étouffe ses scrupules sous l'autorité du Prophète («Quiconque ose penser n'est pas né pour me croire. Obéir en silence est votre seule gloire.»). On lui déclare, solennellement, que Dieu l'a choisi, ce qui doit faire taire «les cris de la nature» (III.vi). Et après le forfait il recevra Palmire pour récompense. Au moment d'exécuter le crime, il se sent dans un état second d'horreur sacrée. «Dans ces demeures sombres», il croit voir, halluciné, des «traits de sang», d'«errantes ombres», un «spectre». Il frappe comme aliéné par une volonté étrangère (IV.iv).

Voltaire, dans sa lettre à Frédéric, énumère tous les précédents: crimes de fanatiques perpétrés le plus souvent par des hommes jeunes. Dans la liste, il nomme Jacques Clément, assassin de Henri III. *Mahomet* reprend, sur de nouveaux éléments, une situation déjà traitée dans *La Henriade*. Voltaire revient ici à l'une de ses hantises, celle de la religion sanguinaire. Après le chant de la Saint-Barthélemy dans son poème épique, l'acte IV de *Mahomet* est sans doute le texte où l'obsession s'exprime avec le plus de force. Afin de créer une ambiance encore plus noire, le dramaturge ajoute la péripétie, aussi banale qu'invraisemblable, des enfants perdus et retrouvés. Après avoir poignardé Zopire (dans la coulisse, ainsi que l'exige la bienséance), Séide revient «l'air

---

48. J. Truchet, *Théâtre du XVIIIe siècle* (Paris 1972), p.1422.
49. D2386 (20 décembre 1740).
50. Voltaire le dit dans sa lettre à Frédéric, D2386.

égaré», ne sachant plus en quel lieu il se trouve. Le regard qu'a fixé sur lui le vieillard «sa victime» l'a bouleversé. Palmire qu'il rejoint n'est pas moins troublée. Or, à ce moment précis, Zopire sanglant se traîne devant eux: apparition fantomatique. C'est alors qu'intervient la reconnaissance entre le père agonisant et ses enfants criminels. Scène shakespearienne, sans doute.[51] Mais qui porte au paroxysme une constante voltairienne. C'est la troisième fois que le dramaturge met sur le théâtre le meurtre du père par le fils.[52] Ici un sommet de l'horreur est atteint, du fait que le parricide se combine avec le crime religieux, et qu'il est commis sur l'autel.[53] Après de telles scènes, Voltaire reconnaissait que l'acte v de son *Mahomet* paraissait faible.[54] Il n'ira pas plus loin dans ce pathétique intense, auquel s'élèvent ses meilleures tragédies, et que lui-même, on peut le penser, vivait dans l'imaginaire en créant son œuvre.

Mahomet, drame noir, implacable, est-il la tragédie de Voltaire qu'on pourrait sauver du naufrage de son théâtre? Le sujet, la perversion d'une jeunesse ardente par des «chefs» qui savent exploiter sa naïveté au service de leurs desseins, rappelle trop d'événements sinistres de notre siècle pour que nous y restions insensibles. Mais se trouvera-t-il un metteur en scène qui réussisse à en effacer suffisamment les rides pour qu'elle puisse reparaître devant nous?

Le jeudi 16 août, la Comédie joua *Polyeucte* à la place de *Mahomet*. Le parterre se vengea en applaudissant l'imprécation de Stratonice contre les chrétiens, et aussi les paroles tolérantes de Sévère:

> J'approuve cependant que chacun ait ses dieux
> Qu'il les serve à sa mode [...]

Certes, ce n'est pas encore le public de Beaumarchais, mais c'est déjà un public qui a «des lumières».

51. J. Truchet, p.1423.
52. Sur *Œdipe* et *La Mort de César*, voir *Voltaire en son temps*, i.127, 278-80.
53. Séide a frappé Zopire derrière l'autel, ce qui dérobe le geste au spectateur; puis, selon la didascalie, le vieillard poignardé «reparaît appuyé sur l'autel, après s'être relevé derrière cet autel où il a reçu le coup».
54. D2149, à Frédéric (26 janvier 1740).

8. Un grand poète tragique et un apprenti-diplomate

Après l'interdiction officieuse mais irrévocable de *Mahomet*, c'est sans regrets que Voltaire et Mme Du Châtelet repartent, le 22 août 1742, pour Bruxelles. Ils s'arrêtent à Reims chez M. de Pouilly, un ami de Voltaire, grand érudit, mais homme simple, bon vivant, hospitalier. Pour le couple, les soupers, les bals et les spectacles se succèdent. Voltaire oublie les échecs parisiens; Emilie est ravie: «Jamais elle n'a mieux dansé au bal. Jamais elle n'a mieux chanté a souper.»[1]

Ils auront le temps, pensent-ils, de travailler à Bruxelles. Passant par Lille, ils regagnent la ville du procès et de l'ennui où Voltaire se remet avec passion à ce qu'il nomme encore son *Histoire de l'esprit humain* qui deviendra l'*Essai sur les mœurs*. Il ne travaille pas longtemps. A peine installé, il reçoit un appel du roi de Prusse: ce grand voyageur se trouve, depuis le 25 août, aux eaux d'Aix-la-Chapelle, «sans avoir besoin de les prendre». Après avoir promis fermement à Mme Du Châtelet que cette visite serait brève, le poète se met en route le 1er septembre. Et il tient parole: parti le lundi, il est de retour le samedi suivant. Il n'en a point seul le mérite: le roi avait des obligations en Silésie où il était attendu le 7.

Voltaire va exploiter au mieux cette courte entrevue. Auprès de ses amis, il prend l'attitude du désintéressement et de la fidélité à Emilie: «J'ai courageusement résisté aux belles propositions qu'il m'a faites. Il m'offre une belle maison à Berlin et une jolie terre, mais je préfère mon second étage dans la maison de madame du Chastelet.»[2] Au cardinal de Fleury, il écrit longuement. Il lui présente d'abord la «preuve» que la lettre qui courut sur la paix en Silésie n'était pas de lui. Cette preuve, c'est la lettre que le roi de Prusse lui écrivit le 26 août, datée «par inadvertance» du 26 septembre. Celle qui circula, précise Voltaire, fut fabriquée à Paris par le secrétaire d'un ambassadeur. Puis, le poète fait miroiter sa propre gloire d'être l'ami d'un monarque dont la puissance s'accroît, et dont il vaut mieux être l'allié que l'ennemi: «Je fus logé, auprès de son appartement, il passa deux jours consécutifs quatre heures de suite dans ma chambre avec cette bonté et cette familiarité [...] qui entre dans son caractère». Voltaire évoque les raisons qui ont poussé Frédéric à précipiter sa

1. D2645 (vers le 25 août 1742), à Mme de Champbonin.
2. D2649 (10 septembre 1742), à Cideville.

paix, mais il ne saurait livrer de tels secrets dans une lettre. Il tient à montrer à Fleury qu'il a bien parlé de la France: «il me demanda s'il était vrai que la France fût épuisée d'hommes et d'argent et entièrement découragée. J'eus l'honneur de lui répondre qu'il y a encore en France environ onze cent cinquante millions d'espèce circulante, que les recrues ne se sont jamais faites si aisément, et que jamais la nation n'a marqué plus de bonne volonté.»[3] De là à laisser entrevoir au cardinal que Voltaire pourrait jouer auprès du roi de Prusse un rôle politique important, il n'y a qu'un pas.

La réponse de Fleury enchante Voltaire: «Vous avez parlé d'or, monsieur, et agi de même [...] Je ratifie très volontiers tout ce que vous avez dit parce que je pense comme vous et que vous êtes entré parfaitement dans l'esprit du roi. J'ai eu l'honneur de lui lire votre lettre dont il est fort content et qu'il a écoutée avec plaisir.»[4] Le cardinal se laisse aller ensuite à de mordants griefs contre les Anglais qui se vantent d'obtenir, eux aussi, l'alliance du roi de Prusse. Aussi bien le mauvais effet de la paix séparée doit-il être oublié. De cette paix, Voltaire refuse encore, dans une deuxième lettre, de livrer les secrètes raisons, mais tout de même il en donne une au cardinal qui est de taille et pourrait servir de leçon à Louis XV et à ses ministres: «par tout ce qu'il m'a fait l'honneur de me dire il est aisé de juger que s'il vous eût cru plus puissants, il vous eût été plus fidèle.»[5]

Voltaire, peut-être sous l'influence de Mme Du Châtelet, apprécie la douceur, la paisible maîtrise du cardinal, ce qu'il a exprimé dans une *Ode sur les affaires du temps faite le 30 juin de l'année 1742*:

> O vieillard vénérable à qui les destinées
> Ont de l'heureux Nestor accordé les années,
> Sage que rien n'alarme, et que rien n'éblouit,
> Veux-tu priver le monde
> De cette paix profonde
> Dont ton âme jouit?[6]

Si ces relations nouvelles avec Fleury ont servi Voltaire, ce ne sera pas encore sa vraie chance: le vieux cardinal donne des signes de fatigue. En décembre 1742, après de longs entretiens avec le roi, il se retire à Issy. De là, loin d'abandonner ses pouvoirs, il continue à gouverner et même à se passionner. Ce sont les ministres qui viennent prendre ses ordres, le roi même lui fait deux visites. Mais ses pertes de mémoire sont fréquentes et son comportement parfois bizarre. C'est Voltaire qui le raconte à Frédéric: «Le cardinal de Fleury,

---

3. D2655 (10 septembre 1742).
4. D2658 (18 septembre 1742).
5. D2662 (24 septembre 1742); le mot «puissants» est au pluriel.
6. D2691 (24 novembre 1742). L'ode est envoyée à César de Missy.

après avoir été assez malade, s'avisa, il y a deux jours, ne sachant que faire, de dire la messe à un petit autel au milieu d'un jardin où il gelait. Monsieur Amelot et monsieur de Breteuil arrivèrent, et lui dirent qu'il jouait à se tuer: *bon, bon, messieurs*, dit-il, *vous êtes des douillets*. A quatre-vingt-dix ans, quel homme! Sire, vivez autant, dussiez-vous dire la messe à cet âge, et moi la servir.»[7]

Même à Bruxelles, Voltaire ne connaît point la paix. Alors qu'il est occupé à l'*Histoire de l'esprit humain*, «cette histoire singulière [...] cette histoire réfléchie, impartiale» – ainsi la juge Frédéric – un nommé Perrault, officier de police, écrit à Marville que la tragédie de *Mahomet* est imprimée et qu'il attend ses ordres pour perquisitionner chez la veuve Amaury qui la distribue. Le poète doit en être averti à la même date puisqu'il écrit, dès le lendemain, à d'Argental qu'il «apprend avec une douleur bien vive qu'enfin les infidèles ont imprimé Mahomet».[8] Bien entendu, l'ouvrage est criblé de fautes. S'y attendait-il? Il n'est pas pris au dépourvu: il a commencé dès le début d'octobre d'envoyer les trois premiers actes du «vrai manuscrit» à Amsterdam, chez Ledet. Il ne saurait, maintenant, se dispenser d'une telle réplique. En même temps, il prépare une autre édition à Londres où il est en relations avec un intermédiaire très sûr, César de Missy. Curieux homme, théologien protestant né à Berlin, ami de Jordan et de Formey, angliciste, poète et critique en anglais et en français, Missy se permet, à mesure qu'il reçoit les cahiers de *Mahomet* pour les soumettre au libraire, d'en présenter à l'auteur des critiques pertinentes. Autant que son érudition et la sûreté de son jugement, sa vertu, aussi éloignée «de la superstition que de la licence», séduit Voltaire. Le poète lui commande, pour ses travaux d'histoire, les cahiers qui commencent à paraître d'une histoire universelle «depuis le commencement du monde jusqu'à présent».[9]

Certes, Voltaire souffre de l'édition pirate de sa tragédie. «Je tâche de le consoler», écrit Mme Du Châtelet.[10] Mais ce qui le préoccupe surtout c'est de connaître, parmi les rares dépositaires du manuscrit, celui qui l'a laissé partir chez l'imprimeur. Les d'Argental possèdent un exemplaire qu'ils ont porté à Lyon chez le cardinal de Tencin, mais comment le poète soupçonnerait-il «ses anges»? Voltaire en a remis deux autres, après les représentations, au lieutenant de police; l'un d'eux a été un jour et demi entre les mains de l'acteur Grandval. Le poète se souvient aussi qu'il avait confié, il y a deux ans, un «ancien» manuscrit de *Mahomet* à Marville, celui-ci «croit» l'avoir rendu à Dufresne. Et il faut bien penser à Minet, le souffleur de la Comédie, qui copie

---

7. D2712 (vers le 25 décembre 1742).
8. D2674 (20 octobre 1742).
9. J. Patrick Lee, «Voltaire and César de Missy», *Studies* 163 (1976), p.57-72.
10. D2678 (21 octobre 1742).

les manuscrits – si mal – pour en tirer de l'argent. Voltaire demande à Marville de remonter «à la source». Cette recherche délicate semble n'avoir jamais abouti, d'autant que le lieutenant de police allait avoir à traiter bientôt une affaire plus importante.

En attendant, Voltaire continue à expédier au roi de Prusse des «siècles» de son *Histoire de l'esprit humain*. Vers la mi-novembre, il y joint, «pour [le] délasser», en cachette de Mme Du Châtelet, deux chants de *La Pucelle*.[11] Le roi avoue s'être fort amusé à cette lecture et réclame la suite. Ce qui le réjouit le plus, c'est que Voltaire a placé un pape au milieu des damnés:

> Si tel est le sort du Saint-Père,
> Des cardinaux et des grands saints,
> Que nous restera-t-il, Voltaire,
> Pour les paillards et les putains?[12]

Le poète annonce à Frédéric qu'il compte être à Paris vers le 20 novembre; il n'ose pas, sans doute, en donner la raison. A l'Académie, le fauteuil de l'abbé Houteville se trouve vacant, et l'élection doit avoir lieu à la mi-décembre: il est temps, pour Voltaire, d'aller tenter sa chance. Quant à Mme Du Châtelet, désespérant de voir juger son procès avant le 15 novembre, elle va présenter à la cour le duc de Montenero-Caraffa, le fiancé de sa fille, et préparer leur mariage.

Mouhy signale à Marville que le couple est arrivé à Paris dans la nuit du 20 au 21 novembre.[13] Cette fois, plutôt que de dénigrer, il s'efforce de trouver le ton de la modération, de l'objectivité. Il indique sans commentaire que la «véritable édition» de *Mahomet* s'imprime à Londres et Amsterdam. Il a rendu visite au poète rue du Faubourg Saint-Honoré. Mme Du Châtelet prenait le café avec le président de Mesnières. Voltaire a entretenu le «chevalier» de ses relations nouvelles avec Fleury. Et même, il lui a montré la lettre commençant par «Vous avez parlé d'or, monsieur». Enfin, il a chargé Mouhy d'apprendre *adroitement* à Marville qu'il est en bons termes avec le cardinal.

Certes, cette politique, si naïve soit-elle, vise plus haut qu'une élection à l'Académie. Nourrit-il, cette fois-ci, beaucoup d'espoir d'y entrer? Il ne semble pas: Voltaire se présente contre Marivaux dont la gloire est moins retentissante, mais qui se trouve politiquement mieux placé: il est soutenu par Fontenelle et Mme de Tencin. Celle-ci dispose des voix du clergé, et le clergé, s'il n'aime guère Marivaux, déteste Voltaire. La position du duc de Richelieu n'est pas enviable: il est l'ami de Voltaire et de Mme Du Châtelet. Aussi Mme de

11. D2685 (14 novembre 1742).
12. D2697 (9 décembre 1742).
13. D2690 (22 novembre 1742).

Tencin lui écrit-elle plusieurs lettres pour le gagner à sa cause: «[Voltaire] a envoyé ce matin, pour me demander de me voir à dix heures; j'ai répondu que je sortais. J'ai parlé à mes serviteurs de Dieu; ils m'ont dit que je ne pouvais trop vous représenter qu'il ne convenait pas à un homme comme vous, de protéger un athée; que vous aviez la réputation de parler toujours de la religion comme il convenait, et que si vous faisiez recevoir Voltaire à l'Académie, on dirait qu'il vous a perverti.»[14] Richelieu, occupé avec Mme de Tencin et son frère, le cardinal, à combattre l'influence de Maurepas sur le roi, prend parti contre Voltaire; et Mme de Tencin lui annonce le 18 décembre que Marivaux a été élu à l'unanimité.

Voltaire s'y attendait. Si sa jalousie à l'égard du «métaphysique» Marivaux s'en accroît, il ne saurait manifester la moindre déception à Mme de Tencin qu'il connaît bien, qui est la tante de d'Argental et dont il peut avoir besoin la prochaine fois.

A cet échec succède une attaque subtile de ses ennemis. Quels ennemis? Ce dont on est sûr, c'est qu'ils savent versifier et que Desfontaines n'en fait pas partie. Le 17 décembre, Voltaire apprend que le libraire Didot et son gendre-associé Barrois débitent encore les cinq volumes d'œuvres de Voltaire renfermant des libelles diffamatoires contre lui, contre Mme Du Châtelet, Thiriot, Maupertuis, un ministre, personnes «toutes désignées par leurs noms». Voltaire écrit tout de suite à Maurepas qui ne dramatise pas et qui demande à Marville de prendre l'affaire en mains:

Je vous envoie monsieur une lettre que je viens de recevoir de M. de Voltaire [...] Il n'est pas douteux qu'il ne faille prévenir s'il est possible le débit du libelle [...] Quand même il n'intéresserait pas autant de personnes qu'il le dit. A vous dire ce que j'en pense, je connais assez sa sensibilité à la critique, et la frayeur qu'il a des brochures dont il est le sujet pour soupçonner que le prétendu libelle le regarde plus que tout autre et que dans l'envie qu'il a qu'il soit supprimé il y intéresse tout le monde [...] Quoi qu'il en soit il vaut mieux saisir un livre qu'on peut vendre que d'en laisser paraître un tel que celui qu'il annonce.[15]

Certes, Maurepas connaît bien son Voltaire; il cherche désormais à le ménager. Mais il n'a pas lu les ouvrages incriminés, ce qui explique son scepticisme. Le plus dangereux n'est pas le tome cinquième, comme on l'a cru d'abord, mais le tome troisième où se trouvent, à la suite de *Zaïre* et d'*Alzire*, des *Pièces fugitives* dont six sont apocryphes.[16] Elles s'ouvrent sur une courte fable intitulée *Origine d'Arouet de Voltaire*. Apollon a épousé la Folie.

14. D2697a (10 décembre 1742).
15. D2704 (18 décembre 1742).
16. *Œuvres de M. de Voltaire* (Amsterdam [Paris?] 1741-1742; Bibliothèque Nationale, Rés. Z Bengesco 471).

Celle-ci se trouvant grosse, les deux époux se chamaillent à propos des dons à transmettre au fruit de leurs amours. Apollon veut en faire un grand poète, mais la Folie proteste:

> Je prétends qu'il soit fou, mais fou furieux.
>> Et pour les accorder tous deux
>> Le Grand Maître des destinées
>> De chacun remplit le souhait
> La Folie au Parnasse accoucha d'Arouet.

Deux autres faiblesses de Voltaire, l'une intellectuelle, l'autre organique, sont mises en lumière dans une épître à Mlle Malcrais de La Vigne,[17] pseudonyme qui dissimulait le poète breton Desforges-Maillard. Dans cette épître, reprise sous le titre *A une dame ou soi-disant telle*, un seul vers a été modifié par le rédacteur des *Œuvres*; c'est à propos de Newton. Voltaire avait écrit:

> J'en entends raisonner les plus profonds esprits
> Et je vois trop souvent que j'ai très peu compris.

Et le rédacteur substitue:

> Et je vois avec eux que je n'ai rien compris.

Sur l'amour, ce qu'avait écrit Voltaire, et qui était paru dans le *Mercure de France* en 1732, était fort modeste, mais il était inopportun de le rappeler à l'ami de Mme Du Châtelet:

> L'amour dans mes plaisirs ne mêle plus ses peines;
> J'ai quitté prudemment ce dieu qui m'a quitté;
> J'ai passé l'heureux temps fait pour la volupté.

L'épître qui dut blesser Voltaire le plus profondément était intitulée *Adieux à M. la marquise Du Châtelet*, la confusion des sexes étant sans doute volontaire:

> Adieu, belle Emilie
> En Prusse je m'en vas
> Etaler ma folie
> Et promener mes rats.
>
> Paris qui m'a vu naître
> Me laisse sans éclat
> Et ma manie est d'être
> Un ministre d'Etat.

La strophe suivante prouve au moins que Desfontaines n'est pas l'auteur de ces pièces:

> Adieu vilain prêtre

---

17. M.x.274-76. Sur cette affaire, voir *Voltaire en son temps*, i.293.

> Tiré par mon crédit
> Du château de Bicêtre
> Pour le péché maudit.

Thiriot, ce «pauvre hère», est égratigné au passage avec son ami Gentil Bernard, poète fade qu'il «forgea». Puis Maupertuis, ce «carême»:

> [...] me dicta le thème
> Que j'ai fait sur Newton.

La dernière strophe, la plus injurieuse pour Mme Du Châtelet, fut certainement celle qui décida Maurepas à une intervention rapide:

> Adieu, belle Emilie
> Parce que je m'en vas
> N'abrège point ta vie
> Avec la mort aux rats.
> Console-toi, ma Mie,
> Aux Petites-Maisons
> Où nous nous reverrons.

L'*Epître à M. le duc d'Aremberg* est intégralement reproduite.[18] Antérieure à 1719, c'est une œuvre vigoureuse de la jeunesse de Voltaire qui ne craignait point de célébrer les orgies du duc:

> La paix offre un champ libre à tes exploits lubriques,
> Va remplir de cocus les campagnes belgiques.

Etait-ce le moment de rappeler ces orgies, alors que Voltaire et Mme Du Châtelet venaient d'être les hôtes de ce duc à Bruxelles?

L'ancien ministre Le Pelletier Des Forts, dont Voltaire fut la bête noire depuis l'affaire de la loterie, se trouve fort malmené: sa sépulture est bizarrement comparée à celle de Mlle Lecouvreur:

> Méprise donc cette injustice
> Qui fait refuser à ton corps
> Ce que, par un plus grand caprice
> Obtiendra Pelletier des Forts,
> Cette ombre impie et criminelle,
> Ce ministre dur et barbare [...][19]

Pour l'impiété, la palme devait revenir à Voltaire lui-même. Elle est étalée dans la deuxième pièce du tome troisième, intitulée *Réflexions de Voltaire* qui

18. M.x.223. Philippe Egon, marquis de Courcillon, célébré ici, est mort en 1719; l'épître est donc antérieure à cette date.

19. Dernier poème du tome v, *Apothéose de Mlle Le Couvreur*.

porte en sous-titre «Ce qu'il a vu en Italie», alors qu'il n'y est jamais allé; il y voit:

> L'extraordinaire comédie
> Que souvent l'Inquisition
> Veut qu'on nomme Religion
> Mais qu'ici nous nommons Folie.

Il y voit des prêtres:

> Priant Dieu par oisiveté
> Et toujours jeûnant par famine.
> Ces beaux lieux du pape bénis
> Semblent habités par les diables
> Et les habitants misérables
> Sont damnés dans ce Paradis.

D'où viennent donc ces «infamies»? On n'a jamais su qui en était l'auteur. Elles auraient été «réunies» par un ancien libraire nommé Henri qui les a cédées à un confrère, Savoye, établi rue Saint-Jacques. C'est Savoye qui a proposé les deux tiers de l'édition, tirée à deux mille exemplaires, à Didot et Barrois, cédant le dernier tiers à Grangé et David fils.[20] Voltaire connaît tous ces noms qu'il offre de livrer à Marville. Mais sans attendre davantage, il s'adresse tout droit, généreusement et presque amicalement, à Didot et le supplie de faire rentrer tous les volumes qu'il a remis à ses confrères: «Je vous prie donc, mon cher Didot, avec la dernière instance, de vouloir bien faire un paquet de ce que vous avez et de ce qu'ils ont. J'achète tout [...] rendez, je vous en conjure, ce service à votre ami qui vous en sera éternellement obligé.»[21] Il paiera l'édition au prix que Didot fixera.

Il intervient en même temps auprès de Marville. Le 19 décembre, malade, il sort du lit et voudrait parler au lieutenant de police le soir même. Il offre de s'occuper immédiatement de l'affaire pourvu que Marville lui donne, pour l'accompagner, «un homme de confiance qui s'entende en librairie».[22] Le lieutenant de police prend la chose au sérieux. En promettant à Maurepas d'aider Voltaire, il donne rendez-vous au poète le lendemain soir à huit heures. Mais alors que Voltaire continue à proposer le rachat de l'édition, Marville, ayant pris connaissance des pièces et l'avis de Maurepas, ne l'entend pas de cette oreille – il fait arrêter Didot et Barrois le 27 décembre et les fait emprisonner au For-l'Evêque.

La profession de libraire comportait à l'époque de sérieux risques. Didot et

---

20. Bibliothèque de l'Arsenal, MS 11531, f.64.
21. D2703 (vers le 17 décembre 1742).
22. D2706 (19 décembre 1742).

Barrois n'étaient pas les premiers à séjourner à la Bastille ou au For-l'Evêque. Mais François Didot, l'ancêtre de tous les Didot qui se sont succédé jusqu'à notre époque, avait bonne réputation. Hautement protégé, même par le marquis d'Argenson, il passait pour honnête homme. Aussitôt, ses protecteurs, qui ne sont pas toujours des amis de Voltaire, prennent sa défense. Du Tillet de Pannes écrit à Marville:

L'auteur de sa détention est Voltaire, vous le connaissez mieux que moi [...] Je n'ai point à justifier Didot devant vous, n'étant instruit que par les larmes d'une nombreuse famille[23] à laquelle je m'intéresse infiniment, mais on attribue son malheur aux calomnies de Voltaire, qui soupçonne que Didot a vendu le recueil de ses œuvres sans permission [...] S'il y a moyen de le faire sortir de prison promptement je vous en aurai une obligation particulière.[24]

Voltaire lui-même, croyant avoir récupéré les deux tomes incriminés, demande la grâce des libraires le 27 décembre.[25] Mais plus déterminante sera l'intervention du duc de Béthune en faveur de Barrois: «Si vous pouviez faire cesser sa détention dimanche au soir, cela me ferait grand plaisir. C'est lui qui a arrangé les livres de feu mon oncle, qui en a dressé le catalogue: et la vente est affichée pour se commencer lundi 7 de ce mois aux Grands-Augustins: il est impossible de rien faire lui absent».[26] On ne saurait donc être surpris que l'ordre d'élargissement des deux libraires soit daté du 4 janvier; mais Barrois n'a été élargi que le 10: la vente a donc été commencée sans lui.

En dépit de ces protections, la punition a été sévère. Cependant, les libraires se rattrapent aussitôt et remettent en vente les volumes interdits. En mai 1743 ceux-ci se vendent si bien que Didot sent le danger et prévient le lieutenant de police qu'il est étranger à leur débit. Mais rien n'arrête ce commerce souterrain. En septembre on fait une saisie chez une femme Follion laquelle déclare que Didot ne se prive pas de vendre l'édition. Didot, étroitement surveillé, se fait surprendre en flagrant délit, et les deux libraires sont renvoyés au For-l'Evêque. Maurepas fait signer au roi l'ordre de faire fermer la boutique de Didot jusqu'à nouvel ordre. Le libraire allègue que les ouvrages qu'il a débités sont expurgés des pièces scandaleuses et qu'elles sont remplacées par d'autres que Voltaire lui-même lui a remises. Et il fait appel à des protecteurs plus importants. L'ordre d'élargissement note que les libraires «ont recours [...] aux bontés de Mme la maréchale duchesse de Noailles» et que «Didot a eu l'honneur de travailler depuis peu pour S.A.S. Madame la comtesse de

23. François Didot avait alors huit enfants; il en eut onze, dont deux succédèrent à leur père.
24. D2710 (24 décembre 1742) et commentaire.
25. D2713 (27 décembre 1742).
26. Desnoiresterres, ii.350.

Toulouse».[27] Mais s'ils furent libérés en novembre, l'autorisation de rouvrir leur boutique ne leur fut donnée que le 24 décembre. Telle était l'incohérence du pouvoir: ce chassé-croisé avait duré un an.

Cette affaire n'a plus pour le poète une importance primordiale. En janvier 1743, deux événements viennent favoriser le changement politique. Le 9, François-Victor de Breteuil, cousin de Mme Du Châtelet, allié des milieux dévots, ministre de la guerre, meurt d'apoplexie, et c'est le comte d'Argenson qui le remplace. Enfin, Fleury meurt le 29. Le «parti» de Belle-Isle va s'efforcer d'obtenir un redressement de la politique extérieure et la réorganisation de l'armée. A ce parti se joint dans le secret le petit groupe du duc de Richelieu et des Tencin qui pousse dans les bras du roi une nouvelle favorite, Mme de La Tournelle, intelligente, capable d'éveiller en lui le goût de l'intérêt national. Ce groupe s'oppose au mondain et léger Maurepas, le «Faquinet», et à son adjoint Amelot de Chaillou: deux hommes qu'il faudrait écarter du pouvoir pour provoquer un vrai changement; on pourrait les remplacer par Chavigny, fin diplomate, qui connaît bien l'Europe. Mais Maurepas reste indispensable au roi, et s'il respire mieux depuis la mort du cardinal, il est incapable, en supposant qu'il le désire, de s'opposer à un homme du clergé aussi puissant que Boyer, ancien évêque de Mirepoix, précepteur du dauphin et titulaire de la feuille des bénéfices.

Voltaire ressent l'impression d'une détente qui n'est qu'apparente et dont il ne se méfie pas suffisamment. C'est ainsi qu'il se croit tout à fait qualifié pour occuper le fauteuil de Fleury à l'Académie et – là, il n'est pas le seul à le croire – pour prononcer le plus bel éloge du cardinal. Il prépare activement sa candidature. Comme par miracle, le voici aidé par le très grand succès de *Mérope*, la tragédie qu'il tenait enfermée dans ses tiroirs depuis 1738. Ce succès, plus éclatant que celui d'*Alzire*, attire cinquante mille spectateurs au cours de cinquante-trois représentations. Voltaire s'y attendait peu. Il le doit à la force dramatique et à la sobriété de la pièce, à une versification soignée, et surtout à l'éloquence, à la «pompe» exaltée des tirades, toujours appréciée du public.

Cette tragédie de l'amour maternel, imitée de la *Mérope* italienne de Maffei (1713), n'est point sans quelques ressemblances avec *Andromaque*. L'exposition en est simple et claire. Mérope est veuve du roi Cresphonte, massacré quelques années plus tôt avec deux de ses enfants. Mais son troisième fils, protégé et conduit par son serviteur Narbas, a peut-être été épargné. Tout est suspendu à cette question: Egisthe est-il vivant? Si quelqu'un souhaite qu'il ne le soit pas, c'est Polyphonte, guerrier victorieux qui aspire à épouser Mérope et à

27. Desnoiresterres, ii.352 et D2756, commentaire.

régner avec elle. En même temps que le désir de venger Cresphonte, il manifeste auprès de Mérope une hâte insolite de régner:

> [Car] l'Etat veut un maître et vous devez songer
> Que pour garder vos droits, il faut le partager.   (I.iii)

Bien entendu, elle refuse: ce serait «mettre le bandeau des rois sur le front d'un soldat». Elle répond:

> Défendez votre roi; secourez l'innocence;
> Découvrez, rendez-moi ce fils que j'ai perdu,
> Et méritez sa mère à force de vertu.   (I.iii)

Or, Polyphonte avoue à Erox, son conseiller et complice, que c'est lui qui «immola» le roi et ses deux fils. Donc si Egisthe réapparaît avec Narbas, ils mourront tous les deux. Mais Polyphonte aura toujours besoin de son mariage avec Mérope pour gagner le peuple.

Si l'on connaît les ressorts de la tragédie voltairienne, sa facilité à provoquer les événements extérieurs et son amour des reconnaissances, on peut prévoir les événements dramatiques qu'annonce cette situation.

On arrête un jeune étranger qui a du sang sur les mains. Mérope est troublée: elle a cru démêler sur son visage des traits de Cresphonte. Vaine espérance! C'est Egisthe qui aurait été tué par ce jeune meurtrier. Le désespoir de Mérope l'éloigne encore de Polyphonte:

> Quand on a tout perdu, quand on n'a plus d'espoir,
> La vie est un approbre et la mort un devoir.   (II.vii)

Narbas arrive on ne sait d'où, après quinze ans d'exil. La situation que lui peint Isménée, confidente de Mérope, est si désespérée qu'il refuse de se faire connaître. On retrouve alors l'armure d'Egisthe; le jeune prisonnier déclare qu'elle est à lui, mais que son père s'appelait Polyclète. Faux espoir: Mérope, furieuse, se précipite sur lui en levant son poignard. Narbas arrive à point nommé pour empêcher le meurtre. Il lui révèle que le prisonnier est Egisthe, et que c'est Polyphonte l'assassin du roi et de ses deux fils; mais, ajoute-t-il:

> [...] cachez à jamais ce secret important
> Le salut de la reine et d'Egisthe en dépend. [...]
> Le crime est sur le trône; on vous poursuit: tremblez.   (III.iv)

Polyphonte, étonné que Mérope n'ait pas tué Egisthe, le garde entre ses mains afin de «percer, en lui parlant, ce ténébreux mystère». Mérope se trouble. Il l'invite à l'autel où il va l'épouser et faire couler le sang du meurtrier d'Egisthe.

On parvient ainsi à la grande scène si pathétique de l'acte quatre où Polyphonte et Egisthe sont en présence. Mérope laisse paraître pour Egisthe un tel intérêt que Polyphonte ordonne aux soldats d'abattre le prisonnier.

Mérope se jette dans les bras d'Egisthe et avoue qu'il est son fils. Aussitôt, Polyphonte en fait un objet de chantage:

> Voilà mon fils, madame, ou voilà ma victime. (IV.ii)

On emmène Egisthe, et l'acte se termine par une tirade lyrique de Mérope, aux accents raciniens.

Polyphonte exige qu'Egisthe vienne au pied de l'autel se soumettre. «Un refus te perdra», ajoute-t-il. Mais la fierté d'Egisthe s'étant rebellée, Polyphonte commet l'imprudence de le laisser seul avec Narbas et Euryclès, favori de Mérope. Alors qu'Egisthe va courir à l'autel se venger, arrive Mérope qui va épouser Polyphonte pour sauver son fils et qui conseille à celui-ci de servir ce nouvel époux.

Mais Egisthe entraîne sa mère à l'autel pour «punir le meurtre». On entend des bruits de combats. On ramène sur la scène Isménie ensanglantée qui fait un long récit de ce qui s'est passé: Egisthe a tué Polyphonte et Erox, mais celui-ci a eu le temps de le blesser. Les soldats accourent; Mérope se jette au-devant d'eux et déclare que le meurtrier est son fils. Un groupe d'amis intervient qui livre un combat confus et incertain. Mérope s'en dégage et dévoile, dans un discours, l'odieuse conduite de Polyphonte. Elle court vers Egisthe qui arrive, une hache à la main. Narbas atteste qu'il est bien le roi; un grondement de tonnerre semble l'approuver. Le peuple, impressionné, se calme.

La pièce, jouée le 20 février 1743, «fut trouvée si belle», écrit Barbier, «que M. de Voltaire, qui parut après la pièce dans une première loge [celle de la duchesse de Luxembourg], fut claqué personnellement pendant plus d'un quart d'heure tant par le théâtre que par le parterre. On n'a jamais vu rendre à aucun auteur des hommages aussi marqués.»[28] De ces hommages personnels, Voltaire a donné, plus tard, une version flatteuse.[29] Après la pièce, longuement réclamé par le parterre, il aurait refusé de paraître: «On m'est venu prendre dans une cache où je m'étais tapi: on m'a mené de force dans la loge de Mme la maréchale de Villars, où était sa belle-fille. Le parterre était fou: il a crié à la duchesse de Villars de me baiser, et il a fait tant de bruit qu'elle a été obligée d'en passer par là, par l'ordre de sa belle-mère. J'ai été baisé publiquement».
La scène est peu vraisemblable, d'autant moins qu'à cette époque Mme de Villars, en crise de dévotion, n'allait plus au théâtre. Mieux vaut se fier au récit de Barbier qui provient sans doute d'un gazetin de Mouhy. Voltaire se trouvait dans la loge de Mme de Luxembourg: «Le parterre a non seulement applaudi à tout rompre, mais même a demandé mille fois que Voltaire parût sur le

---

28. Barbier, iii.431.
29. D2744, note de p.349.

théâtre [...] Mesdames de Boufflers et de Luxembourg ont fait tout ce qu'elles ont pu pour engager ce poète à satisfaire l'empressement du public; mais il s'est retiré de leur loge avec un air soumis, après avoir baisé la main de madame de Luxembourg.»[30] Emotion? Excès de modestie? C'est possible. Le récit s'achève sur une notation précise qui témoigne mieux encore du succès de la pièce: «Les sieurs Roy et Cahusac[31] ont pensé tomber en faiblesse, ce qu'on a jugé par la pâleur mortelle dont leurs visages se sont couverts.» Un jeune abbé qui devait aller loin, Bernis, écrit à Voltaire: «Toute la France assemblée vous rendit hier un hommage qu'elle réserve toujours pour les plus grands hommes.»[32] Cette bouffée de gloire entraîne Voltaire dans un tel «tourbillon de Méropes, de soupers, d'impression, de banqueroutes, d'assemblées de créanciers que je n'ai pas un jour à moi».[33]

Toutefois, clairvoyant comme toujours quand on ne l'attaque pas, Voltaire se rend compte que les interprètes ont remarquablement défendu sa pièce, en particulier Mlle Dumesnil, la première actrice qui osa courir sur la scène. Il écrira un peu plus tard à Dumas d'Aigueberre: «Notre Mérope n'est pas encore imprimée. Je doute qu'elle réussisse à la lecture autant qu'à la représentation. Ce n'est point moi qui ai fait la pièce, c'est mademoiselle du Menil.»[34] Fontenelle aurait, paraît-il, traduit la même remarque en adaptant une épigramme déjà utilisée au siècle précédent: «Les représentations de Mérope ont fait beaucoup d'honneur à M. de Voltaire et la lecture en fait encore plus à Mlle Dumesnil.»[35]

Ce succès suffira-t-il à faire entrer Voltaire à l'Académie? Il engage, cette fois, dans sa campagne, tous les moyens dont il croit disposer, y compris les moins honorables.

Dès le 1ᵉʳ février, deux jours après la mort de Fleury, il se fait fort, auprès de Moncrif, d'avoir obtenu l'agrément du roi, «en cas qu'on veuille de [lui]». Aurait-il obtenu cet agrément à la suite de sa visite à Maurepas? C'est ce que suggère Barbier: «Le sieur de Voltaire a été hier plus d'une heure, dans la matinée, avec M. de Maurepas, et l'on conjecture de là, dans le public, que ce poète sera de l'Académie malgré tous les obstacles qui semblent s'y opposer.»[36] D'après le récit qu'a fait Voltaire de cette entrevue dans ses *Mémoires*, c'est là qu'il se serait heurté à l'obstacle essentiel. Le poète, en

30. Barbier, viii.232.
31. Ennemis de Voltaire, tous deux auteurs dramatiques.
32. D2727 (21 février 1743).
33. D2726 (février 1743).
34. D2744 (4 avril 1743).
35. *Almanach littéraire, ou étrennes d'Apollon*, dans *Fontenelliana* (1777), p.128.
36. Barbier, viii.226.

définitive, aurait mis le ministre au pied du mur: «En cas que Mme de Châteauroux l'emporte sur M. l'évêque de Mirepoix, vous y opposerez-vous? Il se recueillit un instant et me dit: *oui, et je vous écraserai.*»[37] Il est possible que le souvenir du poète soit exact: ce mot cinglant est de ceux que l'on n'oublie pas; il est aussi de ceux que l'on peut inventer *a posteriori*, après une déception. Si l'on est plus attentif que le poète à la chronologie, il paraît peu vraisemblable qu'il ait posé sa question sous cette forme: Mme de Châteauroux n'était encore, en février 1743, que Mme de La Tournelle. Maîtresse toute récente de Louis XV, encore timide et réservée, il est douteux qu'elle ait été en mesure, à cette époque, de «l'emporter» sur Boyer qui est, depuis la mort de Fleury, le conseiller le plus écouté du roi dans les affaires religieuses. Quant à la réponse de Maurepas, on ne saurait non plus l'accueillir avec certitude. Maurepas pensait-il vraiment que l'on pût «écraser» Voltaire? Et même que l'on pût lui parler sur ce ton? Le sentiment que traduit ce mot paraît excessif au moment où il aurait été prononcé: Maurepas cherchait dans le même temps à ménager le poète, comme on l'a vu dans l'affaire *Mahomet*, dans l'affaire Didot, et, comme on va le voir, à propos de l'interdiction de *La Mort de César*, puis de la mission de Voltaire en Prusse. Ajoutons qu'une haine aussi franche n'est pas dans le caractère de Maurepas. Comme l'a écrit Montesquieu au chevalier d'Aydie, «il rit de tout, il est content de tout [...] Il a un caractère unique».[38] Voilà qui s'accorde avec l'hypocrisie, l'ambiguïté, mais assez mal avec la brutalité.

Cette réponse eût rendu assez vaine pour Voltaire la poursuite de sa campagne. Or il la poursuit, sachant que Boyer et Languet de Gergy, l'archevêque de Sens, sont ses adversaires les plus acharnés. C'est sur ces hommes que les ennemis de Voltaire cherchent à agir. Une plainte de Louis de La Taste à Boyer rappelle le scandale des *Lettres philosophiques*, l'impiété de l'*Epître à Uranie*, «et ses discours libertins qui ont corrompu tant de femmes et de jeunes gens [...] et ce sera un tel homme qui paraîtra aux yeux de tout le royaume muni de la protection de sa Majesté? [...] un prélat [Fleury] si religieux pendant sa vie et à la mort, peut-il être loué convenablement par une bouche accoutumée au blasphème?»[39]

Voltaire désire ardemment ce fauteuil, peut-être moins pour la gloire que parce qu'il est juste qu'un véritable écrivain soit reconnu; il y tient aussi pour son autorité en Europe et sa sécurité en France. C'est ce qu'il veut prouver à d'Argental: «La place est comme vous savez, peu ou rien, mais elle est beaucoup

---

37. *Mémoires* (M.i.24).
38. Cité par de Luynes, *Mémoires*, x.129.
39. D2720 (4 février 1743).

par les circonstances où je me trouve [Fleury disparu et *Mahomet* censuré]. La tranquillité de ma vie en dépend.»[40]

Or, le grand obstacle à son élection, c'est sa réputation d'impiété et d'irréligion. Il le sait. Comment peut-il être assez naïf pour croire qu'il va séduire des hommes aussi opiniâtres que Boyer et Languet de Gergy? Pourtant, il faut en passer par là: pour être élu, il faut faire montre d'orthodoxie religieuse. Que pense donc de son projet d'Argental, neveu de Mme de Tencin? «Oui», poursuit le poète dans sa lettre à l'ange, «l'auteur de Marie à la coque[41] persécute et doit persécuter l'auteur de la Henriade. Mais je ferai tout ce qu'il faudra pour apaiser, pour désarmer l'archevêque de Sens.»[42] Il écrit donc, non à Languet de Gergy mais à Boyer:

Je peux donc dire devant dieu, qui m'écoute, que je suis bon citoyen et vrai catholique, et je le dis uniquement parce que je l'ai toujours été de cœur. Je n'ai pas écrit une page qui ne respire l'humanité, et j'en ai écrit beaucoup qui sont sanctifiées par la religion [...] Mes ennemis me reprochent je ne sais quelles lettres philosophiques. J'ai écrit plusieurs lettres à mes amis, mais jamais je ne les ai intitulées de ce titre fastueux. La plupart de celles qu'on a imprimées sous mon nom ne sont point de moi, et j'ai des preuves qui le démontrent. J'avais lu à M. le cardinal de Fleury celles qu'on a indignement falsifiées [...] Il daignait m'estimer [...] ayant reconnu une calomnie infâme dont on m'avait noirci au sujet d'une prétendue lettre au roi de Prusse, il m'en aima davantage.[43]

Bien entendu, la lettre court dans Paris où l'on sait à quoi s'en tenir sur le catholicisme de Voltaire. Si elle ne peut convaincre ses ennemis, elle déçoit ses amis et tous ceux qui ne souffrent point qu'un homme de génie, en reniant toute son œuvre, joue ainsi avec des convictions philosophiques d'une telle gravité. C'est le cas du roi de Prusse: il a reçu, bien entendu, copie de la lettre à l'évêque de Mirepoix et se moque de Voltaire en vers et en prose. «Vous pouvez juger de ma surprise et de l'étonnement d'un esprit philosophique, lorsqu'il voit plier les genoux devant l'idole de la superstition au ministre de la vérité.»[44] Aussi Voltaire niera-t-il vigoureusement, dans sa réponse à Frédéric, qu'il soit l'auteur de cette lettre. Mais il sera bien obligé de reconnaître, auprès du comte d'Argenson, qu'il a écrit à Boyer, en alléguant, comme

---

40. D2719 (vers le 1er février 1743).

41. Marguerite Alacoque, religieuse qui vécut dans la deuxième moitié du dix-septième siècle. Guérie d'une paralysie, elle avait attribué sa guérison à la Vierge et avait ajouté à son prénom celui de Marie. Elle avait prédit le jour de sa mort. Languet de Gergy était l'auteur d'une *Vie de la vénérable mère Marguerite Marie* (1729), que Voltaire avait dans sa bibliothèque, BV no.1912.

42. D2719.

43. D2723 (février 1743).

44. D2762 (21 mai 1743). Par lapsus, Frédéric écrit que la lettre est adressée à «l'évêque de Sens».

circonstance atténuante, le sectarisme de l'ancien évêque: «Il devrait savoir que c'est un métier bien triste de faire des hypocrites.»[45]

Voltaire et Mme Du Châtelet comptent encore sur le duc de Richelieu. Mais il est souvent absent et voit de loin les événements. Au surplus, il est de plus en plus lié, politiquement, à Mme de Tencin et à son frère le cardinal dans leur tentative commune d'apprendre à Mme de La Tournelle son rôle auprès du roi. Mme Du Châtelet nourrit l'illusion que Voltaire peut «prendre la place par famine»,[46] c'est-à-dire par défaut de candidats. Or le pouvoir n'est pas embarrassé pour en trouver étant donné que le mérite littéraire n'est pas exigé. Maurepas sait que le roi n'a jamais changé d'avis sur Voltaire; il n'écoute plus les amis du poète et brusque la décision: recevant la visite de l'évêque de Bayeux, frère du duc de Luynes, il lui annonce qu'il doit songer à l'Académie. Protecteur de l'académie de Caen, l'évêque de Bayeux aime les lettres: n'est-ce pas suffisant? Soutenu à fond par l'ancien évêque de Mirepoix, il est élu à l'unanimité le 22 mars 1743. «Cette place», écrit le duc de Luynes, «était fort demandée par M. de Voltaire; tous ses amis sollicitaient vivement, et le roi n'a jamais voulu y consentir.»[47]

Voltaire, en 1743, ne s'attarde pas à accuser Maurepas: il a besoin de lui, et il est probable qu'Emilie lui a fait la leçon. J.-B. Rousseau étant mort, la tête de Turc sera désormais Boyer. «Ces persécutions viennent d'un seul homme», écrit Voltaire au comte d'Argenson, «à qui vous avez déjà eu la bonté de parler.»[48] Comme Boyer ajoute toujours à sa signature l'*anc. év. de Mirepoix*, Voltaire le dénommera souvent, dans ses lettres, «l'âne évêque de Mirepoix».

Un nouveau gazetin de Mouhy traduit la déception profonde du poète et aussi, sans doute, le regret de ses propres fautes:

[Il] est rongé de soins et d'inquiétude [...] On dit que, piqué jusqu'au vif du peu de cas qu'avaient fait sur l'esprit de M. Boyer de Mirepoix les lettres soumises et rampantes qu'il avait écrites, qui, bien loin de lui mériter l'Académie, l'en avaient éloigné pour toujours, il avait traité de prestolets MM. de Mirepoix et de Sens. On assurait qu'il avait des ressorts puissants qui le mettraient au-dessus de cette prêtraille.

Et Mouhy, sachant que Marville et Maurepas sont friands de telles anecdotes, d'ajouter que Voltaire aurait dit «qu'il trouverait le secret de faire agir les tétons de madame de La Tournelle en sa faveur; que cette favorite ayant été instruite de ce propos, lui dit un jour qu'il était venu lui faire sa cour à sa toilette, en lui découvrant sa gorge: ‹Eh bien, Voltaire, que feriez-vous de mes tétons si vous en étiez le maître?› et que le poète avait répondu, en se jetant

45. D2784 (5 juillet 1743).
46. D2767 (10 avril 1743).
47. De Luynes, iv.452.
48. D2784.

aux pieds de madame de La Tournelle: ‹Je les adorerais.›»[49] Etonnant tableau, étant donné le caractère empreint de réserve et de dignité de la nouvelle favorite!

Ces «ressorts puissants» qui hissent Voltaire au-dessus de la «prêtraille», ce ne sont pas les tétons de Mme de La Tournelle, ce sont les relations du poète avec Frédéric II. Jamais les ministres français n'ont eu un tel désir de renouer l'alliance avec le roi de Prusse. Et c'est le moment où Frédéric, saisissant l'occasion de l'échec de Voltaire à l'Académie, n'a jamais tant insisté pour le faire venir à sa cour:

Pourquoi, mon cher Voltaire, pouvez-vous souffrir que l'on vous exclue ignominieusement de l'académie, et qu'on vous batte des mains au théâtre, dédaigné à la cour, adoré à la ville; pour moi je ne m'accommoderais point de ce contraste; et de plus, la légèreté des Français ne leur permet pas d'être jamais constants dans leurs suffrages ou dans leur mépris. Venez ici [...] et quittez un pays où les Belle-Isle, les Chauvelin et les Voltaire ne trouvent point de protection.[50]

Ces sollicitations renouvelées de se rendre dans un pays où on l'aime – c'est Frédéric qui le dit – «où l'on n'est point bigot», flattent agréablement l'amour-propre du poète. D'autant plus que Crébillon, censeur royal, vient de refuser la représentation de *La Mort de César*, cette pièce qui avait obtenu en 1735 un grand succès au collège d'Harcourt: «Il prétend», écrit Voltaire à Mlle Dumes-nil, «que Brutus ne doit point assassiner César et assurément il a raison, on ne doit assassiner personne: mais il a fait autrefois boire sur le théâtre le sang d'un fils à son propre père.»[51] Frédéric va s'empresser de faire jouer la pièce à Berlin. Voltaire semble décidé à partir; à tous ses amis, il répète que Frédéric, indigné des persécutions qu'il essuie, «veut absolument [l']établir à Berlin». Et à Frédéric lui-même, il manifeste un enthousiasme qui serait fort blessant pour Mme Du Châtelet s'il n'était confidentiel: «oui, je veux partir; madame du Châtelet ne pourra m'en empêcher; je quitterai Minerve pour Apollon. Vous êtes, sire, ma plus grande passion, et il faut bien se contenter dans la vie.»[52]

Non, Mme Du Châtelet ne saurait le retenir, car il va partir pour accomplir une mission secrète. Telle est la conjoncture: cet homme à qui l'on a censuré *Mahomet* et à qui l'on a refusé l'entrée à l'Académie, on va l'utiliser parce qu'on a besoin de lui. Le 9 juin, Orry, ministre des finances, lui écrit: «Le roi, monsieur, s'est déterminé à vous envoyer où vous savez. Je donne l'ordre à M.

49. D2755 (28 avril 1743).
50. D2770 (15 juin 1743).
51. D2783 (4 juillet 1743).
52. D2771 (vers le 15 juin 1743).

de Monmartel de vous payer huit mille francs et une année de votre pension, qui est ce que M. Amelot m'a dit que vous demandiez.»[53] Si l'on s'est résolu à donner suite aux offres de service de Voltaire, c'est que la situation des armées françaises n'est pas brillante. Sans avoir été jamais déclarée, la guerre menace de se généraliser: des troupes «auxiliaires» anglo-hollandaises combattent aux côtés des Autrichiens. Le maréchal de Broglie, qui a reçu l'ordre de tenir, se replie pas à pas, vers la Forêt Noire, devant quarante mille Autrichiens, ce qui lui vaudra la disgrâce. Et c'est en face des troupes de George II que Noailles, par la folle équipée d'un de ses généraux qui se jette sous le feu de sa propre artillerie, se fera battre à Dettingen. Qu'adviendrait-il si l'Angleterre et la Hollande déclaraient la guerre à la France? C'est le duc de Richelieu, dans une lettre à Voltaire, qui traduira le mieux la situation: «nos troupes sont mal disciplinées et [...] nous avons de plats officiers généraux». Richelieu est persuadé que les Anglais ne feront pas la paix sans dédommagement pour Marie-Thérèse, et «que le parti anglais prévaudra toujours en Hollande». Il ajoute: «le roi de Prusse peut faire tout changer et c'est ma foi lui qui tient la balance de l'Europe».[54] L'idée première d'envoyer Voltaire en mission revient en effet à Richelieu: «On imagina», écrit le poète dans ses *Mémoires*, «de m'envoyer secrètement chez ce monarque pour sonder ses intentions [...] Cette idée était tombée dans la tête de M. de Richelieu et de Mme de Chateauroux.» Mais ce sont les ministres Maurepas, Amelot, Orry, d'Argenson qui, pour une fois, ont appelé le poète. Puisqu'il est l'ami de Frédéric, il saura mieux que l'ambassadeur, dans des conversations intimes, le persuader que la France reste riche et forte, que ses ministres vont procéder à un redressement militaire, et il amènera insensiblement le roi de Prusse à envisager la consolidation de l'alliance. Si ce ne sont pas les ministres qui ont fourni à Voltaire le prétexte à ce départ, ils ont accepté celui qu'il en donnera: «Il fallait un prétexte. Je pris celui de ma querelle avec l'ancien évêque de Mirepoix.»[55] Son secret sera mieux préservé, pense-t-il, s'il laisse croire que ce sont les ministres qui l'ont engagé à s'éloigner. «Ce n'est pas tant *Jules César* que moi qu'on proscrit», écrit-il à Thiriot.[56] Et Barbier ira jusqu'à écrire qu'il est exilé.

Fausse tristesse. Il ne sait pas toujours dissimuler qu'il est heureux de partir: «Je vous recommande madame du Chastelet et Cesar [sa tragédie]», écrit-il avec désinvolture à d'Argental, «ce sont deux grands hommes.»[57] Il est heureux non seulement de faire plaisir à Frédéric et de retrouver les plaisirs de la cour

---

53. D2766 (9 juin 1743).
54. D2811 (16 août 1743).
55. *Mémoires* (M.i.25).
56. D2768 (11 juin 1743).
57. D2772 (vers le 15 juin 1743).

prussienne, mais surtout d'être enfin chargé d'une mission officieuse. Car, s'il n'a pas de lettres de créance, ce n'en est pas moins une vraie mission, rétribuée, et qui exigera un rapport. L'historien contribue enfin à l'histoire de sa patrie. Il se souviendra, dans ses *Mémoires*, de la satisfaction qu'il éprouvait «d'être à portée de rendre service au roi [de France] et à l'Etat.»[58] Du même coup, le poète consolide sa position auprès du pouvoir: «M. de Maurepas entrait même avec chaleur dans cette aventure, parce qu'alors il gouvernait M. Amelot, et qu'il croyait être le ministre des Affaires étrangères.»[59] Voltaire n'est donc pas «écrasé»: c'est une belle revanche.

L'envers de cet enthousiasme, c'est d'abord que la mission s'annonce difficile. On ne s'allie pas volontiers à un pays dont l'armée s'effrite. Après la défaite de Dettingen, en lui envoyant passeport et chevaux, Frédéric ajoute: «Vos Français se laissent battre comme des lâches, je ne reconnais plus cette nation, la volupté l'a amollie, c'est Annibal au sortir de Capoûe.»[60] Une autre difficulté d'où peuvent naître mésentente et déception, c'est que Voltaire sait qu'ayant des comptes à rendre à Versailles, il ne fera en Prusse qu'un séjour, alors que Frédéric veut fixer le poète à Berlin pour le prestige de son académie, pour l'illustration de son théâtre, pour l'agrément de ses soupers, en somme pour sa propre gloire et son amusement. A l'extrême, c'est du «bouffon» qu'il a besoin autant que de l'auteur de *Mérope*. Il force un peu le cynisme lorsqu'il écrit à Jordan:

> Paris et la belle Emilie
> Boyer avec l'académie
> Ont, malgré ses palinodies
> De Voltaire fixé le sort,
> Berlin, quoi qu'on puisse dire
> A bien prendre est son pis-aller.
> Mais qu'importe, il nous fera rire
> Lorsque nous l'entendrons parler
> De Maurepas et de Boyer,
> Plein du venin de la satire.[61]

De là vient toute l'ambiguïté de ce voyage, et ce climat de «comédie» que flaire Mme de Tencin. A l'origine du projet, seuls quelques personnages sont dans le secret: ce sont les principaux ministres et, d'après Voltaire, le duc de Richelieu et Mme de La Tournelle. Le cardinal de Tencin l'ignore. Mais tout change à partir du moment où il faut justifier ce départ auprès d'Emilie. «Ce

58. *Mémoires* (M.i.25).
59. *Mémoires* (M.i.25).
60. D2782 (3 juillet 1743).
61. Frédéric II, *Œuvres*, éd. J. D. E. Preuss (Berlin 1846-1857), tome xvii (24, 27 juin 1743).

qu'il y eut de plus singulier», écrira le poète, «c'est qu'il fallut mettre Mme du Châtelet de la confidence [...] On convint, *pour l'apaiser*, qu'elle entrerait dans le mystère.»[62] Mais Voltaire parti et Mme Du Châtelet restée seule, celle-ci est tellement désemparée qu'elle va aussitôt confier le secret à sa voisine, Mme de Tencin, la pire ennemie de Maurepas et d'Amelot. Avec combien de recommandations! «Elle croit que Voltaire serait perdu», écrit Mme de Tencin, «si le secret échappait par sa faute.»[63] M. Jean Sareil a pu se demander si Emilie ne l'avait pas fait sciemment, afin de «nuire à un projet qu'elle désapprouvait».[64] Ce ne serait pas impossible si l'on ne tenait compte qu'elle joue la carte de Maurepas, avec qui elle est en fort bons termes. Quoi qu'il en soit, Mme de Tencin écrit tout de suite une longue lettre à son ami Richelieu:

Je ne veux pas faire de peine à Mme du Châtelet, et je lui en ferais beaucoup si ce que je vais vous dire était divulgué par quelqu'un qui pût le savoir d'elle [...] on a publié que Voltaire était exilé, ou du moins que sur la crainte de l'être il avait pris la fuite; mais la vérité est qu'Amelot et Maurepas l'ont envoyé en Prusse pour sonder les intentions du roi de Prusse à notre égard. Il doit venir rendre compte de sa commission, et n'écrira point, dans la crainte que ses lettres ne soieeent interceptées par le roi de Prusse, à qui il doit faire croire, comme aux autres, qu'il a quitté ce pays-ci très mécontent des ministres. [...] Ne faites, je vous prie, jamais mine d'en être instruit, du moins par moi; car ce secret est à peu près celui de la comédie. Amelot a très habilement écrit plusieurs lettres à Voltaire contresignées. Le secrétaire de Voltaire l'a dit, et le bruit s'en est répandu jusque dans les cafés. Il est pourtant vrai que la chose ne peut réussir que par une conduite toute contraire; que le roi de Prusse, bien loin de prendre confiance dans Voltaire, sera au contraire très irrité contre lui, s'il découvre qu'il l'a trompé.[65]

On peut se fier à Mme de Tencin, toujours bien renseignée: la mission de Voltaire, dès la fin du mois de juin, n'est plus un secret. Le poète-diplomate va faire en Hollande un long séjour pendant que Frédéric inspecte ses troupes: son secret ne parviendra-t-il pas à Berlin avant lui?

Voltaire arrive à La Haye le 27 juin. Mme Du Châtelet annonce à l'abbé de Sade que son ami, par dépit de ne pouvoir faire jouer *La Mort de César*, «s'en est allé en Hollande d'où il ira vraisemblablement en Prusse, qui est tout ce que je crains, car le roi de Prusse est un rival très dangereux pour moi.» Elle est «dans la plus grande affliction». Et elle ajoute: «je suis restée ici dans l'espérance de faire jouer Cezar et de hâter son retour.»[66]

---

62. *Mémoires* (M.i.26). C'est nous qui soulignons.
63. D2774a (12 juin 1743).
64. Sareil, p.66.
65. D2774a.
66. D2778 (28 juin 1743).

Faire jouer *César*, elle y parviendra, avec l'aide de Maurepas. L'homme à convaincre, c'est Crébillon. De vingt ans l'aîné de Voltaire, l'auteur d'*Atrée* est persuadé qu'il occupe, à la suite de Corneille et de Racine, la place incontestée, quasi officielle, de grand poète tragique que Voltaire a voulu lui ravir. Il prétend la conserver. Il ne manque point de partisans bien qu'il vive alors, ruiné par ses mœurs dissolues, dans une chambre misérable du Marais, enfumée par ses pipes, au milieu de ses dix chats et ses vingt-deux chiens.[67] Nommé censeur royal en 1733 et censeur de la police en 1735, il a déjà «rogné les ongles» de Voltaire à propos du *Temple du Goût*; puis il a triomphé, grâce aux dévots, dans l'interdiction de *Mahomet* qu'il avait d'abord proposée. Fort de cette victoire, il interdit *La Mort de César* la veille de la première. Mme Du Châtelet s'adresse à Maurepas. La tragédie n'amuse guère le ministre: «Il s'en faut bien que cet ouvrage soit aussi vif que son auteur»,[68] confie-t-il à Marville. Mais pour faire plaisir à la marquise, il intervient auprès de Crébillon: embarrassé par l'absence de Voltaire, le censeur propose de corriger lui-même la pièce. Tout d'abord, le ministre refuse et lui demande le manuscrit annoté de ses remarques. Il faudrait, au total, modifier une dizaine de vers et placer, dans la bouche d'un personnage, un morceau en faveur de la royauté. Mme Du Châtelet demande ces changements à Voltaire par correspondance. Mais le poète tarde à répondre; les comédiens se plaignent; ils ont engagé des frais et du travail et cette attente compromet la suite de leur programme. Mme Du Châtelet et Maurepas finissent par accepter les corrections de Crébillon: n'est-il pas un grand auteur dramatique? Ainsi, la pièce, jouée le 29 août, obtient un succès moyen et sept représentations: après *Mérope*, elle ne pouvait que décevoir.

Voltaire, de La Haye, s'en est-il désintéressé? Il ne semble pas. Même absent, il veut occuper le public parisien. C'est ainsi qu'il voudrait faire jouer *Thérèse*, une comédie que d'Argental juge très mauvaise. On admire l'intelligence, la délicatesse, la qualité d'amitié de l'ange dans la lettre qu'il lui écrit pour l'en dissuader. Ce serait abaisser sa gloire: «Je ressentirai la chute de *Thérèse* avec plus de vivacité, que vous ne pourrez la ressentir vous-même.»[69] Voltaire ne pouvait faire autrement que renoncer. La pièce fut jouée quelquefois en privé. On n'en connaît aujourd'hui qu'un fragment.[70]

Plus importante aux yeux du poète, croirait-on, est l'affaire des fournitures d'uniformes et de vivres à l'armée qu'il traite avec le comte d'Argenson par

---

67. Maurice Dutrait, *Etude sur la vie et le théâtre de Crébillon* (Genève 1970); voir aussi Paul LeClerc, *Voltaire et Crébillon père: history of an enmity*, Studies 115 (Oxford 1973).
68. D2786 (12 juillet 1743).
69. D2790 (vers le 15 juillet 1743).
70. M.iv.258-67.

l'intermédiaire de ses «cousins», Marchand père et fils, «[qui] ne demandent qu'à vêtir et alimenter les défenseurs de la France».[71]

A La Haye, Voltaire commence à renseigner Amelot. Sa réussite est immédiate grâce à d'heureuses circonstances. Il est logé chez l'ambassadeur de Prusse, dans un palais à demi-ruiné de la vieille cour, lequel appartient à Frédéric par ses partages avec la maison d'Orange. L'ambassadeur, le jeune comte de Podewils, amoureux et très aimé de la femme d'un des principaux membres de l'Etat hollandais «attrape» par les bontés de cette dame, toutes les résolutions secrètes «de Leurs Hautes Puissances». Il en fait profiter Voltaire. Très répandu, le poète démêle rapidement les sentiments des Hollandais: «on aime les particuliers en haïssant la France [...] On nous prie à souper et on chante pouille à notre ministère.»[72] Sa rencontre la plus importante est celle de Willem van Haren, poète et écrivain en langue hollandaise, déjà célèbre, député et homme d'Etat. Voltaire le pousse à se rendre en France «pour essayer si avec le temps on pourrait adoucir la haine qu'il semble porter à notre gouvernement».[73] Mais c'est un homme incorruptible: tout en appréciant le génie de Voltaire, il ne change point d'avis sur la faiblesse de la France; il estime que le gouvernement hollandais ne soutient pas assez efficacement Marie-Thérèse. Voltaire a constaté, comme lui, les limites de l'engagement hollandais; il rassure le comte d'Argenson: «Vous pouvez être sûr que les Hollandais ne vous feront pas grand mal. [...] Il est évident qu'on cherche à ne plus obéir aux Anglais»; une guerre ouverte gênerait leur expansion maritime; ils viennent de donner l'ordre à l'armée de «mettre les chevaux à la pâture».[74] Pour transmettre au ministre de la guerre ses pièces secrètes, Voltaire utilise deux intermédiaires: «la dame qui demeure au faubourg Saint-Honoré», ou Mme Denis à Lille.

Les rapports qu'il expédie à Amelot sont presque tous codés. Par Podewils, il obtient ses premiers renseignements sur les intentions du roi de Prusse et certains de ses actes: Frédéric II regarde comme une violation du droit des souverains et comme «une marque de mépris pour sa personne» le passage des troupes hollandaises et des munitions sur son territoire. Il demande à Podewils de prendre cette affaire «avec la plus grande hauteur» et il appelle son ambassadeur à Berlin. L'organisation et l'inspection de ses armées ne lui laissant pas le temps d'aller à Aix-la-Chapelle, c'est donc à sa cour que Voltaire devra le rejoindre. Le poète annonce qu'il partira avec Podewils.

En attendant, l'activité «diplomatique» de Voltaire n'est pas passée inaperçue

71. D2788 (15 juillet 1743).
72. D2803 (8 août 1743).
73. D2810 (16 août 1743).
74. D2788.

des services de l'ambassade de France à La Haye: «En même temps, monsei-gneur», écrit La Ville, ministre de France, à Amelot, «je me fais un devoir de rendre témoignage du zèle de M. de Voltaire, à son envie de devenir utile au service du roi et au désir extraordinaire qu'il a de mériter votre approbation; je ne dois pas vous dissimuler que le motif de son voyage auprès du roi de Prusse n'est plus un secret».[75]

Il serait étonnant que Frédéric n'eût pas, lui aussi, recueilli quelques bruits sur le motif de ce voyage, ce qui expliquerait sa volonté de couper court à la plaidoirie de Voltaire en faveur de l'armée française après la défaite de Dettingen: «Vous me direz tout ce qu'il vous plaira», répond le roi, «mais une armée qui fuit trois ans de suite et qui est battue où elle se présente ce n'est assurément pas une multitude de Cesars ni d'Alexandres: et vos Français tués à Dettingen dont vous vous glorifiez tant l'ont tous été par derrière [...]

> Ces aimables poltrons plus femmes que soldats
> Sont faits pour le théâtre et non pour les combats.»[76]

Non content de ruiner les espoirs du diplomate, Frédéric tente d'empêcher son retour en France en imaginant une diabolique trahison. Il s'adresse au comte de Rothenburg, son ambassadeur à Versailles: «Je ne vous écris aujour-d'hui que des couillonneries. Voici un morceau d'une lettre de Voltaire, que je vous prie de faire tenir à l'évêque de Mirepoix [...] sans que vous et moi paraissions dans cette affaire. Mon intention est de brouiller Voltaire si bien en France, qu'il ne lui reste de parti à prendre que celui de venir chez moi.»[77]

Le «morceau» que reçoit Rothenburg provient, mais dans une faible mesure, de la lettre qu'écrivit Voltaire au roi de Prusse vers le 15 juin. «Ce vilain Mirepoix», écrivait le poète, «est aussi dur, aussi fanatique, aussi impérieux, que le cardinal de Fleuri était doux [...] Oh, qu'il fera regretter ce bon homme! et que le précepteur de notre dauphin est loin du précepteur de notre roi!»[78]

Or, Frédéric ne se contente pas d'utiliser ce passage, il en aggrave le caractère injurieux en y ajoutant des traits épars de la même lettre, des vers de sa main, et – il l'avouera à Rothenburg pour se justifier – des propos qu'il a entendus «de la bouche de Voltaire» lors du précédent séjour du poète à Berlin.[79] Ainsi Boyer est-il qualifié «d'âne de Mirepoix», et Louis XV du «plus stupide des rois», cette dernière expression étant particulièrement invraisem-blable dans la bouche et sous la plume de Voltaire.

75. Duc de Broglie, *Voltaire avant, pendant et après la guerre de Sept Ans* (Paris 1898), ii.76.
76. D2815 (20 août 1743).
77. D2813 (17 août 1743).
78. D2771 (vers le 15 juin 1743).
79. Commentaire de Th. Besterman à D2813.

La farce est un peu grosse, et il n'est pas certain que Rothenburg n'ait pas édulcoré «l'extrait» et que Boyer l'ait porté au roi. Voltaire a été mis au courant, plus tard, des réactions de l'évêque et du roi de France: «L'évêque [...] alla se plaindre à Louis XV de ce que je le faisais passer, disait-il, pour un sot dans les cours étrangères. Le roi lui répondit que c'était une chose dont on était convenu et qu'il ne fallait pas qu'il y prît garde».[80] Etrange «couverture», confirmant que l'on utilise Voltaire à des fins diplomatiques. Mais aussi bien, de cette absence de réaction du ministère français, le roi de Prusse peut-il tirer la conclusion suivante: si l'on fait taire Boyer, c'est que l'on protège Voltaire et que son voyage est officieusement commandé. Rien de grave pour Frédéric: il n'est point solliciteur, il attend Voltaire de pied ferme.

Sa décision de ne pas aller à Aix-la-Chapelle et d'attendre Voltaire à Berlin plonge Mme Du Châtelet «dans une affliction inexprimable». Les trois mois d'attente qu'elle vient de subir n'auront été qu'une longue introduction à son vrai calvaire. Quand Voltaire se met en route, le 21 août, pour Berlin, elle ne se contient plus, elle dépêche une estafette aux trousses du négociateur. Pour une femme qui manque d'argent, c'est une importante dépense; la passion lui a fait perdre, une fois de plus, tout amour-propre, et la galerie des ennemis s'amuse. Une humiliation que Voltaire lui pardonnera difficilement.

Mme Du Châtelet se tourne aussitôt vers Maurepas. Il a été convenu avec Voltaire, quand il l'a mise dans le secret de sa mission, que Maurepas écrirait à la marquise, au nom du roi, une lettre exigeant le retour du poète. Voltaire est parti sans cette lettre destinée à être présentée, le cas échéant, au roi de Prusse. Honnêtement, il l'a réclamée à Amelot, mais elle n'est pas encore écrite. Elle représente aujourd'hui un espoir pour Emilie, qui demande au ministre de la rédiger. Bien entendu, il importe de laisser croire que Voltaire est parti sans autorisation. La rédaction de ce document insolite exige des mises au point auxquelles le ministre se prête gentiment: «Les bontés que vous m'avez marquées», lui écrit la marquise, «m'enhardissent à vous demander d'ajouter à votre lettre un mot qui va plus directement à notre but qui est son retour, et qui me dédommagerait en quelque sorte des autres [buts]. Si vous vouliez, au lieu des mots ‹Je suis sûr que le Roi trouverait mauvais qu'il différât son retour›, avoir la bonté d'y mettre ceux-ci: ‹Le Roi désire son retour et je suis sûr qu'il trouverait mauvais qu'il le différât›.»[81] La version définitive de la lettre de Maurepas[82] est datée du 30 août 1743, à Choisy, neuf jours après le départ de Voltaire pour Berlin:

---

80. *Mémoires* (M.i.25).

81. Archives nationales, fonds Maurepas. Cette lettre autographe est accompagnée de la première version, raturée, de Maurepas, MS 257 AP 11.

82. Archives nationales, MS 257 AP 27, et D2824 (30 août 1743).

Les soins que je me suis donnés, madame, pour faire jouer *La Mort de César* sont enfin bien justifiés par le succès brillant que vient d'avoir cette tragédie. Mais en voulant rendre service à M. de Voltaire, je ne m'en tiens pas uniquement à m'intéresser à ses ouvrages. Je vous avoue que j'ai été surpris d'apprendre son départ pour Berlin [...] Il a dû reconnaître pendant son séjour à La Haye combien les sujets de mécontentement qu'il croyait avoir étaient mal fondés. Je vous ai dit depuis son départ et je vous répète aujourd'hui avec plaisir et sûreté qu'il peut compter sur les bontés du roi et que je crois qu'il ne peut trop se presser d'en venir profiter; si son attachement pour le roi de Prusse rend son voyage à Berlin excusable, il ne pourrait l'être de le prolonger. Je vous conseille donc, madame, de vous servir de tout le crédit que vous avez sur son esprit pour lui faire sentir qu'il est indispensable qu'il revienne au plus tôt. Je suis sûr que le roi trouverait mauvais qu'il différât son retour. Vous savez qu'il est parti sans permission, ce qu'aucun sujet du roi ne doit faire, surtout lorsqu'il a des pensions de sa Majesté. Il lui sera aisé dans la suite d'aller faire sa cour au roi de Prusse avec la permission du roi, mais S.M. prussienne ne peut trouver mauvais qu'il cède pour le présent aux raisons qui doivent l'engager à revenir dans sa patrie; j'ai trop bonne opinion de lui pour douter qu'il ne s'y rende, et je compte que nous le reverrons incessamment.

Le document est intéressant dans la mesure où il révèle les bonnes dispositions du ministre pour Mme Du Châtelet et pour Voltaire. Mais il est peu probable que celui-ci s'en soit servi, d'abord parce qu'il n'était pas pressé de rentrer, et surtout parce que Frédéric en eût bien ri.

Cette complicité de Mme Du Châtelet et de son ami avec le ministre n'échappe pas à Mme de Tencin: «Il faut», écrit-elle au duc de Richelieu, «que vous les regardiez l'un et l'autre comme deux esclaves de Maurepas.»[83] Mais Richelieu ne partage pas absolument le point de vue de Mme de Tencin sur la mission de Voltaire: il sait qu'elle peut être utile et la prend au sérieux. Cela nécessite d'abord qu'il laisse entendre à Voltaire qu'il n'ignore plus rien de cette mission. Mais c'est du rôle joué par Emilie qu'il se moque: «Je crains d'ailleurs que Mme du Chatelet ne me boude depuis les compliments que je lui ai faits sur sa liaison avec Faquinet et tout ce qu'elle en devait attendre.»[84] Le duc écrit à Voltaire plusieurs lettres où alternent les informations et les recommandations. Il reconnaît que nos armées sont indisciplinées, mais le roi, qui écoute de plus en plus Mme de La Tournelle, va y remédier dès le printemps. C'est aussi le «sot ministère» qu'il faut remplacer. Quant à l'ultime conseil de ce combattant, Voltaire en aura bien besoin: «Ne laissez pas vilipender notre nation».[85]

A Berlin, le poète reçoit un accueil des plus chaleureux. «Le roi me logea

---

83. D2841, commentaire (tome 130, p.96).
84. D2811 (16 août 1743).
85. D2819 (22 août 1743).

chez lui, comme il avait fait dans mes précédents voyages. Il menait à Potsdam la vie qu'il a toujours menée depuis son avènement au trône [...] Il se levait à cinq heures du matin en été, et à six en hiver.» Ce lever ne se pouvait comparer aux cérémonies de Versailles: «un laquais venait allumer son feu, l'habiller et le raser». Dans sa chambre, les rideaux du lit dissimulaient une bibliothèque, «et quant au lit du roi, c'était un grabat de sangles avec un matelas mince, caché par un paravent.» On devine ce que pouvait être l'amour sur ce grabat, et l'on se demande comment Voltaire en a pu connaître certains détails: quand le roi jetait son mouchoir à un cadet, il se retirait avec lui la moitié d'un quart d'heure; en amour, «il ne pouvait jouer le premier rôle: il fallait se contenter des seconds». «Ces amusements d'écoliers étant finis», il allait travailler ou lire ou faire des vers. Bref, si l'on comprend bien, l'homosexualité de Frédéric était très peu virile.

«La plus grande économie présidait dans Potsdam à tous ses goûts. Sa table et celle de ses officiers et de ses domestiques étaient réglées à trente-trois écus par jour, indépendamment du vin.» Mais, bien entendu, il y avait des «extraordinaires», à Berlin, surtout quand Voltaire était là, des soupers précédés ou suivis de danses et de spectacles. «Les plus belles voix, les meilleurs danseurs, étaient à ses gages.»[86]

La négociation de Voltaire, à l'en croire, s'introduit peu à peu dans des conversations à bâtons rompus. Frédéric l'écoute. «Au milieu des fêtes, des opéras, des soupers, ma négociation secrète avançait. Le roi trouva bon que je lui parlasse de tout; et j'entremêlais souvent des questions sur la France et sur l'Autriche à propos de l'*Enéide* et de *Tite-Live*.»[87] Il écrit au roi, qui répond à ses «hardiesses»; parfois même, poursuivant la discussion, Frédéric vient dans la chambre de Voltaire ou lui envoie un billet. Bien que ce ne soient là que des souvenirs, ils sont probablement exacts. On ne peut se fier à ce que le roi de Prusse en écrira plus tard: «L'imagination brillante du poète s'élançait sans retenue dans le vaste champ de la politique: il n'avait point de créditif, et sa mission devint un jeu, une plaisanterie.»[88] Les ennemis de Voltaire et de nombreux critiques ont déduit trop légèrement de ces mots que les discussions des deux hommes n'avaient pas été sérieuses. En réalité, Frédéric répond d'abord à Voltaire avec patience, parfois avec passion, parce qu'il sait bien, au fond, qu'il ne pourra demeurer neutre et que le poète a raison. Comment n'admettrait-il pas que des questions posées par un homme de bon sens et assez bien informé de la politique ne sont pas forcément toutes naïves et

---

86. *Mémoires* (M.i.26, 27, 29, 30).
87. *Mémoires* (M.i.31).
88. Frédéric II, *Œuvres*, iii.26.

dénuées d'intérêt? Mais ce qu'il veut, c'est demeurer libre d'entrer dans la guerre à son heure et même d'en sortir quand il le désire.

Ce que Frédéric pense «sérieusement» de la France? Il l'écrit le 7 septembre de Potsdam à Voltaire demeuré à Berlin, mais ce n'est pas dans une forme sérieuse: il lui fait de la France un éloge au conditionnel, en supposant qu'elle soit bien gouvernée, et il exprime son admiration pour un monarque qui en ferait de nouveau une puissance forte... L'ambiguïté n'est que dans la forme, cette lettre étant, au fond, une critique très sévère de la France de Louis XV. Et c'est pourtant de cette ambiguïté que jouera Voltaire.[89]

Dans ses entretiens avec le roi, il est à l'affût d'une intention, d'un jugement favorables à sa mission et qui pourraient, transmis à Versailles, établir sa réussite. Au besoin, il *interprète* une parole, une attitude, une lettre dont il pourrait tirer parti. La façon dont il rapporte à Amelot l'un de leurs dialogues est fort révélatrice de cet état d'esprit de l'apprenti-diplomate; il met en garde le roi de Prusse à l'égard des calomnies que font circuler les Autrichiens contre la France en Hollande:

Ne vous ont-ils pas calomnié ainsi au mois de mai dernier? N'ont-ils pas écrit en Hollande que vous aviez offert à la reine de Hongrie de vous joindre à elle contre la France? «Je vous jure», me dit-il, *mais en baissant les yeux*, «que rien n'est plus faux. Que pourrais-je y gagner?»

En soulignant ainsi l'air gêné de Frédéric, Voltaire tient à montrer qu'il trahira volontiers son ami au profit du ministère.

Eh bien! sire, pourquoi donc ne vous pas réunir hautement avec la France et l'empereur[90] contre l'ennemi commun?[91]

A vrai dire, ces conversations reviennent souvent au même point et, poussant trop loin l'indiscrétion, finissent par fatiguer le roi. Aussi bien, lorsque Voltaire lui tend une feuille de papier où il a posé des questions numérotées exigeant des réponses écrites, le roi se refuse-t-il à lui fournir un rapport tout fait pour Amelot et lui répond-il par des plaisanteries ou des chansons. Par exemple:

[Question:] Le Sr Bassecour, 1er bourgmestre d'Amsterdam, est venu prier M. Delaville, ministre de France, de faire des propositions de paix. Laville a répondu que si les hollandais avaient des offres à faire, le roi son maître pourrait les écouter.
[Réponse:] Ce Bassecour est apparemment celui qui a soin d'engraisser les chapons et les codindes pour leurs hautes puissances?
[Question:] Les partisans d'Autriche [...] brûlent d'ouvrir la campagne en Silésie [...] Vous connaissez les ressources de la maison d'Autriche, et combien de princes

---

89. D2832 (7 septembre 1743).
90. Charles VII, électeur de Bavière.
91. D2828 (3 septembre 1743). Souligné par nous.

sont unis à elle. Mais résisteraient-ils à votre puissance jointe à celle de la maison de Bourbon?

[Réponse:]

On les y recevra, biribi,
A la façon de Barbari, mon ami.

La grande préoccupation de Voltaire, c'est de pouvoir transmettre à la cour de France, à la fin de son séjour, une «bonne nouvelle», concernant, cela va sans dire, le renouvellement de l'alliance. Ici, le roi redevient sérieux:

[Réponse:] Je vous aime, je vous estime, je ferai tout pour vous avoir, hormis des folies, et des choses qui me donneraient à jamais un ridicule dans l'Europe, et seraient, dans le fond, contraires à mes intérêts et à ma gloire. La seule commission, que je puisse vous donner pour la France, c'est de leur conseiller de se conduire plus sagement qu'ils n'ont fait jusqu'à présent.[92]

Il arrive tout de même que Voltaire, lui aussi, lance une boutade et détende l'atmosphère. Comme le roi lui déclare que le maréchal de Broglie devrait être exécuté, Voltaire réplique: «nous le savons, sire, mais nous ne coupons pas la tête à qui n'en a point.»[93]

Voltaire n'en est pas moins déçu et le laisse voir; Frédéric finit par se fâcher et par déclarer qu'il aurait préféré à cette trahison d'un ami que l'apprenti-diplomate fût muni de lettres de créance. De son côté le poète a été informé qu'un «fragment» de sa lettre à Frédéric était parvenu à Boyer. «Il est extrêmement piqué», dit le roi de Prusse, «il se défâchera, je l'espère».[94] La franchise intervenant enfin, et l'amour-propre, Voltaire comprend l'enjeu de Frédéric, et il va jusqu'à tirer gloire auprès d'Amelot d'être l'objet d'un tel marché: «il croit m'acquérir en me perdant en France, mais je vous jure que j'aimerais mieux vivre dans un village suisse que de jouir à ce prix de la faveur dangereuse d'un roi capable de mettre de la trahison dans l'amitié même».[95]

Pourquoi Voltaire, s'il est déçu, ne se hâte-t-il point de rentrer? Son amitié pour Emilie est-elle oubliée à ce point? Pour Mme Du Châtelet, le temps passe trop lentement; septembre s'écoule sans nouvelles. Cet amour à sens unique la mine, et cette absence interminable l'humilie. Elle se réfugie chez Mme de Tencin qui n'a jamais été atteinte de ce mal et ne la comprend guère, mais qui n'est pas inhumaine et l'accueille avec pitié; le soir, elle l'emmène «perdue d'amour», dans sa maison de Passy. «Elle est folle», écrit-elle à

---

92. D2830 (vers le 5 septembre 1743).
93. D2833 (7 septembre 1743): lettre d'Otto Christof, comte de Podewils à Heinrich, comte de Podewils, qui confirme l'exactitude de la réplique de Voltaire.
94. Frédéric II, Œuvres, xxv.527.
95. D2854 (5 octobre 1743).

Richelieu, «mais elle n'est point méchante.» Quant à la mission de Voltaire, Mme de Tencin ne l'a jamais prise au sérieux, malgré ce qu'en pense le duc: «Je n'ai pas grande opinion», ajoute-t-elle, «de la tête du négociateur et de celui avec qui il négocie.»[96]

Mme Du Châtelet ne supporte plus cette attente. Elle décide de repartir pour Bruxelles afin de s'y trouver quand Voltaire rentrera. Mais celui-ci lui aura peut-être écrit à Paris? C'est Mme de Tencin qu'elle charge de recevoir son courrier et de lui réexpédier ce qui viendrait de Prusse. Enfin, le 10 octobre, elle reçoit une lettre de quatre lignes datée du 28 septembre. Encore plus seule qu'à Paris, elle n'a plus qu'un ami lointain qui puisse comprendre sa souffrance, c'est d'Argental. «Il est clair», lui écrit-elle, «qu'il a été 15 jours sans m'écrire [...] Que de choses à lui reprocher et que son cœur est loin du mien.»[97]

Loin de penser à son amie, Voltaire a sollicité la faveur d'accompagner le roi à la cour de Bayreuth. Frédéric fronce les sourcils, hésite, et le lui accorde enfin, non sans froideur. Comme il s'agit pour lui de prospection militaire, craint-il que le poète ne devine quelques secrets? Ou bien est-il jaloux de l'accueil que ne manqueront pas de lui faire les deux princesses, sœurs de Frédéric et admiratrices du poète? Il est vrai que nulle part Voltaire ne sera aussi éloigné de sa mission. La sœur aînée du roi, Wilhelmine, mariée au margrave de Bayreuth, avait rencontré le poète en 1741 et avait conservé de lui un inoubliable souvenir. C'est donc en ami qu'il arrive à la petite cour de Bayreuth. Il trouve un véritable paradis: le luxe, l'esprit, la musique. Non loin de la ville, la princesse a fait construire un petit château, «retraite délicieuse», écrit le poète, «où on jouit de tout ce qu'une cour a d'agréable sans les incommodités de la grandeur».[98] Les salons sont de marbre. La salle de concert, en marbre blanc et vert, est décorée d'une frise où figurent les portraits des plus belles femmes du temps. Voltaire apprécie la délicatesse de la chère et les plaisirs de l'esprit. «Nous y avons eu des opéras, des comédies, des chasses, des bals, des soupers délicieux.»[99] Luxe étonnant qui doit beaucoup à la misère des paysans, mais qui donc y pense à cette époque? Dans les jardins où s'exaltent les couleurs de l'automne, la conversation est fort animée avec la maîtresse du lieu et la belle Ulrique, sa sœur, qui deviendra reine de Suède. En l'absence de Frédéric qui parcourt la Franconie en tissant sa toile politique et militaire, Voltaire règne parmi les femmes, et les propos les plus libres passent sous l'élégance du langage. Le poète se trouve à l'aise à tel point qu'il

96. D2860a (10 octobre 1743).
97. D2860 (10 octobre 1743).
98. D2866 (16 octobre 1743).
99. D2853 (4 octobre 1743), à Podewils.

oublie parfaitement ses origines et se permet de rimer le fameux madrigal à la
princesse Ulrique:

> Souvent un peu de vérité
> Se mêle au plus grossier mensonge:
> Cette nuit, dans l'erreur d'un songe,
> Au rang des rois j'étais monté.
> Je vous aimais, princesse, et j'osais vous le dire!
> Les dieux à mon réveil ne m'ont pas tout ôté;
> Je n'ai perdu que mon empire.[100]

Il est vain de discuter comme souvent on l'a fait si le madrigal est ou n'est
pas inconvenant. Le badinage est toujours conventionnel et Voltaire sait fort
bien jusqu'où il peut aller. Si Frédéric un instant paraît en prendre ombrage,
c'est sans gravité; d'ailleurs le poète a repris au moins deux fois le même
thème. Un peu plus tard, il écrit au roi: «Votre Majesté, et la reine-mère, et
madame la princesse Ulrique ne se remplacent point. Je n'ai pas encore l'armée
de trois cent mille hommes avec laquelle je devais enlever la princesse.»[101] Et
lorsqu'il recevra une médaille à l'effigie du roi, le portrait de la reine-mère et
celui de la princesse, il écrira, plus audacieux encore:

Enfin me voilà en possession; j'ai baisé tous les portraits; madame la princesse Ulrique
en rougira si elle veut.

> Il est fort insolent de baiser sans scrupule
> De votre auguste sœur les modestes appas;
> Mais les voir, les tenir, et ne les baiser pas,
> Cela serait trop ridicule.[102]

Mme Du Châtelet devine aisément que Voltaire est heureux en Prusse; elle
ne reconnaît plus, dans ses lettres ni dans la démarche de son esprit, cet
homme qui était malade: «Il est ivre absolument», écrit-elle, «il est fou des
courettes d'Allemagne.»[103] Elle a raison: dans la complexité du personnage,
l'un des traits les plus constants de son caractère, dans l'absence de soucis et
dans la liberté, c'est le goût du luxe, de la conversation où brille son esprit, de
cette volupté de l'amour-propre satisfait que ne lui mesure point l'adulation
des femmes. En cette «ivresse», il n'est jamais malade.

Enfin, Voltaire décide de rentrer en France. Mais il laisse croire à Frédéric
qu'il va mettre de l'ordre dans ses affaires, et il lui propose de revenir ensuite
à Berlin: «Je reçois vos propositions à bras ouverts,» lui répond le roi le 7

---

100. M.x.528-29.
101. D2887 (16 novembre 1743).
102. D2910 (7 janvier 1744).
103. D2870 (22 octobre 1743).

octobre, «venez-y, mon cher Voltaire, et dictez tout ce qui peut vous y être agréable. Je veux vous faire plaisir […] Choisissez appartement ou maison, et réglez vous-même ce qu'il vous faut pour l'agrément et le superflu de la vie; faites votre condition comme il vous la faut pour être heureux, c'est à moi à pourvoir au reste.»[104] Si l'on y ajoute la liberté de tout écrire, voilà qui pouvait séduire Voltaire.

Cependant le poète va rentrer ayant toujours en tête l'idée de plaire à la cour de France et de servir Louis XV. Il sollicite donc de son royal ami une lettre qu'il pourra montrer au roi de France, «quatre lignes» où Frédéric affirmera qu'il est maintenant satisfait des dispositions de la France, «que personne avant moi ne vous a jamais fait un portrait aussi avantageux de son roi […] et que vous êtes bien résolu à vous lier avec un prince aussi sage et aussi ferme que lui»:[105] une attestation, en somme, de sa réussite. On ne pense pas que Frédéric ait pu se contredire et se compromettre au point de lui donner satisfaction. On n'a pas connaissance d'une telle lettre et il est au moins une preuve que Voltaire ne l'a point obtenue. Dans une lettre à Amelot du 5 novembre, de Bruxelles,[106] il exploite celle où Frédéric avait supposé que la France fût bien gouvernée, par un bon monarque; il en tire adroitement quelques phrases élogieuses qui, dégagées du contexte, apparaissent comme des jugements portés sur la situation actuelle de la France et sur Louis XV. Et même il ose ajouter: «Je vis ces dispositions se fortifier de moment en moment». Christiane Mervaud précise et conclut:

Voltaire devait partir le 9 octobre. Il retarda son départ qui eut lieu le 12. Il n'est point besoin d'imaginer qu'il le fit parce qu'il attendait la réponse du roi, comme le suggère Th. Besterman (commentaire à D2859). Il ne pouvait décemment partir le 9, puisque le 10 eut lieu la représentation d'un opéra et l'inauguration de la salle de Berlin. Si Frédéric lui avait accordé un tel satisfecit, Voltaire en aurait fait usage auprès du gouvernement français. Il n'en est aucune trace. Qu'il ait dû se servir de D2832 lorsqu'il rendit compte de sa mission semble prouver que le roi ne répondit pas à ses demandes.[107]

Qu'en est-il donc de sa réussite? Le roi ne lui pouvait révéler aucun dessein politique, il n'en avait pas encore: il observait Marie-Thérèse et les Anglais. «Les critiques jugent sévèrement Voltaire», écrit encore Christiane Mervaud, «comme s'il avait été chargé de conclure une alliance ou de signer un traité, ce qui est absurde.»[108] On lui demandait seulement de sonder les sentiments

104. D2855 (7 octobre 1743).
105. D2859 (vers le 8 octobre 1743).
106. D2876 (5 novembre 1743).
107. Mervaud, p.155, n.135.
108. Mervaud, p.151, n.102.

de Frédéric. La conduite du roi est logique et les ouvertures politiques de Voltaire n'apparaissent point comme un échec.

Frédéric, homme secret, dur, méfiant, poursuivant ses desseins sans faiblesse, a découvert un homme fort différent de lui, un Voltaire instable, aimant sa patrie, mais se laissant aller à brocarder ses ministres, un Voltaire impulsif, sensible, imaginatif. Tout en admirant l'homme de génie, Frédéric a traité le négociateur en personnage sentimental, politiquement peu sûr, incapable d'exercer une influence sérieuse et continue sur les ministres français.

Plus tard, Voltaire, dont l'amour-propre arrange trop souvent les faits, aura l'impression d'avoir obtenu de Frédéric au moins une promesse ferme: «Enfin il me dit: ‹Que la France déclare la guerre à l'Angleterre, et je marche.› Je n'en voulais pas davantage», ajoute aussitôt le poète, «je retournai vite à la cour de France».[109]

«Vite», écrit-il. Pourquoi se trompe-t-il à ce point? Peu pressé d'affronter et de consoler Mme Du Châtelet, il prend le chemin des écoliers et gagne la cour de Brunswick où il est reçu si somptueusement par une autre sœur de Frédéric qu'il s'y attarde six jours. Puis il se dirige vers le château de Bückeburg où il espère revoir la comtesse de Bentinck. Mais il est déçu: le comte Albrecht-Wolfgang est en Hollande et la comtesse dans ses terres. C'est une belle revanche des dévots: il est reçu par la princesse Amélie et le pasteur Le Maître. Celui-ci a dressé, en marge de son journal, en date du 20 octobre 1743, une minutieuse relation de la conversation qu'il eut avec le célèbre visiteur. Pressé de questions sur la morale et la religion, Voltaire est «presque» réduit à la défensive.[110]

Il rentre enfin, ayant encore sur le cœur l'affaire de l'estafette lancée sur ses traces par Emilie. A mesure qu'il approche de Bruxelles, ses ressentiments se renforcent, comme s'il fourbissait ses reproches. Dans une lettre à d'Argental, à qui il n'a point coutume de confier ses désaccords avec Mme Du Châtelet, il dramatise l'acte irréfléchi de son amie, ce qui va lui permettre de transformer sa défense en offensive: «voilà horriblement du bruit pour une omelette[111] [...] Ce n'est pas ma faute [si les lettres n'arrivent pas] J'ai été un mois entier sans recevoir des nouvelles de votre amie, mais j'ai été affligé sans colère, sans

---

109. *Mémoires* (M.i.32).
110. André Magnan, p.395.
111. L'expression provient d'une anecdote que l'on racontait à propos de Des Barreaux, conseiller au parlement, poète, célèbre pour un sonnet qui n'était pas de lui. Boileau l'accusa d'athéisme. En réalité, il n'était que frondeur et fort gourmand. Dînant à une taverne un jour maigre, il commanda une grosse omelette: c'était une provocation. A peine l'eut-il entamée qu'un orage épouvantable se déchaîna. Des Barreaux jeta l'omelette par la fenêtre et dit: «Voilà beaucoup de bruit pour une omelette».

croire être trahi, sans mettre toute l'Allemagne en mouvement. Je vous avoue que je suis très fâché des démarches qu'on a faites.» Néanmoins, il ne désire pas que d'Argental conserve l'impression d'une brouille et, se radoucissant, il annonce son pardon: «mais il n'y a point de fautes qui ne soient bien chères quand le cœur les fait commettre. J'ai les mêmes raisons de pardonner, qu'on a eues de se mal conduire.»[112]

En arrivant à Bruxelles le 6 novembre, il ajoute à la même lettre: «je jouis du bonheur de voir votre amie, en bien meilleure santé que moi». A cette amie, il faut pardonner ses chantages. Elle aussi pardonne au poète, «puisqu'il est là». Du moins, c'est ce qu'elle veut d'abord laisser croire aux «anges», «car il m'aime», dit-elle, «et vous sentez bien qu'il n'y a point de torts que cela n'efface».[113] Malgré tout, entre Mme Du Châtelet et Voltaire, il restera, de ce voyage en Prusse, de graves rancœurs.

Voltaire rend compte de sa mission aux ministres. Maurepas le félicite. Mais on ne voit pas pourquoi il aurait été consulté dans la préparation du traité avec le roi de Prusse. Cela n'entrait nullement dans son rôle; elle sera l'œuvre de l'ambassadeur Rothenburg, du ministre des finances Orry et du cardinal de Tencin, que Frédéric tient en haute estime.

Ainsi, en 1743, les relations du «singulier trio» se sont modifiées. Entre le roi de Prusse et Voltaire persiste une amitié fondée sur le besoin qu'ils ont encore l'un de l'autre, mais l'opposition entre les deux hommes est enfin claire. Voltaire ne saurait séparer l'histoire et la politique du respect de l'homme et de la morale. Le roi de Prusse n'a pas de morale. Il refuse à la philosophie, qui anime encore la conversation des repas comme une suprême coquetterie, toute intrusion dans l'action politique. Voltaire ne peut plus l'ignorer. Mais il conserve une bonne part de son admiration au jeune monarque génial et puissant, aimant les lettres et les arts, sans hypocrisie cléricale et tolérant, qui peut encore réaliser de grands desseins. C'est pourquoi il lui a promis de retourner vivre à sa cour, havre de liberté et de plaisir, et quand Mme Du Châtelet aura disparu, c'est ce qu'il fera.

Il n'empêche que pour l'amitié aussi peu sûre d'un roi en pleine évolution, il a compromis l'amour absolu que lui portait Emilie. Après ces dix premières années de vie commune, le poète et son amie ne retrouveront plus désormais ce qui fit de Cirey un paradis, ni même la paix des jours heureux de Bruxelles. Mais leur amitié demeure, et le souci de préserver, à l'égard de la postérité, leur indestructible union.

112. D2875 (4 novembre 1743).
113. D2883 (13 novembre 1743).

9. La besogne du courtisan

«Il y a toujours à perdre pour l'amour dans une absence de 5 mois, le cœur se désaccoutume d'aimer.»[1] C'est après un court séjour à Bruxelles qu'Emilie, le 13 novembre 1743, fait cet aveu à son confident d'Argental. Il y a un mois environ que Voltaire est rentré de Prusse, un mois que les deux amants se sont retrouvés. Quelles déceptions cache cette mélancolie? C'est de Lille, sur le chemin du retour à Paris, qu'elle écrit ces lignes, comme si elle voulait prévenir les d'Argental que sa passion s'est refroidie, qu'ils vont sans doute s'en apercevoir et ne doivent point s'en étonner. Néanmoins, elle sait que sa destinée est liée à jamais à celle du poète, qu'elle appellera désormais son «compagnon». Elle s'efforcera de l'aider à changer le cours de sa destinée: elle en fera un courtisan.

Non seulement il s'y prête, mais il renchérit et s'efforce d'organiser un complet retour en grâce: c'est le roi qu'il veut atteindre d'abord et, ce qui est plus difficile, il cherchera ensuite à se concilier le clergé. Tandis que les relations du couple avec Maurepas restent excellentes, ce que le ministre atteste lui-même dans une lettre chaleureuse adressée au poète,[2] Voltaire continue à jouer auprès d'Amelot son rôle de diplomate. Sans doute ignore-t-il que le secrétaire d'Etat, «gouverné» par Maurepas, ne résistera pas long-temps à des ennemis tels que Richelieu, les Tencin et la duchesse de Château-roux qui se sont juré d'obtenir son renvoi. Le poète, par les relations qu'il s'est faites à La Haye, croit pouvoir lui fournir d'utiles indications sur l'attitude de la Hollande. Y a-t-il des chances pour que cette nation s'engage à fond dans une guerre contre la France? Voltaire transmet à Amelot des nouvelles fragmentaires et des conseils suspects que lui fournit van Haren. «Il y a quelques jours», écrit ce dernier à Voltaire, «que le grand Pensionnaire a proposé un nouvel impôt pour fournir aux frais extraordinaires de la guerre; la ville de Dortrecht s'y est opposée.»[3] Voltaire, audacieux ou naïf, lui ayant demandé si la France impressionnerait davantage la République en portant ses forces sur les Flandres: «Il n'y a qu'un inconvénient à craindre», répond subtilement van Haren, «qui est que la grandeur du danger n'excite le peuple

---

1. D2883 (13 novembre 1743).
2. D2879 (9 novembre 1743).
3. D2895 (10 décembre 1743).

à la révolte, et à demander un stathouder.»[4] Il ne fait guère de doute que l'écrivain et patriote hollandais travaille pour son pays et qu'il nourrit des sympathies pour le prince d'Orange. Connaissant la faiblesse de la défense hollandaise en Flandre, il conseille à la France de s'y tenir sur la défensive et d'envoyer un corps sur la Meuse.

Mais c'est surtout en vue de faire changer les sentiments du roi de Prusse que Voltaire poursuit son effort. Il faut absolument que Frédéric cesse de mépriser la puissance française. C'est à son ami Podewils que le poète s'adresse avec insistance. Il lui vante le redressement de notre armée: «Le roi travaille tous les jours; et les ministres jour et nuit.»[5] Tout cela reste vague et parfois d'une emphase peu crédible: «Nos préparatifs sont immenses.»[6] A vrai dire, l'un des meilleurs atouts de l'armée française, c'est qu'elle s'est acquis l'un des entraîneurs d'hommes des plus extraordinaires en Europe, un aventurier d'une bravoure légendaire, le comte Maurice de Saxe.

Né à Gozlar, en Saxe, il est le fruit des amours d'Auguste II, électeur de Saxe, et de la comtesse Aurore de Koenigsmark. Le prénom de sa mère redeviendra célèbre au dix-neuvième siècle: une fille naturelle de Maurice figure parmi les ascendants d'Aurore Dupin, qui sera George Sand. Peu doué pour le mariage et harcelé par les scènes de jalousie de sa femme, il gagne la France, qui deviendra pour lui une seconde patrie. En 1720, le régent le reçoit et lui propose le grade de maréchal de camp. A Paris, sa première conquête sera celle d'Adrienne Lecouvreur. Au début de la guerre de 1741, sous le commandement du maréchal de Belle-Isle, en quelques jours, il se rend maître de Prague. En 1743, le roi l'autorise à lever un régiment de uhlans de mille chevaux. Saura-t-on utiliser le comte de Saxe comme il conviendrait, sans tenir compte des rivalités de nos chefs d'armée pour lesquels il est un étranger? Voltaire exalte ses qualités dans le *Précis du siècle de Louis XV*: «Le comte de Saxe avait déjà mérité sa grande réputation par de savantes retraites en Allemagne [...] Il joignait une théorie profonde à la pratique. La vigilance, le secret, l'art de savoir différer à propos un projet et celui de l'exécuter rapidement, le coup d'œil, les ressources, la prévoyance étaient ses talents de l'aveu de tous les officiers».[7] Frédéric n'ignore pas non plus sa valeur, mais il doute de ce que pourra faire ce sauvage, ce «sanglier», dans une armée mal organisée et mal commandée.

Ce n'est point pour de nouvelles discussions militaires ou diplomatiques que le roi de Prusse s'obstine à faire revenir Voltaire à sa cour. En novembre

4. D2909 (vers le 5 janvier 1744).
5. D2896 (12 décembre 1743).
6. D2914 (9 janvier 1744).
7. *OH*, p.1376, 1377.

1743, il lui versifie une invitation et ajoute: «ne m'exposez pas à la honte d'*avoir meublé une maison pour n'y loger personne*».[8] Démarche ultime, sans grand espoir: sans doute Frédéric n'ignore-t-il pas que Voltaire brigue alors les faveurs du roi de France et qu'il se donne beaucoup de mal pour les obtenir. De Versailles le poète écrit aux d'Argental qu'il est «enchanté des bontés de sa majesté» et, certain que les frères d'Argenson, Amelot et Maurepas continuent à travailler pour lui, il ajoute: «Le ministère n'a pas mis à cela la dernière main, mais il le fera.»[9]

Dans ces démarches de courtisan, vigoureusement soutenues par Mme Du Châtelet, les circonstances vont le favoriser. Vers la mi-novembre 1743, le duc de Richelieu lui a écrit qu'il voulait le voir avant son propre départ pour le Languedoc. Le duc l'a informé de l'influence croissante de Mme de Châteauroux sur Louis XV. Les ministres caressent l'espoir que le roi se décidera bientôt à partir pour l'armée. Voltaire s'en réjouit, et il semble bien que son entrevue avec le duc de Richelieu ait déterminé chez le philosophe un sérieux changement politique. Jamais il n'est allé aussi loin dans la voie du conformisme. C'est le duc, sans doute, inspiré par les Tencin, qui a gagné l'auteur des *Lettres philosophiques*, nourri des libertés anglaises, au parti du prince Charles Edouard, petit-fils du roi catholique exilé Jacques II, connu sous le nom de chevalier Saint-Georges. Pour faire diversion à la guerre des Flandres, il ne s'agit pas moins, pour les ministres français, que de débarquer une armée en Angleterre pour rétablir ce prince sur le trône. Une folie, si l'on tient compte de la faiblesse de la marine française que dénonce inlassablement Mme de Tencin. Quatre vaisseaux qui ont «le cul pourri», dit-elle,[10] prennent l'eau, et la flotte se trouve réduite à quatorze unités. Pour diriger l'expédition, on appelle le comte de Saxe qui couvrait utilement l'Alsace. Le choix n'est pas mauvais, en supposant que le débarquement puisse réussir. Dès le mois de décembre 1743, la flotte française se rassemble dans la rade de Brest. Les Anglais le savent qui réarment aussitôt les places fortes de leurs côtes. En février 1744, Charles Edouard, venant de Rome, débarque à Antibes.[11] Voltaire note le manque d'enthousiasme des Parisiens: «Notre flotte est à la voile», écrit-il à Podewils, «et tout Paris est au bal. On rejoue *Mérope* avec un succès prodigieux.»[12] Alors que le comte de Saxe lui-même ne croit plus guère au

---

8. D2885 (14 novembre 1743).

9. D2903 (fin 1743 ou début 1744).

10. *Correspondance du cardinal de Tencin, ministre d'Etat et de madame de Tencin, sa sœur, avec le duc de Richelieu* (Paris 1790), lettre du 12 juin 1744.

11. Laurence L. Bongie, «Voltaire's English high treason and a manifesto for bonnie prince Charles», *Studies* 171 (1979), p.7-29.

12. D2931 (10 février 1744).

succès de l'entreprise, Voltaire trouve le projet «très sérieux et très bien conduit».[13] Or, il est voué à l'échec: les 6, 7 et 8 mai, une effroyable tempête se déchaîne et jette les navires à la côte. Le comte d'Argenson donne l'ordre d'abandonner les préparatifs, ce qui soulage tout le monde.[14] Voltaire ne désarme pas: on a «inquiété l'Angleterre jusqu'au cœur de cette île».[15]

A défaut de faire chasser Maurepas, considéré comme le principal responsable des incuries du pouvoir, le duc de Richelieu et la duchesse de Châteauroux obtiennent le renvoi d'Amelot le 26 avril 1744. Voltaire en est surpris: il le priait encore, huit jours auparavant, «d'instruire [le roi] de mon zèle».[16] Cependant, Richelieu lui offre aussitôt une nouvelle chance d'atteindre le roi. Promu premier gentilhomme de la chambre, le duc a maintenant la haute main sur les spectacles de la cour. Chargé d'organiser la fête qui doit donner tout son éclat au mariage du dauphin avec l'infante d'Espagne, c'est à Voltaire qu'il commande une comédie-ballet dont Rameau composera la musique. Occasion rêvée d'obtenir une récompense: «cette bagatelle», écrit-il à d'Argental, «est la seule ressource qui me reste, ne vous déplaise, après la démission de M. Amelot, pour obtenir quelque marque de bonté qu'on me doit pour des bagatelles d'une autre espèce dans lesquelles je n'ai pas laissé de rendre service.»[17]

Il va partir pour Cirey, afin de travailler dans le calme, mais aussi, comme il en a fait le projet dès le début d'avril, afin de «raccommoder [...] ma déplorable santé».[18] Il est malade en effet depuis le mois de mars, et Mme Du Châtelet le pousse à partir; elle-même a beaucoup de chagrins à cacher et à oublier. Des orages ont éclaté dès janvier entre le poète et son amie; une séparation nécessaire de leurs intérêts matériels s'est doublée d'une grave crise sentimentale. La passion du jeu, surtout du cavagnole, qui fait rage à la cour, laisse souvent la marquise démunie ou endettée. Sans doute Voltaire ne refuse-t-il pas de lui prêter de petites sommes mais, à partir de 1743, il en exige le remboursement. De la maison du faubourg Saint-Honoré, chacun acquittera désormais sa part de loyer.

Les preuves ne manquent pas de cette gêne dans laquelle se débat Mme Du Châtelet. C'est d'abord un de ses billets à Voltaire, non daté, mais qui doit se situer en mars ou avril 1744. Au ton des plus soumis, au souci embarrassé de se justifier, on soupçonne que cette démarche n'est pas la première et qu'Emilie doit encourir souvent des reproches:

13. D2936 (21 février 1744), à Podewils.
14. Voir Jean Colin, *Louis XV et les jacobites* (Paris 1901).
15. D2948 (2 avril 1744), à Podewils.
16. D2960 (20 avril 1744), à Amelot.
17. D2999 (11 juillet 1744).
18. D2948 (2 avril 1744).

Dear Lover, On ne peut avoir recours qu'à ses amis dans le besoin. Je vous demande pardon d'aimer mieux vous écrire que vous parler, mais enfin, *dear lover*, j'aurais un extrême besoin de cinquante louis pour payer mon mois d'avril, douze louis et demi que je dois du jeu, et pour n'être pas absolument sans un sol. Je n'en toucherai que le dernier du mois. J'ai envoyé cinq cents livres à M. du Châtelet pour l'équipage de son fils. Je vous les paierai en loyer de maison, ou bien, si vous voulez, voilà le billet de M. du Châtelet qu'heureusement je n'ai pas déchiré [...] Gardez-le et prêtez-m'en l'argent, et *nous ferons un nouveau compte*, ou je ne l'emploierai pas en dépense; cela vaudrait mieux et pour moi et pour vous. Vous me ferez un grand plaisir; j'espère que vous le pouvez, car je suis sûre que si vous le pouvez vous le ferez.[19]

Cette somme, sans grande importance pour lui, Voltaire dut la prêter encore, non sans avertissement. A la même époque, au mois de mars, Mme Du Châtelet, pour avoir emprunté davantage, manqua de peu d'être saisie. On trouve le récit de cet événement dans un gazetin au lieutenant de police du sieur Poussot. Acculée par ses créanciers, la marquise a eu recours à Helvétius. Mais le jeune fermier général a prescrit sur la lettre de change que l'échéance serait absolument contraignante. «Ce temps arrivé,» poursuit le rapport, «madame du Châtelet s'est trouvée sans un sol comme à son ordinaire. Helvétius, piqué, l'a fait poursuivre dans toutes les formes; les meubles de la marquise auraient été vendus sans un ami qui a prêté la somme.»[20] Il est peu probable que cet «ami» soit Voltaire: on va voir que le couple est en pleine crise. Si Helvétius a risqué de perdre l'amitié du poète, c'est qu'il savait que Mme Du Châtelet était rarement solvable.

Comment le marquis Du Châtelet eut-il vent de l'affaire? On ne sait. Il n'a pas vu sa femme depuis quatre ans; il défend Saverne contre le prince Charles de Lorraine. Aussi ne peut-il quitter son régiment pour se rendre ailleurs qu'à sa terre de Cirey: c'est de là qu'il réclame la marquise à cor et à cri. Pourquoi ne se décide-t-elle pas à le rejoindre? Elle est retenue à Paris par la crise de jalousie la plus dramatique qu'elle ait jamais éprouvée. Elle assiste dans sa maison à l'infidélité de son ami. Plusieurs fois, Voltaire a exprimé à d'Argental sa sympathie pour Mlle Gaussin, tout en n'ignorant pas combien elle est volage. Mais quoi? N'est-elle pas irrésistible? Ne l'a-t-elle pas tant de fois fait pleurer au théâtre? Marmontel nous dit qu'elle est «Belle, et du caractère de beauté le plus touchant, avec un son de voix qui allait au cœur, et un regard qui dans les larmes avait un charme inexprimable».[21] Mais sa «mollesse voluptueuse» manque de force dans les rôles de passion ardente: ses rôles sont

19. D2904: cette lettre est l'un des rares vestiges de la correspondance entre Voltaire et Mme Du Châtelet. Souligné par nous.
20. D2954 (9 avril 1744).
21. Marmontel, *Mémoires*, éd. John Renwick (Clermont-Ferrand 1972), i.69.

Zaïre et Alzire. Douce et désintéressée, pourquoi ne se serait-elle pas donnée à Voltaire comme à d'autres? Et pourquoi n'aurait-il pas cédé pour peu qu'il fût rebuté par les incessants reproches de Mme Du Châtelet? Ne serait-ce pas, de la part du poète, un acte d'indépendance? Les deux amants, raconte Mouhy dans ce qu'il reste de ses *Mémoires*, ne se cachent pas. Le «chevalier» a ses entrées dans la maison du faubourg Saint-Honoré, où il n'hésite pas à interroger les domestiques.

«M. du Châtelet écrit lettre sur lettre pour que sa femme le rejoigne à Cirey. Mme du Châtelet qui lui doit obéissance, ne parvient pas à décider Voltaire de partir avec elle.» Enfin, persécuté et malade, celui-ci s'y résout. «Mais il est d'une humeur épouvantable, traite avec la dernière dureté la marquise et la fait pleurer toute la journée. Avant-hier, il y eut une discussion qui dura une partie de la nuit.» Ce soir-là, Voltaire, qui désire souper seul, fait mettre son couvert sur une table isolée; mais Mme Du Châtelet se présente pour souper avec lui et réclame une table plus grande. Lui s'obstine à garder la sienne, déclare qu'il est le maître chez lui et qu'il y a trop longtemps qu'il fait le métier de dupe. Le motif de ces discussions violentes, c'est «la passion de Voltaire pour la Gaussin. Cette comédienne vient voir le poète lorsqu'il ne peut aller chez elle. Le commerce est réglé, la marquise en est furieuse, et n'ose pousser trop loin des choses dans sa crainte que son amant ne prenne [le] parti [de Mlle Gaussin].»[22]

Voltaire sera plus discret la prochaine fois. A quoi rêve-t-il encore? M. Denis vient de mourir, et la lettre de consolation du poète à sa nièce manque curieusement de regrets: «vivez pour vos amis», conclut-il, «et pour moi qui vous aime tendrement».[23] Il n'est pas difficile de comprendre pourquoi sa «passion» pour la Gaussin s'éteint comme feu de paille. Il faut bien aussi revenir à Emilie dont l'aide lui sera utile pour écrire sa comédie-ballet. Apparemment réconcilié avec elle, il se résigne à partir: «Il me semble qu'en travaillant pour [M. de Richelieu] sous les yeux de madame du Châtelet je suis forcé de bien faire.»[24] Il va même jusqu'à se réjouir: il va travailler dans la «délicieuse solitude» de Cirey.[25] Frédéric II, toujours bien informé, comprend qu'il ne reviendra pas à sa cour et, pensant peut-être à Mlle Gaussin, lance au poète volage un adieu où perce le dépit: «adieu à l'amant de la cuisinière

22. D2947 (tome 130, p.99-100); texte du chevalier de Mouhy du 30 mars 1744. Il ne subsiste que quelques feuillets de ce manuscrit.
23. D2958 (18 avril 1744).
24. D2948 (2 avril 1744).
25. D2961 (20 avril 1744).

de Valori, de madame du Châtelet et de ma sœur [...] On démeuble la maison que l'on avait commencé à meubler pour vous à Berlin.»[26]

A Cirey, où le poète et son amie arrivent vers le 15 avril 1744, la «délicieuse solitude» les séduit d'abord. Emilie, tranquillisée, trouve Cirey charmant au printemps et Voltaire déclare à ses amis qu'il est «enchanté d'y vivre». Nul doute que ces lieux, où ils connurent le bonheur et le travail en commun, ne les rapprochent un moment. Mais ils n'y retrouvent point les mêmes joies et, depuis la mort de M. Denis, le rêve de Voltaire chemine en secret. Il invitera bientôt sa nièce à passer un mois à Cirey: «Je vous parle de passer un mois auprès de vous, ma chère nièce, et je voudrais bien y passer ma vie [...] Je m'imagine que nous vivrions ensemble avec douceur.»[27] Mme Denis se gardera bien de venir, et ce n'est pas dans la douceur que vivra le poète.

La comédie-ballet qu'il a commencée, *La Princesse de Navarre*, est un véritable pensum. Lui qui écrit parfois une tragédie en trois semaines, n'y travaillera pas moins de dix mois. Il s'en souviendra encore, lorsqu'il publiera la pièce, dans un avertissement: «On a donc voulu que celui qui a été chargé de composer la fête fît un de ces ouvrages dramatiques où les divertissements en musique forment une partie du sujet, où la plaisanterie se mêle à l'héroïque, et dans lesquels on voit un mélange de l'opéra, de la comédie et de la tragédie.»[28] L'ironie toujours militante de Voltaire s'accommode mal des plaisanteries forcées, gratuites ou doucereuses. Mme de Tencin en a bien jugé. Pour elle, Voltaire n'était point l'homme qui convenait: «Souvenez-vous, s'il vous plaît, que l'esprit prend toutes sortes de formes excepté la gaieté», écrit-elle à son «cher duc».[29] Celui-ci étant le plus souvent aux armées, c'est Mme de Tencin qui lui transmet les manuscrits que lui remet d'Argental; ils ont été passés au crible par de nombreux critiques: Mme Du Châtelet, d'Argental et sa femme, Pont-de-Veyle, le marquis d'Argenson, parfois le président Hénault.

Dès le début de sa tâche, Voltaire se heurte à une difficulté jusqu'alors inconnue – le manque d'inspiration: «Je suis presque glacé par mon ouvrage pour la cour», écrit-il à Cideville; «Molière et tous ceux qui ont travaillé de commande y ont échoué. J'espérais plus de l'opéra de Prométhée [*Pandore*] parce que je l'ai fait pour moi.» Pour retrouver son plaisir d'écrire, il revient parfois à *Pandore* dont il envoie un acte à d'Argental. Mais voici qu'un premier

---

26. D2953 (7 avril 1744). La cuisinière de Valory: Frédéric la rappellera au souvenir de Voltaire dans la lettre D3866 (15 février 1749): «Il n'y manquera que cette cuisinière qui alluma vos sens de feux séditieux que sa froideur seule réprima vivement.»
27. D2974 (14 mai 1744).
28. *La Princesse de Navarre*, «Avertissement» (M.iv.273-74).
29. *Correspondance du cardinal de Tencin*, p.289.

essai de *La Princesse de Navarre* a franchi trop vite les échelons de la critique; Richelieu, qui l'a considéré comme achevé, se fait durement rappeler à l'ordre: «comment avez-vous pu donner mes brouillons à M. d'Argenson et au président [Hénault]? Vous me faites périr à petit feu. Un malheureux croquis, informe, dont il ne subsistera peut-être pas cent vers [...] j'aimerais mieux faire deux tragédies qu'une pièce où il entre de tout [...] Madame du Châtelet est fort sévère, et jusqu'à présent je ne l'ai jamais vue se tromper en fait d'ouvrages d'esprit.»[30] Alors pourquoi Voltaire lui-même a-t-il envoyé ces brouillons? Dorénavant, d'Argental et sa famille vont se montrer intraitables. Ils reprochent vivement au poète le manque absolu d'éléments comiques. Pourtant, il a fait un gros effort: il a créé le personnage de Sanchette, qui doit amuser par sa naïveté incongrue, son bavardage irréfléchi et gaffeur. D'Argental le conteste, Voltaire le maintient. Ce que d'Argental doit comprendre, c'est que «le comique qui fait rire dépend du jeu des acteurs, et ne se sent point quand on examine un ouvrage, et qu'on le discute sérieusement».[31]

A force de refaire, de raccommoder sa pièce, le poète se décourage: «Je travaille», avoue-t-il, «avec un dégoût extrême.» Inévitablement, sa crise de coliques et de fièvre le reprend: «La dauphine de France m'a sucé. Il ne me reste plus de sang poétique dans les veines.»[32] Mme Du Châtelet est obligée de supplier l'ange de tricher:

Je vous demande en grâce si vous avez de l'amitié pour moi de l'approuver cette fois-ci et de garder les critiques pour un autre temps. Je vous promets de faire toutes les corrections que vous voudrez, mais si vous allez paraître encore mécontents et l'accabler de critiques, vous le ferez mourir [...] il s'est chagriné, il s'est inquiété [...] il s'est donné la fièvre, et il est dans une langueur affreuse [...] que votre amitié vous engage à le paraître [content] Je demande la même grâce à M. de Pondeuele et à Mme Dargental.»[33]

L'ange prend pitié. Sanchette, dix fois modifiée, devient acceptable. Mais ce qui n'avance pas, c'est la musique des divertissements. Rameau, qui écoute La Popelinière, Thiriot et quelques poètereaux jaloux, «traîne [Voltaire] dans le ruisseau» et se permet de modifier ses vers. Il devient indispensable que Mme de Tencin avertisse M. de Richelieu que ce pauvre Rameau a la «tête physiquement tournée [...] il bat sa femme, et [...] ensuite se met au lit pour elle [...] Il faut saigner Rameau et le mettre au bouillon.»[34] Le président Hénault, qui rentre de Cirey et qui a pleuré avec Mme Du Châtelet sur le

30. D2986 (5 juin 1744).
31. D3014 (10 août 1744).
32. D2997 (10 juillet 1744).
33. D2998 (10 juillet 1744).
34. D3030 et D3031 (15 et 18 septembre 1744).

troisième acte, s'indigne de la conduite du musicien et écrit à Richelieu: «Ce fou-là a pour conseil toute la racaille des poètes.»[35] Mais Rameau a si mauvais caractère que chacun le craint. Richelieu lui-même est obligé d'user avec lui de diplomatie: à la lettre qu'il lui écrit, il en joint une autre du sieur Duport, huissier de la chambre du roi, bon musicien, ami intime de Rameau, «un de ceux qui a le plus de crédit sur son esprit». Le duc sait que les rangs et les titres n'impressionnent pas ce «sauvage».[36]

Au milieu d'août, le couple se croit obligé de quitter Cirey: «Nous nous en allons à Paris», écrit Mme Du Châtelet, «la maladie des bestiaux nous chasse.»[37] Sans doute s'agit-il de la fièvre aphteuse qui rend inconsommable le laitage de la ferme. Le travail de galérien du poète, qui n'est pas achevé, l'oblige à réfléchir sur son bonheur et sa destinée: «je quitte la tranquillité de Cirey», écrit-il à sa nièce, «pour le chaos de Paris [...] Je me sens un peu honteux à mon âge de quitter ma philosophie et ma solitude pour être baladin des rois [...] il faut partir puisque je vous verrai, et que nous nous consolerons tous deux, vous de vos pertes, et moi de la ridicule vie que je mène, toute contraire à mon humeur et à ma façon de penser.»[38] Voilà l'un des rares examens de conscience de Voltaire, et des plus importants. Comment ne pas y voir tous les regrets de la liberté, celle de Hollande ou de Prusse? Et une certaine rancœur contre le conformisme courtisan, la paralysie philosophique où l'entraîne Mme Du Châtelet? Mais l'on se tromperait si l'on négligeait son ambition d'entrer à l'Académie en même temps que son désir sincère, qui renaît toujours, d'être utile à l'Etat, de participer à son histoire.

Le projet de redressement politique de Richelieu, de Mme de Tencin et de son frère a réussi: la duchesse de Châteauroux a décidé le roi à se rendre en Flandre, où, d'ailleurs, elle l'accompagne au grand scandale de quelques officiers et de quelques ecclésiastiques. La présence du roi galvanise les troupes qui s'emparent de Courtrai et d'Ypres. Mais l'armée d'Alsace recule dangereusement: Charles de Lorraine a franchi le Rhin et le marquis Du Châtelet évacue Saverne «en bon ordre». Louis xv se porte aussitôt vers ce front de l'Est. Parti de Dunkerque, il arrive à Metz le 7 août, mais, si près du but, il tombe malade. Les évêques de Soissons et de Metz profitent de sa peur pour le ramener à la dévotion en lui imposant le renvoi de la «concubine». Richelieu perd de son influence: voici la stratégie de Voltaire et de Mme Du Châtelet remise en question: *La Princesse de Navarre* sera-t-elle jouée? Par bonheur, quand ils arrivent à Paris on dit que le roi va mieux.

35. D2996 (9 juillet 1744).
36. D3003 (15 juillet 1744).
37. D3016 (14 août 1744).
38. D3015 (13 août 1744).

Ils n'y demeurent pas. Sans doute les souvenirs qu'ils retrouvent rue Saint-Honoré ne favorisent-ils point leurs tête-à-tête. Ils préfèrent s'étourdir en société et s'empressent d'accepter l'invitation du duc de La Vallière au château de Champs.[39] Mais aussi bien est-ce une façon de poursuivre, plus directement que jamais, leur cheminement de courtisans. La Vallière, petit-neveu de la favorite de Louis XIV, est, avec Richelieu, Luxembourg et Soubise, l'un des familiers du roi. Il est fauconnier de la couronne, titre honorifique et fort immérité puisqu'il s'occupe de tous les amusements du roi, sauf de la chasse. Ses loisirs lui permettent de se consacrer à sa passion principale, la bibliophilie; il possède l'une des plus belles bibliothèques d'Europe, particulièrement riche en ouvrages rarissimes du seizième siècle.[40] Ses connaissances, son prestige intellectuel en ont fait le directeur des spectacles intimes de Versailles, ceux qui se déroulent dans les petits appartements du roi. Si, plus tard, avec son ami le financier Pâris-Monmartel, il devient le pourvoyeur du roi en femmes, il sera d'abord, avec l'aide de la marquise de Pompadour, l'homme de lettres qui tentera d'élever et d'élargir l'esprit du monarque et de ses familiers. Acteur lui-même, il triomphera dans le rôle de Tartufe:[41] c'est dire que règne, en ces lieux secrets de la monarchie, une certaine liberté.

Sa faiblesse, ce sont les femmes. La duchesse, son épouse, fort jolie et aussi peu fidèle que lui, fait merveille à recevoir à Montrouge et à Champs une société de beaux esprits où se retrouvent Mme Du Deffand, Moncrif et surtout l'abbé de Voisenon,[42] que Voltaire a surnommé «l'évêque de Montrouge». Bien que de santé chancelante, comme Voltaire, il est fort libertin. Familier des théâtres et des coulisses, il eut, parmi d'autres, deux liaisons retentissantes, l'une avec Mlle Le Maure, célèbre chanteuse à l'Opéra et l'autre avec les époux Favart qu'il n'a point séparés et qui l'ont adulé. Voltaire célébrera dans un impromptu la vie du château de Champs joyeusement animée par le pétillant abbé:

> Vous êtes prêtre de Cythère,
> Consacrez, bénissez, chantez
> Tous les nœuds, toutes les beautés
> De la maison de La Vallière.[43]

Voisenon «y portait», écrit La Harpe, «cet extrême enjouement qui trouve à rire et à faire rire de tout, sur un ton de galanterie badine [...], beaucoup

---

39. Château actuel de Champs-sur-Marne.
40. Achetée en grande partie par le marquis de Paulmy, elle constitue aujourd'hui le fonds de la Bibliothèque de l'Arsenal.
41. De Luynes, *Mémoires*, iv.358, 387.
42. Né et mort au château de Voisenon en Seine-et-Marne.
43. D6946 (24 juillet 1756).

d'insouciance et de gaieté [...] le talent des quolibets plutôt que celui des bons mots».[44] Depuis longtemps ami de Voltaire, il va devenir, à Champs, le confident sérieux de Mme Du Châtelet. On devine quel climat de liberté et de gaieté peuvent créer des personnages tels que Voltaire et Voisenon, un climat bienfaisant pour le poète et son amie. Néanmoins, Voltaire travaille. Il ne manque point de lire à ses hôtes *La Princesse de Navarre*. La pièce, écrit-il à d'Argental, «a fort réussi à Champs. Réussira-t-elle à Versailles?»[45] Il lui envoie cette version nouvelle; ce n'est pas la dernière: le conflit avec Rameau continue.

C'est de Champs que Voltaire et Mme Du Châtelet se rendent à Paris le 13 septembre, désirant être présents à la grande manifestation de joie populaire organisée pour la convalescence du roi. Une dangereuse aventure qui se termine bien grâce à l'énergie de Mme Du Châtelet et aux relations amicales du couple avec le président Hénault.

Très adorable président [...] vous avez tiré madame du Chastellet du plus grand embarras du monde, car cet embarras commençait à la croix des petits champs et finissait à l'hôtel de Charost [faubourg Saint-Honoré]. C'étaient des reculades de deux mille carrosses en trois files, des cris de deux ou trois cent mille hommes semés auprès des carrosses, des ivrognes, des combats à coups de poing, des fontaines de vin et de suif qui coulaient sur le monde, le guet à cheval qui augmentait l'imbroglio, et pour comble d'agrément son altesse royale revenant paisiblement au palais royal avec ses grands carrosses, ses gardes, ses pages, et tout cela ne pouvant ni reculer ni avancer jusqu'à trois heures du matin. J'étais avec madame du Chastellet, un cocher qui n'était jamais venu à Paris l'allait faire rouer intrépidement. Elle était couverte de diamants, elle met pied à terre, criant à l'aide, traverse la foule sans être ni volée ni bourrée, entre chez vous,[46] envoie chercher la poularde chez le rôtisseur du coin et nous buvons à votre santé tout doucement dans cette maison où tout le monde voudrait vous voir revenir.[47]

Vers la fin d'octobre, Mme Du Châtelet quitte Champs inopinément, pour Bruxelles. Elle va retrouver Charliers, l'homme d'affaires qui surveille et active son procès. Elle le nomme son «cher ange», et il semble que, pour lui prouver sa «reconnaissance», elle ne lui refuse rien. Curieusement, c'est à Maupertuis qu'elle donne le prétexte de son départ dans une lettre écrite en diligence: «vous savez que j'ai passé presque tout mon automne à Champs. J'aurais bien voulu y rester, mais mon rapporteur s'est avisé de tomber en apoplexie et il a fallu accourir ici.»[48] En réalité, d'après une lettre écrite à Charliers en décem-

44. *Biographie universelle* de Michaut, xliv.47.
45. D3026 (7 septembre 1744).
46. Place Vendôme.
47. D3029 (14 septembre 1744).
48. D3039 (vers le 1er novembre 1744).

bre, celui-ci s'est trouvé seulement «incommodé». Etait-il donc si urgent d'accourir?

La marquise est rentrée sagement pour les cérémonies du retour du roi, les 14 et 15 novembre 1744. Pour rien au monde, le couple ne manquerait une occasion de flatter le monarque. Voltaire interrompt l'achèvement de *La Princesse de Navarre* pour composer le *Discours en vers sur les événements de l'année 1744*[49] où il célèbre les victoires de Conti en Provence et la guérison de Metz. Il confie son poème à d'Argental, comme une affaire sans importance: «voilà ma petite drôlerie [...] que M. le cardinal de Tensin pourrait faire valoir dans un moment favorable [...] En un mot que le roi sache que j'ai mis mes trois chandelles à ma fenêtre.»[50] On peut penser que le cardinal de Tencin n'en fit rien, lui qui n'ose point parler au roi, même pour des questions d'intérêt national.

Qu'importe? Voltaire sera mieux défendu par le marquis d'Argenson, que le roi, dès son retour à Versailles, vient de nommer ministre, secrétaire d'Etat aux affaires étrangères. Enfin, un philosophe au pouvoir! Un médiateur dont Voltaire n'aura pas honte. Le changement de politique se confirme. Maurepas, qui méprisait la favorite, se voit contraint par le roi de porter des excuses rue du Bac à Mme de Châteauroux mourante. Bien que les frères d'Argenson ne soient pas toujours d'accord entre eux, le comte étant moins idéaliste, les voici tous les deux au Conseil. Aussitôt, Voltaire envoie *La Princesse de Navarre* au nouveau ministre et se précipite à son invitation, avec Mme Du Châtelet, au château de Segrez près d'Arpajon. Naturellement, d'Argenson est favorable à l'alliance avec la Prusse: politique plus philosophique que réaliste.

Enfin, en janvier 1745, *La Princesse* étant considérée comme achevée, on va passer aux répétitions. A Versailles, on achève la transformation de la salle du manège en un immense théâtre. Un moment, Voltaire, qui a recouvré sa santé, s'exalte. Il s'invite à souper, avec «Mme Newton-pompon-du Châtelet», chez les d'Argental. Le succès politique, dû en partie à l'association de Voltaire avec son amie, resserre les liens du couple. A son tour, Voltaire invite les deux anges a «une orgie d'histrions» qui se déroulera chez le duc de Richelieu. Et même, Mme d'Argental pourrait y amener quelques-unes de ses amies: «ce sultan», dit-il, «recevrait dans son sérail de telles odalisques».[51] Quel rôle pour une femme aussi sérieuse!

Mais ces «orgies», comme les joies du poète, sont suivies de doutes et de découragements. Il n'a pas confiance en la valeur de sa pièce: «On m'a enfourné

---

49. M.ix.429-32.

50. D3023 (août-septembre 1744). «Mes trois chandelles»: il s'agit des illuminations de la rue Saint-Honoré, où passa le roi.

51. D3064 (janvier 1745).

dans une bouffonnerie», avoue-t-il à d'Argental, «dont j'ai peur de ne me pas tirer.»[52] Et à Cideville: «ne plaindrez-vous pas un pauvre diable qui est bouffon du roi à cinquante ans?» Et le voici, au cours des répétitions, «plus embarrassé avec les musiciens, les décorateurs, les comédiens, les comédiennes, les chanteurs, les danseurs, que ne le seront les huit ou neuf électeurs pour se faire un césar allemand.[53] Je cours de Paris à Versailles, je fais des vers en chaise de poste. Il faut louer le roi hautement, madame la dauphine finement, la famille royale tout doucement, contenter la cour, ne pas déplaire à la ville.»[54] Sans doute serait-il plus satisfait de pouvoir dire ce qu'il pense, au fond de lui, de tout cela.

Au début de janvier 1745, le couple campe à Versailles dans l'ancien appartement de Villeroy.[55] Mais Voltaire revient fréquemment à Paris où son frère Armand se meurt. Cinq jours avant la représentation de *La Princesse de Navarre*, Armand Arouet meurt. Faut-il croire les circonstances de cette mort rapportées par le lieutenant de police Marville à Maurepas?

Voltaire a [...] perdu son frère, et, s'étant trouvé chez lui avec le curé de Saint-Barthélemy [...], ils se sont pris de querelle ensemble, sur un point de doctrine, dans la chambre du malade, et la querelle a été si vive et si bruyante, que le pauvre moribond les a priés de passer dans la chambre à côté pour terminer leur dispute, ce qu'ils ont fait; et à peine y ont-ils été entrés, qu'il est mort. Voltaire, n'ayant plus d'affaires dans la maison, s'en est allé, et la querelle a fini.[56]

L'acte de décès est signé de Voltaire qui assista au convoi. Il n'en dit mot dans la correspondance connue jusqu'à ce jour. Il faut reconnaître qu'il a beaucoup à faire. On ne peut que deviner quelle déception le fils de notaire qu'il est éprouve à la lecture du testament. Il eût trouvé normal, en effet, que l'héritage de son frère ne parvînt à ses neveux qu'après être passé par ses mains. C'était, il est vrai, en 1740, qu'il l'avait écrit à Moussinot: «Il serait très désagréable que mes neveux eussent à me faire ma part. Ce serait à moi, ce me semble, à faire la leur; et Mme Denis s'avance trop quand elle me dit qu'elle me laisserait maîtresse du tout.»[57] Or, le testament d'Arouet, daté du 13 janvier 1745, est loin de lui apporter cette satisfaction. Après avoir légué quelques objets, au titre de la reconnaissance ou du souvenir, Armand stipule: «Et quant au surplus de tous mes biens [...] je donne et lègue [...] moitié à Monsieur Arouet de Voltaire, mon frère, pour en jouir par lui, *en usufruit seulement* [...] et l'autre

---

52. D3066 (18 janvier 1745).
53. Charles VII, mis en place avec l'aide de la France, est mort le 20 janvier 1745.
54. D3073 (31 janvier 1745).
55. Desnoiresterres, ii.433.
56. Note à D3075.
57. D2136 (9 janvier 1740).

moitié aux dits sieurs Mignot et dames Denis et Fontaines, mes neveux et nièces pour en jouir par eux en toute propriété [...] et afin que la substitution que je viens de faire ait son entier effet, je veux que le mobilier qui reviendra au sieur Arouet de Voltaire [...] soit converti en immobilier.»[58] Cette dernière disposition était particulièrement blessante. Armand transformait en usufruit un capital que Voltaire aurait pu, avec les moyens qu'on lui connaît, faire habilement fructifier. Le poète était en quelque sorte déshérité. Il n'était pas même l'exécuteur testamentaire. Armand avait désigné le mari de sa deuxième nièce, M. de Fontaine, qui obtenait pour sa peine un diamant de six mille livres.

Ses occupations n'ont pas permis au poète de remâcher cet affront. *La Princesse de Navarre* est représentée le 25 février 1745 dans une confusion qui touche au désordre. La comédie-ballet doit commencer à six heures, mais alors il y a tant de monde dans la salle du manège que l'on décide d'en faire évacuer une partie.

Comme on ne pouvait en venir à bout, il y eut quelqu'un qui cria «Bourrez!», terme qui fut bien entendu et fort remarqué. Et ce dérangement fit que le roi n'arriva qu'à sept heures au manège [...] Le ballet ne finit qu'à dix heures; il paraît que la musique a été fort aprouvée, les divertissements ont été trouvés très agréables. La pièce a été critiquée par quelques-uns de ceux qui l'ont entendue, car l'immense salle faisait qu'on ne l'entendait pas trop bien. On a trouvé que le sujet était absolument inventé, que d'ailleurs, tout était à l'avantage de la France et pas assez à celui de l'Espagne [...] qu'enfin la représentation des monts Pyrénées était ridicule.[59]

Peu de temps après, la dauphine, assistant à l'opéra de *Thésée*, remarqua: «L'auteur qui a fait ces paroles n'est donc pas celui qui a fait celles du ballet, car il m'a paru qu'il y avait bien des plaisanteries et des expressions plates.» C'est que la dauphine, nous apprend le marquis d'Argenson, était une personne «sérieuse et taciturne».[60]

La pièce était surtout fort artificielle et invraisemblable. Voltaire, voulant éviter à tout prix l'ennui d'une longue exposition, a mis d'emblée ses personnages sur la scène, mais avec une telle sobriété d'éclaircissements qu'à la représentation leurs rapports devaient demeurer longtemps obscurs. La scène se passe chez Morillo, «seigneur de campagne», personnage ridicule sans être vraiment comique. Faute d'hostellerie, car on est en guerre, Morillo a invité à dîner Constance, princesse de Navarre, qui fuit son tuteur don Pedro, «tyran barbare»; elle fuit également le duc de Foix qui l'aime et qui cherche à l'enlever, mais elle lui a voué, sans l'avoir jamais vu, une haine traditionnelle

58. Cité par Desnoiresterres, ii.438. C'est nous qui soulignons.
59. De Luynes, vii.319, 320, 338.
60. D'Argenson, *Journal et mémoires*, iv.173.

de famille à famille. Léonor, sa suivante, tente vainement de lui faire oublier cette haine: Constance ne veut rien entendre et veut se retirer immédiatement dans un couvent.

On aurait besoin de savoir plus clairement que des combats se déroulent à proximité entre les soldats de don Pedro, roi de Burgos, et les Français, pour lesquels combat le duc de Foix.

Un cavalier se présente sous le nom d'Alamir qui se dit parent de Morillo et n'est autre que le duc. Il offre à la princesse de la servir. C'est ici qu'intervient un énorme artifice, fort contesté par d'Argental, mais exigé par la nécessité d'introduire les divertissements du premier acte: Morillo désigne Alamir comme intendant de ses menus plaisirs. Foix-Alamir devient donc un protagoniste poursuivant simultanément trois objectifs dont le dernier s'accorde mal avec les deux premiers: enlever Constance, combattre don Pedro... et préparer une fête. Aussi bien Hernand, conseiller du duc, demeure-t-il sceptique:

> Mais j'ai grand peur que votre fête
> Réussisse aussi mal que votre enlèvement.

Crainte que partagent sans doute les spectateurs de la pièce. Mais le duc, amoureux et optimiste, pense bien réussir auprès de la princesse:

> [Leurs] communs ennemis la rendront plus traitable.

Les troupes du roi don Pedro sont en effet tout près d'investir ce curieux château où l'on donne une fête. Danger que néglige Foix-Alamir; ce qui l'inquiète davantage, c'est que la fille de Morillo, Sanchette, s'est éprise pour lui d'un amour enfantin et absolu qu'elle proclame à tous les vents. C'est là le personnage si longtemps refusé par d'Argental et Pont-de-Veyle; mais Voltaire s'est entêté: il en a corsé la naïveté et fignolé le comique. Sanchette est d'autant plus imbue de son amour qu'on lui laisse croire que la fête qui se prépare lui est consacrée.

Coup de théâtre: quand la princesse de Navarre veut sortir, elle se trouve entourée par des guerriers de don Pedro. Et c'est le moment où la pièce s'interrompt pour faire place aux chœurs et au ballet, musique de Rameau. La pièce repart sur une déclaration d'Alamir à la princesse: il lui offre de la défendre; elle se contente de lui accorder sa confiance. Un moment, les guerriers se trompent et veulent emmener Sanchette à la cour de Burgos. Finalement, c'est Constance qu'ils enlèvent, ce qui va donner un avantage décisif à Foix-Alamir qui la délivre au prix d'un dur combat. Puis, fort habilement, il disparaît. Bien entendu, la princesse le réclame, et enfin le croit mort. Souffrance qui lui révèle son amour. Le duc revient encore, puis part combattre avec les Français. L'action évolue en faveur de la France.

On prévoit depuis longtemps ce qui va se passer: la victoire des Français sur don Pedro est due, pour une bonne part, à la bravoure d'Alamir. Mais ce qui est inattendu et va retarder le dénouement, c'est que Sanchette supplie la princesse de ne pas lui enlever le héros, et la princesse y consent, désespérée, car elle considère Alamir comme un officier sans grande naissance qu'elle ne saurait épouser. Voltaire a voulu que la scène fût dramatique; il a fait dire à Mlle Clairon de ne pas la jouer froidement: «elle doit faire éclater le pathétique et le désespoir le plus douloureux».[61] Tout change lorsqu'Alamir, de retour, se jette aux genoux de la princesse et lui déclare qu'il est le duc de Foix, «du sang des rois». La princesse, heureuse, console Sanchette: elle l'emmènera à la cour et l'établira. Morillo, vaguement amoureux, lui aussi, de la princesse, conclut:

> Le duc de Foix, comme je le voi
> Me faisait donc l'honneur de se moquer de moi.

La pièce s'achève par des chœurs et un ballet, tandis que les Pyrénées, au fond de la scène, s'abaissent insensiblement.

Barbier a trouvé la pièce «longue, ennuyeuse et mauvaise»[62] et lorsqu'elle sera publiée, Mme de Tencin, à qui sa «ménagerie» a offert une chaise percée, trouvera, au fond de ce meuble, le texte de *La Princesse de Navarre*. Serait-il étonnant que le coupable fût Piron?

Il n'est que le résultat qui compte: «Mon ouvrage est décent,» écrit Voltaire, «il a plu sans être flatteur. Le roi m'en sait gré, les Mirepoix ne peuvent me nuire.»[63] Aussitôt, le poète réclame sa récompense, et c'est au marquis d'Argenson qu'il s'adresse:

La charge de gentilhomme ordinaire ne vaquant presque jamais et cet agrément n'étant qu'un agrément, on y peut ajouter la petite place d'historiographe et au lieu de la pension attachée à cette historiographerie je ne demande qu'un rétablissement de quatre cents livres. Tout cela me paraît modeste et M. Orri en juge de même; il consent à toutes ces guenilles. Daignez achever votre ouvrage et vous aboucher avec M. de Maurepas.[64]

Quelques jours après, il manifeste son impatience au même d'Argenson, qu'il supplie «non seulement d'encourager le roi, mais d'encourager aussi Monsieur de Maurepas à terminer l'affaire qui me regarde, et à *ne la pas faire à moitié*».[65]

Non, l'affaire ne sera pas faite à moitié, mais telle est la fantaisie de l'administration royale que Voltaire apprend indirectement que le roi a «tout» accordé et qu'il lui faut «courir après le roi à bride abattue, et se trouver à un

61. D3025 (5 septembre 1744).
62. Barbier, iv.16.
63. D3090 (1ᵉʳ avril 1745).
64. D3081 (5 mars 1745).
65. D3087 (20 mars 1745). C'est nous qui soulignons.

certain moment dans un certain coin, pour le remercier», sans savoir trop de quoi. Il raconte l'entrevue à Mme Denis dans le style de *Zadig*: «On me présenta donc à sa très gracieuse Majesté, qui me reçut très gracieusement et que je remerciai très humblement. Mais faire signer des brevets est chose beaucoup plus difficile, que de faire des remerciements. On dit à présent qu'il faut que je ne désempare pas jusqu'à ce que tout soit bien cimenté, scellé et consommé. J'aimerais mieux venir vous embrasser».[66]

La promesse du roi n'était point vaine: c'est encore à sa nièce que le poète annonce, le 3 avril, que le brevet a été scellé. Le roi lui accorde «l'expectative d'une charge de gentilhomme ordinaire, la place d'historiographe de France, avec deux mille livres d'appointements et les entrées dans sa chambre».[67] «Me voilà heureux dans ce monde», écrit-il à Moncrif. «Les prières de Mme de Villars m'assurent de la félicité pour l'autre.»[68] Non pas qu'il n'éprouve, quand il redevient sérieux, une secrète honte d'avoir acquis cette situation grâce à une pièce médiocre et à la diplomatie de Mme Du Châtelet, de La Vallière et de Richelieu:

> Mon *Henri quatre* et ma *Zaïre*,
> Et mon Américaine *Alzire*,
> Ne m'ont valu jamais un seul regard du roi;
> J'avais mille ennemis avec très peu de gloire:
> Les honneurs et les biens pleuvent enfin sur moi
> Pour une farce de la Foire.[69]

La frondeuse imprudence succède à la victoire. Ce bonheur apparent n'en couronne pas moins l'association indissoluble, mais désormais sans amour, de Voltaire et de Mme Du Châtelet. Ils ont abandonné la solitude et la studieuse liberté de Cirey pour une vie décevante de courtisans. Or, Voltaire ne sera jamais un bon courtisan; il l'avoue au jeune Vauvenargues dont il apprécie de plus en plus la sincérité et l'élévation d'esprit: «La cour ne semblait guère faite pour moi; mais les grâces que le roi m'a faites m'y arrêtent, et j'y suis à présent plus par reconnaissance que par intérêt.»[70]

Belle et rare, cette amitié de Voltaire et Vauvenargues: d'emblée, elle s'est élevée plus haut que ses relations avec Helvétius, Baculard d'Arnaud, et même, plus tard, avec Marmontel. Cela tient sans doute à l'exceptionnelle valeur et à la destinée douloureuse de Vauvenargues. Sa vie discrète n'est connue que

66. D3091 (1er avril 1745).
67. D3092 (3 avril 1745).
68. D3086 (vers le 17 mars 1745). Mme de Villars est devenue dévote, mais il n'est pas certain qu'elle ait prié pour Voltaire. D'après ce qu'il ajoute, il ne la voit plus.
69. M.i.89.
70. D3093 (3 avril 1745).

dans ses grandes étapes. Né en 1715, fils du maire d'Aix-en-Provence, il est contraint de rester longtemps isolé, avec sa mère, dans l'austère château familial, à quatre lieues de sa ville natale que son père défend héroïquement contre la peste. Maladif, timide, d'un caractère doux et méditatif, le jeune marquis s'opposera bientôt – tout en reconnaissant ses vertus – à son père, cet homme solide et triomphant que le régent vient de récompenser par un marquisat.

Quelques années plus tard, l'imagination du jeune gentilhomme, son aspiration à la grandeur l'entraînent vers l'armée: il entre au régiment du roi. Contradiction évidente avec sa mauvaise santé et sa passion pour la littérature. «Il se fuit en fuyant sa famille».[71] La vie militaire réalise pour lui un exil plus qu'une vocation. Il n'en participe pas moins à trois campagnes, en Italie en 1735, en Bohème en 1741-1742, sur le Rhin en 1743. Pendant l'hiver de 1741, il a les jambes légèrement gelées au siège d'Iglau, en Moravie; l'année suivante, à Prague, il perd son ami Hippolyte de Seytres. Officier peu brillant, il demeure le plus souvent en garnison, où il s'ennuie: «Quand on a l'âme haute, quel intérêt peut-on prendre à faire distribuer de la paille, à mettre en prison un soldat qui n'a pas bien mis sa cravate, ou à donner des coups de canne à l'exercice?»[72] Cette «servitude militaire» devient pour lui une sorte d'héroïsme. Enfin après Dettingen son horreur de la guerre le conduit à démissionner. Défiguré par la petite vérole, il se trouve laid. De toute façon, aurait-il rencontré un amour qui fût à la hauteur de sa vertu? Sa prodigalité et la vie aux armées l'ont ruiné: il se fait précepteur, comme La Bruyère. Il se sent soudain pour cette occupation un intérêt passionné, car elle lui révèle les progrès de sa propre parole et de sa pensée: «Bien parler et bien écrire, toutes les entreprises et les passions ne réussissent que par là».[73]

Il se met donc à écrire. Vertueux par nature, il tient la gloire pour une vertu, car elle n'est autre que le parfait accomplissement de l'être. S'il a horreur de la vulgarité, de la frivolité, il demeure indulgent à toute manière de vivre, «encore est-il mieux d'être vicieux que de ne pas être». On voit bien ce qui le rapproche de Voltaire. Sans être absolument d'accord sur Corneille, que Vauvenargues n'aime guère, ni sur Pascal et Bossuet, ils aiment Racine, Locke et Bayle; tous deux se méfient du verbalisme et de la boursouflure. Ils sont plus proches encore dans leurs conceptions morales: ils font confiance à la nature, réhabilitent l'amour-propre, l'intérêt, ne condamnent ni le plaisir, ni la passion, ni la gloire. Vauvenargues, comme Voltaire, subordonne la raison

71. Voir l'excellente introduction d'Henry Bonnier aux *Œuvres complètes* de Vauvenargues (Paris 1968), p.22.
72. Bonnier, p.23.
73. Bonnier, p.48.

au sentiment non, comme Pascal, pour humilier les facultés humaines, mais pour réconcilier l'homme avec lui-même et renforcer sa raison.[74] Enfin, aucun des deux ne se laisse prendre aux grands systèmes de la métaphysique.

C'est de Nancy, où il était encore en garnison, que Vauvenargues a écrit, le 4 avril 1743, sa première lettre à Voltaire. Il lui manifeste la plus grande admiration et lui soumet ses points de vue sur la littérature et la philosophie. «Pardonnez, Monsieur,» conclut-il, «à mon âge et au métier que je fais le ridicule de tant de décisions aussi mal exprimées que présomptueuses. J'ai souhaité toute ma vie avec passion d'avoir l'honneur de vous voir, et je suis charmé d'avoir [...] une occasion de vous assurer au moins de l'inclination naturelle et de l'admiration naïve avec laquelle [...] je suis [...]».[75]

Voltaire est heureux de découvrir un philosophe si plein d'esprit: «je n'ai rien vu», dit-il, «de si fin et de si approfondi».[76] Dans une lettre suivante, il souligne la contradiction d'une telle destinée:

Je vous avoue que je suis encore plus étonné que je ne l'étais que vous fassiez un métier, très noble à la vérité, mais un peu barbare, et aussi propre aux hommes communs et bornés qu'aux gens d'esprit. Je ne vous croyais que beaucoup de goût et de connaissances, mais je vois que vous avez encore plus de génie. Je ne sais si cette campagne vous permettra de le cultiver [...] Je réprime mon envie de vous dire tout ce que je pense.[77]

Il va résulter de cette amitié une correspondance souvent passionnée, trop rare,[78] mais qui se poursuivra jusqu'à la mort précoce de Vauvenargues.

Pourtant, quelle différence des destinées! En 1745, Voltaire est un homme d'action souvent comblé, encore sollicité, si malade soit-il, par la joie de vivre et par l'ambition, alors que Vauvenargues, loin du bruit, sacrifiant toute vanité à son œuvre, non sans orgueil, médite et écrit dans la résignation.

---

74. Henri Coulet, «Voltaire lecteur de Vauvenargues», *Cahiers de l'Association internationale des études françaises* 30 (1978), p.176.
75. D2746 (4 avril 1743).
76. D2748 (15 avril 1743).
77. D2760 (17 mai 1743).
78. On n'en possède à ce jour que vint-cinq lettres, huit de Vauvenargues et dix-sept de Voltaire.

10. Une heureuse conjoncture: Etioles et Fontenoy

A peine l'historiographe s'est-il mis au travail qu'il en est distrait. Laissant Mme Du Châtelet jouer au cavagnole à Versailles, il est attiré à Paris: «Je ne sais pas trop», écrit-il à d'Argental, «ce que je fais ici».[1] Il le sait fort bien: il va embrasser sa nièce qui vient de s'installer chez sa sœur, Mme de Fontaine, à l'hôtel d'Herbouville, rue Pavée.

Ayant résolu, au début d'avril, de se tenir à Versailles, c'est à peine s'il y reste une quinzaine de jours; le 16 de ce mois, il se croit obligé de «courir» à Châlons avec Mme Du Châtelet dont le fils est atteint d'une petite vérole qui semble bénigne. Rassurés, ils s'attardent, car ils y vivent beaucoup mieux qu'à Versailles. L'évêque de Châlons reçoit les deux amis en personnages quasi-officiels; il les loge magnifiquement, leur fait bonne chère et les promène. Ce voyage n'aurait que peu d'importance s'il n'entraînait un fâcheux retard dans les projets de Voltaire. Alors qu'il se présente à Versailles dès son retour, désirant travailler et s'entretenir avec le marquis d'Argenson, on lui interdit l'accès du château: «Il faut s'immoler», écrit-il, «au préjugé qui m'exclut de Versailles pour quarante jours, parce que j'ai vu un malade à quarante lieues.»[2]

Le poète prend très au sérieux sa tâche d'historiographe. Ne s'était-il pas considéré, en 1740, quand les premiers chapitres du *Siècle* avaient été censurés, comme le véritable historiographe de Louis XIV? «J'ose dire que dans tout autre temps», écrivait-il au marquis d'Argenson, «une pareille entreprise serait encouragée par le gouvernement. Louis XIV donnait six mille livres de pension aux Valincourt, aux Pellison, aux Racine et aux Despréaux pour faire son histoire qu'ils ne firent point, et moi je suis persécuté pour avoir fait ce qu'ils devaient faire.»[3] Maintenant qu'il a obtenu la faveur de Louis XV, pourrait-il lui faire défaut comme ses prédécesseurs à Louis XIV? Quelques jours après sa nomination, il feint auprès de «l'ange», qui préférerait sans doute quelque nouvelle tragédie, de ne point se prendre au sérieux: «Me voilà engagé d'honneur à écrire des anecdotes, mais je n'écrirai rien et je ne gagnerai pas mes gages.»[4] Or, la peine qu'il se donnera mériterait mieux que ses deux mille

---

1. D3094 (vers le 5 avril 1745).
2. D3109 (1ᵉʳ mai 1745).
3. D2135 (8 janvier 1740).
4. D3094.

livres. Ne doutons point de sa sincérité lorsqu'il se dit «engagé d'honneur»: il l'est à l'égard du roi, de sa patrie et, au surplus, de son propre avenir. Ecrire l'histoire des événements actuels pourrait faciliter son élection à l'Académie. Mais il faut qu'il se hâte. L'historien va donc succéder au diplomate, et sa passion pour l'œuvre entreprise va l'emporter rapidement sur les calculs de l'intérêt personnel. D'abord, cette place d'historiographe lui ouvre l'accès aux documents les plus récents et lui permet d'obtenir les témoignages vivants de ceux qui font l'histoire devant lui. Elle satisfait aussi son goût pour le journalisme, qui se développe d'abord en faveur du pouvoir. Ce goût n'est pas récent: depuis son adolescence, il «vit intensément dans son temps, en épouse la curiosité».[5]

Enfin, cette promotion coïncide avec celle du marquis d'Argenson au ministère des affaires étrangères. Le poète s'engage à fond dans la même politique anti-autrichienne, favorable à Frédéric II, mais qui est avant tout une politique de paix. Faire la guerre, il le faut, puisqu'elle est commencée; gagner des batailles, certes, mais sans autre but que d'obtenir rapidement une paix durable. Voltaire se réjouit d'être l'historien d'un tel ministère et de pouvoir bientôt chanter une paix établie par un philosophe et un ami. Hélas! D'Argenson pourra-t-il imposer longtemps une telle politique à Maurepas et à Maurice de Saxe? En outre, le désaccord s'élargit entre le marquis et son frère, ministre de la guerre, plus réaliste que lui et intéressé, avec les Pâris, auxquels il est lié, par les profits des opérations militaires.

L'engagement de Voltaire dans la politique de paix devient une sorte de *leitmotiv* de sa correspondance au début de mai 1745. A Valory, frère de l'ambassadeur de Prusse, il écrit le 3 mai: «Il n'y a jamais eu de tous les côtés moins de raison de faire la guerre. Tout le monde a besoin de la paix, et cependant on se bat. Je voudrais bien que l'historiographe pût dire: les princes furent sages en 1745.»[6] Mais c'est à la même époque que d'Argenson s'enfonce aveuglément dans une diplomatie anti-autrichienne à tout prix. Charles VII, le nouvel empereur en titre, élu sous l'inspiration de la France, étant mort prématurément, d'Argenson décide de porter à l'empire l'électeur de Saxe Auguste III. C'est ignorer à quel point l'influence de l'Autriche s'est développée. Le coup de maître, pour l'avenir de la France et de l'Europe, eût été de faire élire François de Lorraine, époux de Marie-Thérèse. Celle-ci désire traiter avec la France à laquelle elle céderait, pour avoir les mains libres contre la Prusse, la moitié des Pays-Bas. Belle réplique à l'opportunisme de Frédéric et coup de semonce à l'influence anglaise en Hollande! La force de Marie-

---

5. *Histoire de la guerre de 1741*, éd. Jean Maurens (Paris 1971), p.iv.
6. D3112 (3 mai 1745).

Thérèse, c'est Auguste III lui-même qui l'apprécie à sa juste valeur: il refuse d'être candidat et promet sa voix à François de Lorraine. Aussitôt, le fils de Charles VII, Maximilien, l'imite. Et voici la diplomatie du marquis d'Argenson compromise. Voltaire redoute que sa tâche d'historien ne devienne ingrate: «Je tremble que nos tristes aventures de Bavière ne déterminent le roi de Prusse à faire une seconde paix. Vous êtes monseigneur dans des circonstances bien critiques, et nous aussi. Si cela continue, le bel emploi que celui d'historiographe!»[7]

Voltaire s'entête cependant à désirer une nouvelle et prochaine échéance de paix. C'est à Valory plutôt qu'à Frédéric qu'il s'adresse. Apprécions sa gentillesse dans sa lettre du 1er mai: «Puissent ces deux héros [Louis XV et Frédéric II] nous donner bientôt la paix dont l'Allemagne et l'Angleterre ont plus besoin que nous!»[8] Et le 9 mai, Voltaire surnomme d'Argenson «l'ange de la paix». Mais il faudrait au marquis, pour faire oublier les échecs de sa diplomatie et rattraper ailleurs cette paix qui le fuit, une victoire retentissante. Il s'entend avec son frère pour décider le roi à retourner en Flandre. Tous deux vont l'accompagner ainsi que le dauphin malgré son récent mariage. Voltaire, écarté de Versailles par sa «quarantaine», regrette de ne point revoir le ministre avant son départ: «Partez donc», lui écrit-il, «mais revenez avec le rameau d'olivier, et que le roi vous donne le rameau d'or, car en vérité vous n'êtes pas payé pour la peine que vous prenez.»[9]

Au cours du même mois de mai 1745, un autre personnage, qui deviendra plus influent que d'Argenson, va se trouver à même d'aider Voltaire à exploiter l'événement et va le porter au faîte de sa chance. Depuis le début d'avril, Voltaire suit attentivement la «montée» de Jeanne-Antoinette Poisson, future marquise de Pompadour.

Voltaire l'a connue très jeune: on sait qu'il était en relations d'affaires et d'amitié avec Pâris-Monmartel, qui fut le parrain de Jeanne-Antoinette. Il le rappellera à la favorite dans l'épître dédicatoire de *Tancrède*: «J'ai vu dès votre enfance les grâces et les talents se développer».[10] Ayant eu à pâtir, plus tard, du soutien à éclipses de la favorite, il y reviendra dans ses *Mémoires*, fort brièvement, et sur un ton détaché: «La fille était bien élevée, sage, aimable, remplie de grâces et de talents, née avec du bon sens et un bon cœur. Je la connaissais assez: je fus même le confident de son amour.»[11] S'il reconnaît les services rendus, c'est dans le style de *Candide*, en soulignant l'absurdité du

7. D3106 (29 avril 1745).
8. D3109.
9. D3111 (3 mai 1745).
10. M.v.495.
11. *Mémoires* (M.i.33).

pouvoir royal: «Cela me valut des récompenses qu'on n'avait jamais données ni à mes ouvrages ni à mes services [...] Je conclus que pour faire la plus petite fortune, il valait mieux dire quatre mots à la maîtresse d'un roi que d'écrire cent volumes.»[12] Mais peut-être pense-t-il alors autant à Bernis qu'à lui-même.

De son côté, Jeanne-Antoinette a certainement admiré Voltaire dès l'adolescence, puisqu'elle jouait, en 1737, n'ayant que seize ans, dans *Zaïre*. C'est ce que l'on apprend dans une lettre d'Anfossi au marquis de Caumont:

Les acteurs du théâtre d'Etioles n'ont point voulu me laisser en repos [...] On ne s'attend point que des gens d'une condition aussi éloignée du théâtre [...] puissent être si bons acteurs [...] Pour les rôles de femmes, ils sont remplis par Mme de Blagny [...] et par Mlle Lenormant, fille du fermier général, qui n'a commencé à jouer que de cette année, mais qui montre toutes les dispositions pour devenir une très bonne actrice. On a représenté pendant mon séjour *Zaïre*, le *Concert ridicule*, le *Glorieux*, l'*Avocat Pathelin*, etc.[13]

Comme on peut le voir ici, Jeanne-Antoinette passe pour la fille du fermier général Le Normant de Tournehem, ami de Pâris-Monmartel et châtelain d'Etioles. C'est que Le Normant «protège» la mère de Jeanne-Antoinette, Mme Poisson, «encore plus belle», écrit Barbier,[14] et avec tout l'esprit imaginable. Mais que le fermier général ait reconnu les grâces et les dons de la fille de Mme Poisson et qu'il pourvoie fort intelligemment à son éducation ne signifie pas qu'il en soit le père. Jeanne-Antoinette est née en 1721, et son père légal François Poisson, condamné pour malversations, ne s'est exilé en Westphalie qu'en 1727. Il ne sera réhabilité qu'en 1739. Pendant ces douze années d'absence, quoi de plus naturel que son souvenir, pour le moins gênant, se soit effacé?

Quelle que soit l'ascendance de Jeanne-Antoinette, l'éducation mondaine et intellectuelle qu'elle reçoit de sa mère et de «l'oncle Tournehem» ne négligera aucun de ses dons. S'agit-il de musique? L'oncle a un frère marié à la fille du directeur de l'Opéra, petite-fille de Lulli: rien d'étonnant à ce que la jeune fille chante avec tant d'art un aussi riche répertoire de chansons. S'agit-il de diction? C'est Crébillon qui lui apprend l'art de bien dire et de jouer la comédie. S'agit-il de sa formation intellectuelle? Elle est plus étonnante encore: les frères Pâris la présentent à leur compatriote dauphinoise Mme de Tencin. Au salon de la rue Saint-Honoré qu'elle fréquente avec sa mère, elle rencontre des écrivains et des philosophes, Fontenelle, Crébillon, Marivaux, Piron, Montesquieu, Duclos, Helvétius, et des savants, Dortous de Mairan et

12. *Mémoires* (M.i.33-34).
13. Citée par Jean Sareil, p.104, 105.
14. Barbier, iv.32 (avril 1745).

Réaumur. Elle y exerce son esprit, et même y entend parler de politique. Elle est admise ensuite dans le salon de Mme Geoffrin; puis elle rencontre chez une cousine, Mme d'Estrades, un jeune abbé intelligent et ambitieux, l'abbé de Bernis.

Le Normant de Tournehem la marie, peut-être non sans arrière-pensée, à son neveu, un gringalet sans envergure, et donne au couple le château d'Etioles. Jeanne-Antoinette devient Mme d'Etioles. A son tour, elle reçoit somptueusement les écrivains qu'elle connaît.

Sa mère et ses familiers, Mme de Tencin et les Pâris, s'ingénient à lui faire comprendre qu'elle est «un morceau de roi». On la fait rêver, on la pousse vers le monarque. «Elle m'avouait», dit Voltaire, «qu'elle avait toujours eu un secret pressentiment qu'elle serait aimée du roi, et qu'elle s'était senti une violente inclination pour lui.»[15] Il ajoute qu'on la promenait en calèche dans la forêt de Sénart où chassait le roi et qu'il lui envoyait des chevreuils. Tout concourt à sa réussite. Grâce à un parent de Tournehem, un nommé Binet, premier valet de chambre du dauphin, elle obtient ses entrées à Versailles. C'est ainsi qu'elle assiste, le 25 février 1745, à la représentation de *La Princesse de Navarre*. Deux jours après, au cours des fêtes du mariage du dauphin, elle assiste au grand bal donné à Versailles et, dans la cohue des masques, elle rencontre le roi. Il la reconduit sur le matin à l'hôtel de Gesvres, rue Croix-des-Petits-Champs, où habitent sa mère et le financier Tournehem.

Vers la mi-avril 1745, Mme d'Etioles s'installe à Versailles malgré les protestations de l'ancien évêque de Mirepoix qui accuse Binet. Le 22 avril, elle soupe avec le roi en compagnie des ducs de Luxembourg et de Richelieu. Voltaire, toujours informé par La Vallière et Richelieu, fait à la favorite une cour de plus en plus familière. Elle s'est retirée chez elle pendant que le roi est aux armées. «Je suis tantôt à Champs, tantôt à Etioles», écrit Voltaire au marquis d'Argenson.[16] A Etioles, il rencontre un grand admirateur de ses tragédies, l'abbé de Bernis, devenu auprès de Mme d'Etioles, par un choix qu'elle fit accepter du roi, son initiateur à la vie de cour et à la politique. Bernis restera, même cardinal, un ami de Voltaire et correspondra avec lui jusqu'à la mort du «vieux Suisse».

Mme d'Etioles a informé Voltaire du marquisat qui va lui échoir. Avant de partir pour la Flandre, Louis XV, hésitant d'abord entre le marquisat de La Ferté et celui de Pompadour, s'est décidé pour ce dernier, qu'il a aussitôt acheté au prince de Conti. La famille de Pompadour est à peu près éteinte; dans le souvenir des courtisans, deux de ses membres demeurent célèbres à

15. *Mémoires* (M.i.33).
16. D3157 (25 juin 1745).

des titres bien différents: le marquis de Pompadour avait participé, avec la duchesse Du Maine, à la conspiration de Cellamare; quant à l'abbé de Pompadour, on s'en amusait, car il faisait lire son bréviaire par son laquais et se croyait quitte envers Dieu. Voltaire se hâte de versifier ce qui n'est presque plus un secret:

> Sincère et tendre Pompadour,
> Car je peux vous donner d'avance
> Ce nom qui rime avec l'amour,
> Et qui sera bientôt le plus beau nom de France.[17]

Après Fontenoy, le jour même de la prise de Gand, l'une des nombreuses lettres d'amour du roi, adressée pour la première fois *à la marquise de Pompadour*, renferme le brevet qui lui confère ce titre. Témoin de sa joie, Voltaire reprend la plume, «à Etioles, juillet 1745»:

> Il sait aimer, il sait combattre;
> Il envoie en ce beau séjour
> Un brevet digne d'Henri Quatre,
> Signé Louis, Mars et l'Amour.
>
> Mais les ennemis ont leur tour;
> Et sa valeur et sa prudence
> Donnent à Gand le même jour
> Un brevet de ville de France.[18]

C'est Fontenoy surtout qui resserre les relations entre Voltaire et Mme de Pompadour, dans leur collaboration à magnifier la victoire. En Flandre, en présence du roi, les troupes se battent vaillamment. La bataille, fort incertaine d'abord, est enfin gagnée à Fontenoy, le 11 mai 1745. Cette victoire vient à point, en cette longue guerre qui se traîne, pour rehausser le prestige royal et rendre l'espoir à l'opinion. Dès qu'il connaît la nouvelle, Voltaire expédie au marquis d'Argenson un billet enthousiaste: «Ah le bel emploi pour votre historien! Il y a trois cents ans que les rois de France n'ont rien fait de si glorieux. Je suis fou de joie. Bonsoir monseigneur.»[19] Le marquis répond à l'historien une lettre dont on a «beaucoup parlé à Paris»,[20] telle que peu de ministres eussent été assez humains pour l'écrire et se fussent risqués à le faire. Sans doute le ministre s'abandonne-t-il d'abord à la joie de la victoire:

Ce fut un beau spectacle que de voir le roi et le dauphin écrire sur un tambour entourés

---

17. D3132 (mai-juin 1745).
18. M.viii.516.
19. D3117 (13 mai 1745), «à onze heures du soir».
20. Duc de Luynes, vi.472. Le duc de Luynes trouve cette lettre trop élogieuse à l'égard du roi.

de vainqueurs et de vaincus morts, mourants ou prisonniers [...] Jamais je n'ai vu d'homme si gai de par cette aventure qu'était le maître [...] on alla coucher sur la paille, il n'y a point eu de nuit de bal plus gaie, jamais tant de bons mots [...] Le roi chanta une chanson qui a beaucoup de couplets et qui est fort drôle. Pour le dauphin, il était à la bataille comme à une chasse de lièvres [...] Le vrai, le sûr, le non flatteur, c'est que c'est le roi qui a gagné lui-même la bataille par sa volonté, par sa fermeté. Vous verrez des relations et des détails, vous saurez qu'il y a eu une heure terrible où nous vîmes le second tome de Dettingen.

Victoire, certes, mais on sait combien d'Argenson ressent les misères du peuple; il s'émeut des souffrances des combattants et déplore le mauvais exemple que donnent à la jeunesse de telles tueries:

Après cela, pour vous dire le mal comme le bien, j'ai remarqué une habitude trop tôt acquise de voir tranquillement sur le champ de bataille des morts nus, des ennemis agonisants, des spectacles affreux, des plaies fumantes. Pour moi j'avouerai que le cœur me manqua, et j'eus besoin du flacon. J'observai bien nos jeunes héros, je les trouvai trop indifférents sur cet article, je craignis pour la suite de leur longue vie, que le goût vînt à augmenter par cette inhumaine curée.[21]

«L'emploi» de l'historien devient un exploit du poète. Voltaire abandonne la prose pour écrire un poème lyrique: *La Bataille de Fontenoy*. L'œuvre fut improvisée très vite, dans l'enthousiasme de la victoire. Six jours après la bataille, trois jours après qu'on ait connu la nouvelle à Paris, dès le 17 mai Voltaire a obtenu l'approbation du censeur Crébillon.[22] Il entendait devancer ses concurrents Piron, Roy, Fréron, qui allaient aussi célébrer en vers l'événement. Le 26 mai, il en est déjà à la quatrième édition.[23] Les rééditions se succèdent jusqu'à la neuvième. Le roi accepte que le poème lui soit dédié, en une épître liminaire.[24] Dès lors il devient une publication quasi officielle, tirée sur les presses de l'imprimerie royale, au Louvre.[25] D'une édition à l'autre, Voltaire apporte des changements: corrections et surtout additions. Ainsi s'enfle rapidement le poème qui passe d'une centaine de vers à trois-cent-cinquante. D'adjonction en adjonction, le plan reste pourtant le même. Le poème se développe dans l'ordre du récit: préparatifs de la bataille, la bataille elle-même, et «ce qui la termine».[26] Il ne s'agit certes pas d'une narration historique. Après le poème, Voltaire donnera celle-ci dans un chapitre de l'*Histoire de la guerre de 1741*. Il convient même de lire le texte de l'historien

21. D3118 (15 mai 1745), «au camp devant Tournai».
22. D3118, commentaire.
23. D3124 (26 mai 1745), au marquis d'Argenson.
24. D3139 (9 juin 1745).
25. D3150 (vers le 18 juin 1745).
26. M.viii.375.

pour comprendre le style allusif du poète. C'est dans l'*Histoire* que l'on apprend les origines de la bataille. L'armée française commandée par Maurice de Saxe a mis le siège devant Tournai. Une armée anglaise, renforcée de contingents hollandais et autrichiens, avance au secours de la place investie, dont les défenses déjà ont été entamées. C'est dans l'*Histoire* qu'est énoncée l'explication de la victoire: la supériorité numérique des Français. C'est là, et non dans le poème, qu'on suit clairement le dénouement de l'action. Les Anglais, après avoir eu le désavantage de «tirer les premiers»,[27] enfoncent dans le centre français une colonne compacte, au feu meurtrier. Les contre-attaques, en désordre et non coordonnées, échouent. Il y eut autour de Louis XV un début de panique. Mais le maréchal de Saxe, sur une suggestion, semble-t-il, du duc de Richelieu, lance contre la colonne infiltrée une action cohérente: il l'attaque de face par l'artillerie, et sur les flancs par la Maison du roi, non encore engagée, qui opère «en fourrageurs», «la main baissée, le bras raccourci»,[28] offrant ainsi moins de prise au feu de l'ennemi. La manœuvre oblige la colonne anglaise à se replier et décide de la victoire.

Dans le poème, Voltaire ne raconte pas la bataille, il la chante. Son œuvre relève d'un genre classique, «le genre héroïque».[29] Il cite deux précédents, remontant aux guerres de Louis XIV: l'ode d'Addison sur la bataille d'Hochstedt, l'épître de Boileau sur le passage du Rhin. Pour comprendre ses intentions, et pour lui rendre justice, il faut se référer à une certaine idée, qui est la sienne, de la monarchie, et de la fonction du poète dans la monarchie. Comment Louis XV apparaissait-il à Voltaire et au public, en 1745? Le roi, en cette période glorieuse de son règne, était populaire. Sa maladie à Metz, l'année précédente, avait suscité une intense émotion. On le nommait «le bien-aimé». Voltaire pouvait croire qu'après la disparition de Fleury allait s'affirmer un «grand roi». Louis XV se rendant au combat en première ligne, au siège de Tournai, rappelait la manière de son ancêtre Louis XIV. Et si l'on remonte plus haut dans le passé, le vainqueur de Fontenoy, amant de Mme de Pompadour, n'allait-il pas se rapprocher du modèle naguère exalté par *La Henriade*: un roi guerrier, au contact de ses compagnons d'armes et de son peuple, œuvrant pour le bien du pays? Le devoir d'un poète n'est-il pas alors

---

27. Voltaire, *Histoire de la guerre de 1741*, p.143, rapporte l'échange entre les officiers anglais et français des premières lignes. Lord Charles Hay: «Messieurs des gardes françaises, tirez.» Réponse du comte d'Auteroche: «Messieurs, nous ne tirons jamais les premiers, tirez vous-mêmes.» Comme il fallait un certain temps pour recharger les fusils (par le canon), la troupe qui avait tiré la première se trouvait en position défavorable par rapport à celle qui avait «gardé son feu». Ce n'était donc pas une simple question de politesse, comme on l'imagine d'ordinaire.

28. D3118, dans le récit de la bataille par le marquis d'Argenson.

29. M.viii.382.

de chanter, comme l'avait fait Boileau, «la gloire» d'un tel roi, avec «celle de la nation», inséparable de celle du roi?[30] Il est trop évident qu'en ce cas le poète s'attire maintes faveurs, dont Voltaire est avide, ne serait-ce qu'une élection à l'Académie française. Mais on aurait tort de réduire l'inspiration de *La Bataille de Fontenoy* aux seuls motifs d'intérêt.

Il reste que cette performance est, dans l'œuvre poétique de Voltaire, l'une de celles qui touchent le moins un lecteur d'aujourd'hui. On demeure insensible à cette rhétorique lyrique qui multiplie les exclamations, à cette fausse noblesse d'un style périphrastique qui, par exemple, pour désigner les fusils et les canons parle de «ces machines affreuses, ces foudres ennemis contre nous dirigés».[31] Mais la faute la plus grave est d'avoir voulu citer le plus de noms possibles, avec mention des exploits de chacun. Voltaire en grossit son texte d'édition en édition. A-t-il donc oublié «les tempêtes d'amour-propre» que déchaîna *Le Temple du Goût*? Il commet la même erreur: comment pourrait-il connaître exactement les actions d'éclat de tous les combattants? Comment répartir les louanges équitablement et mettre chaque officier à sa vraie place? Beaucoup de gens informés, comme Vauvenargues, n'ignorent pas que la plupart des chefs de l'armée sont médiocres et que lorsque les batailles sont gagnées, elles le sont d'abord par les soldats – des paysans français. Aux sacrifices de la «piétaille», Voltaire a pensé moins que d'Argenson. Si l'on trouve, dans le poème, un vers comme celui-ci:

> Que les Français sont grands quand leur maître les guide!

c'est encore pour exalter le rôle du roi. Sans doute le maréchal de Saxe et l'héroïque contre-attaque de la Maison du roi méritent-ils l'éloge, mais le poète s'égare à vouloir faire plaisir, trop visiblement, à la noblesse de cour, et l'on sent trop que le poème est, dans une bonne mesure, œuvre de courtisan:

> Comment ces courtisans doux, enjoués, aimables,
> Sont-ils dans les combats des lions indomptables?

Le duc de Richelieu, en particulier, y tient trop de place,[32] chacun s'en aperçoit

---

30. M.viii.378.

31. M.viii.392.

32. Quelle part Richelieu eut-il au juste à la victoire? Selon le marquis d'Argenson (D3118), qui était sur le terrain et qui informe Voltaire, il eut l'idée de la manœuvre qu'opéra le maréchal de Saxe et il participa à l'exécution: «C'est lui qui a donné le conseil et qui l'a exécuté de marcher à l'infanterie anglaise comme les chasseurs et les fourrageurs.» Mais, contrairement à ce qu'écrira Voltaire, ce n'est pas de lui, semble-t-il, que vint l'initiative d'arrêter la colonne anglaise par un bombardement de front, par quatre canons.

et en connaît les raisons. Quel chef avisé, ce fastueux duc, quel homme mobile, quel esprit vif, quel grand stratège!

> Il vole, et sa vertu secondant vos grands cœurs,
> Il vous marque la place où vous serez vainqueurs.[33]

Aussi les protestations et plus encore les parodies vont-elles pleuvoir sur l'auteur. Les éditions rectificatives se succèdent, criblées de renvois et de notes. «La tête me tourne», écrit le poète à Cideville, «je ne sais comment faire avec les dames qui veulent que je loue leurs cousins et leurs greluchons.»[34]

Voltaire n'avoue pas que ces «éditions» correspondent souvent à de tels consentements: il cherche à faire croire que, pour lui, ce n'est qu'une poursuite incessante de la vérité. Le succès aidant, et Voltaire distribuant son poème par paquets, les éditions continuent à foisonner. En juillet, on parvient à la quarantième. Maurepas manifeste à l'auteur son inquiétude. Aussi bien la critique est-elle aisée, et les ennemis de Voltaire s'en donnent-ils à cœur joie. Deux poèmes satiriques particulièrement piquants obtiennent un grand succès. C'est d'abord *Les Héros subalternes*,[35] poème qui prend le contre-pied de celui de Voltaire et ne loue que des combattants sans grade:

> Camarades soldats, je ne chante que vous.

Désignés par leur province d'origine ou par leurs surnoms, ce sont des fils de bourgeois ou d'artisans, des paysans, des ouvriers, dont les actions d'éclat sont présentées comme légendaires. Mais la satire la plus amusante est la *Requête du curé de Fontenoy au roi*, rédigée par le sieur Marchand,[36] dont l'avertissement parodie celui de Voltaire:

Le curé de Fontenoy doit rendre compte au public que, si sa pièce paraît trop courte ou trop négligée, c'est parce qu'il n'a été que trois heures à la composer, la revoir, la corriger et l'écrire. Si on lui objecte que rien ne l'obligeait à y mettre si peu de temps, il répondra que des devoirs d'état l'appelaient à d'autres occupations indispensables. Au reste s'il survient quelque chose d'intéressant, il fera des augmentations considérables, ou plutôt il donnera une pièce nouvelle, par le nombre de changements et d'additions qu'il se propose, au cas que son temps le lui permette. Quoique, naturellement, il ne doive parler qu'au roi son maître, il aura cependant la complaisance d'ajouter trois ou quatre vers en faveur de chaque personne distinguée, qui serait fâchée de n'être pas nommée [...], en sorte qu'on espère qu'à la centième édition la pièce pourra commencer à prendre forme. Il restera moins de mécontents.

---

33. M.viii.389.
34. D3129 (30 mai 1745).
35. Publié à Lille en 1745 et repris dans *Voltariana, ou éloges amphigouriques de Fr. Marie Arrouet* (Paris 1748).
36. J.-H. Marchand, *Requête du curé de Fontenoy au roi* (Paris 1745).

Ensuite, le curé s'adresse au roi en vers octosyllabiques:

> Vous avez par votre valeur
> Immortalisé ma paroisse [...]
> Moi, j'ai prié pour tout le monde
> Et souhaité que le seigneur
> Dans son Paradis les confonde.

Mais sa requête est plutôt macabre: il demande une pension au roi pour frais d'enterrements:

> Vous êtres trop bon chrétien
> Pour vouloir, à ce que j'espère,
> Que sur ma paroisse on enterre
> Sept ou huit mille hommes pour rien.

Trop heureux des difficultés où Voltaire s'est empêtré, l'abbé Desfontaines publie aussi sa critique, plus sérieuse et mordante. Le titre en semble anodin. C'est un *Avis sincères à M. de Voltaire au sujet de la sixième édition de son poème sur la victoire de Fontenoy*. L'abbé a beau jeu de blâmer le procédé hasardeux par lequel le poème a été «grossi»: «Est-ce là ce qu'on appelle composer un poème? [...] Quoi, monsieur, vous traitez le public avec si peu d'égards? Vous osez sans façon lui faire part de tout ce qui vous passe par l'esprit et de tout ce qui a pu surprendre votre crédulité, sauf à l'effacer le lendemain et à qualifier vos ébauches successives, vos méprises, vos erreurs, vos traits imprudents de deuxième, de troisième, de quatrième, de cinquième édition?» Voltaire, ajoute-t-il, laisse croire que «chacune de ces burlesques éditions a été glorieusement épuisée»; il aurait dû attendre afin de bien connaître les péripéties de la bataille, cette bataille que l'on ne voit point. Mais l'abbé se contredit quand il prétend que Voltaire aurait dû en faire un récit épique: «Qu'est-ce qu'un poème sans fiction?», s'écrie-t-il. Ainsi le poète aurait évité «la sécheresse et l'ennui de sa relation rimée [car] il n'a fait que rimer des noms».[37]

Voltaire ne semble pas avoir souffert outre mesure de ces attaques. A peine fait-il allusion, dans sa correspondance, à «l'abbé de Bicêtre» et à Roy, ce dernier lui ayant reproché d'avoir exagéré le rôle des «talons rouges».[38] Certes, répond Voltaire, ce sont les talons rouges qui ont gagné la bataille![39] A l'encontre de Desfontaines, Voltaire affirme, dans son avertissement, avoir évité volontairement toute fiction, puis, désinvolte, il jette en pâture à ses détracteurs sa *Lettre critique d'une belle dame à un beau monsieur de Paris*,[40]

---

37. Desfontaines, *Avis sincères à M. de Voltaire au sujet de la sixième édition de son poème sur la victoire de Fontenoy* (s.l.n.d.).
38. D3148 (16 juin 1745).
39. D3144 (juin 1745).
40. M.viii.378.

persiflage léger qui met les rieurs de son côté. Que n'a-t-il toujours pris sur ce ton les attaques de ses ennemis! Mais aujourd'hui, il est en position favorable; sa situation à la cour est enviée. C'est ce que reconnaîtra, un peu plus tard, Piron, qui rit jaune: «Voyez ce que la *Princesse de Navarre* et le *Poème de Fontenoy* ont valu à leur auteur: honneurs et pensions, et ce que m'ont valu à moi *Cortes* et *La Louisiade*? L'indifférence du public et les fades plaisanteries de Desfontaines.»[41]

En effet, si l'on excepte Maurepas, qui voit son jeu, Voltaire a pour lui le roi, les ministres et les principaux acteurs de la bataille. Ne parlons pas du marquis d'Argenson, intermédiaire bienveillant chargé de faire valoir les multiples éditions du poème auprès du roi. Mais le poète a mis de son côté Maurice de Saxe, qui vient d'écrire à Mme Du Châtelet: «Le roi en a été très content et même il m'a dit que l'ouvrage n'était pas susceptible de critique.»[42] La meilleure preuve, c'est que le roi accueille favorablement l'épître dédicatoire fort simple que le poète lui a proposée. Quant au maréchal de Noailles, qui n'avait pas de commandement et n'est point jaloux, c'est lui qui a fait au roi la lecture de l'ouvrage.[43] Comme Voltaire avait prétendu que ce n'était qu'un petit monument à la gloire du monarque et des armées, Noailles «m'a fait l'honneur de m'écrire que le roi avait dit que j'avais tort, que ce n'était pas un *petit* monument».[44] Cideville, qui est à Paris, se montre très actif: il réfute les critiques et compose lui-même un poème, à la gloire de Voltaire et du roi, que le poète fera publier par Prault[45] et qu'il s'efforcera de faire présenter à Louis xv. Il semble que personne n'ait osé s'en charger.

S'il est quelqu'un dont le soutien ne se relâche point et contribue, le plus efficacement sans doute, à faire approuver le *Poème de Fontenoy* par le roi, c'est Mme de Pompadour. Elle sait combien sa situation de maîtresse officielle est critiquée par les dévots, et combien l'intrusion d'une bourgeoise à la cour est mal acceptée de la noblesse: elle ne saurait négliger l'appui d'un allié tel que Voltaire. Quelques jours après la victoire, le 20 mai, alors que le poète est «occupé à emboucher la trompette», elle reçoit de lui une nouvelle lettre commençant par une habile et flatteuse allusion:

> Quand César, ce héros charmant,
> De qui Rome était idolâtre,
> Battait le Belge ou l'Allemand,

41. Alexis Piron, *Complément de ses œuvres inédites* (Paris 1865), p.68.
42. Cité par Voltaire dans la lettre D3135 à Cideville (3 juin 1745).
43. D3135.
44. D3142 (13-15 juin 1745).
45. Cideville, *A monsieur de Voltaire, historiographe de France* (Paris 1745).

> On en faisait son compliment
> A la divine Cléopâtre.

C'était suffisamment clair et se fût bien passé de l'imitation alourdie que l'on en fit plus tard.[46]

La suite de la lettre est plus sérieuse. Voltaire, qui connaît l'ouverture d'esprit de la jeune favorite, va en profiter pour avancer un pion à l'encontre des «fanatiques», leurs adversaires communs:

Je suis persuadé, madame, que, du temps de ce César, il n'y avait point de frondeur janséniste qui osât censurer ce qui doit faire le charme de tous les honnêtes gens, et que les aumôniers de Rome n'étaient pas des imbéciles fanatiques. C'est de quoi je voudrais avoir l'honneur de vous entretenir [...] Ce n'est point comme vieux galant flatteur de belles que je vous parle, c'est comme bon citoyen, et je vous demande la permission de venir vous dire un petit mot à Etiole ou à Brunoy[47] ce mois de mai.

C'est à Etioles qu'elle le reçoit. Au succès philosophique de l'entrevue succède une sorte de complicité politique: la favorite prouve au poète son respectueux attachement en le servant le mieux possible auprès du roi; c'est elle qui l'informe que son épître dédicatoire est agréée. Sans doute s'inquiète-t-elle, comme Maurepas, du nombre excessif des éditions du poème: «Je garde la copie que vous m'en avez donnée afin que vous me teniez la parole [...] de ne rien changer. Je compte toujours que vous me viendrez voir si vous n'allez pas à Cirey, je serai fort aise de vous renouveler les sentiments d'estime que j'ai pour un aussi grand homme que vous.»[48] Quelques jours après, elle s'indigne des critiques suscitées par le poème: «Je ne sais pourquoi on se déchaîne contre votre poème. C'est une chose qui me paraît la plus injuste du monde. Cela ne doit vous affliger en aucune façon. C'est le sort des grands hommes d'être enviés.» Voltaire lui aurait-il fait remarquer qu'elle distribue trop largement le poème? Elle réprime aussitôt un léger mouvement de jalousie à l'égard de la grande dame chargée de le diffuser, Mme de La Vallière: «Je ne veux en aucune façon vous faire de tracasserie. Ainsi je ne donnerai plus

---

46. D3122 (vers le 20 mai 1745). Voir la note de Th. Besterman. Avenel, dans son édition des *Œuvres* de Voltaire (1867-1870), vii.657, n.3, prétend que les vers qui font suite à cette strophe, que nous ne citons pas, ont été remplacés par ceux-ci:

> Quand Louis, ce héros charmant
> Dont tout Paris fait son idole,
> Gagne quelque combat brillant,
> On doit en faire compliment
> A la divine d'Etiole.

Cette strophe est apocryphe: elle eût constitué, en mai 1745, une grave et dangereuse maladresse de la part du poète. Le duc de Luynes la donne comme une parodie (vi.493).

47. Au château de Pâris-Monmartel.

48. D3138 (7 juin 1745).

vos vers. Je ne suis pas assez vaine pour rien disputer à la maîtresse de Champs
[...] Dites beaucoup de choses de ma part à M. de Lavaliere.»[49] Voilà qui
éclaire indirectement les solides appuis du poète au château de Champs.

C'est en accord avec la favorite, avec les ducs de Richelieu et de La Vallière
que Voltaire accepte de composer un opéra à la gloire de Louis xv dont la
musique sera encore de Rameau. Ce sera *Le Temple de la Gloire.* Le 10 juin
1745 il annonce au président Hénault qu'il a commencé à travailler. Passionné
par les campagnes de Louis xv, l'historiographe s'efface à regret devant le
poète: «Il pleut des victoires, mais je ne songe qu'à un ballet.»[50] Cette fois, il
a choisi lui-même son sujet; il n'éprouvera pas les mêmes difficultés d'inspiration et ne sera pas retardé par les mêmes querelles avec Rameau qu'au temps
de *La Princesse de Navarre.* Vers le 15 juin, il remet son premier acte à Richelieu:
mais le duc sert mal les intérêts du poète auprès de Mme de Pompadour. Il
reçoit aussitôt un petit sermon: «En vérité vous devriez bien mander à Mme
de Pompadour autre chose de moi, que ces beaux mots, *je ne suis pas trop
content de son acte.* J'aimerais bien mieux qu'elle sût par vous combien ses
bontés me pénètrent de reconnaissance [...] Quand mes sentiments pour elle
lui seraient revenus par vous, y aurait-il eu si grand mal?»[51] Peu importe, on
a besoin du poète; le voici en situation de contribuer publiquement, une fois
de plus, à la renommée de Louis xv. Il en tire vanité aux yeux de ses ennemis
Roy et Desfontaines et, sûr de ses protecteurs, claironne que «les talents se
réunissent pour louer notre monarque».[52] Quel contraste, aussi, avec le départ
de Maupertuis qui va s'établir à Berlin! Mme Du Châtelet en est si «fâchée»!
Mais, au fond, Voltaire n'éprouve-t-il point quelque envie? Voltaire ne trahit-
il pas Voltaire?

Un bonheur plus intime et plus vrai, en ces mois d'été 1745, va lui échoir:
plus tendres deviennent ses relations avec sa nièce. C'est une raison de plus
de ne pas aller travailler à Cirey comme il en avait fait le projet. Le 22 juin, il
invite Mme Denis et Mme de Fontaine à voir le feu de la Saint-Jean, sur la
place de Grève, avec une grande dame inattendue, Mme de Créqui. Mme Du
Châtelet n'y sera pas. Pourquoi? Est-ce seulement à cause de la morgue jalouse
de la Créqui, sa cousine?

Les multiples occupations du poète ne l'empêchent pas de veiller à sa
renommée internationale: appartenant déjà aux académies de Londres,
d'Edimbourg, de Berlin, de Bologne, il fait parvenir des poèmes à la tsarine
Elisabeth Petrovna par l'ambassadeur de France à Saint-Pétersbourg.

49. D3140 (10 juin 1745).
50. D3144 (juin 1745).
51. D3152 (20 juin 1745).
52. D3154 (22 juin 1745).

Il est difficile de suivre, en cet été de 1745, l'itinéraire de Voltaire. C'est d'abord au château de Champs qu'il décide d'aller travailler. Mais l'atmosphère n'y est pas fort studieuse, et il s'y querelle beaucoup avec Mme Du Deffand. Quand ils sont ensemble, c'est un duel incessant où alternent les compliments et les coups de griffes. Et pour les spectateurs, «rien de plus amusant que cet palinodie mutuelle, que cette trahison réciproque, dont l'innocente perfidie n'enlève rien [...] à l'estime fondamentale».[53] Que pense Mme Du Châtelet de l'importance que prend, en ce château, cette autre jalouse qui a tant d'esprit? En cette délicieuse retraite, la composition du *Temple de la Gloire* est souvent interrompue, et Voltaire reste l'homme le plus soucieux et le plus affairé. Le passé interfère avec l'avenir et le gêne: le poète traîne derrière lui le succès du *Poème de Fontenoy*. Par sa faute: il écrit plusieurs fois par semaine à l'imprimeur royal Anisson-Duperron, à qui il expédie des rectificatifs et commande de nouveaux exemplaires. Irrité, Maurepas n'hésite pas à intervenir assez sèchement: «Est-il possible, monsieur, qu'avec autant d'esprit vous n'aperceviez pas le mauvais effet que fait pour votre réputation et pour votre poème la multitude des corrections et des éditions?» Et il ajoute que la beauté du poème commence à avoir «le démérite d'une vieille jouissance».[54] On prépare une nouvelle représentation de *La Princesse de Navarre*: Voltaire se rend à Versailles pour en surveiller les répétitions. Il retrouve Richelieu. Il s'arrange pour faire un crochet par Paris et arrête son carrosse, quelques heures, à l'hôtel d'Herbouville. Il se rend souvent à Etioles. Réussira-t-il à intéresser Mme de Pompadour à l'histoire? Ce serait si important! Plus tard, il lui porte l'*Abrégé* du président Hénault à qui il confie son admiration pour la favorite et ce qu'il espère: «Elle avait lu presque tous les bons livres, hors le vôtre [...] Elle a plus lu à son âge qu'aucune vieille dame du pays où elle va régner, et où il est bien à désirer qu'elle règne.»[55]

Puis il se remet, chez La Vallière, au chantier du *Temple*. Le malheur, c'est qu'en ce paradis, la table est si chargée et les mets si succulents qu'il tombe malade: il est obligé de rentrer à Paris, le 18 juillet, avec Mme Du Châtelet. Ses hôtes le regrettent et l'invitent à revenir. Impossible, confie-t-il à Voisenon,

> [Car] sans un estomac peut-on se mettre à table
> Chez ce héros de Champs, intrépide mangeur,
> Et non moins effronté buveur?[56]

«Malade, languissant, triste, presque philosophe», Voltaire continue cepen-

---

53. Lescure, *Vie de Mme Du Deffand*, i.LXXXIX.
54. D3200 (20 août 1745).
55. D3205 (vers le 25 août 1745).
56. D3190 (août 1745).

dant à se déplacer et à travailler. Il ne saurait s'empêcher de revenir à l'histoire. L'armée des Flandres poursuit son avance: Gand capitule en juillet, Ostende en août, Tournai en septembre. Ces victoires «méritent d'être chantées, mais encore plus d'être écrites».[57] «Il n'y a point de soin que je ne prenne», écrit-il au marquis d'Argenson, «pour faire une histoire complète des campagnes glorieuses du roi et des années qui les ont précédées.»[58] Sur ces années précédentes, il veut des détails, il pose à Moreau de Séchelles vingt questions sur le siège de Prague: «Avec quel soin a-t-on traité les prisonniers anglais blessés? Est-il bien vrai qu'il a fallu dans les hôpitaux séparer les Français des Anglais? [...] Est-il vrai que la viande de boucherie valait six francs à Prague pendant le blocus? [...] Est-il vrai qu'un prisonnier anglais a assassiné à Lille, le chirurgien qui l'avait guéri?»[59] Il voudrait tout savoir en même temps. Pour les campagnes suivantes, cette histoire est d'autant plus nécessaire et urgente qu'en Hollande «de mauvais Français [...] inondent l'Allemagne d'écrits scandaleux, qui déguisent les faits».[60] L'historiographe va donc rétablir «la vérité, la simplicité». Mme de Pompadour le soutient et l'admire: «Vous me connaissez assez», lui écrit-elle, «pour devoir être persuadé du plaisir que j'aurai à vous en faire. J'approuve fort le dessein que vous avez de détruire par une histoire vraie les infâmes mensonges du journal [de Hollande] dont vous me parlez [...] Soyez bien convaincu que personne ne fait plus de cas du mérite et n'estime plus les grands hommes que moi par conséquent Voltaire.»[61]

Et même, l'historien voudrait pousser le souci de l'exactitude et l'objectivité jusqu'à demander des mémoires aux ennemis de la France. Aussi fait-il le projet d'entrer en relations avec le plus illustre combattant des Flandres, le duc de Cumberland, fils du roi George II. Pour cela, il écrit à son secrétaire, un certain Fawkener. Surprise! Ce Fawkener, qui lui répond aussitôt, n'est autre que son hôte et ami de Wandsworth, au temps de l'exil! Etonnant esprit chevaleresque: ce sont, à cette époque, les soldats qui combattent, non pas les élites. Le poète, ne doutant pas de son ami, rêve de lui faire rencontrer en Flandre son autre ami, le marquis d'Argenson. Voltaire se souvient-il alors de sa lettre au roi de Prusse, considérée comme une trahison? Il redoute l'opinion et écrit au ministre qu'il préfère travailler «ici à *son* histoire que de courir aux nouvelles».

Néanmoins, d'Argenson a recours à Voltaire quand il s'agit de rédiger des textes diplomatiques destinés à l'ennemi. Après la capitulation de Tournai, le

---

57. D3191 (17 août 1745), au marquis d'Argenson.
58. D3243 (20 octobre 1745).
59. D3227 (2 octobre 1745).
60. D3191.
61. D3240 (octobre 1745).

poète reçoit du ministre une longue lettre lui exposant que des conventions viennent d'être signées avec les Etats Généraux de Hollande. Ces conventions stipulent que la garnison hollandaise de Tournai doit «être dix-huit mois sans porter les armes contre la France et les alliés, sans pouvoir passer à aucun service étranger, sans pouvoir faire devant ce temps aucun service militaire de quelque nature que ce soit, *pas même* dans les places les plus reculées.»[62]

Or le prince Charles Edouard, soutenu par l'Espagne, est parti de Navarre le 12 juin et a débarqué à Edimbourg où son parti s'est soulevé. Afin de le repousser rapidement, l'Angleterre, qui manque de troupes, demande aux Hollandais une armée de six mille hommes. C'est précisément à la garnison de Tournai que les Hollandais s'apprêtent à confier cette tâche. Un premier avertissement leur est aussitôt communiqué, auquel ils répondent que le prince Edouard n'ayant aucune alliance avec la France, ils ne contreviennent en aucune façon aux conventions de Tournai en envoyant des troupes en Angleterre.

Certes, la France n'a pas d'alliance officielle avec le prince, mais les Etats Généraux n'ignorent pas que deux vaisseaux sont partis pour l'Ecosse avec des armes, de la poudre, de l'argent et un représentant de la France, le duc d'Eguilles, qui écrit au cardinal de Tencin: «Toute l'Ecosse est à nous»! On improvise une expédition de douze mille hommes, commandés par Richelieu. Voltaire semble se réjouir que le duc s'en aille rétablir en Angleterre un roi catholique: il ira lui faire sa cour à Londres.

C'est alors que le marquis d'Argenson lui demande de rédiger de nouvelles représentations aux Etats Généraux de Hollande. Il fait confiance à son habileté, à sa courtoisie – car il ne faut point les heurter – et à son style souple, clair, nerveux. C'est urgent; le poète reçoit le lundi soir la lettre du ministre exigeant le texte pour le mercredi. C'est ainsi que Voltaire rédige en quarante-huit heures ses *Représentations aux Etats Généraux de Hollande*. Après avoir critiqué l'Angleterre, rappelé les termes précis des conventions de Tournai, il termine sur une haute et flatteuse conception de la politique des Hollandais: «Vous ne souffrirez pas que ceux qui sont jaloux de votre heureuse situation vous entraînent dans une guerre contraire à la sagesse de votre gouvernement, en exigeant de vous une démarche plus contraire encore à votre équité.»[63]

Où va donc Voltaire? Fait-il preuve de sagesse en rédigeant dans le même temps le *Manifeste du roi de France en faveur du prince Charles Edouard*, sorte de «tract», dirions-nous, répandu à des centaines d'exemplaires en Angleterre? «Voltaire», écrit André-Michel Rousseau, «déployait un zèle jamais ralenti,

---

62. D3220 (27 septembre 1745).
63. M.xxiii.200.

parfois intempestif [...] tout était selon son cœur: Charles Edouard, le héros du drame, moins glorieux que Charles XII, moins grand que Pierre de Russie, mais plus pur que Frédéric, faible, injustement opprimé et combien touchant; un air piquant de complot dans les coulisses, le pittoresque décor d'une Calédonie déjà romantique; du panache, de l'aventure, du romanesque incroyable, mais vrai [...] L'expédition avait Argenson pour tête, Richelieu comme bras, Lally [Tollendal] prêtait son feu et Voltaire son style.»[64]

Dans son *Manifeste*, le poète ne cache nullement le rôle que s'apprête à jouer Richelieu qui attend à Boulogne avec le duc d'York, frère du prince, l'ordre de partir: «Le duc de Richelieu, commandant les troupes de Sa Majesté le roi de France, adresse cette déclaration à tous les fidèles citoyens des trois royaumes de la Grande-Bretagne, et les assure de la protection constante du roi son maître. Il vient se joindre à l'héritier de leurs anciens rois, et répandre comme lui son sang pour leur service.»[65]

Beau style de général commandant d'armée! Est-ce bien une œuvre de Voltaire? Discours inutile... Tout pouvait réussir, à condition que le débarquement eût été préparé et soutenu par un plan français d'intervention. L'incurie est telle que l'on ne possède aucune carte de l'Angleterre et que l'on emprunte celle d'un géographe. En décembre 1745, les vents sont favorables. Les Anglais, engagés à la fois en Ecosse et sur le continent, redoutent le débarquement. Mais on ne sait à quel endroit débarquer. On hésite et Richelieu se plaint de n'être soutenu ni par le ministre de la marine ni par le ministre de la guerre. On attend tout l'hiver. Finalement, comme en automne 1743, où la tempête avait écrasé les vaisseaux contre les côtes bretonnes, on renonce à l'expédition. Les troupes inorganisées de Charles Edouard sont vaincues à Culloden le 16 avril.

Il n'y eut point de réactions anglaises au *Manifeste* de Voltaire,[66] mais, contre les jacobites, de cruelles représailles que le marquis d'Argenson tenta vainement d'atténuer.[67] Le poète ne retira point sa sympathie à la personne ni à la cause du prince Charles Edouard. Ecrivant quelques mois plus tard au cardinal de La Tour d'Auvergne, il lui demandera sa «protection» auprès du prince, «pour savoir quelques anecdotes de ses belles actions et de ses malheurs».[68]

En apparence, l'historiographe comme le courtisan s'aligne toujours sur la

---

64. André-Michel Rousseau, *L'Angleterre et Voltaire*, Studies 145-147 (1976), i.190-91, 194.
65. M.xxiii.204.
66. Ce texte n'est apparu dans l'œuvre de Voltaire que dans le *Commentaire historique* en 1776, mais certains Anglais comme Horace Walpole «n'avaient pas attendu pour dénoncer le jacobitisme voyant de notre poète» (A.-M. Rousseau, p.195).
67. D'Argenson, iv.325-30.
68. D3478 (23 novembre 1746).

politique du pouvoir, et même plus fidèlement que certains ministres. C'est que son ambition du moment est en jeu. S'il jouit, grâce à ses protecteurs, d'une certaine faveur auprès du roi, c'est une faveur toujours précaire parce qu'elle demeure menacée par le clergé militant. Il n'a pas oublié l'hostilité de Boyer, de Languet de Gergy. S'il veut entrer à l'Académie, c'est de la forteresse ecclésiastique qu'il lui faudra triompher.

11. La bénédiction du pape

Dès le début de l'année 1745, l'idée est venue à Voltaire de berner les dévots et de les neutraliser par la conquête des bonnes grâces du pape. Par les Tencin et leurs neveux, d'Argental et Pont-de-Veyle, il connaît l'heureux caractère, la bonhomie, la culture, l'ouverture d'esprit de Benoît XIV. Parallèlement à sa stratégie auprès de la favorite du roi, il poursuit ce nouveau projet avec ténacité. D'abord, il faudrait que le marquis d'Argenson en touchât quelques mots à notre chargé d'affaires à Rome, l'abbé de Canillac. Mais d'Argenson n'est pas l'homme qui convient: il trouve la requête insolite et craint de se compromettre dans une affaire qui ressemble à une farce. «Vous avez eu trop de scrupules», lui écrit Voltaire, «Je vous avertis que je suis très bien avec le pape, et que M. l'abbé de Canillac fera sa cour en disant au St Père que je lis ses ouvrages, et que je suis au rang de ses admirateurs comme de ses brebis. Chargez-vous je vous en supplie de cette importante négociation. Je vous réponds que je serai un petit favori de Rome sans que nos cardinaux y aient contribué.»[1]

Les hésitations du ministre l'impatientent. Pour plus de sûreté, il s'adresse à Mlle Du Thil, amie de Mme Du Châtelet, qui est en relations amicales avec l'abbé de Tolignan, en service à Rome. L'abbé veut bien se charger de présenter au pape la tragédie de *Mahomet*, avec les respects et les vœux de l'auteur. Aucun récit ne saurait être plus clair que celui que fait alors le poète au marquis d'Argenson:

Vous vous souvenez peut-être qu'il y a près de deux mois que l'envie me prit d'avoir quelque marque de la bienveillance papale qui pût me faire honneur en ce monde-ci et dans l'autre. J'eus l'honneur de vous communiquer cette grande idée, mais vous me dîtes qu'il n'était guère possible de mêler ces choses célestes aux politiques. Sur le champ j'allai trouver mademoiselle du Til [...] et elle me dit qu'elle essaierait si l'abbé De Tolignan aurait assez de crédit encore pour obtenir deux médailles de sa sainteté qui vaudraient pour moi deux évêchés. Nouvelles coquetteries avec le pape de ma part. Je lis ses livres, j'en fais un petit extrait,[2] je versifie, et le pape devient mon protecteur in petto.

Je vous mande tout cela il y a trois semaines et je vous écris que M. l'abbé de Canillac ferait très bien sa cour en parlant de moi à sa sainteté, mais je ne parle point de médailles. Alors il vous revient en mémoire que j'avais eu grande envie du portrait du

1. D3111 (3 mai 1745).
2. Les œuvres de Benoît XIV comprennent une quinzaine de volumes.

St Père, et vous en écrivez à M. l'abbé de Canillac. Pendant ce temps-là qu'arrive-t-il? Le pape, le très-saint, le très-aimable, donne deux grosses médailles pour moi à M. l'abbé de Tolignan, et le maître de la chambre m'écrit de la part de sa sainteté. L'abbé de Tolignan a en poche médailles et lettres, et les enverra quand et comme il pourra.

A peine M. de Tolignan est-il muni de ces divins portraits que M. l'abbé de Canillac va en demander pour moi au St Père. Il me paraît que sa sainteté a l'esprit présent et, plaisant. Elle ne veut pas dire au ministre de France monsu, un altro à le medaglie, mais elle lui dit qu'à la St Pierre, il y en aura de plus grosses; vous recevrez monseigneur la lettre de l'abbé de Canillac qui vous mande cette pantalonnade du pape tout sérieusement et mademoiselle du Til reçoit la lettre de M. l'abbé de Tolignan qui lui mande la chose comme elle est.

Le grand point est donc que M. l'abbé de Canillac ne souffle pas la négociation à l'abbé de Tolignan parce qu'alors il se pourrait faire que tout échouât. Je vous supplie donc d'écrire simplement à votre ministre romain que le poids de marc ne fait rien à ces médailles, qu'il vous fera plaisir de me protéger dans l'occasion, que l'abbé de Tolignan étant mon ami depuis longtemps, il n'est pas étonnant qu'il m'ait servi, et que vous le priez d'aider l'abbé de Tolignan dans cette affaire, etc. etc. etc.[3]

C'est donc une mésentente ou un conflit de zèle entre les deux abbés ou encore une maladroite insistance que Voltaire redoute. Mais le ministre consent à intervenir. Moyennant quoi, sont obtenues ces médailles apparemment si désirées. Le 10 août, Voltaire a reçu le portrait, gravé sur celles-ci, «du plus joufflu St père que nous ayons eu depuis longtemps.» Il scrute les traits du pontife: «Il a l'air d'un bon diable, et d'un homme qui sait à peu près ce que tout cela vaut.»[4]

L'affaire des médailles n'est qu'une manœuvre préparatoire. Une fois qu'il les a en sa possession, il lance une offensive en direction de Rome. Le 17 août, il adresse deux lettres à Benoît XIV. Dans l'une, il remercie le pape des «médailles saintes» dont sa sainteté a daigné l'honorer.[5] Emporté par sa ferveur, il a improvisé un distique d'hexamètres latins, à inscrire sous le portrait du Saint-Père: «*Lambertinus hic est, Romae decus*» (Voici Lambertini, honneur de Rome). Il assure avoir lu – sans doute l'a-t-il parcouru – le livre sur les canonisations qu'a publié quelques années plus tôt le pape, alors cardinal Lambertini, archevêque de Bologne.[6] Il prie le ciel, ajoute-t-il, pour que sa sainteté soit elle-même canonisée et lui demande sa bénédiction: ce qui n'est pas une simple politesse, comme on le verra.

Le même jour, il écrit à Benoît XIV une autre lettre: lettre accompagnant l'envoi de *Mahomet*. «A qui pourrait-il mieux dédier la cruauté et les erreurs

---

3. D3128 (30 mai 1745).
4. D3183 (10 août 1745), au marquis d'Argenson.
5. D3193 (17 août 1745).
6. *De servorum Dei beatificatione et beatorum canonizatione* (Bologne 1734-1738).

d'un faux prophète, qu'au vicaire et à l'imitateur d'un Dieu de vérité et de mansuétude?»[7] Tel est en effet l'objectif de l'opération: faire accepter par le pape sa tragédie et recevoir les remerciements de celui-ci. A cette fin, il écrit encore cinq lettres, toujours datées du 17 août, à des personnages touchant de près le pontife: les cardinaux Acquaviva, Passionei, Quirini, Valenti, et le médecin du pape Leprotti.[8] Lettres acompagnant l'envoi, non plus de *Mahomet*, mais de *La Bataille de Fontenoy*. Il a bien soin de préciser que le roi a fait imprimer le poème «nel suo palazzo». Il tient à se présenter comme une sorte de poète officiel du «roi très chrétien». Il complète cette série, le 20 août, par une lettre à Gasparo Cerati, provéditeur de l'Université de Pise, ami du cardinal de Polignac: il l'avait rencontré lors d'un voyage à Paris. Il lui adresse le *Poème de Fontenoy*, «che il re cristianissimo ha fatto stampare nel suo palazzo».[9]

Toute cette correspondance est rédigée en italien. Voltaire a appris la langue, sans qu'on sache quand ni comment. Il se peut que, pour toutes ces lettres, il se soit fait aider par un traducteur. Mais pour l'essentiel cette prose italienne est bien de lui. Il lui imprime un certain tour de style personnel. Bientôt il écrira à Mme Denis, en italien, des confidences excluant l'intervention de quelque traducteur que ce soit. Puis, en avril 1746, il composera directement en italien un traité destiné à l'Académie de Bologne, *Saggio intorno ai cambiamenti avvenuti su'l globo della terra*. Il traduira ce même ouvrage en anglais, pour la Royal Society.[10] On le voit désormais pratiquer avec une égale aisance les deux langues anglaise et italienne.

Le pape a répondu le 15 septembre, Passionei le même jour, et Quirini le 22.[11] Voltaire fait circuler cette correspondance pontificale, avant de l'imprimer en tête de sa tragédie.[12] Mais qu'a répondu au juste Benoît XIV? Voltaire a été accusé d'avoir falsifié le texte du Saint-Père: par Luca di Castri en 1939, et par Maurice Chapelan en 1957.[13] Effectivement les archives du Vatican

---

7. D3192 (17 août 1745). Il existe une autre version de cette même lettre, citée par Th. Besterman: sans doute un brouillon écarté par Voltaire pour une rédaction incontestablement meilleure.

8. D3195, D3196, D3194. Nous n'avons pas les lettres de Voltaire à Acquaviva et à Valenti, mais leur existence est attestée par le brouillon de la réponse du pape (D3210, note) et par D3210.

9. D3199 (20 août 1745).

10. No. 3786 du *Catalogue général* de la Bibliothèque nationale.

11. Benoît XIV: D3210; Passionei: D3211; Quirini: D3218. Nous n'avons pas les réponses d'Acquaviva, Valenti et Leprotti.

12. Dans le tome IV de ses *Œuvres* (Dresde 1748).

13. Luca di Castri, *Due false di Voltaire: la dedica del Mahomet et l'accettazione papale* (Napoli 1939); Maurice Chapelan, «Voltaire a commis un faux bref de Benoît XIV et falsifié une lettre de Frédéric II», *Le Figaro littéraire* (21 septembre 1957).

conserve un brouillon de la main d'un secrétaire, Niccolo Antonelli.[14] Il n'y est pas fait mention de *Mahomet*. «Settimane sono», dit le souverain pontife, «il cardinale Passionei ci presento in di lei nome il suo bellissimo ultimo Poema.»[15] Ce «très beau poème», le dernier qu'ait composé Voltaire, est *La Bataille de Fontenoy*, adressée à Passionei. Mais la lettre que Voltaire fait circuler et qu'il publiera dit autre chose: «Settimane sono ci fu presentato, da sua parte, la sua bellissima tragedia di *Mahomet*, laquale leggemo con sommo piacere. Poi ci presento il cardinale Passionei, in di lei nome, il suo eccelente Poema di Fontenoy.»[16]

Ce second texte, adopté par Th. Besterman dans l'édition dite «définitive» de la correspondance, est celui du manuscrit passé en vente à Paris, en octobre 1957.[17] Est-ce une forgerie de Voltaire?

Il n'est pas douteux que la réponse doit être affirmative. La lettre authentique nous est connue par deux manuscrits: le brouillon du Vatican et la mise au net, aujourd'hui conservée à la Bibliothèque royale Albert 1er de Bruxelles (collection Launoit, FS 315 C15). Ces deux textes sont de la même main: celle du secrétaire pontifical. Sur le manuscrit de la collection Launoit, Voltaire a inscrit «Lettre du nonce originale». Ce qui veut dire que le bref de Benoît XIV lui a été transmis par le nonce, ambassadeur du pape en France. Selon l'usage, le bref n'est pas de la main du Saint-Père, et il n'est pas signé. Dans ce texte «original» comme dans le brouillon, Benoît XIV remercie pour le poème de Fontenoy, sans rien dire de *Mahomet*. Sagement le souverain pontife préfère passer sous silence la tragédie portant sur un tel sujet. S'il l'a lue, l'ambiguïté de l'œuvre ne lui a sans doute pas échappé. Au contraire, il s'étend sur un problème de métrique posé par l'inscription sous le portrait du pape: *Lambertinus hic est*. La syllabe *hic* de l'hexamètre est-elle brève, comme l'a faite Voltaire, ou longue, comme on l'a dit au souverain pontife? Conciliant, Benoît XIV pense que *hic* peut être indifféremment long ou bref. On était là sur un terrain moins brûlant que celui de l'imposture en matière de religion.

14. C'est le texte publié par Th. Besterman, en 1956, dans la première édition de la correspondance de Voltaire, xiv.222-23. Th. Besterman nomme ce secrétaire Niccolo Antonelli, nous ne savons sur quelle base.

15. «Il y a quelques semaines, le cardinal Passionei a présenté en votre nom votre très beau dernier poème.»

16. «Il y a quelques semaines, fut présentée de votre part votre très belle tragédie de *Mahomet*, que nous avons lue avec un grand plaisir. Puis le cardinal Passionei a présenté en votre nom votre excellent Poème de Fontenoy.»

17. Curieusement, le libraire Jacques Lambert vendit, en 1957, ce manuscrit, avec d'autres documents, à l'Institut et musée Voltaire de Genève, pour le compte de Th. Besterman lui-même. Nous remercions M. Charles-Ferdinand Wirz, qui nous a communiqué les cinq manuscrits connus à ce jour de la lettre de Benoît XIV à Voltaire du 15 septembre 1745, et diverses pièces du dossier, que possède l'Institut et musée Voltaire.

Ce silence sur *Mahomet* décevait Voltaire. Il prit donc le parti d'y remédier. La lettre de Benoît XIV, aujourd'hui à l'Institut et musée Voltaire de Genève (cote CD 145)[18] ne peut être considérée que comme une transcription établie par ses soins. L'écriture n'est pas celle du secrétaire pontifical ayant rédigé le brouillon du Vatican et la mise au net de la collection Launoit. Le copiste de la lettre a calligraphié le texte: mais une faute (*publica* corrigé en *pubblica*) dénote qu'il est français. Le papier utilisé porte en filigrane «Normandie [17]44». Employait-on à la cour de Rome, en 1745, des rames fabriquées en France, en Normandie? Ce n'est pas impossible, mais c'est fort peu vraisemblable. La lettre est accompagnée de l'enveloppe, scellée du cachet pontifical: la tiare et deux clés. Or le papier plié formant l'enveloppe n'est pas le même que celui de l'adresse,[19] ni l'écriture de l'adresse: «Dilecto filio Voltaire Parisios». En ces mots tracés sur l'enveloppe on reconnaît la main du secrétaire romain qui écrivit le brouillon et la mise au net. On comprend ce qui s'est passé. A la lettre «originale» Voltaire a substitué une transcription pour lui plus satisfaisante, car il y a glissé une interpolation, par le passage classique du même au même: «il suo bellissimo ultimo poema» devenant «la sua bellissima tragedia di Mahomet», et le *poema* reparaissant deux lignes plus loin: «il suo eccellente Poema di Fontenoy». La version amendée est alors communiquée à ses amis. La bibliothèque de la ville de Rouen possède une traduction française de celle-ci, consécutive à l'envoi à Cideville.[20] Le texte interpolé fut imprimé en 1748. Mais ni le nonce, ni le pape ne protestèrent. Derechef l'autorité pontificale préféra prudemment le silence. De sorte que, jusqu'en 1957, Benoît XIV passera pour avoir exprimé le «très grand plaisir» que lui procura la lecture de *Mahomet*.

Sa réaction aux avances de Voltaire n'avait pas été cependant totalement négative. Dans le texte authentique de sa lettre, le Saint-Père termine en donnant sa bénédiction apostolique à son «cher fils», *dilecto filio*. Voltaire a bel et bien été béni par le pape.

Comme on peut le penser, l'épisode émut les milieux catholiques qui lui étaient le plus hostiles. Le Saint-Père n'est-il pas tombé dans un piège grossier? Il était difficile à des gens d'Eglise de le dire, encore qu'au dix-huitième siècle les ecclésiastiques gallicans ne se gênent nullement pour blâmer ce qui vient de Rome. Toujours est-il que ce fut un laïc qui éleva une protestation

18. Un autre manuscrit de cette même version, de la main d'un copiste différent, est à la Bibliothèque nationale, N.a.fr. 24338, f.63-64.

19. M. Charles-Ferdinand Wirz nous fait connaître qu'«aucune marque n'est empreinte dans le papier de l'enveloppe, dont les pontuseaux sont plus espacés que ceux du papier qui sert de support à la lettre».

20. D3229 (6 octobre 1745).

véhémente, un certain Philibert Louzeau, peut-être janséniste, d'après l'éloge qu'il fait de Louis Racine. L'envoi des médailles à «l'infâme athée Arouet de Voltaire» l'a indigné. Qu'aurait-il dit s'il avait connu le commerce épistolaire entre le pape et «l'athée»! Mais il ignore l'existence de ces lettres, non encore publiées. Ce qui met le comble à sa fureur, c'est que le «monstre» vient d'être élu à l'Académie française, où il va siéger aux côtés d'évêques «également distingués par leur savoir et leurs mœurs». Louzeau décide donc de dénoncer au pape le scandale. Il cite longuement l'*Epître à Uranie* et des vers impies de Voltaire, dont ceux des *Lettres philosophiques* traduits de Lord Hervey, sur la superstition italienne. Il a d'abord envoyé sa lettre par l'abbé de Canillac, ambassadeur de France. Hélas! c'est un ami de Voltaire: il n'aura pas transmis le message. Louzeau prend alors le parti de s'adresser directement au pape. Il demande pour conclure de recevoir lui aussi des médailles. Voltaire a eu de l'or. Il se contentera, pour sa part, de médailles d'argent.[21]

Diatribe furibonde (Voltaire est traité de «cerveau timbré») qui passa inaperçue: elle ne sera connue qu'en... 1928. Voltaire ne se soucie guère de ces remous. Il s'amuse à écrire aux d'Argental: «Je vous donne ma bénédiction, je vous remets les peines du purgatoire, je vous accorde des indulgences. C'est ainsi que doit parler votre très saint serviteur en vous envoyant cette lettre du pape.»[22] Ayant écarté l'obstacle de son *Mahomet* et reçu la bénédiction pontificale, il ne lui reste plus qu'à attendre la mort d'un académicien.

Le Temple de la Gloire, représenté à Versailles le 27 novembre dans la grande salle du manège, procure à Voltaire une occasion nouvelle d'être remarqué du roi. La pièce étale un luxe de décors et de costumes ayant engagé d'énormes dépenses, car il ne s'agit pas seulement de glorifier «la prise de sept villes» par l'armée française de Flandre, mais de flatter le prince et de magnifier ses vertus. On assiste en effet à une sorte de «concours» de trois héros vainqueurs qui se présentent successivement à la Gloire pour occuper son temple. Hors de cette idée directrice qui rappelle *Le Temple du Goût*, il ne faut chercher en ce «ballet» aucune action dramatique.

Mais pourquoi ce prologue de l'acte premier où apparaît l'Envie dans sa caverne avec ses suivantes, une torche à la main? Cette sorcière veut écraser

sous ses fondements
Et la Gloire et son temple et ses heureux enfants.

On saura, lors de l'impression de l'œuvre, qui était plus précisément visé: une estampe y représente l'Envie cravatée de l'ordre de Saint-Michel, récompense que le poète Roy avait obtenue. Mais il est clair, dès la représentation de

---

21. D3464 (27 octobre 1746).
22. D3228 (5 octobre 1745). Il est évident qu'il envoie la lettre interpolée.

Versailles, qu'il s'agit du défi à ses ennemis d'un Voltaire comblé, ce qui ne servait en rien l'objectif de la pièce.

Au deuxième acte, le premier des trois vainqueurs se présente devant le Temple: c'est Bélus, roi de Babylone, qui symbolise tous «les conquérants injustes et sanguinaires dont le cœur est faux et farouche».[23] Il arrive, porté sur un trône par huit rois enchaînés; il a trahi Lydie à qui il avait promis «un brillant hyménée». «Parjure amant, cruel vainqueur», il est repoussé par Apollon et les Muses.

Au troisième acte, c'est Bacchus, «conquérant de l'Inde», qui a la prétention d'entrer dans le Temple. Entouré de ses guerriers et de ses servants, il «bannit la raison» et exige «qu'une éternelle ivresse règne sur ses sens». Arrêté par le Grand Prêtre, il comprend que sa place n'est pas au Temple et s'efface sans trop de difficulté, méprisant «la froide sagesse».

Il n'est pas trop des deux actes suivants pour le triomphe de Trajan. La scène représente la ville d'Artaxate à demi ruinée. Au centre, sur la place publique ornée d'arcs de triomphe, trois femmes, Plautine, Junie et Fanie, attendent le retour du «vainqueur doux et terrible».

> Nous allons contempler dans le maître du monde
> Le plus aimable des humains.

L'entrée de Trajan est presque fortuite. Il est en campagne, il ne fait qu'un détour pour voir Plautine. Elle accourt au-devant de lui. Il ne lui parle qu'un instant: trahi par les Parthes, il doit repartir. Plautine veut l'accompagner au combat. Qui ne pense à l'imprudent voyage de la duchesse de Châteauroux des Flandres jusqu'à Metz? Aussi Trajan la dissuade-t-il et part seul. On entend bientôt des cris et des chants de victoire. Plautine s'émerveille:

> Charmant héros, qui pourra croire
> Des exploits si prompts et si grands?
> Tu te fais en peu de temps
> La plus durable mémoire.

Trajan revient victorieux, entouré des aigles romaines et des faisceaux. S'il ramène des rois prisonniers et enchaînés ce n'est que pour les libérer et montrer au peuple sa clémence. Aussitôt, la Gloire descend d'un vol précipité, une couronne de lauriers à la main:

> Tu vois ta récompense,
> Le prix de tes exploits, surtout de ta clémence;
> Mon trône est à tes pieds; tu règnes avec moi.

Enfin, le cinquième acte représente le Temple du Bonheur, véritable paradis

---

23. Préface du *Temple de la Gloire* (M.iii.349).

terrestre, merveilleuse utopie. Parmi les pavillons d'architecture légère, des jardins et des fontaines, se promènent et dansent Romains et Romaines, toutes conditions mêlées. L'élan vers le bonheur appartient à tout homme. Rêve égalitaire repris en refrain par les chœurs:

> Tout rang, tout sexe, tout âge
> Doit aspirer au bonheur.

Et parvient même à l'atteindre... Cette pensée optimiste revient assez fréquemment dans l'œuvre de Voltaire: il l'a longuement développée dans les *Discours en vers sur l'homme*. Chaque homme, quelle que soit la classe sociale où il se situe – sous réserve de l'avoir acceptée – peut y trouver une forme adéquate de bonheur. Ainsi, c'est le bonheur qui estompe l'inégalité des conditions.

En cette allégresse générale, Trajan apparaît avec Plautine. On se met à danser autour du couple.

Emportée par l'atmosphère de fête, la somptuosité des tableaux, l'allégresse de la musique et de la danse, la foule des spectateurs n'a sans doute pas saisi le sens ni l'intérêt de cette œuvre très voltairienne. Toutefois, l'intention moralisatrice n'a pas échappé à tout le monde, et probablement pas au roi lui-même, s'il s'est identifié à Trajan. Cette intention, Voltaire la mettra en évidence dans sa préface: «Le célèbre Métastasio, dans la plupart des fêtes qu'il composa pour la cour de l'empereur Charles VI, osa faire chanter des maximes de morale, et elles plurent.»[24] Au cours de toute la pièce, laquelle est absolument dépourvue d'allusion religieuse, on respire la «morale naturelle», la morale de la bienveillance et de la fraternité, qui conduit à condamner toute domination injuste et cruelle. Tout se passe comme si le poète semblait inviter Louis XV à imiter le modèle de monarque éclairé qu'il lui présente: «Il ne rapporte rien à soi, il ne songe qu'à être le bienfaiteur des hommes.»[25] Le terrain est glissant, car Louis XV est-il capable d'une telle vertu? Et de plus, il n'aime point les conseils. Mais pouvait-il se plaindre que Voltaire lui eût proposé cette image du parfait souverain? Que pouvait-il lui en dire? Rien. Et c'est ce qu'il fit.

Sur ce mutisme royal, on a certainement brodé. C'est de là, sans doute, que s'est répandue l'anecdote recueillie trente ans plus tard par Condorcet dans sa *Vie de Voltaire*. Après la représentation, le poète se serait approché du roi et aurait murmuré: «Trajan est-il content?». Le roi alors, «moins flatté du parallèle que blessé de la familiarité», aurait froncé les sourcils d'un air glacial.[26] Ni la question maladroite de Voltaire ni l'attitude du roi ne sont invraisemblables.

24. M.iv.349.
25. M.iv.350.
26. M.i.229.

Malheureusement, aucun de ceux qui ont repris ce récit n'en ont établi l'authenticité.

Ce qui est certain, c'est que cette froideur du roi à l'égard de Voltaire est apparue en public le soir même de la représentation, et l'on peut croire celui qui l'a observée et notée: «La musique est de Rameau», écrit le duc de Luynes, «et le roi même, à son grand couvert le soir, en parla comme ayant été content. Les paroles sont de Voltaire; elles sont fort critiquées. Voltaire était le soir aussi au souper du roi, et le roi ne lui dit mot.»[27]

Certes, on n'a pas manqué d'expliquer cette froideur de Louis XV par son caractère orgueilleux, timide, farouche, qui le mettait si mal à l'aise en certaines circonstances publiques, surtout en face de personnages d'imagination vive et d'esprit rapide comme Voltaire. On peut supposer aussi qu'ayant trouvé inapplicable à sa personne l'image du monarque idéal auquel le poète avait pris la liberté de le comparer, il était gêné, peut-être simplement perplexe. Voltaire écrit néanmoins à sa nièce que «le roi a été très content de la première représentation et c'est lui-même qui en a demandé une seconde».[28] Celle-ci eut lieu le 4 décembre, et le 7 décembre la pièce fut donnée à l'Opéra. Elle y fut plus librement critiquée et l'on alla jusqu'à dire que les paroles étaient de Rameau et la musique de Voltaire. Cependant, le roi ne retira au poète aucune des faveurs qu'il lui avait accordées; d'ailleurs, la favorite, le duc de Richelieu, et surtout le duc de La Vallière en restaient garants.

Curieusement, c'est à la suite des fêtes de la cour et par l'intermédiaire du duc de Richelieu que Voltaire va entrer en relations épistolaires, en ce mois de décembre 1745, avec celui qui deviendra le plus illustre de ses ennemis, Jean-Jacques Rousseau. Richelieu imagina de demander à Voltaire une version plus courte, remaniée, de *La Princesse de Navarre*, qui serait jouée sous un titre nouveau, *Les Fêtes de Ramire*. Difficile et ingrat travail de rapetassage consistant à composer des «raccords», en paroles et en musique, recousant d'anciennes scènes qui avaient été coupées. Il n'était pas question pour Voltaire de le refuser, mais fort occupé par la mise au point et les répétitions du *Temple de la Gloire*, il livre au duc des esquisses rapides qui ne satisfont personne. A cette époque, Richelieu fréquente assidument le salon de Le Riche de La Popelinière, car il est amoureux – passionné pour une fois, parce qu'elle se refuse farouchement – de la femme du financier. Là, il rencontre Jean-Jacques Rousseau, jeune musicien qui vient de terminer son opéra *Les Muses rivales*. Inévitablement, Rameau méprise la musique de Jean-Jacques: il y trouve quelque beaux passages, mais le reste est «d'un ignorant». Ni La Popelinière,

27. Duc de Luynes, vii.132.
28. D3265 (2 décembre 1745).

lui-même compositeur, ni Richelieu ne partagent ce point de vue. Richelieu confie donc à Rousseau les retouches, vers et musique, des *Fêtes de Ramire*. Jean-Jacques se met au travail mais, saisi de scrupules, il écrit à Voltaire, le 11 décembre, une première lettre fort déférente, d'une extrême modestie: «Monsieur», lui dit-il, «il y a quinze ans que je travaille pour me rendre digne de vos regards et des soins dont vous favorisez les jeunes Muses en qui vous découvrez quelque talent.»[29] Ce qui est vrai: c'est chez Mme de Warens, dans les années 1729 à 1731, que Rousseau lit Voltaire:[30] «Nous déjeunions, nous causions», écrit-il dans *Les Confessions*, «rien de ce qu'écrivait Voltaire ne nous échappait.» Sans en préciser la date, il reconnaît que c'est par la lecture des *Lettres philosophiques* qu'il fut «attiré vers l'étude».[31] Plus encore, il admire en Voltaire le poète des grands sentiments: on se rappelle la forte impression que fit sur lui, à Grenoble, en 1737, la représentation d'*Alzire*.[32]

Pourtant, c'est sans enthousiasme, mais par nécessité qu'il accepte le travail que le duc de Richelieu vient de lui commander. Quelques jours après, Voltaire lui écrit, et l'on ne sait s'il s'agit d'une réponse car il ne fait pas allusion à la lettre de Rousseau: soulagé d'être débarrassé d'une telle tâche, il le remercie chaleureusement de s'en être chargé; il avoue qu'il a travaillé «très vite et très mal», et lui signale ce qu'il est important de revoir.[33]

Rousseau se rue à la tâche. Mais à la répétition, il est fort mal récompensé de sa peine:

Des trois auteurs, je m'y trouvai seul. Voltaire était absent et Rameau n'y vint pas ou se cacha [...] tout ce qui était de moi fut successivement improuvé par Mme de la Popelinière et justifié par M. de Richelieu. Mais enfin j'avais affaire à trop forte partie, et il me fut signifié qu'il y avait à refaire à mon travail plusieurs choses sur lesquelles il fallait consulter M. Rameau. Navré d'une conclusion pareille au lieu des éloges que j'attendais [...] je rentrai chez moi la mort dans le cœur. J'y tombai malade, épuisé de fatigue, dévoré de chagrin, et de six semaines je ne fus en état de sortir.[34]

Les blessures d'amour-propre de Jean-Jacques sont aussi profondes que celles de son futur ennemi.

Que Voltaire soit bien en cour, voilà qui ne laisse point d'impressionner Mme Denis, et c'est en cette fin d'année 1745 qu'elle va lui accorder des faveurs qui lieront à jamais leurs destinées. Voltaire aime sa nièce depuis

---

29. D3269.

30. Henri Gouhier, *Rousseau et Voltaire* (Paris 1983), p.19. Voir *Voltaire en son temps*, i.331-32, 340.

31. Gouhier, p.20.

32. Voir plus haut, p.19, note 26.

33. D3270 (15 décembre 1745).

34. Jean-Jacques Rousseau, *Les Confessions*, livre VII (*Œuvres complètes*, Paris 1976, i.337).

longtemps. Déjà il avait voulu la marier au «petit Champbonin» pour la garder sous la main. Il a les instincts capricieux d'un enfant, et la fièvre qui l'avait saisi lors de la visite à Cirey de M. et Mme Denis avait toutes les apparences d'une bouderie jalouse. Jusqu'en 1745, il manifeste à Marie-Louise une tendresse qui, pour se dire «paternelle», n'en est pas moins suspecte. Mais les circonstances ont changé. Elle est veuve; elle n'a que trente-trois ans, ce qui, sans une grosse fortune, est beaucoup pour espérer se remarier, mais pas trop pour qui, comme elle, aime la vie. Elle a manqué un remariage avec «le commandant de Lille», de qui Voltaire a été fort jaloux. Jamais tout à fait désintéressée, elle rêve de partager la fortune et l'immortalité de son oncle et, en même temps, de le libérer de la tutelle de Mme Du Châtelet. Elle guette les mouvements d'humeur de Voltaire à l'égard de la marquise, se pose en confidente et en consolatrice; c'est à elle qu'il se plaint que la vie mondaine le fatigue et que la cour l'ennuie. Mais elle sous-estime la solidité des chaînes qu'il secoue, la nécessité irréversible de son amitié pour Mme Du Châtelet, si refroidie, si contraignante et orageuse soit-elle.

Marie-Louise Denis a conservé beaucoup de fraîcheur et d'ardeur. Il n'y a que Marmontel qui l'ait trouvée laide, après qu'il en eût fait sa maîtresse. Son visage, d'après le portrait de Van Loo, ne manque pas de charme: il a l'avantage d'exprimer une simplicité sans tourments, une douceur malléable fort reposantes pour Voltaire. Sans doute Mme Denis a-t-elle tendance à grossir, mais on sait que l'embonpoint, à cette époque, est plutôt apprécié. Gourmande et sensuelle, elle aime la société, les soupers, la gaieté, l'amour. Rameau accepta un moment de lui donner des leçons; elle aime l'opéra, le théâtre, et loin d'être inculte, elle prétend à l'esprit. Il lui arrive d'en faire preuve, en dépit de cet entregent, de cette sûreté de soi d'une nature sans détours, souvent vulgaire.

Longtemps ambigus et retenus, les sentiments de Voltaire cristallisent. Il a cinquante ans. Sa situation ressemble à celle du tuteur de comédie qui aime sa pupille. Mais ici, la pupille ne se dérobe pas, et l'amour de l'oncle prend rapidement le ton de la passion. On a longtemps cru que, par suite de sa maladie, Voltaire n'en avait pu obtenir le plaisir ni le lui rendre. Nul ne doute plus, depuis que Theodore Besterman a publié les lettres de Voltaire à sa nièce, qu'elle ne soit devenue sa maîtresse en cette fin de l'année 1745 ou en janvier 1746. «Que Voltaire ait aimé sa nièce sincèrement, tendrement, passionnément, et même aveuglément, impossible d'en douter», écrit Th. Besterman dans son introduction.[35] Cette passion aide à comprendre mieux l'indépendance que Voltaire a conquise vis-à-vis de Mme Du Châtelet au cours de l'année qui s'achève.

35. *Lettres d'amour de Voltaire à sa nièce*, éd. Th. Besterman (Paris 1957), p.15.

A Paris, les lettres et billets multiples entre le poète et sa nièce s'échangent par courrier privé. C'est par discrétion, sans doute, qu'ils correspondent en italien, un italien scolaire dont la traduction est fort loin, chez Voltaire, d'atteindre à la vivacité de son style. Mais là, il ne cherche point à briller ni ne mélange le plaisant et le tendre; quelques polissonneries mises à part, c'est un amant sincère, grave et simple.

Sa nouvelle situation à la cour et les quelques privilèges dont il fait bénéficier Mme Denis contribuent à la griser. Cela commence par l'envoi de billets de faveur pour la représentation, à Versailles, de *Platée*, le ballet de Rameau. Voltaire lui explique comment elle pourra le rejoindre au théâtre; ses adieux sont de plus en plus tendres: «Je vous embrasse mille fois, ma chère âme. J'espère dîner avec vous mercredi.» En août l'amour du poète semble déclaré: «Adio, mia cara, v'amo sopra ogni cosa.»[36] Le 27 décembre 1745, une lettre de Mme Denis lui apporte la conviction qu'il est aimé:

Vous m'avez écrit une lettre «transportante» [*trasportatrice*] que j'ai embrassée. Je ne m'étonne pas que vous écriviez si bien l'italien; il est très convenable et juste que vous pratiquiez la langue de l'amour [...] Vous me dites que ma lettre a apporté la volupté à tous vos sens; les miens sont pareils aux vôtres; je n'ai pas pu lire les paroles délicieuses que vous m'avez écrites sans me sentir enflammé jusqu'au fond du cœur. J'ai payé à votre lettre le tribut que j'aurais voulu payer à toute votre personne.[37]

Cette volupté lui fait souvent défaut, mais pas toujours. Il y fait parfois des allusions réalistes, voire paillardes: «Bacio il vostro gentil culo e tutta la vostra vezzosa persona», ou encore: «mio catzo, mio cuore sono inamorati di voi».[38] Mais il rencontre auprès de Mme Denis les mêmes difficultés qui l'ont accablé toute sa vie. Au début de janvier 1746, une «espèce de dissenterie», tout à fait inopportune, le retient quinze jours à la chambre. Parmi la centaine de lettres publiées par Th. Besterman, on en peut dénombrer près de la moitié où il se plaint de sa santé. Son amour-propre n'a point l'air de souffrir de ses insuffisances qu'il avoue familièrement: «Je vous demande la permission d'apporter ma mollesse. Il serait mieux de bander, mais que je bande ou non, je vous aimerai toujours.»[39]

Dans ces conditions, il n'est pas étonnant que son amour ait dépassé le plaisir et soit devenu une affection profonde et durable. L'homme véritable est là, aussi bien que dans ses défauts: Voltaire éprouve pour sa nièce un amour tendre, attentif, paternel. Quel repos de se retrouver dans l'intimité de cette femme jeune, ayant conservé le caractère spontané, enfantin, que Mme

36. D3188 (août 1745).
37. D3277 (27 décembre 1745), traduction de Th. Besterman.
38. D3272 (décembre 1745). Mme Denis a vigoureusement biffé certains mots.
39. D3467 (vers le 15 octobre 1746), traduction de Th. Besterman.

Du Châtelet a perdu par excès de passion et d'autorité. Il aime en sa nièce l'enfant qu'il a connue et la femme qu'il se propose d'attacher à sa destinée, il ne sait encore comment, par reconnaissance et par esprit de famille. Il aspire sincèrement à vivre avec elle: «Vous êtes toute ma famille, ma seule amie, mon bien et mon unique espérance.»[40] Quel drame si Mme Du Châtelet le surprenait à écrire de telles choses! A Lunéville et à Cirey, il n'est pas à l'aise: «il y a du monde dans ma chambre. Je ne vous écris pas comme je voudrais.» Et il se voit obligé de détruire les lettres de sa nièce: «Je brûle vos lettres après les avoir baisées.»[41]

Retenu à Versailles par les répétitions du *Temple de la Gloire* et sa tâche d'historiographe, il lui est de plus en plus difficile de retrouver Mme Denis, et cette privation donne à son amour des accents douloureux, passionnés, inattendus chez lui: «Le plaisir des sens passe et s'enfuit en un clin d'œil, mais l'amitié qui nous lie, la confiance réciproque, les plaisirs du cœur, la volupté de l'âme ne se détruisent pas et ne périssent pas ainsi. Je vous aimerai jusqu'à la mort.»[42] Il aspire à une commune intimité: «Ah! chère, chère, quand donc votre tendre ami pourra-t-il vivre avec vous seule?»[43]

On comprend qu'il ne soit pas objectif dans l'appréciation des qualités intellectuelles de sa nièce. Il lui envoie des vers, loue les charmes de sa conversation et le style de ses lettres. Il se plaît à «raisonner» avec elle de projets communs. Elle se prend au jeu et lui avoue qu'elle écrit une comédie en vers, *La Coquette punie*. Il l'appelle sa «muse». «Mme Du Châtelet dînera aujourd'hui chez la duchesse de Modène et moi chez ma chère Muse que j'aime plus que ma vie.»[44] Comme il s'entend mal, depuis qu'il a été déshérité par son frère Armand, avec le mari de son autre nièce, M. de Fontaine, il engage Mme Denis à quitter l'hôtel d'Herbouville: en 1747 elle s'installe rue du Bouloi, dans le quartier du Palais-Royal.

Bien entendu, elle ne sera pas fidèle à cet oncle malade et vieillissant, mais elle restera discrète et se gardera de le blesser. Recevant à souper les jeunes protégés de Voltaire, Baculard d'Arnaud, Marmontel et leurs amis, elle en fera ses amants. Marmontel a décrit l'atmosphère joyeuse de ces réunions:

Rien n'était négligé de tout ce qui pouvait me rendre sa maison agréable. Mes amis y étaient accueillis; ils étaient devenus les siens. Mon vieil ami, l'abbé Raynal, se souvient, comme moi, des soupers agréables que nous faisions chez elle. L'abbé Mignot, son frère, le bon Cideville, mes deux abbés gascons de la rue des Mathurins, y portaient

---

40. D3303, sans date.
41. D3830 (24 décembre 1748) et D3841 (5 janvier 1749).
42. D3277 (27 décembre 1745), traduction de Th. Besterman.
43. D3287, sans date.
44. D3300, sans date, traduction de Th. Besterman.

une gaieté franche; et moi, jeune et jovial encore [...] j'étais le héros de la table; j'y avais la verve de la folie. La dame et ses convives n'étaient guère plus sages [...] et quand Voltaire pouvait s'échapper des liens de sa marquise du Châtelet, et de ses soupers du grand monde, il était trop heureux de venir rire aux éclats avec nous.[45]

Il ne semble pas que Mme Du Châtelet ait jamais soupçonné la nature des sentiments de Voltaire pour sa nièce. Le pardon très général qu'elle lui accorde dans son *Discours sur le bonheur* s'applique sans doute aux amours du poète avec Mlle Gaussin, dont elle a tant souffert, et peut-être même à sa passion insolite pour le roi de Prusse. C'est vraisemblablement dans les années 1745 et 1746 qu'elle rédige ce *Discours*. Si l'on met à part sa traduction de Newton, qui intéresse les historiens de la science, cet ouvrage, avec ses lettres, se lit encore avec intérêt. Naguère réédité,[46] le *Discours*, dont elle remettra, avant de mourir, le manuscrit à Saint-Lambert, s'inspire surtout de l'*Essay on man* de Pope et participe beaucoup de l'idée que l'on se faisait du bonheur au dix-huitième siècle.[47] Mais dans la partie la plus personnelle et la plus sincère, Mme Du Châtelet explique comment son amour pour Voltaire s'est refroidi. Elle en fait la confidence à propos de son classement des passions. Sans les passions, elle ne saurait vivre: le bonheur ne serait qu'une sorte de sagesse épicurienne et hygiénique écartant méticuleusement la souffrance et assurant à l'homme une existence paisible. Les moins dangereuses des passions sont celles que nous pouvons satisfaire sans avoir besoin d'autrui, tel est l'amour de l'étude, «ressource sûre contre les malheurs et source inépuisable de plaisir». Plus redoutables sont celles qui «nous mettent dans la dépendance des autres», telles sont les passions du jeu, de la gloire et de l'amour. L'amour, reine des passions, merveilleuse et incomparable félicité, porte en soi, comme la chaleur de l'été porte l'orage, une indicible souffrance. Pourquoi la femme en est-elle la plus fréquente victime? Parce qu'elle aime plus et mieux que l'homme. C'est particulièrement le cas d'Emilie: «J'ai reçu de Dieu, il est vrai, une de ces âmes tendres et immuables qui ne savent ni déguiser, ni modérer leurs passions, qui ne connaissent ni l'affaiblissement, ni le dégoût, et dont la ténacité sait résister à tout, même à la certitude de n'être plus aimée».[48] Or, cette passion sincère, exigeante, possessive, apaise, rassure et finalement fatigue l'homme: «Il n'y a presque point d'homme dont le goût ne diminue par la connaissance d'une telle passion». L'homme, une fois comblé, retourne à son

---

45. Marmontel, *Mémoires*, i.81-82.

46. Mme Du Châtelet, *Discours sur le bonheur*, éd. Robert Mauzi (Paris 1961).

47. Robert Mauzi, *L'Idée du bonheur dans la littérature et la pensée françaises au XVIIIe siècle* (Paris 1969), p.9, 112, 340-41, 352, 460, 471-72, 533.

48. *Discours sur le bonheur*, p.31.

œuvre, à sa vocation, à sa gloire. Alors, dit-elle, «notre âme doit tant aimer qu'elle aime pour deux». C'est ce qui s'est produit avec Voltaire:

J'ai été heureuse pendant dix ans par l'amour de celui qui avait subjugué mon âme, et ces dix ans, je les ai passés tête à tête avec lui sans aucun moment de dégoût ni de langueur. Quand l'âge, les maladies, peut-être aussi un peu la facilité de la jouissance ont diminué son goût, j'ai été longtemps sans m'en apercevoir: *j'aimais pour deux*. Je passais ma vie entière avec lui, et mon cœur, exempt de soupçon, jouissait du plaisir d'aimer et de l'illusion de se croire aimée. Il est vrai que j'ai perdu cet état si heureux, et que ce n'a pas été sans qu'il m'en ait coûté bien des larmes. Il faut de terribles secousses pour briser de telles chaînes: la plaie de mon cœur a saigné longtemps; j'ai eu lieu de me plaindre et j'ai tout pardonné.[49]

Ce qui apparaît ici clairement, c'est que la déchirure de l'amour, entre Emilie et Voltaire, ne s'est pas accomplie sans heurts, mais par des crises violentes dont on ne trouve pas d'échos dans la correspondance du poète. Ainsi, en 1745, tous deux sont parvenus au détachement, puis à l'accord sur un nouveau mode de vie: «La certitude de l'impossibilité du retour de son goût et de sa passion, que je sais bien qui n'est pas dans la nature, a amené insensiblement mon cœur au sentiment paisible de l'amitié.» Tenter de regagner «un cœur froid ou inconstant: cela nous avilit aux yeux de celui que nous cherchons à conserver, et à ceux des hommes qui pourraient penser à nous». Le mot est lâché; Mme Du Châtelet n'est pas résignée: «Un cœur tendre peut-il être rempli par un sentiment aussi paisible et aussi faible que celui de l'amitié? Il ne faut point se piquer d'une constance qui serait aussi ridicule que déplacée».[50] Il lui faut se tenir prête à une nouvelle passion au risque de souffrir encore: il faut garder toujours «les jetons à la main».[51] Une existence pathétique, dira Gide, plutôt que la tranquillité.[52]

Cette nouvelle passion, Mme Du Châtelet ne la cherche pas, et il n'est pas facile à un homme de prendre à Voltaire son amie. Mais la rencontre est possible.

---

49. *Discours sur le bonheur*, p.32, souligné par nous.
50. *Discours sur le bonheur*, p.33, 34, 36, 37.
51. *Discours sur le bonheur*, p.19.
52. André Gide, *Les Nourritures terrestres* (Paris 1931), p.20.

12. Enfin, la porte s'ouvre

Ni la maladie ni ses relations nouvelles avec sa nièce n'empêchent Voltaire, au début de l'année 1746, d'aller poursuivre à Versailles sa tâche d'historiographe. C'est toujours la passion du travail qui soutient sa vie: «Que direz-vous de moi, mes adorables anges», écrit-il aux d'Argental, «de revoir sans moi madame du Chastellet? Vous ne direz pas que je suis un courtisan; mais que je suis un vrai commis au bureau de la guerre, dépouillant des registres, examinant des lettres des généraux, et travaillant à cette histoire dont vous avez approuvé le commencement.»[1] Un vrai courtisan, certes, il ne le sera jamais. Il se promet d'aller le lendemain au lever du roi. Mais absorbé de bon matin, en robe de chambre, par le récit de quelque bataille ou quelque scène de *Sémiramis*, il sent que l'heure va lui échapper et, ne voulant point perdre de temps à passer son habit, il remet à plus tard sa présence au lever. Dès qu'il a fait provision de documents il fuit la cour. «Voulez-vous me permettre», écrit-il au marquis d'Argenson, «que je fasse mettre un lit dans le grenier au-dessus de l'appartement que vous avez prêté à madame du Chastellet sur le chemin de St Clou? J'y serai un peu loin de la cour.»[2] Puisqu'il a renoncé au confort, mieux vaut un grenier, en effet, que son appartement de Versailles, «ci-devant appartement de Mme Lebel», sur la cour des cuisines du prince de Condé. On devine son état de délabrement à la requête que le poète adresse à Le Normant de Tournehem, devenu directeur des bâtiments royaux; il demande qu'on lui pose «une fenêtre et un volet, une porte et une cloison, un tambour à la cheminée qui fume. Un chambranle de cheminée de pierre, peur de feu; et 12 pieds en carré de parquet», qu'on lui mette «une couche de blanc sur les murs [...] qu'on fasse une porte à des privés publics qui sont au pied de l'escalier et qu'on détourne, s'il se peut, la rigole de la gouttière voisine pour les laver.»[3] Voilà qui donne une idée des conditions d'hygiène dans les bâtiments royaux.

«A Versailles et jamais à la cour». C'est ainsi que Voltaire désigne, en octobre 1745, le lieu d'où il écrit à d'Argental. Il l'avertit qu'il ne pourra rentrer à Paris avant d'avoir «dépouillé le fatras des bureaux»:[4] c'est une condition nécessaire

1. D3327 (vers février 1746).
2. D3329 (24 février 1746).
3. D3419 (14 juin 1746).
4. D3237 (octobre 1745), D3231 (9 octobre 1745).

à son travail d'historiographe. Quel est donc ce travail si urgent? Dès le mois d'août, il l'avait annoncé à d'Argenson: «Les deux campagnes du roi méritent d'être chantées mais encore plus d'être écrites.»[5] Pour bien saisir la réalité, il s'intéresse à tout, même à l'intendance. Comment Moreau de Séchelles, intendant des armées de Flandre et d'Alsace, pourrait-il lui refuser ses dossiers? Il flatte son ambition: «Le roi qui verra le premier l'ouvrage en manuscrit ne sera peut-être pas fâché d'y reconnaître de quelle utilité vous êtes».[6]

Alors qu'il pourrait être heureux auprès de sa nièce, Voltaire apporte à une tâche qui s'amplifie au cours de ses recherches, une conscience attentive et scrupuleuse: «Il n'y a point de soin que je ne prenne», écrit-il au marquis d'Argenson, «pour faire une histoire complète des campagnes glorieuses du roi et des années qui les ont précédées.»[7] Cette activité devient une passion. En octobre, à Fontainebleau, il interroge ceux qui ont combattu, et même il a emporté ses dossiers. Il n'est pas question de lâcher prise: «Je resterai ici», confie-t-il aux époux d'Argental, «jusqu'à ce que j'aie recueilli toutes mes anecdotes sur les campagnes du roi [...] J'y travaille, comme j'ai toujours travaillé, avec passion.»[8]

Mais le roi ne sera pas le premier à voir le manuscrit; à combien de contrôles celui-ci ne sera-t-il pas soumis avant de lui être présenté! Aux d'Argental d'abord, puis à deux ministres, le marquis d'Argenson et le cardinal de Tencin, passionné, comme sa sœur, par la politique extérieure de la France. Le cardinal, moins occupé, le lit plus vite que le marquis. Mais qui donc leur confie les travaux du poète avant qu'ils ne soient au point: d'Argental, ou tout simplement Voltaire lui-même? On connaît sa hâte d'obtenir des avis, et, aussitôt, ses repentirs. Il trouve «honteux» que les deux ministres aient lu son manuscrit «dans l'état où il est»: il faut que le marquis d'Argenson le lui renvoie «dans la minute». A cette requête aussi impatiente il donne une raison péremptoire: «Cet ouvrage est pour moi une passion violente, et il faut avoir pitié des passions.»[9] On croirait entendre Mme Du Châtelet.

S'il voit parfois à quelles déconvenues la diplomatie idéaliste du marquis conduit la France, il s'engage toujours avec lui, sans courir les mêmes risques, et l'encourage dans les tentatives de paix les plus aveuglément sentimentales. Le roi de Prusse, après ses victoires de Freiberg, de Sohr et de Kesseldorf, signe avec Marie-Thérèse le traité de Dresde qui lui atttribue la Silésie; Frédéric, en échange, reconnaît l'époux de la reine, François de Lorraine,

5. D3191 (17 août 1745).
6. D3219 (23 septembre 1745).
7. D3243 (20 octobre 1745).
8. D3231 (9 octobre 1745).
9. D3312 (19 janvier 1746).

comme candidat à l'empire. D'Argenson ne crie pas à la trahison: il pense tout bonnement que Frédéric se dirige ainsi vers la paix générale.

En Italie, les armées franco-espagnoles ayant remporté de grands succès, le marquis d'Argenson offre la paix au roi de Sardaigne afin de le détacher de l'alliance autrichienne. Furieux, Philippe v et Elisabeth Farnèse menacent de rompre avec la France. On n'en signe pas moins, le 17 février 1746, les préliminaires du traité de Turin. Voltaire s'enthousiasme: «Je vous fais mon compliment de la belle chose que j'entends dire.»[10] En Hollande, les fautes commises sont aussi graves: alors que Maurice de Saxe s'est emparé de Bruxelles, c'est le plénipotentiaire hollandais, redoutant l'invasion française, qui exige que les places conquises soient remises à l'Autriche et que le prétendant jacobite soit chassé de France.[11]

On comprend que la diplomatie du marquis soit de plus en plus discutée. Néanmoins, le roi ne le renvoie pas: le ministre l'amuse avec son visage taillé à coups de serpe et sa verve gros sel. Voltaire continue à féliciter son ami: «On dit que vous avez besoin de votre courage et de résister aux contradictions en faisant le bien des hommes [...] Vous avez de la philosophie dans l'esprit et de la morale dans le cœur. Il y a peu de ministres dont on puisse en dire autant.»[12] Que l'on juge combien sont optimistes et littéraires les conceptions du poète lorsqu'il envisage la réconciliation de Marie-Thérèse d'Autriche et de la reine d'Espagne! «La reine de Hongrie et la reine d'Espagne dépouilleront toutes les deux *la vieille femme* [Ephésiens IV.22 et Colossiens III.9], et se réconcilieront en bonnes chrétiennes. Cela est immanquable [...] Grand et digne citoyen, ce monde-ci n'est pas digne de vous.»[13] Ce langage flatte le marquis.

Mais, soudain, voici le poète tiré de ces hautes spéculations et, pour un temps, de son «historiographerie». Le 19 mars, il est averti que Jean Bouhier, président à mortier du parlement de Dijon, vient de mourir: son fauteuil à l'Académie est vacant.

Pourquoi ce Dijonnais résidant presque toujours dans sa ville natale ou dans son hôtel de Nuits-Saint-Georges avait-il été admis à l'Académie française? C'était un homme exceptionnellement doué et, au surplus, un travailleur infatigable et acharné. Entré à dix-neuf ans au parlement de Dijon, il devenait, à trente ans, président à mortier. Connaissant plusieurs langues étrangères parmi lesquelles l'hébreu, il consacra ses loisirs à l'érudition et aux lettres. Ses connaissances, à la fois vastes et précises, étendirent si rapidement sa réputation

---

10. D3328 (17 février 1746).
11. Duc de Broglie, *Maurice de Saxe et le marquis d'Argenson* (Paris 1891), i.199-206.
12. D3337 (11 mars 1746).
13. D3349 (4 avril 1746).

que c'est à trente-quatre ans qu'il fut appelé à l'Académie française. Et même, en sa faveur, la compagnie dérogea à la règle qui exigeait de ses membres, sauf des évêques, la résidence à Paris. Elu au fauteuil de Malézieu, il fut reçu par le président Hénault. Son correspondant le plus fidèle à Paris fut l'abbé Le Blanc qui le tenait au courant de la vie des lettres et des potins littéraires.[14] «Il remua tout», écrit d'Alembert, «il embrassa tout, il fit ses preuves dans tous les genres.»[15] Parmi ses œuvres nombreuses, il suffit d'en citer deux qui donnent une idée de la variété de ses recherches et de son envergure intellectuelle: son *Mémoire sur la vie et les ouvrages de Montaigne*, et son *Traité de la dissolution du mariage pour cause d'impuissance*.

Pour Voltaire, voici l'occasion rêvée de poser sa candidature. Sans avoir la certitude absolue d'être élu, il est guéri, prétend-il, des démarches fatigantes et humiliantes. A ses amis d'Argental, il déclare spontanément qu'il ne fera point campagne: «On a parlé déjà à V[oltaire] de la succession», écrit-il, «V. est malade, V. n'est guère en état de se donner du mouvement, V. grisonne et ne peut pas honnêtement frapper aux portes, quoiqu'il compte sur l'agrément du roi [...] Il sera très flatté d'être désiré, mais il craindra toujours de faire des démarches.»[16]

Toutefois, à la suite d'une attaque violente des *Nouvelles ecclésiastiques*, la feuille janséniste, qui le met en cause en excellente compagnie, avec le pape, il sort de sa réserve. N'y voit-il pas l'occasion, combien publicitaire, de se concilier les jésuites?

Dans le même temps que le souverain pontife écrit au roi pour exclure de la grâce du Jubilé ceux qui ne sont pas soumis à la Bulle Unigenitus, sa sainteté écrit à son cher fils, le sieur de Voltaire, un «bref» de compliment sur sa belle tragédie de *Mahomet*, tragédie que le Ministère public a défendu de représenter sur le Théâtre français. Au bref étonnant, le Saint-Père joint des médailles d'or pour témoigner au poète l'estime qu'il fait de ses talents. L'auteur des *Lettres philosophiques* brûlées par la main du bourreau, lettres dont l'impiété a soulevé tous ceux qui ont encore quelque religion, cet auteur, dis-je, est en commerce avec le pape, tandis que des évêques, des prêtres, des religieux, etc, sont traités d'excommuniés. Y a-t-il encore de la foi sur la terre et tout n'annonce-t-il pas que la Vérité se retire et nous abandonne?[17]

C'est précisément à un jésuite, au père Simon de La Tour, principal du

14. Voir Françoise Weil, *Jean Bouhier et sa correspondance* (Paris 1975).

15. Jean Le Rond d'Alembert, *Histoire des membres de l'Académie française morts depuis 1700 jusqu'en 1771, pour servir de suite aux éloges imprimés et lus dans les séances publiques de cette compagnie* (Paris 1785-1787); éloge du président Bouhier, v.285-309.

16. D3342 (20 mars 1746?).

17. *Nouvelles ecclésiastiques, ou mémoires pour servir à l'histoire de la constitution Unigenitus* (Paris 1746), p.3, cité par Th. Besterman, D3348, n.2.

collège Louis-le-Grand, que Voltaire dénonce ces attaques et proteste de son attachement à la Compagnie de Jésus et de sa fidélité à l'Eglise, comme il le fit naguère à l'évêque de Mirepoix:

Ayant été élevé longtemps dans la maison que vous gouvernez, j'ai cru devoir prendre la liberté de vous adresser cette lettre et vous faire un aveu public de mes sentiments dans l'occasion qui se présente. L'auteur de la Gazette Ecclésiastique m'a fait l'honneur de me joindre à sa sainteté et de calomnier à la fois, dans la même page, le premier pontife du monde et le moindre de ses serviteurs. Un autre libelle non moins odieux, imprimé en Hollande, me reproche avec fureur mon attachement pour mes maîtres, à qui je dois l'amour des lettres et celui de la vertu. Je vous prie d'engager les Révérends Pères qui travaillent au Journal de Trévoux à vouloir bien honorer d'une place dans leur recueil ce que je vais prendre la liberté de vous dire sur ces deux articles.[18]

Il rappelle longuement sa correspondance avec le cardinal Passionei, les vers qu'il écrivit pour le portrait du pape, l'hommage qu'il fit au Saint-Père et à plusieurs cardinaux du *Poème de Fontenoy*, qui fut traduit en italien par le cardinal Quirini.

Ceux qui connaissent le caractère du pape, son goût et son zèle pour [les] lettres, ne sont point surpris qu'il m'ait gratifié de plusieurs de ses médailles [...] Voilà cependant ce qui a excité la bile de l'auteur clandestin de la Gazette Ecclésiastique: il ose accuser le pape d'honorer de ses lettres un séculier [...] et il me reproche à moi je ne sais quel livre auquel je n'ai point de part, et que je condamne avec autant de sincérité qu'il devrait condamner ses libelles.

A partir de ce reniement des *Lettres philosophiques*, comment le père pourrait-il le suivre dans le morceau d'éloquence où s'achève cette lettre?

Pendant les sept années que j'ai vécu en leur maison qu'ai-je vu chez eux [les jésuites]? La vie la plus laborieuse, la plus frugale, la plus réglée [...] Qu'on mette en parallèle les *Lettres provinciales* et les sermons de Bourdaloüe, on apprendra dans les premières l'art de la raillerie [...] celui d'insulter avec éloquence; on apprendra avec le Père Bourdaloüe à être sévère à soi-même et indulgent pour les autres; je demande alors de quel côté est la vraie morale [...] Je veux vivre et mourir tranquillement dans le sein de l'Eglise catholique, apostolique et romaine sans attaquer personne.

Peine perdue. La Tour enveloppe sa réponse d'onction et de flou: «J'ai reçu la lettre si judicieuse, si belle, et si touchante dont vous venez de m'honorer [...] Dans l'usage que nous en ferons, monsieur, nous consulterons moins nos intérêts que votre gloire.»[19] Heureux que Voltaire rende justice aux jésuites de leur action, le père lui répond par un éloge de la Compagnie. C'est donc une fin discrète de non-recevoir. Le poète ne se décourage pas: attaqué par les

18. D3348 (vers le 1er avril 1746).
19. D3350 (vers le 5 avril 1746).

jansénistes, il faut que les jésuites soient ses alliés. Il fait intervenir auprès du P. Pérusseau, confesseur du roi, son ami le mieux placé, Moncrif, lecteur de la reine. «Je vous remercie», lui écrit-il, «[...] de votre conversation avec le père Perrussau [...] Il n'y a guère de jésuite qui ne sache que je leur suis attaché dès mon enfance [...] Le pape en dernier lieu a chargé monsieur le bailli de Tensin[20] de me faire des compliments de la part de sa sainteté et de m'assurer de sa protection et de sa bienveillance [...] Mon attachement pour un très grand roi hérétique[21] ne m'a pas gâté comme vous voyez.»[22]

Soudain, vers le 15 avril, Moncrif se voit confier une tâche plus importante. A peine commencée, la campagne de Voltaire est traversée par un adversaire de taille, Roy, «fameux poète», dit le duc de Luynes, célèbre par son opéra de *Callirhoé* et par l'esprit agressif de ses «calotines». Homme de mauvaise réputation, il a fait, en 1724, un séjour à la Bastille pour «avoir fait des friponneries dans le public avec des papiers royaux».[23] Ses railleries mordantes n'ayant pas épargné l'Académie, il ne saurait être candidat; mais en même temps qu'il affecte de mépriser les démarches de ses confrères, il s'efforce, mû par une jalousie venimeuse, de faire échec à leur candidature. Rien de plus facile en ce qui concerne Voltaire, il lui suffit d'exhumer et de répandre des libelles diffamatoires qui ont déjà servi, le *Discours prononcé à la porte de l'Académie française par M. le directeur à M. ****, publié en 1743, et le *Triomphe poétique*, calotine datant de 1736. Or, il se trouve que la reine manifeste de l'estime pour le talent de Roy. Voltaire en appelle à Moncrif: «comment la plus vertueuse de toutes les reines peut-elle souffrir quelquefois le plus scélérat des hommes? Je vous le dirai hardiment, vous vous rendez coupable si vous ne représentez pas à sa majesté la vérité.»[24] Quelques jours après, il revient à la charge: «Je vous supplie d'exposer à la reine mes sentiments [...] Je ne ferai rien [...] sans que vous m'ayez mandé que la reine trouve bon que j'agisse.»[25]

Sans doute rassuré, le poète se calme. Quoi qu'il en ait écrit à d'Argental, il glane passionnément toutes les voix possibles. Après avoir sollicité l'abbé Alary, c'est encore Moncrif qu'il a chargé d'intercéder auprès de Mme de Villars; il la redoute car elle est devenue dévote. Moncrif en a certainement obtenu des promesses: «Je n'ai pu venir à Versailles remercier la plus aimable sainte qui soit sur la terre. Je vous supplie de lui dire que quoique la reconnaissance soit une vertu mondaine, cependant j'en suis pétri pour elle.

20. Neveu du cardinal, ambassadeur extraordinaire de Malte auprès du Saint-Siège.
21. Frédéric II.
22. D3352 (7 avril 1746).
23. Archives de la Bastille, «Notes sur les prisonniers», B 1724, p.394.
24. D3358 (vers le 15 avril 1746).
25. D3364 (vers le 19 avril 1746).

J'ose croire que M. l'abbé de St Cir ira à l'Académie le jour de l'élection, et qu'il ne me refusera pas ce beau titre d'élu.»[26] Comme il n'a pu rencontrer Moncrif à Versailles ni à Paris, il lui envoie une nouvelle lettre pour lui recommander Hardion: «C'est peu de chose d'entrer dans une compagnie, il faut y être reçu comme on l'est chez ses amis.» Et voici qui résume toutes ses lettres: «Je me mets entre vos mains, et aux pieds de la sainte de Villars.»[27] Il faut aussi que Destouches vienne de sa province: «un confrère, [...] quel qu'il soit, ne doit point se croire académicien, s'il n'a la voix de M. Destouches.»[28] Enfin, certains adversaires ont cédé. Montesquieu déclare: «Il serait honteux pour l'Académie que Voltaire en fût, et il lui sera quelque jour honteux qu'il n'en aît pas été».[29]

Le 25 avril 1746, Voltaire est élu, précise-t-il, «tout d'une voix».[30] Que veut-il dire? Le registre de l'Académie n'est pas plus explicite: il ne consigne jamais le nombre des voix obtenues, mais il note que vingt-neuf académiciens étaient présents et que Voltaire fut élu «à la pluralité des voix».[31]

On ne retrouve pas, dans sa correspondance, l'enthousiasme de sa nomination à la charge d'historiographe ou même de son agrément, encore en perspective, comme gentilhomme ordinaire de la chambre. Il n'en parle guère qu'à Mme Denis et à Maupertuis, notant simplement que l'évêque de Mirepoix ne s'y est point opposé. Il doit s'occuper sans tarder des libelles de Roy et de son discours de réception.

Dès le lendemain de l'élection, le 26 avril, Roy prend peur et écrit à Marville, le lieutenant de police, pour protester de son innocence.

Au retour de la campagne, où j'étais allé ensevelir mon chagrin sur la mort de ma sœur, j'ai appris que ma réputation était violemment attaquée par le sieur Voltaire. Je ne puis en douter par les lettres qu'il a écrites à des académiciens [...] Il ne me reste de recours que votre seule autorité et les perquisitions [...] L'homme qui veut être à toute force mon ennemi me choisit entre tous les siens pour m'imputer tout ce qui s'écrit contre lui: il a craint que je ne fusse son concurrent à l'Académie, moi dont l'indifférence ou la retenue sur ce vain titre est connue de toute la France [...] C'est un personnage qui donne pour vrai tout ce qu'il imagine. Le ministre auquel je viens d'écrire le sait bien [...] Il prétexte sa calomnie, de l'envie que me doit causer son talent, et du chagrin qu'il me fait en donnant ses ouvrages lyriques à la cour et à la ville. En vérité, monsieur, ai-je perdu à la comparaison et dois-je être bien mortifié?

26. D3365 (vers le 20 avril 1746).
27. D3368 (vers le 23 avril 1746).
28. D3366 (vers le 20 avril 1746).
29. Montesquieu, *Œuvres complètes*, éd. A. Masson (Paris 1950-1955), ii.259.
30. D3373 (1er mai 1746), à Maupertuis.
31. Dans D3370 (26 avril 1746), il mande à Mme Denis qu'il a obtenu 28 voix sur 29.

Je ne le serais que si vous doutiez de mon innocence et de ma sensibilité à votre estime.[32]

Quelle que soit la présomption du personnage, la lettre donne cependant la mesure de sa renommée. D'ailleurs, il aura moins à souffrir que le nouvel académicien.

Voltaire doit d'abord subir les critiques de son discours de réception; mais, préoccupé par les libelles, les a-t-il toutes connues? Il prononce son discours le 9 mai devant une assemblée fort nombreuse où se pressent les «petits collets». Dans une certaine mesure ce discours fait date. Lorsqu'on lit ceux des récipiendaires précédents, on est étonné, surtout si l'on pense aux discours d'aujourd'hui. Presque toujours, ils ne comprenaient, à cette époque, que l'éloge du cardinal de Richelieu, du président Séguier, puis celui du prédécesseur défunt. Celui de Voltaire s'étend davantage, il ose être plus riche et plus varié. Plus libre de ton aussi: est-ce un hasard si l'on trouve dans l'exorde les idées de liberté et d'égalité, appliquées, il est vrai, aux seuls académiciens? Comme si Voltaire, en pénétrant dans cette compagnie, avait eu la fausse impression d'accroître sa liberté et sa sécurité?

Son éloge de Bouhier flatte les «modernes», mais ne blesse-t-il pas quelques-uns de ses confrères? Bouhier, dit-il, «ne ressemblait pas à ces savants insociables et inutiles, qui négligent l'étude de leur propre langue pour savoir imparfaitement les langues anciennes; qui se croient en droit de mépriser leur siècle, parce qu'ils se flattent d'avoir quelque connaissance des siècles passés; qui se récrient sur un passage d'Eschyle, et n'ont jamais eu le plaisir de verser des larmes à nos spectacles». L'allusion à ses tragédies les plus tendres, bien que voilée de généralité, est perceptible.

Il en arrive tout naturellement à définir le génie de la langue française de son époque. Cette langue est peu propre «à peindre les objets sensibles de toute la nature», comme le faisait celle des premiers Grecs et des poètes latins: «le langage du cœur et le style du théâtre ont entièrement prévalu: ils ont embelli la langue française».[33] Ce sont les grands poètes qui ont déterminé le génie des langues: la langue française naît avec Corneille. Cette langue si précise, si forte et harmonieuse, s'est élevée à l'universalité, ce qui conduit Voltaire à l'éloge de ses adeptes européens les plus illustres, qui sont également des amis ou des relations flatteuses du poète: Frédéric II, Ulrique de Suède, la czarine Elisabeth, fille de Pierre le Grand, et, bien entendu, le pape Benoît XIV. De là il lui faut bien revenir vers les écrivains français contemporains, énumération moins objective, plus mêlée et moins sûre: Montesquieu, Fonte-

32. D3371 (26 avril 1746).
33. M.xxiii.208.

nelle, l'abbé d'Olivet, directeur de l'Académie, ami du poète et de Bouhier, qui doit répondre au discours du récipiendaire: «il a aujourd'hui à la fois un ami à regretter et à célébrer, un ami à recevoir et à encourager». Le président Hénault, autre ami, qui a produit «le seul livre de chronologie dans lequel on ait jamais peint les mœurs des hommes».[34] Puis il fait une allusion à Vauvenargues, qu'il ne nomme pas, «un homme éloquent et profond [qui] s'est formé dans le tumulte des armes». La première œuvre du moraliste est bien présente à son esprit, puisqu'il vient de la «crayonner» sévèrement.[35] L'éloge le plus inévitable était sans doute celui de Crébillon, censeur royal, protégé par la favorite, et qui passe pour le successeur de Racine. Voltaire feint de le considérer, en effet, comme le dernier des grands tragiques, et, sur le ton d'une oraison funèbre de Bossuet, dans une image douteuse, ne se tire de ce piège que par l'outrance de la louange, aussi bien que de sa propre modestie: «je vois ici ce génie véritablement tragique qui m'a servi de maître quand j'ai fait quelques pas dans la même carrière; je le regarde avec une satisfaction mêlée de douleur, comme on voit sur les débris de sa patrie un héros qui l'a défendue.»[36]

Célébrant ensuite les grands hommes, et toujours procédant par allusions à son œuvre personnelle, Voltaire évoque Trajan et Louis XIV, excellente transition vers l'éloge de Louis XV: «Pensez-vous, messieurs, que les honneurs rendus par tant de bouches à la mémoire de Louis XIV ne se soient pas fait entendre au cœur de son successeur dès sa première enfance? [...] La postérité dira que tous deux ont aimé la justice et ont commandé leurs armées». Louis XV «remporte des victoires. Il fait les plus grandes choses avec une simplicité qui ferait penser que ce qui étonne le reste des hommes est pour lui dans l'ordre le plus commun et le plus ordinaire.» Et voici le passage qui sera particulièrement contesté: «Il cache la hauteur de son âme sans s'étudier même à la cacher, et il ne peut en affaiblir les rayons qui, en perçant malgré lui le voile de sa modestie, y prennent un éclat plus durable».

En évoquant les hommes d'armes qui ont servi le roi, Voltaire renvoie l'assemblée au *Poème de Fontenoy* et s'adresse alors à Louix XV: «Vous embrassiez ce général [Maurice de Saxe] qui n'avait souhaité de vivre que pour vous voir triompher, cet homme que vos vertus et les siennes ont fait votre sujet.» Ce

---

34. Il s'agit du *Nouvel abrégé chronologique de l'histoire de France*, par Charles-Jean-François Hénault, contenant, dit le titre, «nos lois, nos mœurs, nos usages, etc.». Voltaire aura l'ouvrage en sa bibliothèque de Ferney, dans une édition de 1756.

35. Luc de Clapiers, marquis de Vauvenargues, *Introduction à la connaissance de l'esprit humain, suivie de réflexions et de maximes* (Paris 1746). Voir Henri Coulet, «Voltaire lecteur de Vauvenargues».

36. M.xxiii.213.

que chacun devait attendre ne pouvait manquer de se placer ici: l'éloge, excessif une fois de plus, de son ami le duc de Richelieu. «Ce fut l'un de vos confrères qui servit le plus votre protecteur et la France dans cette journée; ce fut lui qui, après avoir volé de brigade en brigade, après avoir combattu en tant d'endroits différents, courut donner et exécuter ce conseil si prompt, si salutaire, si avidement reçu par le roi.» Et Voltaire rappelle le mot de Louis XV: «Je n'oublierai jamais le service important que vous m'avez rendu».[37]

Pas une allusion à Marivaux, à Destouches ni à La Chaussée; les auteurs comiques sont traités globalement. Mais à qui Voltaire pense-t-il quand il constate la décadence du goût?

L'autre grand absent, c'est Maupertuis. On avait conseillé au poète d'éviter de parler d'un savant qui s'est exilé en Prusse. Voltaire lui présente des excuses: «Croyez que j'en ai été plus fâché que vous.»[38] Dans une lettre à Algarotti, Maupertuis réplique: «Vous sentez bien que Voltaire ne se brouillera jamais avec personne pour louer son ami.»[39]

C'est donc un Voltaire bien connu pour son amour-propre qui perce dans ce discours. Il se flatte en même temps qu'il flatte. C'est encore le cas s'il s'agit de son pacifisme. Il avait écrit au marquis d'Argenson à propos de sa «bavarderie académique»: «Je fourre partout mes vœux pour la paix»,[40] ce qui se traduit plus éloquemment: «Combien sont chères à toute la France, combien le seront un jour à l'Europe ces démarches pacifiques que fit Louis XV après ses victoires.» Vaines prédictions, comme le sera aussi le vœu de la péroraison: «Puissé-je voir dans nos places publiques ce monarque humain, sculpté des mains de nos Praxitèles, environné de tous les symboles de la félicité publique! Puissé-je lire au pied de sa statue ces mots qui sont dans nos cœurs: *Au père de la patrie!*»[41]

Au discours de réception, on connaît deux réactions privées. L'une, plutôt bienveillante, est une lettre adressée par le président de Brosses à Charles Loppin, baron de Gemeaux: «Je ne sais ce qu'on aura dit et pensé à Paris du discours de Voltaire; pour moi je vous avouerai naturellement qu'il m'a fait un très grand plaisir, quoiqu'il y ait bien des choses à reprendre, une trop grande foule de noms propres, d'éloges, de traits et de digressions déplacées, surtout sur la fin du discours, dont il faudrait retrancher un bon tiers contenant le poème de Fontenoy en prose».[42] Le reproche rejoint celui du sieur La Mon-

---

37. M.xxiii.217.
38. D3436 (3 juillet 1746).
39. Note de Th. Besterman à D3436.
40. D3390 (16 mai 1746).
41. M.xxiii.217.
42. D3411 (4 juin 1746).

taigne à Jean-Pierre d'Açarq, mais celui-ci est beaucoup plus radical: «j'admire *l'historien de l'esprit humain*; mais je ne saurais y reconnaître le récipiendaire académicien. [Voltaire] s'est tiré *de l'embarras de n'avoir rien à dire* en se jetant sur l'éloge d'une foule *d'espèces de grands hommes*».[43]

Les réactions publiques sont généralement sévères. Le *Discours prononcé à l'Académie française par M. de Voltaire*, de Baillet de Saint-Julien, a été composé avant celui du poète. D'une ironie subtile et percutante, il raille l'Académie aussi bien que le récipiendaire. Son auteur l'a envoyé courageusement à Voltaire, signé de son nom, dès le 2 mai. Il prévoit fort justement que le discours sera une nouveauté: «L'innovation en tous genres est plus convenable à mon caractère.» Et s'adressant à l'Assemblée, «Votre amour-propre», dit-il, «pourra-t-il pardonner au mien si, dans le seul jour de ma vie consacré à vos louanges, je perds de vue cet objet pour faire mon panégyrique? [...] Les derniers chefs-d'œuvre [*La Princesse de Navarre* et *Le Temple de la Gloire*] dont j'ai enrichi une double scène laissent-ils encore entre nous cette énorme distance dont on se plaignait autrefois?» Qu'est-ce donc que l'immortalité des académiciens? «Quels sont ses attributs? Une continuelle inaction, un loisir éternel, une tranquillité inaltérable.»[44] Bien entendu, aussitôt, Voltaire porte plainte, puis il abandonne les poursuites.

Si les *Réflexions sur le remerciement de M. ... à l'Académie française*, attribuées à Mannory et qui paraîtront dans le *Voltariana*, sont pointilleuses et souvent fausses dans les détails, elles frappent parfois juste. Le discours est «tout sauf ce qu'il doit être. Ce sont des réflexions, des observations, des morceaux de dissertation, des lambeaux de panégyriques. Il n'y a que de remerciement dont il n'y a pas un seul mot: c'était son sujet.» Voltaire a «des détours qui ne sont qu'à lui». Notre langue ne peut-elle peindre «noblement les petits détails»? Et La Fontaine? Boileau incapable d'être sublime? Et le *Passage du Rhin*? Que dire de Crébillon seul comme un héros sur les débris de sa patrie qu'il a défendue? Curieuse image! Et du roi qui «cache sa hauteur d'âme»? Quel embarras! Et que dire d'«exécuter un conseil»? On dit «suivre un conseil, exécuter un ordre»! Où irait-on chercher des maîtres si ce n'est à l'Académie? «A qui me fierai-je si M. de Voltaire me trompe? Qui me corrigera? Qui me conduira s'il a besoin d'être corrigé et d'être conduit?»[45]

Pas de réaction du poète! Il se lance tout de suite, passionnément, aveuglément, à la poursuite des deux libelles de Roy. Que contenait donc de plus injurieux le *Discours prononcé à la porte de l'Académie française par M. le directeur*

---

43. D3416 (12 juin 1746); souligné dans le texte.
44. Louis Guillaume Baillet de Saint-Julien, *Discours prononcé à l'Académie française par M. de Voltaire* (s.l.n.d.).
45. *Voltariana*, p.302-22.

à M. ***, destiné à faire échec à la candidature de 1743? Il rappelait un aspect du personnage que son succès pouvait faire oublier. Fort inopportun, il en venait à nier son patriotisme et remuer son passé le plus lointain:

En vérité, monsieur, vous vous y êtes pris trop tard: aussi, que ne vous êtes-vous proposé à l'Académie avant toutes vos traverses [...] Nous vous eussions épargné bien des désastres. Qui sait si l'esprit d'une société sage et réglée n'eût pas influé sur le vôtre, ne vous eût pas inspiré quelque amour pour la Patrie, quelque tolérance pour le culte et les usages reçus, s'il n'eût pas enchaîné cette indépendance républicaine pour allier enfin le Citoyen à l'Auteur, s'il n'eût pas calmé cette démangeaison d'immoler sans cesse notre Nation à la risée de nos voisins, qui vous en savent si peu de gré et qui vous ont vendu si cher un asile?

Il rappelle *Le Bourbier*, poème de jeunesse dirigé contre Houdar de La Motte; il y voit des allusions à l'Académie:[46] «Votre satire s'est égayée sur nous plus d'une fois, vous nous avez maladroitement embourbés dans le limon du Parnasse.» La fin, pour ironique qu'elle soit, était le bon sens même: «Croyez-moi, monsieur, vous n'avez besoin d'être membre d'aucun corps. Vous faites un tout à vous seul.»[47]

Quant au *Triomphe poétique*, il ridiculisait dans un portrait la personne du poète. Peu flatté, celui-ci apparaissait, dès 1736, comme un vieillard:

> Place à l'Apollon, le voici.
> Que dites-vous? Cette momie.
> Il vit pourtant: l'économie,
> La soif de l'or le sèche ainsi,
> Jointe au corrosif de l'envie.
> Est-il assis, debout, couché?
> Non, sur deux flageolets, il flotte
> Entouré d'une redingote
> Qu'à Londres il eut à bon marché [...]
> Sa mâchoire à vide grignotte
> Son regard est effarouché [...]

Evoquant le passé lointain du poète, en particulier l'affaire de la loterie de Le Pelletier Des Forts, il mettait en doute son honnêteté.

> Parbleu, s'il avait ramassé
> Tous les fonds de la Loterie
> N'aurait-il pas tout remboursé?

---

46. L'édition porte en note: «Le Bourbier, satyre imprimée contre l'Académie». En vérité, la satire prend parfois une tournure collective, mais ne désigne textuellement que les «consorts» de Houdar.

47. Pierre-Charles Roy, *Discours prononcé à la porte de l'Académie française par M. le directeur à M.* *** (Paris s.d.).

Sur la plainte de Voltaire, les perquisitions ont commencé dès le mois de mai. Mû par une sorte de rage, descendant lui-même dans la rue lorsqu'il le peut, il les guide et les surveille. Caché dans la boutique de Prault, près du Pont-Neuf, après avoir donné ses instructions au commissaire et à l'inspecteur de police, il attend les résultats de leurs visites chez les libraires suspects, chez la Bienvenu, puis chez la veuve Delormel et son gendre Josse, celui-ci déjà compromis dans l'édition des *Lettres philosophiques*. On arrête la Bienvenu le 20 mai; la veuve Delormel est jetée en prison avec son fils et Josse le 3 juin.

Le 29 mai, le poète-académicien escorte les archers dans la rue des Petits-Augustins jusqu'au domicile de Mairault, un érudit, amateur et épicurien, s'amusant de la vie des lettres et fréquentant les ennemis de Voltaire.[48] Mais ni le poète ni le lieutenant de police ne savent que Mairault est alité, atteint d'une maladie grave dont il devait mourir le 15 août. Pénible circonstance, d'autant plus que l'on ne trouve chez lui, concernant Voltaire, qu'une feuille manuscrite. Homme peu banal, ce Mairault, si l'on en juge par la lettre qu'il a écrite à un nommé Travenol précisément sur les libelles de Roy: «Ma santé va de mal en pis; mais dans ces sortes de maladie, on conserve la tête; et on ne laisse pas de goûter la plaisanterie. Je crois que la malice est ce qui s'éteint le dernier dans l'homme. L'écrit [de Roy] est plein de sel et va commencer à jeter un ridicule sur la fameuse réception.»[49]

C'est du domicile de ce Travenol, où va se rendre la police au début de juin, que rebondira et s'épanouira scandaleusement l'affaire des libelles.

48. Archives nationales, O 90: «Registre du secrétariat de la maison du roi», année 1746.
49. Desnoiresterres, iii.65. Sur l'affaire du *Discours* de Roy voir les documents publiés par Th. Besterman, D.app.73.

13. Un violon de l'Opéra

L'affaire Travenol va regrouper les anciens ennemis de Voltaire; ceux qui n'agissent point inspirent et conseillent les autres. On y retrouve Roy, Mairault jusqu'à sa mort, Saint-Hyacinthe et Piron. En outre, elle va en susciter de nouveaux: Fréron, qui débute, Travenol, le plus faible, la «victime» de Voltaire, que l'on va épauler et qui sera vigoureusement défendu par deux avocats: Rigoley de Juvigny, ami et futur biographe de Piron, et enfin Mannory, le plus intelligent et le plus féroce.

Par bonheur, si l'on peut dire, Desfontaines est mort récemment, le 16 décembre 1745. Mais avant sa mort il était déjà remplacé par Elie Catherine Fréron, entré dans son équipe de rédacteurs aux *Observations* en 1739, dès l'âge de vingt-et-un ans. Il collabore avec Mairault aux *Jugements sur quelques écrits nouveaux*,[1] publiés sous le pseudonyme bouffon de Burlon de La Busbaquerie, puis, au moment de la maladie de Desfontaines, suspendus au tome IX. Fréron les reprend et en poursuit la publication jusqu'au tome XI. Mais alors, impatient d'assurer lui-même sa carrière de journaliste, il lance, dès le 1er septembre 1745, les *Lettres de Mme la comtesse de ... sur quelques écrits modernes*,[2] dont la verve éblouira Desfontaines avant sa mort. Breton mâtiné de Gascon, «beau garçon, bon vivant, turbulent, franc-maçon, Figaro avant la lettre, espion de la police à l'occasion, au demeurant, le meilleur esprit du monde», Fréron considère Voltaire comme «l'assassin de son maître» Desfontaines.[3] Il commence à l'attaquer dans la deuxième lettre de la comtesse de ..., où il rappelle, presque mot pour mot, le «Portrait» anonyme de 1735: «J'ai seulement lu qu'Aristippe et Diogène tour à tour, il recherchait les plaisirs, les goûtait, les célébrait, s'en lassait et les frondait; que par ses familiarités avec les grands, il se dédommageait de la gêne qu'il éprouvait avec ses égaux, qu'il était sensible sans attachement, voluptueux sans passions, sociable sans amis, ouvert sans franchise, et quelquefois libéral sans générosité [...] Il sait trop que la vanité, ce partage des petits esprits, dégrade un génie supérieur.» Les leçons de Desfontaines ont porté, mais Fréron y met plus de jeunesse et

---

1. *Jugements sur quelques écrits nouveaux* (Avignon 1744-1746).
2. Elie Catherine Fréron, *Lettres à Mme la comtesse de ... sur quelques écrits modernes* (Genève 1746).
3. Jean Balcou, *Fréron contre les philosophes* (Genève 1975), i.18-33.

d'ardeur. Il fait, dans la même lettre, une critique mesurée du *Poème de Fontenoy* et, dans la quatorzième lettre, une analyse du *Temple de la Gloire*. Avec quelque venin, il y note l'influence pernicieuse de la réussite officielle de Voltaire: «Ses succès brillants et ses nombreux lauriers lui donnent assurément le droit de faire de mauvais ouvrages.» Mais ses attaques les plus vives et les plus harcelantes ne commenceront qu'en 1749. Pour l'instant, sa bête noire est Duclos.

L'ennemi nouveau le plus inattendu, et d'un indiscutable talent, c'est l'avocat Mannory. Il n'a que deux ans de moins que Voltaire. Sincère admirateur du poète, il écrivit en 1719, en réponse à une critique malveillante, une *Apologie de la nouvelle tragédie d'Œdipe*.[4] En 1744, alors qu'il a plus de quarante-six ans, il n'est pas encore sorti de la misère où le tient son père, véritable harpagon qui possède plus de quarante mille écus de biens. Marié, souvent malade, il s'est endetté et se trouve dans une absolue détresse. A qui s'adresser? Il pense que Voltaire, qui a rendu service à de jeunes poètes dans le besoin, pourrait l'aider. Il lui écrit donc une lettre pleine de respectueuse humilité: «M'abandonnerez-vous, monsieur? Oublierez-vous l'ancienne amitié que vous avez eue pour moi? Je suis un de vos plus vieux serviteurs, et l'apologiste d'*Œdipe* ne doit pas périr dans la misère au milieu de si belles espérances; il ne s'agit que de l'aider un peu.»[5] Nous sommes en mai. Voltaire, qui est alors à Cirey, lui répond qu'il le verra dès son retour à Paris. Or, il ne rentre à Paris qu'en septembre, ayant oublié l'avocat. Celui-ci lui récrit aussitôt, le 8 de ce mois:[6] lettre apparemment de peu d'effet, car Mannory réitère ses supplications en décembre.

Vous m'avez permis, monsieur, de vous importuner encore [...] Je suis honnête en robe, mais je manque totalement d'habit, et je ne puis me présenter devant personne. Cela dérange toutes mes affaires. Avez-vous pensé à M. Thierot? [...] Je suis depuis six jours avec quatre sous dans ma poche. Vous m'avez promis quelques légers secours; ne me les refusez pas aujourd'hui, monsieur. Dès que je serai habillé, je serai en état de suivre mes affaires, et ma situation changera [...] Souffrirez-vous, monsieur, que je meure de faim? Je n'ai mangé hier et avant-hier que du pain. C'était fête; je n'ai pu décemment sortir en robe, et mon habit n'est pas mettable [...] L'état est affreux.[7]

On ne saurait faire confiance ni à Voltaire ni à Mannory pour raconter la suite de cette histoire. Soudain, au début de 1747, Mannory informe le poète qu'il va plaider contre lui. Quelle revanche!

J'apprends, monsieur, que vous débitez dans le monde que je vous ai de grandes

4. L. Mannory, *Apologie de la nouvelle tragédie d'Œdipe* (Paris 1719).
5. D2973 (10 mai 1744).
6. D3027 (8 septembre 1744).
7. D3054 (décembre 1744?).

obligations, que c'est vous qui me faites subsister depuis deux ans; vous l'avez dit à tous les magistrats [...] Il est vrai, monsieur, qu'il y a plus de deux ans que j'étais dans la peine, et l'on ne me fait aucun chagrin de me rappeler ces faits [...] Quelques anciennes liaisons, l'idée que je m'étais faite des dispositions où devrait être un homme tel que vous, me firent illusion [...] Je vous écrivis. Vous me fîtes réponse, j'ai vos lettres; elles me donnèrent beaucoup d'espérance [...] Vous arrivâtes enfin. Je vous vis, ma situation vous toucha [...] vous conçûtes qu'il était facile de la changer. Je vous trouvai un jour de bonne humeur, vous m'annonçâtes de l'argent qui devait vous rentrer incessamment. Mon affaire était sûre, vous me donnâtes à compte 12 livres. Je n'osai les refuser de peur d'indisposer mon libérateur; il ne faut pas être fier avec les grands [...] Vous me demandâtes quinze jours. Je revins huit jours après le temps fixé, il ne me fut plus possible d'arriver jusqu'à vous. Mon signalement était donné, mais vous me fîtes l'honneur de m'écrire. J'ai aussi ces lettres. Vous ne me parlâtes alors que misère et banqueroute. Votre carrosse allait être mis bas. Ma garde-robe cependant vous parut digne de votre attention, vous m'envoyâtes une espèce de billet pour M. Thiriot, marchand de drap.[8] J'ose dire que ce n'était pas une lettre de crédit, c'était la recommandation la plus impertinente que l'on pût donner à un honnête homme. Je l'ai gardée sans en faire aucun usage, elle n'était pas destinée à celui-là. Vous lui parliez d'un père que j'avais alors et que vous assuriez être riche, vous lui promettiez qu'il ne tarderait pas à mourir et qu'alors je le pourrais payer, quelque pauvre que je fusse dans ce temps. C'est l'extrait de votre billet que M. Thiriot n'a jamais vu, mais que j'ai encore, et qui servira [...] à faire une partie de l'histoire de nos liaisons. Mon père est mort en effet six mois après [...] Depuis ce billet, vous ne m'avez pas vu [...] Si vos livres de dépenses, dont parle votre secrétaire, sont chargés d'autre chose, je vous prie, monsieur, de m'en envoyer le relevé, j'y ferai honneur dans l'instant [...] En attendant, je vous envoie les 12 livres [...] j'y joins, monsieur, mon plaidoyer contre vous; c'est, je crois, l'intérêt bien honnête de l'argent que vous m'avez prêté.

Mais, devenu son ennemi, l'avocat n'allait pas s'en tenir là. Documenté par ses pairs et sachant combattre, il laisse entrevoir ensuite dans quelle situation fâcheuse le poète se trouve placé:

Si j'avais voulu profiter des avantages que j'avais sur vous, *je vous aurais terrassé*; si j'avais voulu m'égayer sur votre lettre au P. de la Tour, sur votre querelle avec le gazetier ecclésiastique, trop comique vis-à-vis ceux qui, comme moi, connaissent vos véritables sentiments [...] si j'eusse dit en passant un mot des *Lettres philosophiques*, je vous mettais au désespoir [...] Apprenez que la poésie n'est pas le seul talent qui rende les hommes recommandables, qu'il ne faut mépriser personne, et vous vous êtes accoutumé à n'estimer que vous. Vous nous méprisez souverainement, nous autres vils gens du barreau, vous nous regardez comme de misérables praticiens; cette cause vous rendra peut-être plus raisonnable.[9]

---

8. Le frère de Thiriot, ami de Voltaire.
9. D3502 (vers le 10 janvier 1747); c'est nous qui soulignons.

Comment donc, partant des libelles de Roy, en est-on arrivé à ce procès, à cette «cause» que va plaider Mannory?

Dans les actions policières de ce genre, la règle est toujours la même: elles ne se limitent pas aux perquisitions chez les libraires; on surveille aussi les colporteurs et les receleurs. Sur cette lancée, on arrête un colporteur nommé Phélisot qui se trouve porteur de huit cents exemplaires des libelles de Roy. Chez lui, on en découvre d'autres qu'il déclare tenir de Louis Travenol, musicien, ancien premier violon du roi de Pologne et violon à l'Opéra. Il demeure rue du Bac, au coin de la rue de Grenelle, chez son père, ancien maître à danser, qui vit avec sa femme et une fille infirme. Voltaire obtient un ordre de perquisition à la date du 3 juin. Un commissaire au Châtelet, accompagné d'un inspecteur de police, se transporte aussitôt chez Travenol père. Son fils, sentant venir le danger, a disparu «à la campagne», muni d'un congé de l'Opéra. On ne trouve que trois exemplaires des libelles, deux appartenant au fils, le troisième au père. Mais on découvre, dans la poche d'un habit, des lettres de Roy réclamant à Travenol des libelles d'un autre auteur. C'est ici que l'affaire va dévier dangereusement: à défaut du fils, le commissaire décide d'arrêter, en dépit du désespoir des deux femmes, le père de Travenol, un vieillard de quatre-vingts ans.

Voltaire, dans un mouvement d'indulgence, fait libérer deux colporteurs, le jeune Binot, demeurant avec sa mère aveugle qu'il est seul à faire vivre, et Phélizot, parce que ses aveux sont conformes à la vérité. Cette vérité se confirme, bien que déformée, dans le placet imprudent et naïf que fait parvenir, du fond de sa cachette, Louis Travenol au lieutenant de police Marville:

Travenol, ordinaire de l'académie Royale de Musique, a intérêt de détruire les différents soupçons qu'on a jetés sur lui au sujet de l'enlèvement de ses papiers, et d'une pièce saisie chez un colporteur. Quoiqu'il se mêle d'écrire, il n'est ni l'auteur, ni l'éditeur de celles qui regardent M. de Voltaire. Mais il avoue qu'il en avait un grand nombre [...] L'abbé Desfontaines, dont il était l'ami, le pria dans la fin de novembre [1745], de faire emporter en lieu sûr, plusieurs paquets d'imprimés. Travenol, qui vit que c'étaient des satires, ne voulut pas les garder chez lui et les mit à l'hôtel d'Isenghien. Il sait, comme beaucoup d'autres personnes, que la pièce en prose et celle en vers accolées ensemble, sont de vieille date. *Le Triomphe Poétique* est depuis dix ans, dans tous les sottisiers de Paris. La pièce de prose lui avait été lue par M. l'abbé Desfontaines [en] 1743, lorsque le bruit courait que M. de Voltaire allait entrer à l'académie. Y étant enfin entré, le temps est devenu favorable pour le débit; ainsi Travenol quelques jours après Pâques, donna à un colporteur qui vint chez lui par hasard, l'éveil de vendre ces pièces, idée que le colporteur saisit avidement. Comme depuis longtemps il se vend publiquement des critiques contre le Sr de Voltaire, le suppliant a cru n'être pas répréhensible de se défaire de celles qui lui étaient tombées entre les mains. Au reste si c'est un crime, son père qui n'y a aucune part, doit-il en être puni: un homme d'environ 80 ans, est-il responsable des fautes que son fils peut commettre à quarante?

Cependant ce vieillard irréprochable est arrêté sans que sa famille puisse savoir seulement où il est.[10]

Travenol père est écroué le 7 juin au For-l'Evêque. Beaucoup de gens trouvent scandaleux cet emprisonnement qui nuit à la cause de Voltaire; les mieux placés interviennent auprès du lieutenant de police. La démarche la plus efficace est sans doute celle de l'abbé d'Olivet auprès de Voltaire; mais le poète est-il sincère lorsqu'il prétend que, jusqu'à cette visite du directeur de l'Académie, il ignorait l'existence de Travenol? Ne veut-il pas prouver que c'est l'ordre du roi et non pas le sien qui détermina la perquisition chez le musicien?

Vous pouvez certifier que lorsque vous me fîtes honneur de venir chez moi le 11 ou 12 juin à la prière de quelques personnes, pour m'engager à solliciter avec vous la grâce d'un nommé Travenol je vous dis que je ne connaissais pas cet homme, et que je n'en avais jamais entendu parler, que cependant je vous accompagnai chez le magistrat de la police, que nous demandâmes l'un et l'autre à ce magistrat, ce que c'était que cet Antoine Travenol et pourquoi il était en prison, que M. de Marville nous répondit qu'il était arrêté par ordre du roi, que vous demandâtes sa grâce sans le connaître, que j'appuyai votre sollicitation, et que c'est toute la part que vous avez eue à l'affaire de cet homme.[11]

Le vieillard, libéré le 12 juin, trouvant de bon augure cette généreuse intervention, pense obtenir par le même moyen le pardon de son fils Louis Travenol et se rend d'abord chez Voltaire. Il s'agenouille devant lui et implore sa pitié. Attendri et flatté, Voltaire le relève, l'embrasse, le rassure quant au sort de son fils, l'invite à déjeuner et se déclare protecteur de la famille. Antoine Travenol se fait recevoir ensuite par l'abbé d'Olivet; avec lui, il examine les moyens de faire lever les soupçons qui pèsent sur son fils. Encore faut-il savoir quelles sont véritablement ses fautes. Aussi l'abbé suggère-t-il d'être mis en relations avec le musicien. Confiante, la famille Travenol accepte de lui révéler sa retraite.

Travenol n'était pas loin. Ce qu'il advint ensuite, c'est l'abbé qui la raconte à son frère Nicolas, conseiller au parlement de Besançon:

J'y allai dès le lendemain. Travenol fils, prévenu par son père sur cette visite, commença par me dire que toute sa défense était contenue dans un mémoire[12] qu'il avait présenté, non seulement au chef de la police, mais encore à diverses personnes distinguées, qu'il me nomma: et après m'avoir bien assuré que ce mémoire contenait la vérité, il m'en remit une copie, dont il me pria de faire auprès de M. de Voltaire, le meilleur usage

---

10. D3432 (juin-juillet 1746).

11. D3486 (vers le 15 décembre 1746), à d'Olivet.

12. Il s'agit du placet hâtivement écrit par Louis Travenol (D3432). A ne pas confondre avec le *Mémoire signifié pour Louis Travenol* signé par Rigoley de Juvigny.

et le plus prompt que je pourrais. Mais à peine M. de Voltaire eut-il parcouru quelques lignes de ce mémoire qu'il crut y trouver un mensonge grossier. Car le mémoire porte que Travenol avait reçu les satires dont il est question, du feu abbé des Fontaines: et ces satires cependant font mention du *Temple de la Gloire*, ballet qui n'a été connu qu'après la mort de l'abbé des Fontaines.

Sur ce point, Travenol se défendra mal; il sera obligé d'avouer que c'était une édition récente du *Discours* de Roy. Mannory, trop subtil, ira jusqu'à prétendre que l'expression «temple de la Gloire» ne désigne pas l'opéra de Voltaire, mais l'Académie française! D'Olivet poursuit son récit:

Travenol père, à quelques jours de là, revint chez moi, savoir quel avait été le succès de mes démarches. Je lui répondis que son fils était un étourdi, qui loin de se justifier, avait ruiné ses affaires par son placet. Ce bon vieillard [...] me conjura, les larmes aux yeux, de ne point l'abandonner et d'avoir encore un entretien avec son fils [...] qui me raconta une longue histoire, pour expliquer ce qui paraissait mensonge dans son placet. Mais cette histoire, vraie ou fausse, comment la faire passer jusqu'à M. de Voltaire? Je ne pouvais pas lui dire que je la tenais d'original, puisque ç'aurait été lui apprendre que j'avais connaissance de l'asile où se cachait Travenol. Je proposai donc à Travenol de lui écrire tout naturellement à lui-même et de lui faire rendre la lettre par son père [...] Travenol, je ne sais pourquoi, aima mieux qu'elle me fût adressée, et moi, qui n'avais à cela nul intérêt que le sien, j'y consentis, avec promesse de revenir incessamment prendre sa lettre. Quand je revins, je trouvai la lettre parfaitement au net, déjà accompagnée de son enveloppe avec l'adresse [...] En la lisant avec l'attention d'un homme qui aime à rendre service, mais qui ne veut pas être porteur d'un second écrit où il y avait un mensonge trop facile à démontrer, j'y remarquai une ligne qui ne pouvait que nuire à sa cause. Je lui conseillai de la supprimer. Il fit une autre copie de la lettre, que j'envoyai prendre le lendemain.[13]

L'abbé, aussi naïf que Travenol, commet une première imprudence: il fait supprimer dans cette lettre un mensonge trop évident, une ligne qui peut «nuire à la cause» de Travenol. Ce faisant, ne nuit-il pas à celle de son ami Voltaire? Lui, homme d'Eglise et directeur de l'Académie, le voici engagé, par charité, dans la dissimulation. La seconde imprudence consiste à montrer cette lettre à Voltaire, et finalement à la lui confier. Le poète n'écoute plus alors que sa passion: muni de la copie du placet de Travenol et de sa lettre à l'abbé d'Olivet, il porte plainte le 18 août 1746 auprès de Berryer, qui a remplacé Marville comme lieutenant de police. Et le 29, dans sa requête au lieutenant-criminel, au Châtelet, il réclame à Louis Travenol six mille livres de dommages et intérêts.

Dans le long procès de seize mois qui se prépare, son amour-propre aura beaucoup à souffrir, car, une fois de plus, son passé sera complaisamment étalé. L'abbé d'Olivet y sera impliqué.

13. D3482 (9 décembre 1746).

La contre-attaque ne se fait pas attendre. Les ennemis de Voltaire se liguent, non pas tant pour défendre les Travenol que pour soulever l'opinion contre le poète. Ils voient tout de suite que le point vulnérable de sa cause, c'est l'emprisonnement injustifié du vieux Travenol. Déçu et outragé, le vieillard se retourne contre son éphémère «protecteur». Il estime qu'à son âge la vie en prison, le sentiment de l'injustice, l'angoisse, lui ont porté gravement préjudice. Bien conseillé, il engage à son tour, par la requête du 19 novembre, une demande de dommages et intérêts de six mille livres. Cette demande est appuyée par un factum de l'avocat Lemarié, les Rigoley de Juvigny et les Mannory se réservant pour de plus délicates et retentissantes interventions.

Soulignant l'inégalité des parties en présence, le titre du factum de Lemarié ne néglige aucune les dignités nouvelles de Voltaire: *Mémoire signifié pour le Sr Antoine Travenol, maître de danse à Paris, demandeur en intervention, contre le Sr Arouet de Voltaire, gentilhomme ordinaire, conseiller du roi, historiographe de France, l'un des quarante de l'Académie française.*[14] Ce qui ne l'empêche pas d'affirmer, au début, que Travenol père est la «victime innocente des fureurs du Sr de Voltaire». Non sans finesse, il attaque l'homme au défaut de la cuirasse: s'il est, dit-il, une supériorité de l'esprit, «il est pareillement, en matière de sentiment, un degré de délicatesse dont tous les cœurs ne sont pas également capables». Il regrette que le poète n'ait pas jugé à propos d'être aussi modéré que ses confrères; son élection n'était-elle pas une suffisante revanche? Rappelant toute l'affaire, l'avocat insiste sur le point qu'il juge «décisif»: la responsabilité de Voltaire dans le préjudice causé au vieillard: «C'est à l'instigation et sur les poursuites du Sr de Voltaire» que l'emprisonnement a eu lieu. «C'est en vertu du même ordre qu'il avait sollicité contre Travenol fils, que Travenol père a été arrêté». On oublie que cette substitution a été décidée sur le champ par le commissaire de police. Et l'avocat dramatise à plaisir les souffrances du vieil homme jusqu'à les rendre déchirantes. Il conclut que les délits étant absolument personnels, le père ne devait pas être puni à la place du fils.

Quant à la culpabilité de Louis Travenol, elle ne devrait faire aucun doute. Dans sa lettre à l'abbé d'Olivet, à travers un arrangement maladroit des faits, présentés comme fortuits, transparaissent ses relations coutumières avec des colporteurs de libelles, sinon des imprimeurs. Un premier colporteur, venu, dit-il, «pour acheter des ouvrages de musique», vit sur sa table – comme par hasard – un exemplaire de l'ancienne édition des libelles, celle que lui a donnée Desfontaines. «Il me les demanda», poursuit-il, «pour les faire réimprimer [...] j'acquiesçai à sa proposition.» Ici, le hasard cesse du jouer. «Quelques jours après, il m'envoya les exemplaires» de cette nouvelle édition, «dont je

14. Voir trois pièces de l'affaire Travenol et les factums (B.N., catalogue Voltaire, no.3788).

me suis défait en faveur d'un colporteur qui me fut adressé depuis.»[15] Il s'agit vraisemblablement de Phélizot, trouvé porteur de huit cents exemplaires. Mais de quelle édition? L'ancienne ou la nouvelle? L'ambiguïté demeure. Et qui donc paie l'impression des libelles? Ce n'est certes pas le colporteur!

Rien de tout cela ne semble avoir été vérifié. Ni Rigoley de Juvigny ni Mannory ne retiendront les aveux du placet et de la lettre à l'abbé d'Olivet. Tout se passe comme si l'on oubliait la question essentielle: Louis Travenol a-t-il diffusé des libelles? Ainsi la défense de l'accusé se transforme en une attaque violente contre Voltaire. Dans son exorde, le *Mémoire signifié pour Louis Travenol, de l'Académie royale de musique, contre le sieur Arouet de Voltaire, de l'Académie française*, signé Rigoley de Juvigny, en donne éloquemment le ton:

Devenu plus délicat et plus sensible, ou, pour mieux dire, se croyant plus appuyé, [Voltaire] use de son nouveau crédit pour tyranniser. Il jette l'épouvante dans toutes les familles de libraires; menaces, surprises, emprisonnements, il n'est rien qu'il ne mette en usage pour se venger des dernières critiques prétendues publiées contre lui. Mais qui aurait cru que parmi le monde d'adversaires qu'il s'est attirés [...] il eût choisi un violon de l'Opéra? Travenol, [...] seule ressource d'une famille indigente, d'un père et d'une mère décrépites et d'une sœur infirme, ne songeait guère à s'illustrer par un ennemi aussi fameux. [Voltaire] veut se venger avec éclat sur lui de tout ce qu'il a souffert quand sa propre conduite lui interdisait la liberté d'élever la voix.

L'avocat ne manque pas de faire au passé du poète toutes les allusions qui lui peuvent nuire. Tout y passera: ses exils, ses échecs à l'Académie, le désaveu des *Lettres philosophiques*, la lettre au P. de La Tour. Il minimise le caractère injurieux des deux libelles qui sont à l'origine de l'affaire; ils sont anachroniques, et c'est aujourd'hui que Voltaire semble les découvrir. Le *Discours* n'est qu'un badinage «topographique» qui rappelle «les lieux où le héros imaginaire de la pièce a joué des rôles», car il est évident qu'il ne s'adresse pas à Voltaire. Le *Triomphe poétique* est imprimé depuis dix ans dans plusieurs recueils.

Suit un long récit de l'affaire Travenol qui monte en épingle l'emprisonnement du père et les interventions de l'abbé d'Olivet. La lettre que lui adressa Louis Travenol «devait être un article secret du traité de paix entre les parties». L'abbé ne l'a pas voulu; au surplus, il a fait modifier cette lettre: il en est à la fois «l'instigateur» et le «fabricateur», ce qui retire au document la sincérité, la véracité. «Il s'y est trompé lui-même», ajoute Rigoley, «et fournit sans le vouloir des armes au Sr de Voltaire. Heureusement, on est en état de les lui arracher pour les tourner contre lui.»

Enfin, l'avocat, sans avoir évoqué les faits reprochés à Travenol, fait l'amal-

---

15. D3438 (5 juillet 1746).

game des deux procès: «Voltaire demande que Travenol soit condamné à six mille livres de dommages et intérêts, mais qui est le plus en droit de les demander ou du Sr Arouet ou de Travenol après l'emprisonnement de son père?»[16]

On ne sait ce que dit Louis Travenol, car il assiste aux cinq audiences: ne risquant plus rien, il a quitté sa cachette et s'est présenté.

On retrouve dans le *Plaidoyer* de Mannory[17] les mêmes thèmes, mais traités dans une langue plus sûre, avec une ironie plus mordante, une éloquence plus fluide: «Sur quel citoyen malheureux», s'écrie-t-il dans l'exorde, «ces écrits [les libelles] ont-il porté des coups meurtriers? C'est l'admirateur, le disciple de Newton, c'est un philosophe à qui ces écrits ont fait perdre la tranquillité de l'âme, ce bien si estimable, fruit précieux de la vraie philosophie [...] Quel est donc l'ennemi redoutable qui excite ces grands mouvements? Devant quel adversaire fameux ce grand Voltaire, éprouvé par trente années de critiques, ne sait plus enfin comment se défendre? C'est un violon de l'Opéra!»

S'agit-il seulement pour Voltaire de belles-lettres? «Ces écrits [les libelles], dit le Sr de Voltaire, blessent la dignité des charges qu'il remplit, la charge dont Sa Majesté l'a gratifié» – Voltaire vient précisément de prendre possession de la charge de gentilhomme ordinaire par décès de Dubois-Daveluy – donc, «ce n'est plus au poète que nous avons affaire», poursuit l'avocat, «c'est au gentilhomme ordinaire de la chambre du roi». Comment Voltaire peut-il présenter pour sa cause des textes qui n'ont aucun rapport avec l'actualité, ni avec ses charges actuelles? Pense-t-il «encore nous faire croire que le prince s'intéresse à des discussions aussi légères et trop étrangères aux grandes vues qui l'occupent si utilement pour le bien de son Etat et la gloire de la nation?»

Mannory est beaucoup moins convaincant lorsqu'il essaie de démontrer que les deux textes incriminés, n'ayant jamais désigné Voltaire, peuvent s'adresser à d'autres qu'à lui. A propos du vers du *Triomphe* qui présente le poète comme «une momie», l'avocat remarque: «Le Sr de Voltaire est-il donc le seul à qui le défaut d'embonpoint puisse rendre ces vers propres?» De qui se moque Mannory? Plus loin, les vers sur la loterie le démentent. Bref, «ces pièces n'intéressent ni l'Etat, ni la religion. Elles ne nomment personne. Travenol les a trouvées publiques. Leur proscription eût été la première demande que le Sr de Voltaire eût dû faire.»

En racontant longuement l'affaire, Mannory n'oublie pas non plus les imprudences de l'abbé d'Olivet. L'abbé a eu tort de confier la lettre de Travenol à Voltaire, «et il en sera blâmé». Quant à Voltaire, il n'avait pas le

---

16. Rigoley de Juvigny, *Mémoire signifié pour Louis Travenol* [...] *contre le Sr Arouet de Voltaire* (1746).

17. L. Mannory, in *Voltariana* (Paris 1748).

droit de joindre cette lettre au placet de Travenol; il ne devait pas la posséder: c'est un abus de confiance.

Malheureusement, l'ultime imprudence de l'abbé, c'est d'avoir publié, croyant se disculper honnêtement, sa lettre à son frère Nicolas. On y lit ceci, qui désigne Rigoley de Juvigny: «Un jeune écervelé, qui a rêvé qu'il était bel esprit, se croira en droit, sous prétexte qu'il est inscrit au tableau des avocats, d'immoler l'honneur et la réputation [...] des gens de bien?» Est-ce là le langage d'un académicien? Et Mannory fait l'éloge de Rigoley de Juvigny. Donc «le Sr de Voltaire et l'abbé d'Olivet ne font qu'un dans cette cause». Pauvre abbé! Voltaire se retourne contre lui et lui fait d'amers reproches:

Il est monsieur de la plus grande importance comme de la plus grande justice que vous vouliez bien réparer le tort que vous m'avez fait contre votre intention dans cette lettre que vous avez imprimée. Elle sert de preuve contre moi, et vous négligez aujourd'hui une affaire dans laquelle Juvigni va tous les jours [...] invectiver contre vous chez tous les juges. Il serait bien nécessaire que vous prissiez la résolution de les aller tous voir, vous détruiriez aisément les impressions odieuses qu'on leur donne de votre conduite [...] Pouvez-vous souffrir qu'on qualifie des noms de perfidie, de noirceur, etc. une action que vous n'avez faite que par un pur motif de générosité et de bonté?

Il lui reproche surtout «ce que vous avez hasardé dans votre lettre sur la foi d'un menteur comme Travenol fils».[18]

Dans le plaidoyer de Rigoley, il n'est toujours pas question de savoir si Travenol est coupable ou non.

Bien entendu, ce qui irrite par-dessus tout le poète, c'est, comme à l'époque de la *Voltairomanie*, l'extension scandaleuse de l'affaire. Car Rigoley de Juvigny et Mannory publient *Mémoire* et *Plaidoyer*. Voltaire proteste auprès de Marville: «Je crois que ce n'est point l'usage qu'on vende publiquement des libelles diffamatoires aux spectacles quand même ces libelles seraient signés du nom d'un avocat. Je vous supplie monsieur de vouloir bien faire ordonner que ce scandale qui révolte tous les honnêtes gens, cesse à l'opéra et à la comédie. On y vend sur le théâtre le mémoire du nommé Travenol.»[19]

Encore si Voltaire était bien défendu! Il l'est médiocrement par Moreau, avocat du roi, qui le connaît mal et qui cherche, dans les détails, à faire la part de chacun. Le poète lui écrit beaucoup trop. «Nous demandons, M. l'abbé d'Olivet et moi, que le mémoire calomnieux de maître Rigoley soit lacéré.» Il veut être convoqué avec l'avocat. Il promet, comme toujours, d'apporter «les preuves par écrit qui démontrent toutes ses calomnies.»[20] Il ne semble pas que l'avocat se soit prêté à cette dangereuse et inutile confrontation. A défaut,

18. D3486.
19. D3474 (16 novembre 1746).
20. D3485 (13 décembre 1746).

Voltaire essaie de convaincre Moreau qu'il doit exiger de Rigoley de Juvigny un désaveu de certains termes injurieux de son mémoire. Il va jusqu'à lui en fournir le modèle. Mais Rigoley de Juvigny est commis du receveur général du clergé, M. de Saint-Julien, qui le loge rue Vivienne. On le ménage; ce qui ne veut pas dire que l'ensemble du clergé a pris parti contre Voltaire et l'abbé d'Olivet.

Tout ce qu'obtient le poète contre Rigoley, c'est une réprimande de l'avocat du roi, dont le discours final n'a pas été publié, par laquelle il lui interdit, à l'avenir, de retomber dans des excès de langage dont il est coutumier! Après ce discours, le lieutenant-criminel Nègre rend son arrêt, le 30 décembre 1746. On y reconnaît enfin la culpabilité de Louis Travenol. Maigre satisfaction pour Voltaire qui se voit condamné pour l'emprisonnement de Travenol père:

Par sentence du Châtelet a été dit que Travenol père sera reçu comme partie intervenant; faisant droit sur la demande de Voltaire contre Travenol fils, il est fait défense audit Travenol de récidiver et d'occasionner l'édition et la distribution d'aucuns libelles diffamatoires; pour l'avoir fait, le condamne envers Voltaire a trois cents livres de dommages et intérêts avec dépens; faisant droit sur la demande de Travenol père contre Voltaire, faisons défense à Voltaire de récidiver, le condamnons à cinq cents livres de dommages et aux dépens [...] Ordonnons que les deux pièces intitulées, l'une le *Discours prononcé à la porte de l'Académie française*, l'autre le *Triomphe poétique* seront déposés au greffe, supprimées et lacérées par le greffier de cette cour, ordonnons que le mémoire signé Louis Travenol en la page 8 et 9, et une lettre imprimée qui a pour titre: *Lettre de M. d'Olivet à M. son frère*, seront supprimées, à cet effet déposées au greffe.[21]

La sentence ne donne satisfaction ni à Voltaire ni aux Travenol. Aussitôt le poète fait appel à la Chambre de l'Arsenal. Ici, la juridiction naturelle est exercée par le parlement, et l'on sait que Voltaire n'y est point en odeur de sainteté. Cette juridiction n'intervient habituellement que dans des affaires d'une exceptionnelle gravité, ce qui n'est point le cas de ce procès. Le parlement aperçoit-il là une occasion inespérée d'intervenir contre l'auteur de *Mahomet*? Reconnaissant le caractère spécial du procès, son conseil entérine l'appel du poète par l'arrêt du 1er février 1747. Travenol y fait opposition, se fondant sur le droit qu'il possède de conserver ses juges et ses avocats. Il obtient gain de cause, et une sentence du 25 mars renvoie le procès à la Tournelle-criminelle.

La Tournelle-criminelle est une sorte d'annexe de la Grand'Chambre destinée à débarrasser celle-ci d'un grand nombre d'affaires criminelles. Y siègent cinq présidents à mortier parmi les moins anciens et douze conseillers à *tour de rôle* pendant six mois. Peut-être est-ce de cette permutation que provient ce nom de «Tournelle», mais plus sûrement de la tour où siègent les

21. Bibliothèque de l'Arsenal, MS BL365.

conseillers. Ces derniers sont des parlementaires plus proches des ennemis que des amis du poète; au surplus, il aura toujours à faire face aux Rigoley et aux Mannory.

Louis Travenol triomphe. Trop bruyamment et trop vite. En parodiant les vers de l'*Armide* de Quinault, que l'on répète à l'Opéra pour la reprise du 4 mai, il compose et chante ce quatrain:

> Enfin, il est en ma puissance,
> Ce fatal ennemi, ce superbe rimeur,
> Un auguste sénat assure ma vengeance,
> Je ne crains plus chicane ni faveur.[22]

Malgré tout, pourquoi Voltaire ne gagnerait-il point? Ne connaît-il pas, lui aussi, des parlementaires, et n'est-il pas en relations avec des ministres? Dès le mois de mars 1747, il s'adresse à d'Argental:

Pourriez-vous voir M. l'abbé de Chauvelin, et le prier de dire à M. le président de Chauvelin que je suis très disposé à porter l'affaire au Parlement [...] sans oser faire aucune proposition qui eût le moindre air d'une condition mise au renvoi de l'affaire par devant la Tournelle, je me flatterais seulement qu'on mettrait plus de décence dans la conduite des avocats [...] En un mot [...] je voudrais que mes sentiments parvinssent plus tôt que plus tard à MM. de la Tournelle, par vous, par M. le président de Meyniere, et par M. l'abbé Chauvelin.[23]

On assiste alors à une nouvelle guerre de factums dans lesquels les avocats de Travenol répètent inlassablement les mêmes arguments, étalant encore, au risque d'ennuyer, le passé de Voltaire, analysant ses fautes et les maladresses de l'abbé d'Olivet qui, pourtant, ne désire que la paix et l'oubli. Tel est le *Nouveau mémoire* de Mannory, où l'avocat regrette qu'en définitive il n'en coûte que deux cents livres à Voltaire. Le septième factum est une réplique du poète, c'est le *Mémoire instructif à nos seigneurs du parlement*. Qu'à cela ne tienne, les amis de Travenol le publient avec une *Réponse sommaire à nos seigneurs du parlement*, les deux factums étant disposés sur deux colonnes, face à face. Voltaire s'indigne auprès de son avocat: «Je n'ai point eu monsieur la sottise de répondre aux déclamations puériles et insolentes de Rigoley et de Mannouri. Il est seulement bien déshonorant pour le barreau qu'on souffre de pareils abus.»[24]

Le poète ne peut plus guère que protester. Il s'aperçoit qu'en faisant appel à la juridiction parlementaire il a favorisé ses ennemis, qui n'épargnent ni argent ni relations pour gagner la partie. Deux factums de Mannory paraissent

---

22. Desnoiresterres, iii.89.
23. D3512 (7 mars 1747).
24. D3515 (vers mars 1747).

encore, aussi violents qu'habiles. En plaidant l'humilité de Travenol face à la renommée et à la richesse de Voltaire, il prend le parti philosophique qui devrait être, qui sera un jour, celui du poète; il excite le sentiment populaire de la justice. Il sait aussi le pouvoir de l'ignorance, du fanatisme, des jalousies, de la méchanceté publique. S'il évoque la puissance de Voltaire, il n'ignore pas que, cette fois, elle ne lui servira point. Il ne risque rien, il sait que la coterie des parlementaires jansénisants est avec lui:

Quelle foule de moyens offre contre Travenol le crédit de son adversaire? Crédit de la puissance et des grands: c'est un homme placé avantageusement à la cour. Il y jouit de l'amitié de ce qu'elle a de plus éclairé et de plus puissant. Crédit du rang et des dignités: c'est un homme revêtu des honneurs les plus brillants pour son état. Ces honneurs lui garantissent une protection nécessaire. Crédit de l'opulence et des richesses: c'est un particulier, parvenu par des routes qui éloignent presque toujours de la fortune, à l'abondance la plus riante et la mieux assurée. Cette abondance le met au-dessus de tous ceux d'un état d'ailleurs égal au sien. Enfin, crédit du mérite et des talents: c'est un des plus beaux esprits, que nous connaissions. C'est l'émule des plus grands philosophes de notre siècle. C'est un des premiers poètes de nos jours. En un mot, c'est le père d'un nombre infini d'ouvrages, qui font tant d'honneur à l'imagination. C'est le disciple de Newton. C'est l'auteur de *La Henriade*. N'est-ce pas dire que c'est l'homme le plus propre à subjuguer les sentiments, à saisir l'admiration, à enlever les suffrages? C'est cependant l'adversaire que l'on a à combattre. Oui, sans doute. Et il n'en paraît pas un ennemi plus redoutable, puisque c'est le Parlement que l'on a pour juge.[25]

Un autre que Voltaire aurait pu reconnaître là un homme de talent, regretter amèrement d'avoir failli naguère à la générosité, et se taire. Mais Voltaire ne reconnaît jamais ses erreurs; en sa colère, il ne trouve qu'une vaine et triste réplique: il demande au marquis d'Argenson, en grande perte de prestige, d'intervenir auprès de M. Le Bret, avocat général, qui devra empêcher «que la dignité du parlement ne soit avilie par le battelage indécent [d']un misérable tel que Mannouri». L'avocat n'est qu'«un plat bouffon qui déshonore l'audience», qui plaide «de la manière la plus effrontée contre un homme qui lui a fait l'aumône».[26]

Heureusement, les conseillers de la Tournelle ne jugent pas bon de se laisser influencer par les défenseurs de Travenol ni d'aggraver la sanction contre Voltaire. La sentence qu'ils rendent, au début d'août 1747, ne fait que confirmer l'arrêt des juges du Châtelet, ce qui laisse les deux parties, après tous ces écrits et toutes ces paroles, fort déçues.

25. L. Mannory, *Factum pour le Sr Travenol fils, de l'Académie royale de musique, appelant et intimé* (Paris 1747).
26. D3526 (12 juin 1747).

Travenol sort endetté d'un procès fort coûteux. Malgré les généreux secours de Mannory, avec qui il imprime le *Voltariana*, et ceux du caissier de l'Opéra, il contractera bientôt d'autres dettes. Sa conduite vaniteuse, turbulente, légère, lui vaudra des poursuites de ses fournisseurs dont il se tirera encore grâce au même Mannory. Mais tous deux seront battus, finalement, dans un procès contre l'Opéra. Voilà qui situe mieux Travenol, l'homme qui ne fut que le médiocre porte-drapeau des ennemis de Voltaire.

Quant au poète, qui s'est enflammé à la légère contre des textes anciens, beaucoup moins injurieux que ceux de Desfontaines lors de la *Voltairomanie*, il ne sort pas grandi de cette affaire. Il a pu constater que la plupart de ses amis et protecteurs, l'ayant désapprouvé, se sont tenus sur la réserve.

Toutefois, pendant ces seize mois, il n'a pas eu ce procès pour seule occupation. Jamais il n'a aussi complètement manifesté son aptitude à vivre simultanément sur plusieurs plans. De ses démêlés avec Travenol et consorts, de ses soucis de courtisan, il s'évade auprès de sa nièce. Dans le même temps il s'en libère par des échappées vers la sphère des idées. Son ouverture d'esprit fait qu'au milieu d'une existence si encombrée il s'intéresse à des sujets inattendus. Il a vu, il a eu la curiosité de voir, à Paris en 1744, un «Maure blanc» originaire d'Afrique. Il rédige sur ce «cas» une *Relation*, publiée dès 1745 dans le tome VI de ses *Œuvres*, chez Ledet à Amsterdam. Un tel spécimen d'humanité lui paraît confirmer les idées polygénistes de son *Traité de métaphysique*. Il s'agissait d'un albinos. Mais, mal renseigné, il croit qu'il existe une race de ces «Maures blancs» habitant le centre de l'Afrique. Autant de climats, autant d'espèces d'hommes. «La Providence», écrit-il – mais peut-être pense-t-il «la Nature» – «l'a voulu ainsi».[27] Il est très loin de toute idée d'évolution. C'est ce qui ressort aussi de la *Dissertation* 'sur les changements arrivés dans notre globe et sur les pétrifications qu'on prétend en être encore les témoignages»: opuscule envoyé, en italien, au mois d'avril 1746, à l'Académie de Bologne. La collecte des fossiles commence au dix-huitième siècle, par les soins d'amateurs éclairés ou simplement curieux. On a trouvé en Touraine, dans les faluns, des restes de mollusques marins. On a découvert dans les Alpes un «brochet pétrifié»; dans les campagnes de France et d'Italie de «petits coquillages» d'origine maritime. Des rêveurs – Burnet, Woodward et récemment de Maillet, auteur du *Telliamed* – ont imaginé que la terre dans le passé avait été profondément bouleversée par des cataclysmes. L'océan aurait occupé l'emplacement actuel des montagnes, comme le rapporte la tradition du déluge. Voltaire ne veut pas le croire. Le brochet dans les Alpes? Un poisson gâté jeté par des voyageurs. Les coquilles retrouvées loin de la

---

27. M.xxiii.189-91.

mer? Des pèlerins de Terre Sainte les auront laissé tomber sur leur chemin. Plaisanteries relevant d'un petit bon sens? Mais Voltaire, «cause-finalier» comme on dira bientôt, voit le monde fonctionnant comme une «machine»: les montagnes forment les «réservoirs d'eau» disposés pour alimenter les plaines où se développe la vie. Rien n'a changé jamais dans un tel agencement, à quelques légères modifications près.[28] On mesure combien l'image que Voltaire se fait de l'univers diffère de la nôtre. On peut s'en étonner, comme on peut admirer la disponibilité intellectuelle d'un homme qu'on aurait cru tout absorbé à pourchasser un violon de l'Opéra. Et ce même homme est occupé encore à rêver, en historien, en poète, en conteur, à l'histoire de Babylone.

28. M.xxiii.222-27.

14. L'aurore d'une tragédie, le crépuscule d'un ministre

«Sociable sans amis», avait écrit Fréron dans la deuxième des *Lettres de Mme la comtesse de* ... Rien de plus faux: Cideville et les époux d'Argental sont toujours restés fidèles à Voltaire dans les épreuves où il s'est engagé. Et c'est pendant le procès de Travenol que s'épanouit l'exemplaire amitié entre le poète, Marmontel et Vauvenargues, amitié qui les réunit bientôt tous les trois. Voltaire leur donne beaucoup de son temps. C'est lui qui a soutenu et dirigé les efforts de Marmontel, à ses débuts, pour échapper à la misère et au découragement.

Né à Bort d'une famille pauvre, Marmontel est entré au Collège Sainte-Catherine de Toulouse comme élève boursier. Il y compose une *Ode sur l'invention de la poudre à canon* qu'il présente aux Jeux floraux. Furieux qu'elle n'ait pas été primée, il l'envoie à Voltaire. Le poète se laisse toucher, ne ménage pas ses compliments et offre au jeune homme un volume de ses œuvres, corrigé de sa main. «Je fus fou d'orgueil et de joie», s'écrie Marmontel, «et je courus la ville et les collèges avec ce présent dans les mains.»[1] Voltaire, sans aucune prudence, l'invite à venir à Paris. «Venez», lui écrit-il, «et venez sans inquiétude. M. Orri [contrôleur général des finances], à qui j'ai parlé, se charge de votre sort.»[2]

Marmontel saisit l'occasion et, en décembre 1745, arrive à Paris; il se rend aussitôt chez Voltaire, paralysé par «le trouble, le saisissement, l'espèce d'effroi religieux» d'approcher un grand homme. Mais quelle simplicité, chez celui-ci!

En m'entendant nommer, il vint à moi; et me tendant les bras: «Mon ami, me dit-il, je suis bien aise de vous voir. J'ai cependant une mauvaise nouvelle à vous apprendre; M. Orri s'était chargé de votre fortune; M. Orri est disgracié.» [...] «Eh bien! monsieur, lui répondis-je, il faudra que je lutte contre l'adversité. Il y a longtemps que je la connais et que je suis aux prises avec elle. – J'aime à vous voir, me dit-il, cette confiance en vos propres forces. Oui, mon ami, la véritable et la plus digne ressource d'un homme de lettres est en lui-même et dans ses talents. Mais, en attendant que les vôtres vous donnent de quoi vivre, je vous parle en ami et sans détour, je veux pourvoir à tout. Je

---

1. Marmontel, *Mémoires*, publiés par John Renwick, i.49.
2. D3257 (novembre 1745).

ne vous ai pas fait venir ici pour vous abandonner. Si dès ce moment même il vous faut de l'argent, dites-le moi: je ne veux pas que vous ayez d'autres créanciers que Voltaire.»[3]

Marmontel n'est pas un Linant: venu avec cinquante louis, il déclare que, de quelque temps, il n'aura pas besoin d'emprunter. Pendant son voyage du Limousin à Paris, il a traduit un poème de Pope, *La Boucle de cheveux enlevée*. Il le vend cent écus à un libraire; c'est la fortune. Voltaire lui ayant conseillé d'écrire des tragédies, il décide d'apprendre d'abord son métier. A l'aide d'ouvrages que lui prête le poète, il s'attelle aussitôt à une *Etude de l'art du théâtre*. Voltaire fait mieux et lui procure des entrées à la Comédie-Française: là, Marmontel se passionne et ne doute plus de sa vocation. C'est en parcourant rapidement l'histoire ancienne qu'il découvre le sujet de sa première pièce, *Denys le tyran*, mais tout d'abord, il n'en dit rien à Voltaire.

Ce fut dans ce temps-là que je vis chez lui [Voltaire] l'homme du monde qui a eu pour moi le plus d'attrait, le bon, le vertueux, le sage Vauvenargues. Cruellement traité par la nature du côté du corps, il était, du côté de l'âme, l'un de ses plus rares chefs-d'œuvre [...] j'obtins aisément de lui la permission de l'aller voir. Je ferais un bon livre de ses entretiens, si j'avais pu les recueillir [...] tout éloquent, tout sensible qu'il est dans ses écrits, il l'était, ce me semble, encore plus dans ses entretiens avec nous. Je dis *avec nous*, car, le plus souvent, je me trouvais chez lui avec un homme qui lui était tout dévoué, et qui par là eut bientôt gagné mon estime et ma confiance. C'était ce même Beauvin qui, depuis, a donné au théâtre la tragédie des *Chérusques*.[4]

Vauvenargues est logé à l'hôtel de Tours, rue du Paon, dans le quartier du faubourg Saint-Germain. Beauvin habite à proximité; pour réduire les dépenses communes, il accueille chez lui Marmontel qui se trouve à même de rencontrer plus souvent Vauvenargues. Mais celui-ci n'accompagne pas les deux amis au bruyant café Procope où ils se donnent rendez-vous après la comédie «pour étudier l'humeur et le goût du public».

Les liens d'amitié entre Voltaire, Marmontel et Vauvenargues ne cessent de se resserrer: Marmontel et Bauvin ne tardent pas à s'endetter et se trouvent dans une situation de plus en plus critique. Ira-t-on solliciter Voltaire? Coup de chance! L'Académie met au concours le sujet suivant: «la gloire de Louis XIV perpétuée dans le roi son successeur». Marmontel le traite et il est couronné. Sur le conseil de Voltaire, il le fait imprimer, mais l'imprimeur prétend n'avoir rien retiré de la vente et que la moitié de l'édition lui reste. «Eh bien», lui dit Voltaire, «donnez-moi ce qui vous en reste, j'en trouverais bien le débit». Il se rend à Fontainebleau avec la cour et le distribue. Alors

---

3. Marmontel, *Mémoires*, i.63.
4. Marmontel, *Mémoires*, i.65.

que la situation de Marmontel frôlait la détresse, Voltaire arrive «et lui remplit son chapeau d'écus».[5] Ses dettes furent bientôt payées.

Marmontel est jeune. Il gardera un souvenir admiratif et ému de ses rencontres avec le poète et avec le moraliste:

Les conversations de Voltaire et de Vauvenargues étaient ce que jamais on peut entendre de plus riche et de plus fécond. C'était, du côté de Voltaire, une abondance intarissable de faits intéressants et de traits de lumière. C'était, du côté de Vauvenargues, une éloquence pleine d'aménité, de grâce et de sagesse. Jamais dans la dispute on ne mit tant d'esprit, de douceur et de bonne foi, et, ce qui me charmait plus encore, c'était, d'un côté, le respect de Vauvenargues pour le génie de Voltaire, et de l'autre, la tendre vénération de Voltaire pour la vertu de Vauvenargues: l'un et l'autre, sans se flatter ni par de vaines adulations, ni par de molles complaisances, s'honoraient à mes yeux par une liberté de pensée qui ne troublait jamais l'harmonie et l'accord de leurs sentiments mutuels.[6]

C'est une consolation pour Voltaire que ces concerts d'amitié, en 1746, alors qu'il est si péniblement engagé dans l'affaire Travenol.

Voltaire et Marmontel n'échangent point de lettres en cette période. Voltaire et Vauvenargues, malgré les visites qu'ils se rendent, continuent de s'écrire. A l'occasion de la publication, au début de février 1746, de l'*Introduction à la connaissance de l'esprit humain*, le poète se précipite chez son ami: «J'ai passé plusieurs fois chez vous pour vous remercier d'avoir donné au public des pensées au-dessus de lui.» Parfois un peu gêné par l'austérité de ces pensées, il fait une réserve: «ne peut-on pas adorer l'être suprême sans se faire capucin? N'importe, tout le reste m'enchante.»[7]

Le poète ayant conquis, grâce à Moncrif et sans doute au président Hénault, la faveur de la reine, pense que la gravité et l'élévation morale de cette œuvre pourraient valoir à son auteur la sympathie de sa majesté: «J'y ajoute», écrit-il à son ami, «que la reine veut vous lire, qu'elle en a l'empressement que vous devez inspirer, et que si vous avez un exemplaire que vous vouliez bien m'envoyer, il lui sera rendu demain matin de votre part. Je ne doute pas qu'ayant lu l'ouvrage, elle n'ait autant d'envie de connaître l'auteur, que j'en ai d'être honoré de son amitié.»[8] Cette lettre non datée se situe vraisemblablement dans la période de l'élection de Voltaire à l'Académie.

Cependant, en mai, le poète informe son ami qu'il vient de «crayonner un des meilleurs livres que nous ayons dans notre langue». Il ajoute qu'il a «exclu l'amour-propre»; il fait bien d'avertir ainsi son jeune ami, car l'amour-propre

5. Marmontel, *Mémoires*, p.67.
6. Marmontel, *Mémoires*, p.79.
7. D3326 (février 1746).
8. D3385 (mai 1746).

du moraliste dut être à rude épreuve quand il lut les remarques de Voltaire. Faut-il admettre que la familiarité de leurs relations l'autorise à critiquer aussi sévèrement le style de Vauvenargues ou qu'il se considère encore, vis-à-vis de son ami, comme un maître s'adressant à un débutant? Toujours est-il que ses nombreuses annotations, pour la plupart impitoyables et mordantes, sentent le régent de collège; en voici quelques exemples: «inutile, faible, faux, obscur, bas, trivial, commun [...] détestable critique d'un morceau d'histoire consacrée [...] Cette critique paraît très fausse [...] capucin! etc.»[9]

Loin de s'en blesser, Vauvenargues répond modestement qu'il va «refaire» son livre.[10] A la décharge de Voltaire, il faut dire qu'il exige de son ami la même sévérité. Vers la fin de mai 1746, il lui fait lire la première version de *Sémiramis*, tragédie nouvelle écrite à la hâte, à travers les soucis et les malaises, et qu'il n'a pas fini de remanier. Il se plaint que Vauvenargues n'ait pas relevé «vingt sottises» du manuscrit. «Vous ne m'avez fait aucune critique», ajoute-t-il, «je crains d'avoir fait un ouvrage indigne d'être jugé par vous.»[11] Cette crainte, si l'on connaît à la fois Vauvenargues et la nouvelle pièce, n'est pas sans fondement: *Sémiramis*, telle qu'on la verra à la scène beaucoup plus tard, est la plus mélodramatique des tragédies du poète. Le moraliste cherche des excuses: il souffrait beaucoup des yeux (il faut croire qu'il est déjà gravement malade). «Elle m'a paru pleine de beautés sublimes», affirme-t-il sans conviction. Et il se décide à confier à son ami les bruits qui courent, dont s'accommode mal son admiration: «Vos ennemis répandent dans le monde [la lettre est du 23 mai 1746] qu'il n'y a que votre premier acte qui soit supportable, et que le reste est mal conduit et mal écrit. On n'a jamais été si horriblement déchaîné contre vous, qu'on l'est depuis quatre mois.»[12] Vauvenargues, si discret, doit être gêné par le bruit que fait l'affaire Travenol. A ce bruit s'en ajoute un autre: *Sémiramis*, on le verra, a soudain réveillé les nombreux partisans de Crébillon.

Au début de 1747, la maladie de Vauvenargues fait de rapides progrès. Lorsqu'il meurt, le 28 mai 1747, Voltaire et Marmontel, «notre ami Marmontel», comme disait le poète, sont plongés dans un même chagrin qu'ils n'oublieront pas. Voltaire voit bien que c'est la vie militaire qui a détruit la santé de Vauvenargues; aussi est-ce le souvenir de son ami qui lui inspire l'idée d'écrire l'*Eloge funèbre des officiers qui sont morts dans la guerre de 1741*:

---

9. H. Coulet, «Voltaire lecteur de Vauvenargues», p.171-80; voir aussi *Corpus des notes marginales de Voltaire* (Berlin 1979-): les *marginalia* de Voltaire sont d'une grande vivacité; le traitement infligé à Vauvenargues n'est nullement exceptionnel.

10. D3387 (mai 1746).

11. D3398 (?22 mai 1746).

12. D3400 (?23 mai 1746).

Je sentirai longtemps avec amertume le prix de ton amitié; à peine en ai-je goûté les charmes: non pas de cette amitié vaine qui naît dans les vains plaisirs, qui s'envole avec eux, et dont on a toujours à se plaindre; mais de cette amitié solide et courageuse, la plus rare des vertus. C'est ta perte qui mit dans mon cœur ce dessein de rendre quelque honneur aux cendres de tant de défenseurs de l'Etat, pour élever aussi un monument à la tienne.[13]

Presque en même temps, Marmontel perd sa mère; sous le coup de cette double douleur, il adresse à Voltaire une épître qui célèbre leur commune admiration pour Vauvenargues et le chagrin de sa mort; il la publiera comme épître dédicatoire à sa tragédie *Denys le tyran*. Les vers qui terminent le poème sont les meilleurs:

> Je vous vis, l'un de l'autre admirateurs sincères,
> Confidents éclairés, et critiques sévères,
> Vous exercer dans l'art ingrat et généreux
> De rendre les humains meilleurs et plus heureux.[14]

Marmontel restera toute sa vie l'ami de Voltaire et aussi de Mme Denis dont il deviendra l'amant bien qu'il la trouve laide. Elle a d'autres charmes. Chez elle, il ne s'ennuie pas: son «esprit naturel et facile avait pris la teinture de l'esprit de son oncle, de son goût, de son enjouement, de son exquise politesse, assez pour faire rechercher et chérir sa société.»[15] Il aime la joyeuse compagnie qu'elle reçoit à souper, rue du Bouloi. Voltaire a-t-il connu l'intimité des relations de sa nièce avec Marmontel? Il ne manifeste en tout cas aucune jalousie. «Quand Voltaire», ajoute Marmontel, «pouvait s'échapper des liens de sa marquise du Châtelet et de ses soupers du grand monde, il était trop heureux de venir rire aux éclats avec nous.»[16] Pendant la période qui va de l'été 1746 à l'été suivant, Voltaire semble s'échapper souvent «des liens de sa marquise». Mme Du Châtelet est bien accueillie à la cour et fait peu parler d'elle depuis le scandale protocolaire qu'elle provoqua, lors du voyage à Fontainebleau de 1745, en se précipitant la première dans le carrosse des grandes dames qui suivaient la reine.[17] A cette époque Voltaire parle assez rarement de Mme Du Châtelet dans sa correspondance. C'est elle-même qui annonce à Cideville, en août 1746, qu'elle vient d'être «agrégée» à l'Académie de Bologne, en Italie. Et Cideville de rimer:

> Quand Bologne avec faste étale en Italie
> Son registre anobli du beau nom d'Emilie,

---

13. M.xxiii.259-60.
14. Marmontel, *Œuvres complètes* (Paris 1819), ix.3-8.
15. Marmontel, *Mémoires*, p.79.
16. Marmontel, *Mémoires*, p.82; le passage a été entièrement cité ci-dessus, p.249-50.
17. R. Vaillot, *Madame Du Châtelet*, p.260-61.

> Pourquoi ce sexe aimable, et que tant nous aimons,
> En France est-il exclu de toute académie?[18]

Sur cette voie des élections dans les académies étrangères et provinciales, Voltaire surpasse son amie. En mai, le prince de Beauvau-Craon, devenu vice-roi de Toscane, le félicite pour son agrégation à l'Académie de la Crusca, à Florence, au cours d'une séance à laquelle il a assisté et a vanté ses talents;[19] puis Voltaire accède aux académies de Lyon et de La Rochelle. Cette dernière inscription l'a si peu frappé qu'il ne se souvient plus s'il a répondu.

Il ne semble pas que la marquise ait influencé son ami dans l'affaire Travenol. L'accès du poète à la cour n'a fait qu'accentuer la séparation des anciens amants. A Versailles, si l'historiographe passe ses nuits dans le grenier, au-dessus de l'appartement de Mme Du Châtelet, chemin de Saint-Cloud, il se documente pendant le jour dans les bureaux ou travaille à *Sémiramis* dans son logement, si inconfortable soit-il. Dans la capitale, tous deux se sont installés rue Traversière,[20] dans la maison de M. Du Châtelet, plus grande que celle de la rue Saint-Honoré. Ils y sont d'autant plus à l'aise qu'il leur arrive souvent de s'y rendre séparément: Mme Du Châtelet joue au cavagnole – c'est Voltaire qui le dit – tandis qu'il va retrouver sa nièce. En réalité, la marquise est obligée de se retenir de jouer, car elle est continuellement endettée. Poursuivant sa traduction de Newton sans renoncer à ses chères monades, elle correspond avec le leibnizien Bernoulli. Au P. Jacquier, elle annonce que l'on imprime les *Institutions astronomiques* de Keill, qu'elle a pu obtenir en feuilles; elle lui apprend que Maupertuis épouse à Berlin Mlle de Borcke, jeune fille de la cour de Prusse.[21]

Bien que Bruxelles ait été conquise par Maurice de Saxe, les séjours en cette ville de Voltaire et de la marquise ont cessé: c'est un soulagement. Le séjour qu'ils font à Fontainebleau avec la cour en octobre-novembre 1746 va-t-il resserrer leur amitié? Ils sont logés ensemble, confortablement, chez le duc de Richelieu. Mais, Voltaire n'aimant point la cour, ne s'y rend jamais de gaieté de cœur. Au surplus, cette année-là, leur départ est fort troublé par leurs domestiques.

C'est ici qu'il faut recourir au récit d'un personnage nouveau, Sébastien Longchamp, qui va jouer un rôle important dans la vie du couple. Nous utiliserons souvent ses indispensables *Mémoires sur Voltaire*. Sans ignorer les deux éditions plus ou moins fidèles de son manuscrit parues au dix-neuvième

---

18. D3454 (31 août 1746).
19. D3399 (23 mai 1746).
20. D.app.92. Après la mort de Mme Du Châtelet, Voltaire la sous-louera au marquis.
21. D3255 (12 novembre 1745).

siècle,[22] nous suivrons W. H. Barber,[23] qui fait à propos du premier de ces deux ouvrages de sérieuses réserves et recommande le seul manuscrit auuuthentique de Longchamp, qui se trouve à la Bibliothèque nationale.[24] Toutefois, la chronologie de ce texte est à rétablir. Le secrétaire s'en préoccupe assez peu, et comme il écrit ses *Mémoires* avec un certain recul, il date peu ou mal les événements qu'il rapporte.

C'est la sœur de Longchamp qui fut d'abord la femme de chambre de Mme Du Châtelet. Elle a dû occuper ce poste en 1745, et peut-être plus tôt, puisque ce fut elle qui appela son frère auprès d'elle vers la mi-janvier 1746, alors qu'il venait de quitter le service de Mme de Lannoy, épouse du gouverneur de Bruxelles. Mais, vers la fin de l'été, le frère et la sœur durent se séparer de Mme Du Châtelet. Longchamp en donne une raison, due sans doute au caractère d'Emilie, puis il raconte les événements qui le firent revenir au service de Voltaire:

J'avais quitté depuis peu la marquise du Châtelet, piqué d'une injustice qu'elle avait faite à ma sœur que j'obligeai à la quitter aussi [...] Au moment du départ [de Mme Du Châtelet] pour Fontainebleau, ses domestiques la quittèrent, mécontents de son économie [...] Elle avait fait mettre les domestiques de M. de Voltaire sur le même pied parce qu'elle le gouvernait, et ils le quittèrent aussi [...] M. de Voltaire n'ayant personne se ressouvint de moi, et comme j'avais laissé mon adresse au Suisse, il m'envoya chercher, et il me demanda si je voulais aller avec lui à Fontainebleau pour écrire sous sa dictée ou copier ses ouvrages. Etant satisfait des propositions qu'il me fit à ce sujet, et charmé d'ailleurs de connaître la cour [...] j'acquiesçai sans balancer à sa demande [...] Mais je ne pouvais aller le rejoindre que dans le courant du deuxième jour parce que j'étais alors chargé des détails d'une autre place [...] qui ne me plaisait guère.[25]

On voit qu'un double choix s'est affirmé dans cette rencontre: Voltaire choisit Longchamp parce qu'il a apprécié naguère son écriture et ses qualités, jusqu'à l'imposer de nouveau à Mme Du Châtelet – et le secrétaire choisit Voltaire, dont il connaît la renommée et dont il a pu sans doute, fort intelligemment, observer la bonté.

Cette mise au point permet de comprendre que le jugement de Longchamp à l'égard de Mme Du Châtelet ait évolué considérablement du premier séjour au second. Dans son service chez la marquise au début de l'année 1746, il fut

---

22. S. G. Longchamp et J.-L. Wagnière, *Mémoires sur Voltaire et sur ses ouvrages* (Paris 1826); Longchamp, *Voltaire et Mme Du Châtelet*, éd. d'Albanès-Havard (Paris 1863).

23. W. H. Barber, «Penny plain, two-pence coloured: Longchamp's memoirs of Voltaire», *Studies in the French Enlightenment presented to John Lough* (Durham 1978), p.9-21.

24. Longchamp, *Mémoires sur Voltaire* (Bibliothèque Nationale, N.a.fr. 13006).

25. Longchamp, f.14 et 18.

d'abord très critique. Longchamp est choqué par un train de vie parcimonieux dans sa maison, et un goût immodéré des dépenses extérieures, en particulier au jeu. Elle se fait livrer «à la fois» deux douzaines de bouteilles de vin, dont la moitié de rouge qu'elle baptise «bourgogne», et la moitié de blanc qu'elle donne pour du champagne. Ce qui le surprend plus encore, c'est que pour une femme du monde, un laquais n'est pas un homme. Le premier jour, en changeant de chemise, elle apparaît devant lui «nue comme une statue». Quelques jours après, étant dans son bain, elle demande à Longchamp de lui verser de l'eau chaude dans sa cuve. Elle écarte les jambes; le valet de chambre «se sent rougir et détourne la tête». «‹Prenez donc garde›, gronde Emilie, ‹vous allez me brûler.› Je fus forcé», dit Longchamp, «malgré ma pudeur, de voir ce que je ne devais pas voir [...] On ne me voyait que comme un meuble inanimé [et] cette dame parut ne faire aucune différence de moi à la bouilloire.»[26]

En été, la marquise décida d'aller faire «une orgie», avec quelques amies, au cabaret de la Maison Rouge, à Chaillot. Lorsqu'elle quittait ses études, remarque Longchamp, «il semblait que ce n'était plus la même femme; son sérieux faisait place à la gaieté, et elle se livrait, avec la plus grande ardeur, à tous les plaisirs de la société; on l'aurait prise pour la femme du monde la plus frivole [...] Les cinq autres étaient Mme la duchesse de Boufflers, Mmes les marquises de Mailly, de Gouvernet, Du Deffand, et Mme de La Popelinière.» Longchamp eut l'honneur d'être choisi pour aller à Chaillot, l'avant-veille, «ordonnancer un repas copieux et délicat». Le jour venu, comme ces dames avaient passé la soirée au Bois de Boulogne et qu'il faisait très chaud, en arrivant au cabaret, «quoique vêtues à la légère, elles voulurent se mettre encore plus à leur aise, et se débarrassèrent la tête et les épaules de leurs coiffures, mantelets, colliers et autres ornements, et elles se mirent ainsi à table, sans nullement se gêner de la présence de leurs laquais.»[27]

Comme on le verra, les relations entre Mme Du Châtelet et Longchamp évoluèrent assez rapidement. La marquise apprécia la bonne éducation et la finesse du secrétaire jusqu'à en faire, en cas de nécessité, son confident.

Il en fut de même des rapports entre Voltaire et son secrétaire: ils ne furent pas faciles au début du séjour à Fontainebleau. Voltaire n'ayant pu remplacer son laquais, il demanda à Longchamp de lui en chercher un, mais en attendant il le pria de tenir lui-même ce rôle. Ce ne fut pas une réussite. Un matin, Voltaire ordonne à Longchamp de lui «accommoder» sa perruque pendant qu'il se rase. L'apprenti laquais s'applique, relève les boucles une à une à la brosse, les colle avec force pommade et les poudre abondamment.

26. Longchamp, f.18.
27. Longchamp, f.20-21.

Quand il voulut la mettre, il ne la trouva pas à son goût [...] la secoua fortement pour en faire tomber la poudre et me dit de lui donner un peigne. Lui ayant présenté celui que j'avais à la main, qui était petit [...], il le jeta en disant que c'était un grand peigne qu'il lui fallait. Sur ce que je lui observai que je n'en avais point d'autre, il le ramassa. Il le passa à plusieurs reprises dans sa perruque, et après l'avoir ébouriffée, la jeta sur sa tête. Ce nouveau début ne me paraissait pas de bon augure. Je commençais à regretter d'avoir quitté Paris, je balançais. C'est ainsi que je suis entré au service de M. de Voltaire. Je ne devais y rester que pendant le voyage à Fontainebleau, mais certaines circonstances me firent rester avec lui. Je n'ai quitté sa maison que longtemps après, pendant son séjour à la cour de Prusse [...], ayant pendant tout le temps que j'étais avec lui conservé sa confiance ainsi que celle de Mme du Châtelet.[28]

Voltaire ne demeure qu'un mois à Fontainebleau. Le 9 novembre 1746, il écrit à Cideville qu'il y séjourne, et le voici qui s'en éloigne brusquement le lendemain ou le surlendemain; le 13, il est à Paris. Les retrouvailles avec sa nièce n'expliquent pas ce départ. C'est le moment où s'enfle le scandale de l'affaire Travenol. Mme Du Châtelet n'est plus assez forte pour retenir son ami. Le 16 novembre, il se plaint à Marville que Travenol et Mannory font vendre au théâtre leurs mémoires. Il doit revoir l'abbé d'Olivet et Moreau, son avocat.

Mais ce n'est pas sa seule raison. Il faut admettre que le poète ne pouvait pas se laisser continûment troubler par cette trop longue affaire; il ne cesse de travailler avec passion, et il le fait mieux à Paris qu'à Fontainebleau où le branle-bas des grandes chasses l'irrite. Sans doute poursuit-il son œuvre d'historiographe. Dès le mois de mars, il a remis au roi un premier manuscrit, «de l'histoire présente depuis la mort de l'empereur Charles VI jusqu'à la prise de Gand», et il précise: «Le public n'aura pas si tôt cet ouvrage, auquel je veux travailler une année entière.»[29]

Mais l'affaire la plus importante est la préparation de la grande tragédie *Sémiramis*. C'est la mort dramatique de la reine de Babylone qui lui fait oublier le mieux les Travenol et les Mannory. La correspondance n'indique pas à quel moment la pièce fut conçue, mais les événements essentiels en avaient été utilisés dans *Eriphyle*, que Voltaire, après un demi-échec, avait reléguée dans ses tiroirs, en 1732, sans la publier. Il y a bien longtemps qu'il s'intéresse à l'histoire de Babylone. En 1745, alors qu'il «chante» la victoire de Fontenoy, il écrit à Crousaz: «je tourne souvent mes yeux vers Jérusalem, en chantant sur les bords de l'Euphrate dans la superbe Babylonne.»[30] *Sémiramis* est dans la lignée des tragédies dont les actions, passant par Jérusalem et La Mecque,

---

28. Longchamp, f.16.
29. D3341 (18 mars 1746).
30. D3137 (6 juin 1745).

s'éloignent vers l'Orient ancien, et qui bénéficient des lectures historiques de Voltaire dans la préparation de l'*Essai sur les mœurs*.

Il est certain qu'une première version de la pièce était quasi achevée en mai 1746 quand le poète fut reçu à l'Académie française. C'est la version que Vauvenargues a lue puisque Voltaire lui reproche, le 22 mai, comme nous l'avons dit, de n'y «avoir pas vu vingt sottises». Il la remet donc en chantier. Le 10 août, il confie à Thiriot combien cette tragédie le passionne: «Je suis à Babylone entre Semiramis et Ninias [...] Semiramis dit qu'elle demande la préférence [...] Mon ami une tragédie engloutit son homme. Il n'y aura pas de raison avec moi tant que je serai sur les bords de l'Euphrate avec l'ombre de Ninus [...] Je mets sur la scène un grand prêtre qui est un honnête homme, jugez si ma besogne est aisée!»[31] Le 19 août, malgré l'aggravation de sa maladie, le ton reste aussi vif dans une lettre à Cideville: «Il y a deux mois que je ne vois personne, et que je n'ai pu répondre à une lettre. Mon âme était à Babylone, mon corps dans mon lit et de là je dictais à mon valet de chambre de grands diables de vers tragiques qu'il estropiait.» Dans cette même lettre, nous apprenons que cette tragédie lui était «ordonnée [...] pour les relevailles de madame la dauphine», mais la dauphine est morte après ses couches, en juillet. «J'en étais au quatrième acte quand madame la dauphine mourut et que moi chétif j'ai été sur le point de mourir pour avoir voulu lui plaire. Voilà comme la destinée se joue des têtes couronnées, des premiers gentilshommes de la Chambre et de ceux qui font des vers pour la cour.»[32] N'importe: l'inspiration ne retombe point, la tragédie reste en chantier, plus que jamais. Peut-être la phrase de la lettre sur la destinée dévoile-t-elle que le poète pense déjà, s'il ne l'a commencé, à un conte babylonien, qu'il nommera d'abord *Memnon* et qui deviendra *Zadig*. Une petite chose très légère, en marge de la grande tragédie.

Or, le roi d'Espagne, Philippe V, est mort le 9 juillet, et sa fille, dauphine de France, quelques jours après; ce n'est donc plus la version du mois de mai, mais une autre, révisée, que Voltaire achève après ces événements. La tragédie pourra de nouveau trouver son heure: le dauphin reste sans enfants, il devra se remarier. Mme Du Châtelet pense que l'occasion alors sera favorable. Il est donc inexact de dire, comme l'ont fait certains biographes, que Voltaire a écrit cette *Sémiramis* par pure jalousie, ayant conçu le dessein de refaire toutes les pièces de Crébillon pour écraser son rival. Certes, il est las d'entendre appeler le vieil homme le «Sophocle du siècle»; il lui garde rancune d'avoir tenté, comme censeur, d'empêcher la représentation de *La Mort de César* et

31. D3444 (10 août 1746).
32. D3450 (19 août 1746).

de *Mahomet*, mais, en 1746, il ne regarde pas Crébillon comme un ennemi. Plusieurs fois même, sincèrement ou non, il lui a manifesté publiquement son admiration et l'a plaint de sa demi-misère. Et si Crébillon est apprécié de Mme de Pompadour, Voltaire, à cette date, n'a rien à lui envier: c'est lui dont la fortune, aussi bien à la cour qu'au théâtre, est la mieux assurée, et ce serait plutôt à Crébillon d'être jaloux. Or celui-ci se tient scrupuleusement à l'écart des cabales; ce sont ses amis, en particulier ceux de la «ménagerie» de Mme de Tencin – Piron, Marivaux, Helvétius, Montesquieu même, et d'autres de moindre importance – qui exaltent la renommée de Crébillon pour abaisser celle de Voltaire.

Ce qui est certain, c'est que le poète, lorsqu'il écrit, en 1746, la première version de *Sémiramis*, a fait avant tout «des vers pour la cour», qui doit assumer les dépenses de la mise en scène et des costumes. Certes, il connaît la *Sémiramis* de Crébillon, représentée en 1717, et qu'il a certainement relue; mais il sait qu'après une trentaine d'années d'oubli, il n'est pas offensant qu'un auteur reprenne un sujet traité par un auteur vivant. Et il sait bien aussi que sa tragédie sera vraiment nouvelle.

Les nombreuses occupations de Voltaire ne l'empêchent pas de suivre la carrière déclinante de son ami le marquis d'Argenson. Il n'est plus guère que le poète pour encourager le ministre dans ses tentatives de paix, singulièrement contredites par son acharnement à vaincre l'Autriche. Le marquis d'Argenson lui-même ne croit plus à sa propre politique. Le seul événement qui lui donne encore l'illusion d'être utile au roi est le second mariage du dauphin qu'il contribue à organiser. Le dauphin va épouser Marie-Josèphe, nièce du comte de Saxe. Incidemment, Voltaire s'en mêle: c'est en effet le duc de Richelieu, ami commun du ministre et du poète, que le roi désigne pour ramener de Dresde la future dauphine. Voltaire et Mme Du Châtelet suggèrent au duc de profiter de son voyage pour se rendre à Berlin afin d'envisager l'union des cours de Saxe et de Prusse. Projet fumeux qui se heurte à la mauvaise volonté de l'électeur et à la politique de Frédéric. Richelieu n'ira pas à Berlin.[33]

Quant à Maurice de Saxe, il ne se fait plus d'illusions sur l'avenir du ministre des affaires étrangères, qui le retient toujours d'envahir la Hollande et rend inutiles ses victoires. Il écrit au comte de Brühl, ministre d'Auguste III: «Les d'Argenson branlent au manche, celui des affaires étrangères est si bête que le roi en est honteux, celui de la guerre veut faire le généralissime et n'y entend rien.»[34] Louis XV, se méfiant de son ministre et de son ambassadeur en Espagne Valréal, finit par envoyer à Madrid l'un des hommes les plus importants du

33. Duc de Broglie, *Maurice de Saxe et le marquis d'Argenson* (Paris 1891), ii.49-106.
34. Archives de Dresde, cité par de Broglie, ii.63.

royaume, le maréchal de Noailles. Son rapport, véritable réquisitoire, expédié au roi par le maréchal le 15 décembre 1746, perd le ministre. Le 11 janvier 1747, alors que les deux frères d'Argenson sortent d'un dîner célébrant le mariage de la fille du comte, on remet à chacun d'eux une lettre du roi: le marquis est congédié, le comte est maintenu à la guerre. On reconnaît aujourd'hui, à la lecture des *Mémoires* du marquis d'Argenson, que ses qualités d'homme, et même ses illusions de ministre, tranchaient fortement sur la médiocrité de ses partenaires.

Certes, l'approbation par Voltaire de la politique du marquis fut sentimentale, amicale et encourageante. Mais informé par Mme Du Châtelet qui rencontre Maurepas et les Brancas, il a fini par prendre ses distances et écrire moins à son ami. Après la disgrâce de celui-ci, Voltaire se tait. Ce qu'il pense, il faut sans doute aller le chercher dans *Zadig*. Dans sa correspondance avec Frédéric, on ne trouve aucune allusion à d'Argenson, dont le fils, «le petit Paulmy» – ainsi le nomme Frédéric – est à Berlin. Mais au fond, son opinion sur la guerre n'a pas changé, et c'est dans une lettre à Frédéric, le 9 février 1747, un mois après le départ du ministre, que Voltaire lance cette tirade sur la guerre:

Dieu me préserve sire de faire imprimer l'histoire de la guerre de 1741. Ce sont de ces fruits que le temps seul peut mûrir; Je n'ai fait assurément ni un panégyrique ni une satire. Mais plus j'aime la vérité, et moins je dois la prodiguer [...] Il faut que la guerre soit par elle-même quelque chose de bien vilain puisque les détails en sont si ennuyeux. J'ai tâché de considérer cette folie humaine un peu en philosophe. J'ai représenté [...] les nations détruisant réciproquement le commerce pour lequel elles combattent; la guerre au sujet de la pragmatique devenue comme une maladie qui change trois ou quatre fois de caractère, et qui de fièvre devient paralysie, et de paralysie convulsion [...] un chaos d'intérêts divers qui se croisent à tout moment; ce qui était vrai au printemps devenu faux en automne; tout le monde criant la paix, la paix, et faisant la guerre à outrance; enfin tous les fléaux qui fondent sur cette pauvre race humaine. Au milieu de tout cela un prince philosophe qui prend toujours bien son temps pour donner des batailles et des opéras, qui sait faire la guerre, la paix, et des vers et de la musique, qui réforme les abus de la justice, et qui est le plus bel esprit de l'Europe. Voilà à quoi je m'amuse sire, quand je ne meurs point, mais je me meurs fort souvent et je souffre beaucoup plus que ceux qui dans cette funeste guerre ont attrapé de grands coups de fusil.[35]

Pourtant ce même Voltaire qui s'afflige des maux de la présente guerre, et de toute guerre, se trouve simultanément captivé par les péripéties militaires qu'il raconte. Il suffit de lire son *Histoire de la guerre de 1741* pour s'en convaincre. Philosophe, l'historien de Charles XII, du siècle même de Louis XIV, s'affirme

---

35. D3508 (9 février 1747).

aussi un historien militaire, dont les récits de bataille constituent des modèles du genre. En dépit de sa philosophie, il est saisi par l'intensité dramatique des événements produits par ce fléau, la guerre.

Frédéric lui répond le 22 février par une lettre ironique qui met en doute, par allusions, les capacités de Voltaire à écrire l'histoire. «Voilà donc votre goût décidé pour l'histoire; suivez, puisqu'il le faut, cette impulsion étrangère; je ne m'y oppose pas. L'ouvrage qui m'occupe [ses *Mémoires*] n'est point dans le genre des mémoires, ni des commentaires; mon personnel n'y entre pour rien [...] Je peins en grand le bouleversement de l'Europe [...] Tous les arts ont des exemples et des préceptes: pourquoi la guerre, qui défend la patrie et sauve les peuples d'une ruine assurée, n'en aurait-elle pas?»

Pour lui, Voltaire ferait mieux d'achever *La Pucelle*. C'est ce poème qui excite la jalousie du roi: «Vous avez prêté votre *Pucelle* à la duchesse de Wurtemberg; apprenez qu'elle l'a fait copier pendant la nuit. Voilà les gens à qui vous vous confiez; et les seuls qui méritent votre confiance, ou plutôt à qui vous devriez vous abandonner tout entier, sont ceux avec lesquels vous êtes en défiance.»[36]

Pas encore suffisamment et pour trop peu de temps.

36. D3511 (22 février 1747).

15. Anet, Sceaux: retour chez «Mélinade»

Voltaire avait fréquenté la cour de Sceaux dès sa vingtième année. Ses premiers contes en prose, on le sait, furent écrits, vers 1714-1716, pour cette cour. Dans l'un d'eux, *Le Crocheteur borgne*, il laisse reconnaître la duchesse Du Maine, sous le nom de Mélinade. Au début de la régence, il avait subi à Sceaux, comme à Saint-Ange chez les Caumartin, l'influence d'une sourde opposition à Philippe d'Orléans.[1] Mais en 1718, grâce à l'abbé Dubois, la conspiration de Cellamare avait été déjouée. Le duc Du Maine avait été emprisonné à Doullens, la duchesse au château de Dijon, une vraie forteresse, puis à Chalon-sur-Saône; enfin on l'exila à Savigny-lès-Beaune. Rentrée en grâce au bout d'un an, et après des aveux complets, elle retrouve à Sceaux Malézieu, et ce qui reste de sa cour.

Elle s'attache définitivement Mlle Delaunay, de qui elle reconnaît la valeur et le dévouement, en la mariant au baron de Staal, «homme ordinaire» et officier qu'elle dote d'une compagnie et d'une pension. Elle reconstitue à Sceaux une «deuxième cour», moins brillante que celle des nuits blanches, où s'épanouissent la conversation, la poésie, le théâtre, les jeux et la bonne chère. Mme Du Deffand y est introduite vers 1728 et y devient la grande amie, «la reine» de la baronne de Staal, qui l'apprécie comme confidente car la marquise est moins frivole et moins égoïste que la duchesse. A cette époque, on y rencontre Fontenelle, Houdar de La Motte, accompagné d'un Dijonnais de beaucoup d'esprit, l'abbé Le Blanc (le correspondant du président Bouhier), le président Hénault, devenu l'ami de Mme Du Deffand, et, plus rarement, Voltaire.

Les relations du poète et de la duchesse, qui sont à éclipses mais n'ont jamais été interrompues, reprennent intensément en 1746 et surtout en 1747. La régence est loin et, cependant, il reste à la duchesse, qui va très rarement à Versailles, un esprit d'indépendance, voire de critique à l'égard du pouvoir et de la cour, lui permettant de juger sainement, avec sympathie, ce que l'esprit de Voltaire peut avoir de subversif. Aussi le poète est-il toujours bien reçu et souvent invité à Sceaux et, en été, au château d'Anet.

Mais en 1746, la cour de Sceaux a beaucoup perdu de son éclat. Ce n'est point le veuvage de la duchesse, survenu dès 1736, qui amena ce changement:

---

1. Voir *Voltaire en son temps*, i.81-92.

les courtisans les plus renommés pour leur esprit ou leurs initiatives en matière de divertissements ont disparu: les abbés de Chaulieu et Vertot, Malézieu, le cardinal de Polignac, Saint-Aulaire, infatigable animateur, sont morts, ce dernier dans sa centième année. Fontenelle ne se déplace plus guère. La duchesse a soixante-dix ans, c'est un grand âge pour l'époque. Ses deux fils, lieutenants généraux, sont aux armées; ils ont été blessés à Dettingen en 1743, et leur sœur est morte subitement, la même année, au château d'Anet. Sans doute ces épreuves ont-elle imposé à la duchesse quelque retenue dans ses enthousiasmes, mais c'est à peine si elle est moins frivole, et son égocentrisme de grande dame n'est pas moins absolu.

Du moins, l'âge et l'expérience lui ont apporté un art consommé d'orienter la conversation et de se servir des autres pour briller. Douée d'un souffle infatigable et d'un verbe jaillissant que rien ne trouble, elle se fait écouter plus qu'elle n'écoute. Elle raffole des hommages versifiés et des adulations féminines. En 1746, sans parler des nombreux visiteurs de passage, colporteurs de nouvelles et de ragots, ce sont toujours les deux mêmes femmes qui lui donnent la réplique, la baronne de Staal et Mme Du Deffand. Celle-ci fait à Sceaux de longs séjours et même y revient de Paris, le soir, pour souper. Comme chez Célimène, on pratique beaucoup l'art des portraits où la jalousie et la critique s'insinuent, subtiles, et parfois s'épanouissent férocement. Pour les mieux fignoler, on les écrit.[2] Le portrait caricatural de Mme Du Châtelet serait issu de cette collaboration. Le président Hénault compte les coups lorsque s'acharnent, en leurs fréquents désaccords, duchesse et marquise. Parfois accablé, il déplore ces joutes que Malézieu avait nommées jadis «les galères du bel esprit».

En somme, ce que recherche passionnément cette petite société, c'est tout ce qui peut l'aider à vaincre son mal endémique, l'ennui. L'après-midi, en été, l'«ordre de la mouche à miel» se réunit encore sous les hauts arbres du parc et l'on vogue sur les eaux, mais le soir, si l'on n'assiste pas à la conversation, aux jeux, aux marionnettes, au théâtre, au délicieux souper, on est sévèrement jugé. C'est ainsi que, le 24 septembre 1747, Mme de Staal avertit la marquise Du Deffand: «J'ajoute de vous à moi que si au grand château vous ne paraissez pas le soir, et que vous soyez beaucoup à Paris, on vous en saura très mauvais gré, ne fût-ce que le mauvais exemple de faire sa volonté dans cette enceinte.»[3] C'est une règle dont Voltaire et Mme Du Châtelet feraient bien de se pénétrer; la baronne, comme son amie Du Deffand, déteste particulièrement l'amie du poète. Mais c'est la duchesse Du Maine qui en impose la présence pour profiter de Voltaire.

---

2. Mme Du Deffand, *Correspondance inédite*, ii.733-69.
3. Mme Du Deffand, *Correspondance inédite*, ii.105, lettre du 24 septembre 1747.

Tous deux répondent à une première invitation de la duchesse, au château d'Anet, en 1746. Mme Du Maine passe régulièrement l'été à Anet, qu'elle aime beaucoup et où elle traite ses hôtes princièrement. Ce château, qui lui vient de sa grand-mère, la princesse de Condé, par sa mère, puis par sa sœur, lui est échu en 1732. Situé à seize lieues de Paris, aux environs de Dreux, c'est un fort bel ensemble renaissance qui fut commandé par Henri II à Philibert Delorme, Pierre Du Colombier et Jean Cousin pour Diane de Poitiers. C'est une grande faveur de venir loger dans ces splendeurs. Ce premier séjour de Voltaire et de son amie, fort bref, doit se situer entre le 25 août et le début de septembre 1746. On n'en connaît que ce qu'en a révélé l'abbé Le Blanc qui a succédé au couple et que Mme de Staal n'a pas manqué de renseigner perfidement: «J'ai beaucoup entendu parler ici», écrit-il, «de M. de Voltaire et de Mme Du Châtelet et ne suis point du tout fâché de ne m'y être pas rencontré avec eux. Ils ont fait à leur ordinaire les philosophes ou les fous tout comme vous le voudrez, ils étaient toujours tête à tête.»[4] Et Le Blanc, qui n'aime pas Voltaire, ajoute un quatrain dont le premier vers est assez malveillant:

L'une et l'autre ont toujours dédaigné le vulgaire.

Pourtant, il y a fort à parier que Mme Du Châtelet n'a pas dédaigné le jeu, car on joue le cavagnole et le brelan, cet ancêtre du baccara.

Aux environs d'Anet, Mme Du Maine a restauré l'ancien château de Sorel. Elle ne manque pas d'y conduire ses deux invités, promenade qui lui vaut deux impromptus de Voltaire. Le premier flatte son goût pour les arts:

Vous avez de vos mains divines
De ces antiques murs relevé les ruines.
Relevez donc les arts que vous daignez aimer.
Plus leur éclat fut grand, plus leur chute est funeste.[5]

Et le deuxième célèbre son esprit; ce jour-là le soleil, masqué par le brouillard, apparaissant comme un disque rouge, le poète en tire parti:

Quoi, le soleil est aujourd'hui
Privé de sa splendeur au haut de sa carrière!
Votre esprit n'est pas comme lui
Il conserve en tout temps sa force et sa lumière.

Voltaire connaît les faiblesses de la vieille dame. Mais il sait aussi s'imposer et n'en faire qu'à sa tête. C'est ce qui apparaît lors des deux séjours suivants qu'il fait, le premier à Anet, le second à Sceaux, pendant l'été et l'automne 1747.

4. D3460 (19 septembre 1746), à Nivelle de La Chaussée.
5. Ces vers et les suivants sont insérés par Le Blanc dans sa lettre à Nivelle de La Chaussée.

En juillet, la duchesse Du Maine commande au poète une *Epître sur la victoire de Lawfeld*: elle a le désir de lui faire glorifier son fils qui a participé à la bataille. Voltaire lui expédie l'épître avant la fin du mois. Il est allé trop vite, car le poème n'est ni aussi documenté ni aussi inspiré que celui de Fontenoy:[6]

> Auguste fille et mère de héros,
> Vous ranimez ma voix faible et cassée,
> Et vous voulez que ma muse lassée
> Comme Louis ignore le repos.

La façon dont il renâcle à exécuter cet ordre devient plaisante:

> Et quel besoin de nos panégyriques,
> Discours en vers, épîtres héroïques,
> Enregistrés, visés par Crébillon,
> Signés Marville, et jamais Apollon?

Après une allusion à «ce soutien de nos armes, ce petit-fils, ce rival de Condé», et une recommandation à tous «les anges des cieux» de veiller sur les héros vivants, il avoue qu'il préfère aux épîtres son travail d'historiographe et à la fin décoche une flèche à Boileau:

> [...] et je me garde bien
> De ressembler à ce grand satirique,
> De son héros discret historien,
> Qui, pour écrire un beau panégyrique,
> Fut bien payé, mais qui n'écrivit rien.[7]

Au début d'août 1747, Voltaire fait part à sa nièce de ses projets: comme il n'ira pas à Cirey cet été, il va partir pour Anet «dans quelques jours», puis il reviendra prendre les eaux à Passy.[8] Au moment où ses amours avec sa nièce se font plus sensuelles au point de la choquer, se doute-t-il qu'elle est tentée de lui être infidèle? Deviendra-t-elle la maîtresse de Baculard d'Arnaud? Le jeune poète est doué et séduisant, mais il est sans ressources, ce qui diminue ses chances auprès d'une telle femme. Elle n'en est encore qu'à un badinage fort engageant. Le 14 août, le jour même du départ de Voltaire pour Anet, elle écrit à d'Arnaud: «Vos vers sont presque aussi aimables que vous. J'en suis enchantée et je vous en remercie mille fois. J'ai bien de la peine à croire, mon cœur, que Voltaire vienne souper ce soir ici. Il sera engagé avec cette femme [Mme Du Châtelet], mais je ne peux pas me dispenser de le lui proposer, le marquis d'Argens y venant, qui est son ami. Adieu, je sens, si Dieu ne m'aide, que je vous aimerai à la folie.»[9]

6. M.x.338-39.
7. M.x.341-42.
8. D3558 (juillet-août 1747).
9. D3561 (14 août 1747).

Mme Denis, comme on voit, n'est point trop préoccupée des visites de son oncle; pour le moins, elle les attend sans impatience. Voltaire ne semble pas moins insouciant qui, après avoir rencontré d'Argens, s'est hâté de se rendre chez la duchesse Du Maine. Mais ne serait-ce pas Mme Du Châtelet qui l'a contraint de partir plus tôt?

Le poète et son amie arrivent donc à Anet environ douze heures à l'avance, la nuit du 14 au 15 août, provoquant un certain désarroi par leur apparition inopinée dans un château bourré d'invités, où rien n'est préparé pour les accueillir. C'est ce que raconte Mme de Staal, la spirituelle «vipère», à son amie Du Deffand: «Madame du Châtelet et Voltaire, qui s'étaient annoncés pour aujourd'hui et qu'on avait perdus de vue, parurent hier, sur le minuit, comme deux spectres, avec une odeur de corps embaumés qu'ils semblaient avoir apportée de leurs tombeaux.» La baronne va observer le couple sans indulgence aucune pendant tout son séjour à Anet. Elle sait que ses lettres seront lues au salon de Mme Du Deffand, et c'est par coquetterie qu'elle lui recommande de ne point les laisser traîner sur la cheminée. En pleine nuit, les deux intrus exigent un souper et des lits. L'un des hôtes de la duchesse est obligé de déménager «avec autant de précipitation et de déplaisir qu'une armée surprise dans son camp [...] Voltaire s'est bien trouvé du gîte [...] Pour la dame, son lit ne s'est pas trouvé bien fait: il a fallu la déloger aujourd'hui. Notez que ce lit, elle l'avait fait elle-même, faute de gens, et avait trouvé un défaut de ... dans le matelas, ce qui, je crois, a plus blessé son esprit exact que son corps peu délicat; elle a, par intérim, un appartement qui a été promis, qu'elle laissera vendredi ou samedi pour celui du maréchal de Maillebois, qui s'en va un de ces jours.» Aussitôt, Voltaire et Mme Du Châtelet mettent en chantier la répétition de *Boursoufle*. La baronne de Staal trouve étrange que Emilie accepte le rôle de Mlle de La Cochonnière «qui devrait être grosse et courte». Mais, le lendemain, c'est le silence: les deux «revenants» abandonnent le théâtre et se cloîtrent dans leurs chambres jusqu'à dix heures du soir: «l'un est à écrire de hauts faits, l'autre à commenter Newton; ils ne veulent ni jouer ni se promener: ce sont bien des non-valeurs dans une société, où leurs doctes écrits ne sont d'aucun rapport.»[10]

Nouveau caprice: au bout de quelques jours, Mme Du Châtelet occupe son troisième logement:

Elle ne pouvait plus supporter celui qu'elle avait choisi; il y avait du bruit, de la fumée sans feu (il me semble que c'est son emblème). Le bruit, ce n'est pas la nuit qu'il l'incommode, à ce qu'elle m'a dit, mais le jour, au fort de son travail: cela dérange ses idées. Elle fait actuellement la revue de ses principes: c'est un exercice qu'elle réitère

10. D3562 (15 août 1747).

chaque année, sans quoi ils pourraient s'échapper, et peut-être s'en aller si loin qu'elle n'en retrouverait pas un seul. Je crois bien que sa tête est pour eux une maison de force, et non pas le lieu de leur naissance: c'est le cas de veiller soigneusement à leur garde. Elle préfère le bon air de cette occupation à tout amusement, et persiste à ne se montrer qu'à la nuit close. Voltaire a fait des vers galants, qui réparent un peu le mauvais effet de leur conduite inusitée.[11]

Cette conduite, tous deux la rattrapent brillamment au souper où chacun fait assaut d'esprit. Vient enfin la représentation de la comédie qui contraint Mme de Staal à changer de ton: «Je ne puis vous rendre Boursoufflé que mincement. Mademoiselle de la Cochonnière a si parfaitement exécuté l'extravagance de son rôle, que j'y ai pris un vrai plaisir.» Courte trêve – rien n'échappe à l'observation acide de la baronne. «La principale actrice [...] préférant les intérêts de sa figure à ceux de la pièce, a paru sur le théâtre avec tout l'éclat et l'élégante parure d'une dame de la cour: elle a eu sur ce point maille à partir avec Voltaire; mais c'est la souveraine et lui l'esclave. Je suis très fâchée de leur départ, quoique excédée de ses diverses volontés dont elle m'avait remis l'exécution.»[12] La malveillance excessive de la baronne ne vient-elle pas de là? Née Delaunay, elle a été considérée, en dépit de son esprit, et peut-être à cause de lui, comme une femme de chambre.

Voltaire et Mme Du Châtelet sont partis pécipitamment pour faire leurs adieux au duc de Richelieu: il s'en va gouverner Gênes qui s'est délivrée elle-même des Autrichiens, et il emmène avec lui le fils de la marquise. En cours de route, le poète s'aperçoit qu'il n'a pas emporté le manuscrit de *Boursoufle*,[13] qu'il a oublié de retirer les rôles remis aux acteurs et peut-être perdu le prologue. C'est encore à la baronne qu'il appartiendra de réparer ces fautes; Voltaire lui demande de renvoyer d'urgence le prologue, mais par une voie plus discrète que la poste, de garder les rôles et d'enfermer la pièce «sous cent clés». «J'aurais cru», ironise la baronne, «qu'un loquet aurait suffi pour garder ce trésor.»

On a trouvé dans la chambre de Mme Du Châtelet «six ou sept tables». Le nouveau commentaire de la baronne est un bon exemple de la tournure artificielle que peut prendre ici ce que l'on nomme «l'esprit». Des tables, il lui en fallait «de toutes les grandeurs, d'immenses pour étaler ses papiers, de

---

11. D3565 (20 août 1747). Mme de Staal, aussi ignorante que méchante, n'a pas compris que ces «principes» sont les *Principia* de Newton que Mme Du Châtelet a entrepris de traduire.

12. D3567 (27 août 1747).

13. Cette farce destinée à un public d'amis fut représentée en 1761 à la Comédie-Italienne sous le titre *Quand est-ce qu'on se marie?*, devenu le sous-titre. Elle a été reprise en 1862 à l'Odéon, et publiée dans l'édition Moland sous le titre de *L'Echange*, après maintes modifications, en particulier du nom des personnages.

solides pour soutenir son nécessaire, de plus légères pour ses pompons, pour les bijoux, et cette belle ordonnance ne l'a pas garantie d'un accident pareil à celui qui arriva à Philippe II, quand, après avoir passé la nuit à écrire, on répandit une bouteille d'encre sur ses dépêches. La dame ne s'est pas piquée d'imiter la modération de ce prince, aussi n'avait-il écrit que sur les affaires d'état; et ce qu'on lui a barbouillé, c'était de l'algèbre, bien plus difficile à remettre au net.»[14]

La première joie de Voltaire sera de retrouver sa nièce qu'il a quittée sans la revoir. C'est le jour même de son retour à Paris qu'il lui adresse cette lettre: «Je suis tombé malade à Anet, ma très chère, mais j'espère retrouver la santé avec vous. Dès mon arrivée, je courrai chez vous pour restaurer mes forces. C'est donc aujourd'hui que je vous verrai, aujourd'hui que je retrouverai la seule consolation qui puisse adoucir l'amertume de ma vie. La nature qui m'a gratifié du cœur le plus tendre a oublié de me donner un estomac. Je ne puis digérer, mais je puis aimer. Je vous aime, je vous aimerai jusqu'au jour de ma mort.»[15]

Après avoir donné congé de leur maison de Bruxelles, où Mme Du Châtelet fait dresser un mémoire de tout ce qui appartient à Voltaire, les deux amis se rendent à Passy pour prendre les eaux. Passy, à cette époque, était un village dépassant à peine le millier d'habitants. Ses maisons s'étageaient sur le flanc de la colline parmi les moulins à vent, les carrés de vignes et les carrières. Mme de Tencin y possédait sa maison de campagne où elle emmenait parfois Mme Du Châtelet. Le Riche de La Popelinière y installa son hôtel. Les eaux minérales, connues depuis le milieu du dix-septième siècle, ne furent vraiment exploitées qu'au siècle suivant. En 1719, l'abbé Le Ragois, ancien précepteur du duc Du Maine et confesseur de Mme de Maintenon, découvrit dans son jardin, à l'emplacement où arrive encore la rue des Eaux sur le quai de Passy, deux nouvelles sources, qu'il eut l'idée de mettre en service avec sa nièce et qui bénéficièrent d'un véritable lancement. Ferrugineuses et sulfureuses, elles furent en outre déclarées «balsamiques» et propices à vaincre la stérilité des femmes. Un établissement thermal y fut installé. Les médecins – qui avaient la gratuité à la table d'hôte de l'établissement – proclamèrent que Passy était une station thermale supérieure à celles de Spa et de Forges, jouissant au surplus de l'air salubre du bois de Boulogne.

Passy connut alors une grande vogue: gens du monde, écrivains et artistes affluèrent pour s'y reposer et s'y soigner. Après avoir consommé leur verre d'eau, les curistes prirent l'habitude, chaque matin, d'exécuter une marche

14. D3569 (30 août 1747).
15. D3566 (vers le 25 août 1747), en italien; traduction de Th. Besterman.

sautillante, coupée tous les cinq pas d'une sorte de pirouette. Le soir, ils se rencontraient à la salle de jeu, au bal, au théâtre ou au spectacle de marionnettes. Vers le milieu du dix-huitième siècle, l'établissement thermal comptait cinq sources. Cette vogue, qui s'est soutenue au cours de tout le siècle, connut un éclat nouveau à l'époque du Directoire; elle s'éteignit brusquement au dix-neuvième siècle le jour où l'on distribua les eaux gratuitement.

On ne sait combien de temps Voltaire et Mme Du Châtelet sont demeurés à Passy: peut être une partie du mois de septembre 1747. La correspondance de Voltaire se fait rare. A part deux lettres adressées à son éditeur de Dresde Conrad Walther, à qui il promet de rendre son édition supérieure «à toutes les autres» en lui fournissant des œuvres nouvelles, elle ne comprend guère que des billets à sa nièce qui sont écrits au retour de Passy et avant le départ d'automne pour Fontainebleau. Ici, de nouveau, il étale familièrement sa maladie: les eaux de Passy ne lui ont pas réussi du tout, elles l'ont «quasi ammazato»:[16] «Je suis cent fois plus mal que je n'étais avant de prendre les eaux. Je n'ai plus qu'une vie affreuse dont vous êtes l'unique consolation.» Amant replié et transi, il ne fait point le fier: «Aimez toujours un peu un homme bien à plaindre dont vous adoucissez seule les souffrances»; et il rime tristement:

> Comme vous je voudrais chanter
> Cet amour qui par vous sait plaire:
> Mais il faudrait se mieux porter
> Pour en parler et pour le faire.

«On me traînera à Fontainebleau dans quelques jours. Peut-être l'air de la campagne me fera un peu de bien.»[17]

Pris de court, une fois de plus, il part sans avoir eu la consolation de la revoir: «Je suis allé chez monsieur de Monmartel avant d'aller à Fontainebleau. Je suis maintenant au milieu de ces gens [à la cour] dont le bon Uranio[18] dit si bien:

> Gens de renom, aux discours courtois
> Mais fainéants.

[...] Dès que j'aurai terminé l'affaire qui m'occupe à présent, je reviendrai au seul vrai plaisir, à mon cher asile, à vous, mon âme.» Il lui demande de lui écrire «discretamente».[19]

Pas plus que la fois précédente, elle n'est attristée de ce départ précipité.

---

16. D3575 (septembre-octobre 1747).
17. D3576 (septembre-octobre 1747).
18. Uranio, prénom italien: ce personnage n'a pu être identifié.
19. D3577 (septembre-octobre 1747); traduction de Th. Besterman.

Elle sort beaucoup et poursuit son badinage avec d'Arnaud. Voltaire est à peine sur la route de Fontainebleau, le 16 octobre, qu'elle écrit au jeune poète: «Je meurs d'envie de vous voir et je suis tout à fait fâchée de n'être point à Paris [...] Votre jalousie me divertit [...]

> Non, mon cœur ne pourra se donner qu'au génie
> Et je sens que c'est vous qui l'avez enchanté.

[...] Mon frère [l'abbé Mignot] a fait ici un sermon, il doit le prêcher le jour de la toussaint, cela nous divertira. A propos de sermon comment va votre tragédie? Si vous n'y travaillez pas je croirai que vous ne m'aimez plus du tout [...] Comptez sur ma plus tendre amitié.»[20] Elle a dû inviter aussi son oncle au sermon de son frère. Las de «végéter» à la cour, où il est «aussi malingre qu'à Paris», mais tout de même un peu ragaillardi, il réplique: «Je m'imagine qu'à mon retour vous me ferez voir des choses profanes qui sont encore plus de mon goût qu'un sermon».[21] Avant de profiter de ces «choses», il aura tout le temps de refaire sa santé. Cette fois, ce ne sont point ses écrits impies qui compromettent sa situation, c'est la passion d'Emilie pour le jeu.

Un jour qu'elle joue chez la reine, elle perd «lestement», raconte Longchamp, les quatre cents louis qui font toute sa fortune.[22] Par suite de l'heure tardive, le jeu s'arrête jusqu'au lendemain. La nuit lui permettra-t-elle de réfléchir? Non: elle ne fait qu'exaspérer son désir de revanche. Toute tentative de retenir sa passion serait vaine. Le matin, elle envoie un commissionnaire à Paris auprès de son intendant. «Mais», dit Longchamp, «le coffre de M. de La Croix [est] vide». Il procure néanmoins à Emilie deux cents louis qu'il a empruntés «à gros intérêts» et cent-quatre-vingt que lui prête son amie Mlle Du Thil. L'après-midi, elle se remet au jeu, mais cet argent frais «ne fait que paraître et disparaître». Voltaire, dont il faut louer l'indulgence, lui prête les deux cents louis qu'il a en poche, elle les perd. Malgré quelques «représentations» du poète, elle s'obstine et joue sur parole des sommes de plus en plus importantes. Ignore-t-elle que l'on triche beaucoup et même que l'on vole dans l'entourage de la reine? Et que certains grands seigneurs et grandes dames prennent des «leçons de tricherie»? Elle perd quatre-vingt mille livres avec une intrépidité inconcevable.

En l'état d'aliénation où il la voit, Voltaire juge qu'il est temps d'intervenir; mais lui aussi a perdu le contrôle de ses nerfs, car il s'exprime fort imprudemment: au lieu d'insister pour qu'elle quitte le jeu, il lui dit en anglais: «Ne voyez-vous pas, madame, que vous jouez avec des fripons?» Certains joueurs

---

20. D3579 (16 octobre 1747).
21. D3581 (20 octobre 1747).
22. Longchamp, f.35.

comprennent, et, dans un murmure, traduisent. On se trouve chez la reine…
Mme Du Châtelet, recouvrant soudain sa raison, comprend que ces paroles,
venant de Voltaire, vont provoquer un scandale. Tous deux quittent la table,
regagnent leur appartement et décident de quitter la cour sans plus attendre.
Longchamp reçoit l'ordre de faire les malles et de les transporter à Paris.

La malchance poursuit les deux fuyards: une roue de leur carrosse se casse
à Essonne, accident fréquent à l'époque, dû surtout au mauvais état des routes.
Ils la font réparer, mais, les poches vides, ils ne peuvent payer le charron. La
chance leur sourit dans ce drame: un «marquis de leur connaissance» vient à
passer, reconnaît Voltaire, paie la réparation et ajoute de quoi restaurer gens
et chevaux. Voltaire, qui a l'intention d'aller à Sceaux, se sépare de Mme Du
Châtelet à Villejuif. C'est de là qu'il fait porter un billet à la duchesse Du
Maine. La réponse ne se fait pas attendre: M. Duplessis, officier de confiance,
le même qui a tenu le rôle du valet dans *Boursoufle*, viendra prendre Voltaire
à la tombée de la nuit. D'après la correspondance du poète – il n'écrira guère
qu'à Mme Denis – il semble qu'il soit entré au château vers le 20 novembre.
La duchesse occupait, au deuxième étage du pavillon sud, un appartement
qu'elle nommait sa «chartreuse» d'où se découvrait une vue ravissante. Elle
installa Voltaire au même étage, dans une chambre qui donnait sur les jardins
et sur une cour. Un seul endroit du château semble correspondre à cette
indication, l'angle nord-est du pavillon nord.[23] Longchamp ne désigne que
l'étage où logera le poète: «M. Duplessis me fit porter le bureau dans un
appartement du second dont on avait fermé les volets.» Mais, si l'on en croit
le secrétaire, la duchesse ne couchait point dans sa chartreuse, qu'elle désertait
sans doute en hiver, pour son ancien appartement du rez de chaussée: «M. de
Voltaire ne descendait chez Mme la duchesse que lorsque tout le monde s'était
retiré […], il mangeait un poulet dans sa ruelle […] servi par des valets de
pied […] il ne remontait dans son appartement qu'un peu avant le jour.» Au
cours de ce souper, la duchesse raconte au poète des anecdotes de cour.
Ensuite, c'est à lui de la distraire. Il lui lit des contes, sans doute aussi des
scènes de *Sémiramis* et de *La Prude*. Longchamp ne sort «qu'à onze heures du
soir pour aller souper chez un Suisse du château». Ensuite, il lui arrive de
porter à Mme Denis les courts billets de Voltaire. Il rattrape son sommeil la
journée et poursuit la mise au net de quelques contes.

Bien qu'elle soit libre de ses mouvements, Mme Du Châtelet est moins
heureuse. Elle se trouve devant une difficulté quasi insurmontable: trouver

---

23. Ces précisions nous ont été fournies par M. Georges Poisson, conservateur en chef du
Musée d'Ile de France à Sceaux, d'après les plans du château (Kungliga Biblioteket, Stockholm,
collection Cronstadt 2175 et 1534), en supposant que les plans du premier étage se répètent au
second.

l'argent de sa dette. Celle-ci est trop élevée pour que Voltaire la couvre; afin de la libérer de son procès de Bruxelles, il a signé un contrat d'accommodement avec le marquis de Hoensbroeck en juin 1747. Il a dû avancer une somme importante pour cautionner la solvabilité de M. Du Châtelet. Le marquis de Hoensbroeck ne l'a pas encore remboursé. Emilie devra donc sortir par ses seuls moyens de ce mauvais pas. Pas un instant elle n'admet qu'elle puisse vendre ses bijoux et ses diamants. Ses relations vont la sauver. Elle arrive à Paris au moment où se renouvelle le bail des fermiers généraux. On lui propose de devenir «croupière». La croupe – un scandale dont le roi lui-même a parfois profité – est la part d'intérêts allouée par un fermier général à un ou plusieurs courtisans qui se sont entremis pour lui faire obtenir sa ferme. Un ami de la cour procure à la marquise la moitié d'un bon qu'elle revend aussitôt. C'est une somme considérable dont elle ne perçoit qu'une partie au comptant, le reste lui étant versé chaque année pendant la durée du bail. Enfin, elle persuade le joueur qui lui a gagné son argent sur parole, et qui n'a peut-être pas la conscience tranquille, de se contenter de vingt-quatre mille livres.

En même temps, elle cherche à effacer l'accusation de friponnerie lancée par Voltaire au cercle des joueurs. On connaît son habileté diplomatique. Elle parvient à calmer ceux qui ont pu se croire offensés. On ne peut que deviner ceux qui ont pu l'aider dans cette tâche: le président Hénault, le duc de La Vallière, Moncrif, le comte d'Argenson, Maurepas et peut-être Mme de Pompadour, qui n'aime point les fripons du jeu de la reine.

Mme Du Châtelet triomphe; certaine que Voltaire ne sera pas inquiété, elle vient elle-même à Sceaux lui rendre la liberté. On peut situer son arrivée aux environs du 1er décembre, puisque le sept de ce mois Voltaire invite sa nièce à la représentation de *La Prude*, qui aura lieu le 15. En dépit de l'affirmation de Longchamp, qui évalue son séjour à deux mois, Voltaire ne s'est réellement caché qu'une douzaine de jours.

Les volets s'ouvrent. Le poète s'installe dans la chambre de Saint-Aulaire, ce centenaire dont la duchesse se disait la bergère. Il rime aussitôt:

> J'ai la chambre de Saint-Aulaire,
> Sans en avoir les agréments;
> Peut-être à quatre-vingt-dix ans
> J'aurai le cœur de sa bergère:
> Il faut tout attendre du temps,
> Et surtout du désir de plaire.[24]

Veut-on célébrer la liberté du poète et remercier la duchesse? On organise aussitôt des fêtes. Mme Du Châtelet chante dans *Zélindor* de Moncrif. «Ma-

24. M.x.535.

dame Du Chastelet», écrit Voltaire à l'auteur, «a chanté Zirphé avec justesse, l'a jouée avec noblesse et avec grâce. Quatre mille diamants faisaient son moindre ornement. Allez, allez, laissons dire, les beaux-arts sont honorés.»[25]

Il est inévitable qu'on joue *Issé*, le triomphe d'Emilie. Mais la marquise y remporte un tel succès que la duchesse ne se sent plus chez elle. A son âge elle est vite fatiguée de ces fêtes. «La prodigieuse affluence du monde qu'il y eut à la première représentation», écrit le duc de Luynes, «avait déjà importuné Mme la duchesse Du Maine, et ce ne fut qu'avec peine qu'elle consentit à la seconde [...] Mais l'importunité de la foule n'étant pas moins grande qu'à la première, Mme la duchesse Du Maine se détermina à ne plus laisser jouer que des comédies.»[26]

Qu'à cela ne tienne! Voltaire en a une sous la main qui n'a pas encore vu la scène. C'est *La Prude*, qu'il a d'abord appelée, lorsqu'il l'a écrite en 1739, *La Dévote*. A cette époque, le prince royal de Prusse et d'Argental sont les seuls, sans doute, à l'avoir lue. Voltaire écrit le 26 janvier 1740, à Frédéric: «je vous enverrai, si cela vous amuse, la comédie de la Dévote».[27] Il tombe bien: le roi, père de Frédéric, étant malade, le prince cherche à oublier ses soucis: «Envoyez-moi, je vous prie, votre *Dévote*, votre *Mahomet*, et générale-ment tout ce que vous croyez capable de me distraire.»[28] En avril, Frédéric communique au poète ses impressions: «Votre *Dévote* est venue le plus à propos du monde. Elle est charmante, les caractères bien soutenus, l'intrigue bien conduite, le dénouement naturel. Nous l'avons lue, Césarion et moi, avec beaucoup de plaisir, souhaitant beaucoup la voir représentée ici, en présence de son auteur.»[29] Cependant, elle ne fut pas représentée lors des deux séjours que fit le poète en Prusse par la suite. D'Argental ne fut pas aussi admiratif que Frédéric; on ne peut que deviner ses réticences. En août 1747 – en supposant que la lettre non datée de Voltaire à son ami soit bien classée par Th. Besterman – le poète a recueilli d'autres avis et il brûle de faire jouer sa pièce, dont il a changé le titre. Après avoir plaidé en faveur de ses personnages, il conclut: «je pense être sûr d'un très grand succès. Tout le monde convient que la lecture tient l'auditeur en haleine sans qu'il y ait un instant de langueur. J'espère que le théâtre y mettra toute la chaleur nécessaire et qu'il y aura infiniment de comique si la pièce est bien jouée. Plaignez ma folie, mais ne vous y opposez pas.»[30] Toutefois, il ne s'est pas encore décidé à la donner aux

25. D3590 (novembre-décembre 1747).
26. Duc de Luynes, *Journal* (8 décembre 1747), viii.352.
27. D2149 (26 janvier 1740).
28. D2173 (26 février 1740).
29. D2198 (15 avril 1740).
30. D3564 (vers août 1747?).

comédiens, lorsqu'il se réfugie à Sceaux, en novembre 1747. Et voici que l'occasion lui est offerte de la créer, sachant bien qu'avec des comédiens amateurs il ne lui donne pas les mêmes chances qu'à la Comédie-Française.

La Prude fut publiée dès 1748 dans l'édition Conrad Walther à Dresde.[31] Un trop bref «Avertissement de l'auteur» apparaîtra, chez le même éditeur, en 1752. C'est l'édition de Kehl qui publiera l'avertissement définitif, Voltaire ayant jugé indispensable des explications plus précises. La pièce, déclare-t-il, «est moins une traduction qu'une esquisse légère de la fameuse comédie de Wicherley, intitulée *Plain dealer*» (*L'Homme au franc procédé*), inspirée du *Misanthrope*. Esquisse légère, certes, car dans la pièce anglaise «l'intrigue est infiniment plus compliquée, plus intéressante, plus chargée d'incidents», mais surtout «la satire y est beaucoup plus forte et plus insultante; les mœurs y sont d'une telle hardiesse qu'on pourrait placer la scène dans un mauvais lieu attenant un corps de garde. Il semble que les Anglais prennent trop de liberté, et que les Français n'en prennent pas assez.» Voltaire cite, sans oser les écrire entièrement, un certain nombre de mots grossiers que l'on y trouve à profusion. «Croira-t-on», ajoute-t-il, «que la connaissance la plus approfondie du cœur humain, les peintures les plus vraies et les plus brillantes, les traits d'esprit les plus fins, se trouvent dans le même ouvrage?» Le poète n'a donc «donné ici qu'une très légère idée de la hardiesse anglaise», et il a considérablement simplifié la pièce: «il a fallu en retrancher des rôles tout entiers.»[32]

La Prude va donc être représentée à Sceaux, le 15 décembre 1747. Voltaire y ajoute un «Prologue» qu'il récite lui-même avant le lever du rideau. Inévitablement, c'est encore un panégyrique de la duchesse.

> O vous, en tous les temps par Minerve inspirée!
> Des plaisirs de l'esprit protectrice éclairée,
> Vous avez vu finir ce siècle glorieux,
> Ce siècle des talents accordé par les dieux […]
> Tout défaut dans les mœurs à Sceaux est combattu:
> Quand on fait devant vous la satire d'un vice,
> C'est un nouvel hommage, un nouveau sacrifice,
>   Que l'on présente à la vertu.

Rien de plus vrai: la cour de Sceaux, sans être bégueule, est, au milieu du siècle, fort rangée; elle fait l'admiration de Mme de Pompadour, car elle n'abrite point de vices comme celle de Versailles.

C'est moins au *Misanthrope* qu'au *Tartufe* que fait penser la pièce de Voltaire. Si Blanford, personnage pessimiste, tenait le premier rôle dans la pièce

---

31. *Œuvres*, tome VIII.
32. M.iv.390-91.

anglaise, c'est dans celle de Voltaire Dorfise, la prude aimée de Blanford, véritable Tartufe-femme, qui a pris cette place. Comme *L'Enfant prodigue*, la comédie est écrite en décasyllabes.

L'intrigue ne procède presque jamais des caractères ni de leur évolution. Elle repose essentiellement sur la fausse identité d'Adine, jeune fille déguisée en Turc, déguisement dont elle jouera jusqu'à la fin. Son père, consul en Grèce, étant mort récemment, elle a été poursuivie par un vrai Turc amoureux fou, dont elle ne voulut pas, en quittant la Grèce, être reconnue. Pourquoi ne reprend-elle point son costume de femme en arrivant à Marseille? Parce qu'il est au fond de la mer! Pourtant ses vêtements de Turc ont dû être mouillés, car le vaisseau du capitaine Blanford, attaqué par des pirates de Barbarie, a brûlé et a coulé. C'est le capitaine lui-même, à qui le père d'Adine destinait sa fille, qui l'a sauvée, croyant, bien entendu, sauver un jeune Turc! Que d'aventures invraisemblables, que l'on ne détaille pas, heureusement, avant le lever du rideau!

Chaperonnée par son oncle Darmin, ami de Blanford, Adine – jeune Turc – arrive, passionnément amoureuse de Blanford. Amour sans espoir, car elle sait que le capitaine aime Dorfise, veuve et prude, à qui il a confié ses biens pendant qu'il sillonnait les mers. Une affaire d'argent qui corsera la pièce. Darmin cherche à rassurer sa nièce: Blanford ne tardera pas, croit-il, à ouvrir les yeux:

> Peut-il longtemps se coiffer d'une prude
> Qui de tromper fait son unique étude? (i.i)

En vain: Adine sait que Dorfise est belle et que Blanford est honnête et constant. Elle ne voit qu'une issue:

> Je veux dès ce soir même
> Dans un couvent fuir un ingrat que j'aime.

Si l'intrigue peut néanmoins progresser, c'est grâce aux ruses d'Adine, qui pousse l'action, et au tenace aveuglement du capitaine qui la retient. Blanford arrive. Comme les gens le croient ruiné et le fuient, il profère de fortes tirades dans le goût d'Alceste. Il ne comprend rien aux déclarations voilées de ce jeune Turc, lequel, saisi d'un malaise, manque de s'évanouir.

> Une fille à son âge
> Serait plus forte, aurait plus de courage. (i.ii)

Comme Molière a placé Philinte auprès d'Alceste, Voltaire oppose à la prude sa cousine, Mme Burlet, femme sincère et naturelle, aimant la vie, dont les propos épicuriens font penser parfois à ceux de Mme Du Châtelet dans le *Discours sur le bonheur*. Sensées, vives et convaincantes, ses répliques constituent l'un des meilleurs éléments comiques de la pièce.

Dorfise paraît enfin. Elle apprend que Blanford est de retour. Désagréable surprise! Changement de ton: elle a remarqué Adine, le beau jeune homme, avec une attention appuyée et gourmande. Voilà qui la perdra. Elle demande à le revoir, sans tarder. Dans leur tête à tête, Adine joue parfaitement la naïveté. Mais le «caissier» Bartolin, à qui Dorfise a confié les biens de Blanford, se fait annoncer, provoquant une véritable panique. Dorfise cache Adine dans son cabinet. Bartolin la découvre et la tire brutalement par le bras. Dans cette scène, Adine seule est restée lucide: la veuve, dans son désarroi, s'est troublée au point d'appeler le caissier «son mari».

> Lui! son mari! murmure Adine.

Mais peut-être Dorfise a-t-elle voulu seulement amadouer Bartolin par une promesse.

Après de nouvelles péripéties, Adine accepte un autre rendez-vous chez Dorfise, à neuf heures du soir. Auparavant, elle révèle à Blanford qu'elle est l'objet des assiduités de la prude. Le capitaine s'obstine à ne point croire ce jeune Turc. Adine l'invite alors à assister en catimini à son rendez-vous et l'avertit qu'elle y sera déguisée en fille. Blanford, troublé, s'efforce malgré tout de continuer d'être dupe. Qui croire? Trompé de toutes parts, il s'abandonne à une souffrance qui évoque, une fois de plus, celle d'Alceste. Il imagine que, seule, Mme Burlet peut lui dire la vérité; or, elle ne fait que se moquer:

> [...] souviens-toi que la solide affaire,
> La seule ici qu'on doive approfondir,
> C'est d'être heureux et d'avoir du plaisir.   (v.ii)

Stratégie ultime favorisée par le crépuscule: Adine paraît à son rendez-vous, habillée en fille. Blanford est frappé par sa beauté. Elle le cache derrière elle dans un coin de la scène. La nuit s'épaissit. Dorfise entre en tâtonnant et déclare à Adine qu'elle veut l'épouser. «Mais de quoi vivrions-nous?», demande Adine. Rien de plus facile: Dorfise fera deux parts des biens que Blanford lui a confiés; «honnêtement», elle lui en rendra une part, tandis que l'autre part permettra aux deux époux de vivre. Elle va immédiatement chercher la cassette. Blanford, toujours assailli par des sentiments contradictoires, ne laisse pas d'être touché qu'elle veuille lui rendre quelque chose! En même temps, fort troublé, il devine qu'Adine est une femme. C'est sans doute ce qui le décide. Lorsque Dorfise revient, il se précipite, dans l'obscurité, sur la cassette et s'en saisit.

Bartolin, averti, entre, l'épée à la main. Blanford confie la cassette à Adine et se bat. Il désarme aisément Bartolin. Entrent tous les autres personnages, attirés par le bruit. Darmin avoue enfin qu'Adine est sa nièce, puis il dit, s'adressant à Blanford:

> Vous devez tout à son amour extrême,

> Votre fortune et votre raison même.
> Répondez donc: que doit-elle espérer?
> Que voulez-vous, en un mot?   (v.viii)

Blanford, se jetant à genoux: «L'adorer.»

Si la pièce est conventionnelle, pleine d'artifices, elle ne manque pas de variété dans le ton; elle oscille entre la comédie larmoyante et la farce; elle a parfois la fantaisie d'un conte. Reconnaissons-lui du mouvement, de la vivacité et du charme. On peut regretter que la versification décasyllabique, pas toujours très soignée, déroute trop souvent l'auditeur. Il est dommage que Voltaire ne l'ait pas écrite en prose: plus alerte, elle eût parfois annoncé Beaumarchais.

On ne sait si les acteurs de Sceaux ont réussi à la mettre en valeur après une préparation trop brève. Voltaire y prit un rôle, ainsi que Mme Du Châtelet et Mme de Staal, dont les récits nous manquent. Le bruit insolite que fit *La Prude* semble avoir étouffé les jugements critiques. Le 7 décembre, Voltaire commence à lancer ses invitations sans aucun scrupule. Il bat le rappel à Paris. Quelle publicité! Il commence par sa nièce qu'il invite avec l'abbé Mignot: «Il pourra la voir sans péril, personne ne le connaît ici. Venez», ajoute-t-il, *«avec tous vos amis et votre famille.»*[33] Le brouhaha s'annonce bien pire que pour *Issé*. Le 15 décembre, il se trouve à Sceaux «un monde si affreux», écrit le duc de Luynes, que la duchesse demande à voir les billets d'invitation. Elle les trouve «indécents». De Luynes en a transcrit un dans son journal: «De nouveaux acteurs représenteront vendredi 15 décembre, sur le théâtre de Sceaux, une comédie nouvelle en vers et en cinq actes. Entre qui veut sans aucune cérémonie; il faut y être à six heures précises et donner ordre que son carrosse soit dans la cour à sept heures et demie, huit heures. Passé six heures, la cour ne s'ouvre à personne.»[34]

Voltaire et Emilie n'avaient pas lancé moins de cinq cents de ces billets. Par ce soir d'hiver, dans l'obscurité, on imagine le désordre et le bruit dans la cour et dans la salle. Mais pourquoi le marquis d'Argenson a-t-il tenté de faire croire que la duchesse Du Maine avait, en conséquence, fermé sa porte à Voltaire et à son amie? «Madame Du Châtelet et Voltaire», écrit-il, «ont perdu les entrées de la cour de Sceaux à cause des invitations qu'ils faisaient à leurs pièces. Il y a cinq cents billets d'invitation où Voltaire offrait à ses amis, pour plus agréable engagement, qu'on ne verrait pas la duchesse Du Maine.»[35] On est obligé de conclure que le marquis n'a pas vu ces billets, donc qu'il n'a pas reçu d'invitation. Rancœur? Jalousie? Les relations entre Voltaire et l'ancien ministre semblent fort distendues. Sur les suites de l'affaire, c'est Longchamp

---

33. D3591 (7 décembre 1747), en italien; c'est nous qui soulignons.
34. Duc de Luynes, viii.553.
35. D'Argenson, *Mémoires*, iii.190.

qu'il faut croire. Mme Du Maine fit à Voltaire des remarques fermes mais courtoises et ne ferma point sa porte.

Un problème demeure en suspens: pourquoi le poète, à la suite de cette représentation de *La Prude*, n'a-t-il pas donné sa pièce à la Comédie? La raison la plus vraisemblable serait qu'il eût reconnu, au cours des répétitions et de la représentation, ses défauts, et qu'il eût alors admis que d'Argental avait raison. Ces sortes de repentirs sont tout à fait dans son caractère, à condition que l'œuvre ne soit pas attaquée de l'extérieur, par ses ennemis. Peut-être a-t-il vu que le style n'en était pas toujours fort soigné, et comme l'invention appartenait à Wycherley plus qu'à lui-même, a-t-il jugé inutile de la récrire. Il l'a cependant publiée.

Sans doute préfère-t-il se consacrer à la révision de *Sémiramis*. Et de nouveaux événements vont l'éloigner d'une occupation devenue secondaire.

Sa situation à la cour ne semble nullement compromise par l'affaire du jeu de la reine. A la fin de décembre, on joue *L'Enfant prodigue* devant le roi, sur son théâtre privé dit «des petits cabinets» dirigé par le duc de La Vallière. En ce théâtre, le roi fut longtemps l'unique spectateur; mais on y admit ensuite une vingtaine de privilégiés. Les rôles sont généralement tenus par de grands personnages de l'entourage du roi. Soit qu'ils fréquentent le château de Champs ou le salon de Mme de Rochefort-Brancas, ils sont pour la plupart parmi les protecteurs les plus sûrs de Voltaire. Cependant, le cercle des petits cabinets reste intime: jamais n'y sont admis les auteurs des pièces qui ont été jouées en public. Ce qui est regrettable, car certains des acteurs courtisans, tels le duc de La Vallière, le duc d'Orléans, qui passe sa vie sur les planches de ses théâtres, ont acquis le talent des meilleurs professionnels. Le duc de Nivernais atteindra une telle perfection dans *Le Méchant* que Gresset, admis plus tard à la représentation, souhaitera que Rosély, l'acteur chargé du rôle de Valère à la Comédie, vienne à Versailles se pénétrer de son jeu.

Dans *L'Enfant prodigue*, la distribution est particulièrement brillante: Mme de Pompadour joue Lise, Mme de Brancas la baronne de Croupillac, et Mme de Livry Marthe. Le duc de Chartres interprète le rôle de Randon, Mme de Croissy celui de Fierenfat, le duc de La Vallière celui d'Euphémon père, le duc de Nivernais celui d'Euphémon fils, et le marquis de Gontaut celui de Jasmin. La pièce remporte un succès sans réserve. Mme de Pompadour, regrettant que Voltaire n'ait pu en être témoin, obtient du roi, quelques jours après la représentation, que les auteurs y soient désormais conviés. Voltaire n'en est pas flatté outre mesure, et ce n'est point sans ironie qu'il l'annonce à Cideville: «m'élevant par degrés au comble des honneurs j'ai été admis au théâtre des petits cabinets entre Montcriffe et d'Arboulin. Mais mon cher

Cideville, tout l'éclat dont brille Montcriffe ne m'a point séduit.»[36] Il est flatté, toutefois, que cette promotion lui vienne de Mme de Pompadour et, pour son malheur, ne peut se retenir de lui rimer un compliment:

> Pompadour, vous embellissez
> La cour, le Parnasse, et Cythère.
> Charme de tous les cœurs, trésor d'un seul mortel,
> Qu'un sort si beau soit éternel!
> Que vos jours précieux soient marqués par des fêtes!
> Que la paix de nos champs revienne avec Louis!
> Soyez tous deux sans ennemis,
> Et tous deux gardez vos conquêtes.[37]

Cet homme est incorrigible; ce n'est point, pourtant, la première étourderie qui met en danger sa liberté. Fallait-il révéler ce que tout le monde savait? Tout d'abord, le roi n'y voit point d'affront, et la favorite, flattée, laisse le poème se répandre. Pas plus que Voltaire, elle ne voit combien il peut être offensant pour les courtisans et les dévots qui ne l'ont jamais accepté, et surtout pour le parti de la reine. On craint que Mesdames, les filles du roi, n'en soient gravement irritées. Si Luynes, avec raison, n'en dit mot, d'autres mémorialistes par la suite n'ont pas manqué d'exagérer, de dramatiser, de romancer le scandale. C'est le cas de Laujon, auteur de ballets et d'opéras, qui affirmera «que Mesdames avaient regardé comme attentatoire à l'honneur de leur père cette parité de gloire [...], que c'était enfin un crime impardonnable». Il ira jusqu'à écrire que «l'exil de Voltaire fut signé».[38] D'après Barbier, on va jusqu'à faire croire que «les vers familiers de Voltaire à la princesse Ulrique étaient destinés à la dauphine». Le poète Roy saisit l'occasion d'adresser à Voltaire des reproches publics, ce que Barbier regarde comme «une réponse très sage»:

> Dis-moi, stoïque téméraire,
> Pourquoi tes vers audacieux
> Osent dévoiler à nos yeux
> Ce qui devrait être un mystère?
> Les amours des rois et des dieux
> Ne sont pas faits pour le vulgaire.
> Lorsqu'on veut dans leur sanctuaire
> Porter des regards curieux,
> Respecter leur goût et se taire
> Est ce qu'on peut faire de mieux.[39]

36. D3601 (2 janvier 1748).
37. M.x.531.
38. Pierre Laujon, *Œuvres choisies* (Paris 1811), i.87-88.
39. Barbier, iv.281-82.

La réprobation, les bruits d'un exil volontaire et même d'un exil signé par le roi se seraient sans doute apaisés plus rapidement si le poète eût évité de partir. Cependant Barbier reste prudent: «Voltaire n'a pas été exilé publiquement», écrit-il, «mais on lui a apparemment fait entendre qu'il ferait sagement de s'éloigner de la cour. Il est certain qu'il est parti pour la Lorraine, qu'il est actuellement à la cour du roi Stanislas. On a prétexté un voyage qu'il devait faire avec la marquise Du Châtelet.»[40] Le duc de Luynes, plus discret encore, ne note que le départ de la marquise pour la Champagne.

En supposant que ce voyage ait été exigé ou conseillé par le parti de la reine, comment Barbier ne s'est-il pas demandé s'il est logique et habile que Voltaire se réfugie chez le père de Marie Leszczynska? Cependant, ce qui accrédite le mieux ces rumeurs d'exil, c'est que le couple ne se rend pas d'abord chez le roi Stanislas, mais qu'en plein hiver il se rend à Cirey, alors qu'il serait plus urgent pour Voltaire de préparer la représentation de *Sémiramis*. Le prétexte du voyage de Mme Du Châtelet, qu'elle laisse circuler, ne donne pas le change; il apparaît que Voltaire quitte Paris comme il l'a fait après l'incident du jeu de la reine, par peur des représailles.

Ici, l'histoire se répète. Sans s'attarder aux adieux, le poète doit donc se séparer, une fois de plus, de sa chère nièce. Et celle-ci se console toujours, mais cette fois de façon insolite – avec Mme Du Bocage. C'est du moins ce que lui reproche Baculard d'Arnaud, fatigué d'attendre qu'elle lui cède, et qui se venge en mettant à nu, avec une cruelle exactitude, les défauts de Marie-Louise Denis: prétention et froideur. «On se traîne à la comédie pour vous, on vous sacrifie pour ainsi dire sa vie, et l'heureuse Mme du Boccage est aujourd'hui votre objet familier, etc. [...] Je regarde une femme qui se met à l'amitié comme une malade qui veut vivre de régime.

> Que je vous plains! De l'esprit possédée,
>   Ne connaîtrez-vous donc jamais
>   Le plaisir, et la douce idée
> D'avoir un cœur sensible, ouvert aux moindres traits [...]
> J'aime encore mieux des dieux avoir reçu ce cœur
>   Que votre esprit, cet esprit inventeur,
>   Qui s'égarant en des recherches vaines
>   Ne vous fera jamais goûter qu'un faux bonheur.
> Croyez-moi, ce n'est point dans les écrits d'Athènes,
> Chez ce Voltaire enfin, de la France l'honneur,
> Qu'on trouve le plaisir, il est dans notre cœur.

Il est malade, lui aussi, et d'un tel égoïsme il n'attend aucun secours:

> Mais à qui vais-je, hélas, parler de ma santé

40. Barbier, iv.281.

Est-ce à vous que rien n'intéresse?
Qu'on ne peut soupçonner de la moindre tendresse
Vous qui n'avez enfin aucune humanité?[41]

Se comporte-t-elle autrement auprès de Voltaire? Ici, l'intérêt lui dicte sa conduite. D'ailleurs, dans les lettres de son oncle, elle ne trouve jamais de reproches. Peut-être ne se donne-t-elle, en effet, «qu'au génie»? Mais l'homme le plus heureux, en cette période, pourrait bien être Marmontel, de qui l'on jouera la tragédie dans quelques semaines.

On peut dater à quelques jours près le départ du couple pour Cirey. Le 10 janvier, le poète écrit encore de Versailles une lettre à Mairan, et il envoie ses «éléments de philosophie» à Conrad Walther le lendemain. Le 15, il adresse une dernière lettre à Mme Le Vaillant pour s'excuser de ne pas avoir rendu son *Anti-Malebranche* et pour la remercier d'un envoi de pâté de sanglier. «J'ai lu l'un avec la plus grande satisfaction», écrit-il, «et je n'ai point mangé de l'autre. Mon esprit est plus fait pour se nourrir de vos pensées, que mon estomac pour digérer les sangliers; [mais] il a été mangé par des philosophes qui ne croient pas plus que vous madame au père Mallebranche.»[42] Voltaire et Mme Du Châtelet sont partis au plus tôt le 17 janvier 1748. Ils emmènent Longchamp, chargé désormais du «détail» de la maison de Voltaire.

C'est au cours de ce voyage à Cirey que Desnoiresterres situe l'anecdote de l'essieu cassé, racontée par Longchamp, qui valut à Emilie et à son ami de contempler, par une nuit glaciale, le ciel étoilé. C'est une erreur qu'il est aisé de rectifier aujourd'hui grâce à de nouvelles lettres de Voltaire publiées par Th. Besterman. Longchamp, d'ailleurs, place l'événement après un premier séjour du couple à Lunéville. L'approche est meilleure, mais il a oublié que les deux amis n'effectueront un voyage d'hiver en tête à tête à Cirey qu'avant leur troisième séjour à la cour de Lunéville, à la fin de janvier 1749.

En réalité, le premier voyage de janvier 1748 fut très rapide et se déroula dans les conditions de confort les moins mauvaises pour l'époque. La raison en est simple: Mme de Boufflers, qui séjournait à Paris avec son frère, le prince de Beauvau-Craon, avait décidé de rentrer à Lunéville en compagnie de Mme Du Châtelet et de Voltaire. Ce que dit le duc de Luynes de Mme Du Châtelet à la date du 21 janvier n'a pas assez retenu l'attention de Desnoiresterres: «Elle est partie au commencement de cette année pour aller dans ses terres de Champagne avec Mme la marquise de Boufflers et M. de Voltaire, et de là, elle est allée à la cour du roi de Pologne.»[43] Ce témoignage est aujourd'hui recoupé par une lettre importante de Voltaire à sa nièce

41. D3600 (1747-1748).
42. D3606. Son *Anti-Malebranche* n'a jamais été publié.
43. De Luynes, viii.455.

expédiée de Lunéville le 1er février: «Ma chère enfant, j'ai été à Cirey, et de Cirey, voici votre vagabond ami [*vostro errante amico*] à Lunéville [...] Voyez-vous quelquefois le prince de Beauvau? Je le crois amoureux de vous. J'ai passé par la ville de Troyes, mais je n'ai pu voir votre frère, nous allions trop rapidement et l'on ne peut pas retarder la course quand on voyage avec deux dames [...] Je suis ici comme les cygnes, j'ai un bon nid, douce pitance (et une ambiance agréable, grâce au bon feu). Je suis logé au palais.»[44]

Si les voyageurs sont partis de Paris vers le 17 janvier et si leur installation est achevée à Lunéville le 1er février, leur séjour à Cirey a donc été très court. On peut même supposer qu'ils ne se sont pas vraiment installés, en cette saison, dans un château depuis longtemps inhabité. Nous ne connaissons aucune lettre de Voltaire partie de Cirey vers cette date. L'erreur de Desnoires-terres, reprise par certains biographes,[45] en a entraîné une autre, plus grave: Longchamp, dit-il, prétend «que ce séjour à Cirey dura quatre mois. Il ne se trompe pas, au bas mot, de moins de trois grands mois.» C'est de près de quatre qu'il faudrait dire. Voltaire raconte, dans ses *Mémoires*, comment se décida le passage des trois voyageurs de Cirey en Lorraine. Si l'on retire de son récit l'incroyable dessein du P. Menoux, le poète doit approcher de la vérité en montrant que l'invitation de Stanislas, préparée sans doute par Mme de Boufflers, obtint un rapide acquiescement. Mais écoutons le récit insolite de Voltaire:

Ils [le jésuite et la marquise de Boufflers] étaient ouvertement brouillés. Le pauvre roi avait tous les jours bien de la peine, au sortir de la messe, à rapatrier sa maîtresse et son confesseur. Enfin, notre jésuite ayant entendu parler de Mme du Châtelet, qui était très bien faite, et encore assez belle, imagina de la substituer à Mme de Boufflers. Stanislas se mêlait quelquefois de faire d'assez mauvais petits ouvrages: Menou crut qu'une femme auteur réussirait mieux qu'une autre auprès de lui. Et le voilà qui vient à Cirey pour ourdir cette belle trame: il cajole Mme du Châtelet, et nous dit que le roi Stanislas sera enchanté de nous voir: il retourne dire au roi que nous brûlons d'envie de venir lui faire notre cour: Stanislas recommande à Mme de Boufflers de nous amener [...] Il arriva tout le contraire de ce que voulait le révérend père. Nous nous attachâmes à Mme de Boufflers; et le jésuite eut deux femmes à combattre.[46]

On voit bien ici la part de la fable: ce jésuite entremetteur pouvait-il jouer à Voltaire ce mauvais tour? Mais il est vraisemblable qu'il servit de messager entre le roi et Mme de Boufflers, celle-ci ayant pris l'initiative de faire demander à Stanislas s'il pouvait accueillir Voltaire et son amie. Le roi, sachant

44. D3610 (1er février 1748), traduction de Th. Besterman.
45. Desnoiresterres, iii.150-52.
46. *Mémoires* (M.i.34-35).

la qualité des distractions que les deux amis pouvaient apporter à la petite cour, dut applaudir à l'initiative de sa favorite et envoyer son jésuite à Cirey.

Le séjour de fin janvier 1748 à Cirey a donc été trop bref pour que la nouvelle fringale de théâtre dépeinte par Desnoiresterres ait conduit le couple à monter tant de comédies avec des acteurs pris dans le milieu local. Comme l'incident de l'essieu cassé, ces événements appartiennent à un séjour postérieur.

16. Une petite planète dans un tourbillon, ou «l'esclavage» doré

La précipitation du départ n'a pas permis à Voltaire d'assister, le 5 février, à la représentation de *Denys le tyran*, la tragédie de son ami Marmontel. Peu après son arrivée à Lunéville, il apprend que c'est un succès; il en exprime sa joie à d'Argental et à Mme Denis. «J'aime beaucoup ce Marmontel [...] Il me semble qu'il y a bien de bonnes choses à espérer de lui.»[1] «Les lettres de Paris disent que le succès croît chaque jour; cette réussite me cause une joie d'autant plus grande que la fortune manque à l'auteur.»[2] Marmontel juge alors qu'il peut proposer à Voltaire de lui dédier sa pièce. Heureux, le poète le remercie chaleureusement: «Je vous avoue que je suis bien flatté que notre amitié soit aussi publique qu'elle est solide [...] J'espère revenir à Paris assez à temps pour voir jouer votre pièce.» Il va toutefois un peu vite lorsqu'il ajoute: «Il faut songer à présent à être de notre académie.»[3]

Cette joie d'amitié s'efface devant deux soucis parisiens qui le poursuivent: les répétitions de *Sémiramis* qu'il a été contraint d'abandonner et les bruits de son exil. Avant son départ, malgré sa hâte, il a envoyé sa tragédie, insuffisamment corrigée, à d'Argental. De Lunéville, il en expédie une autre copie à Mme Denis. Sachant que la représentation sera retardée par son absence, il se résigne et avoue à d'Argental qu'il est même satisfait d'éviter «la précipitation avec laquelle les comédiens [l']auraient jouée [...] Elle n'en vaudra que mieux pour attendre.»[4] Bien qu'il ait été malade depuis son arrivée, il est bien résolu à travailler, «l'esprit prompt», dit-il, «et la chair infirme.»[5] Que ses amis se hâtent donc de lire la pièce: «ordonnez, et s'il y a encore des vers à refaire je tâcherai de me bien porter. M. de Pont-de-Velle et M. de Choiseuil[6] sont-ils enfin contents de ma reine de Babylone?»[7] Rarement une tragédie fut l'objet de tant de soins.

---

1. D3616 (13 février 1748).
2. D3619 (15 février 1748), à Mme Denis, en italien.
3. D3620 (15 février 1748).
4. D3616.
5. D3615 (vers le 10 février), à Mme Denis: «Lo spirito prompto e la carne inferma.»
6. Il s'agit du duc de Choiseul-Praslin, né en 1712, cousin du duc de Choiseul-Stainville, futur ministre.
7. D3609 (1er février 1748).

Apparemment plus désinvolte apparaît sa préoccupation d'effacer les rumeurs d'exil dont il reçoit les échos. Mais sa désinvolture n'est qu'une feinte. De son départ, il n'évoquera jamais la véritable cause, son «compliment» à Mme de Pompadour. Voilà ce qu'il faut masquer et faire oublier! «Je ne peux donc, mes divins anges, sortir de ce Paris sans être exilé! [...] Moi une lettre à Madame la dauphine!» La meilleure preuve qu'il n'est pas exilé n'est-elle pas l'accueil des plus chaleureux du roi Stanislas dont il ne cesse de chanter les louanges? La dauphine? Impossible! «Le grand-père de son auguste époux rend ici mon exil prétendu fort agréable. Il est vrai que j'ai été malade, mais il y a plaisir à être malade chez le roi de Pologne.»[8] Habilement, c'est à Hénault qu'il va s'adresser, car le président est attaché à la cour de la reine et c'est là qu'il faut frapper: «J'ai appris, monsieur, dans cette cour charmante où tout le monde vous regrette, que j'étais exilé; vous m'avouerez qu'à votre absence près, l'exil serait doux. J'ai voulu savoir pourquoi j'étais exilé. Des nouvellistes de Paris, fort instruits, m'ont assuré que la reine était très fâchée contre moi [...] parce que j'avais écrit à madame la dauphine que le cavagnole est ennuyeux [...] en vérité, je n'ai pas l'honneur d'être en commerce de lettres avec madame la dauphine.»[9]

Un peu plus tard, un événement heureux vient le délivrer de cette préoccupation: Louis XV vient de lui faire don des appointements d'une année de sa charge, celle qui s'est écoulée depuis la mort de son prédécesseur jusqu'au jour de sa réception. «Ainsi [...] le roi me donne des marques nouvelles de sa protection quand mes ennemis m'exilent.»[10]

D'ailleurs, qu'on ne s'y trompe pas! Il n'a pas pris la fuite, ce n'est même pas lui qui a décidé ce voyage, c'est Mme Du Châtelet qui avait à solliciter du roi Stanislas une faveur pour le marquis son époux et qui, maintenant, raffole de cette cour. «Je ne sais si elle ne restera point ici tout le mois de février. Pour moi qui suis une petite planète de son tourbillon, je la suis dans son orbite cahin-caha, et quoique je mène ici la vie la plus douce et la plus commode, je reviendrai avec délices vous faire ma cour.»[11]

On le soigne, on le cajole. Le médecin et l'apothicaire de Stanislas font merveille. A peine est-il sur pied que fêtes et représentations théâtrales se succèdent. On joue *Le Glorieux* qu'il aime beaucoup et qui le fait penser à Molière; on lui joue *Mérope*: «croiriez-vous [...] qu'on y a pleuré tout comme à Paris? Et moi [...] je me suis oublié au point d'y pleurer comme un autre.»[12]

---

8. D3616.
9. D3621 (15 février 1748).
10. D3626 (1er mars 1748).
11. D3609.
12. D3616 et D3624 (25 février 1748).

Et comme le roi de Pologne a entendu parler des succès de Mme Du Châtelet à la cour de Sceaux, il dépense des sommes énormes à lui faire confectionner de somptueux costumes. Accompagnée de la jolie comtesse de Lutzelbourg, elle joue dans *Issé* si parfaitement que le roi réclame deux autres représentations de l'opéra. Voltaire exprime son enthousiasme dans des vers d'un goût d'autant plus douteux que l'on n'ignore pas l'austère personnalité du mathématicien suisse placé ici en ridicule posture:

> Vous tourneriez la tête à nos docteurs:
> Bernouilli dans vos bras,
> Calculant vos appas,
> Eût brisé son compas![13]

Le duc de Luynes a recueilli les échos de ce succès. Mais à Versailles, l'admiration n'est pas aussi unanime qu'à Lunéville. Qui donc y fait circuler des chansons comme celle-ci, sur l'air de *Joconde*?

> Il n'est de plus sotte guenon
>   De Paris en Lorraine
> Que celle dont je tais le nom
>   Qu'on peut trouver sans peine.
> Vous la voyez coiffée de fleurs
>   Danser, chanter sans cesse;
> Et surtout elle a la fureur
>   D'être grande princesse.
> Cette princesse a cinquante ans
>   Comptés sur son visage.
> Elle a des airs très insolents,
>   Du monde aucun usage.
> Elle est dépourvue d'agréments,
>   Chargée de ridicules,
> Et pour monsieur de Guébriant,
>   Elle a pris des pilules.[14]

Voltaire avait promis à sa nièce d'être à Paris «le mois prochain», c'est-à-dire en mars. Mais Mme Du Châtelet retarde sans cesse ce retour. «Je ne sais pas si elle ne passera pas ici sa vie», écrit le poète à d'Argental.[15] La marquise paraît en effet résolue à rassembler sa famille en Lorraine. Le 2 mars, elle mande au comte d'Argenson: «Le roi de Pologne me comble de bontés, et je vous assure qu'il est bien difficile de le quitter.» Elle désirerait l'appui du

13. M.x.537.
14. Gaston Maugras, *La Cour de Lunéville au XVIIIe siècle* (Paris 1904), p.277.
15. D3624 (25 février 1748).

ministre pour obtenir une lieutenance du roi pour son fils Florent, qui est toujours à Gênes: «Je voudrais bien que vous eussiez pensé qu'il est Lorrain.»[16]

Pourtant, Voltaire est pressé de rentrer, non seulement pour faire jouer *Sémiramis*, mais parce qu'il risque de retarder l'édition de ses œuvres à Dresde. Occupé à la correction de l'*Histoire de Charles XII*, il rassure, tout de suite, l'éditeur Conrad Walther: «Dès que je serai de retour à Paris je travaillerai aux trois derniers livres, n'ayant pas les matériaux nécessaires dans la cour où je suis.»[17] Le 1er mars, il annonce à Mme Denis son départ pour le 20 mars et, le 20, il le remet au 25. Le 3 avril, le voici plongé dans la plus grave incertitude: «Ma chère enfant, je ne sais plus quand je reviendrai. J'avais déjà fait partir mes petits ballots; ils doivent être à Paris, et me voici arrêté à Lunéville par la maladie de madame de Bouflers. Il y a huit jours qu'elle a la fièvre, nous ne pouvons pas l'abandonner. Je suis ici sans robe de chambre, sans chemises, et qui pis est, sans livres [...] Peut-être partirons-nous dans trois ou quatre jours, peut-être dans quinze. Je suis absolument incertain de mon sort.»[18]

Les jours passent; Voltaire attend toujours. Quant à la marquise, elle poursuit, imperturbable, auprès du ministre de la guerre, sa stratégie d'immigrante en Lorraine: «Les bontés du roi de Pologne, monsieur, me portent à vous importuner. Il désirerait me fixer dans ce pays-ci du moins pour une partie de l'année. Le commandement de la Lorraine serait un établissement pour M. du Châtelet qui me donnerait une raison de demeurer ici [...] *J'attendrai votre réponse pour partir.*»[19]

Situation combien gênante que celle de Voltaire, cet homme célèbre qui a tant à faire à Paris et se trouve rivé à Lunéville par son amie! Il n'en continue pas moins à s'occuper des affaires de Mme Du Châtelet auprès du marquis de Hoensbroeck, qui ne paie toujours pas: «on m'accable d'assignations», lui écrit-il. Si on le sent impatient, il reste parfaitement respectueux, au moins dans ses lettres, des décisions de la marquise. Il ne regimbe jamais. Déçu à la longue par la médiocrité des courtisans de Lunéville, il avoue à Mme de Champbonin: «Le lansquenet et l'amour occupent cette petite cour.»[20] Que s'est-il donc passé? Le «château enchanté» ne le serait-il plus que pour Mme Du Châtelet? «L'esclavage» de Voltaire que signalait naguère Mme de Staal serait-il aujourd'hui moins doré? Pour le comprendre, il faut se rappeler ici

16. D3628 (2 mars 1748).
17. D3625 (26 février 1748).
18. D3632 (3 avril 1748).
19. D3634 (avril 1748); c'est nous qui soulignons.
20. D3633 (avril 1748).

les personnages et les mœurs de la cour de Stanislas et voir ce qu'ils sont devenus.

L'étoile, dans cette cour, est toujours Mme de Boufflers, plus brillante et plus assurée que jamais de son pouvoir, car la reine Opalinska est morte; le P. Menoux, qui s'appuyait sur la dévotion et la charité de la sainte femme, a perdu beaucoup de son influence sur le roi. Certes, il représente encore le parti de la reine de France et des filles de Louis XV, mais elles sont trop loin pour lui conférer une autorité suffisante. Le jésuite s'en recommande encore quand il veut obtenir de Stanislas quelque contrition ou quelques «mortifications» pour ses péchés, car ici les rites religieux traditionnels voisinent avec la galanterie la plus libre.

Mme de Boufflers règne non seulement sur les plaisirs et sur l'esprit du roi, mais sur la nombreuse famille de Beauvau-Craon. Sa mère a eu vingt enfants. Son jeune frère le prince, actuellement à Paris, combat le plus souvent aux armées, où il se distingue par sa bravoure. Mais ses sœurs, Mmes de Mirepoix, de Bassompierre, de Chimay et, la plus vertueuse, Mme de Montrevel, si on les rencontre parfois à Versailles ou à Paris, au salon de Mmes de Brancas et de Rochefort, se plaisent davantage à Lunéville où règnent toujours simplicité, familiarité, liberté. La cour de Stanislas est dominée par les femmes. Autour de la favorite gravitent encore Mme Durival, partenaire et animatrice très douée, Mme de Lutzelbourg, la princesse de Talmont, Mmes de Choiseul et de Lenoncourt. Peu d'hommes vivent à la cour, car la plupart des époux de ces dames sont à l'armée. C'est dire que ceux qui sont ici à demeure sont appréciés et même convoités. Panpan est devenu un personnage important: il a été promu receveur des finances et lecteur du roi; son ami Saint-Lambert, en garnison à Nancy, a des raisons de venir souvent à Lunéville; on y trouve aussi le chevalier de Listenay, un Lorrain fort séduisant, gentilhomme de la Chambre du roi, le vicomte Adhémar de Marsanne et l'abbé Porquet, précepteur du fils cadet de la marquise de Boufflers, aussi spirituel et galant qu'il est maigre et menu, adversaire désinvolte du P. Menoux; et enfin, un nain, Bébé, si petit qu'on l'a, une fois, dissimulé dans une croûte de pâté, et qui amuse tout le monde.

A quoi donc s'occupent tous ces personnages? Certes, ils jouent souvent, surtout dans la mauvaise saison, et Voltaire, que le jeu ennuie, sera parfois obligé d'y participer. Mais la vie collective leur prend beaucoup de temps. Spectateurs assidus au théâtre, exécutants ou auditeurs au concert, ils soupent, après le coucher du roi, vers dix heures, chez Mme de Boufflers. La chère n'y est pas des plus abondantes, ni le chauffage toujours suffisant, mais l'on s'y amuse beaucoup: «Nous avons soupé chez Mme de Boufflers», écrit Saint-

Lambert, «et nous sommes morts de faim, de froid et de rire.»[21] Tous les courtisans s'intéressent aux lettres et aux arts, en particulier à la peinture, à la musique et à la poésie. Mme de Boufflers peint avec goût et joue de la harpe. Elle n'est pas la dernière à échanger des vers galants et hardis, de ceux qui conduisent parfois à l'amour. Panpan, Saint-Lambert et l'abbé Porquet lui donnent la réplique. Voltaire ne s'en prive pas non plus, mais pour lui la galanterie s'arrête là. Mme de Boufflers s'y révèle fort intelligente. D'abord parce qu'elle prise la concision; c'est le refrain d'une de ses chansons:

> Il faut dire en deux mots
> Ce qu'on veut dire.
> Les longs propos
> Sont sots.[22]

Bien que vouée aux plaisirs, elle ne laisse point de se livrer parfois, en des vers assez bien venus, à des méditations mélancoliques:

> Nous ne sommes heureux qu'en espérant de l'être;
> Le moment de jouir échappe à nos désirs;
> Nous perdons le bonheur faute de le connaître,
> Nous sentons son absence au milieu des plaisirs.[23]

Cette femme mène à la cour de Stanislas le jeu des amitiés et des amours: un jeu qui voudrait être souterrain, mais qui affleure toujours, car les personnages de cette petite cour, s'ils peuvent se tenir à l'écart dans leurs appartements ou dans les jardins, se réunissent cependant chaque jour pour les repas, la conversation et le spectacle; ils ont tout le loisir de s'observer et de se connaître comme les membres d'une même famille. Ils recherchent Mme de Boufflers pour son esprit, son visage attachant et mobile qui passe si aisément de la mélancolie au rire; nonchalante, alanguie, elle écoute, et soudain lance une boutade ou enfourche une improvisation endiablée. Voluptueuse, elle se donne volontiers à l'un, et poursuit son badinage avec un autre, en demeurant invulnérable, car ce n'est pas l'amant qu'elle aime, mais l'amour. On la surnomme la «dame de volupté»; elle accepte ce titre et compose elle-même son épitaphe:

> Ci-gît dans une paix profonde
> Cette dame de volupté
> Qui, pour plus de sureté,
> Fit son paradis dans ce monde.[24]

---

21. Maugras, p.279.
22. Maugras, p.180.
23. Maugras, p.182.
24. Maugras, p.229.

Dépourvue de passion, elle soumet ses amants à sa volonté sans leur permettre la jalousie; aussi attendent-ils sans se plaindre qu'elle ait le caprice de leur rendre ses faveurs. Habile à brouiller les cartes et à étouffer les éclats, elle interdit toute déviation dramatique qui dérangerait le paisible déroulement des plaisirs de la cour. On ne saurait trouver personnage plus différent de Mme Du Châtelet. Voltaire, dans l'épître qu'il lui adresse – est-elle vraiment de lui? il serait dommage de ne la point citer – avoue qu'il ne parvient pas à la juger:

> On ne peut faire ton portrait:
> Folâtre et sérieuse, agaçante et sévère,
> Prudente avec l'air indiscret,
> Vertueuse, coquette, à toi-même contraire,
> La ressemblance échappe en rendant chaque trait.
> Si l'on te peint constante, on t'aperçoit légère,
> Ce n'est jamais toi qu'on a fait.
> Fidèle au sentiment avec des goûts volages,
> Tous les cœurs à ton char s'enchaînent tour à tour:
> Tu plais aux libertins, tu captives les sages.[25]

On ne peut connaître tous ses amants. On lui attribue Panpan, ainsi récompensé de ne s'être point fâché de toutes ses moqueries. Puis elle séduit le chancelier de La Galaizière (qui gouverne en fait la Lorraine pour le compte du roi de France), bien que son épouse vive à la cour. Puis elle devient la maîtresse et l'amie du roi Stanislas. Habileté politique qui accroît son pouvoir sur les cœurs. Mais Stanislas, qui a soixante-six ans et qui est obèse, ne se montre pas exigeant et donne le bon exemple en n'étant point jaloux. Mme de Boufflers n'a donc pas quitté La Galaizière, ce que le roi n'ignore pas. On raconte qu'un jour, assistant à la toilette de la dame, comme il louait trop longuement la beauté de ses appas, elle lui dit: «Est-ce là tout?» «Non, madame, ce n'est pas là tout, mais mon chancelier vous dira le reste.» M. de La Galaizière venait d'entrer.[26]

Quoi qu'il en soit de la vérité de l'anecdote, le roi et sa maîtresse ont besoin l'un de l'autre. Mme de Boufflers est indispensable à l'animation de la cour. Cependant, lorsqu'elle a cédé à Saint-Lambert, son ami d'enfance, elle a pris soin de cacher au roi ce nouvel amour. Pour son amant elle a fait meubler une chambre abandonnée, à l'écart des appartements occupés. Saint-Lambert feint de partir pour Nancy dans sa garnison et la rejoint dans cette chambre. A

---

25. M.x.516-17.
26. Charles Collé, *Journal et mémoires* (Paris 1868), i.38 (décembre 1748). L'anecdote est rapportée aussi par Chamfort, *Œuvres* (Paris 1852), p.85. Ce dernier substitue à Mme de Boufflers, Mme de Bassompierre, sa sœur. Les termes du dialogue, chez les deux chroniqueurs, sont sensiblement différents.

Commercy, où la cour s'est retirée pendant l'été de 1747, il était logé chez le curé. De sa chambre, il apercevait la fenêtre de la garde-robe de Mme de Boufflers. En éteignant sa lumière, elle lui signalait que le roi était couché.

En dépit de ces précautions, Stanislas ne tarde pas à soupçonner que les relations de son amie avec Saint-Lambert sont devenues plus intimes. Ce roi en exil, qui a vécu des événements pénibles, lui, si familier et naturel, comment pourrait-il aimer cet officier de salon qui étudie son maintien et prépare des bons mots, ce poète froid qui plaît aux femmes en rimant si peu et si laborieusement? Stanislas connaît son égoïsme, sa façon de ménager ses forces, d'aimer son plaisir sans prendre garde aux autres. Il lui a fait sentir plus d'une fois qu'il s'absentait trop souvent de sa garnison. Mais il ne saurait lui interdire sa cour: Saint-Lambert est protégé par le prince de Beauvau-Craon, père de Mme de Boufflers, vice-roi de Toscane, parce qu'il a joué jadis avec ses enfants en son château d'Haroué. Le prince le reçoit comme un fils.

Telle est l'ambiance où vivent Voltaire et Mme Du Châtelet à la cour de Lunéville. Au début de 1748, Mme de Boufflers vient de conquérir un quatrième amant, autre bellâtre, le vicomte Adhémar de Marsanne. Saint-Lambert a deviné l'infidélité de sa maîtresse. D'abord, il s'y résigne:

> Mais cependant quand un rival heureux
> *Pour quelque temps* rend Thémire infidèle,
> Malgré ses torts, je l'aime encor pour elle,
> Et pour la voir, je demeure auprès d'eux.[27]

Y demeure-t-il par amour ou par intérêt? Quitter une telle maîtresse lui semble impossible: il sait qu'elle le protège contre les sautes d'humeur de Stanislas et que sa carrière dépend du prince de Beauvau. Il supporte mal la rivalité d'Adhémar. L'idée lui vient, très vague encore, de rendre jalouse sa maîtresse.

C'est sans doute dès son arrivée que Mme Du Châtelet a remarqué Saint-Lambert. Sans considérer l'entourage ni les conséquences, elle reprend les «lorgneries» ostensibles de Cirey. Méfiant, l'officier ne lui répond pas tout de suite. Comment n'hésiterait-il pas à tromper un homme célèbre qu'il respecte et admire? Emilie a quarante-deux ans et, bien qu'elle semble tenir en réserve une ardeur peu commune, elle n'a point le visage attirant de Mme de Boufflers. Parallèlement, le manège de celle-ci avec Adhémar incite l'officier à exploiter prudemment, sans se compromettre, l'avantage offert à son amour-propre par Emilie. Il commence par répondre à ses regards; puis, au souper, il lui parle et se livre avec elle à une brillante discussion. Il voudrait se contenter d'étonner et d'inquiéter Mme de Boufflers, mais il a compté sans l'audace d'Emilie.

Un soir, à l'issue d'un souper chez M. de La Galaizière, tous deux se

---

27. Saint-Lambert, *Œuvres* (Paris 1823), ii.15; c'est nous qui soulignons.

trouvent isolés. Elle s'approche et lui parle. Il ne se dérobe pas. Elle tombe dans ses bras, défaillante.[28] L'officier aux manières précieuses en est stupéfait. Il a grand tort d'accepter cet amour qu'il ne partage pas et surtout de dire à Mme Du Châtelet qu'il l'aime. Elle a le don exceptionnel de rester lucide dans la passion; elle sentira aussitôt qu'elle l'a forcé: «Je ne puis me repentir de rien, puisque vous m'aimez, c'est à moi que je le dois. Si je ne vous avais pas parlé chez M. de la Galaisiere, *vous ne m'aimeriez point.*»[29] Même lucide, elle n'en vient pas moins de s'engager dans une épreuve torturante qu'elle décrira infatigablement à son amant par des lettres interminables. D'abord, elle se jette sur Saint-Lambert avec la faim dévorante d'une femme d'âge mûr qui ne fut jamais comblée. Lui, après les jeux nonchalants de Mme de Boufflers, en est d'abord étourdi; il en sera bientôt fatigué, il cherchera à s'écarter, à l'éviter. En vain: rivés tous les deux à cette cour, ni l'un ni l'autre n'échappera à la fatalité. Si étrange en ce climat de plaisirs feutrés, un drame couve qui va se compliquer des subtiles intrigues de Mme de Boufflers.

A la fin d'avril 1748, Voltaire et Mme Du Châtelet sont toujours à Lunéville. Bref bonheur, en ce printemps, pour elle et son nouvel amant. Si Saint-Lambert n'aime pas, il ressent du moins l'impression insolite de n'avoir jamais été autant aimé. Mais pour vivre un amour qui doit à tout prix demeurer clandestin, dans un tel environnement, il n'est guère de refuges. Ils se donnent rendez-vous en glissant des billets dans la harpe de Mme de Boufflers. Saint-Lambert se voit obligé de recevoir Emilie dans la chambre secrète aménagée par sa belle maîtresse qu'il n'a pas l'intention d'abandonner: pour lui, le grand amour d'Emilie est déjà une servitude.

Cependant, Mme Du Châtelet, parce qu'elle a beaucoup d'«affaires» à Paris et pour éloigner momentanément les soupçons, ne peut refuser plus longtemps à Voltaire de partir. Nouveau délai, inattendu, car elle l'a obligé de se rendre à Cirey, d'où le poète écrit à sa nièce le 29 avril qu'il y séjournera huit à dix jours au lieu de deux.[30] A quelle nécessité répond donc ce séjour dans un château inhabité depuis si longtemps? A une décision de Mme Du Châtelet, car dès son arrivée, nullement gênée par la présence de Voltaire, imprudence à laquelle on a peine à croire, elle invite Saint-Lambert à venir la rejoindre. Elle retrouve le style autoritaire des billets à Maupertuis. Elle déclare ne pouvoir quitter Cirey qu'elle n'ait «perdu l'espérance de le revoir». De toute façon, elle ne veut pas qu'il reste à Lunéville de peur qu'il ne reprenne sa liaison avec Mme de Boufflers: «vous ferez aussi bien toutes vos affaires à Nancy, c'est un sacrifice que j'exige et que vous me devez. Je ne sais si vous

---

28. Maugras, p.289.
29. D3648 (9 mai 1748); c'est nous qui soulignons.
30. D3638 (29 avril 1748).

auriez la cruauté de me tromper, mais je sais bien que cela vous sera impossible
[...] je ne vous demande d'autre sacrifice que celui de n'être pas à Lunéville
[...] répondez-moi de Nancy, et mandez-moi positivement quand vous serez
à Cirey.»[31] Pour la calmer, il lui envoie une lettre plus tendre mais Voltaire
piaffe: «j'ai eu toutes les peines du monde à retenir M. de V[oltaire] ici jusqu'au
9 qui sera de demain en huit», il «a reçu des lettres qui le pressent de partir
[...] il voudrait partir demain.»[32]

On peut juger ici de l'autorité et de la force qui animent cette femme: elle
exige d'un côté que Voltaire ne parte point seul pour Paris et, de l'autre, elle
prétend diriger de loin la conduite de son amant. Voltaire «esclave»? C'est
certainement trop dire, mais on mesure à quel point, malgré ce qui les sépare,
il reste attaché à son amie; par besoin, certes, de vivre en sécurité, mais aussi
d'échanger des idées et de soutenir son amour-propre aux yeux de ses amis,
du monde et de l'histoire.

Il semble difficile d'admettre que Saint-Lambert ait eu le temps de venir à
Cirey en une semaine, à moins qu'il n'y soit demeuré que quelques heures à
l'extérieur du château et à l'insu de Voltaire. Cette invitation, d'ailleurs, n'a
point soulevé son enthousiasme. Ce qui pourrait toutefois confirmer sa venue,
c'est que Mme Du Châtelet y fait allusion deux fois: «Vous avez été une poste
sans lettre de moi avant votre voyage de Cirey».[33] L'effet que peut produire
sur la cour de Lunéville cette invitation étonnante l'effleure à peine: «Vous ne
m'avez point mandé si on savait votre voyage à Cirey, mais que m'importe?»[34]
Ces deux lettres – D3639 et D3652 – sont-elles exactement datées?[35] Car
Saint-Lambert fera, l'année suivante, un voyage à Cirey, mémorable, celui-là.

Par contre, il paraît certain que Mme Du Châtelet n'a pu résister, dans cette
même semaine du début de mai, à la tentation de rejoindre son amant à Nancy.
Sous le prétexte de faire ses adieux à une amie, sa «vieille maréchale», elle a
vécu là-bas, sans contrainte, une brève lune de miel. C'est de Bar-le-Duc, où
elle a sans doute rejoint Voltaire sur la route de Paris, qu'elle écrit, le 9
mai, à Saint-Lambert: «Toutes mes défiances de votre caractère, toutes mes
résolutions contre l'amour n'ont pu me garantir de celui que vous m'avez
inspiré. Je ne cherche plus à le combattre [...] Le temps que j'ai passé avec

31. D3639 (29 avril 1748).
32. D3644 (1er mai 1748).
33. D3652 (23 mai 1748).
34. D3652.
35. Nous supposons que les lettres de cette période sont convenablement situées par Th.
Besterman. Il reconnaît qu'il est difficile, par suite des déplacements fréquents des personnages,
de dater celles de Mme Du Châtelet. C'est pourquoi nous nous sommes efforcé de reconstituer
ces principaux déplacements, en particulier entre Lunéville et Commercy, Cirey et Paris, avec
le plus de précision possible et d'accorder avec eux le texte des lettres et l'évolution des sentiments.

vous à Nancy l'a augmenté à un point dont je suis étonnée moi-même». Bonheur combien fugitif, toujours impitoyablement analysé: «Je suis bien contente de vous quand nous sommes tête à tête, mais je ne le suis point de l'effet que vous a fait mon départ [...] J'ai bien peur que votre esprit ne fasse plus de cas d'une plaisanterie fine que votre cœur d'un sentiment tendre [...] j'attends votre première lettre avec une impatience qu'elle ne remplira peut-être point. *J'ai bien peur de l'attendre encore après l'avoir reçue.*»[36]

Mme Du Châtelet serait donc parvenue à retenir Voltaire à Cirey, même le laissant seul deux ou trois jours, jusqu'au 9 mai. Sur l'humeur du poète en ces jours d'attente, nous ne savons rien; des quelques lettres écrites de Cirey, la moins banale est adressée au marquis de Hoensbroeck, le menaçant de reprendre le procès et de l'autorité du roi après la prise de Maastricht! «Vos terres alors», lui dit-il, «se trouveront sous la domination du roi, et les conséquences d'un refus de paiement vous deviendraient probablement funestes.»[37] Peu de temps après, en effet, les troupes françaises entraient à Maastricht, évacuée par les Autrichiens. L'historiographe était bien informé. On ne sait si Hoensbroeck a enfin cédé.

Voltaire et Mme Du Châtelet arrivent rue Traversière le 13 mai. Emilie l'a prévu: la première lettre de Saint-Lambert est d'une brièveté outrageante. «Vous m'écrivez la lettre la plus sèche, et hors un congé, on n'en peut pas voir [de] plus cruelle.»[38] On pourrait placer ici, à la suite de cette protestation d'Emilie, la seule lettre que nous connaissons de Saint-Lambert, publiée par Louise Colet.[39] Il est vraisemblable qu'elle est l'une des plus affectueuses de l'officier, car il a le souci de la nommer çà et là «mon cher amour» et «mon cher cœur», et aucune discussion d'intérêt n'y apparaît encore. Mais quelle platitude! Un vrai poète et un honnête homme aurait fait, au moins par estime envers une telle femme, l'effort d'imaginer l'amour. Mais non: il écrit ce qui vient sous sa plume, pour remplir sa page: «Il fallait que je fusse bien abattu pour ne t'écrire que quatre mots le jour où je t'ai quittée. J'avais à te dire tout ce que je te dis ordinairement, tout ce que je te fais entendre, et puis tous mes regrets.» Il y parle du roi de Pologne, puis il termine par des conseils paternels: «Mon cher cœur, fais-moi bien des détails sur la conduite de ton mari, sur tes amusements, surtout [...] ménage bien ta santé, rafraîchis-toi souvent; souviens toi [...] Tout ce qui échauffe vieillit, tout ce qui rafraîchit rajeunit [...] Il est bien impossible que rien fasse mon bonheur que toi.» Pas un mot sur Voltaire.

---

36. D3648 (9 mai 1748). C'est nous qui soulignons.
37. D3645 (5 mai 1748).
38. D3652 (23 mai 1748).
39. Louise Colet, «Mme Du Châtelet», *Revue des deux-mondes* n.s. 11 (1845), p.1047. Th. Besterman signale l'article de Louise Colet dans sa note à D3648, et cite la lettre de Saint-Lambert, mais il ne l'a pas intégrée dans la correspondance.

Ainsi s'accomplit la destinée de Mme Du Châtelet qui est d'aimer «pour deux». Les quatre-vingts lettres qu'elle a écrites à son amant, quelles que soient les insuffisances et les fautes de celui-ci, expriment la passion la plus vive et, le plus souvent, une souffrance déchirante. Pour cette femme, qui fut douée d'une intelligence hors du commun, rien ne compte plus désormais que cet homme médiocre, sauf lorsqu'un sursaut d'orgueil la ramène à ses études et à Newton.

C'est Voltaire qui reçoit de Lunéville la lettre la plus chaleureuse et la plus touchante; elle est du roi Stanislas: «J'ai cru mon cher Voltaire jusqu'à présent que rien n'était plus fécond que votre supérieur esprit. Mais je vois que votre cœur l'est encore plus.»[40] Le poète n'a-t-il pas souffert de quelque changement d'attitude de Mme Du Châtelet ou de l'autorité sans amour qu'elle fait peser sur lui? Jamais il n'a écrit à sa nièce de lettre plus amère et plus grave que celle de ce 22 mai: «Vous faites ma consolation, et je n'ai pas d'autre désir que de vous rendre heureuse pendant ma vie et *après ma mort*. Je vous aimerai toujours et tendrement, jusqu'à ce jour où la loi de la nature sépare ce que la nature et l'amour ont uni. Aimons-nous jusqu'à cette heure.»[41]

Voltaire et Mme Du Châtelet vont souvent à Versailles où le poète retrouve sa documentation d'historiographe; son amie n'y cherche, dans le travail et le jeu, que quelque trêve à son inquiétude. Mais, ni pour l'un ni pour l'autre, ce séjour à la cour ou à Paris ne sera heureux ni très fécond. A peine quelques événements sans grande importance sont-ils agréables au poète. L'un d'eux, qui commence par un pensum, l'a finalement amusé. Comme la fête de la Supérieure de la visitation de Sainte-Marie, à Beaune, approche, les filles du couvent décident de jouer une pièce de théâtre, ainsi que cela se fait dans les collèges. On tire au sort entre plusieurs pièces. C'est *La Mort de César* qui sort du cornet. La pièce convient: il n'y a pas d'amour, et les filles se déguiseront en hommes. Mais elle est sévère; on souhaite, pour l'agrémenter, quelque chose comme un compliment, une lettre, un prologue. Or, une religieuse, Agathe de La Grange est cousine de Mme Du Châtelet. Sans aucune gêne, elle se charge de faire parvenir à sa parente une lettre suivie de vingt-trois signatures. Voltaire se fait prier, puis il cède à Mme Du Châtelet, se met au travail et envoie à la religieuse une petite lettre et un prologue dont voici la très chrétienne péroraison:

> Dieu lui-même a conduit ces grands événements.
> Adorons de sa main ces coups épouvantables
> Et jouissons en paix de ces jours favorables,

---

40. D3650 (17 mai 1748).

41. D3651 (22 mai 1748), traduction de Th. Besterman; c'est nous qui soulignons.

Qu'il fait luire aujourd'hui sur des peuples soumis
Eclairés par sa grâce, et sauvés par son fils.

[...] Je vous prie, madame, de vouloir bien intercéder pour moi auprès du maître de toutes nos pensées.[42]

Peut-être les deux amis ont-ils passé une agréable soirée chez le duc de Richelieu: celui-ci a fait inviter, par Voltaire, d'Argental et sa femme pour une «orgie». Le poète s'adresse particulièrement à Mme d'Argental et la prie d'amener des amies: de «telles odalisques» feraient plaisir à ce sultan.[43] Mme d'Argental, habituellement si réservée, lui donna-t-elle satisfaction? Toujours est-il que sa mauvaise santé s'aggrave et qu'elle devra partir bientôt pour prendre les eaux à Plombières. Son époux modèle – de tels anges ne se séparent pas – se fera un devoir de l'accompagner.

Ils se mettent en route au début de juin sans prévoir aucune date de retour, et voilà *Sémiramis* retardée, tant la présence des anges est indispensable à la mise en scène et aux répétitions; dans cette pièce difficile à jouer, il y a tant de choses à mettre au point! Voltaire, inquiet, leur écrit: «Buvez vos eaux tranquillement [...] Pour moi j'avale bien des calices [...] Il y a grande apparence qu'on ne pourra venir à bout de *Sémiramis* que quand vous y serez. Comment voulez-vous que je fasse quelque chose de bien, et que je réussisse sans vous?» Pourquoi donc? Certes, d'Argental est devenu le critique indispensable du poète, et il sait diriger les acteurs. Mais, dira-t-on, Voltaire n'est-il pas là? Non, il n'y sera pas, car Mme Du Châtelet, impatiente de retrouver Saint-Lambert, manifeste déjà l'intention de rejoindre la cour de Stanislas qui est à Commercy pour l'été. «Il faut qu'elle aille dans quelque temps à Commerci», ajoute le poète dans la même lettre. «Je vais donc aussi à Commercy, et Sémiramis, que deviendra-t-elle?» Et il cite un vers adapté de l'*Iphigénie* de Racine:

Ah! pour Sémiramis quel temps choisissez-vous?[44]

La marquise n'a-t-elle pas une raison péremptoire de partir? Celle que donne Voltaire aux deux anges: «Madame du Chastelet a essuyé mille contretemps horribles sur ce commandement de Lorraine.» En effet. Et ce n'est pas Saint-Lambert qui l'aide à l'obtenir. C'est précisément cette affaire qui envenime le dialogue entre les deux amants. Saint-Lambert s'est rapproché de Mme de Boufflers, qui lui a fait avouer sans peine son ostensible liaison avec Mme Du Châtelet. Tout d'abord, l'ancienne maîtresse n'y est point défavorable, car elle est amoureuse d'Adhémar, et se propose même d'aider Saint-Lambert à

42. D3660 (7 juin 1748).
43. D3655 (mai-juin 1748).
44. D3665 (vers le 10 juin 1748). Le vers est extrait de l'acte I, scène I.

dissimuler ses rendez-vous. Mais elle est opposée à la candidature de M. Du Châtelet au commandement de Lorraine: elle sait que le roi de Pologne préfère M. de Bercsényi, un Hongrois qui lui rendit les plus grands services lorsqu'il fut vaincu et pourchassé par ses ennemis; mais Stanislas ne voudrait pas faire de peine au marquis, ni surtout à sa femme. Certes, Mme Du Châtelet ne saurait se séparer de Voltaire au point de s'installer à demeure à Lunéville, mais elle veut y séjourner à volonté. Il faut donc que Saint-Lambert s'emploie à faire nommer M. Du Châtelet en agissant sur Mme de Boufflers.

Ainsi, sans doute parce que Stanislas apprécie peu M. Du Châtelet et atermoie, Saint-Lambert se montre-t-il réticent: attaché à son indépendance, il veut éviter des séjours longs et renouvelés de Mme Du Châtelet à la cour. Il n'éprouve d'ailleurs pour M. Du Châtelet aucune sympathie. Emilie, qui nourrit encore l'illusion d'être aimée, croit pouvoir utiliser son procédé habituel, elle le menace de n'aller plus jamais à Lunéville, mais combien naïf est ici ce chantage. «Si M. Deberchini a le commandement, il est impossible que M. du Chastelet ni moi remettions le pied en Lorraine [...] moi exclue de Lunéville où vous devez passer votre vie par devoir, je ne vous verrai que des moments.»[45] Voilà qui n'émeut pas beaucoup Saint-Lambert, et la marquise se fâche: «Je vous avoue que vous avez mis dans cette affaire une décision, une ironie, une envie de me désapprouver, une dureté, qui m'a bien empoisonnée [...] J'ai été prise à un piège dont je ne pouvais me défier [...] l'imprudence avec laquelle je me suis livrée à mon goût pour vous doit me rendre plus malheureuse que tout le reste [...] *j'ai toujours prévu que votre caractère ferait mon malheur.*»[46] «On ne se met jamais à la place des autres, [...] vous moins que personne».[47]

Pour Voltaire, les désagréments parisiens s'accumulent. Dans sa même lettre à d'Argental, il signale l'apparition sur le marché d'une édition pirate de ses œuvres: «me voilà outre mes coliques, attaqué d'une édition en douze volumes qu'on vend à Paris sous mon nom, remplie de sottises à déshonorer et d'impiétés à faire brûler son homme.» Enfin, un navire transportant des marchandises sur lesquelles il avait des options vient d'être coulé par les Anglais. «Les Français me persécutent sur terre, les Anglais me pillent sur mer.»[48]

C'est l'édition pirate rouennaise qui assombrit le plus la fin de son séjour; il la dénonce à Berryer:

Dans cette édition subreptice il y a quatre tomes entiers de pièces étrangères remplies

45. D3659 (5 juin 1748).
46. D3661 (vers le 8 juin 1748); c'est nous qui soulignons.
47. D3670 (vers le 13 juin 1748).
48. D3665 (vers le 10 juin 1748).

des plus affreux scandales, de libelles diffamatoires contre des personnes respectables, et des impiétés les plus abominables [...] l'ouvrage est imprimé à Rouen, et j'en ai fait écrire à M. le premier président [...] Je prendrai même la liberté, si cela est nécessaire, d'en instruire sa majesté [...] Mais monsieur je suis persuadé qu'il me suffit de m'adresser à vous pour réprimer cet horrible scandale qui intéresse les lois et la religion.[49]

Cependant l'affaire Travenol lui a servi de leçon: il recommande au lieutenant de police la prudence. Il faudrait qu'il fît intervenir non pas les commissaires et les exempts, «qui sont trop connus», mais le sieur Beauchamps, qui possède un département en librairie et le ferait discrètement, «sans effaroucher personne». Le premier président de Rouen lui répond que l'édition incriminée n'est pas dans sa ville, mais probablement entreposée, «selon l'usage des imprimeurs de Rouen», dans des magasins sur la route de Paris, d'où ils la font entrer par paquets dans la capitale. Mme de Champbonin, qui se renseigne à Versailles, n'a trouvé, chez le libraire Fournier, qu'un seul exemplaire, le tome premier de cette édition, qui ne comprend que *La Henriade* et le *Poème de Fontenoy*, sans additions scandaleuses, pour ne point donner l'éveil. Personne n'a jamais pu trouver, autant que nous le sachions, les volumes suivants. La Bibliothèque nationale et l'Institut et musée Voltaire ne possèdent que le premier. La solution de cette énigme que ni Beuchot, ni Quérard, ni Moland, ni Bengesco n'ont trouvée, n'a été rendue publique qu'en 1894[50] grâce à la découverte d'une lettre à Cideville, d'un mémoire de Voltaire et de l'aveu du libraire coupable. Voltaire lui-même n'a «déterré» ce coupable qu'en 1749, avec l'aide de son ami rouennais. Il s'agit de Robert Machuel, d'une famille ancienne de typographes. Sur les douze volumes prévus, il n'en avait imprimé que neuf; et Voltaire obtint qu'il brûle les cahiers scandaleux. Malgré cette opération, Machuel fut déchu de la profession et son matériel fut saisi. La lettre à Cideville, l'aveu du coupable avec l'énumération des cahiers qu'il doit détruire, figurent aujourd'hui dans l'édition Besterman de la correspondance de Voltaire.[51] Si des exemplaires non détruits existent encore, ils restent à découvrir – mais il est plus que probable que la *Collection complète des œuvres de monsieur de Voltaire* de 1764 s'est servi de feuilles échappées à la destruction de 1749.

Voltaire va donc partir pour Commercy laissant en suspens cette affaire qu'il poursuivra en Lorraine. Mme Du Châtelet, si près pourtant de rejoindre son amant, passe des heures, le plus souvent la nuit, à lui écrire. Saint-Lambert, effrayé par cette passion possessive, tente, pour l'apaiser, de la réduire à une

---

49. D3666 (11 juin 1748).
50. Jean Noury, «Voltaire inédit», *Bulletin historique et philologique* (1894), p.361.
51. D3884 (13 mars 1749).

simple amitié, procédé couramment employé par Mme de Boufflers. Emilie proteste avec véhémence: la place de l'amitié est occupée par Voltaire. Et ce n'est point de l'amitié qu'elle éprouve; sa souffrance en témoigne: est-on malade d'amitié? «Vos injustices, jointes à tout ce que j'ai éprouvé, ont été plus fortes que ma santé.»[52]

Sans doute dissimule-t-elle soigneusement cet état douloureux à Voltaire. Mais elle est secourue par un ami que l'on ne s'attend pas à rencontrer chez elle, c'est l'abbé de Voisenon, le railleur, dont elle a conquis, au château de Champs, la confiance:

Madame du Châtelet n'avait rien de caché pour moi, je restais souvent en tête à tête avec elle jusqu'à cinq heures du matin. Elle me disait quelquefois qu'elle était détachée de Voltaire. Je ne répondais rien. Je tirais un des huit volumes des lettres manuscrites de Voltaire à la marquise (lettres qu'elle avait divisées en huit beaux volumes *in-quarto*) et je lisais quelques lettres, je remarquais ses yeux humides de larmes; je refermais le livre promptement en lui disant: vous n'êtes pas guérie. La dernière année de sa vie, je refis la même épreuve: elle les critiquait. Je fus convaincu que la cure était faite. Elle me confia que Saint-Lambert avait été le médecin.[53]

Il n'est pas douteux que les d'Argental, obligés de prolonger leur séjour à Plombières, seront fort surpris et intrigués d'apprendre que Voltaire va partir, en abandonnant les répétitions de *Sémiramis*. Mme Du Châtelet se charge de les avertir. Elle ne s'embarrasse pas de savoir si la raison qu'elle leur donne de cette hâte peut leur paraître dérisoire et suspecte: «*Notre* voyage à Comerci est indispensable, le r[oi] de P[ologne] le désire, et *je* lui dois trop pour ne lui pas donner cette marque d'attachement.» Quant à la représentation de *Sémiramis*, elle n'est pas urgente: «je trouve que vous vous pressez beaucoup, j'espère que vous la ferez retarder. Il est indispensable que M. de V[oltaire] assiste aux répétitions. Vous le sentez sûrement.»[54] Voilà qui est bien peu cohérent pour une tête géométrique. Se met-elle plus volontiers que Saint-Lambert «à la place des autres»? Elle annonce à son amant qu'elle part le 29 juin; elle espère arriver à Commercy le 1er juillet.

Voltaire s'entoure de précautions. Il assiste à une dernière répétition de sa pièce, «les rôles à la main», avec l'abbé de Chauvelin qui va le suppléer auprès des comédiens. Il en sort parfaitement rassuré. «Tout ce que je désire», écrit-il à d'Argental le 27 juin 1748, «c'est que la première représentation aille aussi bien. Ils ne répétèrent pas Mérope avec tant de chaleur. Ils m'ont fait pleurer, ils m'ont fait frissonner. Sarrazin a joué mieux que Baron, Mlle Dumenil s'est surpassée, etc. Si la Noue n'est pas froid, la pièce sera bien chaude. Elle

---

52. D3672 (16 juin 1748).
53. Voisenon, *Œuvres complètes* (Paris 1781), iv.181.
54. D3673 (19 juin 1748); deux mots soulignés par nous.

demande un très grand appareil.» Pour cette difficile question des décors et de la mise en scène, il a écrit au duc de Fleury, premier gentilhomme de la Chambre chargé de la Comédie-Française, et à Mme de Pompadour. Tout cela sera-t-il suivi d'effet si d'Argental est absent? Car «il nous faut les secours du roi. Mais mon ange il nous faut le vôtre». Il est indispensable que d'Argental écrive «bien fortement» à M. le duc d'Aumont, très versé lui aussi dans l'art de la décoration, et surtout qu'il rentre au plus vite de Plombières: «les acteurs seront prêts avant quinze jours [...] C'est pour vous qu'on joue Semiramis.»[55] Comment l'ange ne se sentirait-il pas engagé? Pourtant, sa femme est malade, elle doit prendre les eaux, et il ne saurait la quitter.

Le même jour, veille de son départ, le poète écrit à Berryer. Il se méfie de Crébillon, le censeur, qui pourrait prendre quelques libertés avec le texte de sa pièce.

Permettez qu'en partant je remette la tragédie de Semiramis entre vos mains, et que je vous demande votre protection pour elle; *on la représentera pendant mon absence.* Je commence par la soumettre à votre décision, non seulement comme à celle du magistrat de la police, mais comme aux lumières d'un juge très éclairé. M. Crebbillon commis par vous à l'examen des ouvrages de théâtre a fait autrefois une tragédie de Semiramis, et peut-être ai-je le malheur qu'il soit mécontent que j'aie travaillé sur le même sujet. *Je lui en ai pourtant demandé la permission*, et je vous demande à vous monsieur votre protection.[56]

Berryer répond fort aimablement, alors que Voltaire est déjà en route: «J'ai reçu monsieur avec la lettre que vous m'avez fait l'honneur de m'écrire la copie manuscrite de votre tragédie de *Semiramis*, dont je vous suis sensiblement obligé; ne doutez pas que je ne la lise avec grand plaisir et je vous promets qu'elle ne sortira pas de mes mains.»[57]

A Commercy, Mme Du Châtelet et Voltaire sont logés dans l'aile gauche du château. La marquise a obtenu le rez-de-chaussée dont la porte et les fenêtres donnent sur la grande cour, situation favorable à ses rendez-vous. Voltaire loge au deuxième étage avec vue sur les jardins. Quant à Saint-Lambert, il n'ira plus chez le curé: Mme de Boufflers, désormais sa complice, lui a ménagé une chambre entre la chapelle et la bibliothèque, lieux moins fréquentés que les appartements. «On y tend un lit [...] Je vous demande en grâce, prenez sur vous d'y aller ce soir si vous voulez que je ne sois pas la plus malheureuse créature du monde.»[58]

Saint-Lambert ne manque pas de s'y rendre. Délaissé par Mme de Boufflers,

55. D3678 (27 juin 1748).
56. D3679 (27 juin 1748); c'est nous qui soulignons.
57. D3681 (30 juin 1748).
58. D3687 (juillet 1748).

il se console avec Mme Du Châtelet. Au début de ce séjour, il apparaît qu'il la rend plus heureuse: les billets qu'elle lui glisse dans la harpe semblent en témoigner; une trentaine nous sont parvenus,[59] tous brefs et monotones. Mais bientôt, le fragile officier tombe malade; il a une forte fièvre due à un accident pulmonaire. Voilà qui dérange les amants et plonge la marquise dans une vive inquiétude. La harpe ne pouvant plus servir de boîte aux lettres, ils sont obligés d'utiliser la femme de chambre d'Emilie et le laquais de «Nicolas» – ainsi nomme-t-elle son amant. Néanmoins, cette maladie procure à Mme Du Châtelet les joies du dévouement: elle envoie à son amant des boissons chaudes et des mets de choix. Mais la guérison du malade n'en est pas moins très lente et sa convalescence interminable. On peut même soupçonner Saint-Lambert de la prolonger volontairement: n'échappe-t-il pas ainsi aux devoirs de sa garnison et aux dangereuses ardeurs de sa maîtresse?

Voltaire avait décidé que ce deuxième séjour en Lorraine serait bref. Mais comment Mme Du Châtelet ne s'emploierait-elle point à en retarder l'échéance? Encore le poète est-il parti malade et arrivé malade: on l'a «empaqueté» pour Commercy, dit-il. Avant son départ ou dès son arrivée, il a confié sa tristesse à Baculard d'Arnaud: «je suis vieux et malade, je n'ai plus d'autres plaisirs que de m'intéresser à ceux de mes amis.» Il s'intéresse donc au nouvel «emploi» de Baculard, qui succède à Thiriot comme correspondant littéraire de Frédéric II, et à l'*Epître à Manon*[60] que le jeune poète lui envoie. «Je souhaite que l'un fasse votre fortune, comme je suis sûr que l'autre doit vous faire de la réputation [...] Les Manon sont bien heureuses d'avoir des amants et des poètes comme vous.»[61] Il s'agit d'un badinage dont quelques strophes, assez indécentes, avaient justifié le premier titre, *Epître au cul de Manon*, et qui fut inspiré à Baculard par Mme Denis, non par sa personne, mais par des vers qu'elle tient d'une femme de chambre. Elle lui écrit:

On vient de m'envoyer ces vers, c'est la femme [de chambre] de Mme des Forges qui les écrit à Pichon. L'idée me paraît aussi plaisante que les vers sont mauvais, égayez-vous tant que vous voudrez sur ce sujet, dites force godrioles pourvu qu'il n'y ait pas de mots grossiers. Je ne trouverai rien de trop fort [...] cette femme de chambre a été quatre ans chez Mme du Châtelet, c'est ce qui lui fait dire qu'elle est bien lasse des sciences et des vers *et le* reste. Au sortir de chez elle je l'ai placée chez Mme des Forges.[62]

D'après la fin de cette lettre, la cour assidue que fait Baculard à Mme Denis

59. D3688 à D3721, placés par Th. Besterman en mai-septembre 1748.
60. Baculard d'Arnaud, *Œuvres diverses* (Berlin 1751), iii.57-62.
61. D3680 (?27 juin 1748). Lettre difficile à dater, mais une correspondance peut être établie avec celle de Mme Denis à Baculard d'Arnaud (D3685: voir ci-après).
62. D3685 (?1748).

serait demeurée vaine: «Je vous aime de tout mon cœur», dit-elle, «mais je ne veux pas avoir d'amant». Le pauvre garçon n'a pas de fortune, et Mme Denis, ambitieuse, tourne ses regards du côté de Lille où elle est restée en relations avec un officier.

Voltaire reçoit à Commercy de bonnes nouvelles des répétitions de *Sémiramis* dans une lettre de l'abbé de Chauvelin que lui transmet d'Argental de Plombières: «Vous me ranimez pour cette Semiramis. Il faut que je la voie.»[63] Affirmation gratuite. En juillet, le poète doit aller à Compiègne où se trouve la cour, et de là gagner Paris. Mais sa maladie s'aggrave. Il est si endolori et résigné qu'il se détache par moments de la destinée de sa pièce: «Je ne verrai point Semiramis», écrit-il à l'ange le 18 juillet, «mais je vous verrai [...] J'ai été sur le point d'aller à Compiègne et à Versailles, mais je reste ici avec ma mauvaise santé, mes paperasses et bonne compagnie [...] j'approuve de tout mon cœur, le plan de la décoration sans l'avoir vu [...] Que M. l'abbé Chauvelin fasse comme il voudra, tout sera bien fait.»[64]

Le lendemain 19 juillet 1748, une lettre au marquis d'Argenson, à qui il n'a pas écrit depuis longtemps, témoigne de sa persévérance dans sa tâche d'historiographe et de son désir de réchauffer ses relations avec l'ancien ministre et ami. C'est à propos d'un paquet de documents que lui a confié le comte de Maillebois, fils du maréchal, sur les événements d'Italie qui valurent à ce dernier sa disgrâce; Voltaire s'efforce d'être objectif:

Il me paraît par tous les mémoires qui me sont passés par les mains que Monsieur le maréchal de Maillebois s'est toujours très bien conduit quoiqu'il n'ait pas été heureux. Je crois que le premier devoir d'un historien est de faire voir combien la fortune a souvent tort, combien les mesures les plus justes, les meilleures intentions, les services les plus réels ont souvent une destinée désagréable. Bien d'honnêtes gens sont traités par la fortune comme je le suis par la nature.

Lorsqu'il écrit ces lignes, le manuscrit de *Zadig*[65] est sur sa table, peut-être même en épreuves, auprès des dossiers de l'historien. Aussi bien qu'à la destinée de Maillebois, et à la sienne, il pense à celle de l'ancien ministre:

Me voici dans un beau palais, avec la plus grande liberté et pourtant chez un roi, avec toutes mes paperasses d'historiographe, avec Mme Du Chastelet, et avec tout cela je suis un des plus malheureux êtres pensants qui soit dans la nature [...] j'y suis agonisant comme à Paris [...] Adieu monsieur, je voudrais être au-dessus des maux, comme vous l'êtes au dessus des places, mais on peut être fort heureux sans tracasseries politiques, et on ne peut l'être sans estomac.

63. D3686 (11 juillet 1748).
64. D3722 (18 juillet 1748).
65. A cette date, le conte a encore pour titre *Memnon*. Pour cette question, voir ci-dessous, p.353-57.

Il a compris pourquoi d'Argenson n'a pas su donner la paix à la France, et le lui laisse entendre: «Il y a tantôt quarante-cinq ans que je me compte parmi vos attachés. *Il ne faut pas se séparer pour rien.*»[66]

Le même jour, il s'abandonne à un franc découragement dans la lettre à sa nièce: «Je ne verrai ni vous ni Semiramis ni la Dame à la mode, du moins de longtemps. L'état où je suis est cruel. Il n'y a ni plaisir ni travail pour moi, et je suis privé de vous. En vérité je sens que je n'ai pas encore longtemps à vivre.»[67]

La cause de cette douleur et de ce pessimisme n'est pas seulement sa maladie, mais cela, il ne le dira pas. Depuis un certain temps il observe Mme Du Châtelet, ses allées et venues, ses sautes d'humeur. La jalousie et l'inquiétude de Voltaire apparaissent dans deux lettres de la marquise classées par Th. Besterman en avril-mai 1748, adressées à Saint-Lambert, et qui sont en rapport avec la maladie de l'officier. A la fin de celle que l'on pourrait placer, chronologiquement, la première, Emilie avoue que «M. de V[oltaire] est dans la plus grande fureur, je crains», ajoute-t-elle, «qu'il n'éclate, il m'a dit qu'il voyait bien ce matin que je n'avais pas de feu parce que j'avais envoyé Mala chez vous, et il est sorti dans la plus grande colère. Cela me pénètre de douleur, j'espère de vous tous les ménagements possibles pour le ramener».[68] Et dans l'autre, on apprend que les soupçons du poète ont éclaté et se sont exprimés violemment: «je ne connaissais encore que votre absence et c'en était bien assez, mais votre absence jointe à l'inquiétude de votre santé est un mal que je n'ai pas la force de supporter; dans un autre temps j'aurais été affectée d'une scène assez vive que je viens d'avoir à votre sujet avec M. de Voltaire et qui a fini par la négation totale [...] Nous nous sommes quittés fort bien, et j'espère que demain il n'y pensera plus.»[69] Or, on verra qu'il continue d'y penser.

Alors que Voltaire pourrait attendre des consolations de Mme Denis, voici qu'elle l'informe, en juillet, de son projet de remariage avec «le commandant de Lille». Pas plus que M. et Mme d'Argental, elle ne peut ignorer à quel point son oncle est soumis à Mme Du Châtelet et, voyant qu'en dépit de ses déclarations il ne quittera jamais la marquise, elle envisage un avenir indépendant du poète. De sa nièce, au moins, Voltaire se croyait aimé: le voilà seul.

---

66. D3723 (19 juillet 1748); souligné par nous.

67. D3724 (19 juillet 1748). *La Dame à la mode*, titre nouveau de *La Coquette punie*, comédie de Mme Denis.

68. D3642 (avril-mai 1748). Autrement dit, «Mala» (pseudonyme d'une domestique?) a été envoyée la veille pour allumer du feu dans la chambre de Saint-Lambert. Que celle de Mme Du Châtelet soit restée sans feu prouve à Voltaire qu'Emilie a passé la nuit avec l'officier.

69. D3640 (avril-mai 1748).

Une douleur sincère éclate dans sa réponse, non dépourvue, pour la première fois, d'une certaine dureté, mais sans reproches directs. «Faut-il que nous ne vivions pas ensemble et que je ne puisse vous tenir lieu de votre commandant de Lille? Je ferai je vous le jure *un violent sacrifice quand il faudra contraindre mon cœur à vous laisser aller en Flandres. Je serai réduit à souhaiter que ce commandant-là, laisse bientôt une place vacante. Je ne me consolerai qu'en cas que son testament suive de près son contrat de mariage.*» Puis il se radoucit et lui conseille d'être prudente, de ne point s'engager «sans être bien assurée d'un grand avantage», car il entend bien qu'il ne peut s'agir d'amour. Dans un sursaut de volonté, il semble décidé à partir: n'est-il pas indispensable qu'il voie sa nièce, qu'il tente de la reprendre? «Je me flatte que ma santé me permettra de venir vous voir bientôt à Paris. *Vous serez la seule raison de mon voyage,* Semiramis en sera le prétexte». Après avoir loué la décoration de sa tragédie, qui coûtera au roi quinze mille francs, il revient au commandant de Lille, mais pour l'égratigner. «Il faudra que vous en voyiez une répétition avec votre *vieux* commandant prétendant.» Mais la partie la plus étonnante de cette lettre, c'est sa fin, que l'on ne peut guère citer que dans cette «lingua d'amore» dans laquelle lui-même l'a écrite: «In tanto io figo mile baccii alle tonde poppe, alle trasportatrici natiche, a tutta la vostra persona che m'ha fatto tante volte rizzare e m'ha annegato in un fiume di delizie.»[70] Après cela, comment Voltaire serait-il *vieux*? Celui qui est vieux, c'est le commandant de Lille!

Revigoré, il reprend en mains la préparation de *Sémiramis*. Il ne faudrait pas que la pièce fût sifflée après cette royale dépense: Voltaire n'oserait plus se présenter devant les d'Argental, ni devant le roi. A La Noue, qui va jouer le rôle d'Assur, il fait les plus fermes observations; ce comédien prétend que «le tragique doit être déclamé un peu uniment. Il y a beaucoup de cas où l'on doit en effet bannir toute pompe [...] Mais je crois que dans les pièces de la nature de celle-ci, la plus haute déclamation est la plus convenable. Cette tragédie tient un peu de l'épique [...] Le cothurne est ici chaussé un peu plus haut que dans les intrigues d'amour.»[71]

Le temps passe. Le 20 juillet, Mme Du Châtelet ne sachant plus à quelle date elle pourra rentrer à Paris, s'aperçoit que sa conduite peut paraître étrange à d'Argental et à sa femme qui sont toujours à Plombières. Avec une mauvaise foi évidente, elle cherche à se justifier: elle n'a même pas, jusqu'alors, trouvé le temps de leur écrire! Car, chaque jour, vingt-quatre heures «ne sont pas trop pour répéter deux ou trois opéras et autant de comédies [...] Enfin, Semiramis sera donc jouée sans votre ami et sans vous [Voltaire] *ne veut pas*

---

70. D3726 (27 juillet 1748); c'est nous qui soulignons.
71. D3727 (27 juillet 1748).

absolument y aller, car quoique je ne puisse l'y suivre je lui ai laissé sur cela toute liberté. Il aime mieux vous recevoir à Cirey à votre passage [...] J'aurais bien une autre proposition à vous faire, ce serait de passer par ici.» Elle a l'audace d'envoyer à l'ange des vers de Saint-Lambert en sollicitant sa protection – ce qu'elle n'ose plus faire auprès de Voltaire – pour obtenir à ce poète «ses entrées à la comédie»; il n'est pas riche. Mais attention: le «petit poète» prie d'Argental de ne point laisser copier ses vers à Plombières: «il y a beaucoup de lieutenants-colonels lorrains»![72] Voltaire se conforme aux arguments de Mme Du Châtelet: on ne saurait se soustraire aux «importantes occupations» que sont les comédies et les opéras à la cour de Stanislas. D'autant plus que la princesse de La Roche-sur-Yon, une Bourbon-Condé, y séjourne, comme chaque année lorsqu'elle revient de prendre les eaux. Par contre, les anges feraient bien de rentrer: si la pièce «était jouée sans vous», ajoute Voltaire, «mon malheur serait sûr».[73] Une circonstance heureuse: la paix sera bientôt publiée, ce qui «pourrait fournir quelques spectateurs de plus à Sémiramis.»

La poète semble accepter peu à peu le projet du remariage de sa nièce, non sans en avoir souligné subtilement les aspects ambitieux et conformistes: «Un bon douaire, et une situation plus honorée dans le monde sont des tentations auxquelles je vous dirai de succomber quoi qu'il en coûte à mon cœur [...] Car on fait bien des choses pour les sots [...] Ma chère enfant je jette sur cela mon bonnet par dessus les moulins».[74] Stratégie? La fausse désinvolture remplace les souvenirs voluptueux.

Enfin, les «deux anges gardiens» sont de retour à Paris le 12 août, sans s'être arrêtés à Cirey ni à Lunéville où la cour de Stanislas vient de rentrer. Se servant de sa maladie comme argument, Voltaire demande à l'abbé de Chauvelin de faire «le troisième ange». «Je défie l'ombre de Ninus d'avoir l'air plus ombre que moi. Je crois que la peur m'a encore maigri [...] Je viendrai assurément vous remercier de la victoire, mais je ne me hasarderai pas d'être présent à la défaite.»[75]

La représentation doit avoir lieu dans une quinzaine. Ultime recommandation: que d'Argental ne souffre pas que l'on habille l'ombre de noir, avec un crêpe, comme dans le *Double veuvage* de Dufresny que l'on vient de jouer à Lunéville; il faut qu'elle soit «toute blanche, portant cuirasse dorée, sceptre à la main et couronne en tête»; il pense à celle du festin de *Don Juan*. Enfin, bien que mal remis, il annonce à sa nièce son arrivée pour les premiers jours

72. D3728 (20 juillet 1748); c'est nous qui soulignons.
73. D3730 (2 août 1748).
74. D3730a (8 août 1748).
75. D3731 (12 août 1748).

de septembre. Il va «raisonner» avec elle sur sa «citadelle de Lile». Il consentira, s'il le faut, à lui donner la main pour monter en carrosse et signera son contrat «avec la plus grande résignation et la plus vive douleur.» Et il ajoute: «l'idée de vous perdre m'anéantit.»[76]

Ce qui va précipiter le départ, c'est la situation pénible créée à la cour de Stanislas par la guerre larvée que se livrent les deux rivales, Mme de Boufflers et Mme Du Châtelet. Ce que raconte Saint-Lambert à l'une et à l'autre a fini par altérer gravement leur amitié. Mme de Boufflers, jalouse des succès d'Emilie au théâtre n'aime pas qu'elle reçoive chez le roi Stanislas un accueil chaleureux et confiant. Sensible aux attitudes vaniteuses, parfois un peu ridicules, de Mme Du Châtelet, elle est irritée par l'atmosphère de passion dominatrice que celle-ci a introduite à la cour et qui pèse sur la liberté de Saint-Lambert. Sans doute est-elle allée jusqu'à conseiller à son ami d'enfance, qui a perdu sa gaieté, de briser ses chaînes. Mme Du Châtelet déploie pourtant des prodiges de patience et d'amabilité. En vain: elle est obligée de reconnaître que Mme de Boufflers a beaucoup changé; «L'aigreur et la fureur continuent, il n'y a rien à faire avec un tel caractère.»[77] N'importe: Emilie résistera à toute provocation: «Je la crains parce qu'elle peut nous séparer.»[78]

Mme de Boufflers a une circonstance atténuante: elle a de mauvaises jambes; sa santé s'altère et l'empêche de profiter de sa liaison avec Adhémar de Marsanne. Or, elle n'a pas coutume de modérer ses plaisirs. Le roi de Pologne sent parfaitement que l'humeur de la favorite s'est assombrie: il la décide à prendre les eaux à Plombières, et lui, pendant ce temps, fera un séjour à Trianon. Il apparaît que Stanislas, s'il ne se fie pas à son amie, ne sait pas exactement ce qui se passe dans sa cour. Il redoute que Saint-Lambert ou Adhémar ne rejoigne Mme de Boufflers à Plombières. Il va donc choisir, pour la chaperonner, Mme Du Châtelet en qui il a placé sa confiance. On comprend qu'Emilie tente de lui refuser cette mission. Mais elle est tenue de ne point déplaire au roi qui n'a pas encore pris de décision dans l'affaire du commandement: elle se résigne.

Imbroglio de comédie: Emilie se sépare de Saint-Lambert pour surveiller la favorite. Mais dès que le roi est parti pour Versailles, Adhémar s'empresse de rejoindre sa maîtresse. A quoi sert donc Emilie, sinon à supporter le triomphe de sa rivale et la société du médiocre vicomte? Au surplus, le séjour dans une ville d'eaux au dix-huitième siècle est une affreuse punition. Déjà le duc de Choiseul, accompagnant les d'Argental, avait été «dégoûté» et s'était enfui. Il faut en croire le tableau qu'en fait Mme Du Châtelet à Saint-Lambert:

76. D3732, D3733 (15 août 1748).
77. D3716 (mai-septembre 1748).
78. D3717 (mai-septembre 1748).

«Nous sommes ici logés commes des chiens».[79] «On est logé cinquante dans une maison, j'ai un fermier général qui couche à côté de moi, nous ne sommes séparés que par une tapisserie, et quelque bas qu'on parle on entend tout ce qu'on dit, et quand quelqu'un vient vous voir, tout le monde le sait, et vous voit jusque dans le fond de votre chambre.»[80] A cela s'ajoutent les bouderies de Mme de Boufflers et l'irrespect d'Adhémar, qui n'hésite pas à se moquer de Mme Du Châtelet. Et le séjour va se prolonger.

79. D3736 (23 août 1748).
80. D3739 (31 août 1748).

17. A Babylone: *Sémiramis* et *Zadig*

Le roi Stanislas, se rendant à Versailles, a déposé Voltaire à Paris le 30 août 1748. *Sémiramis* a été représentée la veille pour la première fois.

Nous avons dit combien cette tragédie lui a donné de peine. Si l'on se rappelle qu'il y reprend le canevas d'*Eriphyle*, pièce elle-même maintes fois remaniée, on constate que l'élaboration de *Sémiramis* s'étend sur une quinzaine d'années: cas unique dans l'histoire de son théâtre. Il entend y faire œuvre de novateur. C'est ce qu'il explique dans la *Dissertation sur la tragédie ancienne et moderne*, dédiée au cardinal Quirini, imprimée en 1749 en tête de la première édition de la pièce. Il se propose de ramener le vrai tragique sur la scène française. Les tragédies françaises l'emportent, certes, «par l'art de la conduite, par l'invention, par les beautés de détail», mais elles sont «dégradées», en raison de leur «intrigue d'amour, plus propre à la comédie qu'au genre tragique». On en viendra bientôt à ne donner plus, en fait de tragédie, «qu'une suite de conversations galantes froidement récitées». Les modèles d'un authentique tragique existent pourtant: il faut aller les chercher hors de France, dans des œuvres par ailleurs fort imparfaites: dans le théâtre grec, dans la «tragédie-opéra» de Métastase, et dans Shakespeare. La nouvelle *Sémiramis*, venant après celle de Crébillon (1717), s'efforce de restaurer la tragédie à la fois par «la magnificence du spectacle» et par de grands effets pathétiques. Car il ne suffit pas de faire entendre, comme c'est l'habitude en France, un texte récité par des acteurs plantés le long de la rampe. Il faut donner à voir des scènes colorées, animées, en mouvement: élément spectaculaire destiné à soutenir un pathétique que Voltaire a voulu dans *Sémiramis* plus fort encore que celui de *Mérope*. A cette fin, il s'inspire de Shakespeare, et spécialement de *Hamlet*. La *Dissertation* de 1749 reprend sur le dramaturge anglais les appréciations contrastées des *Lettres philosophiques*. C'est ici que se lit la phrase célèbre où Shakespeare est traité de «sauvage ivre». Mais aussi, dans ce théâtre «si absurde et si barbare», que de «traits sublimes dignes des plus grands génies»! Voltaire relève tout particulièrement, «parmi les beautés qui étincellent au milieu de ces terribles extravagances», le fantôme du père assassiné, dans *Hamlet*: «un des coups de théâtre les plus frappants», qui «fait toujours un grand effet sur les Anglais» et dont il n'a pas oublié l'impression qu'il en ressentit lui-même, lorsqu'il vit apparaître cette «ombre» sur le théâtre de Londres. Il a donc dans *Sémiramis* tenté ce même «effet», comme une de ces «hardiesses» qui «servent à la fois à mettre dans la pièce de l'intrigue et de la terreur».[1]

Tel était le projet. Qu'en fut-il de la réalisation, dans le texte que Voltaire a mis au point après de multiples réfections? Au lever du rideau, le spectateur doit découvrir une mise en scène grandiose: au premier plan, un «vaste péristyle», flanqué à droite d'un «temple des mages» et à gauche d'un «mausolée orné d'obélisques». Le fond du décor représente le palais de Sémiramis; au-dessus s'élèvent les «jardins en terrasses». Le jeune Arzace, soldat héroïque convoqué à Babylone par la reine, reconnaît en ces lieux la grandeur de cette souveraine qui règne sur tout l'Orient. Mais Sémiramis, au milieu de ces splendeurs, est en proie à l'épouvante. Elle erre, angoissée, près du mausolée où fut inhumé son mari Ninus. Et de fait on entend des gémissements qui semblent sortir du tombeau. Entre le grand mage Oroès, escorté d'une «suite de mages». Puis s'ouvre la porte du palais, qui «se remplit de gardes», et apparaît avec sa suite Assur, personnage dur et inquiétant qui gouverne pour le compte de Sémiramis.

L'exposition bientôt nous fait connaître une situation analogue à celle d'*Eriphyle*. Il y a quinze ans, Sémiramis et son complice Assur ont secrètement empoisonné Ninus. Pour plus de sûreté, Assur fit tuer aussi Ninias, le jeune fils de Ninus. Depuis lors Sémiramis règne. Mais Assur convoite le trône; il veut épouser Azéma, jeune fille de sang royal. Celle-ci lui résiste, car elle aime Arzace et en est aimée. Le spectateur a vite deviné que le jeune homme n'est autre que Ninias, sauvé et élevé par un bon vieillard. Lui-même, aussi bien que Sémiramis et Assur, n'en soupçonnent rien. Seul le mage Oroès est informé: il se réserve de révéler la vérité en temps opportun.

A l'acte III, le décor change. Nous sommes dans un «cabinet du palais». Sémiramis annonce que pour consolider son pouvoir, ébranlé par ses troubles psychiques, elle va se choisir un mari. Assur est convaincu que l'élu sera lui. Au milieu de l'acte, changement de vue: le «cabinet» fait place à un grand salon «magnifiquement orné». Au centre, un trône. Tout autour, sur des gradins, les officiers en uniformes chamarrés, les satrapes, les mages et, tout au fond, des gardes. Sémiramis solennellement révèle le nom de son époux: ce sera Arzace. Assur lance un cri de fureur, le mage Oroès s'exclame. Mais soudain le tonnerre gronde: apparaît «l'ombre de Ninus», que tous reconnaissent. Mystérieusement, il s'adresse à Arzace seul:

> Dans ma tombe, à ma cendre, il faut sacrifier.

Sémiramis tente d'«embrasser les genoux» de cette «ombre» qui est «cendre». Mais le fantôme a disparu.

---

1. M.iv.487-505.

Manifestement Voltaire est mal informé des mœurs des revenants. Lessing fera de cette scène, dans sa *Dramaturgie de Hambourg*, une critique incisive, parfaitement justifiée.[2] Les fantômes ne se montrent jamais en pleine lumière, et surtout pas au milieu d'une société aussi brillante que la cour de Sémiramis. Le fantôme de *Hamlet*, dans les brumes de la nuit, sur les remparts d'Elseneur, n'était aperçu que du seul Hamlet, projection peut-être de l'esprit malade du jeune prince. En comparaison, «l'ombre» de Voltaire est totalement manquée: piètre «machine» pour faire avancer l'intrigue.

En réalité la scène à grand effet se situe plus loin. Il faut dépasser l'acte IV, acte des reconnaissances: par le mage Oroès Arzace apprend qu'il est Ninias; Sémiramis le reconnaît comme son fils. Arrive enfin le terrible cinquième acte. Pour la troisième fois le décor a changé: le temple des mages, le mausolée se détachent maintenant sur l'avant de la scène. Les personnages circulent de l'un à l'autre. Ninias pénètre dans le mausolée pour immoler la victime réclamée par l'ombre de Ninus: ce sera, croit-il, Assur. Il ressort du tombeau, une épée sanglante à la main, «l'air égaré». Mais ce qu'il a frappé dans l'obscurité, c'était une forme tremblante, qui l'implorait de ses «cris plaintifs». Ce n'était pas Assur: car voici qu'entre l'odieux personnage, capturé par les gardes. Ninias ordonne de l'exécuter. Alors on aperçoit, se traînant hors du tombeau, une femme agonisante: Sémiramis, qui malencontreusement était elle aussi entrée dans le mausolée. Croyant immoler Assur, Ninias a tué sa mère. Affreuse méprise? Non, mais justice céleste:

> Par ce terrible exemple, apprenez tous du moins
> Que les crimes ont les dieux pour témoins.
> Plus le coupable est grand, plus grand est le supplice.

Ainsi parle Oroès, tandis que tombe le rideau. Voltaire, s'adressant au cardinal Quirini, souligne cette moralité, formulée par le mage. Cependant l'intérêt du dénouement est ailleurs. Accentuant des tendances déjà manifestes dans *Zaïre*, *Adélaïde Du Guesclin*, *Mahomet*, la tragédie de *Sémiramis* marque une nouvelle étape vers un théâtre spectaculaire et mélodramatique qui triomphera à la fin du siècle.

En 1748, la vieille salle des Fossés Saint-Germain n'était guère en mesure de monter convenablement une pièce de ce genre. La «décoration», exécutée par les frères Slodtz, avait bénéficié d'une généreuse subvention royale. Mais l'appareil ainsi déployé ne pouvait produire son effet. Car les spectateurs, qui continuent à être admis sur la scène, se trouvaient installés à l'intérieur du décor, cachant le mausolée, le temple des mages, le palais de Sémiramis,

---

2. Lessing, *La Dramaturgie de Hambourg*, trad. E. de Luckau, éd. L. Crouslé (Paris 1869), p.56-58.

rendant impossible l'évolution d'une figuration abondante. Attirés par la curiosité, le jour de la première, ils se pressaient même si nombreux, debout au
fond de la scène, qu'ils provoquèrent un incident burlesque. Au moment de
son apparition, le fantôme de Ninus ne parvint pas à percer la foule. Le soldat
de garde dut intervenir: «Messieurs, place à l'ombre, s'il vous plaît!» Voltaire
protesta auprès de Berryer. Il demande que soient présents sur le théâtre deux
exempts, «pour faire ranger une foule de jeunes Français qui ne sont guère
faits pour se rencontrer avec des Babyloniens».[3] Le lieutenant de police promit
de limiter le nombre des spectateurs admis sur la scène. Mais il n'était pas
question de supprimer leur privilège, fort rémunérateur pour les comédiens.
Voltaire s'indigne, dans la *Dissertation sur la tragédie*, contre une telle «indé-
cence». Il obtiendra satisfaction, grâce à la munificence du comte de Lauragais,
mais seulement dix ans plus tard.

Pas plus que la salle de spectacle, le public n'était préparé à accueillir cette
Sémiramis. Le poète en avait le soupçon. Aussi avait-il pris ses précautions.
Le jour de la première, il avait fait distribuer à ses amis quatre cents billets
d'entrée. Il s'était assuré le concours de la claque dirigée par le fameux
chevalier de La Morlière. Hélas! certains des jeunes gens, enrôlés pour soutenir
la pièce, applaudirent en bâillant ostensiblement, ce qui fit rire.[4] De sorte que
le jour de sa création, *Sémiramis* faillit tomber. Comprenant qu'il devait
améliorer son texte, Voltaire les jours suivants eut l'idée d'une ruse singulière.
Il se déguise en abbé. «Enveloppé dans sa soutane et un petit manteau court,
avec une perruque ébouriffée qui lui collait sur les joues, il ne laissait presque
apercevoir que le bout d'un long nez [...]. Il allait se mettre dans un coin
obscur du café de Procope, et là, il attendait la fin du spectacle, pour entendre
les propos des beaux esprits qui se mêlaient de juger les pièces.»[5] Ainsi informé,
il refait plus de deux cents vers. En définitive, *Sémiramis* en sa nouveauté
atteignit le total assez honorable de vingt et une représentations.

Pourtant la pièce avait été mal servie par les acteurs, dérangés dans leurs
habitudes. Le rôle du fantôme avait été confié à Legrand, «gras comme un
moine», qui a «l'air du portier du mausolée».[6] Seules Mlle Dumesnil (Sémiramis) et Mlle Clairon (Azéma) ont bien joué. Grandval, interprète d'Arzace,
s'était enivré avant la représentation.[7] La Noue, interprète d'Assur, «a déclamé
contre la pièce beaucoup plus haut qu'il n'a déclamé son rôle». Sarrazin, jouant

3. D3737 (30 août 1748).
4. Collé, cité par Besterman, D3737, note 1.
5. Longchamp, f.89-90.
6. D3970 (29 juillet 1749).
7. D3749 (vers le 1er septembre 1748).

un personnage secondaire, a manqué d'«âme» et de «dignité».[8] Voltaire espère qu'ils se corrigeront.[9]

Sa pièce devançait l'évolution du théâtre. Elle ne trouvera ses interprètes et son public que dans la décennie suivante. Reprenant *Sémiramis* en 1756, Lekain met au point, pour l'épisode du tombeau, un jeu à sensation. Il sort du mausolée halluciné, les bras sanglants, au milieu des éclairs. Voltaire, éloigné de Paris depuis plusieurs années, demeure réticent.[10] Mais le public, qui a beaucoup changé en peu de temps, est subjugué par cette interprétation «shakespearienne». Enthousiasme dont témoignent les vers de Dorat, à la gloire de Lekain:

> Je crois toujours le voir, échevelé, tremblant,
> Du tombeau de Ninus s'élancer tout sanglant,
> Pousser du désespoir les cris sourds et funèbres,
> S'agiter, se débattre à travers les ténèbres,
> Plus terrible cent fois que les spectres, la nuit,
> Et les pâles éclairs dont l'horreur le poursuit.[11]

Mélodrame, dirons-nous? Sans doute l'auteur de *Sémiramis* nous apparaît-il un précurseur de Pixérécourt. Mais un spectateur de 1772 juge que c'est là «le triomphe de la nature».[12]

Quelques jours après la première de *Sémiramis*, dès le 10 septembre, Voltaire se hâte de retourner à Lunéville, sous prétexte que le roi Stanislas vient lui-même de repartir et que Mme Du Châtelet est rentrée de Plombières.

Il tombe gravement malade à Châlons où il reste six jours entre la vie et la mort. Il devient si faible, raconte Longchamp, «qu'il ne s'aide plus en rien et peut à peine remuer ses membres». Il dicte tout de même aux d'Argental une lettre où il annonce qu'il a «une fièvre bien serrée». Il ne prend plus que de légères infusions de thé et de l'eau panée. Néanmoins, le soir du sixième jour, il décide de quitter Châlons où il ne veut pas mourir. Le lendemain matin, Longchamp le porte dans sa chaise. Tous deux arrivent à Nancy à la fermeture des portes: Voltaire dans un bon lit, consent à prendre un peu de bouillon. «On m'apporta», dit Longchamp, «des grives rôties et une douzaine de rouge-gorge qui sont les ortolans du pays [...] je lui demandai s'il voulait sucer un de ces petits oiseaux. Je lui en choisis deux des plus gras dont il mangea une partie étant assis sur son lit.»[13] Il s'endort jusqu'au lendemain à trois heures de l'après-midi. Le soir même, il arrive à Lunéville.

---

8. D3772 (4 octobre 1748).
9. D3749.
10. D6958 (4 août 1756). «Cela est un tant soit peu anglais».
11. Cité dans D17922 (20 septembre 1772).
12. Le Genevois Antoine Mouchon (D17922).
13. Longchamp, f.109-13.

A peine est-il remis sur pied qu'il est repris par ses soucis parisiens. D'abord, il apprend que Crébillon est allé lire à Mme de Pompadour, à Choisy, son *Catilina* inachevé. Le roi, sans se montrer, l'écouta et en fut enchanté. On le presse alors de terminer sa tragédie. La jalousie de Voltaire perce dans sa première lettre à d'Argental: «On s'est bien plus pressé, ce me semble, de lire *Catilina* que de le faire.»[14]

Puis il redoute les éditions pirates de sa tragédie: il en circule dans Paris des copies, attrapées vaille que vaille pendant les représentations. Il avertit Berryer, qui a transmis immédiatement sa requête à la chambre syndicale des libraires.

Bientôt le voici tenaillé par une autre crainte: celle de voir sortir la parodie de *Sémiramis* qu'annoncent les Italiens; il faut à tout prix la faire interdire. D'Argental ne s'est pas privé de faire voir à l'auteur combien la pièce faisait la part belle à la moquerie. Autant que Voltaire, l'ange redoute la parodie. Et c'est pour la même raison que tant de gens, parfois des plus haut placés, la désirent, l'appellent. Les ennemis de Voltaire seraient heureux de voir sa pièce «dégonflée». Partie de plaisir en perspective pour les uns, mais pour l'auteur, drame à épisodes qui va durer plusieurs mois.

Parmi les parodies de *Sémiramis*, celle dont il s'agit, qui surclasse les autres, est celle de Montigny.[15] Rapidement écrite, elle est prête vers le 20 septembre. En l'absence de Voltaire, c'est d'Argental qui avertit Berryer dès le 24:

Les comédiens italiens ont porté à la police une parodie de *Sémiramis* qui est une satire des plus sanglantes. M. de Crebillon, ne voulant pas se charger de vous en parler, les a renvoyés à vous, monsieur [...] permettez-moi de vous représenter que, depuis l'interdiction de l'opéra-comique [1743], les parodies ont été absolument proscrites [...] La défense des parodies a été faite nommément aux Italiens. M. le duc d'Aumont est celui des gentilshommes de la Chambre qui a le plus contribué à cet ordre. S'il était à Paris, il est sûr qu'il vous prierait de tenir la main à son exécution [...] *Sémiramis* est remplie d'un spectacle beau mais singulier et par là susceptible d'être ridiculisé [...] Le public [...] quand il a saisi la plaisanterie n'est plus capable de revenir au sérieux [...] il serait cruel que le succès d'un bon ouvrage fût arrêté par une mauvaise bouffonnerie.[16]

On croirait lire Voltaire. Il semble que d'Argental ne connaisse pas le texte de la parodie qu'il incrimine, car la discrétion de l'ange, son habileté, lui interdiraient alors des excès de style qui risquent d'affaiblir sa requête. La parodie de Montigny n'est ni «une satire des plus sanglantes» ni une «bouffonnerie». Sans doute est-elle très mordante. Que l'on en juge par ses personnages: Sémiramis,

14. D3759 (19 septembre 1748).
15. Montigny, *Sémiramis, tragédie en cinq actes* (Amsterdam 1749).
16. D3764 (24 septembre 1748).

l'Exposition, le Dénouement, l'Intérêt, la Pitié, la Cabale, le Remords, la Décoration, l'Ombre du grand Corneille, plusieurs Beautés, une troupe de Défauts. Elle ne manque ni de goût ni de finesse; les tours y sont piquants et spirituels; le procédé familier de l'auteur, consistant à parsemer le dialogue de vers ou d'hémistiches de tragédies connues, peut amuser un public averti. Or, il ne semble pas qu'il puisse être question, dans l'esprit de d'Argental, d'une autre parodie, telle *Zoramis*, pièce bouffone, ainsi qu'en témoignent ces vers adressés à Arzace venant de tuer sa mère:

> Ah! pour ne pas tomber dans une erreur si lourde
> Tu devais prendre au moins une lanterne sourde![17]

Et il s'agit moins encore de *Persiflès*, pièce très faible écrite par Grandval, le père du comédien.[18]

Berryer, malgré l'interdiction officielle à laquelle se réfère d'Argental, ne peut rien promettre. De fait, il a l'air informé, et sans doute a-t-il pris le vent, peut-être chez Maurepas. «Au moment que j'ai ouvert ce matin votre lettre je n'avais pas encore reçu, monsieur, la parodie de *Sémiramis* […] Vous ne devez pas douter, monsieur, que dans cette occasion qui regarde M. de Voltaire, dont les talents méritent toutes sortes d'égards, je n'en agisse avec toute circonspection possible. Aussi je ne ferai rien à cet égard sans en avoir rendu compte à M. de Maurepas […] il n'y aura rien de fait sur cela que je n'aie l'honneur d'en conférer avec vous.»[19]

On s'en serait douté: Crébillon, bien en cour, a laissé passer la parodie. Au début de l'affaire, tout se présente comme si le roi et la favorite voulaient rétablir l'équilibre de la gloire en faveur «du grand tragique». Peut-être Voltaire n'a-t-il pas su se taire au sujet de la décoration de *Sémiramis* dont il n'est pas satisfait? Car il écrit à d'Argental, à propos de la nouvelle représentation que l'on en prépare à Fontainebleau: «J'envoie une petite requête […] à M. le duc Daumont […] On m'a écrit quatre lettres anonymes du parterre dans lesquelles on demande des décorations moins indignes de la pièce.» Cette pièce, ajoute-t-il, «Je l'aime plus que je croyais.»[20]

Cette question de la parodie, Voltaire s'aperçoit qu'on la fait traîner. Aussi est-il saisi, dans la première quinzaine d'octobre, d'une véritable frénésie d'interventions. Il écrit à Mme de Pompadour, et à Montmartel pour qu'il agisse auprès d'elle. «J'écris», avoue-t-il lui-même, «à madame Daiguillon et

17. Cité par de Luchet, *Histoire littéraire de M. de Voltaire* (Paris 1781), i.178. *Zoramis* fut interdit à la représentation et à l'édition. Clément et La Porte en possédaient une copie.

18. *Persiflès, tragédie en cinq actes* (La Haye 1748).

19. D3765 (25 septembre 1748).

20. D3766 (26 septembre 1748).

j'offre une chandelle à M. de Maurepas. J'intéresse la piété de la duchesse de Villars, la bonté de madame de Luines, la facilité bienfaisante du président Henaut [...] je presse M. le duc de Fleuri». Enfin, il adresse à la reine Marie Leszczynska une requête à laquelle le roi de Pologne en ajoute une autre, «très forte». «Je me sers», écrit Voltaire, «de toutes les raisons, de tous les motifs». A titre d'exemple, il ose dire à la reine que «la tragédie de *Sémiramis* est fondée d'un bout à l'autre sur la morale la plus pure».[21] Et il donne à Berryer un argument des plus insolites: «Une de mes nièces est prête à se marier à un homme de condition qui ne voudra point d'un oncle vilipendé.»[22]

Mais il se heurte toujours aux plus hautes instances. Le 23 octobre, la reine lui fait répondre par Mme de Luynes «que les parodies étaient d'usage et qu'on avait travesti Virgile». «Je réponds [à d'Argental!] que ce n'est pas un compatriote de Virgile qui a fait l'*Enéide travesti*; que les Romains en étaient incapables; que si on avait récité une *Enéide* burlesque à Auguste et à Octavie, Virgile en aurait été indigné [...] Le roi de Pologne [...] a été fort piqué que nos adversaires aient prévalu auprès de la reine et que ce ne soit pas elle à qui j'aie l'obligation de la suppression de l'infamie.»[23]

Cette affaire peut apparaître comme un signe de la guerre larvée que se livrent en haut lieu les «partis». Mme de Pompadour, en affirmant que la parodie ne sera pas jouée à la cour, «a fait plus que la reine», écrit Voltaire. De fait, *Sémiramis* est représentée à Fontainebleau le 24 octobre sans la parodie; elle y est «assez bien reçue», note de Luynes.[24] Mais quand donc la parodie sera-t-elle interdite aux Italiens? On sait que Maurepas n'emboîte pas le pas à la favorite; Voltaire a contre lui «l'amuseur» du roi: Maurepas, confie le poète à l'ange, «en réponse à la lettre la plus respectueuse, la plus soumise et la plus tendre [...] m'a mandé sèchement et durement qu'on jouerait la parodie à Paris et que tout ce qu'on pouvait faire pour moi était *d'attendre la suite des premières représentations de ma pièce*. Or cette suite [...] pouvant être regardée comme finie, on peut conclure [...] que les Italiens sont actuellement en droit de me bafouer.»[25] Pire! Le poète est «confondu» par une lettre du duc de Fleury lui annonçant qu'il a donné l'ordre «qu'on ne jouât la sottise italienne qu'après que *Sémiramis* aurait été jouée à Fontainebleau». Or, elle vient d'être jouée. Pour Voltaire, la meilleure stratégie de repli consiste à demander l'application stricte de la lettre de Maurepas, les «représentations [...] ne doivent être censées finies qu'après la reprise»; et la reprise, le poète

---

21. D3775, D3777 (10 octobre 1748).
22. D3776 (10 octobre 1748).
23. D3796 (23 octobre 1748).
24. Duc de Luynes, ix.114 (1er novembre 1748).
25. D3800 (30 octobre 1748); souligné dans le texte.

la retardera jusqu'au retour du duc de Richelieu, et du même coup, il donnera «aux catilinistes tout le temps d'être sifflés».[26]

Richelieu, c'est son espoir. Mais aussi le *Panégyrique de Louis XV* dont les trois premières éditions ont commencé de paraître dès la fin de juillet à Lyon, probablement chez Bruyset, et les deux suivantes viennent de sortir à Nancy. Le dernier paragraphe y fait un éloge sans réserve de la paix d'Aix-la-Chapelle, si mal vue du public que l'expression «bête comme la paix» est devenue proverbiale. Voltaire trouve le traité «très glorieux puisqu'il assure la tranquillité publique».[27] Le *Panégyrique* ne s'embarrasse point de subtilités diplomatiques; alors que les ennemis de la France demandent: «Quelles conditions nous imposerez-vous? [...] Les mêmes, répond le roi victorieux, que je vous ai présentées depuis quatre années et que vous auriez acceptées si vous m'aviez connu. Il en signe les préliminaires: le voile qui couvrait tous les yeux tombe alors, et les plus sages de nos ennemis s'écrient: le père de la France est donc le père de l'Europe!»[28] Peine perdue! Voltaire a beau répandre ce texte naïf, on en parle peu, et le roi a l'air de l'ignorer. Il est vrai qu'il y a ce *Zadig* qu'on attribue à Voltaire.

Richelieu, promu maréchal en octobre, rentre enfin de Gênes où l'on érige sa statue. Voltaire s'écrie:

> Je la verrai cette statue,
> Que Gêne élève justement
> Au héros qui l'a défendue

et voici une longue épître de «versiculets», si longue, si familière et «remplie de flatteries si fortes», écrit Collé, «qu'on pourrait les prendre pour du persiflage».[29] N'importe. Richelieu n'est pas difficile; son intervention, jointe à celle de la Pompadour, arrêtera la parodie de *Sémiramis*. Voltaire ne le saura qu'en janvier, à Cirey. La pièce de Montigny ne sera pas jouée, mais imprimée à Amsterdam. L'affaire aura tourmenté le poète durant plus de quatre mois.

La critique écrite de *Sémiramis* n'est pas bonne, certes, mais elle n'aura pas le scandaleux retentissement qu'aurait eu la parodie aux Italiens. Les critiques, que ce soit Cailleau ou Desforges ou le *Mercure de France*,[30] s'accordent à poser les mêmes questions concernant les invraisemblances de la pièce. Pourquoi le mage Oroès attend-il l'imminence de l'inceste pour révéler à Arzace le secret

---

26. D3804 (7 novembre 1748).
27. D3828 (24 décembre 1748).
28. M.xxiii.279.
29. Cité en note dans D3808.
30. Cailleau (ou l'abbé Mercadier), *Critique scène par scène de Sémiramis, tragédie nouvelle de M. de Voltaire* (Paris 1748); Desforges, *Lettre critique sur la tragédie de Sémiramis* (s.l.n.d.); *Mercure de France* (septembre 1748).

de sa naissance? Le quiproquo du dénouement – que Voltaire appelait lui-même «le colin-maillard du tombeau»[31] – ne révolte-t-il pas le bon sens? Comment Arzace a-t-il pu se tromper sur le sexe de sa victime? De fait, trop souvent, Voltaire, dans *Sémiramis* comme dans ses autres tragédies, sacrifie la vraisemblance à la recherche de l'effet.

Deux critiques seulement sont favorables: Dupuis Demportes, dont la *Lettre sur la Sémiramis de M. de Voltaire* est un éloge;[32] J.-L. Favier, auteur d'une *Apologie pour la Sémiramis de M. de Voltaire*.[33] Le dernier retient notre attention, en raison des considérations biographiques qu'il allègue. Il situe *Sémiramis* dans la carrière et dans l'œuvre de Voltaire. Le poète s'est «réformé». Fréron avait dit la même chose, mais par malveillance.

Jusqu'alors tous ses écrits portaient l'empreinte de cette liberté de penser si chère aux beaux esprits modernes et souvent si mal soutenue [...] Quelle fut donc la destinée de ces ouvrages faits *pour éclairer l'univers*? Ils avaient bien plus attiré la censure que l'admiration publique, plus scandalisé les dévots que satisfait les philosophes [...] Les lois s'armèrent contre eux [...] L'auteur même, proscrit, exilé, le meilleur des citoyens réduit à aller chercher au-delà des mers une patrie [...] Désabusé, il a procédé à sa «réformation». Le voici comblé d'honneurs, c'est de là qu'il faut partir pour juger sa nouvelle tragédie. Ne cherchons plus en lui l'auteur de ces écrits aussi dangereux que célèbres, mais celui de la *Princesse de Navarre* et du *Temple de la Gloire* [...] Il veut édifier [...] Le crime puni, la vertu récompensée, la religion triomphante, voilà le sujet.[34]

Favier ignore-t-il *Zadig*, l'envers de *Sémiramis*? Voltaire réformé? Il y a toujours deux Voltaire.

Sous le signe de Babylone, en même temps que l'on jouait *Sémiramis*, *Zadig*, paru le 10 septembre 1748, se réépandait peu à peu, alors que Voltaire, après une douzaine de jours passés à Paris, reprenait la chaise de poste, accompagné par Longchamp, et se «mourait» à Châlons.

Voltaire n'a pas été gagné subitement, comme on l'a pu prétendre, par le désir d'écrire des contes pour distraire la duchesse Du Maine.[35] Il est né conteur comme d'autres naissent musiciens. Si la maladie le laisse en paix, et s'il a un auditoire familier et réceptif, tout lui est prétexte à conter; il brode avec une verve étincelante des aventures cocasses à propos des moindres

---

31. D3844 (11 janvier 1749).

32. Dupuis Demportes, *Lettre sur la Sémiramis de M. de VVoltaire* (Paris 1748). Voir aussi son *Parallèle de la Sémiramis de M. de Voltaire et de celle de M. Crébillon* (Paris 1748).

33. Jean-Louis Favier, *Le Poète réformé, ou apologie pour la Sémiramis de M. de Voltaire* (Amsterdam 1748).

34. Favier, p.3-6; souligné dans le texte.

35. Raymond Naves, *Voltaire, l'homme et l'œuvre* (Paris 1942), p.49.

anecdotes de la vie courante ou du comportement de ses adversaires. Il fait parler des personnages connus ou qu'il a créés, imite ou invente leur langage, change de ton, d'accent. Il s'exalte, déclame, mime la scène comme au théâtre; c'est pourquoi ses amis recherchent sa société. Ce talent a été fort bien décrit par Mme de Graffigny à Cirey. Un soir qu'il montre la lanterne magique, les images projetées ne sont qu'un prétexte aux inventions les plus drôles: «Il y a fourré la coquetterie de M. de Richelieu, l'histoire de l'abbé Desfontaines et toutes sortes de contes, toujours sur le ton savoyard.»[36] Il gesticule tant qu'il renverse l'esprit de vin de la lampe qui s'enflamme, et il se brûle la main. On rit de l'incident. Cet «esprit ludique»,[37] c'est d'abord dans son goût pour le théâtre et dans ses contes qu'on le trouve, mais Voltaire ne donne-t-il pas souvent l'impression que son travail, ses combats, et même certains de ses procès sont encore des jeux?

Le poète passe aisément du badinage mondain au madrigal, celui-ci prenant parfois le tour d'un conte léger, très bref. Le meilleur exemple de ce glissement n'est-il pas le célèbre madrigal à la princesse Ulrique? Ses premiers contes ont été écrits en vers autour de sa vingtième année. Ce sont *L'Anti-Giton* (1714), *Le Cadenas* et *Le Cocuage* (1716). *La Mule du pape*, qu'il adresse de Cirey en 1734 à Mme de La Neuville, est un conte déjà ancien: «C'est une satire», dit-il, «que j'ai retrouvée dans mes paperasses».[38] Mais ces amusements de circonstance, rapides et frivoles, ne pouvaient prétendre à la fortune des *Contes philosophiques* dont le titre n'apparaît que dans le tome XIII de l'édition de 1768. Libérés des contraintes de la versification, produits de l'heureuse rencontre d'une imagination juvénile, de méditations philosophiques et d'une écriture étonnamment mobile, ces contes en prose devaient conduire à l'originalité de *Zadig* et de *Candide*. C'est là que l'on retrouve, aussi libre que dans sa correspondance, l'esprit de Voltaire. On y vit avec l'homme Voltaire, à la fois simple et multiple, lucide, juste, fraternel, tolérant; puis, à mesure que se dégrade l'idéal de Cirey et qu'apparaissent les désillusions, un Voltaire de plus en plus pessimiste se révèle, animant tout un monde grouillant en proie à l'ignorance, la superstition, la cupidité, la violence. C'est dans ce sens qu'il faut entendre le titre du remarquable ouvrage de Jacques Van den Heuvel, *Voltaire dans ses contes*.[39] Les contes de Voltaire sont si personnels que René

---

36. *Correspondance de Mme de Graffigny*, i.210: «la coquetterie», et non pas «la coterie» de Richelieu, comme l'imprimait jusqu'ici le texte – peu correctement établi – de cette correspondance.

37. Haydn Mason, «Voltaire et le ludique», *RHLF* 84 (1984), p.4.

38. D781 (?août 1734).

39. Jacques Van den Heuvel, *Voltaire dans ses contes: de Micromégas à l'Ingénu* (Paris 1967).

Pomeau va jusqu'à suggérer que «dans la psychologie voltairienne, le conte remplit la fonction d'une catharsis».[40]

Cette originalité ne fut pas conquise d'emblée, mais par essais successifs. On eût dit que sur ce terrain peu sûr le poète ne s'aventurait que sur la pointe des pieds. Sans doute craignait-il qu'on ne le confondît avec ces romanciers très recherchés, au dix-septième siècle et au début du dix-huitième, par un large public surtout féminin. Aucune invraisemblance ne les arrêtait, pas même le voyage interplanétaire. Et pourtant Voltaire allait exploiter cette tendance constante de la curiosité des hommes pour les espaces infinis. Godwin avait publié en 1638 *Un homme dans la lune*. Avaient paru de Cyrano de Bergerac, en 1657 les *Etats et empires de la lune*, en 1662 les *Etats et empires du soleil*, qui ne manquaient point de préoccupations scientifiques et philosophiques; et le roman de l'abbé Bordelon, en 1711, *Gongam, ou l'homme prodigieux transporté dans les airs, sur la terre et sous les eaux*, avait été très lu. Enfin, Swift, en 1726, dans ses *Voyages de Gulliver*, avait porté ce genre à son niveau intellectuel le plus élevé. Il n'empêche que beaucoup de ces romans, surtout d'aventures amoureuses et guerrières, étaient fort décriés par les esprits sérieux qui en blâmaient le conventionnel, le factice, la gratuité, l'invraisemblance.

C'est pourquoi Voltaire, bien que toujours attiré par le merveilleux, n'attribue à ses «romans» qu'une faible importance: ce sont des «fadaises», des rêveries, des amusements. «Ce qui l'égare», écrit René Pomeau, «c'est le préjugé du genre noble, servi par une redoutable aptitude à pasticher les chefs-d'œuvre.»[41] Etonnant retournement des choses: aujourd'hui, les contes sont la partie de son œuvre la plus éditée, la plus lue, la plus actuelle, et souvent la seule connue d'un très large public. C'est à Cirey, lieu de cohabitation du bonheur et de la métaphysique, que le véritable conte philosophique prend sa forme, non définitive, certes, mais qui exprime dès lors ce mélange de cocasserie et de bon sens militant qui ne le quittera plus.

Si l'on met à part *Le Crocheteur borgne* et *Cosi-Sancta*,[42] il semble bien que le premier en date des contes philosophiques soit *Le Songe de Platon*. Bien que l'on ait pu croire qu'il a été composé en 1756, Jacques Van den Heuvel pense pouvoir affirmer «qu'il date de la période de Cirey». On le suit volontiers. A Cirey, on lit Platon, on l'admire, mais aussi on raille gentiment ses naïvetés que l'on qualifie de «rêveries». Le *Songe* est né comme naîtront d'autres contes, d'une recherche, d'une lecture, d'une discussion, d'une déception. Préoccupé, avec Mme Du Châtelet, de problèmes métaphysiques, Voltaire emprunte au *Timée* son interprétation mythique de la naissance du monde. «Le conte

---

40. *Romans et contes*, éd. R. Pomeau (Paris 1966), p.12.
41. *Romans et contes*, éd. R. Pomeau, p.8.
42. Voir *Voltaire en son temps*, i.86-90.

s'introduit dans l'œuvre de Voltaire à la remorque du mythe platonicien».[43] Mais sous l'influence des théories de Newton, il prend une dimension cosmique que n'avait pas le *Timée*. En outre, la philosophie de Leibniz pénètre d'emblée dans *Le Songe de Platon*: l'aréopage des génies créateurs cherche «le meilleur des mondes possibles», et il rencontre le problème du mal qui restera au cœur de la plupart des contes. C'est ainsi que le Génie qui a créé notre Terre est fort critiqué pour le mélange de bien et de mal dont il s'est satisfait. Enfin, ce premier conte conduit Voltaire à «une autre fantaisie sur les globes», où les mondes créés seront évalués par leurs habitants. Il y fallait introduire des «voyageurs célestes»: c'est le baron de Gangam, nom vraisemblablement tiré du roman de l'abbé Bordelon, qui fait la transition avec *Micromégas*.

En juin 1739, Voltaire, accompagnant Mme Du Châtelet à Bruxelles, emporte dans ses papiers «une petite relation» qu'il envoie à Frédéric, une «fadaise philosophique», écrit-il, «qui ne doit être lue que comme on se délasse d'un travail sérieux avec les bouffonneries d'Arlequin».[44] D'après la réponse de Frédéric, du 7 juillet, il s'agit d'un conte philosophique: «Il m'a beaucoup amusé, ce voyageur céleste, et j'ai remarqué en lui quelque satire et quelque malice qui lui donne beaucoup de ressemblance avec les habitants de notre globe.»[45] Frédéric, un mois après, n'a pas oublié le conte: il le rappelle dans un compliment versifié:

> J'ai vu de la philosophie,
> J'ai vu le baron voyageur.[46]

A partir de là, on n'entendra jamais plus parler de cet ancêtre de *Micromégas*, le baron de Gangan. C'est Micromégas qui reprend le voyage de planète en planète, voyage cosmique où l'homme, «sur son atome de boue», est de plus en plus mis en question. C'est une volonté constante, chez Voltaire, de s'efforcer, pour juger l'homme, de «se mettre hors de sa sphère»,[47] car il s'agit de le ramener à sa juste mesure dans l'immensité de l'univers.

Micromégas ne fut prêt pour l'impression qu'à la fin de 1750.[48] Il a donc cédé la place à *Zadig*. Mais Jacques Van den Heuvel n'hésite pas à le classer parmi les œuvres préparées à Cirey: ce récit d'un voyage newtonien illustre en effet les théories de Locke sur l'entendement humain et participe de l'optimisme de Pope. Newton, Locke, Pope, «entre le conte et les trois systèmes de pensée,

---

43. Van den Heuvel, p.66.
44. D2033 (vers le 20 juin 1739).
45. D2042 (7 juillet 1739).
46. D2060 (9 août 1739).
47. *Traité de métaphysique* (M.xxii.190).
48. Voir la mise au point de René Pomeau, *Romans et contes*, p.704-706, tenant compte des découvertes de Martin Fontius, *Voltaire in Berlin* (Berlin 1966).

il existe un lien organique et indestructible [...] elle est [...] la preuve la plus solide [...] en faveur de la thèse selon laquelle la composition de *Micromégas* remonte à 1738».[49] Certes, dans ce conte, le mal n'est pas ignoré: les minuscules êtres terrestres s'entretuent, sont bavards et ignorants, mis à part le partisan de Locke. Mais, globalement, le monde est organisé; le conte ne sombre pas dans le pessimisme: si la comparaison de l'homme avec les géants de Saturne et de Sirius établit la faillite de l'anthropomorphisme et de l'orgueil humain, les proportions ne sont pas moins sauvegardées; chacun est à sa place ainsi que le résume le vers du sixième *Discours en vers sur l'homme*:

> Rien n'est grand ni petit; tout est ce qu'il doit être.[50]

«De la découverte de la nécessité», écrit Robert Mauzi,[51] «naît un apaisement, une certitude qui n'est pas tellement éloignée de l'optimisme à la façon de Leibniz et de Pope. Il suffit de corriger d'un seul mot leur doctrine et de passer du ‹Tout est bien› au ‹Tout est nécessaire›.»

Le temps de *Zadig* n'est pas encore arrivé. Si l'optimisme de Voltaire n'est pas absolument en échec entre 1740 et 1747, du moins le poète a-t-il perdu sa foi en la liberté humaine. Sa situation sociale et sentimentale a beaucoup changé. Heureux parfois, et le plus souvent malheureux, il a traversé tant de vicissitudes! Elu à l'Académie et aussitôt accablé par l'affaire Travenol, attristé par le détachement d'Emilie et faiblement consolé par les faveurs de sa nièce, déçu par le renvoi du marquis d'Argenson, par sa vie de courtisan et par la société parisienne, il fait d'amères réflexions sur sa destinée. C'est à ce moment-là, sans doute, que se place *La Vision de Babouc, ou le monde comme il va*. Ce conte apparaît, dans l'évolution de sa pensée, comme un maillon nécessaire entre *Micromégas* et *Zadig*. Les hommes sont devenus «opaques», étranges dans leur comportement, incompréhensibles à force d'incohérence et de contradictions. Déjà la morale du conte est en germe dans le texte *Sur les contradictions de ce monde* qui remonte à 1742:[52] «Un Asiatique qui voyagerait en Europe pourrait bien nous prendre pour des païens [...] Il verrait qu'on achète le droit de juger les hommes, celui de commander à la guerre, celui d'entrer au Conseil [...] Les hommes sont partout également fous, ils ont fait des lois à mesure, comme on répare des brèches de murailles.» L'ange Ituriel envoie Babouc observer Persépolis afin de savoir s'il faut corriger la ville ou la détruire. Babouc trouve alternativement des raisons de la détruire et des raisons de l'épargner. Le symbole de la statue qu'il ne faut point casser, car

---

49. Van den Heuvel, p.106.
50. M.ix.417.
51. Mauzi, p.555.
52. Arbitrairement incorporé par Moland au *Dictionnaire philosophique* (M.xviii.255).

«si tout n'y est pas or et diamants», elle n'en est pas moins belle, décide l'ange à laisser aller «le monde comme il va»: *«si tout n'y est pas bien»*, dit-il, *«tout est passable»*.[53]

Zadig pousse ce mouvement de la pensée de Voltaire vers un pessimisme accru. Il est la peinture des désillusions et des abdications successives de l'homme de cinquante ans qui se retourne vers son idéal. Le héros, jeune, riche, beau, savant, sage, promis à la plus belle destinée, heureux d'épouser Sémire, «touchait au moment fortuné qui allait les unir *lorsque* [...]».[54] Ce mot annonce la brutale cassure, l'événement qui détruit la liberté et plonge le héros dans le courant des bizarreries imprévisibles de la destinée. L'ermite, brigand-philosophe qui se transfigure en ange, fait comprendre à Zadig que les alternatives du bien et du mal sont nécessaires et que, s'il n'y avait que du bien, «cette terre serait une autre terre [...] – Mais, dit Zadig... Comme il disait *mais*, l'ange prenait déjà son vol vers la dixième sphère. Zadig, à genoux, adora la Providence et se soumit.»[55] Cette sagesse résignée remplace la sagesse naïve du «jeune homme nommé Zadig», mais c'est encore une sagesse.

Texte extraordinaire, d'abord anonyme, que certains ont hésité à attribuer à l'auteur «réformé» de *Sémiramis*, et qui devait franchir les siècles mieux que la lourde machine: étaient-ils en effet du même auteur, cette tragédie mélodramatique, facile à parodier, où s'accroche une morale extrinsèque adressée aux rois, et ce conte oriental aux leçons morales et politiques toujours actuelles, qui passent si légèrement, portées par une simplicité malicieuse, par la transparence, la grâce et la poésie du style, où le génie jaillit à l'état natif? Un chef-d'œuvre auquel *Les Lettres persanes*, vingt-cinq ans plus tôt, avaient donné le ton.

Il est difficile de préciser la date à laquelle Voltaire conçoit et écrit *Zadig*. Depuis *Zaïre*, nous l'avons vu regarder vers l'Orient. En 1742, il emprunte au marquis d'Argenson la *Bibliothèque orientale* d'Herbelot et demande à César de Missy de lui expédier les tomes de l'*Histoire universelle* anglaise qui traitent des temps postérieurs à la captivité des Juifs à Babylone. Mais le conte n'est pas œuvre d'historien: foin des textes! Cependant, si Voltaire a pris, à leur égard, une magnifique indépendance, c'est que sa mémoire en est imprégnée. Sans doute a-t-il préféré s'inspirer des *Mille et une nuits*, qu'Antoine Galland a traduites (ou adaptées) de 1704 à 1717. Elles ont eu tant d'imitateurs en ce milieu de siècle, que la première édition de *Zadig*, sous le titre de *Memnon* (1747), est passée inaperçue. L'essentiel pour Voltaire est d'avoir vécu en Orient des années tristes de sa vie, un Orient à sa fantaisie où s'abolissent

---

53. *Romans et contes*, éd. F. Deloffre et J. Van den Heuvel (Paris 1979), p.54.
54. *Romans et contes*, p.58.
55. *Romans et contes*, p.114.

l'espace et le temps. Délicieuse évasion du procès Travenol, des échecs du ministre et ami d'Argenson et «des grands diables de vers tragiques»! Il s'évade même des victoires; en 1745, il «chante» Fontenoy avec d'autant plus de plaisir qu'il est «sur les bords de l'Euphrate, dans la superbe Babylone». Ce plaisir de vivre là-bas explique pourquoi le conte fait si bien oublier le document et ne sent jamais le travail: il coule de source, emportant dans son cours limpide les étonnantes connaissances de Voltaire.

Ascoli tient pour «peu vraisemblable» que Voltaire ait écrit Zadig en même temps que Sémiramis.[56] Mais pourquoi Voltaire n'aurait-il pas, dès 1745, esquissé le conte et n'en aurait-il pas, de temps à autre, rédigé un chapitre par délassement? On ne peut se fier davantage à ce que dit Longchamp à propos du séjour de Voltaire chez la duchesse Du Maine: «Il écrivit alors, pour amuser Mme Du Maine, plusieurs petits contes ou romans, tels que Zadig, Babouc et autres, et il m'occupait à les mettre au net.»[57] C'était beaucoup en une douzaine de jours, et il est visible que Longchamp livre ses souvenirs sans grande certitude. D'ailleurs, le secrétaire situe l'incident du jeu de la reine en automne 1746, alors qu'il s'est produit en 1747 et qu'à cette date, comme on va le voir, la première version de Memnon-Zadig était parue. Il est possible que Voltaire ait lu Zadig à la duchesse, mais ce n'est pas chez elle qu'il l'a écrit. Néanmoins, si Longchamp se souvient d'avoir «mis au net» des contes, il ne saurait, dit Jacques Van den Heuvel, «se tromper absolument». Il a dû confondre Zadig avec d'autres contes: Micromégas était en chantier, et certainement le second Memnon, peut-être aussi La Vision de Babouc. Mais là n'est pas le problème essentiel.

Ce que l'on peut considérer comme certain, c'est que Memnon-Zadig a été publié une première fois à Amsterdam en 1747, avant la bataille de Lawfeld qui fut gagnée le 2 juillet. En effet, la lettre de Mme Du Châtelet du 8 juillet félicitant le comte d'Argenson à l'occasion de cette victoire[58] se trouve classée par Th. Besterman immédiatement après une lettre de Voltaire au même destinataire où il est question à la fois de Memnon et d'une victoire française.[59] Le comte d'Argenson campe alors aux frontières de la Hollande où il accompagne le roi. La présence des troupes n'empêche pas le commerce franco-hollandais de continuer par des chemins détournés. C'est un de ces chemins que cherche Voltaire: le comte d'Argenson ne pourrait-il faire passer un paquet de Memnon d'Amsterdam à Paris? Cette lettre, dont le style parodie Memnon, ce qui sous-entend que le ministre a lu le conte, est malheureusement datée

56. Zadig, ou la destinée, éd. G. Ascoli et J. Fabre (Paris 1962), i.VI.
57. Longchamp, f.36.
58. D3551 (8 juillet 1747).
59. D3550 («le 4 de la pleine lune»).

à l'orientale du «4 de la pleine lune». Serait-ce le 4 juillet? Cette lettre est, à de multiples égards, fort instructive:

L'ange Jesrad a porté jusqu'à Memnon la nouvelle de vos brillants succès, et Babylone avoue qu'il n'y a jamais eu d'itimadoulet dont le ministère ait été plus couvert de gloire [...] Cependant très magnifique seigneur permettriez-vous qu'on adressât à votre sublime tente, un gros paquet que Memnon vous enverrait du séjour humide des Bataves? Je sais que vous pourriez bien l'aller chercher vous-même en personne, mais comme ce paquet pourrait bien arriver aux pieds de votre grandeur avant que vous fussiez dans Amsterdam, je vous demanderais la permission de vous le faire adresser par M. Chiquet dans la ville où vous aurez porté vos armes triomphantes, et vous pourriez ordonner que ce paquet fût porté jusqu'à la ville impériale de Paris parmi les immenses bagages de votre grandeur. Je lui demande très humblement pardon d'interrompre ses moments consacrés à la victoire par des importunités si indignes d'elle. Mais Memnon n'ayant sur la terre de confident que vous, n'aura que vous pour protecteur, et il attend vos ordres très gracieux.[60]

Par ces «brillants succès» auxquels Voltaire fait allusion il pourrait s'agir, aussi bien que de la prise de Lawfeld, de celle de Berg-op-Zoom, port hollandais que les troupes françaises se décidèrent à investir – et à piller horriblement – le 16 juillet. Le roi et son ministre ne rentrèrent que le 23 septembre. Quoi qu'il en soit, *Memnon* était publié avant l'affaire du jeu de la reine. Si, dès novembre 1747, Voltaire l'a lu au château de Sceaux, c'est dans un exemplaire de l'édition d'Amsterdam et en priant la duchesse de garder le secret, car cette publication était anonyme. Cet anonymat et cette discrétion firent que la plaquette, noyée parmi d'autres contes orientaux, passa complètement inaperçue.

Pourquoi donc Voltaire attend-il plus d'une année pour publier de nouveau ce conte? Le 10 septembre 1748, l'imprimeur Bonin écrit à Berryer: «Je rappelle à monseigneur que j'ai donné une note sur *Zadig, qui paraît aujourd'hui*, il y a plus de cinq mois, en lui envoyant une quinzaine de feuilles de cet ouvrage qui est de Voltaire et qui n'était pas alors entièrement imprimé, qu'un de ses secrétaires m'avait donnés.»[61] Cette note embarrassée, malheureusement trop laconique, adressée au lieutenant de police, sonne comme une dénonciation, puisque ce n'est pas Bonin qui a édité *Zadig* et que l'ouvrage est anonyme. Voltaire hésite visiblement à faire paraître le conte dont il a fait porter, dès avril, les premières feuilles au libraire, ce qu'il semble avoir oublié.

Ces délais successifs entre *Memnon* et *Zadig* seraient-ils le fait de modifications importantes ayant exigé du travail? Il n'en est rien, si l'on examine attentivement les deux textes. Que Voltaire, dans le second, ait donné un titre

---

60. D3550.
61. D3756 (10 septembre 1748); souligné par nous.

à chacun des chapitres permet d'y voir clair: seuls le chapitre XI, «Le souper», et le chapitre XII, «Le brigand», ont été ajoutés à *Memnon*, ainsi que l'anecdote d'Irax dans le chapitre VI, «Les jugements». Rien ne prouve, comme on l'a prétendu, que ces compléments proviennent d'un surcroît de pessimisme acquis par Voltaire à la cour de Lunéville; en effet, le scepticisme à l'égard de la fidélité des femmes, l'explication leibnizienne du mal, contestée seulement par le «Mais, dit Zadig...» à l'ange Jesrad, figurent textuellement dans *Memnon*. Et rien ne prouve que ces textes nouveaux ait été écrits à Lunéville plutôt qu'à Paris, sinon que l'anecdote d'Irax, «toujours du plaisir n'est pas du plaisir», peut avoir été inspirée pas l'activité hédoniste de la cour de Stanislas, et «Le souper» par son atmosphère de liberté.

Ce n'est donc pas la quantité de travail qui a pu retarder la réapparition du conte. Il faut admettre bien plutôt que Voltaire hésite à le remettre en lumière au moment où il s'attache à faire réussir *Sémiramis*, où il a besoin de Berryer et de Maurepas, et ne veut point déplaire au roi. N'avait-il pas eu les mêmes hésitations à propos des *Lettres anglaises*? Entre *Memnon* et *Zadig*, ne s'est-il pas cru obligé par deux fois de s'éloigner de Versailles, d'abord à Sceaux, puis à Lunéville? S'il ignore sans doute que Berryer a été averti par Bonin, il n'ignore nullement ce que le conte peut avoir de dangereux. S'il se décide à publier *Zadig*, ce dont sans doute il est impatient, il va, pour déjouer censure et critique, imaginer un étonnant stratagème.

C'est ici qu'il faut en venir au récit de Longchamp, mais, comme toujours, en le rectifiant et le complétant. Voltaire abandonne, on ne sait pourquoi, l'imprimeur Bonin, confie une première moitié de son manuscrit à Prault et se garde de lui envoyer la suite. Cette suite, ce n'est pas, comme le dit Longchamp, «chez un nommé Machuel, libraire de Rouen» qu'il l'a donnée – Machuel n'est autre que le «fripon» qui tenta d'imprimer la contrefaçon rouennaise des œuvres de Voltaire – c'est à Lefèvre à Nancy. Il l'a ensuite apportée à Paris dans ses bagages, lors de son voyage du 30 août avec le roi de Pologne. Il rachète alors à Prault la première partie et fait brocher ensemble les deux parties. C'est Longchamp qui organise ce travail. Voltaire le charge de chercher des femmes qui plient et brochent les livres et d'acheter du papier peint pour les couvrir. Le secrétaire lui amène des femmes «qui brochèrent l'ouvrage en moins de quatre jours».[62] Il en expédie ensuite des exemplaires à la duchesse Du Maine, puis à nombre de ses amis et de ses connaissances.

Ainsi Voltaire empêche chacun des deux éditeurs de fabriquer une édition pirate du manuscrit et évite du même coup, en surveillant lui-même l'impression de la seconde moitié à Nancy, de laisser apparaître toute trace de lieu et

62. Longchamp, f.44-45.

de date pouvant mettre la police sur la piste de l'auteur. Quant à Berryer, qu'il ait lu ou non *Zadig*, il a gardé le secret.

Jusqu'à nos jours, les exégètes de l'œuvre de Voltaire mirent en doute le récit de Longchamp. Beuchot lui-même avoue: «Je ne connais aucune édition de *Zadig* qui le confirme, aucune dont une feuille se termine avec la fin d'un chapitre».[63] Voltaire avait été plus fin. Ce même Beuchot aurait pu s'en apercevoir en y regardant de plus près, car il possédait lui-même un exemple rarissime de la première édition.[64] Ascoli a le mérite de l'avoir fait. Dans cet exemplaire, les deux parties sont révélées, d'abord par de légères différences typographiques: à la page 145, avec la feuille N, au milieu du chapitre XVI, «Le basilic», commence une nouvelle impression aux caractères plus usagés, aux chiffres de pagination plus gros, aux E majuscules différents, plus massifs. Longchamp a donc raison, sauf en ce qui concerne l'identité du second imprimeur.

Allant plus loin qu'Ascoli dans la précision et sachant que Durival[65] indique que la cinquième édition du *Panégyrique de Louis XV* est sortie de chez Lefèvre, imprimeur à Nancy, ainsi que *Zadig*, un conservateur de la Bibliothèque nationale vient de découvrir que le *Panégyrique* et la deuxième partie du conte sont imprimés sur le même papier, avec les mêmes caractères.[66]

Mais il faudra attendre un bon mois pour que «l'histoire orientale» se distingue de ses homologues et fasse du bruit, et, même, ce n'est qu'en décembre que certains critiques admettent enfin qu'il est de Voltaire. Le poète nie d'abord en être l'auteur, mais faiblement: de son succès, il est à la fois flatté et effrayé, car c'est le moment où il cherche à convaincre le pouvoir qu'il faut interdire la parodie de sa pièce: «Je serais très fâché», écrit-il à d'Argental le 14 octobre, «de passer pour l'auteur de *Zadig* qu'on veut décrier par les interprétations les plus odieuses, et qu'on ose accuser de contenir des dogmes téméraires contre notre sainte religion [...] Mademoiselle Quinaut [...] ne cesse de dire que j'en suis l'auteur. Comme elle n'y voit rien de mal, elle le dit sans croire me nuire. Mais les coquins qui veulent y voir du mal en abusent. Ne pourriez-vous pas étendre vos ailes d'ange gardien jusque sur le bout de la langue de Mlle Quinaut et lui dire ou lui faire dire que *ces bruits sont capables de me porter un très grand préjudice*? Il faut que vous me défendiez à droite et à gauche.»[67]

---

63. Cité par Ascoli, i.XII.

64. B.N., Rés. Z Beuchot 885 et Y² 71768.

65. Nicolas Luton Durival (l'époux de Mme Durival, animatrice savante et fine de la cour de Lunéville), *Description de la Lorraine et du Barrois* (s.l.n.d.), p.196.

66. Nous disons bien «Lefèvre». C'est le catalogue Voltaire de la Bibliothèque nationale, ii.1172-73, qui imprime par erreur «Leseure»: les caractères anciens de l'*s* et du *v* on prêté à la confusion.

67. D3783 (14 octobre 1748); c'est nous qui soulignons.

Il y a, dans l'ouvrage, si l'on veut bien le voir – et comment un homme d'esprit comme Maurepas ne le verrait-il pas? – de quoi faire exiler son homme. Faisant parler la raison la plus naïve, et qui s'étonne de tout au nom de la morale et de la religion naturelles, l'auteur y dénonce l'absurdité des institutions, les compromissions des rois et des ministres, les intrigues de cour, la cupidité des juges, l'hypocrisie du clergé, les impostures religieuses, la malhonnêteté des financiers, l'ignorance des médecins. Un critique de notre siècle ne va-t-il pas jusqu'à écrire que *Zadig* est «l'anti-Versailles»?[68] Non sans une excessive assurance, ce même auteur y découvre un certain nombre de «clés». La cour de Moabdar n'est-elle pas la caricature de celle de Louis XV? Orcan n'est-il pas le chevalier de Rohan? L'Envieux, Desfontaines? Il est incontestable au moins que Yébor est l'anagramme de Boyer. Et Voltaire lui-même ne se prive pas de faire entrevoir, à travers les mœurs de Babylone, celles de Paris: il y fait allusion aux «sachets du sieur Arnoult», au goût des femmes pour les petits chiens, à «ce vain bruit de paroles qu'on appelait *conversation* dans Babylone», à la querelle sur la comédie larmoyante. Mais aussi ce qui peut nuire à l'auteur, avant même qu'on ait lu l'ouvrage, n'est-ce pas l'«Epître dédicatoire à la sultane Sheraa» en laquelle chacun se plaît à reconnaître Mme de Pompadour? Elle en est, paraît-il, flattée. Alerte donc au parti de la reine! Et au parti de Maurepas! La répugnance que l'on manifeste en haut lieu à interdire la parodie de *Sémiramis* ne vient-elle pas de là? Voltaire en a eu des échos vers la fin d'octobre: «Les mêmes gens», écrit-il, «qui avaient fait la calomnie sur *Zadig* [auprès de la reine] ont continué sous main leurs bons offices, et le roi de Pologne en est très instruit.»[69]

A la cour de Lorraine, nul n'ignore qui a écrit *Zadig*, et c'est de là, sans doute, que la vérité a filtré. Voltaire a-t-il vraiment tenté de faire attribuer le conte à l'abbé de Bernis? Toujours est-il que celui-ci proteste et que le poète est bien obligé d'avouer la vérité, preuves à l'appui, à ce nouveau protégé de la favorite, mais en s'efforçant d'édulcorer et de désamorcer le conte. C'est *en présence* du roi de Pologne qu'il écrit: «Je suis si loin de vous accuser, monsieur, d'avoir fait *Zadig*, que je m'en avouai l'auteur au roi de Pologne, dès que ce petit ouvrage parut, et je crus devoir cet aveu aux bontés de ce monarque, à l'approbation que lui, son confesseur et les personnes les plus vertueuses donnaient à ce roman moral, qu'on devrait intituler plutôt *La Providence* que *La Destinée*, si on osait se servir de ce mot respectable de providence dans un ouvrage de pur amusement.»[70] On voit sourir l'abbé joufflu. Mme Du Châtelet, qui ne sourit pas, car elle a, dans le même moment, des préoccupations plus

68. *Zadig*, éd. V. L. Saulnier (Genève 1946).
69. D3796 (23 octobre 1748).
70. D3784 (14 octobre 1748).

dramatiques, s'inquiète et écrit à d'Argental: «Je voudrais bien que tout ce train sur *Zadig* finît.»[71]

Miracle! Ce «train», s'il ne fait certes point avancer l'affaire de la parodie, s'apaisera. Peut-on exiler Voltaire qui est en Lorraine? Rassurée, Emilie demande à Cideville, fort tranquillement, au début de novembre: «Que dites-vous de *Zadig*? Vous a-t-il plu?»[72] Et Voltaire envoie *Zadig* à Conrad Walther pour le tome VIII de ses œuvres.

La critique du temps a rarement entrevu ou rellevé la portée de l'ouvrage. Au moins, tant qu'elle ignore quel en est l'auteur, elle se montre souvent incompréhensive, superficielle, anodine, et peut-être est-ce la chance de Voltaire. C'est l'abbé Raynal qui, le premier, signale le conte dans les *Nouvelles littéraires*. Visiblement, il l'a mal lu et n'y a rien compris; il n'y trouve point d'intérêt: «Ce sont des contes de quelques pages, détachés les uns des autres [...] Point d'instruction; ces contes roulent sur des matières frivoles ou sur quelques objets de morale superficiellement traités [...] Je ne me souviens pas d'avoir lu rien d'aussi sec [...] On ne sait à qui attribuer ce roman parce qu'il ne ressemble pour la manière à aucun de ceux qui ont paru jusqu'ici.»[73] Mais en novembre, l'abbé se ressaisit, sans admettre encore que Voltaire en soit l'auteur: «Le roman intitulé *Zadig*, qui faisait d'abord peu de bruit, en fait maintenant beaucoup. Il est certain que cet ouvrage est traduit de l'anglais, et personne ne doute que M. de Voltaire n'en soit le traducteur. Il est certain, malgré cela, que cet ouvrage n'est pas dans le goût anglais, ni dans le genre de Voltaire.»[74] Beaucoup de «certitude» pour ne rien dire!

On retrouve la même erreur, au départ, chez Clément, de Genève, qui en parle d'abord sans l'avoir lu puis, le 15 décembre, fait amende honorable: «Je l'ai trouvé, *malgré moi*, comme dit l'approbation, *curieux, amusant, digne de plaire à ceux même qui haïssent les romans*, par la variété des incidents, avec certaine gaieté d'imagination, une aménité, la chaleur et la rapidité du récit, la simplicité, la noblesse et l'heureuse négligence du style [...] Vous allez croire que c'est le nom de M. de Voltaire qui m'a fait changer d'avis, car je viens d'apprendre qu'il s'avouait l'auteur de *Zadig*.»[75]

Le *Mercure de France*, ayant flairé le chef-d'œuvre, glisse avec indulgence sur les dangereux «principes» pour faire passer un éloge des plus flatteurs:

Il se trouve dans ce livre plusieurs principes qui ne seront pas approuvés généralement, mais on y découvre beaucoup de génie et d'invention, et l'auteur a le secret de paraître

---

71. D3791 (17 octobre 1748).
72. D3802 (3 novembre 1748).
73. Dans Grimm, *Correspondance littéraire*, éd. M. Tourneux (Paris 1877-1882), i.216-17.
74. Grimm, i.231.
75. Pierre Clément, *Cinq années littéraires*, cité par Ascoli, i.xvi.

original même lorsqu'il n'est qu'imitateur. Son style est naturel, peut-être quelquefois négligé, mais toujours vif et agréable. Son héros est un philosophe charmant qui joint aux lumières que fournit l'étude toutes les grâces qu'on puise dans le commerce du grand monde. On attribue cet ouvrage à l'un de nos plus fameux poètes, et nous sommes du moins certain qu'il ne peut être que d'un homme extrêmement supérieur et d'un très bel esprit. Peu s'en faut, même, que nous ne soyons tentés de soupçonner qu'une seule tête n'a pas créé tout ce qu'on aperçoit de neuf dans une fiction si ingénieuse.[76]

A la même date, les *Mémoires de Trévoux* ignorent encore le nom de l'auteur ou feignent de l'ignorer. Seuls, ils se devaient de dénoncer les dangers de l'ouvrage; ils le font du point de vue religieux et philosophique, non pas moral ni politique, mais sans le pourfendre, en considérant finalement que mieux vaut ne pas attirer l'attention sur sa portée:

Cet ouvrage est singulier partout [...] L'auteur, qui nous est inconnu, doit avoir bien de l'esprit, un grand usage d'écrire, et beaucoup de connaissances. Il raconte avec légèreté et peint avec grâce. Son héros est Zadig, homme d'aventures et tout aimable. Il a toutes les qualités, celles mêmes des philosophes; il sait de tout, parle de tout, juge toute espèce d'affaires sans pédanterie, sans affectation, sans prendre jamais le change. Un seul point ne lui est pas assez connu, c'est l'obligation de respecter les ordres de la Providence [...] On trouvera [...] à y condamner quelques principes, par exemple le jugement que Zadig porte de tous les cultes de la divinité. Il les estime presque également tous, il ne les croit différents les uns des autres que par des contrariétés apparentes ou accidentelles. Il n'est pas bien non plus que l'Esprit céleste envoyé à Zadig pour l'instruire lui peigne les passions comme quelque chose d'essentiel à l'homme, ni qu'il prononce cette sentence: *Tout est dangereux ici-bas et tout est nécessaire;* ni qu'il assure que l'*Etre suprême a créé un million de mondes*, ni qu'il insinue que tout ce qui est devait être absolument: ce qui autoriserait cette idée très fausse que dans la production et l'arrangement de cet univers, Dieu n'aurait pas été parfaitement libre, etc. Mais c'est assez parler d'un très petit livre que d'autres liront, examineront, critiqueront peut-être mieux que nous.[77]

Ce qui manquait le plus aux critiques de l'époque, c'était la pénétration, la légèreté, la grâce. Une fois de plus, l'auteur de *Zadig* avait fait taire ses ennemis par la supériorité de son esprit. S'il échappait à la jalousie des envieux et à la vindicte des dévots, il se trouvait, dans le même temps, bouleversé et humilié dans sa vie privée: la passion de Mme Du Châtelet pour Saint-Lambert portait en soi une suite d'événements dramatiques.

76. *Mercure de France* (novembre 1748), cité par Ascoli, i.XVI-XVII.
77. *Mémoires de Trévoux* (novembre 1748), cité par Ascoli, i.XVII.

18. Drame à Commercy et comédie à Cirey

Le premier de ces événements se déroule à Commercy, vers la mi-octobre 1748, au moment même où Voltaire s'inquiète du bruit que fait *Zadig* et où il est menacé par la parodie de *Sémiramis*. Nous n'avons pour en témoigner que le récit de Longchamp. Si l'on ne peut affirmer que les souvenirs de celui-ci sont d'une exactitude absolue, à propos surtout des paroles qu'il rapporte, ils n'en restent pas moins fort vraisemblables, car ce serviteur avisé, dépourvu de préjugés, fut étroitement mêlé à ce drame domestique où il joua un rôle actif et utile.

Un soir, avant l'heure du souper, Voltaire entra chez Mme Du Châtelet «sans être annoncé», dit Longchamp, «parce qu'il avait trouvé la porte de l'appartement ouverte».[1] Le serviteur semble ainsi vouloir justifier son maître et penser qu'il entra par hasard, à l'improviste. Desnoiresterres va plus loin en prétendant que Voltaire «ne soupçonnait rien».[2] Mais ni Longchamp ni Desnoiresterres ne pouvaient connaître les scènes de jalousie dont Mme Du Châtelet a rendu compte à Saint-Lambert dans deux lettres que nous avons citées plus haut.[3] Voltaire, ayant constaté que le feu n'avait pas été allumé dans la chambre de la marquise, savait qu'elle avait passé la nuit avec Saint-Lambert, ce qu'elle avait nié. Il est donc très probable qu'il a cherché à confondre les deux amants; il les surprit, dit Longchamp, «assis sur un sopha, s'occupant, à ce qu'il parut, d'autre chose que de la conversation». Voltaire ne put contenir sa colère et les injuria. Saint-Lambert, s'étant ressaisi, s'approcha de lui et lui proposa un duel à l'épée. Réflexe scandaleux que personne ne pouvait accepter: ni Voltaire, trop faible, ni Mme Du Châtelet, ni le roi Stanislas. Voltaire quitta la place, suffoquant d'humiliation, et s'en fut donner l'ordre à Longchamp de tout préparer pour son départ et d'aller louer une chaise de poste.

Tout d'abord, Longchamp ne comprend pas et descend chez Mme Du Châtelet. Elle lui dit que Voltaire s'est fâché pour avoir trouvé chez elle Saint-Lambert, mais elle nie qu'elle ait été surprise en posture d'infidélité; «Elle me dit que M. de Voltaire était un visionnaire». Elle s'assure aussitôt du concours de Longchamp et lui demande de donner à Voltaire «le temps de jeter son

---

1. Longchamp, f.80 et suiv.
2. Desnoiresterres, iii.232.
3. Voir ci-dessus, p.334 et note 68.

feu» et de l'empêcher de sortir. Il remonte donc chez son maître lui dire qu'il n'a pas trouvé de chaise de poste. Mais Voltaire ne s'est pas calmé: il lui donne de l'argent pour aller en chercher une le lendemain à Nancy. Le secrétaire redescend et trouve Mme Du Châtelet occupée à calmer Saint-Lambert. Voltaire, lui dit-il, est toujours très agité, il s'est couché et ne pourra dormir. Emilie va se faire annoncer par Longchamp qui a revêtu ses vêtements de nuit afin que son maître ne soupçonne point le rôle qu'il joue. «Tandis que je lui donne la lumière», écrit Longchamp, «elle s'approche de son lit sur lequel elle s'assied en l'appelant en anglais d'un nom d'amitié [...] Elle cherchait à s'excuser. Quoi, lui dit-il, vous voulez que je vous croie?»[4]

Longchamp ne dit pas comment il a pu entendre ce qui suit de leur conversation. Peut-être a-t-il reçu, par la suite, les confidences de Mlle Du Thil.

J'ai épuisé ma santé, poursuivit Voltaire, ma fortune, j'ai *tout sacrifié* pour vous, et vous me trompez!

Non, je ne vous trompe pas, et je vous aime toujours [...] Mais depuis longtemps, vous vous plaignez que vous êtes malade et que vous n'en pouvez plus; j'en suis fâchée; je ne désire point votre mort. Au contraire, je ménage votre santé. Vous connaissez mon tempérament. Ne vaut-il pas mieux que ce soit un de vos amis qui vous supplante que d'autres?

Devant cet aveu et le bon sens d'Emilie, Voltaire se calme.

Ah, madame, dit-il enfin, vous avez toujours raison; mais puisqu'il faut que les choses soient ainsi, au moins, qu'elles ne se passent pas sous mes yeux.

Après une demi-heure d'entretien, l'ayant ainsi amené à la réflexion, Mme Du Châtelet se retire. Elle a réussi: Saint-Lambert se fait annoncer chez Voltaire le lendemain. Il entre, confus et embarrassé. Voltaire lui tend les deux mains et l'embrasse.

Mon enfant, j'ai tout oublié, et c'est moi qui ai tort. Vous êtes dans l'âge heureux où l'on aime, où l'on plaît; jouissez de ces instants trop courts. Un vieillard, un malade comme je suis n'est plus fait pour les plaisirs.[5]

Ce récit est conforme à ce que nous connaissons de l'habileté d'Emilie et de la grandeur d'âme de Voltaire dans l'amitié, grandeur d'âme, ne l'oublions pas, facilitée ici par l'amour que ce vieillard, ce malade, porte à sa nièce. Enfin, ce qu'il est résulté de cet événement, c'est une réconciliation des deux amis, non sans tristesse, et l'*Epître à Saint-Lambert*, l'une des plus belles du poète.

Saint-Lambert, ce n'est que pour toi

4. Longchamp, f.83.
5. Longchamp, f.85.

> Que ces belles fleurs sont écloses;
> C'est ta main qui cueille les roses,
> Et les épines sont pour moi [...]
>   Dans l'heureux printemps de tes jours
> Des dieux du Pinde et des amours
> Saisis la faveur passagère;
> C'est le temps de l'illusion.
> Je n'ai plus que de la raison:
> Encore, hélas! n'en ai-je guère.
>   Mais je vois venir sur le soir,
> Du plus haut de son aphélie,
> Notre astronomique Emilie
> Avec un vieux tablier noir,
> Et la main d'encre encor salie.
> Elle a laissé là son compas
> Et ses calculs, et sa lunette;
> Elle reprend tous ses appas:
> Porte-lui vite à sa toilette
> Ces fleurs qui naissent sous tes pas,
> Et chante-lui sur ta musette
> Ces beaux airs que l'amour répète
> Et que Newton ne connut pas.[6]

Très sincèrement convaincu des talents poétiques de son ami, il enverra plus tard à Frédéric des vers de Saint-Lambert adressés au prince de Beauvau: «Il est comme vous sire, il écrit dans mon goût. Vous êtes tous les deux mes élèves en poésie, mais les élèves sont bien supérieurs pour l'esprit au pauvre vieux maître poète.»[7] Quel audacieux rapprochement, et quel excès de fausse modestie!

Si son amitié pour Saint-Lambert ne faiblit pas, l'attachement qu'il conserve à Mme Du Châtelet se voile parfois de quelques nuages quand le vent tourne à l'aigre. C'est inévitable. Au demeurant, il ne semble pas que la marquise, une fois démasquée, ait en toutes circonstances conservé le sang-froid, qui la sauva pourtant d'une rupture avec Voltaire. Il n'est pas sûr non plus que le drame soit passé absolument inaperçu des principaux courtisans, qui observaient depuis longtemps le jeu des amants. Quelques billets de Mme Du Châtelet à Saint-Lambert en témoigneraient plus sûrement s'ils étaient datés avec précision. Néanmoins, c'est avec raison que Th. Besterman les a groupés sur ce mois d'octobre 1748. Il n'est pas certain que le premier, écrit «à deux heures du matin», fasse suite à l'événement: elle s'y montre troublée et nerveuse

---

6. M.x.355-56.
7. D3893 (17 mars 1749).

parce que Saint-Lambert n'est pas apparu au jeu avant d'aller se coucher.[8]
Mais il est vraisemblable que les deux suivants traduisent des remous du
drame. Atteinte dans son amour-propre, dans sa fierté de grande dame, la
marquise y apparaît désarçonnée, incohérente comme une enfant. «Je ne veux
pas vous laisser plus longtemps dans l'inquiétude, je n'ai de ressource que
dans mon désespoir, on tourne tout en raillerie.»[9] Que lui est-il arrivé au début
de la répétition d'une pièce de théâtre pour qu'elle cesse publiquement de se
contrôler? «Je me suis levée, j'ai dit que j'avais perdu mon rôle, on a renvoyé
tout le monde, on a dit qu'on ne jouerait point la pièce, on a beaucoup
d'humeur, et comme c'est vous à présent qu'on veut contrarier, on s'en prend
à vous.»[10] Il était à prévoir que cette cour frivole, aux intrigues feutrées,
accueillerait fort mal le drame passionnel. Cependant, peu à peu, tout retombe,
apparemment, dans le silence: l'amour d'Emilie étant admis par Voltaire – et
bientôt il le sera par le roi de Pologne – elle se sent absoute et libérée: «Je vous
aime à la folie et je ne crains plus de vous aimer.»[11] Quant à Voltaire, ce qui
s'est réellement passé dans son esprit la nuit où il fut peut-être tenté par une
rupture, c'est à sa nièce qu'il le confiera, un peu plus tard, lorsqu'un autre
événement, plus grave encore, le rapprochera de Mme Du Châtelet.[12]

Fermant les yeux sur les amours d'Emilie, qui se poursuivent si près de lui
et dont il n'est pas sans redouter les risques, il retardera donc une fois de plus,
pour complaire à son amie, son voyage à Paris. Ce voyage, il l'annonce, le 30
octobre, à d'Argental en l'avertissant que ce n'est point de lui que viendront
les retards: «Madame Du Chastellet promet plus qu'elle ne peut en parlant
d'un voyage prochain [...] je prévois qu'il faudra attendre près d'un mois.»[13]
Quelques jours après, c'est elle, en effet, qui écrit à Cideville qu'elle «compte
être à Paris au commencement de l'année».[14] On devine parfois, chez Voltaire,
quelque découragement. Au début de décembre, il avoue qu'il joue, comme
chacun, à la comète,[15] mais qu'il «ne la sait pas».[16] Néanmoins, il travaille
encore beaucoup. D'abord, il refait le cinquième acte de *Sémiramis*. Il est
satisfait de sa nouvelle conception du tombeau de Ninus, en forme de labyrin-
the, selon l'usage des Anciens; à présent, «on voit bien nettement qu'Assur est
entré dans ce mausolée [...] par une issue secrète [...] On voit par là pourquoi

8. D3786 (octobre 1748).
9. D3787 (?octobre 1748).
10. D3788 (?octobre 1748).
11. D3789 (?octobre 1748).
12. D3851 (18 janvier 1749).
13. D3800 (30 octobre 1748).
14. D3802 (3 novembre 1748).
15. La comète: jeu de cartes (sorte de manille) dont l'une porte le nom de comète.
16. D3817 (1er décembre 1748).

cet Assur n'est pas parvenu plus tôt à l'endroit du sacrifice.» Assur est donc rattrapé par les gardes et «tout naturellement amené du tombeau sur la scène».[17]

En outre, Voltaire a poursuivi son travail d'historiographe; il a «presque achevé l'histoire de cette maudite guerre qui vient enfin de finir par une paix que je trouve très glorieuse».[18] Etrange coïncidence et avatar inopportun pour la gloire si vantée de Louis XV: quelques jours après, Voltaire réunit la petite cour de Lunéville pour lui lire les aventures malheureuses du prince Charles Edouard fuyant, blessé, ses ennemis, après la défaite de Culloden. Ce sont de fort belles pages, parmi les plus vivantes de son *Histoire de la guerre de 1741*.[19] Selon Longchamp:

Ce morceau était extrêmement pathétique et touchant. M. de Voltaire le lut avec une profonde sensibilité, et quand il en vint aux détails relatifs à l'infortune du Prétendant, il arracha des larmes à toute l'assemblée. Cette lecture était à peine finie qu'on apporta au roi des lettres arrivant de Paris. On lui annonçait que le Prétendant avait été arrêté en sortant de l'Opéra [...] sur l'ordre du roi et à la demande des Anglais [...] O ciel! s'écria aussitôt M. de Voltaire, est-il possible que le roi souffre cet affront et que sa gloire subisse une tache que toute l'eau de la Seine ne saurait laver! M. de Voltaire, en rentrant chez lui, jeta de dépit ses cahiers dans un coin, renonçant à continuer cette histoire [...] Il oublia ce travail pendant plusieurs années et ne le reprit qu'à Berlin.[20]

L'opinion publique en fut durement secouée et Desforges l'exprima en une violente satire qu'il expia par trois années de captivité dans la cage de fer du Mont-Saint-Michel.[21]

Au sujet de cette guerre, de nouvelles discussions s'annoncent avec Frédéric: ayant attiré à la cour de Berlin le jeune Baculard d'Arnaud, le roi de Prusse relance Voltaire le 29 novembre, étonné de n'avoir rien reçu de lui «pendant un an». Le roi, il est vrai, avait osé railler légèrement l'intervention des «revenants» dans *Sémiramis*. Il s'étonne de ce silence étrange, ne cache point sa jalousie envers le roi Stanislas et invite Voltaire.[22] Leur correspondance va se poursuivre. Voltaire reconnaît ses torts humblement, sans accuser, bien

---

17. D3826 (16 décembre 1748).

18. D3828 (24 décembre 1748), à Cideville.

19. Chapitres XVIII et XIX de l'*Histoire de la guerre de 1741*, repris dans le *Précis du siècle de Louis XV* (*OH*, p.1434-47).

20. Longchamp, f.91-92.

21. Bachaumont, *Mémoires secrets* (Londres 1777), iv.91: «La république des lettres vient de perdre le Sr Deforges [*sic*] [...] En 1749, étant à l'opéra lorsque le prétendant fut arrêté, il fut indigné [...] et écrivit une pièce de vers qui commence ainsi: Peuple jadis si fier, aujourd'hui si servile, Des princes malheureux vous n'êtes plus l'asile. Il fut arrêté et conduit au Mont-Saint-Michel où il resta trois ans dans la cage, qui n'est point une fable, comme bien des gens le prétendent. C'est un caveau creusé dans le roc.»

22. D3814 (29 novembre 1748).

entendu, Mme Du Châtelet: «Je sais bien que tous les gens de bon sens demanderont pourquoi je suis à la cour de Lunéville et non pas à celle de Berlin.» Loin de vanter les délices de la cour de Stanislas, le poète se donne comme excuse un effronté mensonge: «Sire, c'est que Lunéville est près des eaux de Plombieres et que je vais là souvent pour faire durer encore quelques jours une malheureuse machine dans laquelle il y a une âme qui est toute à votre majesté.»[23]

Voltaire, en cette période, est très préoccupé par le *Catilina* de Crébillon dont on annonce la représentation pour le 15 décembre et dont il redoute le succès. Dans une lettre à sa nièce, il épanche sa bile à propos de la *Sémiramis* du vieux poète qu'il vient de relire. «Il se peut très bien faire qu'un mauvais ouvrage réussisse au théâtre [...] Le temps seul règle les rangs [...] Vous me ferez grand plaisir de me mander quel effet *Catilina* vous aura fait.»[24] Mme Denis semble avoir renoncé au mariage avec le commandant de Lille, mais elle a parlé à son oncle d'un autre projet, encore très vague, qu'il espère «plus convenable». S'inclinant devant ces impatientes recherches d'un établissement conjugal, l'oncle a modéré ses propos amoureux; désormais, ses lettres sont orientées de préférence vers les travaux littéraires. Il lui envoie une épître au président Hénault qui, d'abord, commençait ainsi:

> Hénault, fameux par vos soupers,
> Et par votre chronologie [...]

Mais le président s'est fâché que Voltaire eût voulu le rendre célèbre par cette réputation mondaine, et le poète s'est vu obligé de rectifier ainsi:

> Vous qui de la chronologie
> Avez réformé les erreurs[25]

Il n'en proteste pas moins: les gens qui condamnent les soupers «sont indignes de souper», affirme ce malade à l'estomac délabré. Dans cette épître, il se plaint d'être persécuté et demande à l'heureux président, «si plein de gloire», sa recette pour désarmer l'envie – comme s'il ne la connaissait pas!

Est-ce pour tuer le temps qu'il écrit une comédie en un acte et en vers intitulée *La Femme qui a raison*? A vrai dire, elle n'a pas dû lui demander beaucoup de temps, mais c'est une comédie «très jolie», écrit la marquise, «et que nous avons jouée pour notre clôture.»[26] La comédie est fort plaisante en effet, et il est permis de la préférer à *Nanine*. Elle fut imprimée pour la première fois en 1759 et en trois actes, après avoir été jouée au théâtre de Carouges,

23. D3843 (vers le 10 janvier 1749).
24. D3830 (24 décembre 1748).
25. M.x.350. Voir D3838, D3840.
26. D3815 (30 novembre 1748).

près de Genève. Bien qu'on ait retrouvé, dans le portefeuille de Voltaire, la pièce originale en un acte, la publication en trois actes à prévalu.[27] Il n'est pas certain qu'elle y ait gagné: on peut regretter quelques longueurs.

Elle se déroule en milieu bourgeois. Mme Duru a reçu de son mari, qui est aux Indes pour affaires, l'ordre de marier son fils et sa fille à la fille et au fils de M. Gripon, usurier et avare aux mœurs rétrogrades. Ce double mariage est fixé au lendemain matin. Mais Mme Duru se laisse gagner par ses deux enfants et par le marquis d'Outremont, qui courtise sa fille. Pour couper l'herbe sous le pied de M. Gripon, elle décide de marier, le soir même, sa fille au marquis et son fils à la sœur du marquis. C'est là l'idée originale: la pièce commence par les deux mariages. La noce, fort joyeuse, dure toute la nuit. Le matin, arrivent M. Gripon et M. Duru, dont le retour des Indes est inattendu.[28] Tous deux sont scandalisés par le désordre de la maison: les reliefs du repas sont demeurés sur les tables, les meubles ont été déplacés pour le bal, les laquais, ivres-morts, dorment profondément; la mère et les deux couples se sont retirés dans leurs appartements. Tirés du lit, les enfants de M. Duru se refusent à reconnaître leur père et lui tiennent des propos délirants de bonheur, d'où une série de malentendus et de quiproquos fort amusants. Mme Duru, réveillée à son tour, arrive et se trouve, stupéfaite, en face de son mari qui se fâche. Mais les joyeux mariés cherchent à le détendre en lui opposant le spectacle de leur bonheur. Mme Duru prouve, contre toutes apparences, qu'elle n'a point dilapidé son bien: au contraire, elle l'a fait prospérer. M. Duru, qui rentre avec un million en poche, baisse les bras. «Gripon, m'attendrirai-je?» questionne-t-il. Mais Gripon est devenu muet. M. Duru s'attendrit enfin, prenant, dit-il, «mon bonheur en patience».

Jolie «clôture» pour une marquise désolée et un Voltaire humilié! Cette fois, si la date du départ pour Paris n'est plus retardée, il semble bien que cela soit dû, en partie, au désespoir d'Emilie. Dans un billet des plus secs, elle menace Saint-Lambert d'une rupture: «Il faut partir pour Paris et nous séparer pour jamais».[29] Saint-Lambert n'a pas apprécié longtemps sa position d'amant semi-officiel; sollicité à l'excès par sa maîtresse, il se fatigue et se refroidit. En novembre et décembre, il arrive en retard à ses rendez-vous, néglige la marquise et ne la regarde plus en public. Mme Du Châtelet ironise amèrement: «Je suis bien heureuse que vous ayez de si mauvais procédés avec moi à la veille de mon départ, j'en serai plus heureuse à Paris.»[30] Mais il y a ce qu'elle écrit et ce qu'elle fait.

27. M.iv.570-614.
28. Ce qui rappelle *Le Retour imprévu* de Regnard.
29. D3816 (?novembre-décembre 1748).
30. D3825 (?décembre 1748).

Ce qui est surprenant, c'est que ce voyage, en plein hiver, doit être inter-rompu par un séjour à Cirey, qui, d'ailleurs, n'a rien d'improvisé; sans en donner la raison, Mme Du Châtelet l'avait annoncé à d'Argental à la fin de novembre: «Je compte passer les fêtes de Noël à Cirey et vous revoir au commencement de l'année.»[31] A noter qu'elle parle toujours de ses projets à la première personne du singulier, Voltaire étant censé s'aligner. Peut-être s'agit-il de remplir à Cirey une mission ou de traiter des affaires dont M. Du Châtelet l'a chargée; car il ne saurait s'y rendre lui-même: il vient de prendre son poste au service du roi Stanislas et ne peut se permettre de le quitter aussi tôt. Dans cette même lettre, la marquise rappelle avec désinvolture et beaucoup de retard la nomination de son époux: «Si votre ami ne s'était pas chargé, cher ange, de vous apprendre la grâce que le r[oi] de P[ologne] a faite à M. du Chastellet je vous l'aurais apprise moi-même.» «Grâce», si l'on veut, car Emilie n'a pas obtenu, hélas! le commandement qu'elle escomptait: le roi Stanislas a nommé à ce poste M. de Bercsényi, et il a nommé le marquis Du Châtelet, si passionné de stratégie, à l'emploi le plus sédentaire et le moins glorieux, celui de grand maréchal des Logis! Malgré l'adjectif magnifiant le titre, la vanité de Mme Du Châtelet en a été blessée, mais sa déception a été effacée par l'événement d'octobre. C'est en effet le 22 septembre que Voltaire avait annoncé la nouvelle à d'Argental, mais en des termes peu flatteurs: «Voilà une belle guenille que la charge de M. du Chastelet [...] Elle m'éloigne de vous, et cela corrompt toute ma joie.»[32] «Une chimère», précise-t-il: «il n'y a de bon que les appointements». Prétendra-t-on encore que Voltaire attend toujours patiemment le bon vouloir d'Emilie? Terrible femme qui a réussi, bravant l'opinion, a réunir à la cour de Lunéville son mari, son ami et son amant, et qui tenta un moment d'y ajouter son fils! La présence du marquis, cet homme ennuyeux qu'on se doit pourtant d'écouter, ne réjouit ni Saint-Lambert, ni Voltaire, ni le roi Stanislas. On le tolère. Il n'en reste pas moins que Mme Du Châtelet a obtenu ce qui lui permet de se fixer officiellement ou de revenir à volonté à la cour de Lorraine. C'est bâtir sur le sable, puisqu'elle n'est pas aimée.

Passer les fêtes de Noël à Cirey, ce sera de justesse: le 24 décembre, Voltaire et son amie ne sont encore qu'à Loisey, village des environs de Bar-le-Duc où le frère puîné de M. Du Châtelet possède un château. Le poète prend le temps d'y écrire une lettre à Cideville lui annonçant qu'après les fêtes, il «compte rester presque tout l'hiver à Paris.»[33] Le couple se hâte et parvient à Cirey ce même jour; dès son arrivée, Voltaire écrit encore deux lettres, l'une

31. D3815 (30 novembre 1748).
32. D3763 (22 septembre 1748).
33. D3828 (24 décembre 1748).

à d'Argental où il précise: «Je ne serai auprès de mes anges qu'après les rois»,[34] l'autre à Mme Denis, où il fait une critique violente de la *Sémiramis* de Crébillon qu'il vient de relire; dérangé, sans doute par Mme Du Châtelet, il s'interrompt brusquement: «Adieu, il y a du monde dans ma chambre. Je ne vous écris pas comme je voudrais.»[35]

Il ne dit mot à ses correspondants de l'arrivée à Cirey ni de l'état des lieux: sa pensée est déjà à Paris; et c'est Crébillon qui le préoccupe. Dans son courrier, il a trouvé une lettre de d'Argental qui lui fait un compte rendu sévère de la première représentation de *Catilina*. Il souhaite si fort que la pièce soit tombée qu'il s'en persuade trop vite et, reprenant la plume, s'exalte: «Je ne suis pas étonné de la chute de *Catilina*. L'auteur n'avait pas consulté mes anges [...] c'est avec des amis éclairés et sévères qu'on fait réussir un ouvrage. Ce que vous me dites [...] me persuade que *Catilina* ne durera pas longtemps [...] il n'y a personne qui aille bâiller deux heures pour avoir le plaisir de me rabaisser.»[36] Or, la pièce obtiendra vingt représentations. Voltaire est convaincu, non sans raisons, que ses ennemis, pour attenter à sa gloire, ont «réveillé» ce *Catilina* qui dormait dans les dossiers de Crébillon. Sans savoir si Crébillon est complice ou non de ce réveil, il laisse éclater des ressentiments depuis longtemps accumulés: «Il méritait un peu sa chute par tous les petits indignes procédés qu'il a eus avec moi, par la sottise qu'il a eue de mettre son nom au bas des brochures de la canaille qui le louait à mes dépens, par l'approbation qu'il a donnée à la parodie, par la mauvaise grâce avec laquelle il voulait retrancher de mon ouvrage des vers que vous approuveriez. On ne peut pas abuser davantage de la misérable place qu'il a de censeur de la police.»[37] On retrouve le ton des invectives dont il accablait naguère J.-B. Rousseau et Desfontaines. L'affaire Crébillon n'est pas terminée.

Dès le 29 décembre, à n'en pas douter, Voltaire se trouve aux prises avec un plus grave souci; il annonce à Baculard d'Arnaud: «Je serai tout le mois de janvier à Cirey.»[38] Il ne saurait en donner la raison à quiconque; au contraire, il s'efforcera, ainsi que Mme Du Châtelet, d'en inventer de fausses: «Je suis au désespoir», écrit-il à sa nièce le même jour, «je tremble que vous ne soyez tombée malade. Pour comble de disgrâce, je reste ici jusqu'au 20, je m'y porte fort mal, je prends les eaux de Tancourt qui sont auprès de Cirey.»[39]

En réalité, le couple vient de subir un nouveau revers de la destinée, ce que

34. D3829 (24 décembre 1748).
35. D3830 (24 décembre 1748).
36. D3832 (25 décembre 1748).
37. D3832.
38. D3835 (29 décembre 1748).
39. D3836 (29 décembre 1748).

Voltaire appelle une «taloche de la fortune». Et de taille! Depuis leur arrivée, le poète s'aperçoit qu'Emilie est «rêveuse et inquiète». Il pense d'abord que l'absence de Saint-Lambert en est la cause. Mais cet état se prolonge et son esprit semble si profondément troublé que Voltaire l'interroge. Ce qui lui arrive est trop grave pour qu'elle puisse le lui cacher longtemps. La périphrase de Longchamp est pudique: «Les assiduités de M. de Saint-Lambert auprès d'elle l'avaient mise dans le cas de devenir mère.» Voltaire se tait; il entrevoit les prolongements inéluctables de l'événement: l'impossibilité de le dissimuler, la situation mondaine de la marquise et sa renommée scientifique, la présence de M. Du Châtelet à la cour de Lunéville, la position ridicule dans laquelle Voltaire lui-même se trouve placé vis-à-vis de ses ennemis. L'essentiel est là devant lui: il n'a jamais vu son amie aussi accablée. Se reprenant, il va s'attacher à l'aider, il va l'amener à examiner froidement ce qu'il est possible de faire.

Desnoiresterres, reprenant le récit de Longchamp, affirme que Mme Du Châtelet appelle Saint-Lambert à Cirey.[40] On en peut douter aujourd'hui: une lettre de la marquise écrite plus tard à Paris, mais sans date précise, semble redire à son amant l'importante nouvelle: «Je vous ai mandé que je suis grosse», dit-elle,[41] sans faire aucune allusion à une visite de Saint-Lambert. Cet homme, qui n'aime plus sa maîtresse mais cède encore aux exigences de celle-ci, se sent-il vraiment concerné? Emilie n'a pas à hésiter: la seule issue qui puisse lui assurer, aux yeux du monde, une sécurité morale de façade, c'est de désigner comme père le marquis Du Châtelet. Mais depuis combien d'années n'a-t-il point partagé le lit de son épouse? Le temps presse. Voltaire et Emilie vont se résoudre à une mise en scène de comédie dont le caractère odieux ne leur échappe pas. Ils appellent le marquis, sous prétexte de lui demander conseil pour un procès et de lui rendre de l'argent. Il accourt. Pour ménager la vraisemblance, on le reçoit dans une atmosphère de fête. Longchamp va jusqu'à prétendre que l'on invite «quelques campagnards voisins». Il s'agit plutôt de vacances: «Les deux époux», dit-il, «restaient tête à tête toute la matinée à parler de leurs affaires [...] Après dîner, le marquis allait voir ses fermiers et se promenait dans ses jardins, dans ses bois, visitait ses forges.»

Ces occupations, Mme Du Châtelet se les attribue à elle-même afin d'expliquer son retard à ses amis d'Argental: «des affaires très essentielles et qui seraient bien ennuyeuses, si je ne les faisais pas à Cirey. Un maître de forges qui sort, un autre qui prend possession, des bois à visiter, des contestations à terminer, tout cela, en n'y perdant pas un moment, ne peut être fait avant la fin du mois.»[42]

40. Desnoiresterres, iii.246.
41. D3869 (?15 février 1749).
42. D3846 (13 janvier 1749).

«Le soir», poursuit Longchamp, «on avait la complaisance de laisser parler [le marquis] et boire tant qu'il voulait [...] Il [lui] vint en réminiscence qu'il y avait longtemps qu'il n'avait rendu le devoir conjugal à son épouse [...] On affecta d'abord de l'étonnement et de la réserve [...] Enfin, on parut fléchir, et il se crut alors au comble du bonheur [...] Cela dura quelques semaines. Au bout de ce temps, Mme la marquise crut pouvoir déclarer qu'elle se croyait enceinte».[43]

Lorsqu'elle annonce au marquis, avant son départ pour Cirey, une paternité certaine, loin d'en être accablé, il accueille la nouvelle avec la vanité d'un héros et va la proclamer à tout venant. «M. du Chatelet n'est pas aussi affligé que moi de ma grossesse», écrit Emilie à Saint-Lambert, «il me mande qu'il espère que je lui ferai un garçon.»[44]

Que pense, que fait Voltaire pendant ce séjour forcé à Cirey? Dans sa correspondance, rien ne transpire des chagrins et des angoisses communes. Au contraire, c'est le moment qu'il choisit pour vanter à d'Argental les travaux scientifiques de son amie: «Elle vient d'achever une préface de son Newton, qui est un chef-d'œuvre. Il n'y a personne à l'Académie des sciences qui eût pu faire mieux.»[45] La parution du *Voltariana* de Mannory et Travenol, que lui signale le roi Stanislas le 9 janvier, ne provoque chez lui aucune réaction violente: c'est à se demander si, connaissant par cœur les calomnies de ses ennemis, il n'a pas décidé de ne point lire l'ouvrage. Tout au plus remarque-t-on, chez le poète, quelque impatience à l'égard des projets matrimoniaux, hésitants et versatiles, de sa nièce; lorsqu'elle lui précise enfin, au début de janvier, que le nouveau prétendant serait un M. de Caseique, il lui enjoint, non sans nervosité, de saisir l'occasion, car il voit bien, fort déçu, qu'elle ne cherche qu'une affaire d'argent: «Lieutenant général! envoyé du roi en Italie! Ma chère enfant, il n'y a pas moyen de refuser cela [...] Il y a des circonstances où ce serait se manquer à soi-même de refuser sa fortune. Plus je vous aime, plus je vous conjure de me percer le cœur en acceptant la proposition [...] je dois et je veux me sacrifier à votre bonheur [...]. *Finissez cette affaire-là!*»[46]

Non, elle ne la finira pas. Qu'y avait-il de sérieux dans ce projet? Il n'est pas même interdit de se demander à quel point il ne comportait pas un certain chantage. Mme Denis a-t-elle eu connaissance de la liaison de Mme Du Châtelet avec Saint-Lambert? Deux semaines plus tard, comme elle a reproché à son oncle de subordonner sa vie d'homme célèbre «à de petites fantaisies», il se défend vigoureusement: «Ne vous ai-je pas ouvert mon cœur, ne savez-

---

43. Longchamp, f.114-15.
44. D3869 (?15 février 1749).
45. D3844 (11 janvier 1749).
46. D3841 (5 janvier 1749); c'est nous qui soulignons.

vous pas que j'ai cru devoir au public de ne point faire un éclat qu'il tournerait en ridicule? Que j'ai cru devoir marcher toujours sur la même ligne, respecter une liaison de vingt années, et trouver même dans la cour de Lorraine et dans la solitude où je suis à présent un abri contre les persécutions dont je suis continuellement menacé?»[47] Il ne dévie point de sa «ligne», fidèle aussi à son sentiment de reconnaissance et avide de sécurité. Lunéville a remplacé Cirey, et le ciment du «vieux ménage» est solide. Comment ne pas comprendre cet éternel malade, cet éternel nomade?

«Menacé», il ne l'est alors qu'indirectement. Il redoute la désaffection de Mme de Pompadour qui soutient le *Catilina* de Crébillon, ce *Catilina* dont il dit tant de mal. Toutefois, détendu et confidentiel, il ajoute à la fin de sa lettre à sa nièce: «Je vous en dirai de bonnes à mon retour.» Est-ce une allusion à la comédie que l'on vient de jouer à M. Du Châtelet?

Pourtant, l'humeur de Voltaire n'est pas à la plaisanterie: dans sa lettre à Frédéric du 26 janvier déferle une vague nouvelle de pessimisme qui lui donne l'audace de mettre au jour, avec une ironie amère, les contradictions du roi. Il a reçu de lui «un paquet de vers», parmi lesquels l'*Ode sur la guerre*:

Je croirais volontiers que l'Ode sur la guerre est de quelque pauvre citoyen, bon poète d'ailleurs, lassé de payer le dixième, et le dixième du dixième, et de voir ravager sa terre pour les querelles des rois. Point du tout, elle est du roi qui a commencé la noise, elle est de celui qui a gagné les armes à la main une province et cinq batailles. Sire votre majesté fait de beaux vers mais elle se moque du monde. Toutefois qui sait si vous ne pensez pas réellement tout cela quand vous l'écrivez [...] On est animé aujourd'hui par la passion des héros. Demain on pense en philosophe [...] C'est une preuve de ce que vous daignâtes m'écrire il y a dix ans sur la liberté. J'ai relu *ici* ce petit morceau très philosophique. *Il fait trembler.* Plus j'y pense plus je reviens à l'avis de votre majesté. J'avais grande envie que nous fussions libres. J'ai fait tout ce que j'ai pu pour le croire. *L'expérience et la raison* me convainquent que nous sommes des machines faites pour aller un certain temps, et comme il plaît à Dieu.[48]

On croirait à un avant-goût de *Candide* lorsqu'il ajoute: «J'ai eu une maladie qui m'a rendu sourd d'une oreille, et qui m'a fait perdre mes dents.»[49]

La fin de janvier arrive: il importe de quitter Cirey avant que la grossesse d'Emilie ne soit trop pénible. Le dernier jour est égayé par une lettre de Stanislas qui avoue en toute naïveté: «Memnon[50] m'a endormi bien agréablement

47. D3851 (18 janvier 1749).
48. Allusion aux lettres D1413 et D1459 sur la prescience de Dieu et la négation de la liberté humaine.
49. D3856 (26 janvier 1749); c'est nous qui soulignons.
50. Il s'agit, comme on le voit, de *Memnon, ou la sagesse humaine*; voir plus loin, p.381-83.

et j'ai vu dans un profond sommeil que la sagesse n'est qu'un songe [...]
J'embrasse ma chère marquise.»[51]

On a les meilleures chances de ne point commettre d'erreur si l'on place
lors de ce retour de Cirey à Paris l'anecdote du carrosse brisé. Il faut remarquer
d'abord que Longchamp n'assista pas à la scène: il était parti à l'avance pour
le château de M. de Chauvelin où il devait faire préparer un poulet pour le
souper. Le récit, qui lui fut rapporté «par la femme de chambre de Mme du
Châtelet» n'est sans doute pas exempt d'inexactitudes ni d'exagération. Enfin,
Longchamp ne l'a écrit que longtemps après. Quoi qu'il en soit, l'anecdote,
aussi éloignée de sa réalité, offrait aux admirateurs passionnés de Voltaire,
comme Decroix, la liberté d'imaginer un «nocturne» flatteur. Mieux vaut en
revenir à Longchamp.

L'essieu de derrière vint à casser *du côté de M. de Voltaire.* Mme Du Châtelet et la
femme de chambre tombèrent sur lui et l'étouffèrent de leur poids; il criait comme un
désespéré [...] On ne pouvait le tirer que d'en haut, comme d'un puits [...] Un postillon
se détacha avec un cheval pour aller chercher du secours dans un village éloigné d'une
demi-lieue. En attendant son retour, on avait tiré les coussins du carrosse qu'on mit
sur la neige et sur lesquels Mme du Châtelet et Voltaire s'étaient assis à côté l'un de
l'autre, considérant la lune et les étoiles et mourant de froid.[52]

Il faut s'en tenir là et abandonner le tableau devenu célèbre des deux philosophes, toutes douleurs calmées, oubliant leur situation critique et leurs soucis,
méditant sur la gravitation et l'infini, et «ne regrettant au monde que des
télescopes».[53]

Ce qui nous invite à situer cet accident au début de février 1749, c'est
d'abord le froid, qui fut très intense cet hiver-là; la neige fut abondante, jusqu'à
Paris, et ne fondit qu'au début d'avril. Mais c'est surtout l'état de santé de
Voltaire qui suivra son arrivée à Paris: perclus de douleurs, il ne parvient pas
à se remettre de ce qu'il nomme sa «sciatique». Il s'en plaint à la plupart de
ses correspondants: à Berryer, dès le 4 février: «étant arrivé malade je n'ai pu
avoir l'honneur de vous faire ma cour»;[54] à Stanislas, qui, reconnaissant
sa maladresse, répond: «Ce n'est pas Memmon qui m'ennuie, c'est votre
sciatique»;[55] à Frédéric, le 17 février: «Je suis arrivé à Paris paralytique, et je
suis encore dans mon lit»;[56] à Mme Denis, le 2 mars: «J'ai un peu de sciatique
aujourd'hui. Je ne sortirai point tant qu'il y aura de la neige.»[57] Comme la

51. D3857 (31 janvier 1749).
52. Longchamp, f.54.
53. Desnoiresterres, ii.159.
54. D3858 (4 février 1749).
55. D3860 (5 février 1749).
56. D3873 (17 février 1749).
57. D3881 (?2 mars 1749).

guérison se fait attendre, il insiste auprès de Frédéric pour que le roi lui envoie de *vraies* pilules de Stahl,[58] car il y a des imitations en France: «Il y a de quoi purger toute la France», répond Frédéric, «avec les pilules que vous me demandez, et de quoi tuer vos trois académies. Ne vous imaginez pas que ces pilules soient des dragées [...] Il n'y a ici que les femmes grosses qui s'en servent. Vous êtes en vérité bien singulier de me demander des remèdes, à moi qui fus toujours un athée en fait de médecine.»[59]

Frédéric a raison. Mais Voltaire a dans les pilules de Stahl une foi aveugle. Le célèbre médecin allemand avait tant exalté les vertus de ses pilules, balsamiques, purgatives et calmantes, prétendant qu'elles guérissaient toutes les maladies, que douze années après sa mort (1737) on les recherchait encore avec un engouement presque superstitieux. Qu'elles aient pu calmer les douleurs musculaires du poète, passe encore; quant à ses coliques, il semble qu'elles ne pouvaient que les aggraver.

Dans aucune de ses lettres, Voltaire n'évoque la cause de cette «sciatique», et il n'a jamais fait allusion, pour autant que nous le sachions, à l'accident du carrosse. Amour-propre? Peut-être ne voulait-il pas en effet procurer ce plaisir à ceux qui ne cherchaient qu'à se moquer.

Voltaire est revenu malade, partageant les soucis de Mme Du Châtelet, inquiet des recherches matrimoniales de sa nièce, et, cependant, rien ne l'empêchera de vilipender *Catilina*, de faire jouer *Nanine* et d'écrire des tragédies. «Cet homme», dira Paul Valéry, «est une merveille physiologique. Il est la vitalité même, usant et abusant d'un corps fragile.»[60] Mme Du Châtelet suivra son exemple: ni la souffrance de n'être pas aimée ni les inquiétudes d'une grossesse tardive n'arrêteront sa traduction de Newton.

---

58. Georges Ernest Stahl, célèbre savant allemand (1660-1737).
59. D3882 (5 mars 1749).
60. Discours prononcé par Paul Valéry à la Sorbonne en 1944: Ministère de l'éducation nationale, *Supplément au bulletin officiel* 48 (Paris 1945).

19. «J'ai perdu un ami de vingt ans»

Les quelques mois de vie commune à Paris, dans la maison de la rue Traversière, n'ont pas rapproché Voltaire et Mme Du Châtelet. Il semble au contraire, d'après leur correspondance, que leurs passions, leurs occupations et leurs projets les séparent chaque jour davantage.

De plus en plus occupée à terminer sa traduction de Newton et à écrire d'interminables lettres à Saint-Lambert, la marquise s'isole dans sa chambre. Elle est arrivée à Paris gardant toujours ses illusions sur son amant. «Ce qui est invariable et plus sûr qu'aucune vérité géométrique», c'est qu'elle l'aime à la folie.[1] Elle espère encore qu'en son absence, il va réfléchir: père naturel de l'enfant qui va naître, ne deviendra-t-il pas enfin un homme mûr, responsable et fidèle? Elle sera cruellement déçue. Comment un homme aussi faible pourrait-il résister à l'effet dissolvant de cette cour et à l'influence perverse de Mme de Boufflers? Ses lettres sont toujours aussi vides: «vous avez si peu de choses à me dire que vous me parlez de *Catilina* dont personne ne parle plus [...] Vous me trompez pour Mme de B[oufflers], mais qu'importe la cause puisque voue ne m'aimez plus? Je me repens bien amèrement de m'être laissée séduire par votre amour et d'avoir cru *qu'il y avait un cœur digne du mien.*»[2] Fatiguée d'Adhémar, la favorite a repris son ancien amant. Mme Du Châtelet encourage Adhémar à ne point quitter la cour et se révolte contre Mme de Boufflers, «qui m'a arraché le bonheur de ma vie et qui a employé tant d'art, de noirceur et de manège pour vous détacher de moi et qui y est enfin parvenue [...] Je passe ma vie à pleurer votre infidélité et à cacher mes larmes à qui pourrait me venger.»[3]

Sans aucun réconfort de l'infidèle, ne pouvant se plaindre à Voltaire, assaillie du remords d'introduire un enfant étranger dans la descendance de M. Du Châtelet, d'avoir joué à celui-ci la comédie de Cirey, et aussi d'avoir négligé ses études, elle se trouve seule devant le désastre. Elle avoue au P. Jacquier qu'elle a «perdu un an en Lorraine où il est impossible de travailler au milieu de la dissipation et de la vie coupée qu'on y mène.»[4] Tourmentée enfin par

---

1. D3850 (?janvier 1749).
2. D3879 (25 février 1749); c'est nous qui soulignons.
3. D3899 (mars-avril 1749).
4. D3865 (13 février 1749).

une grossesse dont elle redoute, à son âge, l'issue fatale, elle est saisie par une sorte de frénésie de rattraper le temps perdu. Elle ne partira point, écrit-elle à Bernoulli, que sa traduction ne soit achevée. Elle a retrouvé Clairaut, toujours serviable, qui vient l'aider à vérifier ses calculs, à revoir sa traduction, à en discuter avec elle. Elle éprouve parfois la satisfaction de retrouver Voltaire, entre dix heures et minuit, quand il n'est pas trop fatigué. Mais elle sent que son affection pour lui a diminué, et c'est encore à Saint-Lambert qu'elle le confie: «je suis bien moins sensible à l'amitié, je l'annonce à ma honte».[5]

Voltaire est-il plus heureux? Il est vrai qu'il a retrouvé sa nièce dont les projets de mariage semblent abandonnés, mais quel ton inattendu dans cette nouvelle déclaration qu'il lui fait de son amour: «je vous aimerai tendrement toute ma vie, je croirai ce que vous voudrez, je donnerai mon approbation à tout ce que vous ferez, votre âme est la moitié de la mienne, soyez ma consolation dans toutes mes afflictions.»[6] Quelle détresse dans cette soumission! Voltaire traverse une des périodes les plus douloureuses de sa vie privée. Impatient de retrouver auprès de sa nièce la tendresse et la paix, il est attaché à une femme à qui il doit beaucoup, mais qui est elle-même prisonnière d'un amour aveugle, de la crainte obsédante d'une maternité dangereuse et d'un travail où elle trouve l'oubli et l'espoir de survivre.

Ce travail même, qu'il admire, Voltaire ne le respecte pas toujours. C'est dire à quelle nervosité, à quelles incompréhensions réciproques ils peuvent arriver. Longchamp raconte une de leurs querelles. Un soir, Mme Du Châtelet et Clairaut travaillent ensemble à l'étage. Voltaire décide de souper de bonne heure et les fait avertir par Longchamp; ils vont descendre, disent-ils, dans un quart d'heure. Au bout d'une demi-heure, Voltaire renvoie son laquais; ils lui affirment qu'ils descendent. Voltaire fait servir le souper, mais les plats refroidissent. Il monte et trouve la porte fermée de l'intérieur, il se fâche et l'enfonce d'un coup de pied.. «Vous êtes donc de concert pour me faire mourir!» s'écrie-t-il. On se hâte de souper sans une parole. Clairaut, choqué, restera plusieurs jours sans revenir.[7] Expliquer la fermeture de cette porte par une intention d'Emilie de se cacher serait déplacé: elle est enceinte, elle aime Saint-Lambert et le géomètre est des plus respectueux.

La querelle rebondit le lendemain. Mme Du Châtelet fait demander à Voltaire si elle peut prendre avec lui le petit déjeuner. Il accepte, elle descend. Longchamp lui verse son café dans une grande tasse en porcelaine de Saxe luxueusement décorée à l'intérieur comme à l'extérieur. Voltaire comprend immédiatement qu'Emilie n'est venue que pour lui reprocher sa colère de la

5. D3876 (vers le 22 février 1749).
6. D3908 (vers avril 1749), en italien.
7. Longchamp, f.63.

veille. Il se lève brusquement et, dans un geste vif, atteint la tasse qui échappe à Emilie et se brise sur le sol avec sa soucoupe. Voltaire regrette aussitôt son geste. Il envoie Longchamp avec deux louis en acheter une semblable chez La Fresnaye, au Palais-Royal. Mais celle qui s'en rapproche le plus coûte dix louis. Longchamp, embarrassé, prie le marchand d'en venir présenter à son maître une demi-douzaine des plus belles. Longchamp ne s'était pas trompé: Voltaire choisit celle de dix louis en murmurant, sans désarmer, que la marquise eût mieux fait de déjeuner chez elle.[8]

Malgré la froideur de Saint-Lambert, Mme Du Châtelet désire accoucher en Lorraine. Certes, elle pourrait en obtenir l'autorisation du roi Stanislas, mais pour ne point indisposer Mme de Boufflers, elle s'adresse d'abord à elle, comme à une amie, avec beaucoup de naturel et d'humilité. Après lui avoir annoncé qu'elle est enceinte, ce que n'ignore pas la favorite, elle poursuit: «vous imaginez bien l'affliction où je suis, combien je crains pour ma santé et même pour ma vie, combien je trouve ridicule d'accoucher à quarante ans [...] combien je suis affligée pour mon fils. Je ne veux pas le dire encore, crainte que cela n'empêchât son établissement [...] Personne ne s'en doute, il y paraît très peu».[9] Affirmation combien naïve! A la même date, Collé le note dans son *Journal* et ajoute: «Tout le monde veut que ce soit M. de Saint-Lambert qui ait fait cette ânerie-là.»[10]

Mme de Boufflers promet de s'occuper de ses couches. Mais Emilie aura bientôt l'occasion de présenter sa requête à Stanislas lui-même. Vers la mi-avril, il séjourne à Trianon une quinzaine de jours. Venue à Versailles pour se faire saigner, traitement absurde qui lui réussit mal, elle rend visite au roi de Pologne. Stanislas admire tant sa «chère marquise» et apprécie à tel point sa conversation qu'il l'invite à s'établir à Trianon pour le reste de son séjour. Emilie accepte; elle dîne chaque jour en tête à tête avec lui et retrouve en sa compagnie son équilibre et sa dignité. Il lui accorde l'hospitalité à Lunéville pour ses couches; il lui meublera une petite maison, et même il dérangera tous ses projets pour être présent lors de l'accouchement. Il consent encore à autoriser le voyage de Saint-Lambert à Commercy au début de juillet; Emilie accepte provisoirement qu'il loge chez le curé: «il faudra», écrit-elle à son amant, «vous emparer du gîte du gracieux curé, et je ne tarderai pas, j'espère, à vous en faire partir.»[11]

En mai, elle se renferme dans sa solitude morale, rue Traversière. Quelques lettres plus tendres de Saint-Lambert la touchent: comment pourrait-il ne la

8. Longchamp, f.64.
9. D3901 (3 avril 1749).
10. Charles Collé, *Journal et mémoires*, i.68.
11. D3942 (vers le 10 juin 1749).

point remercier? Elle lui a procuré quelque argent pour éponger ses dettes. Mais, vers le 25, elle reçoit en retour le coup le plus rude. M. Du Châtelet, arrivé de Lunéville, révèle innocemment à sa femme la nature des relations de la marquise de Boufflers avec Saint-Lambert. Elle le savait, pourtant, mais sans le croire tout à fait. Pouvoir de l'illusion! Elle prend aussitôt la plume: «Je ne savais pas combien j'étais malheureuse. M. du Châtelet, avec une naïveté qui me donnait mille coups de poignard [...], m'a appris des choses que je donnerais la moitié de ma vie pour oublier.» Ce qui est admirable, c'est qu'elle s'élève aussitôt, mue par un instinct de défense, au-dessus de la haine. «J'écris à ma meilleure amie, qui m'arrache le bonheur de ma vie, uniquement pour avoir le plaisir de me l'arracher; je ne lui laisse voir [...] que l'amitié la plus tendre, lorsque je devrais l'accabler des reproches les plus offensants.»[12]

Sans doute a-t-elle besoin de Mme de Boufflers. Mais celle-ci demeure «sa meilleure amie»: il est dans la nature d'Emilie qu'une tromperie, dans l'amitié comme dans l'amour, ne détruise pas le sentiment. Elle a peine à admettre la trahison et, si elle l'admet, la force de l'illusion l'efface. «Il n'y a donc plus de vérité», écrit-elle à son amant dans cette même lettre, «je ne croirai donc plus même aux démonstrations mathématiques [...] Non, je douterai plutôt de mon existence, je croirai plutôt que deux et deux font cinq que de douter un moment que vous ayez la plus belle âme du monde. Trompez-moi toujours, mais ne m'ôtez pas cette idée qui m'est plus chère que la vie.»[13]

Mais alors que Saint-Lambert ne s'en donne pas la peine, Mme de Boufflers sait entretenir et consolider l'illusion. Venue à Paris, elle reste chez Mme Du Châtelet de midi à huit heures et, lorsqu'elle en sort, Emilie est consolée, rassurée. «Nous avons toujours, en vérité presque toujours, parlé de vous, elle a enchanté mon cœur, je l'en aime mille fois davantage [...] je sens que quelque chose que vous me fassiez l'un et l'autre, *je vous aimerai toujours tous les deux.*»[14] La favorite a trouvé aisément la clé de cette conversion. Elle sait manœuvrer les cœurs.

Côte à côte, rue Traversière, les passions de Mme Du Châtelet et celles de Voltaire évoluent séparément, dirait-on, refermées sur elles-mêmes dans une étanchéité parfaite. Toutefois, il n'est pas impossible que quelques échos de celles de Voltaire parviennent à toucher Mme Du Châtelet dans leurs conversations du soir.

Chez lui, la passion du théâtre s'exerce de plus en plus contre Crébillon. Le succès de *Catilina*, si relatif soit-il, le bouleverse exagérément, comme un scandale public, comme une intolérable injustice. Dès le mois de janvier 1749,

12. D3936 (vers le 25 mai 1749).
13. D3936.
14. D3938 (7 juin 1749); c'est nous qui soulignons.

il a réagi sans aucune retenue, s'adressant à Mme Denis qui lui a envoyé la pièce:

Je ne reviens point de ma surprise, est-il possible, je ne dis pas qu'on ait joué plusieurs fois un pareil ouvrage, mais qu'on ait pu en soutenir la première représentation? Non seulement la conduite est le comble du ridicule d'un bout à l'autre, non seulement le dialogue est un propos interrompu plein de déclamations puériles, de sottises ampoulées, de pensées fausses, d'extravagances sans intérêt, de contradictions grossières, d'impertinences de toute espèce [...] mais il n'y a pas dix vers qui soient français. Le style paraît être du temps de Henri trois [...] C'est la honte de la nation. Il n'est que trop clair que l'envie de m'humilier est le seul principe qui a formé cette faction qui déshonore l'esprit humain.

Voilà justement qui le fait réfléchir: au fond, Crébillon est-il responsable? «Je veux pardonner à ce pauvre Crebillon d'être un fou qui ne connaît ni le théâtre ni sa langue, mais comment pardonner à la faction des sots qui ont eu l'insolence et la bêtise de prôner, de mettre au-dessus de *Cinna*, une pièce qui n'est pas digne de la foire?»[15]

Il lui faut toutefois se taire: il se rend compte qu'il «ne peut parler librement ni de *Catilina* ni de Crébillon», pour la bonne raison que la pièce a été publiquement soutenue par la favorite. Il l'avoue à sa nièce, de Cirey: «Je suis très instruit que si j'avais été à Paris ce mois-ci, on m'aurait mis très mal dans l'esprit de Mme de P[ompadour], et dans celui du roi.»[16] Mme Denis est-elle discrète et ne lit-elle pas à ses amis les lettres de son oncle? Mais ce n'est pas à elle seulement qu'il se livre: son jugement sévère sur Crébillon lui vaut avec Frédéric une querelle dans laquelle ni l'un ni l'autre ne font preuve de franchise. Frédéric répond:

Vous me demandez ce que je pense de la tragédie de Crébillon. J'admire l'auteur de *Rhadamiste*, d'*Electre* et de *Sémiramis*, qui sont de toute beauté; et le *Catilina* de Crébillon me paraît l'*Attila* de Corneille [...] Il fallait peindre Rome grande, et les supports de sa liberté aussi généreux que sages et vertueux; alors le parterre serait devenu citoyen romain, et aurait tremblé avec Cicéron sur les entreprises audacieuses de Catilina [...] on ignore quel était le véritable dessein de Catilina, et il me semble que sa conduite est celle d'un homme ivre [...] Le quatrième acte est le plus mauvais de tous [...] Et dans le cinquième acte, Catilina vient se tuer dans le temple, parce que l'auteur avait besoin d'une catastrophe [...] Ce n'est que la beauté de l'élocution et le caractère de Catilina qui soutiennent cette pièce sur le théâtre français.[17]

Mais ce que Frédéric néglige de dire, c'est qu'il a écrit à Crébillon lui-même une lettre fort élogieuse: «J'ai reçu votre lettre et votre tragédie de *Catilina*.

---

15. D3848 (janvier 1749).
16. D3851 (18 janvier 1749).
17. D3866 (13 février 1749).

Elle a justifié toute l'impatience que j'avais de l'applaudir. Les portraits en sont bien peints, finis et frappés à ce coin de perfection et de justesse qui vous caractérise si particulièrement. La versification est partout belle, mâle, soutenue, et il y a je ne sais combien de vers qui forment des sentiments à retenir, à graver, et qui iront à la postérité avec la réputation si bien méritée de leur auteur».[18]

Les amis de Crébillon ne sauraient trouver un meilleur allié et mettent en circulation des copies de cette lettre. Voltaire ne se contient plus: il a beau jeu de rendre public un extrait de celle qu'il a reçue de Frédéric dont il supprime soigneusement tout éloge. Discussions et rires dans Paris: «On fait courir», note Raynal, «deux lettres du roi de Prusse, l'une à Crébillon et l'autre à Voltaire. La première est un éloge de *Catilina*, la seconde est une censure très vive de cette pièce. Cette contradiction fait le sujet des entretiens de tout Paris.»[19]

Frédéric n'a pas ignoré cette petite guerre: si elle évite tout éclat et s'apaise, c'est que le roi tient beaucoup à la visite que lui promet Voltaire pour l'automne. Mais lorsque la brouille les séparera, en 1753, Frédéric lui reprochera sa trahison dans une lettre qu'il lui adressera à Leipzig, avant l'arrestation de Francfort: «En homme habile, vous fîtes courir dans Paris la partie de cette lettre qui contenait la critique et vous supprimâtes les éloges».[20] Présentement, la querelle étant publique, il est vraisemblable que Mme de Pompadour en est informée. A son égard, Voltaire redouble de prudence; il n'en livre pas moins sa véritable pensée, crue, irritée, dans une lettre au marquis d'Argenson: «Les personnes qui vous ont ôté le ministère protègent *Catilina*. Cela est juste. Brûlez ma lettre».[21]

Or, il n'est pas dans l'intention de Mme de Pompadour, en soutenant *Catilina*, de faire chorus avec les ennemis de Voltaire. Elle se trouve engagée dans leur coterie sans l'avoir voulu. En l'absence de documents sur ce point, Jean Sareil approuve l'explication psychologique qu'en a donnée Pierre de Nolhac: «C'était une touchante pensée», écrit le biographe, «que de procurer une dernière joie à un des maîtres de sa jeunesse. Elle a su pour cela rappeler à Louis xv que le Grand Roi donna à Corneille, vieilli et presque oublié, le bonheur de se voir ‹ressuscité›, comme il le disait, sur le théâtre de Versailles. Mme de Pompadour distingue mal Crébillon de Corneille, et l'amitié a toujours suffi à l'aveugler. Le roi, de son côté, fort indifférent au poète, prend l'homme

18. Citée par Besterman en note de D3866.
19. D3866, note.
20. D5263 (19 avril 1753).
21. D3895 (18 mars 1749).

en affection. Il entre dans les idées de la marquise».[22] «Tout y est», commente J. Sareil, «le précédent du grand siècle, la note sentimentale, le plaisir de faire du bien, de redécouvrir un génie, de n'avoir pas à lutter pour imposer ce nouveau grand homme à la cour. Il ne semble pas que la marquise ait pensé qu'elle pouvait nuire à Voltaire.»[23] Celui-ci devait, d'ailleurs, se calmer peu à peu. D'abord, sa *Sémiramis* a été rejouée à partir du 10 mars, «avec un succès», dit-il à Frédéric, «dont je dois être content [...]. Je n'ai guère vu la terreur et la pitié, soutenues de la magnificence du spectacle, faire un plus grand effet.»[24] Ce qui répondait exactement, comme on sait, à son projet dramaturgique.

La meilleure preuve que ni Mme de Pompadour ni le roi ne lui sont devenus hostiles lui est donnée le 24 mai 1749 par une lettre de Maurepas. Dans un mouvement d'humeur sans doute, ou considérant que désormais il serait souvent en Lorraine, Voltaire a demandé à se démettre de sa charge de gentilhomme ordinaire, ce qui est accepté, mais dans des conditions qui lui font honneur: «Je vous donne avis avec plaisir, M.», écrit le ministre, «que le roi en vous permettant de vous démettre de votre charge [...] a bien voulu vous accorder un brevet d'honoraire pareil à celui qui a été donné à M. Charon lorsqu'il s'est retiré, ainsi vous pourrez conclure quand vous le jugerez à propos avec M. Dufour.»[25] Le roi lui conservait donc le titre, les honneurs et les fonds de sa charge en lui permettant de la vendre: une affaire de soixante mille livres. Si le poète ne peut approuver le mauvais goût dont la favorite a faite preuve en soutenant *Catilina*, il cesse d'en faire, pour le moment, «une grande affaire d'Etat». Il est important pour lui de ménager l'avenir.

Avant de repartir pour Lunéville avec Mme Du Châtelet, il porte *Nanine* aux comédiens, non sans hésitations. Il redoute l'insuccès. Dès le 24 mai, il avoue à sa nièce: «Tout Paris sait que la petite comédie de *Nanine* est de moi. Il n'y a plus moyen de se cacher. Il est triste d'être sifflé à visage découvert [...] J'ai bien envie de ne la pas donner.»[26] Aussi ne veut-il pas que l'on considère cette pièce comme une œuvre importante: «une bagatelle», dira-t-il dans sa préface. *Nanine* est tirée du roman de Samuel Richardson, *Paméla ou la vertu récompensée*, traduit en 1742. Cet ouvrage avait remporté un tel succès que l'idée de le porter à la scène avait immédiatement séduit deux auteurs: Boissy, qui donna aux comédiens en mars 1743 *Paméla ou la vertu mieux éprouvée*, en trois actes, et Nivelle de La Chaussée, qui fit jouer, en

22. Pierre de Nolhac, *Louis XV et Mme de Pompadour* (Paris 1902), p.212, cité par Jean Sareil, *Voltaire et les grands* (Genève 1978), p.113.
23. Sareil, p.113.
24. D3893 (17 mars 1749).
25. D3934 (24 mai 1749).
26. D3933 (24 mai 1749).

décembre de la même année, une *Paméla* en cinq actes et en vers. Toutes deux avaient si totalement échoué – celle de La Chaussée dès la première représentation – que les Italiens jouèrent *La Déroute de Paméla*.

C'est pourquoi Voltaire jugea prudent de débaptiser l'héroïne, et sa *Nanine* fut plus heureuse puisqu'elle obtint douze représentations consécutives. Martin de Chassiron, un académicien de La Rochelle, en a tiré, dira Voltaire, «une dissertation ingénieuse et approfondie [...] sur cette question qui semble partager depuis quelques années la littérature: savoir, s'il est permis de faire des comédies attendrissantes. Il paraît se déclarer fortement contre ce genre, dont la petite comédie de *Nanine* tient beaucoup en quelques endroits.»[27] Bien qu'il partage ce point de vue, et qu'il l'ait encore affirmé dans *Zadig*, Voltaire reconnaît que les larmes peuvent venir, dans la comédie, «de l'amour naïf et tendre», alors que l'amour «furieux, barbare, funeste» reste le partage de la tragédie. *Nanine* s'inscrit, en outre, et c'est un point commun avec les pièces de Marivaux, contre le préjugé des classes sociales, au moins en ce qui regarde l'amour.[28]

Il ne faut pas trop se demander pourquoi les personnages se trouvent réunis dans cette maison, pourquoi, en particulier, la baronne de l'Orme vit avec le comte d'Olban qu'elle désire épouser. C'est une «parente» autoritaire et acariâtre qu'il supporte de plus en plus difficilement, car il est séduit et dominé par Nanine, jeune fille «élevée dans la maison», enjouée et fine, liseuse passionnée, que la baronne traite en «servante», en «fille des champs». Le comte irrite la baronne et brave les conventions sociales en déclarant, dans une belle tirade:

> Je veux, madame, une femme indulgente,
> Dont la beauté douce et compatissante,
> A mes défauts facile à se plier,
> Daigne avec moi me réconcilier,
> Me corriger sans prendre un ton caustique,
> Me gouverner sans être tyrannique,
> Et dans mon cœur pénétrer pas à pas,
> Comme un jour doux dans des yeux délicats.[29]

Le voici encore, ce Voltaire poète, chez qui nous avons surpris tant de fois ce goût pour la tendresse!

Hélas! Blaise, le jardinier, est amoureux, lui aussi, de Nanine. Endormi et

27. M.v.5-6.
28. M.v.3-69.
29. M.v.15-16.

376

maladroit, il s'en va révéler que Nanine, tout émue, fait des bouquets pour le comte. La baronne appelle la jeune fille, «qui lisait un livre anglais» dans lequel

L'auteur prétend que les hommes sont frères,
Nés tous égaux [...]

La baronne, bien entendu, veut marier Nanine au jardinier et la menace:

[...] Je vous ferai rentrer
Dans le néant d'où j'ai su vous tirer [...]
Je te ferai renfermer pour ta vie
Dans un couvent. (I.v)

Devant l'obstination de Nanine, elle met sa menace à exécution: elles partiront toutes les deux, en secret, vers minuit. Beau monologue de Nanine, attendrissant: «Je fuis le plus aimable maître».

Le comte, apprenant que Nanine va partir, s'affole et lui déclare son amour. Stupéfaite, troublée à tel point qu'elle ne peut plus s'exprimer que mot par mot, la jeune fille tremble et hésite. Sa maladresse va tout gâcher. Elle charge Blaise de porter un message, accompagné d'une somme d'argent, à un nommé Philippe Hombert. La baronne l'intercepte et triomphe, le comte se voit trompé. Inconcevable malentendu: sans aucune méfiance, ni réflexion ni enquête, dominé comme un enfant par l'humiliation et la colère, il va chasser Nanine et, de rage, déclare qu'il épousera la baronne.

Par bonheur, il reçoit la visite de sa mère, la marquise d'Olban, qui n'aime point la baronne et s'exprime en un langage énergique et dru, à la Croupillac:

Votre baronne est une acariâtre
Impertinente, altière, opiniâtre (II.xii)

Elle entend que l'on ne chasse point Nanine.

Autre coup de théâtre: un paysan se présente: c'est Philippe Hombert qui se dit le père de Nanine; il rapporte l'argent et les bijoux que le comte a donnés à sa fille. Ainsi se dévoilent en même temps l'amour du comte et les humbles origines de sa protégée. Mais comment ce comte ignorait-il encore cette ascendance?

Après un débat qui n'éclaire pas tout, la marquise d'Olban, séduite par les répliques de Nanine, pleines d'esprit, de droiture et de vertu, décide que son fils l'épousera. Que l'on n'attribue donc pas une trop grande importance à cette entorse aux usages du siècle, c'est la conclusion de l'auteur:

Que ce jour,
Soit des vertus la digne récompense,
Mais sans tirer jamais à conséquence.

Il est à noter que, selon une tradition, Voltaire avait pensé d'abord au dénouement banal, par une reconnaissance: Nanine se trouvait être fille de

377

gentilhomme. Ainsi s'expliquait sa distinction native. D'Olban alors l'épousait sans se mésallier. Ce fut, dit-on, Mme d'Argental qui persuada son ami de risquer le mariage d'amour du comte avec une jeune fille d'humble naissance.[30] Mais le mot de la fin précise que cela ne doit pas «tirer à conséquence».

Voltaire assiste à la troisième représentation. Alors qu'un petit ricanement souligne une réplique, il se lève de son fauteuil et crie: «Barbares, arrêtez!», citant les imprécations de Clytemnestre dans *Iphigénie*.[31] Aussitôt tout se tait, et la pièce reprend.

C'est encore à propos de *Nanine* que nous parvient, sur la nervosité du poète, un étonnant témoignage de Mme d'Argental qui raconte à son époux absent de Paris, quelques jours avant la représentation de la comédie, la scène suivante:

Voltaire sort d'ici. Il est arrivé à onze heures [du soir] comme un furieux. Il m'a conté qu'il avait été à Versailles, à Sceaux, chez des notaires depuis qu'il était revenu, et cent choses avec une volubilité prodigieuse, et toujours criant qu'il était au désespoir. Enfin, quand il a pu mettre quelque ordre dans ses discours, il m'a dit que tout chemin faisant il avait fait non seulement les retranchements [de *Nanine*] que vous lui aviez demandés, mais même davantage [...] Qu'ayant été, à dix heures, porter à mademoiselle Granval ce qui la regardait, il l'avait trouvée apprenant une leçon que des gens qui ne se fiaient jamais à lui, lui avaient envoyée. Il m'a demandé d'une voix terrible de quoi on se mêlait [...] La fin de tout ce tapage a été qu'il s'est mis à mes genoux, qu'il a ri de sa fureur, qu'il m'a dit que l'humeur le faisait mettre en colère et extravaguer, mais que son cœur n'y avait point de part, et qu'il se jetterait aux genoux de son ange pour le remercier de ses soins paternels; que pour moi, il m'aimait à la folie, et ne saluerait jamais un fermier général jusqu'à ce que j'eusse soixante mille livres de rente.[32]

Nanine connaît en 1749 deux types de critique écrite, l'une proprement littéraire, l'autre qu'on pourrait qualifier de «philosophique», dans le sens d'«opinion avancée», hors des préjugés traditionnels, que prend ce mot à la fin de la première moitié du siècle. La première, la plus défavorable, est représentée par les *Réflexions critiques sur la comédie de Nanine adressées par Mme D... à M. G...*, parues à Nancy. L'auteur, qui nous est inconnu, a pris un pseudonyme de sonorité polonaise: de Gresvik. Est-il Lorrain? «Madame», écrit-il, «vous ignorez sans doute à combien de désagréments vous m'exposez en exigeant de moi mon sentiment sur la comédie de *Nanine*; quiconque ose porter des yeux critiques sur les ouvrages de son auteur s'expose à des ripostes dangereuses [...] Rien ne lui paraît juste que les éloges qu'on lui donne».[33]

---

30. Voir J. Truchet, dans *Théâtre du XVIIIe siècle* (Paris 1972), i.1444.
31. Racine, *Iphigénie*, v.iv; voir Collé, *Journal et mémoires*, i.83.
32. D3943 (10 juin 1749).
33. Gresvik, *Réflexions critiques sur la comédie de Nanine adressées par Mme D... à M. G...* (Nancy 1749), p.4, 13-15.

La critique est facile, et l'auteur ne passe rien à Voltaire: la vraisemblance perpétuellement sacrifiée, le caractère inconsistant du comte qui ne s'informe de rien, ni de la cause des chagrins de Nanine, ni de l'identité de Philippe Hombert, son rival supposé. Et Nanine! Comment ne cherche-t-elle pas à savoir pourquoi on la chasse? Quel intérêt a-t-elle à cacher au comte la triste situation de son père? Depuis longtemps, «elle n'ignore pas que le comte, dont elle a reçu mille bienfaits, est fort au-dessus du préjugé qu'inspire la misère au désavantage de ceux qu'elle persécute», puisqu'elle a tant d'esprit! De son côté, Blaise n'agit pas: «Il est sans doute au cabaret»! Enfin, la marquise d'Olban est «une vieille commère bavarde et triviale, chargée des manières du bon vieux temps [...] avec une bassesse de langage qu'on ne peut supposer naturelle à une personne de condition». Tout cela, bien qu'exprimé sans nuances, reste juste. Sans doute la pièce a-t-elle été fort bien jouée pour que se justifient ses douze représentations. Mais ce succès ne provient-il pas aussi de ce que la jeunesse et de nombreuses femmes en approuvèrent l'aspect social?

C'est cet aspect que met en valeur un autre critique, qui serait, selon Barbier, Guiard de Servigné. Il écrit au poète, dont il se dit le défenseur, une *Lettre à l'auteur de Nanine*. Après avoir loué le «comique larmoyant» de Voltaire qu'il place plus haut que celui de La Chaussée et de Marivaux, il approuve son combat contre les préjugés de classe. Mais il sent le danger et voulant en préserver Voltaire, il propose en sa faveur une préalable et artificieuse défense. Car il serait faux, prétend-il, de déduire du comportement de ses personnages une philosophie qui engage l'auteur. Les censeurs veillent, «gens malintentionnés ou peu instruits». «Ils voudraient que vous prissiez pour vous-même ce système d'égalité entre les hommes établi dans votre nouvelle comédie.» Loin de vouloir répandre «une morale fâcheuse», Voltaire a voulu donner, tout simplement, «une belle leçon à la noblesse». C'est de ce point de vue que le critique réhabilite le vers:

Est-il un rang que Nanine n'honore?

La pièce est peu goûtée des femmes de condition? Soit! «mais les beautés reléguées aux troisièmes loges vous applaudissent de tout leur cœur».[34]

Ce n'est pas là, certes, qu'il faut chercher la position philosophique de Voltaire à la fin de cette première moitié du siècle. On la trouve plus sûrement dans sa lettre à Machault d'Arnouville, contrôleur général des finances, à propos de l'impôt du vingtième. Il l'a datée du 16 mai 1749 alors que venait d'être signé un décret établissant un impôt d'un vingtième sur tous les revenus des particuliers, sans distinction de naissance ni de qualité. On comprend

34. Guiard de Servigné, *Lettre à l'auteur de Nanine* (Paris 1749), p.3, 8, 9, 14.

qu'un impôt aussi égalitaire soit approuvé par le poète. Mais cette approbation n'apparaît qu'à la fin de sa lettre qui est assortie de telles considérations économiques et sociales qu'elle ne fut publiée qu'en 1829.[35]

La lettre commence par le récit d'un souper chez le ministre: d'abord,

On joua quelque temps dans ce magnifique salon que vous avez orné avec tant de goût; il y eut environ trois cents louis de perte, et la gaieté de la compagnie n'en fut point altérée [...] Nous soupâmes ensuite: vous savez combien la beauté de votre vaisselle frappa tout le monde [...] On loua beaucoup votre cuisinier, et on avoua que vous aviez raison de lui donner quinze cents livres de gages, ce qui fait cinq cents francs de plus que ce que vous donnez au précepteur de M. votre fils, et près de mille [...] au-delà des appointements de votre secrétaire. Quelqu'un de nous fit réflexion qu'il y avait dans Paris cinq ou six cents soupers qui ne cédaient guère au vôtre. Cette idée ne vous déplut point: vous n'êtes pas de ceux qui ne voudraient qu'eux d'heureux sur la terre.

Un homme de mauvaise humeur prit ce temps-là, assez mal à propos, pour dire qu'il y avait aussi dans des quatrièmes étages bien des familles qui faisaient mauvaise chère. Nous lui fermâmes la bouche en lui prouvant qu'il faut absolument qu'il y ait des pauvres, et que la magnificence d'une maison comme la vôtre suffisait pour faire vivre dans Paris deux cents ouvriers, au moins, de ce qu'ils gagnaient avec vous.

Certes, il n'est pas dans l'intention de Voltaire de condamner la richesse; admirons qu'en journaliste de génie, il essaie de juger objectivement son époque:

On remarqua ensuite que ce qui rend Paris la plus florissante ville du monde n'est pas tant ce nombre d'hôtels magnifiques [...] que ce nombre prodigieux de maisons particulières, où l'on vit avec une aisance inconnue à nos pères, et à laquelle les autres nations ne sont pas encore parvenues. Comparons en effet Paris avec Londres, qui est sa rivale en étendue de terrain, et qui est assurément bien loin de l'être en splendeur, en goût, en somptuosité, en commodités recherchées, en agréments, en beaux-arts, et surtout dans l'art de la société [...] Il se mange en un soir, à Paris, plus de volaille et de gibier que dans Londres en une semaine.

Le grincheux intervient encore: «J'avoue», dit-il, «que les villes paraissent assez à leur aise, mais la campagne est entièrement ruinée.» Un bon citoyen, «homme de sens», qui pourrait être Voltaire, lui répond, prouvant que les paysans de l'époque sont moins malheureux que ceux des siècles passés. Il oublie de dire que cela n'est vrai que dans les régions de bonnes terres, qui ravitaillent les villes, mais il est tant de régions déshéritées, aujourd'hui encore. Quoi qu'il en soit, la paix procure aux paysans une relative tranquillité. Le bon citoyen remonte alors le cours de l'histoire; il cite le terrible hiver de 1709; puis les invasions de la France, quand les ennemis vinrent jusqu'à l'Oise, sous

35. D3927 (16 mai 1749).

Richelieu, quand ils prirent Amiens, sous Henri IV; puis le temps des guerres civiles et des guerres contre les Anglais: «Comparez ces siècles et le nôtre, si vous l'osez [...] Maintenant je demande si Louis XIV, malgré la faute qu'on fit de livrer tout aux traitants, a laissé un royaume moins riche, moins étendu, moins florissant, moins peuplé, moins puissant qu'il ne l'avait reçu de Louis XIII?»

Vient enfin la conclusion sur l'impôt du vingtième:

Si on n'admet pas cet arrangement, il faudra nécessairement un équivalent, car il faut commencer par payer ses dettes. Ce ne sont point les impôts qui affaiblissent une nation, c'est ou la manière de les percevoir ou le mauvais usage qu'on en fait. Mais si le roi se sert de cet argent pour acquitter des dettes, pour établir une marine, pour embellir la capitale, pour achever le Louvre, pour perfectionner ces grands chemins qui font l'admiration des étrangers, pour soutenir les manufactures et les beaux-arts, en un mot, pour encourager de tous côtés l'industrie, il faut avouer qu'un tel impôt, qui paraît un mal à quelques-uns, aura produit un très grand bien à tout le monde.

Parallèlement à ces préoccupations politiques, Voltaire poursuit ses réflexions métaphysiques et morales. L'œuvre qui reflète le mieux cette période douloureuse de sa destinée est un conte, le second *Memnon*, qui, publié dès la fin de 1749, deviendra en 1756, dans l'édition Cramer de Genève, *Memnon, ou la sagesse humaine*. Voltaire l'a rédigé en 1748; sans attendre la version définitive, il en a communiqué des copies à quelques privilégiés. Les deux lettres de Stanislas, D3857 et D3860, citées dans le précédent chapitre, en peuvent témoigner. C'est peut-être aussi du second *Memnon* qu'il s'agit dans la lettre de Cirey du 29 décembre 1748, à Baculard d'Arnaud, qui est à Berlin: «voici une petite drôlerie dont vous pourrez régaler sa majesté prussienne. Il en a couru des copies fort infidèles.»[36] Il est vraisemblable que Voltaire a continué d'améliorer son texte en 1749.

L'inspiration semble être la même, au départ, que celle du *Monde comme il va*, et le conte apparaît comme une transition vers *Candide*; son héros, Memnon, se distingue d'abord par sa candeur, et il sera borgne, comme Pangloss, cruellement détrompé et condamné à l'indignité comme à la laideur. Memnon n'est pas sage par nature, comme Zadig, mais il a décidé de l'être. «Memnon conçut un jour le projet insensé d'être parfaitement sage».[37] Il veut vivre sans passions, ne jamais aimer de femme, rester toujours sobre, vivre dans l'indépendance grâce à des biens solidement placés, conserver ses amis et «ne pas être dans la cruelle nécessité de faire sa cour». Certaines de ces aspirations lui sont communes avec Voltaire. «Ayant fait ainsi son petit plan de sagesse

---

36. D3835 (29 décembre 1748).
37. *Romans et contes*, éd. F. Deloffre et J. Van den Heuvel, p.125.

dans sa chambre, Memnon mit la tête à la fenêtre.» Et c'est à partir de là, de ce regard sur la réalité du monde, que se déclenche la chaîne imprévisible des événements qui le happe, et le fait tomber au pouvoir des fripons.

De sa fenêtre, Memnon vit une femme qui «soupirait [...] pleurait et n'en avait que plus de grâce». La pitié le conduit à l'amour. Mais «l'oncle» de la femme affligée le surprend, exige réparation, et lui prend tout ce qu'il a. Il décide de se consoler en dînant, sobrement, avec ses meilleurs amis. Que risque-t-il? Or, il se laisse aller à boire, joue et perd tout son bien. Une dispute s'élève, et l'un de ses «amis intimes» lui jette à la tête un cornet qui lui crève un œil. On «rapporte» chez lui le sage Memnon ivre, ruiné et borgne. A la cour, où il va crier justice, il est devenu un objet d'horreur et de dérision. Enfin, en rentrant chez lui, il trouve des huissiers saisissant ses meubles.

Il s'endort sur de la paille. Dans un accès de fièvre, un ange lui apparaît; il a «six belles ailes, mais ni pieds, ni tête, ni queue, et ne ressemble à rien». Que peut offrir un tel être à Memnon? De belles paroles: il est bavard, disert, comme le sera Pangloss. Il explique que «dans les cent mille millions de mondes dispersés dans l'étendue, tout se suit par degrés», depuis la perfection jusqu'à une imperfection redoutable. Par chance, il habite, lui, dans une petite étoile voisine de Sirius où il n'y a point de femmes, où l'on ne mange ni ne boit, et où «tout le monde est égal». Mais en bas de la hiérarchie des globes, il en existe où «tout le monde est complètement fou».

J'ai bien peur, dit Memnon, que notre petit globe terraqué ne soit précisément les Petites Maisons de l'univers.

Pas tout à fait, dit l'esprit, mais il en approche [...]

Eh mais! dit Memnon, certains philosophes ont donc grand tort de dire que *tout est bien*?

Ils ont grand raison, dit le philosophe de là-haut, en considérant l'arrangement de l'univers entier.

Excellente caricature de Leibniz. Mais le conte ne se borne pas à une illustration comique du *tout est bien*. «Il illustre la déraison des raisonneurs aux prises avec la réalité».[38] Le sot projet de vouloir être parfaitement sage dans un monde de fripons! Memnon apparaît comme «un sage de la pire espèce [...], celle de quiconque, par mépris des passions humaines, en vient à tomber dans les excès de l'angélisme».[39] On connaît l'attitude de Voltaire à l'égard des jansénistes, des calvinistes et de tous ceux qui haïssent les plaisirs ou tentent de le faire croire. S'il est facile à l'ange, qui n'a point de corps ni de tête, de ne pas aimer, de ne pas jouir de ses sens ni de son esprit, c'est impossible à

38. R. Pomeau, notes sur *Memnon*, dans *Romans et contes* (Paris 1966), p.109.
39. Van den Heuvel, p.203.

l'homme. L'ange vit dans un monde irréel, monotone, ennuyeux. Ce qui sauve l'homme de l'uniformité et du désespoir, c'est le désir, ce sont les passions. Sans faire retour au bonheur du *Mondain*, que Voltaire a vécu à Cirey, le conte se rattache à la tradition de Montaigne, de Molière, de La Fontaine, de Mandeville; c'est la philosophie du cinquième *Discours en vers sur l'homme*:

> Timon se croit parfait depuis qu'il n'aime rien [...]
> Tout mortel au plaisir a dû son existence [...]
>   Oui, pour nous élever aux grandes actions,
> Dieu nous a, par bonté, donné les passions.[40]

A condition de savoir que les passions non éclairées, non contrôlées par la raison, donnent naissance à l'intolérance et au fanatisme.

Voltaire, malgré les coups qu'il reçoit, n'est pas absolument pessimiste. Il n'est jamais définitivement «un des plus malheureux êtres pensants qui soit dans la nature».[41] L'affection pour sa nièce lui reste, mais surtout sa passion pour son œuvre et pour l'homme, qu'il cherche coûte que coûte à sauver de l'ignorance et de l'injustice. Memnon retrouve l'humanisme. «Personnage conventionnel au départ, il échappe peu à peu à son créateur»,[42] mais pour se confondre avec lui.

La *Lettre d'un Turc*, sans doute le plus bref des contes, est de la même époque. Il paraîtra en 1750 dans l'édition Walther des *Œuvres* et recevra son sous-titre, *Bababec et les fakirs*, dans l'édition de Kehl. On peut le regarder comme un complément de *Memnon*, car il s'agit d'une autre forme de fausse sagesse. Voltaire, en se documentant pour l'*Essai sur les mœurs*, a trouvé dans les *Voyages* de Bernier[43] des descriptions de la vie des fakirs et de leurs exercices. Parmi ces hommes, ceux qui l'étonnèrent le plus furent les contemplatifs. L'un des plus fameux s'appelait Bababec. «Il était assis sur une chaise de bois proprement garnie de petites pointes de clous qui lui entraient dans les fesses [...] Beaucoup de femmes venaient le consulter; il était l'oracle des familles». Il prétendait être logé, dans la vie future, au trente-cinquième ciel. Un jour, il se laissa persuader de rejoindre le monde actif: «On le décrassa, on le frotta d'essences parfumées [...] il vécut quinze jours d'une manière fort sage [...] Mais il perdait son crédit dans le peuple; les femmes ne venaient plus le consulter; il [...] reprit ses clous, pour avoir de la considération».[44]

Quelle était donc la valeur de ce mysticisme? Car c'est bien du mysticisme

---

40. M.ix.409-10.

41. D3723 (19 juillet 1748).

42. Van den Heuvel, p.206.

43. François Bernier, *Voyages de François Bernier, contenant la description des Etats du grand mogol, de l'Hindoustan, du royaume de Cachemire* (Paris 1709-1710).

44. *Romans et contes*, éd. F. Deloffre et J. Van den Heuvel, p.133.

qu'il s'agit: satisfaction de l'amour-propre, recherche de la gloire, forme de vanité. «Ce n'est pas seulement de l'Inde et de ses fakirs qu'il s'agit. La satire vise en général l'univers mystique, son ascèse du salut, ses mortifications, son goût de l'extase».[45] Ainsi, l'homme s'éloigne des vraies valeurs humaines: le courage d'agir, la solidarité effective, la collaboration au bien public.

En même temps que Voltaire travaille, il suit l'effort douloureux de Mme Du Châtelet dans sa traduction: il lui semble que la fréquentation de Newton éloigne son amie de la métaphysique de Leibniz. Du moins y fait-il allusion dans une lettre au leibnizien Bernoulli: «Je crois que vous serez bien content de l'exposition qu'elle a faite des découvertes de sir Isaac. Quelle pitié que ces monades en comparaison! Quelles sottises! Vous devriez dire nettement combien tout cela est misérable. Qui est en droit de le dire si ce n'est vous?»[46] La réputation imméritée de Leibniz préoccupe Voltaire depuis quinze ans. Cette passion, moins violente que celle qu'entretient en lui la gloire usurpée de Crébillon, mais plus féconde, le conduit peu à peu vers un autre chef-d'œuvre, *Candide*.

Un peu plus tard, au début de l'été, survient un événement philosophique dont il n'a fait, semble-t-il qu'entrevoir l'importance: c'est la publication de la *Lettre sur les aveugles à l'usage de ceux qui voient* de Diderot. Fervent admirateur de l'œuvre de Voltaire, ami de Baculard d'Arnaud et de Marmontel, mais plus hardi, Diderot a appris l'anglais, traduit Shaftesbury en 1745 et publié les *Pensées philosophiques*. Nul, à cette époque, n'est plus proche de Voltaire. Critiquant le fanatisme, les miracles, les convulsionnaires, Diderot s'affirme déiste et prône l'indispensable coexistence entre la raison et les passions. Dans le foisonnement de ses idées, ce qui le préoccupe, c'est le problème posé par Locke du passage de la sensation au jugement. C'est pourquoi il s'intéresse aux aveugles, en particulier à ceux qui se sont élevés à la philosophie, tels l'aveugle-né de Puiseaux[47] et surtout l'Anglais Saunderson, devenu professeur de mathématiques et d'optique à Cambridge, inventeur de la *palpable arithmetic*.

Au mois de juin 1749, Diderot fait parvenir à Voltaire la *Lettre sur les aveugles*. Aussitôt, le poète s'enthousiasme: «J'ai lu avec un extrême plaisir votre livre qui dit beaucoup, *et qui fait entendre davantage*. Il y a longtemps que je vous estime autant que je méprise les barbares stupides qui condamnent ce qu'ils n'entendent point, et les méchants qui se joignent aux imbéciles pour proscrire ce qui les éclaire.» Voltaire prévoyait-il que Diderot allait être incarcéré à Vincennes quelques jours plus tard? Il ajoute qu'il lui semble hardi de nier

45. R. Pomeau, note sur la *Lettre d'un Turc*, dans *Romans et contes* (Paris 1966), p.117.
46. D3913 (24 avril 1749).
47. Aujourd'hui canton de l'arrondissement de Pithiviers, département de Loiret.

Dieu, comme Saunderson: Dieu, pour Voltaire, est «un ouvrier infiniment habile». Le poète envoie au jeune philosophe les *Eléments de la philosophie de Newton* et l'invite à venir chez lui «faire un repas philosophique [...] avec quelques sages».[48]

Diderot lui répond aussitôt: «Le moment où j'ai reçu votre lettre a été un des moments les plus doux de ma vie. Je vous suis infiniment obligé du présent que vous y avez joint. Vous ne pouviez envoyer votre ouvrage à quelqu'un qui fût plus votre admirateur que moi.» Mais il n'en récuse pas moins que Dieu soit un habile ouvrier et se souvient sans doute que Voltaire a parfois regardé les hommes comme des insectes; l'exemple qu'il lui donne est frappant:

> On remplit un vaste terrain de décombres jetés au hasard, mais entre lesquels le ver et la fourmi trouvent des habitations fort commodes; que diriez-vous de ces insectes si, prenant pour des êtres réels les rapports des lieux qu'ils habitent avec leur organisation, ils s'extasiaient sur la beauté de cette architecture souterraine, et sur l'intelligence supérieure du jardinier qui a disposé les choses pour eux? Ah, monsieur, qu'il est facile à un aveugle de se perdre dans un labyrinthe de raisonnements semblables et de mourir athée [...] Je crois en Dieu, quoique je vive très bien avec les athées [...] Il est [...] très important de ne pas prendre de la ciguë pour du persil, mais nullement de croire ou de ne pas croire en Dieu.[49]

Il irait volontiers «s'éclairer» avec Voltaire de «ces très sublimes et très inutiles vérités», mais il est «enchaîné» par des soucis de famille, des occupations «énormes» et une passion [pour Mme de Puisieux] qui «dispose presque entièrement de moi». Il ne semble pas que Voltaire et Diderot se soient rencontrés. Celui-ci envoie à Mme Du Châtelet une étude sur les retards qu'apporte la résistance de l'air au mouvement des pendules, ces retards étant «comme les carrés des arcs parcourus et non comme les arcs ainsi que Newton paraît l'avoir supposé».

Mme Du Châtelet a-t-elle eu le temps, ou le goût, d'en prendre connaissance? Cependant, c'est elle qui sera appelée, bientôt, à rendre service à Diderot. Au printemps de 1749, la population parisienne, dans les difficultés de la paix retrouvée, est en proie à l'agitation. Le ministère réagit au début de juillet. La police arrête massivement jansénistes, libertins, mauvais garçons. Diderot, qui a été dénoncé deux ans plus tôt par le curé de sa paroisse, Saint-Médard, et qui depuis a produit la *Lettre sur les aveugles* et les *Bijoux indiscrets*, tombe sous le coup de la répression. Le 24 juillet, il est incarcéré au château de Vincennes, car la Bastille est pleine. On se souvient que le gouverneur de la place est un Châtelet-Clémont, cousin du marquis Du Châtelet. Apprenant l'arrestation du philosophe, Voltaire s'indigne: «Il est honteux, que Diderot

---

48. D3940 (vers le 10 juin 1749); c'est nous qui soulignons.
49. D3945 (11 juin 1749).

soit en prison et que Roy ait une pension.»[50] Il annonce que Mme Du Châtelet a écrit à son parent «pour le prier d'adoucir autant qu'il le pourra la prison de Socrate Diderot.» Il ne semble pas que l'intervention ait obtenu le résultat escompté. Diderot subit une détention très pénible. Il devra s'humilier pour obtenir une meilleure cellule: celle où il recevra en octobre la visite de Rousseau, qui lui parlera du sujet sur «les sciences et les arts» mis au concours par l'académie de Dijon.

Il est temps que Mme Du Châtelet, en raison de son état, regagne Lunéville. Voltaire ne saurait abandonner son amie. Tous deux arrivent vers le 25 juin à Cirey où ils s'arrêtent quelques jours. En cette année glaciale de 1749, il gèle encore en Champagne. Voltaire ne repart pas de gaieté de cœur: «il est fort triste», écrit-il à ses amis d'Argental, «de quitter des appartements délicieux, ses livres, sa liberté, pour aller jouer à la comète».[51] Les plaisirs de la petite cour de Lunéville sont usés, le roi Stanislas a montré les limites de son esprit dans un ouvrage récent, *Le Philosophe chrétien*, et Voltaire, n'étaient les conversations avec Mme Du Châtelet, et peut-être avec Saint-Lambert, n'a plus rien à y découvrir. Certes, les couches de Mme Du Châtelet le préoccupent, mais, au-delà, il pense à s'évader dans une cour plus prestigieuse: «Mes plus beaux jours seront en automne», écrit-il le 28 juin à Etienne Darget qui est l'hôte de Frédéric, «je viendrai dans votre charmante cour, si je suis en vie».[52] En attendant, il résiste énergiquement à l'impatience de Frédéric: «je ne quitterai pas, même pour votre majesté, *une femme qui peut mourir au mois de septembre*. Ses couches ont l'air d'être fort dangereuses, mais si elle s'en tire bien, je vous promets sire de venir vous faire ma cour au mois d'octobre.»[53] Emilie aurait-elle communiqué au poète ses angoisses prémonitoires?

De Cirey, Voltaire et Mme Du Châtelet se rendent directement à Commercy où se trouve la cour de Stanislas. Mais le logement de Saint-Lambert, chez le curé, n'étant pas favorable à ses rendez-vous avec Emilie, celle-ci, après une quinzaine de jours, décide de quitter la cour avec son amant et Voltaire. Le trio se replie à Lunéville où sont demeurés M. Du Châtelet et Panpan.

Il semble d'abord que la paix soit rétablie entre les deux amants. Le roi de Pologne a fait aménager pour Emilie une petite maison de convalescence peinte en bleu ciel, c'est pour eux un but de promenade. Saint-Lambert soutient la marche d'Emilie et fait preuve de tendres attentions. Mais il ne saurait satisfaire longtemps aux exigences pointilleuses d'Emilie. Que l'on en juge par ce qu'elle lui écrit – car elle continue de lui écrire – à la suite d'une

50. D3972 (30 juillet 1749).
51. D3950 (28 juin 1749).
52. D3951 (28 juin 1749).
53. D3952 (29 juin 1749); c'est nous qui soulignons.

réception qui eut lieu chez elle: «Vous m'avez traitée bien cruellement, vous ne m'avez pas regardée une seule fois. Je sais bien que je dois encore vous en remercier, que c'est décence, discrétion, mais je n'en ai pas moins senti la privation».[54] Privation de quelques regards... Mais la discrétion n'était-elle point de rigueur devant le marquis Du Châtelet? Les disputes renaissent à propos des jours de garde de l'officier dans sa garnison de Nancy. Foin des obligations de caserne! C'est à Emilie qu'il appartient d'en juger: «Songez que si vous montez la garde demain, je puis vous revoir lundi en revenant d'Aroué.»[55] «Songez qu'un jour est tout pour moi [...] un jour passé avec vous vaut mieux qu'une éternité sans vous. *Je vous aime avec démence*».[56] Comment l'officier n'aurait-il pas envie d'échapper à une passion aussi autoritaire et pesante? Sans doute ne va-t-il pas toujours où il l'annonce. Aussi ne tardera-t-il pas à tomber dans le piège que lui tend une étroite surveillance! Emilie envoie un exprès au château d'Haroué et Saint-Lambert n'y est pas. «Le carrosse de Nancy est arrivé et il n'y a rien pour moi. Qu'êtes-vous donc devenu? Vous voulez donc que ma tête tourne.»[57] Emilie n'a que deux moyens d'oublier la souffrance; d'abord le jeu, où elle perd presque toujours – Voltaire comprend et l'aide en lui prêtant de petites sommes[58] – et enfin «la ressource la plus sûre contre les malheurs», l'étude: elle améliore son *Commentaire*. Mais en vertu de quelles craintes et de quel pressentiment range-t-elle avec tant de soin ses papiers personnels? Longchamp sera chargé de remettre cassette et paquet clos à leurs destinataires.

A Lunéville, Voltaire travaille d'abord de façon désordonnée. Il écrit pour sa nièce une épitre sur *La Vie à Paris et à Versailles*:[59] est-ce par dépit, pour se détacher de cette vie dont il a été contraint de s'éloigner, qu'il y stigmatise la fatuité des femmes et des hommes, le vide de la conversation, l'incompréhension et l'ingratitude du public? «Ah! Cachons-nous!», s'écrie-t-il. Mais il reste l'amitié. Frédéric apprécie cette œuvre, mais se plaint de n'avoir jamais lu *Nanine* dont il n'a entendu parler que grâce à une visite du maréchal de Saxe.

Sur sa table de travail, Voltaire a devant lui tant de projets qu'il ne sait par où commencer. Curieusement, il met en chantier *Le Duc de Foix*: «Ce n'est pas une pièce tout à fait nouvelle», explique-t-il à d'Argental, «ce n'est pas non plus *Adélaïde*, c'est quelque chose qui tient des deux.» En réalité, c'est une refonte d'*Adélaïde Du Guesclin* en changeant le siècle et le lieu. Il pense

54. D3960 (?juillet 1749).
55. Chez le prince de Beauvau.
56. D3960; c'est nous qui soulignons.
57. D3961 (?juillet 1749).
58. Il le rappellera à M. Du Châtelet dans sa lettre d'affaires du 15 novembre 1749.
59. M.x.344-49.

aussi à la reprise de *Sémiramis*; il perfectionne sans cesse la mise en scène du dénouement, et il voudrait mettre *Nanine* en cinq actes. «Vous me direz [...] que je fais trop de choses à la fois; cependant je joue à la comète.»⁶⁰

Puis soudain, au début d'août, n'ayant toujours pas digéré le succès de *Catilina*, il décide, malgré Mme de Pompadour et le roi, de ne pas se taire et de combattre Crébillon, face au public, sur son propre terrain, le théâtre. Comme il a refait la *Sémiramis* du vieux tragique, il va refaire son *Catilina*. L'historien qu'il est s'insurge: dans la pièce de son rival, les caractères sont faux, et l'histoire de Rome est traitée avec une ignorance lamentable. Un enthousiasme juvénile, comparable à celui qu'il éprouvait en écrivant *Zaïre*, le saisit; il écrit à ses amis d'Argental:

Vous allez être étonnés, et je le suis moi-même. Le 3 du présent mois [...] le diable s'empara de moi et me dit: Venge Cicéron et la France, lave la honte de ton pays; il m'éclaira, il me fit imaginer l'épouse de Catilina, etc. [...] Il me fit travailler jour et nuit. J'en ai pensé mourir, mais qu'importe? En huit jours, oui, en huit jours et non en neuf, *Catilina* a été fait et tel à peu près que ces premières scènes que je vous envoie [...] Vous n'y verrez point de Tullie amoureuse, point de Cicéron maquereau, mais vous y verrez *un tableau terrible de Rome*, et *j'en frémis encore*. Fulvie vous déchirera le cœur, vous adorerez Cicéron! Que vous aimerez César! Que vous direz voilà Caton! [...] O mes chers anges, *Mérope* est à peine une tragédie en comparaison! Mais mettons au moins huit semaines à corriger ce que nous avons fait en huit jours.⁶¹

On comprend pourquoi il changera bientôt le titre, non par crainte de Crébillon, mais pour «venger» Rome: ce sera *Rome sauvée*.

Pendant que la marquise Du Châtelet souffre et s'inquiète, la passion exalte le poète et s'exprime dans toutes ses lettres: à sa nièce, «venger la France de l'infamie de *Catilina*, [...] venger le sénat de Rome et tout Paris»;⁶² à la duchesse Du Maine, qui était «indignée de voir la farce monstrueuse du *Catilina* de Crébillon trouver des approbateurs. Jamais Rome n'avait été plus avilie et jamais Paris plus ridicule.»⁶³ Faire *Catilina* en huit jours, ironise-t-il auprès d'Hénault, «cela est plus incroyable que de l'avoir fait en trente ans.»⁶⁴

D'Argental prend peur? Mais quoi! Voltaire sait bien «que je fais la guerre, et je la veux faire ouvertement.»⁶⁵ Que l'ange, au lieu de lui suggérer «des embuscades de nuit», lui prépare donc des troupes! Il a prévenu la favorite dont il vient de recevoir une lettre «pleine de bontés»:

60. D3965 (24 juillet 1749).
61. D3974 (12 août 1749); c'est nous qui soulignons.
62. D3975 (12 août 1749).
63. D3979 (14 août 1749).
64. D3980 (14 août 1749).
65. D3992 (23 août 1749).

mais dans ces bontés mêmes qui m'inspirent la reconnaissance, je vois que je lui dois écrire encore, et ne laisser aucune trace dans son esprit, que des personnes qui ne cherchent qu'à nuire, ont pu lui donner. Soyez très convaincu, mon cher et respectable ami, que j'aurais commis la plus lourde faute et la plus irréparable, si je ne m'étais pas hâté d'informer madame de Pompadour de mon travail, et d'intéresser la justice et la candeur de son âme *à tenir la balance égale* et à ne pas souffrir qu'une cabale envenimée, capable des plus noires calomnies, se vantât d'avoir à sa tête la beauté et la vertu. C'était en un mot une démarche dont dépendait entièrement la tranquillité de ma vie.[66]

Il récrit donc à la favorite en lui envoyant les traductions en plusieurs langues du *Panégyrique de Louis XV.* Et cette fois, la réponse dut le tranquilliser. Pas tout à fait pourtant, car elle s'achevait sur une menace concernant le projet du poète d'aller en Prusse.

J'ai reçu et présenté avec plaisir au roi les traductions que vous m'avez envoyées monsieur. S. M. les a mises dans sa bibliothèque avec des marques de bonté pour l'auteur; si je n'avais pas su que vous étiez malade, le style de votre seconde lettre me l'aurait appris. Je vois que vous vous affligez des propos et des noirceurs que l'on vous fait. N'y devriez-vous pas être accoutumé et songer que c'est le sort de tous les grands hommes d'être calomniés pendant leur vie et admirés après leur mort? Rappelez-vous ce qui est arrivé aux Corneilles, Racines, etc., et vous verrez que vous n'êtes pas plus maltraité qu'eux. Je suis bien éloignée de penser que vous ayez rien fait contre Crébillon. C'est, ainsi que vous, un talent que j'aime et que je respecte. J'ai pris votre parti contre ceux qui vous accusaient, ayant trop bonne opinion de vous pour vous croire capable de ces infamies; vous avez raison de dire que l'on m'en fait d'indignes; j'oppose à toutes ces horreurs le plus parfait mépris et suis fort tranquille puisque je ne les essuie que pour avoir contribué au bonheur du genre humain en travaillant à la paix [...] je trouve ma récompense dans mon cœur qui est et sera toujours pur. Adieu, portez-vous bien, ne songez pas à aller trouver le roi de Prusse, quelque grand roi qu'il soit et quelque sublime que soit son esprit. On ne doit pas avoir envie de quitter notre maître quand on connaît ses admirables qualités. En mon particulier, je ne vous le pardonnerais jamais.[67]

Voltaire, à la fin d'août, s'acharne au travail. La cour est rentrée de Commercy vers le 15. Comme il ne va pas toujours s'asseoir à la table commune, où il perdrait trop de temps, le sieur Alliot, intendant de la maison du roi, appartenant au clan rigoriste dominé par le P. Menoux, en profite pour le ravitailler fort négligemment en «pain, vin et chandelle». Il doit faire appel à Stanislas.[68] Le 31 août, Voltaire annonce à Frédéric qu'il a achevé l'esquisse entière de *Catilina* devenu *Rome sauvée*, et qu'il a entrepris de refaire une autre

---

66. D3995 (28 août 1749); c'est nous qui soulignons.
67. D4012 (vers le 5 septembre 1749).
68. Pour l'échange de billets aigres-doux entre Voltaire et Alliot, voir D3997, D3998, D3999 et D4000.

pièce de Crébillon, une *Electre* qui deviendra *Oreste*.[69] Mais il ne sait pas encore ce qu'il doit penser de *Rome sauvée*: il attend les «ordres» de l'ange.[70] Hélas! ces tragédies resteront pour quelque temps des esquisses.

L'indifférence de Saint-Lambert augmentait avec l'approche de l'accouchement: gêné de voir les souffrances physiques d'Emilie et fatigué par ses reproches, il fuyait à Nancy et Haroué. N'était-ce point un ultime chantage qu'elle tentait lorsqu'elle envisageait un avenir sans lui: «Ramener votre cœur, mais je sais trop que le goût ne se ramène pas; l'étude, le soin de ma santé [...] l'éloignement, peut-être même la dissipation pourront-ils quelque chose sur moi? Je l'essaierai du moins [...] Je sens que je vous excède de mes lettres, j'espère que je prendrai sur moi de ne vous plus écrire jusqu'à ce que vous ayez décidé de mon sort.»[71] De quelle décision pourrait-il s'agir sinon qu'il refusât une rupture cruelle en un moment si dramatique et lui rendît quelque signe d'affection?

Le sort d'Emilie était accompli: Saint-Lambert se dérobait. Quel pathétique appel dans sa dernière lettre! Elle ne désirait plus que ce que peut désirer un mourant, le revoir, comme une dernière image de la vie:

Enfin si vous avez des affaires et des devoirs à Aroué, j'aime mieux cela que des plaisirs [...] mon ventre est si terriblement bombé, j'ai si mal aux reins, je suis si triste ce soir que je ne serais point étonnée d'accoucher cette nuit [...] Vous n'articulez point si vous reviendrez mardi et si vous pourrez éviter d'aller à Nanci au mois de septembre [...] Ne me laissez pas dans l'incertitude, *je suis d'une affliction et d'un découragement qui m'effraieraient si je croyais aux pressentiments. Je ne désire que vous revoir encore* [...] Je finis parce que je ne puis plus écrire.[72]

A son avenir, elle croyait si peu qu'elle renonça à améliorer ses manuscrits. Ayant retrouvé un peu de calme, elle prit la précaution de les confier à la Bibliothèque royale; elle les expédia à l'abbé Sallier, conservateur, accompagnés d'une lettre: «J'use de la liberté que vous m'avez donnée, monsieur, de remettre entre vos mains des manuscrits que j'ai grand intérêt qui restent après moi. J'espère bien que je vous remercierai encore de ce service et que mes couches [...] ne seront pas aussi funestes que je le crains. Je vous supplierai de vouloir bien mettre un numéro à ces manuscrits et les faire enregistrer afin qu'ils ne soient pas perdus. M. de Voltaire qui est ici avec moi vous fait les plus tendres compliments.»[73]

69. D4001 (31 août 1749).

70. D4003 (1er septembre 1749).

71. D3880 (lettre sans doute mal datée).

72. D4002 (31 août 1749); c'est nous qui soulignons.

73. D4004 (vers le 1er septembre 1749). Ces manuscrits sont aujourd'hui à la Bibliothèque nationale (Fr.12266-12267), avec le *Commentaire sur les propositions qui ont rapport au système du monde* (Fr.12268). Ces œuvres ont été publiées en 1759 avec la préface de Roger Cotes qui

Comme un défi à tous les présages, l'accouchement fut des plus faciles, dans la nuit du 3 au 4 septembre. Voltaire écrivit aussitôt à tous les amis du couple des lettres joyeuses, destinées sans nul doute à circuler. Le marquis d'Argenson reçut la plus parfaite: «Madame du Chastelet vous mande, monsieur, que cette nuit, étant à son secrétaire et griffonnant quelque pancarte newtonienne, elle a eu un petit besoin. Ce petit besoin était une fille qui a paru sur-le-champ.[74] On l'a étendue sur un livre de géométrie in-quarto. La mère est allée se coucher parce qu'il faut bien se coucher, et si elle ne dormait pas, elle vous écrirait.»[75]

Cet été tardif de 1749 demeurait très chaud. Mme Du Châtelet, dans les jours qui suivirent les couches, fut incommodée par la chaleur, ce qui empêcha que l'on découvrît tout de suite la fièvre. Encore, lorsqu'on la décela, la crut-on bénigne. Selon le récit de Longchamp:

La fièvre de lait lui étant survenue, elle éprouva un surcroît de chaleur qui l'incommodait beaucoup; elle voulut, pour se rafraîchir, boire de l'orgeat à la glace; malgré toutes les représentations qu'on lui pût faire, elle força sa femme de chambre de lui en donner un grand verre; elle ne l'eut pas plus tôt bu qu'elle se sentit accablée d'un violent mal de tête [...] On courut chercher M. Regnault, médecin du roi et [il] ordonna les remèdes usités [Mais] des étouffements et des suffocations firent craindre pour la vie de Mme du Châtelet [...] On envoya chercher en poste MM. Bagard et Salmon, médecins les plus accrédités de Nancy, [qui] lui firent prendre quelques drogues. Après les avoir prises, elle parut plus tranquille et vouloir reposer. [Tout le monde alla souper.] Il ne resta auprès d'elle que M. de Saint-Lambert, Mlle du Thil, une de ses femmes de chambre et moi [...] Au bout d'un demi-quart d'heure, nous entendîmes des râlements, nous accourons à elle, nous la trouvons sans connaissance et les yeux tournés.[76]

Ayant ouï dire qu'en pareil cas on tirait aux femmes les cheveux du toupet, on la mit sur son séant et l'on commença ce traitement. Saint-Lambert et Longchamp lui agitèrent les mains et les pieds. Hélas, ce fut en vain:

elle n'était plus. On envoya la femme de chambre avertir la compagnie que madame se trouvait mal [...] ce furent d'abord des cris auxquels succédèrent des pleurs. M. de Saint-Lambert, et M. de Voltaire furent les derniers à se retirer. M. de Voltaire accablé de douleur, tomba au pied de l'escalier, près de la guérite de la sentinelle, et il se frappait la tête contre le pavé; son laquais, qui le suivait, faisait des efforts pour le

---

figurait déjà dans l'édition en latin de 1714, et la «Préface historique», éloge de Voltaire, suivie de la lettre en vers parue en 1738 avec les *Eléments de la philosophie de Newton*.

74. Cette fille devait mourir en bas-âge.
75. D4005 (4 septembre 1749).
76. Longchamp, f.119-20.

relever. M. de Saint-Lambert l'aida. M. de Voltaire l'ayant aperçu lui dit en pleurant: «Mordieu, de quoi vous avisiez-vous de lui faire un enfant?»[77]

Mme de Boufflers, qui n'avait pas perdu son sang-froid, pensa la première à la bague à chaton entouré de petits brillants que portait habituellement Mme Du Châtelet. Aussitôt, elle donna l'ordre à Longchamp d'aller la retirer et de la conserver. Le lendemain, étant seule, elle lui demanda de la rapporter. Elle ouvrit alors le chaton, en retira le portrait de Saint-Lambert et la rendit à Longchamp en le chargeant de la remettre au marquis Du Châtelet.[78] Ce fut seulement dans les jours suivants que Voltaire se souvint de cette bague; il s'inquiéta que son propre portrait fût demeuré dans le chaton et questionna Longchamp; celui-ci lui raconta l'intervention de Mme de Boufflers. Voltaire «leva les yeux au ciel» et dit: «Voilà bien les femmes! J'en avais ôté Richelieu, Saint-Lambert m'en a expulsé, un clou chasse l'autre. Ainsi vont les choses de ce monde.»[79]

Cette plaisanterie, si proche de la mort de son amie, est-elle de Voltaire, ou bien a-t-elle été arrangée au goût de Longchamp? Tout est possible: il est des moments d'oubli, et Voltaire n'a pas encore mesuré l'ampleur de son désarroi. Il l'eût ensuite désavouée comme il a désavoué qu'il fût l'auteur des quatre vers que Longchamp déclare avoir copiés au bas du portrait de Mme Du Châtelet:

> L'univers a perdu la sublime Emilie.
> Elle aima les plaisirs, les arts, la vérité.
> Les dieux, en lui donnant leur âme et le génie,
> N'avaient gardé pour eux que l'immortalité.[80]

Qui d'autre pouvait en être l'auteur? Cependant il l'a nié, peu de temps après, dans une lettre à Mme Du Bocage: «Il faut être bien indigne de l'amitié et avoir un cœur bien frivole pour penser que, dans l'état horrible où je suis, mon esprit eût la malheureuse liberté de faire des vers pour elle.»[81]

Voltaire éprouve également des regrets d'avoir écrit trop vite et trop tôt, le 4 septembre, tant de lettres plaisantes sur l'agréable facilité de l'accouchement; sentiment naturel de délivrance, sans doute, mais aussi optimisme insolite en cette période de sa vie où l'infortune l'assombrit et le pessimisme inspire sa philosophie. Courte trève: dans les jours suivants, il se trouve en cet «état horrible» qu'il dépeint à ses amis, accablé par la seule vraie souffrance de sa

---

77. Longchamp, f.121-22.
78. Longchamp, f.123.
79. Longchamp, f.124.
80. Longchamp, f.123.
81. D4034 (12 octobre 1749).

vie, une souffrance auprès de laquelle les plus graves atteintes de l'amour-propre n'étaient rien. En même temps, il se débat dans les souvenirs ineffaçables des circonstances dérisoires et fatales de cette mort, comme si elle était venue confirmer l'absurdité de la destinée humaine, mais, cette fois, ce n'est point le héros d'un conte, c'est lui-même qui en est victime.

Aux condoléances de Frédéric, il répond: «Je suis sensible, sire, et je ne suis que cela.»[82] Et combien se sont trompés ceux qui n'ont admiré chez Voltaire que la vivacité d'esprit et l'ironie! Alfred de Musset, qui l'a violemment condamné, n'a sans doute pas connu des accents tels que ceux-ci, extraits d'une lettre à La Condamine: «J'ai perdu le soutien de ma malheureuse et languissante vie [...] Est-il possible que ce soit elle qui ait péri avant moi [...] Il faut souffrir et voir souffrir, mourir et voir mourir. Voilà notre partage.»[83]

Seule, sa nièce peut encore le rattacher à la vie. Encore faut-il qu'elle sache bien que c'est le cœur perclus de douleur qu'il lui revient:

Ma chère enfant, je viens de perdre un ami de vingt ans. Je ne regardais plus, il y a longtemps, madame du Chastellet comme une femme, vous le savez, et je me flatte que vous entrez dans ma cruelle douleur. L'avoir vue mourir, et dans quelles circonstances! Et par quelle cause! Cela est affreux. Je n'abandonne pas monsieur du Chastellet dans la douleur où nous sommes l'un et l'autre. Il faut aller à Cirey; il y a des papiers importants. De Cirey, je reviens à Paris vous embrasser et retrouver en vous mon unique consolation et la seule espérance de ma vie.[84]

Après l'inhumation d'Emilie dans la nouvelle église paroissiale de Lunéville,[85] Voltaire n'avait nulle envie, en effet, de s'attarder à la cour du roi Stanislas. Mais avant de rentrer à Paris, il fallait passer par Cirey avec le marquis Du Châtelet pour un inventaire des papiers et du mobilier qui appartenaient à Voltaire ou à son amie. D'après Longchamp, le comte de Lomont, frère du marquis, les accompagna. Ici se pose la question de savoir si parmi les «papiers importants» de Cirey se trouvaient les lettres qu'ont échangés Voltaire et Mme Du Châtelet, ou bien si elles étaient contenues dans la cassette et dans le paquet clos que Longchamp a remis à M. Du Châtelet. Elles n'ont jamais été retrouvées. Tout ce que nous savons, c'est ce que raconte Longchamp:

Après la mort de Mme du Châtelet, je n'avais pas manqué d'exécuter sa commission, je remis une cassette et un gros paquet enveloppé de plusieurs feuilles de papier à M.

82. D4039 (15 octobre 1749). Nous n'avons pas la lettre de condoléances de Frédéric II.
83. D4036 (?12 octobre 1749).
84. D4015 (10 septembre 1749). Chiffre approximatif: dans D4039, Voltaire écrit: «J'ai perdu un ami de vint-cinq années.»
85. Aujourd'hui église Saint-Jacques. Ses restes furent exhumés pendant la Révolution, puis en partie réinhumés par la suite.

le marquis du Châtelet. La clef de la cassette était attachée, enveloppée dans un papier cacheté; sur la cassette était écrit de la main de Mme du Châtelet, ‹Je prie M. du Châtelet de vouloir bien brûler tous ces papiers sans y regarder, lui étant inutiles et n'ayant nul rapport à ses affaires› [...] Ayant ouvert la cassette, M. du Châtelet voulait examiner les papiers [...] son frère s'y opposa disant qu'il fallait exécuter les volontés de sa femme [...] Malgré ces remontrances M. du Châtelet lut les premiers papiers qui lui tombèrent sous la main. C'étaient des lettres et il me parut qu'elles ne lui firent point plaisir, car je lui vis faire la grimace, M. de Lomont me dit d'apporter une bougie allumée; pendant que je l'apportais, il avait lui-même vidé la cassette dans le foyer de la cheminée et il y avait mis le feu; il me dit d'apporter des pincettes pour l'attiser.[86]

Il est douteux que ce soient les lettres de Voltaire qui aient été brûlées ce jour-là: les huit volumes in-quarto dont parle Voisenon n'auraient pas tenu dans une cassette; mais que contenait le «gros paquet»? Il reste possible que les lettres aient été brûlées par M. Du Châtelet ou par Voltaire lui-même.

Les trois hommes sont à Cirey le 17 septembre. Quel courage a-t-il fallu à Voltaire pour se livrer, avec le marquis, à une longue et minutieuse séparation des biens![87] Chaque meuble, chaque bibelot qu'il faut recenser et évaluer représentent pour le poète des gestes d'Emilie ou évoquent ses paroles. Aussi cette maison, dont il lui faut se détacher, devient-elle «un objet d'horreur». Mme de Champbonin est venue le réconforter. Sans doute l'a-t-elle aidé à retrouver les souvenirs plus doux des premières années de Cirey; il lui est alors possible d'écrire à ses amis d'Argental une lettre confidentielle fort belle, où il analyse, ce qui est rare chez lui, son état d'âme.

Je vous avouerai même qu'une maison qu'elle habitait, en m'accablant de douleur, ne m'est point désagréable. Je ne crains point mon affliction, je ne fuis point ce qui me parle d'elle. J'aime Cirey. Je ne pourrais pas supporter Lunéville où je l'ai perdue [...] Mais les lieux qu'elle embellissait me sont chers. Je n'ai point perdu une maîtresse, j'ai perdu la moitié de moi-même, une âme pour qui la mienne était faite, une amie de vingt ans que j'avais vue naître. Le père le plus tendre n'aime pas autrement sa fille unique. J'aime à en retrouver partout l'idée. J'aime à parler à son mari, à son fils. Enfin, les douleurs ne se ressemblent point, et voilà comme la mienne est faite.[88]

C'est surtout vers sa nièce que s'ouvre peu à peu son espoir: «mes regrets dureront assurément autant que ma vie. Vous en ferez le bonheur, de cette vie traversée par tant de chagrins. Je vous la consacre tout entière. Je reste encore ici deux jours à achever de mettre tout en ordre. J'en vais passer deux autres chez une de ses amies [Mme de Champbonin], et je retourne à Paris à

---

86. Longchamp, f.125-26.
87. Un long mémoire de cet arrangement figure dans la lettre de Voltaire au marquis du 15 novembre 1749 (D4063).
88. D4024 (23 septembre 1749).

petites journées [...] Tout cela s'évanouit [...] Ma vie est à vous et vous en disposerez.»[89]

On comprend à quel point cet homme se sentirait abandonné s'il n'avait ce recours, et comment, dans son passé récent, ce besoin de vivre à tout prix avec un être cher a résisté aux infidélités d'Emilie. Rien ni personne d'autre que sa nièce, et sans doute ses amis d'Argental, ne l'attire à Paris. «Je crains», dit-il, «le séjour de Paris et les questions sur cette mort funeste.»[90] Sans doute sa réinstallation rue Traversière, dans la maison que loue M. Du Châtelet, où il a vécu avec Emilie, l'inquiète-t-elle aussi et hésite-t-il à y vivre avec sa nièce. C'est pourquoi, avant même de se mettre en route, le 21 septembre, il a demandé à ses amis d'Argental de lui retenir un logement proche de leur maison. Rêve séduisant, vite abandonné: le 5 octobre, de Reims, où il séjourne chez Lévesque de Pouilly, c'est de la possibilité d'une acquisition qu'il fait part à Mme Denis: «Je m'intéresse beaucoup moins à la maison où je logeais avec cette infortunée femme; elle m'est odieuse, et je n'en veux pour rien. M. du Chastellet m'a écrit, et je trouve très bon qu'il la loue. Il y en a une autre qui appartient à M. de Boulogne et qu'il pourrait me vendre. Elle est dans la rue Saint-Honoré, près des Jacobins. Nous y serions tous deux fort à notre aise.»[91] Le marquis Du Châtelet décide donc de déménager les meubles et objets appartenant à son épouse, et afin de préserver l'héritage de ses enfants – maintenant au nombre de trois, en comptant la dernière née – il fait procéder le 7 octobre, par son homme d'affaires, à un inventaire détaillé de tout ce qui lui revient.[92]

Selon l'usage du temps, les hommes de loi recensent tous les meubles et ustensiles de chaque pièce, à l'hôtel de la rue Traversière, puis dans la maison d'Argenteuil. Ils dressent l'état des papiers d'affaires. L'opération se prolonge jusqu'en janvier 1750; les actes ne couvrent pas moins de cinquante-six pages imprimées. Mais dès le 7 octobre les notaires, parant au plus pressé, ont établi la liste des factures de Mme Du Châtelet restées impayées chez ses fournisseurs parisiens, dont son mari demeure «solidairement» redevable: bijoutiers, modistes, bouchers, maçons, etc., pour plus de 5 000 livres. Au total, la défunte laissait plus de 165 000 livres de dettes: somme énorme, dont on ne sait comment le marquis Du Châtelet put s'acquitter. Emilie dépensait en grande dame, sans souci de proportionner son train de vie à ses ressources. Mais nulle part, en ces actes, ne figurent les sommes que Voltaire dut lui avancer ou lui donner.

89. D4025 (23 septembre 1749).
90. D4028 (29 septembre 1749).
91. D4032 (5 octobre 1749).
92. D.app.93.

Le contraste paraît éclatant, et cette fin de 1749, entre l'endettement catastrophique de Mme Du Châtelet et l'état de fortune de son ami le philosophe. Saisissons cette occasion de dresser le bilan financier de Voltaire, au terme des quinze années que nous venons de parcourir. Disons que nos renseignements sont fragmentaires. Nicolardot jadis a tenté d'inventorier les *Ménage et finances* de Voltaire.[93] Il a réuni une documentation précise. Malheureusement l'ouvrage est gâté par des intentions polémiques; et il remonte à 1854. Depuis lors, un certain nombre d'actes ont été retrouvés. La plupart ont été rassemblés dans les appendices de l'édition Besterman de la correspondance. Mais, comme le note Jean-Claude David, il conviendrait de dépouiller systématiquement tout ce qui a trait à Voltaire dans le minutier central des notaires:[94] tâche immense autant qu'ingrate. Sera-t-elle entreprise un jour?

Nous en savons assez cependant pour être certains qu'entre 1734 et 1749 sa fortune s'est considérablement accrue. Il continue à placer de l'argent dans les opérations commerciales dont il avait chargé Demoulin. Celui-ci l'a trompé. Il lui devait en mai 1736 vingt-trois mille francs, qu'il s'engagea à payer en trois annuités.[95] Même après avoir rompu avec Demoulin, Voltaire continue à faire le commerce de Cadix. Il investit dans des navires desservant l'Amérique: gros profits, à la mesure du risque, qui est grand, notamment en temps de guerre. Longchamp nous fait connaître cependant qu'en 1746 il eut la chance de ne perdre qu'un seul bateau, pris par les Anglais.[96]

La guerre d'autre part mettait à même les détenteurs de capitaux de gagner énormément, à condition d'être introduits dans les bonnes filières. On se souviendra que l'ancienne monarchie confiait l'intendance de ses armées à des intérêts privés. Dans les années 1730 et 1740, ce sont les frères Pâris qui ont la charge de nourrir et d'équiper les troupes du roi. Voltaire place l'éloge de l'un d'entre eux dans son *Panégyrique de Louis XV* publié après la paix d'Aix-la-Chapelle (18 octobre 1748). Pâris-Duverney est désigné comme «un homme qui a soutenu le crédit de la nation par le sien [...] un des prodiges de notre siècle». Car il «fait subsister nos armées». Grâce à lui, «nos camps devant tant de places assiégées ont été semblables à des villes policées où règnent l'ordre, l'affluence et la richesse.»[97] Voltaire devait bien au financier cet hommage de reconnaissance. Il avait été associé par Duverney aux affaires de fournitures

---

93. Louis Nicolardot, *Ménage et finances de Voltaire* (Paris 1854).
94. J.-Cl. David, «Quelques actes notariés inédits concernant Voltaire», *Studies* 230 (1985), p.145.
95. D.app.37.
96. Longchamp, f.170.
97. M.xxiii.275.

aux armées. Quand il reçut son arrêté de compte après la campagne d'Italie (juin-septembre 1734), son bénéfice s'éleva à 600 000 francs.[98] On comprend qu'après cela il n'ait eu aucune difficulté pour faire face aux très lourdes dépenses qu'entraîna la restauration de Cirey. Pendant la guerre de 1741, c'est dans les vivres de l'armée de Flandre qu'il est intéressé. Les résultats furent «fructueux» selon Longchamp, qui donne pour la seule année 1749 un bénéfice de 17 000 francs.[99] Il y avait là de quoi tempérer les sentiments pacifistes du philosophe. Généreusement il ouvre le pactole à des membres de sa famille: les cousins Marchant père et fils qui «ne demandent», assure-t-il au ministre de la guerre, «qu'à vêtir et alimenter les défenseurs de la France.»[100] Il leur fit obtenir la fourniture de dix mille uniformes pour les milices.[101]

Des revenus aussi considérables[102] font qu'il est peu affecté par les pertes auxquelles l'exposent des placements risqués. La faillite de Demoulin lui a coûté 20 000 francs.[103] Un receveur général nommé Michel, qui lui servait un intérêt de cinq pour cent, dépose son bilan: perte pour lui de 32 000 francs.[104] Broutilles, comparées aux 600 000 francs provenant de Pâris-Duverney. Il lui reste donc une masse importante de capitaux à placer. Selon une pratique courante de l'époque, il les transforme en rentes viagères, sur des prêts consentis à de grands personnages. Longchamp en donne une liste pour 1749: le prince de Guise, les ducs de Bouillon,[105] de Villars, les comtes d'Estaing, de Goësbriand, etc. Le plus gros débiteur (annuité de 4 000 francs) est le duc de Richelieu. Ces nobles seigneurs, ne se souciant guère d'être écrasés de dettes, laissent souvent passer les échéances sans s'acquitter. Sa vie durant, Voltaire doit actionner ses débiteurs pour obtenir le paiement de ses rentes viagères. Mais il sait que ses emprunteurs ont du répondant: des terres, des pensions et gratifications royales. Et le philosophe prend ainsi sur des personnages haut placés une influence qui peut être précieuse. Longchamp a dressé un état récapitulatif de ses revenus pour 1749: 76 038 francs, dont les plus gros postes sont les rentes viagères, les fournitures aux armées, les

98. Longchamp, f.168.

99. Longchamp, f.169 (fait partie du tableau récapitulatif, note 106).

100. D2788 (15 juillet 1743).

101. D2817 (22 août 1743).

102. Nicolardot (p.44), l'accuse de s'être enrichi aussi par la brocante des œuvres d'art. Sans doute, il est parfois question dans sa correspondance avec Moussinot d'achat et de vente de tableaux. Mais les sommes engagées sont relativement modestes: 4 000 ou 5 000 francs (D1299), 6 000 francs (D1304). Le bénéfice de ces opérations – moins nombreuses que ne le prétend Nicolardot – dut être très inférieur aux profits provenant d'autres sources.

103. D1409 (23 décembre 1737), à Cideville.

104. D2551 (6 octobre 1741).

105. J.-Cl. David (p.148), mentionne un «contrat» conclu avec le duc de Bouillon en 1746.

«contrats sur la ville» (14 023 francs), le «contrat sur les 2 sous pour livre» (9 900 francs).[106] De telles ressources financières vont bientôt lui être fort utiles lorsqu'après la disparition d'Emilie il va s'engager dans une voie périlleuse en acceptant l'invitation de Frédéric de se fixer en Prusse.

Mais en octobre 1749, son parti n'est pas encore arrêté. Il se résigne à réoccuper provisoirement la maison de la rue Traversière, au premier étage. C'est là que les «vingt-cinq grosses caisses» de bagages, venues de Cirey sur trois voitures qui l'ont précédé, ont été déchargées: elles ont franchi la douane sans difficulté, grâce à Mme Denis, qui a prié M. Dupin, fermier général, d'avertir ses confrères. Voltaire n'a pas oublié les instruments de physique.

Il arrive à Paris le 12 octobre, par la porte Saint-Antoine. Rue Traversière, le voici replongé dans sa douleur. Fatigué et malade, il supporte mal cette étrange présence d'une absente à jamais disparue. «A son arrivée à Paris», écrit Longchamp, «M. de Voltaire était malade [...] il était toujours sombre et triste, ne voyait personne, ne sortait point et ne pouvait se consoler de la mort de Mme du Châtelet.» La nuit, il se lève et appelle Emilie de chambre en chambre. Il peut à peine se soutenir. Une nuit, il se heurte à une pile de livres arrivés de Cirey, tombe et ne parvient pas à se relever. Il appelle plusieurs fois, mais sa voix est si éteinte que d'abord Longchamp ne l'entend pas. Enfin, le valet de chambre accourt et trouve son maître glacé. Il rallume le feu et le réchauffe avec des serviettes chaudes.[107]

Peu à peu, il s'habitue, grâce au dévouement de Longchamp et aux visites de sa nièce et de ses amis, auprès desquels il retrouve la gaieté. Et il travaille: bien qu'il ait fait copier, à Reims, *Rome sauvée*, il la réserve et s'attache à *Oreste* qu'il veut faire jouer d'abord. Renonçant à ajouter à sa fatigue les soucis d'un déménagement, il demande à M. Du Châtelet de lui sous-louer la maison de la rue Traversière. En accord avec le propriétaire, le marquis «transporte» son droit de bail à Voltaire le 17 octobre.[108]

Mais d'abord il la trouve trop grande. Poussé par le souvenir d'Emilie et dans un élan de générosité, il se rapproche de Dumas d'Aigueberre qui rentre à Paris après une longue absence: «Mon cher ami, c'est vous qui m'aviez fait renouveler connaissance, il y a plus de vingt ans,[109] avec cette infortunée femme

---

106. Longchamp, f.169.

107. Longchamp, f.131-32.

108. D.app.93, p.458. Deux pièces: la première est une lettre en date du 13 octobre du sieur Le Bègue de Majainville, prêtre, docteur de Sorbonne, conseiller du parlement, qui autorise le marquis à sous-louer sa maison «à qui il jugera à propos»; la deuxième est l'expédition d'un acte passé le 17 octobre 1749 contenant le transport du droit de bail du marquis à Voltaire, et ce «pour les quatre années six mois qui restent à expirer».

109. Voir *Voltaire en son temps*, i.311, n.21.

qui vient de mourir de la manière la plus funeste et qui me laisse seul dans le monde». Et il lui offre de le loger: «Vous pourriez prendre le second appartement où vous seriez très à votre aise; vous pourriez vivre avec nous [...] Je vous avertis que nous tiendrons une assez bonne maison.»[110] Proposition insolite que Dumas d'Aigueberre déclina.

Le 10 janvier 1750, Mme Denis quitta la rue du Bouloi pour s'installer rue Traversière, dans l'appartement où avait vécu Mme Du Châtelet. Enfin satisfaite, elle allait partager avec son oncle les privilèges de la richesse. Pénétrant dans la lumière du génie et de la gloire, elle assista, le 12 janvier, à la première représentation d'*Oreste*.

110. D4046 (26 octobre 1749).

BIBLIOGRAPHIE

1. Bibliographies concernant Voltaire

Barr, Mary-Margaret H., *A century of Voltaire study: a bibliography of writings on Voltaire, 1825-1925*, New York 1929.
– et Frederick A. Spear, *Quarante années d'études voltairiennes: bibliographie analytique des livres et articles sur Voltaire, 1926-1965*, Paris 1968.
Bengesco, Georges, *Voltaire, bibliographie de ses œuvres*, Paris 1882-1890.
Bibliothèque de Voltaire: catalogue des livres, Moscou, Leningrad 1961.
Bibliothèque nationale, *Catalogue général des livres imprimés de la Bibliothèque nationale: auteurs*, tome 214, Paris 1978.
Candaux, Jean-Daniel, «Premières additions à la bibliographie des écrits français relatifs à Voltaire, 1719-1830», *Studi francesi* 39 (1969), p.481-90.
– «Voltaire: biographie, bibliographie et éditions critiques», *RHLF* 79 (1979), p.296-319.
Cioranescu, Alexandre, *Bibliographie de la littérature française du dix-huitième siècle*, Paris 1969.
Quérard, J.-M., *Bibliographie voltairienne*, Paris 1842.
Vercruysse, Jeroom, «Bibliographie des écrits français relatifs à Voltaire, 1719-1830», *Les Voltairiens, 2ème série: Voltaire jugé par les siens 1719-1749*, New York 1983.

2. Biographies de Voltaire

Besterman, Theodore, *Voltaire*, 3e éd., Oxford 1976.
Bibliothèque nationale, *Voltaire: un homme, un siècle*, Paris 1979.
Bibliothèque royale Albert 1er, *Voltaire: bicentenaire de sa mort*, Bruxelles 1978.
Desnoiresterres, Gustave, *Voltaire et la société française au XVIIIe siècle*, 2e éd., Paris 1871-1876.
Duvernet, Théophile I., *La Vie de Voltaire*, Genève 1786.
Harel, Maximilien M., *Voltaire, recueil des particularités curieuses de sa vie et de sa mort*, Porrentruy 1781.
Hearsey, John E. N., *Voltaire*, London 1976.
Lanson, Gustave, *Voltaire*, Paris 1960.
Mailhos, Georges, *Voltaire témoin de son temps*, thèse de doctorat ès-lettres, Université de Toulouse le Mirail, 1972.
Mason, H. T., *Voltaire, a biography*, London 1981.
Naves, Raymond, *Voltaire, l'homme et l'œuvre*, Paris 1966.
Orieux, Jean, *Voltaire, ou la royauté de l'esprit*, Paris 1966.
Pomeau, René, *D'Arouet à Voltaire*, Voltaire en son temps 1 (Oxford 1985).

3. Editions des œuvres de Voltaire

Œuvres complètes, Genève, Banbury, Oxford 1968-; édition en cours, déjà parus:
2. *La Henriade*
7. *La Pucelle*
10. *Adélaïde Du Guesclin*
33. *Œuvres alphabétiques* (I)
48. *Candide*
50. *1760* (I)
53-55. *Commentaires sur Corneille*
59. *La Philosophie de l'histoire*
62. *1766-1767*
64. *La Défense de mon oncle*
81-82. *Notebooks*

85-135. *Correspondence and related documents.*

Œuvres complètes, éd. L. Moland, Paris 1877-1885.

Œuvres complètes, [Kehl] 1784-1789.

Corpus des notes marginales de Voltaire, Berlin, Oxford 1979-.

Essai sur les mœurs, éd. R. Pomeau, Paris 1963.

Histoire de la guerre de 1741, éd. J. Maurens, Paris 1971.

Lettres philosophiques, éd. G. Lanson et A.-M. Rousseau, Paris 1964.

Micromégas, éd. Ira O. Wade, Princeton 1950.

La Mort de César, éd. A.-M. Rousseau, Paris 1964.

Œuvres historiques, éd. R. Pomeau (Bibliothèque de la Pléiade), Paris 1978.

Romans et contes, éd. R. Pomeau, Paris 1966.

– éd. F. Deloffre et J. Van den Heuvel (Bibliothèque de la Pléiade), Paris 1979.

Sémiramis, éd. J.-J. Olivier, Paris 1946.

Le Temple du Goût, éd. E. Carcassonne, Paris 1938.

Zadig, ou la destinée, éd. G. Ascoli et J. Fabre, Paris 1962.

– éd. V. L. Saunier, Genève 1946.

4. Œuvres de Mme Du Châtelet

Discours sur le bonheur, éd. R. Mauzi, Paris 1961.

Dissertation sur la nature et la propagation du feu, Paris 1744.

Examen de la Genèse (copie manuscrite: Bibliothèque municipale, Troyes, MS 2376).

Examen des livres du Nouveau Testament (copie manuscrite: Bibliothèque municipale, Troyes, MS 2377).

Institutions de physique, Paris 1740.

«Lettre sur les *Eléments de la philosophie de Neuton*», *Journal des savants,* septembre 1738.

Les Lettres de la marquise Du Châtelet, éd. Th. Besterman, Genève 1958.

Lettres inédites de madame la marquise Du Chastelet à M. le comte d'Argental, auxquelles on a joint une dissertation sur l'existence de Dieu, les réflexions sur le bonheur par le même auteur et deux notices sur Mme du Châtelet et M. d'Argental, Paris 1806.

Newton, choix de textes, éd. Avram Hayli, Paris 1970.

Principes mathématiques de la philosophie naturelle par M. Newton, traduits en français par Mme la marquise du Châtelet, avec un commentaire sur les propositions qui ont rapport au système du monde (manuscrit: BN, Fr.12266-12267).

Principes mathématiques de la philosophie naturelle, de Newton, traduits du latin par Mme du Châtelet, Paris 1759.

Wade, Ira O., *Studies on Voltaire, with some unpublished papers of Mme Du Châtelet,* Princeton 1947.

5. Témoignages

Argens, Jean-Baptiste, marquis d', *Mémoires,* Paris 1807.

Barbier, Edmond, *Journal historique et anecdotique du règne de Louis XV,* Paris 1847-1856.

Breteuil, Louis Nicolas de, *Mémoires* (manuscrit autographe: Bibliothèque municipale, Rouen; copie manuscrite: Bibliothèque de l'Arsenal).

Collé, Charles, *Journal et mémoires sur les hommes de lettres, les ouvrages dramatiques et les événements les plus mémorables du règne de Louis XV,* Paris 1868.

Condorcet, J.-A.-N. de Caritat de, *Vie de Voltaire,* Londres 1786.

Du Deffand, Marie de Vichy de Chamrond, marquise, *Correspondance inédite,* Paris 1859.

Frédéric II, *Correspondance politique,* Berlin 1879-1912.

– *Œuvres diverses du philosophe de Sans-Souci*, Berlin 1762.

– *Œuvres*, éd. J. D. E. Preuss, Berlin 1846-1857.

Graffigny, Françoise Paul de, *Correspondance*, éd. J. A. Dainard *et al*, Oxford 1985-.

Hénault, Charles Jean François, *Correspondance*, Paris 1911.

Longchamp, Sebastien G., *Mémoires sur Voltaire* (manuscrit: BN N.a.fr.13006).

– *Voltaire et Madame Du Châtelet*, éd. A. Havard, Paris 1863.

– et Wagnière, Jean-Louis, *Mémoires sur Voltaire et sur ses ouvrages; suivis de divers écrits inédits tous relatifs à Voltaire*, Paris 1826.

Luchet, Jean P. L. de, *Histoire littéraire de M. de Voltaire*, Paris 1781.

Luynes, C. P. d'Albert, duc de, *Mémoires*, Paris 1860-1866.

Mouhy, Charles de, *Mémoires* (manuscrit: Bibliothèque de l'Arsenal, MS 1029).

Paillet de Warcy, L., *Histoire de la vie et des ouvrages de Voltaire, suivie des jugemens qu'ont portés de cet homme célèbre divers auteurs estimés*, Paris 1824.

Raynal, Guillaume François Thomas, *Anecdotes littéraires*, Paris 1750.

Tencin, cardinal et Alexandrine de, *Correspondance du cardinal de Tencin, ministre d'Etat et de madame de Tencin, sa sœur, avec le duc de Richelieu sur les intrigues de la cour de France depuis 1742 jusqu'en 1747*, Paris 1790.

Voisenon, Claude Henri de Fuzée de, *Anecdotes littéraires*, Paris 1880.

6. Vie privée

Badinter, Elisabeth, *Emilie, Emilie, l'ambition féminine au XVIIIe siècle*, Paris 1983.

Barber, William H., «Penny plain, two-pence coloured: Longchamp's memoirs of Voltaire», *Studies in the French eighteenth century presented to John Lough*, Durham 1978.

Bellugou, Henri, *Voltaire et Frédéric II au temps de la marquise Du Châtelet, un trio singulier*, Paris 1962.

Besterman, Théodore, «Le vrai Voltaire par ses lettres», *Studies* 10 (1959).

Donvez, Jacques, *De quoi vivait Voltaire?*, Paris 1949.

Lottin, Alain, *La Désunion du couple sous l'ancien régime*, Lille 1975.

Micha, Hugues, *Voltaire d'après sa correspondance avec madame Denis*, Paris 1972.

Mitford, Nancy, *Voltaire amoureux*, Paris 1959.

Oulmont, Charles, *Voltaire en robe de chambre*, Paris 1936.

Vaillot, René, *Madame Du Châtelet*, Paris 1978.

7. Amis, correspondants et ennemis

Balcou, Jean, *Fréron contre les philosophes*, Genève 1975.

Boyé, Pierre, *La Cour de Lunéville en 1748 ou Voltaire chez le roi Stanislas*, Nancy 1891.

Braun, Theodore, *Un ennemi de Voltaire: Le Franc de Pompignan*, Paris 1972.

Broglie, duc de, *Frédéric II et Louis XV*, Paris 1891.

Colet, Louise, «Mme Du Châtelet», *Revue des deux mondes* n.s. 11 (1845).

Coulet, Henri, «Voltaire lecteur de Vauvenargues», *Cahiers de l'Association internationale des études françaises* 30 (1978).

Desfontaines, Pierre François Guyot, *La Voltairomanie*, Londres 1739.

– – éd. M. H. Waddicor, Exeter 1983.

Gouhier, Henri, *Rousseau et Voltaire*, Paris 1983.

Janssens, Jean, «Voltaire à Bruxelles», *Revue des deux mondes* 15 (1951).

Lavisse, Ernest, *La Jeunesse du grand Frédéric*, Paris 1891.

Lee, J. Patrick, «Voltaire and César de Missy», *Studies* 163 (1976).

Loménie, Louis de, *La Comtesse de Rochefort et ses amis*, Paris 1870.

Mannory, Louis, et Travenol, Louis, *Voltairiana ou éloge amphigourique de François Marie Arouet, sieur de Voltaire*, Paris 1748.

Marmontel, Jean François, *Mémoires*, éd. J. Renwick, Clermont-Ferrand 1972.

Maugras, Gaston, *La Cour de Lunéville au XVIIIe siècle*, Paris 1904.

Mervaud, Christiane, *Voltaire et Frédéric II: une dramaturgie des Lumières 1736-1778*, Studies 234 (1985).

Piépape, Léonce de, *La Duchesse Du Maine, reine de Sceaux*, Paris 1936.

Sareil, Jean, *Les Tencin*, Genève 1969.
– *Voltaire et les grands*, Genève 1978.

Schieder, Theodor, *Friedrich der Grosse*, Frankfurt, Berlin, Wien, 1983.

Sgard, Jean, «Prévost et Voltaire», *RHLF* 64 (1964).

Showalter, English, *Voltaire et ses amis d'après la correspondance de Mme de Graffigny*, Studies 139 (1975).

Trenard, Louis, «L'influence de Voltaire à Lille au XVIIIe siècle», *Studies* 58 (1967).

Vaillot, René, *Le Cardinal de Bernis*, Paris 1985.

Vercruysse, Jeroom, *Voltaire et la Hollande*, Studies 46 (1966).

Weil, Françoise, *Jean Bouhier et sa correspondance*, Paris 1975.

8. Autour de Newton: Voltaire, Mme Du Châtelet et la science

Algarotti, Francesco, *Il Newtonianismo per le dame*, Napoli 1737.
– – trad. Castera, Paris 1738.

Bachelard, Gaston, *La Formation de l'esprit scientifique*, Paris 1938.
– *La Psychanalyse du feu*, Paris 1938.

Banières, Jean, *Examen et réfutation des Eléments de la philosophie de Newton*, Paris 1739.

Barber, William H., «Mme Du Châtelet and Leibnizianism», *The Age of the Enlightenment*, Edinburgh, London, 1967.
– «Voltaire at Cirey: art and thought», *Studies in eighteenth-century French literature presented to Robert Niklaus*, Exeter 1975.
– «Voltaire and Samuel Clarke», *Voltaire and the English*, Studies 179, Oxford 1979.

Brunet, Pierre, *L'Introduction des théories de Newton en France au XVIIIe siècle*, Paris 1931.
– *Maupertuis, étude biographique*, Paris 1928.
– *La Vie et l'œuvre de Clairaut*, Paris 1951.

Guéroult, Martial, *Leibniz*, Paris 1957.

Hervé, Georges, *Les Correspondantes de Maupertuis*, Coulommiers 1911.

Janik, Linda Gardiner, «Searching for the metaphysics of science», *Studies* 201 (1982).

Kahle, Ludwig, *Examen d'un livre intitulé la Métaphysique de Newton*, La Haye 1744.

La Beaumelle, Laurent Angliviel de, *Vie de Maupertuis*, Paris 1856.

Leibniz, *Essai de théodicée*, Amsterdam 1739.

Lesueur, Achille, *Maupertuis et ses correspondants*, Montreuil-sur-Mer 1896.

Mairan, Jean Jacques Dortous de, *Lettre à Mme *** sur la question des forces vives*, Paris 1741.

Maupertuis, Pierre Moreau de, *Œuvres et lettres*, Lyon 1756.

Robinet, André, *Leibniz et la racine de l'existence*, Paris 1962.

Roger, Jacques, *Les Sciences de la vie dans la pensée française du XVIIIe siècle*, Paris 1963.

s'Gravesande, *Eléments de physique ou in-*

troduction à la philosophie de Newton, Paris 1747.

Wade, Ira O., *Voltaire and Mme Du Châtelet: an essay on the intellectual activity at Cirey*, Princeton 1941.

– *The Intellectual development of Voltaire*, Princeton 1969.

9. Voltaire et l'Orient

Badir, G., *Voltaire et l'Islam*, Studies 125 (1974).

Boulainvillier, Henri, comte de, *Histoire des Arabes, avec la vie de Mahomed*, Amsterdam 1731.

Chardin, Jean, *Voyages en Perse et autres lieux de l'Orient*, Paris 1735.

Djavâd, Hadidi, *Voltaire et l'Islam*, Paris 1974.

Prideaux, Humphrey, *La Vie de l'imposteur Mahomet*, Paris 1699.

Tavernier, Jean-Baptiste, *Six voyages en Turquie, en Perse et aux Indes*, Paris 1676.

10. Voltaire et le théâtre

Argenson, Antoine René, marquis d', *Notices sur les œuvres de théâtre*, Studies 42-43 (1966).

Bengesco, Georges, *Les Comédiennes de Voltaire*, Paris 1912.

Chassiron, Pierre M. M. de, *Réflexions sur le comique larmoyant*, Paris 1749.

Lagrave, Henri, *Le Théâtre et le public à Paris de 1715 à 1750*, Paris 1972.

Lancaster, H. Carrington, «The Comédie-Française, 1701-1774: plays, actors, spectators, finances», *Transactions of the American Philosophical Society* 41 (1951).

Miro, Cesar, *Alzire et Candide ou l'image du Pérou chez Voltaire*, Paris 1967.

Naves, Raymond, *Le Goût de Voltaire*, Paris 1938.

Olivier, J.-J., *Voltaire et les comédiens interprètes de son théâtre: étude sur l'art théâtral et les comédiens au XVIIIe siècle*, Paris 1899.

Rougemont, Martine de, *La Vie théâtrale en France au XVIIIe siècle*, thèse de doctorat ès-lettres, Université de Paris III, 1982.

Vrooman, Jack, *Voltaire's theatre: the cycle from Œdipe to Mérope*, Studies 75 (1970).

11. Le philosophe, l'historien, l'écrivain

Brumfitt, John Henry, *Voltaire historian*, London 1958.

Delattre, André, *Voltaire l'impétueux*, Paris 1957.

Diaz, Furio, *Voltaire storico*, Torino 1958.

Mason, H. T., «Voltaire et le ludique», *RHLF* 84 (1984).

Pomeau, René, *La Religion de Voltaire*, Paris 1969.

– *Politique de Voltaire*, Paris 1963.

– *Voltaire*, Paris 1978.

Schick, Ursula, *Zur Erzähltechnick in Voltaires contes*, München-Allach 1968.

Van den Heuvel, Jacques, *Voltaire dans ses contes: de Micromégas à l'Ingénu*, Paris 1967.

INDEX

des noms de personnes et des œuvres de Voltaire

TABLE DES MATIÈRES

diffamatoires. Affaire Didot et Barrois (p.164). Deux libraires protégés. Mort de Fleury. Changement de politique. Triomphe de *Mérope* (p.169). C'est Mlle Dumesnil qui a «fait la pièce». Candidature de Voltaire au fauteuil de Fleury. Sa lettre à Boyer. Etonnement de Frédéric. Election de l'évêque de Bayeux. Déception profonde: l'âne de Mirepoix. L'invitation du roi de Prusse. Voltaire chargé d'une mission secrète (p.176). Mme de Tencin et le secret. L'inquiétude de Mme Du Châtelet. Avec l'aide de Maurepas, elle fera jouer *La Mort de César*. Trois mois de diplomatie en Hollande. Les rapports de Voltaire à Amelot. Le mauvais coup de Frédéric. L'estafette «aux trousses» du poète (p.183). Complicité de Mme Du Châtelet avec Maurepas. L'accueil de Frédéric. La vie du roi de Prusse. Son jeu avec Voltaire. Un poète adulé dans les «courettes» d'Allemagne. La margravine de Bayreuth. Le madrigal à la princesse Ulrique. Le cour de Brunswick. Retour à Bruxelles. L'amour compromis.

pour ses maîtres. Voltaire quitte Fontainebleau. Il travaille à l'histoire de l'actualité et à *Sémiramis* (p.282). Vivre «sur les bords de l'Euphrate». Idée d'un conte. *Memnon-Zadig.* Mort de la dauphine. Crébillon est-il déjà un ennemi? Les fautes d'un ministre pacifiste. L'accord de Turin. Perte de l'Italie. Le mariage du dauphin avec Marie-Josèphe de Saxe. D'Argenson veut-il la paix avec l'Autriche? Réquisitoire du maréchal de Noailles. Le 11 janvier 1747, renvoi de d'Argenson (p.285). Seule réaction écrite de Voltaire: tirade contre la guerre dans une lettre à Frédéric. Réponse grinçante de Frédéric.

abandonner les répétitions de *Sémiramis* et repartir pour Commercy (p.323). Il demande à Berryer de protéger sa pièce. Le logement à Commercy. Voltaire «agonisant» envie Baculard d'Arnaud. Retour au marquis d'Argenson. Souffrance et pessimisme: a-t-il deviné la passion d'Emilie? Projet de remariage de Mme Denis. Le «commandant de Lille». Réaction de Voltaire. Excuses et mauvaise foi d'Emilie. Retour des «anges» à Paris. Et de la cour de Stanislas à Lunéville. Guerre larvée entre Mme Du Châtelet et Mme de Boufflers. Stanislas décide Mme Du Châtelet à chaperonner Mme de Boufflers à Plombières (p.331). Stanislas trompé. Voltaire part avec lui pour Paris.

Voltaire arrive à Paris le 30 août 1748. *Sémiramis* a été représentée la veille. Une action surnaturelle, invraisemblable. Ninus sort de son tombeau. Voltaire se réfère à Hamlet p.333). Place à l'ombre! Un dénouement sanglant et confus. Succès mitigé. Un chef de claque efficace, La Morlière. Au Procope, Voltaire déguisé, écoute. Il faut néanmoins repartir pour Lunéville. Voltaire gravement malade à Châlons (p.337). Crébillon, poussé par Mme de Pompadour, achève son *Catilina*. *Sémiramis* conquiert enfin le grand public. Une crainte lancinante: la parodie de Montigny. Voltaire multiplie les démarches. Il se heurte à de hautes instances. Voltaire et Marie Leszczynska. Un espoir: le retour de Richelieu. Le *Panégyrique de Louis XV*. La parodie ne sera pas jouée, mais imprimée. La critique: Voltaire poète «réformé» (p.342). La tragédie «école de la vertu». Les premiers contes philosophiques sont nés à Cirey (p.344). Toujours «les bords de l'Euphrate». Un jeune homme nommé Zadig. *Memnon* et la guerre en Hollande. Une édition de *Zadig* habilement camouflée (p.350). Les «clés» du conte. *Zadig* fait du bruit, mais l'auteur n'est pas inquiété.

Un récit de Longchamp. Voltaire surprend Mme Du Châtelet avec Saint-Lambert (p.355). Il décide de partir. Ruse de Longchamp et de la marquise. L'étonnant sang-froid d'Emilie. Le duel n'aura pas lieu. Le pardon du poète. Un travail difficile: faire passer le cinquième acte de *Sémiramis*. L'arrestation de Charles Edouard et le découragement de l'historiographe. Menaces: le *Catilina* de Crébillon. Et les projets matrimoniaux de Mme Denis. Une agréable comédie: *La Femme qui a raison* (p.360). Mme Du Châtelet toujours déçu par Saint-Lambert. Le marquis Du Châtelet «grand maréchal des logis». Départ pour Cirey le 24 décembre. *Catilina*, cheval de Troie des ennemis de Voltaire. Le poète contraint de demeurer à Cirey. L'aveu de Mme Du Châtelet: son absurde grossesse (p.364). Comment obtenir la paternité officielle de M. Du Châtelet? Une comédie des plus cyniques. Le *Voltariana* de Mannory et Travenol. Nouveau projet de Mme Denis. Le pessimisme de Voltaire. Verte réplique à l'*Ode à la guerre* de Frédéric. Peut-on situer ici l'anecdote du carrosse brisé? Voltaire malade à Paris au début de février. Sa sciatique. Aucune sorte de souffrance ne l'empêchera d'écrire.

Des passions divergentes séparent Voltaire et son amie. Solitude, désespoir et pressentiments d'Emilie. Malgré tout, elle aime Saint-Lambert et achève son Newton. Voltaire retourne à sa nièce. Des querelles de ménage. Clairaut et le souper de Voltaire (p.370). La tasse cassée. Projet d'accouchement en Lorraine. Mme Du Châtelet à Trianon, auprès de Stanislas. Il approuve son projet. Retour de l'amitié pour Mme de Boufflers. L'obsession de *Catilina* (p.372). Une injustice criante: le succès de la pièce. Voltaire se taira-t-il? Un conflit littéraire ambigu avec le roi de Prusse. Les deux lettres de Frédéric. Mme de Pompadour engagée dans une querelle qu'elle n'a pas cherchée. Une récompense royale. *Nanine*, sœur de *Paméla*. Succès de la comédie. Voltaire, poète tendre. Son instabilité. La critique de *Nanine*. L'amour contre le préjugé de classe. La lettre à Machault d'Arnouville sur l'impôt du vingtième. Le pessimisme du second *Memnon*, la fausse sagesse (p.381). La *Lettre d'un Turc*: superstition et mysticisme. La *Lettre sur les aveugles* de Diderot. Réaction de Voltaire. Diderot emprisonné. Intervention de Mme Du Châtelet. Le 25 juin, Voltaire et son amie regagnent Commercy par Cirey. Epoux, ami et amant de Mme Du Châtelet la suivent à Lunéville. Combat de Voltaire contre Crébillon: *Rome sauvée* (p.388). Il prévient Mme de Pompadour. Il commence *Electre*, qui deviendra *Oreste*. Angoisse et désespoir s'aggravent chez Emilie. Elle confiera son manuscrit à la Bibliothèque royale. Un accouchement facile. Voltaire en plaisante. Mais le 9 septembre, la fièvre saisit Mme Du Châtelet. Sa mort survient le soir du 10 septembre. Désespoir de Voltaire. Sa lettre à Mme Denis. Séjour à Cirey: souvenirs, papiers et bibelots. Les finances de Voltaire, 1734-1749 (p.396). Retour à Paris «par petites journées». Trois voitures de bagages (p.398). Crise de désespoir du poète et dévouement de Longchamp. Voltaire loue la maison de la rue Traversière à M. Du Châtelet. Mme Denis le rejoindra. Elle assiste à la représentation d'*Oreste*.